KB008089

포스트모더니즘, 혹은 후기자본주의 문화 논리

Postmodernism, Or, The Cultural Logic of Late Capitalism
by Fredric Jameson

포스트모더니즘, 혹은
후기자본주의 문화 논리

프레드릭 제임슨

임경규 옮김

우리 시대의 고전 26

문학과지성사

우리 시대의 고전 26

포스트모더니즘, 혹은 후기자본주의 문화 논리

제1판 제1쇄   2022년 2월 18일

지은이   프레드릭 제임슨
옮긴이   임경규
펴낸이   이광호
주간   이근혜
편집   김현주 최대연
펴낸곳   ㈜문학과지성사
등록번호 제1993-000098호
주소   04034 서울 마포구 잔다리로7길 18(서교동 377-20)
전화   02) 338-7224
팩스   02) 323-4180(편집)   02) 338-7221(영업)
전자우편 moonji@moonji.com
홈페이지 www.moonji.com

ISBN 978-89-320-3904-6 93300

차례

일러두기

1. 이 책은 Fredric Jameson, *Postmodernism Or, The Cultural Logic of Late Capitalism*, Duke University Press, 1992를 우리말로 옮긴 것이다.

2. 본문의 주석은 모두 옮긴이주이고, 원서에 있는 주석은 미주로 처리했다.

서론

포스트모더니즘postmodern*의 개념을 매우 조심스럽게 정의해본다면, 우선 그것은 역사적으로 사유하는 방법을 망각해버린 시대에 현재라는 시간을 역사적으로 사유하기 위한 시도라 할 수 있다. 이 경우 포스트모더니즘은 보다 심층적이고 억누를 수 없는 역사적 충동을 (비록 왜곡된 방식으로나마) '표현'하는 것이거나, 그러한 충동을 효과적으로 '억압'하고 회피하는 것이며, 이 모호성의 양 측면 중에 어느 것을 하느냐는 우리의 기호에 달려 있다고 할 수 있다. 그렇다면 포스트모더니즘postmodernism 혹은 포스트모던 의식은 그것이 발생

---

* 이 책에서 제임슨은 "postmodernism"과 "postmodern"을 사실상 구별하지 않고 혼용하여 사용하고 있다. 문맥상 명백하게 포스트모더니즘을 의미할 때조차 "postmodern"을 사용하는 경우가 많다. 이는 제임슨이 포스트모더니즘을 특정 문예사조에 한정하지 않고, "후기자본주의"와 마찬가지로 시대구분을 위한 용어로 사용하기 때문이다. "modernism"과 "modern"의 경우도 마찬가지다. 따라서 문맥에 따라 필요하면 "postmodern"을 "포스트모더니즘"으로, "modern"을 "모더니즘"으로 고쳐 번역했다.

할 수 있는 가능 조건들을 이론화하는 것 이상으로 나아가지 못하고, 결국은 단순히 변화의 내용들을 열거하는 데 그치게 된다. 모더니즘 modernism 역시 새로운 것에 대해 강박적으로 사유하고자 했으며, 또한 새로운 것의 도래를 목도하고자 시도했다(바로 그러한 목적으로 역사적으로 존재했던 저속도 사진 촬영과 같은 기록 장치를 고안해냈던 것이다). 그러나 포스트모더니즘은 단절을 요구했으며, 새로운 세계보다는 사건을 찾아 헤매었고, 이전과 이후를 구별할 수 있는 명확한 전기를 찾아내고자 했다. 혹은 깁슨William Gibson의 표현을 빌린다면 "모든 것이 변해버린 시간,"[1] 혹은 보다 적확하게 말하면 사물과 사물이 변화하는 방식을 **재현**함에 있어서의 변혁과 불가역적 변화 들을 찾고자 했다. 모더니스트들은 변화의 결과로 무엇이 나타날 수 있는지와 그 일반적 경향은 어떠할지에 대해 관심이 있었다. 즉 그들은 유토피아적이고 본질적인 방식으로 사물 자체를 내용적인 측면에서 사유했다고 할 수 있다. 포스트모더니즘은 그런 의미에서 보다 형식적이며, 아마도 벤야민Walter Benjamin이라면 이를 "산만하다distracted"고 표현했을지도 모르겠다. 포스트모더니즘이 주목하는 것은 변화 그 자체이며, 잘 알려진 것처럼 내용은 단지 수많은 이미지들에 지나지 않는다. 차후에 언급하겠지만, 모더니즘에는 '자연'이나 '존재,' 혹은 오래된 것이나 더 오래된 것, 심지어 태고의 것을 위한 자리가 여전히 남아 있었다. 문화는 여전히 그러한 자연과 관계를 맺으며, 그 자연이라는 '지시대상체referent'를 변형시킬 수 있었다. 포스트모더니즘은 근대화 과정이 완성되고, 자연이 영원히 사라지는 시점에 나타난다. 이전 시대에 비해 포스트모더니즘은 전적으로 인간의 세계이지만, 이곳에서는 '문화'가 진정한 '제2의 자연'이 된다. 실제로 문화가 지니는 위상의 변화는 포스트모더니즘을 추적하기 위한 더욱 중요한 단서 중 하나다. 문화는 그 영역(즉 상품 영역)이 엄청나게 팽창했고, 실재 the Real를 끊임없이 그리고 역사적으로 독창적인 방식으로 길들여왔으며, 또한 벤야민이 리얼리티에 대한 "미학화"라고 칭했던 과정 속에서 비약적인 발전을 일구어냈다(벤야민에게 그것은 파시즘을 의미했지만, 우리에게 그것은 재미있는 것일 뿐이다. 즉 우리는 새로운 사물의 질서, 상품의 홍수, 그리고 반드시 사물 자체에서 파생된 것이라고 볼 수 없는 흥분과 기분전환을 이끌어내는 사물에 대한 '재현'에 열광한다). 따라서 포스트모던 문화 속에서 '문화'는 그 자체로 하나의 상품이 되었다. 시장을 대체할 수 있는 것은 시장뿐이며, 또한 시장은 자신의 내부에 포함하고 있는 다른 상품과 마찬가지로 하나의 완전한 상품이 되었다. 반면에 과거의 모더니즘은 최소한으로나마 그리고 그 경향성에 있어서 상품에 대한 비판이었으며, 상품이 스스로를 초월하고자 하는 시도였다. 포스트모더니즘은 하나의 과정으로서의 순수 상품화를 소비한다. 그러한 까닭에 초강대국의 '라이프스타일'이 마르크스Karl Marx가 말한 상품 '물신주의'와 맺고 있는 관계는, 가장 발달한 유일신교가 원시 애니미즘이나 가장 낮은 단계의 우상숭배와 맺는 관계와 유사하다. 실제로 포스트모더니즘에 대해 제아무리 정교한 이론을 펼친다 하더라도, 그것은 호르크하이머Max Horkheimer와 아도르노Theodor Adorno의 오래된 개념인 "문화산업Cultural Industry"과 일정한 관계를 맺을 수밖에 없으며, 이는 또한 MTV나 프랙털fractal 광고*가 1950년

---

* '프랙털'은 부분 구조가 전체 구조를 반복하고 복제하는 무한 과정을 통해 생성되는 기하학적 구조를 지칭한다. 이러한 자기 복제와 순환성의 원리가 광고에 도입된 것이 프랙털 광고 혹은 마케팅으로, 일반적으로 전자 미디어나 SNS를 통한 상품 광고의 수단으로 사용된

대 텔레비전 시리즈물과 맺는 관계와 다를 바 없다.

그동안 '이론' 또한 변화해왔으며, 이는 포스트모던의 미스터리에 대하여 나름의 실마리를 제공하고 있다. 실로 포스트모던의 두드러진 특징 중 하나는 지금까지 전혀 다른 것이라 여겨졌던 상당히 다양한 종류의 경향 분석이, 예컨대 경제 전망, 마케팅 연구, 문화비평, 신종 치료법, 마약에 대한 (대개 공식적인) 개탄이나 관용, 예술제나 국내 영화제에 대한 리뷰, 종교 '부흥'이나 광신에 대한 분석 등이 하나의 새로운 담론 장르로 결합되는 것이라 할 수 있다. 우리는 이런 담론을 '포스트모더니즘 이론'이라 부를 수 있으며, 또한 그 자체에 대해 주의를 기울일 필요가 있다. 그것은 분명 자기 자신을 원소로 하는 집합이라 할 수 있다. 그리고 이어지는 장들의 분석이 이러한 '포스트모더니즘 이론'의 본성에 대한 면밀한 분석을 제공할 것인지, 아니면 단순히 그 이론의 예시에 지나지 않을지에 대해서는 확답하지 않겠다.

나는 이 책을 통해 포스트모더니즘의 반半자율적이고 상대적으로 독립된 특징들에 대한 분석을 제시하고 있는데, 내가 경계하는 것은 이런 분석이 역사성의 상실이라는 단 하나의 고유하고 특권화된 징후로 흡수되어버리는 것이다. 역사성의 부재가 반드시 포스트모더니즘의 존재를 함의할 수는 없기 때문이다. 예를 들어 농부, 예술 애호가, 어린이, 혹은 자유주의 경제학자나 분석철학자에게 역사성이 없다고 해서, 모두 포스트모더니즘의 산물은 아닌 것이다. 그러나 그 어떤 방식으로 '포스트모더니즘 이론'을 논하든, 우리는 역사에 대한 청각장

다. 예를 들어 기업이 SNS를 통해 특정 메시지를 유포시키면, SNS의 이용자들이 그 메시지를 프랙털적인 방식으로 무한히 복제하고 공유하고 반복함으로써 특정 기업이나 상품에 대한 잠재적 고객이 된다는 것이다.

애를 언급하지 않을 수 없다. (이런 상황을 우리가 인지한다면) 이 짜증나는 조건이 그 청각장애를 극복하기 위한 일련의 발작적이고 간헐적이지만 필사적인 시도를 가능케 하기 때문이다. 포스트모더니즘 이론은 그러한 일련의 시도들 중 하나라 할 수 있다. 즉 아무런 도구도 없이, 작금의 현실을 '시대'나 '시대정신' 혹은 '체계'나 '현재 상황'과 같은 말로 표현할 수 있는 일관된 그 무엇이 존재한다고 더 이상 확신할 수 없는 상황 속에서, 감히 이 시대의 온도를 측정하고자 하는 시도이다. 그렇다면 포스트모더니즘 이론은 변증법적이다. 최소한 포스트모더니즘의 불확실성을 최초의 단서로서 손에 꼭 쥐고 있을 수 있는 눈치라도 있다는 점에서, 그리고 미로를 빠져 나가기 위한 아리아드네의 실을 잡을 수 있는 재치는 가지고 있다는 점에서 그렇다. 물론 그것이 탈출하고자 했던 미로는 미로가 아닌 강제노동수용소나 쇼핑몰이었을지도 모른다. 도시의 한 블록 길이만큼이나 기다란 클라스 올든버그Claes Oldenburg의 거대한 온도계는 그러한 과정에 대한 신비스런 징후처럼 기능할지도 모른다. 예고 없이 하늘에서 뚝 떨어진 운석처럼 말이다.

이 책에서 내가 공리로서 받아들이는 것은 '모더니즘적 역사'가 포스트모더니즘 시대의 최초 희생자이며 신비로운 부재자라는 것이다(이것이 본질적으로 아킬레 보니토–올리바Achille Bonito-Oliva 판본의 포스트모더니즘 이론이다).[2] 적어도 예술에서는 상당히 최근까지만 하더라도 진보나 목적telos의 개념이 여전히 살아 있었다. 그것도 결코 바보스럽거나 희화된 모습이 아닌 그 본연의 가장 진정한authentic 형태로 말이다. 이는 진정 새로운 작품은 예상치 못한, 그러나 논리적인 방식으로 자신의 선배들을 압도한다는 것을 의미한다(이것은 '직선적인 역사'가 아니다. 이는 오히려 시클롭스키Victor Shklovsky의 "묘수Knight's gambit"와 같은 것으로, 체스판의 후방에서 말을 움직여 아직 전투가 전개되지 않은 지역에 비약적 변화를 야기하는 것이다). 변증법적 역사는 분명 모든 역사가 이런 방식으로 작동하고 있음을 확인해준다. 즉 앙리 르페브르Henri Lefebvre가 표현했던 것처럼, 모든 역사는 왼발로 서서 재앙과 재난을 거치며 진보한다. 그러나 그런 이야기를 들었던 사람보다는 모더니즘의 미학 패러다임을 믿었던 사람이 더 많았다. 하지만 그 모더니즘 미학은 사실상의 종교적 강령으로 인정받으려는 찰나에 갑자기 흔적도 없이 사라져버렸다. ("어느 날 아침 밖에 나갔더니 온 도계가 사라졌어!")

내가 보기엔 이것이 "지배 서사master narrative"의 종말에 대한 리오타르Jean-François Lyotard의 설명보다 훨씬 더 흥미롭고 개연성 있어 보인다(사실 나조차도 종말론적 도식이라는 말을 가끔 신중하지 못하게 사용할 때가 있음을 인정하지만, 무엇보다도 종말론적 도식은 결코 서사가 아니었다). 그럼에도 불구하고 이 설명은 포스트모더니즘 이론에 대해 두 가지 사실을 말해준다.

첫번째로 그 이론은 필연적으로 불완전하며 순수할 수 없다.[3] 지금의 경우에 이는 올리바(혹은 리오타르)가 가지고 있는 지배 서사의 종말에 관한 모든 중요한 인식이 다시 서사의 형식으로 표현될 수밖에 없다는 '모순' 때문이다. 괴델Kurt Gödel의 증명에서처럼, 포스트모던에 관한 **그 어떤** 이론도 내적 자기 일관성을 지키는 것이 논리적으로 불가능하다고 입증할 수 있는가는 사변적인 질문이다(포스트모던 이론은 실제로 모든 근본을 다 피해가는 반反근본주의이며, 또한 그 내부에서 본질의 마지막 조각마저도 거부하는 반反본질주의다). 그 질문에 대해 경험적인 차원에서 대답하자면, 아직까지 그러한 이론은 나타나지 않았다. 포스트모더니즘의 이론 체계가 다른 체계(대개의 경우 모더니즘)에 기생하듯이, 모든 이론은 그 내부에서 자신의 제목에 대한 미메시스mimesis를 되풀이하고 있을 뿐이다. 결국 모더니즘의 잔재와 무의식적으로 복제된 가치와 태도 들은 이제 태어나게 될 전적으로 새로운 문화의 실패를 표시하는 소중한 지표가 되고 만다. 몇몇 찬양자와 옹호자가 포스트모더니즘에 대해 광적으로 열광하고 있지만(그런데 그들이 빠져 있는 희열은 그 자체로 하나의 흥미로운 역사적 징후에 불과하다), 진정으로 새로운 문화란 새로운 사회체제를 창조하려는 집단적 투쟁을 통해서만 나타날 수 있다. 그렇다면 모든 포스트모더니즘 이론에 내재할 수밖에 없는 비非순수성은 (자본과 마찬가지로 이론은 자기 자신과 내적 거리를 유지해야 하며, 이질적 내용물을 포함하지 않을 수 없기에) 시대구분periodization이라는 통찰력의 필요성을 확인해준다. 수없이 강조해도 지나치지 않을 이 시대구분론의 핵심은 (몇 년 전부터 '후기산업사회'라는 이름하에 새로운 사회질서가 도래했다는 소문이 미디어를 통해 퍼져나가고 있지만) 포스트모더니즘이 전적으로 새로운 사회질서의 문화적 우세종이 아니라는 것이다. 그것은 그저 자본주의가 또 다른 형태로 체계적으로 변형되고 있음에 대한 반영이거나, 그런 현상의 부산물에 지나지 않는다는 것이다. 그러하기에 자본주의의 예전 아바타들의 잔재가, 예컨대 온전한 형태의 모더니즘뿐만 아니라 리얼리즘의 잔재까지도 계속해서 살아남아, 그들의 잠정적 계승자가 지닌 화려한 장식물들 속에 새롭게 재포장되는 것은 당연한 일이다.

그런데 서사의 종말이라는 서사와 함께 예기치 못하게 서사가 되돌아온 것, 역사의 목적telos에 대한 사망 진단서가 발급된 와중에 역사가 되돌아온 것은 포스트모더니즘 이론의 두번째 특징을 암시하는데, 우리는 이에 주의를 기울일 필요가 있다. 즉 현재에 관한 거의 모든 관찰이 현재 그 자체를 찾기 위해 동원되어 포스트모더니즘의 심층 논리의 징후이자 지표로서 사용될 수 있으며, 이 징후와 지표가 은연중에 이론으로 둔갑하여 자신에 대한 이론이 된다. 여기에 다른 길이 있겠는가? 결국 겉으로 표현되어야 할 '심층 논리'가 더 이상 존재하지 않고, 증상 그 자체가 곧 병으로 명명되어버리고 마는 상황에서 말이다 (그리고 그 역도 마찬가지다). 현존하는 모든 것이 현재가 과거의 어떤 순간과도 근본적으로 다른 독특한 시대임을 증명하는 증거로서 사용될 수 있다는 광신적 태도는 분명 자기 지시적 병리 현상으로 보일 수 있다. 이는 정의상 거의 비교조차 불가능한 정신분열적 현재를 공허하면서도 마법에 걸린 듯한 눈으로 바라보다가 과거를 완전히 망각해버린 것과 다를 바 없다.

이후에 다시 논하겠지만 단절이냐 연속이냐 하는 문제, 즉 현재가 역사적 독창성을 가지고 있는가 아니면 단지 겉은 다르지만 실제로는 거의 동일한 것의 연속인가 하는 문제는 경험적으로 증명 가능하거나 철학적으로 논증 가능한 문제는 아니다. 왜냐하면 그것을 결정하는 것 자체가 대상 사건에 대한 지각과 해석의 기본적 토대를 제공하는 최초의 서사 행위가 되기 때문이다. 실용적인 이유에 대해 적당한 시점에 밝히겠지만, 뒤에서 나는 잠시 포스트모던이 전적으로 새로운 것이며 또한 보다 섬세하게 탐구해볼 만한 문화적·경험적 단절을 구성한다는 입장을 취해보고자 한다.

이러한 시도가 그저 비열한 자기만족적 절차라고 생각하지는 않는다. 물론 그렇게 보이는 것이 당연할 수도 있다. 그러나 이러한 절차가 그 절차의 공식이 암시하는 것만큼이나 그렇게 자주 있는 일은 결코 아니며 또 그럴 가능성도 결코 없다(그러기에 이 절차는 충분히 예상 가능하겠지만 그 자체가 역사적으로 연구 대상이 되었다). 포스트모더니즘이라는 이름 자체가 지금까지 독립적으로 발전해왔던 일군의 것들을 구체화시키지만, 그렇게 명명됨으로써 독립적으로 발전해왔던 현상들이 발달 초기부터 이미 포스트모더니즘 자체를 잉태하고 있었으며, 이제는 한 걸음 더 나아가 그것의 다양한 계보를 풍요롭게 기록할 수 있게 되었음을 입증하게 된다. 상부구조에 충격을 가하여 토대에까지 영향을 미치는 번개와 마찬가지로, 이름을 부여하는 지고의 행위가 어떤 물질들을 반짝이는 덩어리나 용암의 표면으로 변화시키는 물질적 힘을 지녔다고 하는 것은 단순히 사랑이나 크라튈로스의 철학cratylism 혹은 식물학에만 등장하는 이야기가 아니다. 비록 많은 것들이 실제로 변했고 또 그 변화가 항구적인 것처럼 보이더라도, 그 변화가 논리적으로 의심스럽고 믿음직스럽지 못한데도 불구하고 경험에 의존하여 변했다고 말하는 것은, 돌이켜 보면 새로운 이름으로 인해 변화했다고 느꼈던 것에 대해 권위를 회복시켜주는 일이다. 왜냐하면 우리가 이제 그 변화에 대해 붙일 수 있는 이름을 가지게 되었고, 사람들이 그 이름을 사용함으로써 그것을 인정하는 듯하기 때문이다. **포스트모더니즘**이라는 단어의 성공 스토리는 분명 출판되어야 한다. 그것도 베스트셀러 형태로 말이다. 이러한 언어적인 차원의 새로운 사건은 신조어 만들기를 통해 회사의 합병과 유사한 리얼리티 효과를 창출해내기도 하는데, 이는 미디어 사회가 안고 있는 기이한 현상이라 할 수 있다(이러한 미디어 사회의 현상에 대한 연구가 반드시 필요하며, 미디어 언어학과 같은 전적으로 새로운 하위 학문 분과도 만들 필요가 있다). 그동안 알지도 못했던 **포스트모더니즘**이라는 단어를 우리가 왜 필요로 하게 되었는지, 그 말이 나타나자마자 왜 생각지도 못했던 다양한 사람들이 달려들어 그것을 수용했는지는 미스터리다. 아마도 이 문제는 우리가 포스트모더니즘이라는 개념의 철학적·사회적 기능을 파악하지 못한다면 풀리지 않을 것이며, 더 나아가 우리가 그 말의 철학적 기능과 사회적 기능 사이의 보다 심층적인 동일성을 파악하지 못한다면 그 문제에 대한 해답을 찾는 것 자체가 불가능할 것이다. 현재는 ('포스트구조주의' '후기산업사회' 혹은 이런저런 매클루언Marshall Mcluhan식의 용어들과 같은) 여러 정식들이 서로 경쟁하고 있지만, 그렇게 만족스러운 수준은 아니다. 이 용어들이 지나치게 (제각기 철학, 경제학, 미디어학 같은) 자신만의 학문 분과 영역에 한정되고 특화되어 있기 때문이다. 제아무리 많은 함의를 가지고 있다고 하더라도, 이런 정식들은 동시대 이후의postcontemporary* 삶에서 다양하게 특화될 영역들 사이의 중재자 위치를 차지하기에는 역부족이라 할 수 있다. 그러나 '포스트모던'이라는 말은 일상생활의 적당한 영역에서 충분히 환영받을 수 있을 것 같다. 이 용어에 내재된 문화적 공명은 단순히 미학적인 것이나 예술적인 것을 넘어 적당히 넓게 퍼져갈뿐더러,[4] 경제적인 것으로부터 적절히 이탈하는 동시에 (예를 들어 마케팅과 광고에서뿐만 아니라, 회사 조직 분야에서의) 새로운 경제적 요소와 혁신 들을 새로운 제목하에 재배치해주기도 하기 때문이다. 그런데 이 신조어는 자신만의 특별한 의미를 창출하지 못한 채, 단순히 기존의 것에

---

* 제임슨은 "postcontemporary"라는 용어를 다양한 의미로 사용하고 있다. 따라서 맥락에 따라 "동시대 이후" "현시대 이후" "근대 이후" "최근" "현재 이후" "최근 이후" "보다 최근" "포스트컨템퍼러리" 등으로 다양하게 번역했다.

대해 새로운 카탈로그를 만들어주거나 약호전환transcoding해주는 정도에 머물고 있지는 않다. 윤리적이고 정치적인 차원에서 이러한 신조어의 적극적 기능은 이들이 수행하는 새로운 작업에 있다고 할 수 있는데, 즉 모든 친숙한 것들을 새로운 언어로 다시 써서 변화를 이끌어내고 새로운 이상적 관점을 제공하는 동시에 기존의 정전canon적인 정서와 가치 들을 재구성하는 것이다. 만일 '포스트모더니즘'이 레이먼드 윌리엄스Raymond Williams의 기본적인 문화 분석 범주였던 "감정구조structure of feeling"에 상응하는 것이라면(그리고 그것이 윌리엄스의 또 하나의 핵심 분석 범주인 "헤게모니적"인 것이 되었다면), 그것은 근원적이고 집단적인 자기 변형과 구체제에 대한 수정 및 다시 쓰기를 통하여 그러한 자신의 지위를 만끽하기만 하면 된다. 그것은 분명 새로움을 보장해줄 것이며, 또한 지식인과 특정 이데올로그 들에게 신선하고 사회적으로 유용한 과제를 부여할 것이다. 그것은 또한 새로운 언어를 통해 표현될 어떤 것으로, 명확하지 않지만 불길하면서도 신명나는 약속을 포함한다. 근대modern와 모더니즘modernism 그리고 모더니티modernity(이 용어들을 어떻게 이해하건 관계없이)에 관한 모든 답답하고 지루하고 만족스럽지 못한 점들을 처리해줄 것이라는 약속 말이다. 다시 말해 이는 아주 작고 온화한 묵시록이거나 선선한 바닷바람 정도의 일인 것이다(게다가 이것이 처음이 아니라는 장점도 있다). 대상세계뿐만 아니라 주체성에 대해서도 전적으로 새로운 관점을 창출하게 될 이 거대한 다시 쓰기 작업은 부수적인 결과도 함께 가져온다. 앞서 잠시 이야기했던 것처럼 모든 것이 제 논에 물 대기처럼 될 수도 있고, 여기에서 제안된 분석은 자칫 일군의 적당히 낯선 제목으로의 약호전환 같은 작업으로 재흡수될 수도 있다.

하지만 포스트모더니즘이라는 이 새로운 개념의 근본적인 이데올로기적 과제는 새로운 형식의 관행과 사회적·정신적 습관 들(바로 이런 것들이 윌리엄스가 "감정구조"라는 개념을 통해 표현하고자 했던 것이라 나는 생각한다)을 최근 자본주의의 변화, 즉 새로운 전 지구적 노동분업화가 만들어낸 새로운 형식의 경제적 생산 및 조직과 연관시키는 작업이어야만 한다. 이 작업은 또한 내가 다른 논문에서 생산양식 차원에서의 "문화혁명"이라는 이름으로 일반화하고자 했던 것에 대한 다소 작고 지엽적인 판본이기도 하다.[5] 여기서도 마찬가지로 문화와 경제의 상호 관계는 일방통행로가 아닌 지속적인 상호작용과 피드백의 회로로 상정된다. (베버Max Weber의 관점에서는) 새롭고 내면 지향적이며 보다 금욕적인 종교적 가치가 점차 "새로운 인간"을 생산해냈으며 그 인간이 당시에 부상하던 '근대' 노동과정의 지연된 만족 구조 속에서 번성할 수 있었던 것과 마찬가지로, '포스트모던'은 아주 독특한 사회경제적 세계 속에서 살아갈 수 있는 포스트모던적 인간을 생산하는 것으로 간주된다. 우리가 이 독특한 사회경제적 세계의 구조와 객관적 특징과 필요조건 들을 적당히 설명할 수 있다면, 그것이 바로 현재 상황을 구성하는 틀이 되며, '포스트모더니즘'은 그 세계에 대한 하나의 반응으로 이해될 수 있다. 그리고 이것은 단순한 포스트모더니즘 이론보다 조금 더 결정적인 어떤 것을 제공해줄 것이다. 물론 여기에서 그러한 것을 제공하지는 않는다. 그리고 덧붙여야 할 것은 '문화'(경제적인 것의 표면이 드러날 정도로 너무 깊숙하게 파고들어가 외피가 사라지고 그 자체로 적나라하게 까발려질 수 있는 것이라는 의미에서의 문화)라는 개념 자체가 포스트모던적 발전의 한 양상으로, 마그리트René Magritte의 구두-발과 다르지 않다는 것이다. 따라서 불행하게도 내가 여기에서 요청하는 것처럼 보이는 하부구조에 대한 설명은 필연적으로 그 자체로 이미 문화적인 것이며, 또한 이미 포스트모더니즘 이론의 한 판본일 것이다.

포스트모더니즘에 대한 기존의 분석 논문(「후기자본주의 문화 논리」)을 큰 수정 없이 이 책에 재수록했다. 이 논문은 1984년 당시 큰 주목을 끌었는데, 이번에는 역사적 기록물로서의 관심도 더해질 것이다. 그 이후에 나타난 포스트모더니즘의 다른 특징들은 결론에서 논의될 것이다. 이어지는 논문* 역시 수정하지 않았다. 왜냐하면 그 글이 상당히 여러 책에 수록되어 있을뿐더러, 그 내용이 포스트모더니즘과 관련하여 여러 이론들의 찬반 입장을 설명하고 있는데, 그 이후로 다른 입장을 가진 상당히 많은 이론들이 발표되었으나 본질적인 맥락은 거의 똑같기 때문이다. 현재 상황에서 보다 근본적인 변화는, 예전에는 포스트모더니즘이라는 용어를 사용하지 않고도 충분히 자신의 이론을 전개할 수 있는 사람들이 많았으나, 이제는 거의 존재하지 않는다는 것이다.

이 책의 나머지 부분들은 기본적으로 네 가지 주제들을 중심으로 전개된다. 해석, 유토피아, 모더니즘의 잔재, 역사성이라고 하는 '억압된 것의 귀환returns of repressed'이 바로 그것이다. 이것들은 포스트모더니즘에 관한 내 최초의 논문인 「후기자본주의 문화 논리」에서는 분명한 모습을 취하고 있지 않았다. 해석의 문제는 새로운 텍스트성textuality의 본성으로 인해 제기된 것으로, 시각적 텍스트인 경우에는 예전 방식의 해석을 위한 여지를 남겨두지 않고, 시간적 텍스트인

---

* 2장 「포스트모더니즘 이론들」을 말하는 듯하다.

경우에는 시간의 '총체적 흐름total flow'* 속에서 해석할 수 있는 시간을 주지 않는다. 이에 대한 증거물들이 바로 비디오텍스트videotext와 누보로망nouveau roman이라 할 수 있다(누보로망은 소설에 나타난 가장 최근의 혁신적 변화이지만, 내 생각에 포스트모더니즘 '예술'의 새로운 짜임configuration 속에서 그것은 더 이상 중요한 형식이나 시장이 아니다). 반면에 비디오는 포스트모더니즘 공간 속에서 가장 부각되는 새로운 매체라 할 만하다. 즉 비디오는 그 자체로 전적으로 새로운 형식인 것이다.

유토피아는 공간의 문제로, 이 문제는 포스트모더니즘이라는 공간화된 문화 속에서 잠재적인 운명의 변화를 겪게 될 것이다. 만일 내가 여기에서 주장하는 바처럼 포스트모더니즘이 탈역사화된 것이며 또한 탈역사화하는 것이라면, 유토피아적 충동이 표현되도록 만드는 신경조직의 위치를 정확하게 찾아내는 것은 더욱 어려운 일이 된다. 유토피아적 재현은 1960년대에 엄청난 부흥기를 맞이했다. 만일 포스트모더니즘이 1960년대에 대한 대안이라고 한다면, 그리고 1960년대의 정치적 실패에 대한 보상이라고 한다면, 유토피아에 대한 질문은 변화를 상상할 수 있는 우리의 능력이 얼마나 남았는지에 대한 결정적인 시금석이 될 것이다. 최소한 우리는 여기에서 그러한 질문을 할 것이다. 그리고 그 질문을 포스트모던 시대의 가장 흥미로운 (그러나 가장 특징이 없는) 건물인 캘리포니아의 샌타모니카에 위치한 프랭크 게리Frank Gehry의 집을 향해 던져보고자 한다. 또한 그 질문을 시각 문화

---

* '총체적 흐름'은 레이먼드 윌리엄스가 텔레비전의 프로그램 배열 방식을 설명하기 위해 사용한 용어다. 그에 따르면 텔레비전 프로그램은 시청자를 하나의 채널에 고정시키기 위해 정교하게 계산된 하나의 흐름으로서 배치되며, 광고 역시 그러한 효과에 기여한다.

의 주변 혹은 그 배후에서 동시대의 사진과 설치예술을 향해 던질 것이다. 어쨌든 제1세계 포스트모더니즘에서 **유토피아적**이라는 말은 탈정치화되기보다는 (좌파의) 강력한 정치적 언어가 되었다.

만일 마이클 스피크스Michael Speaks가 옳다면, 그리고 순수한 형태의 포스트모더니즘이 존재하지 않는다면, 우리는 모더니즘의 잔재들을 새로운 각도에서 볼 필요가 있다. 즉 그것을 시대착오적인 것이 아닌 필연적 실패로서 이해하는 것이다. 이 실패는 특정한 포스트모던의 기획을 역사적인 맥락 속에 다시 각인시키는 동시에, 모더니즘에 대한 질문들을 다시 열어놓음으로써, 모더니즘 자체를 재검토할 수 있는 기회를 제공해준다. 물론 여기서 근대를 재검토하진 않을 것이다. 하지만 모더니즘의 잔여물과 그 가치들, 예를 들어 (벤투리Robert Venturi와 드 만Paul de Man이 말하는) 아주 악명 높은 아이러니 내지는 총체성과 재현의 문제와 같은 것들은, 나의 지난 논문「후기자본주의 문화 논리」에서 독자를 많이 괴롭혔던 주장 중 하나를 파고들 수 있는 기회를 제공해준다. 즉 '포스트구조주의poststructuralism' 혹은 단순히 '이론'이라고 칭해졌던 것들이 그저 포스트모더니즘의 하위 변종에 불과한 것이거나, 아니면 최소한 사후적으로라도 그런 것으로 입증될 수밖에 없다는 주장 말이다. 이론 혹은 번거롭지만 내가 좀더 선호하는 용어인 '이론적 담론'은 포스트모던의 예술이나 장르 들 가운데에서 특권화되진 않았더라도 아주 독특한 지위를 차지한다. 특히나 그것은 시대정신의 중력이 무시되거나 더 이상 존재할 수 없을 것만 같은 곳에서도, 학파나 (사회 혹은 예술) 운동이나 심지어 아방가르드까지도 생산해낼 수 있는 특별한 능력을 가졌기 때문이다. 불균형하게 긴 두 장에서는 미국에서 가장 성공적이었던 이론적 아방가르드

라 할 만한 이론을 검토할 것이다. 바로 해체주의deconstruction와 신역
사주의New Historicism로, 이 두 이론에 내재된 모더니티와 포스트모더
니티의 흔적을 분석해보고자 한다. 시몽Claude Simon의 오래된 개념인
'누보로망' 역시 이런 구별의 대상이 될 수도 있다. 하지만 우리가 어
떤 대상들을 모던이나 포스트모던, 혹은 젠크스Charles Jencks의 구별
에 따라 "후기모던"이나 "이행기"적 범주로 구분하고자 하는 충동으
로 인하여, 이 모든 범주들이 텍스트 내에 위치할 수 있는 모순적인 모
델을 세우지 않는다면, 누보로망의 구별은 우리에게 그다지 큰 소득
을 안겨주지는 못할 것이다.

어쨌든 이 책은 '포스트모더니즘'에 대한 개관은 아니다. 포스트모
더니즘 개론서 또한 아니다(처음에는 그러한 개론서가 가능할 것이라고
항상 생각했지만 말이다). 또한 포스트모더니즘의 특징에 대한 텍스트
적 표현이나 포스트모더니즘의 최고 **전범**들을 모아놓은 것도, 그것의
주요 특징들에 대한 '해설'도 아니다. 전범이나 해설이 되기 위해서는
포스트모더니즘의 특징이나 본보기 혹은 예증과 관련되어야만 한다.
하지만 이 책은 포스트모던 텍스트 그 자체의 본성과 관계한다. 다시
말해서 무엇보다도 **텍스트**로서의 본성에 집중한다는 뜻이다. 왜냐하
면 텍스트라는 말은 예전의 '작품'을 대체하는 포스트모던적 범주이
자 현상이기 때문이다. 사실 포스트모던의 엄청난 변화들 중에는 묵
시록적인 것이 갑자기 장식적인 것으로 변해버린 (최소한 '집 주변에서
흔히 볼 수 있는 어떤 것'으로 갑자기 축소돼버린) 것들이 있는데, 그중
하나가 헤겔Georg W. F. Hegel의 전설적인 선언인 "예술의 종언"이다.
이것은 모더니즘의 궁극적인 반미학적 혹은 초미학적 소명을 암시하
는 일종의 경고성 개념으로, 모더니즘이 예술 이상의 그 무엇이 (종교

나 심지어 좁은 의미에서의 '철학'이) 되어야 한다는 것이다. 그러나 예술의 종언은 이제 겸허하게도 '예술 작품의 종언'과 텍스트의 도래라는 공식으로 축소되어버렸다. 하지만 텍스트의 도래는 비평이라는 닭장을 일대 혼란 속에 빠뜨렸고, 그 결과 '창작'이라는 닭장마저도 뒤흔들게 되었다. **텍스트**와 **작품** 사이에 존재하는 근본적인 간극과 통약 불가능성이 의미하는 바는 이런 것이다. 어떤 표본 텍스트를 선택하여 그 텍스트가 대표적인 특수representative particular라는 보편화의 무게를 감당하도록 만든다면, 이는 그 텍스트를 부지불식간에 예전의 지위로 되돌려보내는 꼴이 된다. 즉 포스트모던 시대에는 존재하지 않는다고 여겨지는 작품이라는 지위로 되돌려보내는 것이다. 사실상 이것이 포스트모더니즘의 하이젠베르크Werner K. Heisenberg 원리, 즉 불확정성의 원리이며, 이와 씨름하게 될 어떤 이론가에게도 가장 난해한 재현의 문제이다. 이 문제를 해결할 수 있는 길은 결코 끝나지 않을 슬라이드 쇼, 즉 무한으로 연장된 '총체적 흐름'을 통하는 방법뿐일 것이다.

이 책 본론의 마지막 장에서도 텍스트와 재현에 관한 문제는 마찬가지로 적용될 수 있다. 이 장에서는 최근 영화 몇 편과 더불어 역사의 재현에 대한 최근의 새롭고 알레고리적인 방식에 대해서 언급할 것이다. 이 장의 제목에 사용되고 있는 **향수**nostalgia라는 단어는 일반적인 의미와는 다르게 사용된다. 그래서 다소 예외적이기는 하지만 '향수 영화nostalgia film'라는 표현에 대해 미리 한마디하고 싶다(이와 관련된 다른 반론에 대해서는 결론에서 충분히 다룰 것이다). 왜냐하면 이에 대해 몇몇 오해가 있기 때문이다. 사실 내가 이 용어를 만들었는지는 기억하지 못한다. 그럼에도 불구하고 그 용어는 나에게 여전히 중요하다. 만약 그 용어가 지칭하고 있는 최근 유행하는 역사주의 영화가 한때 향수라고 불렸던 오래된 갈망을 열정적으로 표현하고 있는 것이 아님을, 오히려 그 반대임을 우리가 이해하고 있다면 말이다. 그 영화들은 탈개인화된 시각적 호기심이자 1920년대와 1930년대의 '억압된 것의 귀환'이라 할 수 있는데, 이 귀환은 일종의 '정동 없는' 귀환이다(다른 곳에서 나는 이를 "향수 장식nostalgia-deco"*이라고 규정했다). 어쨌든 이러한 용어를 회고적인 방식으로 되돌아가서 수정하느니, 차라리 포스트모더니즘이라는 단어를 전혀 다른 단어로 대체하는 편이 더 나을지도 모른다.

말이 나온 김에 연관된 결론들의 '총체적 흐름' 안에서, 나의 입장에 대한 몇몇 습관적이지만 그래도 다소 진지한 반론이나 오해 들을 언급해보고자 한다. 또한 이 주제에 관한 평판 좋은 책이라면 언급해야 하는 정치, 인구학, 유명론, 매체, 이미지 및 기타 주제들에 대해서도 다룰 것이다. 특히 몇몇 독자는 나의 포스트모더니즘 논문에서 핵심 요소가 빠져 있다고 (올바르게) 지적했는데, 이에 대한 해결책을 제공하려 시도했다. 다시 말해서 내 논문에는 사실 '에이전시agency'**의 문제에 대한 설명이 없는데, 나는 이를 오래된 러시아 이론가 플레하노프 Georgi V. Plekhanov를 따라 이 실체 없는 문화 논리에 대한 "사회적 등가물"의 결여라고 부르고 싶다.

---

* 제임슨의 저서 *Signatures of the Visible*(1992), pp. 157~62[『보이는 것의 날인』, 남인영 옮김, 한나래, 2003]를 참조하라.
** "agency"는 문맥에 따라 주체의 의식/무의식적인 "실천능력" 혹은 그런 능력을 가진 "행위자"로 번역될 수 있다. 그러나 하나의 단어로 이 두 가지 의미를 모두 포괄할 수 없기 때문에 "에이전시"로 음역했다.

에이전시 문제는 이 책 제목의 또 다른 부분인 "후기자본주의" 문제와 연관되며, 이에 대해서는 보다 심도 깊게 이야기할 필요가 있다. 특히 사람들은 그것이 마치 일종의 기호처럼 기능하며, 전문가들에게조차 명확하지 않을 정도로 의도이자 결과라는 짐을 짊어지고 있는 것처럼 보인다고 지적하기 시작했다.[6] 사실 나도 그 슬로건을 좋아하지 않으며, 가능하면 적당한 유사어로 바꾸어 쓰려고 노력하고 있다(즉 '다국적 자본주의' '스펙터클 혹은 이미지 사회' '매체 자본주의' '세계체제' 심지어는 '포스트모더니즘'이란 말로 바꾸어 쓰고 있다). 그러나 우파가 (좌파의 경제 분석이 자신들의 분석과 겹칠뿐더러, **후기산업사회**와 같은 용어들은 후기자본주의와 가족 유사성을 가지고 있음에도 불구하고) 자신들에게 위험해 보이는 개념이나 말하는 방식을 꼬집어내듯이, 이 특정한 이데올로기적 투쟁의 영역은 (불행하게도 아무도 선뜻 그 방향으로 나서려고 하지는 않지만) 분명한 토대가 있으며 지킬 만한 가치가 있어 보인다.

내가 아는 한 **후기자본주의**라는 용어의 일반적 사용은 프랑크푸르트학파로부터 발원한다.[7] 아도르노와 호르크하이머의 책에는 도처에서 발견되며, 종종 자신들이 만들어낸 유사한 용어들(예컨대 "관리사회administered society")과 병용된다. 좀더 베버적인 이 관리사회라는 말은 전혀 다른 개념과 연관되며, 근본적으로는 그로스만Henryk Grossman과 폴록Friedrich Pollok에게서 연원한 것으로, 두 가지 본질적인 특징을 강조한다. (1) (푸코적인 의미의 감시망 개념이 나타나기 이전의 보다 악몽 같은 형식으로서의) 관료주의적 통제의 편향적 관리망. (2) ('국가자본주의' 같은) 정부와 산업의 관계에 대한 해석으로, 나치즘이나 뉴딜 정책이 이런 체계와 연관된다(그리고 몇몇 다소 관대한 사회주의나 스탈린주의적Stalinist 사회주의 형식도 이것 위에 만들어진 듯하다).

그런데 최근 광범위하게 사용되고 있는 **후기자본주의**라는 용어는 앞선 용어들과는 상당히 다른 함의를 지닌다. 국가 부문이나 관료주의화가 특별히 더 확장되고 있지 않다는 점에서 그렇다. 후기자본주의는 마치 단순히 '자연스러운' 삶의 현실처럼 보인다. (레닌이 자본주의의 "독점 단계"라고 명명했던 것과 여전히 거의 유사해 보이는) 이전 단계와 비교해볼 때, 후기자본주의라는 새로운 개념의 발전이 갖는 특징을 단순하게 독점자본주의 시대를 뛰어넘는 새로운 형식의 기업 조직(다국적 혹은 초국적 기업)의 등장으로만 치부할 수는 없다. 무엇보다도 지금의 자본주의는 여러 식민 강국 사이의 경쟁 관계에 한정되었던 이전 제국주의와는 근본적으로 다른 세계 자본주의 체제에 대한 비전을 가지고 있다. 잠시 신학적으로 표현한다면, (마르크스가 『정치경제학 비판 요강Grundrisse』에서 자본주의의 궁극적 지평은 "세계시장"이라고 반복적으로 주장했음에도 불구하고)[8] '후기자본주의'에 관한 다양한 개념들이 마르크스주의와 양립할 수 있는가에 대한 스콜라적인 논쟁은, 국제화라는 문제와 그것을 어떻게 설명해야 하는가(특히 '종속이론'이나 월러스틴Immanuel Wallerstein의 '세계체제' 이론의 핵심이 사회계급을 바탕으로 한 생산 모델인가에 대한 문제)를 중심으로 이루어진다. 이런 이론적 불확실성에도 불구하고, 우리는 이 새로운 체제에 대한 대강의 개념을 가지고 있다고 말하는 것이 정당해 보인다(이 개념이 바로 '후기자본주의'이며, 우리는 이를 통하여 현시대를 '후기산업사회'와 같은 개념이 강조하고자 하는 이전 시대로부터의 단절이나 파열 혹은 변이로 파악하기보다는, 이전 시대와의 연속성을 강조할 수 있게 된다). 앞에서 언급한 다국적기업의 형태 이외에도, 후기자본주의의 특징은 상당히 많다. 새로운 형태의 국제적 노동분업화, (제2세계와 제3세계의 막대한 부채를 포함하여) 현기증 날 정도로 역동적인 국제 은행 업무와 주식시장, (컨테이너 수송 같은 운송 체계를 포함한) 새로운 형식의 매체 간 상호 관계, 컴퓨터와 자동화, 생산 공장의 제3세계 이전 등이 바로 그것이다. 뿐만 아니라 전통적인 노동의 위기, 여피의 등장, 젠트리피케이션 등도 여기에 포함된다.

이런 현상에 대한 시대구분을 위해서는, 모든 종류의 보완적인 주전원 운동들epicycles을 포함할 수 있는 복잡한 모델을 만들 필요가 있다. 새로운 구조의 탄생을 위한 다양한 (종종 연관성이 없는) 선행조건들이 점진적으로 나타나는 과정과, (반드시 순차적이진 않지만) 모든 것이 엉겨서 하나의 기능적 체계로 통합되는 '순간'을 구별해야 한다. 이 순간은 순차적이라기보다는 프로이트적인 의미에서의 사후충격Nachträglichkeit에 가깝다. 즉 사람들은 새로운 체계의 역학을 오직 자신이 그것에 사로잡힌 이후에나 조금씩 알아가게 되는 것이다. 또한 (공장폐쇄나 상승하는 이자율과 같이 다양하면서도 상호 무관한 위기의 징후들로부터 파편적인 방식을 통해 간헐적으로 자신을 표현하는) 이 새로운 체계에 대한 집단의식의 발흥이 새로운 문화적 표현 형식의 등장과 정확하게 일치하는 것도 아니다(이렇게 본다면 레이먼드 윌리엄스의 "감정구조" 개념은 결국 포스트모더니즘을 문화적으로 설명해야만 하는 괴상한 방식이라는 생각이 든다). 즉 어떤 새로운 '감정구조'가 모두가 인정하는 지배적인 양식으로 결합되고 응결되기 이전에, 이미 그 감정구조를 형성할 수 있는 다양한 선행조건들이 존재하는 것이다. 그렇다고 감정구조의 전사前史가 경제의 전사와 반드시 일치하지는 않는다. 따라서 만델Ernest Mandel은 (여기에서 '후기자본주의'라 명명된) 자본주의의 세번째 단계인 이 새로운 "장기파동long wave"의 기본적인 기술적 선결 요건들은 제2차 세계대전이 종식될 무렵 완성되었다고 주장한다. 전쟁의 종결과 더불어 국제 관계가 재편되고 식민지가 해방되면서 새로운 세계경제 체제의 등장을 위한 초석이 깔린 것이다. 하지만 문화적인 측면에서 보자면, (당시 앞선 세대의 형식을 통해 재구성된 갖가지 기발한 모더니즘적 '실험들'과는 별개로) 새로운 시대를 위한 선결 요건들은 1960년대의 거대한 사회적·심리적 변화 속에서 발견된다. 당시야말로 정신구조mentalité의 차원에서 많은 전통적인 것을 일소해버렸던 시기였다. 따라서 포스트모더니즘 혹은 후기자본주의에 대한 경제적 준비는 1950년대에 시작된 것이다. 즉 전쟁으로 인한 소비재와 예비 부품의 부족 현상이 해소되고, (특히 미디어 관련) 신상품과 신기술이 개척되던 그 시기인 것이다. 반면에 새로운 시대의 정신적 아비투스habitus는 절대적인 단절을 요구했고, 그 단절은 세대 간 불화를 통해서 강화되었으며, 1960년대에 이르러 온전히 성취되었다(**그러한** 단절로 인해 경제적 발전이 멈춘 것은 아니다. 경제는 자신만의 층위에서 자신만의 논리에 따라 계속 발전했다). 이를 다소 고답적으로 말해보자. 이런 층위 간의 구별은 알튀세르Louis Althusser가 지겹도록 반복했던 바로 그것인데, 이는 헤겔적인 의미에서의 현재의 "본질적 단면도coupe d'essence"(문화평론가들이 사회적 삶의 각양각색의 모습들 속에 내재된 '포스트모더니즘'의 단 하나의 원리를 찾으려 했던 그곳)와 알튀세르적인 "지배적 구조structure in dominance"(다양한 층위들이 서로에 대해 반半자율성을 즐기며, 서로 다른 속도로 달리고, 불균등하게 발전하지만, 그럼에도 불구하고 하나의 총체성을 만들어내고자 공모하는 그곳)의 구별이다. 이에 더하여 피할 수 없는 재현의 문제가 있는데, '후기자본주의 일반'은 존재하지 않으며 다만 이런저런 구체적인 국가적 형식만이 존재할 뿐이라는 것이다. 그리고 아마도 북미 지역의 독자가 아니라면 어쩔 수 없이 나만의 특수한 설명을 미국 중심주의라 통탄할 것이다. 하지만 이런 비판은 짧았던 '미국의 세기 American Century'(1945~1973)가 새로운 체제의 온상이자 근원지였다고 한다면 다소 정당화될 수도 있다. 포스트모더니즘 문화 형식의 발전은 세계적 문화 양식이 된 최초의 북미 문화라 할 만하다.

여기에서의 두 층위, 즉 하부구조와 상부구조, 경제체계와 문화적 '감정구조'는 1973년 위기의 거대한 충격(석유파동, 국제 금본위제의 종식, '민족 해방 전쟁'이라는 거대한 파도의 실질적 종결, 전통적인 공산주의의 붕괴의 시작) 속에 응축적으로 나타났으며, 이 충격으로 인해 어두운 구름이 걷히면서 감춰져 있던 낯설고 새로운 풍경이 드러났다. 이 책에서 (보다 많은 수의 탐색과 가설적 설명을 포함하여)[9] 그려내고자 시도하고 있는 것이 바로 이 풍경이다.

그런데 시대구분이라는 이 문제는 '후기자본주의'라는 표현이 발산하는 신호와 전적으로 무관하진 않다. 이제 후기자본주의라는 말은 이데올로기적으로나 정치적으로나 부비트랩에 걸려버린 좌파의 로고가 되었기 때문에, 그 말을 사용하는 행위만으로도 그 속에 내재된 본질적으로 마르크스주의적인, 하지만 반대파들은 받아들이길 원치 않을 수도 있는 광범위한 사회적·경제적 주장을 암묵적으로 용인하는 것이 된다. 이런 의미에서 **자본주의**는 언제나 재미난 단어였다. 사실 좌파와 우파를 가리지 않고 모두가 동의하는 경제·사회 체계를 지칭하는 중립적인 단어인데도 불구하고, 이 단어를 사용하는 것만으로 명백한 사회주의자까지는 아니더라도 현실에 대해 다소 비판적이고 회의적인 입장을 취하는 사람으로 보인다. 그런데 우파 이데올로그나 목소리 큰 시장 추종자조차도 비슷한 함의를 가지고 이 말을 사용하고 있음은 물론이다.

'후기자본주의'도 여전히 자본주의라는 말과 유사한 측면을 가지고 있다. 물론 차이는 있다. 특히 후기라는 형용사는 우스꽝스럽게도 궁극적인 노화, 붕괴, 혹은 체제 그 자체의 죽음을 의미할 수밖에 없다 (그런데 이런 시간적 관점은 포스트모더니즘보다는 오히려 모더니즘에 해당되는 듯하다). 일반적으로 '후기'라는 말이 전달하는 바는 무엇인가 변했으며, 세상이 달라졌고, 우리가 생활세계의 변형을 경험했다는 것이다. 그리고 그 변화가 상당히 결정적이기는 하지만, 근대화와 산업화가 가져온 예전의 격변과 비교될 만한 건 아니다. 그 변화는 또한 눈에 띄지도 극적이지도 않지만, 그럼에도 불구하고 보다 철저하고 보다 광범위해서 상당히 지속적이다.[10]

이것이 의미하는 바는 **후기자본주의**라는 표현이 그 내부에 이 책 제목의 또 다른 절반인 문화적인 측면도 아울러 담아내고 있다는 것이다. 즉 후기자본주의는 포스트모더니즘이라는 문화적 층위에 대한 축자적 번역 같은 것일 뿐만 아니라, 이것이 표현하는 시간성은 이미 우리의 관심을 일상적이고 문화적인 층위에서의 변화로 이끈다. 따라서 포스트모더니즘의 중요한 특징이라 할 만한 토대와 상부구조 사이의 구별의 붕괴와 더불어, **문화적인 것**과 **경제적인 것**이라는 두 항이 서로 합쳐지고 결국 똑같아졌다고 말하는 것은, 자본주의의 제3단계에 이르러 토대가 새로운 역학을 통해 자신만의 상부구조를 생성하고 있다고 주장하는 것이나 다름없다. 후기자본주의라는 용어에 대하여 비非

전향적인 자세를 취하는 사람들이 (적절하게) 걱정하는 부분이 바로 이것일 수도 있다. 왜냐하면 이제 문화적인 현상을 논할 때조차 정치 경제학까지는 아니더라도 최소한 사업적인 차원에서 이야기해야 하는 의무가 생기기 때문이다.

포스트모더니즘 자체에 대해서 말하자면, 나는 그 용법을 체계화하 거나 그 용어에 대해 편리하게 사용할 수 있는 일관되고 간결한 의미를 부여할 생각은 없다. 왜냐하면 그 개념 자체가 아직은 논쟁 중이며, 내적으로도 상충되거나 모순된 부분이 있기 때문이다. 좋은 뜻에서건 나쁜 뜻에서건, 우리는 그 말을 사용하지 않을 수 **없다**고 주장할 것이 다. 그런데 여기서 나의 주장이 함의하는 바는 바로 이런 것이다. 즉 그 용어를 사용할 때마다, 우리는 그것에 내재된 내적 모순들을 조목 조목 따지고 그 말의 표상적 비일관성과 딜레마를 무대화시켜야 하는 의무를 갖는다. 몇 번이고 우리는 철두철미하게 이 모든 것을 감내해 야만 한다. **포스트모더니즘**은 그 의미를 최종적으로 결정해놓고 거리 낌 없이 사용할 수 있는 무언가가 아니다. 만약 그에 대한 개념이 존재 한다면, 그것은 그에 대한 우리 논의의 시작이 아닌 그 끝에서야 나타 날 것이다. 이것이 그에 대한 미성숙한 개념화와 같은 못된 짓을 예방 할 수 있는 **유일한** 조건이며, 이 말이 계속해서 생산적으로 사용될 수 있는 조건이다.

이 책에 모아 놓은 글들은 "사회적 형식의 시학The Poetics of Social Forms"*이라는 제목하에 진행되고 있는 보다 큰 기획의 끝에서 두번째

---

* "사회적 형식의 시학"은 1990년부터 최근까지 이어져온 제임슨의 거대한 학문 프로젝 트로, 제임슨 스스로 이 기획의 단계나 이에 포함되는 저서 목록을 명확하게 제시한 적 은 없다. 필립 웨그너Philip Wegner는 2014년 저서 『제임슨 시대구분하기*Periodizing*

파트의 세번째이자 마지막에 해당된다.

1990년 4월 더럼Durham에서

Jameson』에서 이를 다음과 같이 정리하고 있다.

(1) "신화와 내러티브에 대한 아직 제목이 붙지 않은 작업Unnamed work on Myth and Narrative"(미출간)

(2) "함의들: 알레고리의 화성학Overtones : the Harmonics of Allegory"(미출간)

(3) 『리얼리즘의 이율배반*The Antinomies of Realism*』(2013)

(4) 『단일한 근대성*A Singular Modernity*』(2002)〔황정아 옮김, 창비, 2020〕과 『모더니스트 논고*The Modernist Papers*』(2007)

(5) 『포스트모더니즘, 혹은 후기자본주의 문화 논리*Postmodernism or, the Cultural Logic of Late Capitalism*』(1991), 『후기 마르크스주의*Late Marxism*』(1990)〔김유동 옮김, 한길사, 2000〕

(6) 『미래의 고고학*Archaeologies of the Future*』(2005)

문화

1장 후기자본주의 문화 논리

지난 수년간을 특징지은 것은 전도된 천년왕국설이었다. 파국적인 혹은 구원의 의미를 담은 미래에 대한 경고가, (이데올로기의 종언, 예술이나 사회계급의 종언, 레닌주의나 사회민주주의 혹은 복지국가의 '위기' 등등) 이런저런 것의 종언이라는 의미로 대체된 것이다. 종합적으로 본다면, 이 모든 현상들이 아마도 우리가 점차 포스트모더니즘이라고 부르고 있는 것을 구성한다고 할 수 있다. 포스트모더니즘이 실존한다는 주장은 급진적 단절break or coupure에 대한 가설에 기대고 있는데, 이것은 대체로 1950년대 말이나 1960년대 초까지 거슬러 올라간다.

말 자체에 내포되어 있듯이, 이 단절은 대개 지난 100년간의 모더니즘 운동이 쇠퇴 내지는 소멸했음을 (혹은 모더니즘에 대한 이데올로기적이고 미학적인 거부를) 의미한다. 따라서 회화에서의 추상표현주의, 철학에서의 실존주의, 소설에서의 최종 재현 형식, 위대한 작가

주의 영화들, (월리스 스티븐스Wallace Stevens의 작품 속에서 제도화되고 정전화된) 시의 모더니즘 운동, 이 모든 것은 본격 모더니즘적high-modernist 충동의 마지막 찬란한 발화發花였으며, 이제 그 충동은 꽃이 떨어지는 동시에 소진되고 고갈되고 말았다. 그 뒤에 벌어진 일들을 일일이 열거하자면, 이는 경험적일 수밖에 없어서 무질서하고 이질적인 것으로 가득 찬 모습을 띠게 된다. 미술에서는 앤디 워홀Andy Warhol과 팝아트가 있는가 하면, 포토리얼리즘과 그 너머의 '신표현주의new expressionism'가 있다. 음악에서는 존 케이지John Cage의 시대가 있었을 뿐만 아니라, 필립 글래스Philip Glass와 테리 라일리Terry Riley 같은 작곡가들에 의해 시도되었던 고전과 '대중적' 스타일의 융합이 있었으며, 또한 펑크와 뉴웨이브 록(비틀스The Beatles와 롤링스톤스The Rolling Stones가 최근 급변하는 음악 전통에서 본격 모더니즘의 지위를 차지한다)이 있었다. 영화에서는 고다르Jean-Luc Godard와 포스트-고다르 그리고 실험영화와 비디오뿐만 아니라, 전적으로 새로운 종류의 상업 영화(이 부분에 대해서는 뒤에 좀더 다루겠다)가 나타났다. 문학에서는 한편으로는 버로스Edgar Rice Burroughs나 핀천Thomas Pynchon, 이슈마엘 리드Ishmael Reed가 있고, 다른 한편으로는 프랑스 누보로망과 그 계승자들이 있었으며, 아울러 텍스트성 내지는 에크리튀르écriture라는 놀라울 정도로 새로운 미학에 근거한 새로운 유형의 문학 이론이 등장했다…… 이 목록은 무한히 확장될 수도 있다. 하지만 이전의 본격 모더니즘의 지상 과제였던 형식적 혁신에 의해 주도되었던 양식과 유행의 간헐적 변화와 비교해볼 때, 앞에서 열거한 시도들이 진정한 의미에서의 근원적인 변화와 단절을 함의한다고 할 수 있을까?

그런데 미학적 생산에서의 변화가 가장 극렬하게 표출되었던 분야는 바로 건축이었으며, 이 분야의 이론적 문제가 가장 중심적으로 제기되고 분명하게 표현되었다. 조금 뒤에 개략적으로 설명하겠지만, 포스트모더니즘에 대한 나의 개념이 최초로 생겨나기 시작한 것은 건축 관련 논쟁이었다. 다른 예술이나 매체에서보다 훨씬 더 결정적으로, 건축에서 포스트모더니즘의 입장은 프랭크 로이드 라이트 Frank Lloyd Wright 혹은 소위 국제양식international style(르 코르뷔지에 Le Corbusier와 미스Ludwig Mies van der Rohe 등이 속한다)*으로 대표되는 건축의 본격 모더니즘에 대한 신랄한 비판과 불가분의 관계를 맺고 있다. (로버트 벤투리Robert Venturi의 표현대로 하자면, 건축을 가상의 조각이나 기념비적인 "오리"로 변형시키는 본격 모더니즘에 대한)[1] 형식적 비평과 분석은 도시계획 차원과 미학적 제도 차원에서의 건축에 대한 재고라 할 수 있다. 이에 따라 본격 모더니즘은 (새로운 유토피아적 본격 모더니즘 건축을 주변의 맥락으로부터 급진적으로 분리함으로써) 전통적인 도시 조직과 오래된 이웃 문화를 파괴한다는 혐의를 받게 되었으며, 동시에 모더니즘 운동의 예언가적 엘리트주의와 권위주의는 카리스마 넘치는 대가의 오만한 몸짓이라는 취급을 받게 되었다.

건축의 포스트모더니즘 선언문이라 할 만한 벤투리의 책 제목인 『라스베이거스의 교훈Learning from Las Vegas』이 암시하듯이, 건축에서 포스트모더니즘의 논리적 귀결은 일종의 미학적 포퓰리즘aesthetic

---

* '국제양식'은 1920년대와 1930년대 사이에 발생했던 모더니즘 건축의 한 양식으로, 미국 건축가 헨리-러셀 히치콕Henry-Russell Hitchcock과 필립 존슨Philip Johnson에 의해 처음 명명되었다. 이들에 따르면 국제양식의 세 가지 원칙은 다음과 같다. (1) 크기보다는 부피를 표현. (2) 대칭보다는 균형을 강조. (3) 장식의 배제.

populism이었다. 건축의 포퓰리즘 레토릭에 대해 평가하고 싶은 마음이 간절할지도 모르겠으나,[2] 벤투리의 책은 최소한 앞에서 열거한 모든 포스트모더니즘의 한 가지 근본적인 특징에 주의를 기울이도록 만든다. 그것은 이전의 고급문화와 소위 대중 혹은 상업 문화 사이의 (본질적으로 본격 모더니즘적인) 경계선이 와해되었다는 것이고, F. R. 리비스Frank R. Leavis와 미국 신비평부터 아도르노와 프랑크푸르트학파에 이르기까지 거의 모든 모더니즘 이데올로그가 핏대를 세워가며 비난했던 바로 그 문화산업의 형식과 범주 및 내용이 주입된 새로운 종류의 텍스트가 등장했다는 것이다. 사실 포스트모더니즘에 열광했던 것은 정확하게 바로 이 '타락한' 풍경의 거주자들이었다. 싸구려 복제품과 키치, 텔레비전 시리즈와 『리더스 다이제스트Reader's Digest』 문화, 광고와 모텔, 심야 토크쇼와 B급 할리우드 영화, 그리고 흔히 공항 페이퍼백이라 불리는 고딕소설, 로맨스소설, 대중적 자서전, 살인 미스터리, 과학소설, 판타지 등의 소위 대중문학이 바로 그것들이었다. 그것들은 기존 문학을 조이스James Joyce나 말러Gustav Mahler가 했을 법한 방식으로 단순하게 '인용'하는 것이 아니라, 아예 자신의 몸속으로 흡수해버린다.

앞서 말했던 단절을 순수하게 문화적인 문제로만 생각해서는 안 된다. 사실 포스트모더니즘에 대한 찬사건 아니면 도덕적 혐오와 비난의 언어로 표현된 것이건 간에, 포스트모더니즘 이론은 여러 야심만만한 사회학적 일반화와 아주 강한 가족 유사성을 가지고 있다. 그런데 동시에 이러한 사회학적 일반화는 우리에게 전적으로 새로운 유형의 사회가 도래하고 있다는 소식을 전해준다. 그중 가장 유명한 세례명은 바로 (대니얼 벨Daniel Bell의) "후기산업사회"이고, 또한 그 밖에 소비사회, 미디어사회, 정보사회, 전자사회, 첨단기술사회 등으로도 불린다. 이 이론들은 아주 명백한 이데올로기적 사명을 가지고 있다. 그것은 바로 이 새로운 사회구성체가 산업생산의 1차성과 계급투쟁의 편재성이라는 고전적 자본주의의 법칙을 더 이상 따르지 않는다는 사실을 설명해줌으로써, 스스로 안도감을 회복하는 것이다. 마르크스주의 전통은 그러한 이론들에게 격렬하게 저항해왔으나, 징후적인 예외가 하나 있으니 그가 바로 경제학자 에르네스트 만델이다. 그의 저서 『후기자본주의*Late Capitalism*』는 이 새로운 사회의 역사적 독창성(그는 현 시점을 자본의 진화 과정의 세번째 단계 또는 시기라고 보고 있다)을 해부하는 것을 넘어서, 현 단계가 이전의 어떤 단계보다도 더 순수해진 자본주의라고 설명한다. 이 주장에 대해서는 차후에 다시 논하기로 하고, 지금은 2장에서 주장하게 될 내용의 요점만 잠시 정리해두는 것만으로도 충분할 듯하다. 즉 문화에서의 포스트모더니즘에 대한 각각의 입장은 (그것이 변명이건 낙인이건 간에) **필연적으로** 현재의 다국적 자본주의의 성격에 대한 일종의 암묵적인 혹은 명시적인 정치적 입장 표명이 될 수밖에 없다는 것이다.

방법론에 대해 마지막으로 예비적 첨언을 하자면, 이어지는 내용은 스타일style*에 대한 설명, 즉 특정한 문화적 스타일이나 문화 운동에 대한 해설이 아니다. 나는 시대구분에 대한 한 가지 가설을 제공하고자 한다. 그것도 역사적 시대구분의 개념이 상당히 문제성 있다고 여

---

* 포스트모더니즘에 대한 제임슨의 설명 중에 가장 빈번하게 사용되는 단어가 바로 '스타일'이다. 하지만 이 단어를 일관성 있게 하나의 단어로 번역하기는 힘들다. 따라서 문학의 경우에는 "문체"로, 건축과 회화 등에서는 "양식"이나 "스타일" 등으로 맥락에 따라 다르게 번역했다.

겨지는 바로 이 시점에 말이다. 내가 다른 곳에서 주장했듯이, 모든 개별적이고 독립적으로 보이는 문화 분석은 언제나 감춰지고 억압된 역사적 시대구분 이론과 연관된다. 다시 말해 어느 경우에서건 '계보학'이라는 개념은 대개 소위 일직선적 역사, '단계' 이론, 그리고 목적론적 역사기술historiography에 관한 전통적인 이론적 염려들을 잠재운다. 그러나 현재의 맥락에서 그러한 (매우 실제적인) 쟁점에 대한 보다 긴 이론적 토론은 아마도 몇 가지 실체적인 언급으로 대체될 수 있을 것이다.

시대구분 가설이 종종 야기하는 걱정 중에 하나는, 그것이 차이를 삭제하고 역사적 시대를 (설명할 수 없는 순차적 변화와 마침표로 단단하게 묶인) 거대한 동일성으로 파악하려 한다는 것이다. 그러나 바로 이것이 내가 포스트모더니즘을 하나의 스타일이 아닌 문화적 지배종cultural dominant으로 파악하려는 이유다. 그리고 이 문화적 지배종이라는 개념을 통하여, 우리는 서로 매우 다르고 아직은 부차적인 다양한 특징의 출현과 공존에 대해 논의할 수 있게 된다.

예컨대 포스트모더니즘이 (보다 오래된 낭만주의까지는 아니더라도) 모더니즘의 또 다른 단계에 불과하다는 대안적 입장에 대해 생각해보자. 그렇다면 내가 지금 열거하고자 하는 포스트모더니즘의 모든 특징들은 (시대를 앞서 간 포스트모더니스트라 해도 무방한 거트루드 스타인Gertrude Stein, 레몽 루셀Raymond Roussel, 마르셀 뒤샹Marcel Duchamp 등과 같은 모더니즘 계보의 선구자들을 포함하여) 이런저런 형태의 모더니즘에서도 완전히 성숙한 모습으로 발견될 수 있다는 사실을 인정해야 할지도 모른다. 그러나 이런 관점이 고려하지 않은 것이 있는데, 이는 예전의 모더니즘이 차지하고 있는 사회적 지위이다. 즉 빅토리아 시대와 그 이후의 부르주아지는 모더니즘을 격렬하게 거부했는데, 그들에게 모더니즘의 형식과 도덕적 본질은 추잡하고 조화롭지 못하며 음란하고 수치스러운 것일뿐만 아니라 비도덕적이고 사회 전복적인 것으로, 한마디로 표현하면 '반사회적인' 것이었기 때문이다. 그런데 이후 문화 영역에서의 변화에 따라 그러한 빅토리아조의 태도는 고리타분해지고 말았다. 이제는 피카소Pablo Picasso와 조이스가 더 이상 추잡하다고 여겨지지 않을뿐더러, 전반적으로 그들은 오히려 '리얼리즘적'이라고 받아들여지기까지 한다. 그리고 이것이 1950년대 말부터 시작된 모더니즘 운동의 정전화 작업 및 학문적 제도화의 결과라는 건 재론의 여지가 없다. 이것이 아마도 포스트모더니즘의 발흥에 대한 가장 그럴싸한 설명일 것이다. 왜냐하면 1960년대의 청년 세대는 비록 한때는 저항적인 운동이었으나 이제는 죽은 고전이 되어버린 모더니즘 운동과 싸워야 했기 때문이다. 마르크스가 조금 다른 맥락에서 사용했던 말을 쓰자면, 젊은 세대에게 모더니즘은 "살아 있는 자의 머리를 악몽처럼 짓누르고 있는" 것에 지나지 않는다.

그렇지만 기성세대에 대한 포스트모더니즘의 반란에 대해 반드시 염두에 두어야 할 것은, 포스트모더니즘의 공격적 성격은 (텍스트의 불명료성과 노골적인 성적 소재부터 심리학적 불결함과 사회적·정치적 반항심의 명시적 표현에 이르기까지 다양한 특징이 있으며, 이것들은 본격 모더니즘의 가장 극단적인 상상력마저도 뛰어넘는 것이었으나) 이제는 그 누구에게도 수치심을 불러일으키지 못한다는 것이다. 그것은 자기만족감을 통해 수용되고 있을 뿐만 아니라, 이미 그 자체로 제도화되어 서구 사회의 공식적 문화 혹은 공공 문화와 한통속이 되어버렸다.

오늘날에는 미학적 생산이 상품생산 일반에 통합되어버렸다. (의류에서 비행기에 이르기까지) 한층 더 신기해 보이는 상품과 새로운 유행을 한층 더 빠른 주기로 만들어내야 한다는 경제적 압박은, 이제 미학적 혁신과 실험에까지 본질적으로 구조적인 기능과 위상을 부여하고 있다. 이러한 경제적 필요로 인하여, 새로운 예술에 대해서는 문화·예술 기금이나 보조금, 박물관이나 여러 다른 형식의 후원과 같이 다양한 종류의 제도적 뒷받침이 광범위하게 이루어지고 있다. 모든 예술형식 중에서도 건축은 구조적으로 경제와 밀접하게 연관될 수밖에 없는데, 수수료나 부동산 가격의 형태로 경제와 사실상 직접적인 관계를 맺게 된다. 따라서 다국적기업의 후원을 바탕으로 포스트모던 건축이 유별나게 번창하고 있는 것은 그리 놀랄 만한 일은 아니다. 또한 다국적기업이 몸집을 키워가며 발전하고 있는 상황 역시 엄밀하게 보면 포스트모던 건축의 발전과 그 궤를 같이 한다. 나중에 다시 이야기하겠지만, 건축과 다국적기업은 이런저런 개별 프로젝트에 대한 단순한 경제적 후원 이상의 보다 심층적인 변증법적 상호 관계를 맺고 있다고 봐야 한다. 하지만 여기에서 내가 독자에게 반드시 상기시켜주고 싶은 점은 다음과 같다. 이 전 지구적인 그러나 철저하게 미국적인 포스트모던 문화는 세계에 대한 미국의 군사적·경제적 지배라는 전적으로 새로운 물결의 내적·상부구조적 표현이라는 것이다. 이런 의미에서 계급의 역사를 통해 알 수 있듯이, 포스트모던 문화의 이면은 피와 고문과 죽음과 테러로 얼룩질 수밖에 없다.

지배적 구조를 띠고 있는 시대구분의 개념에 대해 이야기할 첫번째 사항은, 모든 포스트모더니즘의 구성적 특징이 예전의 모더니즘과 동일하거나 연속선상에 있다고 하더라도(내 생각에 이 주장에는 설명적 오류가 있지만, 모더니즘의 본질에 대해 보다 정밀한 분석을 한다면 충분히 극복할 수 있을 것이다), 모더니즘과 포스트모더니즘은 의미나 기능적인 측면에서 철저하게 구별된다는 것이다. 그 이유는 포스트모더니즘이 후기자본주의 경제체제에서 차지하고 있는 위상이 매우 다르며, 또한 현대 사회에서 문화 영역이 예전과는 다른 형태로 변형되었기 때문이다.

이 점에 대해서는 이 책의 결론에서 보다 심도 깊게 논의하기로 하고, 지금은 시대구분에 대해서 제기되는 또 다른 반론에 관해 잠시 언급해보자. 이는 좌파가 가장 많이 이야기하는 것으로, 시대구분이 특정 시대의 내적 이질성을 삭제해버릴 가능성이 있다는 우려이다. 그런데 이 반론에는 이상한 의사擬似-사르트르적인 아이러니가 있다. 즉 '이기는 것이 지는 것이다'라는 논리다. 이는 현대 사회의 학문 운동 속에서 발견되는 것과 마찬가지로, 하나의 '체계'를 설명하려는 시도나 총체화할 수 있는 역학 체계를 만들려는 모든 노력을 둘러싸고 흔히 나타난다. 예를 들어 푸코의 원형감옥에 대한 설명과 같이, 점증적으로 총체화되는 체계나 논리에 대한 비전이 강력하면 강력할수록, 그것을 읽는 독자는 점점 더 무기력감에 빠지게 된다는 것이다. 이론가가 이긴다는 것은 점점 더 폐쇄적이고 공포스러운 사회적 기계를 효과적으로 구성해내는 것이며, 따라서 결과적으로 그만큼 그 이론가는 패배할 수밖에 없게 된다. 왜냐하면 그의 분석에 내재된 비판 능력이 마비될 수밖에 없으며, 또한 이런 이론적 모델에 직면하게 되면 사회적 변혁은 고사하고 부정이나 저항을 향한 충동마저도 점차 무의미하고 사소한 것으로 인식될 수밖에 없기 때문이다.

그러나 진정한 차이를 평가하기 위해서는 반드시 지배적인 문화 논리나 헤게모니적 규범이라는 개념이 필요하다는 것이 나의 생각이다. 물론 오늘날의 모든 문화 생산이 다 '포스트모던'적이라고는 생각하지 않는다. 이는 우리가 생각할 수 있는 포스트모던의 가장 광범위한 의미에서조차 그렇다. 포스트모던은 일종의 세력장force field이라 할 수 있으며, 레이먼드 윌리엄스가 문화 생산에 있어서 "잔여적인residual"것과 "부상적인emergent" 것이라고 명명했던 다양한 종류의 문화적 충동이 공존하는 공간이다. 만일 우리가 문화적 지배종에 대한 일반적 의미를 손에 넣을 수 없다면, 우리는 현재의 역사를 순수 이질성과 무작위적 차이의 공간, 아무런 결과도 도출할 수 없는 다수의 독립적 세력이 공존하는 공간으로 보게 될 수도 있다. 어쨌든 이어지는 분석을 하게 된 정치적 동기는 다음과 같다. 새로운 체계적 문화 규범과 그 재생산에 대한 개념을 기획하는 것이다. 그리고 이는 오늘날 급진적인 문화정치학의 가장 효율적인 형식이 무엇인가에 대해 좀더 타당한 방식으로 숙고하기 위해서이다.

포스트모더니즘의 구성적 특징에 대한 분석은 다음에 열거된 순서를 따르고자 한다. 첫째, 새로운 깊이 없음. 이는 두 가지 형태로 발현되는데, 최근의 '이론'과 전적으로 새로운 이미지 혹은 시뮬라크럼simulacrum 문화가 그것이다. 둘째, 그에 따른 역사성의 쇠퇴. 이는 우리가 공적 역사와 맺는 관계에서뿐만 아니라 우리의 사적 시간성private temporality에 대한 새로운 형식 속에서도 발견되는 것으로, 특히 우리의 사적 시간성의 (라캉Jacques Lacan의 표현을 따르자면) "정신분열적" 구조는 보다 시간성에 기반한 예술 속에서 새로운 유형의 문법적 혹은 연접적 관계를 창출하게 된다. 셋째, 전적으로 새로운 유형의 정서적 토대emotional ground tone. 나는 이를 '강렬함intensities'이라고 부르고자 하는데, 이는 숭고함에 대한 고전적인 이론을 통해서 보다 명확하게 파악될 수 있을 것이다. 넷째, 이 모든 것이 전적으로 새로운 과학기술과 맺는 심층적인 구성적 관계. 여기에서 새로운 기술은 그 자체로 새로운 세계경제 체제에 대한 하나의 비유라 할 수 있다. 마지막으로, 건축 공간에 대한 실제 경험에서의 포스트모던적 변화에 대해서 간단히 설명한 후, 후기자본주의 내지는 다국적 자본주의라고 명명되는 이 혼란스럽고 새로운 세계 공간 속에서 정치적 예술의 사명은 무엇인지 고찰해보고자 한다.

I

시각예술에서 본격 모더니즘의 정전 중에 하나인 반 고흐Vincent van Gogh의 유명한 작품인 농부의 구두 그림에서 시작해보자. 물론 예상하다시피 이 작품을 순진한 척하며 아무렇게나 고른 것은 아니다. 나는 이 작품을 읽는 두 가지 방식을 제안하고 싶다. 이 두 독법은 어떤 측면에서 보면 작품에 대한 수용 방식을 두 단계 혹은 두 층위의 과정으로 재구성하게 될 것이다.

지금껏 수없이 복제되어왔던 이 이미지가 순전히 장식품 수준으로 전락한 것이 아니라면, 우리는 먼저 이 그림의 완성작이 탄생하게 된 최초의 상황을 재구성할 필요가 있다. 이미 과거 속으로 사라져버린 그 상황이 정신적인 차원에서나마 어느 정도 복원될 수 없다면, 이 작품은 죽어버린 대상체가 되고 만다. 즉 그 자체로 하나의 상징적 행위symbolic act*로서 혹은 실천이나 생산으로서 파악될 수 없는 사물화

reification되어버린 상품 말이다.

어떤 작품이 상징적 행위 혹은 실천이나 생산으로서 파악될 수 있다는 것은 그 작품이 생산된 최초의 상황을 재구성하는 하나의 방식을 제시한다. 하나의 예술 작품은 그 작품이 생산된 최초의 상황에 대한 반응으로 파악되며, 따라서 그 작품이 대면하면서 재구성하고 변형시키고 전유하는 최초의 내용물인 원자재를 드러냄으로써 그 상황을 재구성할 수 있는 것이다. 고흐의 그림에서의 내용물, 즉 최초의 원자재는 내가 보기에 비참하고 가난에 찌든 농촌이라는 대상세계 그 자체가 아닐 수 없다. 다시 말해 농부의 허리를 휘게 하는 고단한 노동으로 가득 찬 미발전된 인간세계이자, 야만적이고 위협적이며 원시적이고 주변화된 상태로 축소되어버린 세계가 바로 고흐가 대면하고 있는 최초의 상황인 것이다.

이러한 세계 속의 과일 나무는 척박한 토양에서 빠져나온 아주 오래되고 진 빠진 막대기에 지나지 않는다. 마을 사람들은 해골이 드러날 정도로 수척하여, 인간의 기본적인 특징만을 아주 그로테스크하게 간직하고 있는 캐리커처처럼 보인다. 그렇다면 어떻게 하여 고흐의 그림에서 사과나무 같은 사물들이 색깔의 환각적 표면 속으로 폭파되어버리고, 농촌 마을의 전형적인 풍경들이 갑작스럽게 요란스러운 붉고 푸른 색조로 뒤덮이게 되었을까? 이에 대해 짧게 답해보자. 이 첫번째 해석에 의하면, 이 그림은 단조로운 농부의 대상세계를 의도적이고 폭력적으로 변형시켜 유화물감의 순수한 색깔을 통해 화려한 물질

---

* 제임슨은 예술과 문화적 생산물을 사회적 모순을 상징적으로 해결하고자 하는 "상징적 행위"로 파악한다. 이에 대한 보다 자세한 논의는 그의 책 『정치적 무의식』 1장을 참조하라.

적 형식을 부여하는데, 이는 일종의 유토피아적 제스처로 볼 수 있다. 즉 전적으로 새로운 감각의 유토피아(최소한 최고의 감각기관인 시야와 시각과 눈의 유토피아)의 생산으로 귀결된 일종의 보상 행위인 것이다. 이 감각의 유토피아는 이제 자신만의 반+자율적 공간으로 재구성된다. 이 공간은 자본주의 체제 내부에서 발생하는 새로운 노동분업화에 대한 표상이자, 자본주의의 전문화와 분업화 현상을 그대로 복제하고 있는 새로운 감각중추의 파편화fragmentation에 대한 표상인 동시에, 바로 그 파편화 속에서 그에 대한 유토피아적 보상을 필사적으로 찾아내고자 하는 몸짓인 것이다.

당연한 말이지만, 고흐에 대한 두번째 해석도 존재한다. 이는 특히 그의 구두 그림을 응시할 때면 우리가 절대 무시할 수 없는 해석으로, 하이데거Martin Heidegger의 『예술 작품의 근원Der Ursprung Des Kunstwerkes』에서 중심적으로 분석하고 있는 바로 그것이다. 이 책의 중심 아이디어는 땅과 세계 사이의 간극 속에서 예술 작품이 탄생한다는 것이다. 나는 하이데거가 말하는 이 간극을 몸과 자연의 무의미한 물질성과, 역사와 사회에 의한 의미 부여 사이의 간극이라고 번역하고 싶다. 이 간극 혹은 틈의 구체적인 의미에 대해서는 차후에 다시 돌아오기로 하고, 여기에서는 하이데거의 유명한 구절을 상기시키는 정도로 충분할 것 같다. 하이데거의 이 문장은 그 유명한 농부의 신발이 한때 자신이 실제로 놓여 있던, 하지만 지금은 사라져버린 전체 대상 세계를 재창조하는 과정에 대한 모델을 제공해준다. 하이데거는 말한다. "농부의 구두 속에는 대지의 조용한 부름과, 무르익어가는 옥수수라는 대지의 고요한 선물, 그리고 황갈색 겨울 들판의 황량함 속에 스며 있는 대지의 신비스러운 자기부정이 공명한다." 그가 계속해서 말하길, "이러한 도구는 **대지**에 속한다. 그리고 그것은 농촌 아낙네들의 **세계** 속에서 보호받는다. 〔……〕 고흐의 그림은 그 도구, 즉 농부의 구두 한 켤레가 진실로 무엇**인지**에 대한 폭로다. 〔……〕 이 구두는 자기 존재의 드러냄 속으로 나타난다."[3] 존재의 드러냄을 가능케 하는 것은 바로 예술 작품의 매개를 통해서다. 예술 작품은 모든 부재하는 세계와 대지를 드러냄 속으로 끌어들인다. 즉 농촌 아낙의 무거운 발걸음, 벌판길의 쓸쓸함, 개간지의 오두막, 밭고랑과 화로 옆에 버려진 낡고 닳아빠진 농기구, 이 모든 것을 고흐의 구두가 소환하고 있는 것이다. 하이데거의 이야기는 예술 작품에 의한 물질성의 갱신에 대한 설명을 통해 보완될 필요가 있다. 즉 예술 작품은 대지 그 자체와 길과 물리적 대상이라는 물질성의 한 형식을 유화물감이라는 다른 물질성으로 변형시키는데, 유화물감은 그 자체로서뿐만 아니라 그것이 지닌 시각적 즐거움으로 인해 인정받고 전경화된다. 하지만 이런 부연 설명이 아니더라도 하이데거의 설명은 만족스러운 개연성을 가지고 있다.

어쨌든 앞의 두 가지 독해는 **해석학적**이라 할 수 있다. 여기에서 해석학적이라는 건 움직이지 않는 객관적 형식을 가지고 있는 예술 작품이 보다 광대한 현실에 대한 실마리나 징후로 간주됨으로써, 그 현실이 예술 작품의 궁극적 진리가 된다는 뜻이다. 이 시점에서 전혀 다른 종류의 신발을 한번 살펴보자. 현대 시각예술 분야의 중심인물이라 할 수 있는 이 사람의 최근작에서 그러한 이미지를 빌려올 수 있다는 것은 즐거운 일이 아닐 수 없다. 앤디 워홀의 「다이아몬드 가루 신발Diamond Dust Shoes」이 바로 그것인데, 이 작품은 분명 고흐의 신발만큼 직접적으로 우리에게 말을 걸지는 않는다. 사실 나는 이 작품이 우리에게 아무 말도 하지 않는다고 말하고 싶다. 이 그림의 어떤 것도 관람객을 위한 최소한의 자리조차 마련해주지 않는다. 관람객은 불가해한 자연 대상체의 우연성을 모두 간직하고 있는 박물관의 복도나 갤러리의 모퉁이에서 그 그림을 목도한다. 내용의 차원에서 보자면, 우리는 훨씬 더 분명하게 프로이트와 마르크스적인 의미에서의 물신fetish과 마주하게 된다(어디에선가 데리다는 농부의 구두에 대한 하이데거의 해석을 언급하면서, 고흐의 구두는 이성애적인 한 쌍으로 도착이나 물신화를 허락하지 않는다고 말했다).* 하지만 워홀의 작품에서 우리가 보는 것은 무작위로 모아놓은 죽은 사물들이다. 그것들은 마치 아우슈비츠에 남겨진 신발 더미나 사람들로 가득 찬 무도회장에서 일어난 알 수 없는 비극적 화재의 잔해처럼, 때 이르게 생명을 박탈당한 채 캔버스 위에 무말랭이처럼 걸려 있다. 따라서 워홀의 그림에서는 해석의 몸짓을 완성할 수 있는 방법이 없으며, 지금 여기에 잔재처럼 남아 있는 신발들이 한때 존재했던 무도회장이나 제트족jetset의 패션 혹은 통속 잡지와 같은 보다 큰 삶의 맥락을 복원시킬 수 있는 방법도 없다. 그런데 화가의 전기적인 관점에서 보자면 이는 좀더 역설적이다. 워홀은 구두 패션계의 상업적 삽화가로 처음 예술가로서의 경력을 시작하여, 쇼윈도에 여성 구두와 슬리퍼를 진열하는 디자이너로도 활동했다. 이쯤에서 다소 성급한 독자들은 포스트모더니즘과 그것의 정치적 차원에 관한 핵심적 질문을 제기하고 싶을 것이다. 앤디 워홀의 작업은 사실 상품화를 중심으로 이루어지고 있으며, 코카콜라 병이나 캠

---

* 다음 책을 참고하라. Jacques Derrida, *The Truth in Painting*, Geoffrey Bennington and Ian McLeod, trans.(Chicago: U of Chicago P, 1987).

벨 수프 통조림을 그린 거대한 광고판 이미지는 분명 후기자본주의로 이행하는 상품 물신주의를 전경화시키는 것이기에, 그 자체로 강력하고 비판적인 정치적 진술이 **되어야 하기** 때문이다. 만약 그런 것이 아니라면 그 이유가 궁금할 수밖에 없으며, 또한 후기자본주의의 포스트모던 시대에 정치적이고 비판적인 예술의 가능성에 대해 보다 심각하게 고민하게 될 것이다.

그런데 본격 모더니즘과 포스트모더니즘, 고흐의 구두와 앤디 워홀의 구두 사이에는 다른 중요한 차이점도 존재한다. 이에 대해서는 아주 짧게만 이야기해야 할 것 같다. 첫번째이자 가장 극명한 것은 새로운 종류의 평면성 혹은 깊이 없음, 축자적 의미에서 표피성superficiality의 등장이다. 이는 아마도 모든 포스트모더니즘의 가장 중요한 형식적 특징이라 할 수 있는 것으로, 차후에 몇 차례 다른 맥락에서 이 문제에 대해 다루고자 한다.

다음으로 이런 종류의 현대 예술에서 사진과 사진 음판의 역할에 대해 이야기해야 한다. 워홀의 이미지에 죽음의 느낌을 부여하는 것이 바로 이것으로, 그의 이미지가 지니는 반질반질한 엑스레이 같은 간결함은 내용적인 차원에서는 죽음이나 죽음 강박 혹은 죽음 불안과 전혀 무관할 것 같은 방식으로 관객의 사물화된 눈을 당황스럽게 만든다. 이는 마치 고흐의 유토피아적인 몸짓을 뒤집어버린 듯한 느낌을 준다. 워홀의 초기 작품에서는 니체Friedrich Nietzsche적인 의지의 명령과 행동을 통해서 고통받는 세계가 유토피아적인 색채의 화려함으로 변형되었다. 반대로 이 작품에서 사물 외부의 채색된 껍데기는 (번들거리는 광고 이미지에 이미 동화되어 타락하고 오염된 것이기에) 모두 깎여 나가고, 피하층에 있는 음산한 흑백의 사진 음판 이미지가 표면으

로 드러난다. 비록 이런 식의 표피 세계의 죽음이 교통사고나 전기의
자 시리즈와 같은 몇몇 워홀 작품의 중심 주제이기는 하지만, 내 생각
에 죽음은 더 이상 내용의 문제가 아니다. 오히려 이는 (일련의 텍스트
와 시뮬라크럼이 되어버린) 대상세계 그 자체와 주체의 성격의 근본적
인 변화에 대한 것이다.

이 모든 것이 우리를 세번째 특징으로 안내한다. 나는 이를 포스트
모던 문화에서 나타나는 정동의 약화라 부르고자 한다. 물론 그렇다
고 해서 모든 정동 혹은 모든 느낌이나 감정이, 다시 말해서 모든 주체
성이 이 시대의 이미지로부터 사라졌다는 것은 아니다. 사실 「다이아
몬드 가루 신발」에는 일종의 억압된 것의 귀환 같은 것, 혹은 낯설지
만 보상적이고 장식적인 환희 같은 것이 존재한다. 제목에서도 명시
적으로 드러나듯이, 물론 그것은 황금 가루의 반짝임, 그림의 표면을
은폐하면서도 우리를 향해 빛나고 있는 황금빛 모래의 광채다. 그런
데 여기에서 "그대를 되돌아보는" 랭보Arthur Rimbaud의 마술 꽃을 생
각해보라. 아니면 릴케Rainer M. Rilke가 형상화한, 부르주아를 향해 삶
의 방식을 바꾸라고 준엄한 경고를 보내는 고대 그리스 조각상의 눈에
서 빛나는 휘광을 생각해보라. 하지만 워홀의 그림에서 마지막에 장
식적으로 뿌려진 다이아몬드 가루의 천박함 속에는 그런 것이 존재
하지 않는다. 이탈리아어로 쓴 워홀에 대한 평론에서[4] 레모 체세라니
Remo Ceserani는 발에 대한 물신화를 네 겹의 이미지로 확장하는데, 이
는 고흐와 하이데거의 구두가 지니는 "모더니즘적" 표현성에 워커 에
번스Walker Evans와 제임스 에이지James Agee*의 "리얼리즘적" 파토스

---

* '워커 에번스'(1903~1975)는 미국의 사진작가이자 기자로 대공황 당시 피폐해진 농촌의

워커 에번스, 「플로이드 버로스의 작업화」

빈센트 반 고흐, 「구두 한 켤레」

앤디 워홀, 「다이아몬드 가루 신발」

르네 마그리트, 「붉은 모델」

에드바르 뭉크, 「절규」

웨스틴 보나벤처 호텔 내부(존 포트먼)

올리버 워소, 「#146」

프랭크 게리 하우스(샌타모니카, 캘리포니아)

디에고 리베라, 「십자로에 선 남자」

를 더해준다(워홀의 그림이 지니는 파토스를 표현하기 위해 여러 사람을 동원해야 한다는 것이 신기할 따름이다). 워홀의 그림은 과거에 유행했던 구두들을 무작위로 모아놓은 듯한 느낌을 주는 반면에, 르네 마그리트René Magritte의 작품은 인간 몸의 일부가 지니는 신체적 리얼리티가 그 위에 그려진 가죽 신발보다 더한 환각적인 분위기를 자아낸다. 초현실주의자 중에서도 독특한 지위를 차지하고 있는 마그리트는 모더니즘에서 그 이후로 가는 거대한 변화의 조류를 견뎌내고 지금은 포스트모더니즘의 문장emblem 같은 무언가를 창출하고 있는데, 이것은 표현되지 않는 두려운 낯섦uncanny이자 라캉적인 의미에서의 폐제foreclosure와 같은 것이 아닐까? 사실 이상적인 정신분열증을 만족시키기는 상당히 쉽다. 그저 영원히 지속되는 현재를 그들의 눈앞에 들이밀기만 하면 된다. 그들의 눈에는 오래된 구두나 계속해서 자라나는 인간의 발톱이 지니는 유기체의 신비로움이 모두 똑같이 매혹적이기 때문이다. 따라서 체세라니의 설명은 다음과 같은 의미론적 사각형을 통해 이해될 수 있다.

정동의 퇴조는 인간의 형상을 통해서 접근하는 것이 가장 용이하다. 그리고 우리가 사물의 상품화에 대해서 이야기했던 것은 워홀의 그림에 등장하는 인간 주체에게도 마찬가지로 적용될 수 있다. 예를 들어 그의 그림의 대상이었던 메릴린 먼로Marilyn Monroe 같은 스타들은 철저하게 상품화되어 자신만의 이미지로 변형된다. 여기에서도 본

풍경을 리얼리즘적인 방식으로 기록한 사진으로 유명하다. '제임스 에이지'(1909~1955)는 미국의 소설가 겸 저널리스트이자 가장 영향력 있던 영화비평가로, 그의 사후에 출판된 소설 『가족의 죽음A Death in the Family』(1957)〔문희경 옮김, 테오리아, 2015〕은 퓰리처상을 수상하기도 했다.

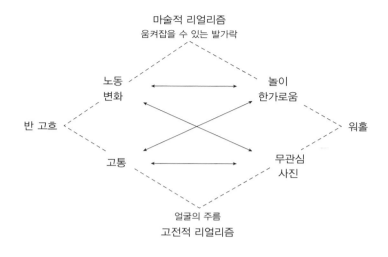

마술적 리얼리즘
움켜잡을 수 있는 발가락

노동
변화

놀이
한가로움

반 고흐

워홀

고통

무관심
사진

얼굴의 주름
고전적 리얼리즘

격 모더니즘 시대로 잠시 돌아가면 해당 변화에 대한 극적이고 압축적인 우화를 만나볼 수 있다. 에드바르 뭉크Edvard Munch의 그림「절규The Scream」는 소외, 아노미anomie, 고독, 사회적 파편화, 고립 같은 위대한 모더니즘의 주제를 표현하는 정전적인 작품으로, 사실상 불안의 시대라고 명명되었던 시대의 상징적 작품이라 할 만하다. 이 작품은 이런 종류의 정동을 체현하고 있는 작품으로 해석될 수 있을 뿐만 아니라, 한 걸음 더 나아간다면 본격 모더니즘 시대를 지배했으나 이제는 실천적인 이유나 이론적인 이유로 인하여 포스트모더니즘의 세계에서는 사라질 수밖에 없었던 바로 그 표현 미학이 해체되고 있음을 보여준다고 해석될 수도 있다. 표현이라는 바로 그 개념은 사실 주체 내부의 분열과 더불어, 안과 밖의 형이상학 전체뿐만 아니라, 단자monad화된 개인의 내면에 서린 말로 표현할 수 없는 고통과 그것의 '정서'가 카타르시스로서 외부로 투사되고 외화되는 순간의 형이상학을 전제하는데, 그 정서는 몸짓이나 절규로서, 즉 내적 감정에 대한 절망적 소통과 외적 극화를 통해 형상화된다.

아마도 지금이 최근 이론에 대해 뭔가 한마디해야 하는 순간인 듯하다. 최근의 이론은 무엇보다도 안과 밖이라는 해석학적 모델에 대한 신뢰를 거두고 비판하면서, 이데올로기적이라거나 형이상학적이라는 낙인을 찍는 데 정신이 팔려 있다. 하지만 오늘날 최신 이론(사실 이론이라기보다는 이론적 담론에 가깝긴 하지만)이라고 불리는 것들은, 내가 보기에는 정확히 포스트모던적인 현상 그 자체에 불과하다. '진리'라는 개념 자체가 포스트구조주의가 폐기하고자 하는 형이상학 전통의 핵심이라고 해도 과언이 아닌 상황 속에서, 그것의 이론적 통찰에 내재된 진리를 옹호한다는 것은 앞뒤가 맞지 않는다. 따라서 우리는 이렇게 주장할 수 있다. 내가 깊이의 모델이라고 명명하고자 하는 해석학에 대해서 포스트구조주의가 가하는 비판은, 우리가 지금 논하고 있는 포스트모더니즘 문화의 매우 중요한 징후라는 것이다.

다소 성급하지만 뭉크의 그림이 발전시킨 안과 밖의 해석학 모델 이외에도, 우리는 일반적으로 네 가지 각기 다른 기본적인 깊이의 모델이 현대 이론에 의해서 거부되고 있음을 알 수 있다. (1) 본질과 현상의 변증법적 모델(이와 더불어 변증법적 모델이 수반하고 있는 이데올로기 혹은 허위의식과 관련된 다양한 개념). (2) 잠재적인 것과 명시적인 것, 혹은 억압이라고 명명할 수 있는 프로이트적인 모델(미셸 푸코가 철저한 기획하에 썼던 징후적인 저작 『성의 역사*The History of Sexuality*』가 비판하고자 했던 목표가 바로 이것이었다). (3) 진정성authenticity과 비진정성inauthenticity이라는 실존주의적 모델. 실존주의의 이러한 영웅적 혹은 비극적 주제는 소외와 탈소외 사이의 또 다른 위대한 대립과 밀접하게 연관되는데, 이 역시 포스트구조주의 내지는 포스트모던 시대의 희생자 명단에 올라 있다. (4) 가장 최근의 것은 기표와 기의 사이의 위대한 기호학적 대립에 기반한 모델로, 이는 1960년대와 1970년대 사이의 짧은 전성기 동안 급속도로 파헤쳐지고 해체당했다. 이러한 다양한 깊이의 모델을 대신하여 실천practices,* 담론, 텍스트의 유희textual play와 같은 개념이 등장하게 되는데, 이들이 지니고 있는 새로운 통사적 구조에 대해서는 이후에 다시 검토할 것이다. 어쨌든 여기에서도 깊이가 표면 혹은 다층적 표면들에 의해 대체되었다고 말하는 것만으로도 충분할 것 같다(그런 의미에서 종종 상호텍스트성intertextuality이라고 칭해지는 것은 더 이상 깊이의 문제가 아닐 수도 있다).

여기에서 말하는 깊이 없음은 단순히 은유적인 것만은 아니다. 그것은 누구든 물리적으로 혹은 '글자 그대로' 경험할 수 있는 것이다. 예컨대 로스앤젤레스 번화가의 브로드웨이와 4번가가 교차하는 지점에 있는 아주 큰 멕시코계 미국인 시장〔그랜드 센트럴 마켓〕에서 예전 레이먼드 챈들러Raymond Chandler의 소설에 등장했던 벙커힐 Bunker Hill**에 오르면, 갑자기 (건축 회사 스키드모어, 오윙스 앤드 메릴 Skidmore, Owings & Merril에서 설계한) 웰스 파고 센터Wells Fargo Court의 거대하고 독립적으로 서 있는 벽과 마주하게 된다. 이 벽은 하나의 표

---

* 여기에서의 '실천'은 전통적 마르크스주의에서 이론과 대비되는 것으로서의 실천이 아닌, 알튀세르가 "의례적인 행위ritual"라고 명명한 습관이나 관습, 관행과 같은 일상의 반복적 행위를 의미한다.

** '벙커힐'은 로스앤젤레스 번화가와 도시의 서부 지역을 분할했던 언덕으로, 20세기 후반 도시 재개발 사업 과정에서 언덕을 깎아내고 그 위에 초현대식 고층 건물들을 건설했다. 레이먼드 챈들러의 탐정소설 『하이 윈도The High Window』(1942)의 배경이 되는 지역이기도 하다.

웰스 파고 센터(스키드 모어, 오윙스 앤드 메릴)

면으로 그 어떤 입체적 틀에 의해서 지탱되는 것처럼 보이지 않으며, 시각적으로는 그 건물이 직사각형인지 사다리꼴인지조차 가늠하기 어렵다. 중력을 무시하는 듯한 2차원성을 지닌 이 거대한 유리벽은 순간적으로 우리가 서 있는 단단한 지반마저도 입체경의 내용물로 변화시켜서, 마치 우리 주변에 두꺼운 판지 모양의 건물 윤곽들이 여기저기 서 있는 것처럼 보이게 만든다. 이런 시각적 효과는 어떤 방향에서 보든 마찬가지다. 그것은 스탠리 큐브릭Stanley Kubrick의 영화 「2001: 스페이스 오디세이2001: A Space Odyssey」에서 마치 관객을 수수께끼와 같은 운명이나 진화적 변이로 초대하는 것처럼 보이는 우뚝 선 거석만큼이나 치명적으로 다가온다. 만일 이 새로운 다국적 번화가가 폐허가 된 예전의 도시 구조를 효과적으로 철폐하고 폭력적인 방식으로 이를 대체했다고 한다면, 이 낯설고 새로운 표면에 대해서도 우리는 비슷한 이야기를 할 수 있지 않을까? 즉 이 새로운 표면이 자신만의 오만한 방식으로 도시에 대한 우리의 오래된 지각 체계를 고리타분하고 방향성 없는 것으로 만들어버리고 있는 건 아닐까? 심지어 이를 대신할 수 있는 또 다른 지각 체계를 제공해주지도 않은 채 말이다.

이제 마지막으로 한 번 더 뭉크의 그림으로 돌아가보자. 「절규」는 미묘하지만 정교하게 자신의 표현 미학과 단절하는 동시에, 그 안에 내내 사로잡혀 있음이 분명해 보인다. 그림 속 인물의 몸짓은 이미 자신의 실패를 도드라지게 만든다. 요란한 울림과 비명 그리고 인간의 성대가 만들어내는 정제되지 않은 울림의 영역이, 그것의 매체와 양립하지 못하기 때문이다(이것은 그림 속 인물이 귀가 없다는 사실을 통해서 강조된다). 그러나 이 부재하는 절규는 원환圓環과 나선형의 변증법 속에서 그 절규가 '표현'하고자 했던 끔찍한 고독과 불안에 대한 부재하는 경험보다 심화된 형태의 경험이 되어 귀환한다. 그러한 원환들은 채색된 표면 속에 거대한 동심원의 형태로 각인되며, 궁극적으로는 이 동심원 속에서 요란한 떨림이 시각화된다. 이는 마치 물바다 위에서 동심원이 고통받는 자로부터 점차 멀어지며 끝내는 우주의 지형이 되고, 그 지형 속에서 고통은 물질적인 석양과 풍광을 통해 이야기하고 공명하는 듯하다. 가시적 세계는 이제 (뭉크의 말을 그대로 쓴다면) "자연을 통해 퍼져나가는 절규"[5]가 기록되고 필사되는 고립된 단자의 벽이 된다. 여기에서 우리는 로트레아몽Comte de Lautréamont의 작품에 나오는 한 인물을 떠올려볼 수 있다.* 폐쇄되고 고요한 세포벽 속에서 성장하지만, 괴물 같은 신의 모습을 보자마자 비명을 지르며 세포막을 찢고 나와, 소리와 고통의 세계로 다시 들어오는 그 인물 말이다.

이 모든 것은 보다 일반적인 역사적 가설을 제안한다. 불안과 소외 같은 개념들은 (그리고 「절규」에서 형상화된 것과 같은 그에 상응하는 경험들은) 포스트모던 시대에는 더 이상 적절하지 않다는 것이다. 메릴린 먼로나 에디 세즈윅Edie Sedgwick 같은 위대한 워홀의 인물들이나, 저물어가는 1960년대의 악명 높았던 자기 파괴와 소진의 사례들, 그리고 마약과 정신분열이라는 당대의 지배적 경험은 프로이트 시대의 히스테리나 신경증과는 거의 아무런 공통점도 없으며, 또한 급진적 고립과 고독, 아노미와 사적인 반항, 그리고 반 고흐식 광기와도 연관성을 갖지 못한다. 그러한 것들은 본격 모더니즘 시대의 두드러지

---

* '로트레아몽'(1846~1870)은 우루과이 출신 프랑스 시인이다. 제임슨이 언급하고 있는 작품은 그의 유일무이한 저작 *Les Chants de Maldoror*(1868~1869)[『말도로르의 노래』, 황현산 옮김, 문학동네, 2018]로, 주인공인 말도로르는 절대적인 악으로 표상된다.

는 특징이다. 문화 병리의 역학에서 이러한 급진적 변화는 주체의 소외가 주체의 파편화에 의해 대체되는 과정이라 할 수 있다.

그러한 용어들은 어쩔 수 없이 현대 이론에서 가장 유행하고 있는 주제 하나를 상기시킨다. 바로 주체의 '죽음'이다. 이는 자율적인 부르주아 단자 내지는 자아나 개인의 종언에 대한 선언인 동시에, 이전의 중심화된 주체와 정신이 **탈중심화되었다**는 사실을 부각시킨다. 그리고 여기에서의 탈중심화는 새로운 도덕적 이상일 수도 있고 경험적 설명일 수도 있다. (탈중심화 개념에 대해서는 두 가지 설명이 가능하다. 하나는 역사주의적인 것으로, 고전적 자본주의와 핵가족 시대에는 중심화된 주체가 존재했으나 오늘날의 조직적 관료주의 세계에서는 해체되고 말았다는 것이다. 두번째 설명은 보다 급진적인 포스트구조주의적 입장으로, 그런 중심화된 주체 자체가 처음부터 존재했던 적이 없으며 단지 하나의 이데올로기적 신기루와 같은 어떤 것으로 구성되었다는 것이다. 나는 분명 첫번째 설명에 경도되어 있는데, 두번째는 어쨌든 '현상의 리얼리티reality of the appearance'와 같은 것을 고려해야만 하기 때문이다.)

그런데 한 가지 덧붙여야 할 것이 있다. 표현의 문제는 그 자체로 하나의 단자 같은 그릇으로서의 주체 개념과 밀접하게 연관되어 있으며, 그 안에 담긴 것이 외부로 투사됨으로써 표현된다는 것이다. 그러나 이제 우리가 강조해야 할 것은 이것이다. 독창적 **문체**style라는 본격 모더니즘의 개념은 그에 수반되는 예술적·정치적 전위부대의 집단적 이상과 더불어, 소위 중심화된 주체라는 보다 오래된 개념(혹은 경험)과 어느 정도 운명을 같이할 수밖에 없다는 것이다.

뭉크의 그림은 여기에서도 마찬가지로 이 미묘한 상황에 대한 복잡한 반영이라 할 만하다. 그의 그림은 표현이라는 것이 개별적 단자의 범주를 요구할 뿐만 아니라, 그 전제 조건에 대해 값비싼 대가를 지불해야 한다는 것을 보여준다. 왜냐하면 그것은 하나의 불행한 역설을 극적으로 보여주기 때문이다. 즉 만일 우리가 개인의 주체성을 자기 충족적이면서도 폐쇄적인 공간으로 구축한다면, 이는 우리 자신을 그 밖의 다른 모든 것으로부터 단절시키고 단자의 영혼 없는 고독 속에 빠뜨림으로써, 출구 없는 감옥 속에 생매장시키는 것과 다를 바 없기 때문이다.

포스트모더니즘은 이런 딜레마의 종식과 더불어, 이전의 딜레마가 새로운 딜레마로 대체되었다고 알리는 신호탄이라 할 수 있다. 부르주아적 자아 혹은 단자가 끝장났다는 것은 의심할 바 없이 자아의 정신병리학도 함께 사라졌다는 의미다. 이것이 바로 내가 정동의 퇴조라 칭했던 것이다. 그러나 정동의 퇴조는 자아의 종언에 그치지 않는다. 예컨대 그것은 독창적이고 개인적인 것이라는 의미에서의 문체의 종언이며, (기계 복제의 중요성이 부상하고 있는 데서 알 수 있듯이) 개별 화가의 독특한 붓질도 더 이상 존재할 수 없다는 의미다. 표현과 감정이나 정서의 차원에서 보자면, 현대 사회에서 중심화된 주체라는 오래된 **아노미**로부터의 해방은 그저 불안으로부터의 해방만을 의미하지 않고, 그 밖의 다른 모든 감정으로부터의 해방을 의미하기도 한다. 그러한 감정을 느낄 수 있는 자아가 더 이상 존재하지 않기 때문이다. 물론 그렇다고 해서 포스트모더니즘의 문화적 산물들이 정서를 완전히 결여하고 있다는 것은 아니다. 리오타르를 따라 "강렬함"이라고 명명하는 것이 가장 정확해 보이는 이러한 감정들은 자유롭게 유영하는 몰개성적인 것이며, 특별한 종류의 희열euphoria에 의해 지배된다. 이 희열의 감정에 대해서는 이후에 다시 논하도록 하겠다.

정동의 퇴조는 문학비평이라는 보다 좁은 맥락 속에서, 시간과 시간성이라는 위대한 본격 모더니즘의 주제 및 지속durée과 기억이라는 비가悲歌적 신비의 퇴조로 설명될 수도 있을 것이다(물론 시간과 시간성 혹은 지속과 기억은 본격 모더니즘과 연관된 문학비평의 범주로서뿐만 아니라 문학작품 그 자체와 연관된 것으로도 충분히 이해될 수 있다). 그러나 우리는 지금 통시적인diachronic 세계가 아닌 공시적인synchronic 세계에 살고 있다는 이야기를 종종 듣는다. 그리고 그것은 최소한 경험적으로는 틀리지 않은 듯하다. 오늘날 우리의 일상적인 삶과 우리의 심리적 경험 그리고 우리의 문화적 언어들은 앞선 본격 모더니즘 시대와는 다르게 시간의 범주가 아닌 공간의 범주에 의해 지배되고 있기 때문이다.6)

Ⅱ

개인 주체의 실종과 그것의 형식적 결과로 나타난 개인적 문체의 점진적 소멸은 오늘날 거의 보편적인 관행이 된 혼성모방pastiche이라 부를 수 있는 것을 발생시켰다. 혼성모방의 개념은 토마스 만Thomas Mann(의 『파우스트 박사Doktor Faustus』)에게서 빌려온 것인데, 사실 토마스 만도 이를 음악적 실험의 두 양상(쇤베르크Arnold Schönberg의 혁신적 화성학과 스트라빈스키Igor Stravinsky의 비합리적 절충주의)에 대한 아도르노의 분석에서 빌려왔다. 어쨌든 이 개념은 보다 일반적인 개념인 패러디parody와는 명확하게 구별된다.

분명 패러디는 근대의 독특한 예술가들과 그들의 '모방할 수 없는'

문체 속에서 자신만의 비옥한 땅을 발견했다. 예를 들어 숨 쉴 공간도 없이 동명사들로 연결되는 포크너William Faulkner식 긴 문장, 짜증날 정도의 구어체로 점철된 D. H. 로렌스David H. Lawrence식 자연 형상화, 월리스 스티븐스가 병적일 정도로 보여주는 언어의 비실재적인 부분에 대한 실재화("무엇처럼의 난해한 도피들the intricate evasions of as"),* 말러에게서 나타나는 고급스러운 오케스트라 정서에서 시골 마을 아코디언 감수성으로의 급전직하, '증명'의 한 방식으로서 하이데거가 엄숙한 숙고 속에서 실천했던 허위 어원학…… 이 모든 것은 특징적인 느낌을 전달한다. 그들은 표면상 규범으로부터 일탈하지만, 그 규범은 그들의 의도적인 기행에 대한 체계적 모방을 통해 다시 규범으로서의 지위를 되찾는다. 그리고 그 과정이 반드시 우호적이지 않은 것은 아니다.

그러나 양적 변화에서 질적 변화로의 변증법적 전화 과정 속에서, 모더니즘 문학은 일군의 명백히 개인적인 문체와 매너리즘으로 폭발적 팽창을 하게 되는데, 이는 사회적 삶 자체가 언어적으로 파편화되는 결과를 가져오게 되었고, 궁극적으로는 규범 자체가 소멸되어버리는 지경에 이르게 되었기 때문이다. 규범적인 언어는 이제 (에스페란토Esperanto나 기초영어의 창시자들이 꿈꾸었던 유토피아적 열망과는 너무도 거리가 먼) 중립적이고 사물화된 매체언어media speech로 축소되었으며, 그것마저도 이제는 또 하나의 개별언어idiolect가 되어버리고

---

* 이 구절은 월리스 스티븐스의 시 「뉴헤이븐의 평범한 저녁An Ordinary Evening in New Haven」에 등장하는 말로, 이 시에서 스티븐스는 세계에 대한 감각적 지각과 세계 그 자체는 구별되지 않는다고 주장한다. 즉 실재적인 것과 비실재적인 것의 구별 자체가 무의미하다는 것이다.

만 것이다. 따라서 모더니스트들의 문체는 이제 포스트모더니스트들의 약호code가 된다. 오늘날 사회적 약호들이 전문가 집단과 학문 단위의 전문용어로 (뿐만 아니라 에스닉, 젠더, 인종, 종교, 계급에 대한 충성의 징표로) 엄청나게 분열 증식하고 있다는 사실도 하나의 정치적 현상인데, 미시정치학의 문제가 이를 충분히 입증한다. 한때 지배계급의 관념이 부르주아 사회의 지배적 (혹은 헤게모니적) 이데올로기였다고 한다면, 현재 선진 자본주의 국가는 중심적 규범이 존재하지 않는 문체적·담론적 이질성의 장이라고 할 수 있다. 얼굴 없는 주인들이 여전히 우리의 존재를 제약하는 경제 전략들을 굴절시키고 있지만, 그들은 더 이상 자신의 언어를 강요할 필요가 없다(혹은 이제는 그렇게 할 수가 없다). 그리고 후기자본주의 세계에서 나타나는 문자 의존도의 약화 현상은 거대한 집단적 기획의 부재뿐만 아니라 종래의 민족언어조차도 통용될 수 없음을 반영한다.

이런 상황하에서 패러디는 할 일을 잃게 된다. 한때 패러디라는 것이 살았다. 그런데 혼성모방이라는 낯설고 새로운 놈이 나타나 그의 자리를 야금야금 빼앗아버렸다. 패러디와 마찬가지로 혼성모방은 특이하고 하나밖에 없는 독특한 문체에 대한 모방이다. 그것은 언어적인 가면을 쓰고 죽은 언어로 말한다. 그러나 그것은 중립적인 흉내 내기에 지나지 않는다. 패러디처럼 이면에 숨겨진 동기를 가진 것도 아니고, 풍자적 충동을 가진 것도 아니며, 웃음조차도 결여된 단순한 흉내 내기인 것이다. 따라서 거기에는 잠시 빌려온 비정상적인 말과 더불어, 건강한 언어적 규범성이 여전히 존재하리라는 확신도 없다. 그런 까닭에 혼성모방은 공허한 패러디이며, 동태눈을 한 동상에 불과하다. 혼성모방과 패러디의 관계는, 흥미로우면서도 역사적으로 독창적인 근대의 산물이었던 공허한 아이러니blank irony와 웨인 부스 Wayne Booth가 18세기의 "안정된 아이러니stable ironies"*라 칭했던 것과의 관계와 유사하다.

그런 의미에서 부정적인 방식이기는 하지만, 아도르노의 예언적 진단이 현실화되기 시작한 것처럼 보인다. 즉 쇤베르크가 아닌(아도르노는 이미 그가 이룩한 체계의 무익함을 통찰했다), 스트라빈스키가 포스트모던한 문화 생산의 진정한 선구자가 된 것이다. 마치 지문처럼 유일무이하고 혼동될 수 없었던, 마치 (초기 롤랑 바르트Roland Barthes가 문체의 창안과 혁신의 근원이라 여긴) 몸처럼 무엇과도 비교될 수 없었던, 바로 그 문체라는 본격 모더니즘의 이데올로기가 붕괴되면서, 문화 생산자들이 의지할 곳이라곤 이제 과거밖에 남아 있지 않다. 죽어버린 문체를 모방하고, 현재의 세계 문화라는 상상의 박물관 속에 저장된 가면과 목소리를 통해서만 말하는 것이다.

바로 이런 상황들하에서 건축사가들에 의해 '역사주의historicism'로 명명된 어떤 것이 탄생하게 된다. 여기서 역사주의란 과거의 모든 건축 양식들을 무작위로 조립하는 것, 과거 양식들에 대한 무작위적인 인유allusion의 유희로서, 일반적으로는 앙리 르페브르가 "신neo"이라는 말이 점차 중요한 의미를 갖게 되는 현상이라고 지칭했던 것을 의미한다. 그런데 혼성모방의 이런 편재성이 특정한 종류의 유머와 양립할 수 없는 것도 아니며, 열정이 완전히 결여된 것도 아니다. 그것은 적어도 중독성과 양립할 수 있다. 다시 말해서 단순 이미지로 변형된

---

* 웨인 부스가 말하는 "안정된 아이러니"란 문학적 언어의 외연적 의미와 내포된 의미, 혹은 어떤 인물의 말과 행동이 명백하게 모순적 관계에 있어서, 독자나 관객이 이를 손쉽게 아이러니로서 이해할 수 있는 것을 의미한다.

세계를 향한, 그리고 의사–사건과 (상황주의자들의 용어를 쓴다면) "스펙터클"을 향한, 역사적으로 유래 없는 소비자의 욕망과 그 궤를 같이 한다. 그것은 바로 플라톤Plato의 용어인 "시뮬라크럼simulacrum," 즉 원본이 존재하지 않는 동일한 복제본을 향한 욕망이다. 당연한 말이겠지만 시뮬라크럼 문화는 사용가치에 대한 기억이 흐려지고 오로지 교환가치만 일반화되어버린 사회에서 탄생하게 된다. 기 드보르Guy Debord의 비범한 말로 표현하자면, 그러한 사회에서는 "이미지가 상품 사물화의 최종 형식이 된다"(『스펙터클의 사회The Society of the Spectacle』).

시뮬라크럼의 새로운 공간 논리는 역사적 시간으로 존재했던 것에 대해 지대한 영향력을 행사한다. 그에 따라 과거 자체가 수정된다. 루카치György Lukács가 정의했던 역사소설 속에 그려지는 부르주아의 집단적 기획의 유기적 계보는 이제 광대한 이미지의 집합체 혹은 대량의 사진 시뮬라크럼이 되어버렸다(이 기획은 여전히 존재하고 있는데, 예를 들어 목소리를 빼앗긴 채 이름도 없이 사라져버린 세대의 죽은 자들을 구원하기 위해 톰슨Edward P. Thomson 같은 역사가나 미국의 '구술역사oral history'가 지향하는 구원적 역사기술을 위한 기획이 그것으로, 이는 우리의 집단적 미래의 중요한 방향 설정에 반드시 필요한 반성적 차원이라 할 수 있다). 기 드보르의 강력한 슬로건은 이제 역사성을 박탈당한 사회, 자신의 것이라 추정되는 과거가 몇몇 먼지 낀 스펙터클 그 이상도 이하도 아닌 사회의 '전사前史'를 설명하는 데 훨씬 더 알맞은 말이되었다. 포스트구조주의 언어 이론에 충실한 말로 표현한다면, '지시대상체'로서의 과거는 점차 괄호에 묶이고 끝내는 모두 소멸되어 이제는 오로지 텍스트만 남게 된 것이다.

그런데 이런 과정이 무관심 속에서 이루어졌다고 생각해서는 안 된다. 반대로 사진 이미지에 대한 중독이 강화되고 있는 현재의 두드러진 경향은, 그 자체로 모든 곳에 존재하면서 모든 것을 먹어치우는 거의 리비도적인 역사주의의 한 가지 가시적 징후이다. 이미 말한 바와 같이 건축가들은 포스트모던 건축의 자기만족적인 절충주의를 설명하기 위해 이 (과도하게 다의적인) 말을 사용하는데, 이 건축은 무작위로 그리고 아무런 원칙도 없지만 열정적으로 과거의 모든 건축 양식들을 떼어내서는, 아주 자극적인 방식으로 이들을 조립해낸다. 향수라는 말은 이런 식의 과거에 대한 천착을 설명하기에는 딱히 만족스럽지 못하다(오로지 미학적인 복원을 위해서만 과거에 천착했던 본질적으로 모더니즘적인 향수가 지닌 고통을 생각해본다면 특히 그러하다). 그러나 그 말은 상업적인 예술과 기호嗜好의 생산과정 속에서 훨씬 더 일반적인 문화적 표현으로 우리의 주의를 끄는데, 그것이 바로 소위 향수영화nostalgia film(혹은 프랑스에서 복고풍la mode rétro이라고 부르는 것)다.

향수영화는 혼성모방의 문제 전체를 재설정하여 집단적이고 사회적인 층위로 투사하는데, 여기에서는 잃어버린 과거를 전유하려는 필사적인 노력이 유행의 변화라는 철의 원칙과 세대世代라는 새롭게 부상한 이데올로기를 통해 굴절된다. 이 새로운 미학적 담론을 창시한 영화는 조지 루카스George Lucas의 「청춘 낙서American Graffiti」(1973)로, 이 영화는 이후의 많은 영화가 그랬던 것처럼 매혹적이지만 이제는 잃어버린 현실인 아이젠하워Dwight D. Eisenhower 시대를 다시 담아내기 시작했다. 이로 인하여 최소한 미국인에게는 1950년대가 상실한 욕망의 대상으로서 특권화된 채 남아 있는 것처럼 느껴지는 경향이 생겼다.⁷⁾ 즉 팍스 아메리카나의 안정과 번영뿐만 아니라, 초기 로큰롤과 청년 갱단이 품고 있었던 반문화적 충동의 나이브한 순박함이 절대적인 욕망의 대상으로 남게 된 것이다(코폴라Francis F. Coppola 감독의 「럼블 피시Rumble Fish」[1983]는 비록 진정한 의미의 향수영화 스타일로 찍은 여전히 모순적인 영화이기는 하지만, 1950년대의 사라짐을 애도하는 오늘날의 만가挽歌라 할 만하다). 향수영화라는 새로운 길이 열리자마자, 다른 세대를 향한 미학적 식민화의 길이 열리기 시작한다. 예컨대 폴란스키Roman Polanski 감독의 「차이나타운Chinatown」(1974)과 베르톨루치Bernardo Bertolucci 감독의 「순응자Il Conformista」(1970)는 각각 1930년대의 미국과 이탈리아를 자신만의 스타일로 복원해낸다. 보다 흥미롭고 보다 문제적인 것은, 이 새로운 향수 담론을 통하여 향수영화가 우리의 현재와 가까운 과거를 포위하거나 개인의 실존적 기억을 넘어서는 아주 먼 역사마저도 포위하려는 궁극의 시도를 하고 있다는 것이다.

　'지시대상체'로서의 우리의 사회적·역사적·실존적 현재와 과거라는 궁극적 대상과 직면했을 때, 포스트모더니즘의 '향수' 예술 언어와 진정한 역사성 사이에 존재하는 불일치는 보다 극명해진다. 그러나 이 모순은 향수영화가 복잡하고 흥미로우면서도 새로운 형식적 창의성으로 변모할 수 있는 추진력을 가한다. 반드시 이해하고 넘어가야 할 것은 향수영화가 역사적 내용에 대한 고풍스러운 '재현'이 절대로 아니라는 것이다. 그것은 스타일이 지니는 함의connotation를 통해 '과거'에 접근함으로써, 반질거리는 이미지를 가지고 '과거성pastness'을 전달하거나, 패션의 속성을 통하여 '1930년대스러움'과 '1950년대스러움'을 전달하는 것이다(이러한 설명은 바르트의 『신화론Mythologies』

에 따른 것으로, 이에 의하면 함의는 상상적이면서도 상투적인 이상적 관념을 공급해주는데, 예를 들어 "중국적 특성Sinité"은 중국에 대한 디즈니나 엡콧EPCOT 센터적인 "개념"을 전달하는 것이 된다).

부지불식간에 이루어진 향수 풍조에 의한 현재의 식민화는 로런스 캐스던Lawrence Kasdan의 우아한 영화 「보디 히트Body Heat」에서 잘 나타난다. 이 영화는 제임스 케인James M. Cain의 소설 『이중 배상Double Indemnity』을 현재적 시점에서 '풍요로운 사회' 버전으로 리메이크한 것으로, 마이애미에서 자동차로 몇 시간 정도 떨어진 플로리다의 작은 마을을 배경으로 하고 있다. 그런데 여기에서 **리메이크**라는 말은 다소 시대착오적일 수도 있다. 왜냐하면 우리는 이미 다른 버전들(소설 원작뿐만 아니라 이 소설을 바탕으로 만들어진 기존의 영화들)을 알고 있다는 사실이 이 영화의 구조적 핵심을 구성하고 있기 때문이다.* 다른 말로 표현하자면 우리는 이제 '상호텍스트성'의 세계 속에 들어가게 되는 것이다. 상호텍스트성이란 의도적으로 미학적 효과의 특성을 도입하고, '과거성'과 의사–역사적 깊이라는 새로운 함의를 작동시키는데, 이 과정에 미학적 스타일로서의 역사가 '실제' 역사를 대신하게 된다.

미학 기호sign의 전체 장치는 처음부터 우리와 공식적인 당대의 이미지 사이의 거리를 떼어놓는다. 예를 들어 아르데코art deco** 스타일

---

* 「보디 히트」(1981)의 원작인 제임스 케인의 1943년 범죄소설 『이중 배상』은 1944년 빌리 와일더Billy Wilder 감독에 의해 동명의 영화로 만들어졌으며, 1973년에는 텔레비전 영화로도 만들어졌다.

** '아르데코'는 1차 세계대전 직전에 프랑스에서 일어난 시각·건축·디자인 예술의 한 양식으로, 모더니즘적 스타일과 공예를 결합시킨 장식적 예술이다.

로 장식된 영화의 크레디트 자막은 관객이 적당한 '향수'를 느끼며 영화를 수용할 수 있도록 도와주는 기능을 하게 된다(토론토의 유명한 이턴 센터Eaton Centre처럼 아르데코의 인용은 현대 건축에서도 거의 똑같은 기능을 수행한다).[8] 반면에 함의가 조금 다른 방식으로 작동하는 경우도 있는데, 이는 영화에서 스타 시스템에 대한 복잡한 (그러나 순전히 형식적인) 인유를 통해서 나타난다. 「보디 히트」의 주인공 윌리엄 허트William Hurt는 새로운 세대의 영화 '스타' 중 하나로, 그가 차지하고 있는 지위는 바로 앞선 세대의 스티브 매퀸Steve McQueen이나 잭 니컬슨Jack Nicholson 같은 (혹은 좀더 멀게는 말런 브랜도Marlon Brando 같은) 남성 슈퍼스타와는 명확하게 구별된다. 물론 스타 시스템의 초기에 활약했던 배우들은 말할 필요조차 없다. 직전 세대의 배우들은 자신의 다양한 역할 속에 스크린 밖에 존재하는 자신의 개성을 투영시켰다. 즉 반항아와 비순응주의자의 함의가 영화 속에 함께 포함되어 들어가는 것이다. 그런데 최근 세대의 배우들은 스타라는 지위가 지니고 있는 관습적인 기능(가장 큰 부분은 섹슈얼리티이다)을 계속해서 확인시켜주기도 하지만, 그들에게는 전통적인 의미에서의 '개성'이 전적으로 결여되어 있으며 오직 인물 연기의 익명성만이 두드러진다(이런 면에 있어서 허트의 연기는 대가의 수준에 이르렀다고 할 수 있는데, 이는 이전의 브랜도나 올리비에Lawrence Olivier의 뛰어난 연기력과는 종류가 매우 다르다). 그러나 오늘날 스타 제도에 나타나는 이러한 '주체의 죽음'은 오래전 배역에 대한 (이 경우 클라크 게이블Clark Gable과 연관된 배역에 대한) 역사적 인유가 작동할 수 있는 가능성을 열어줌으로써, 배우의 연기 스타일이 과거의 '함의체connotator'로서 기능하게 되는 것이다.

마지막으로 영화의 배경은 전략적으로 구성되어, 일반적으로 현재 다국적 자본주의 시대의 미국을 표상할 수도 있는 대부분의 표식들을 교묘하게 피해간다. 즉 소도시를 배경으로 설정함으로써 카메라는 자연스럽게 1970년대와 1980년대의 고층빌딩 풍경을 피할 수 있게 된다(물론 내러티브의 핵심적인 에피소드는 부동산 투기꾼들에 의해 오래된 건물들이 철거되는 장면이기는 하지만 말이다). 한편 영화의 이미지들을 현대적으로 만들어버릴 수도 있는 인공물이나 전자제품 같은 현시대의 대상세계는 정교하게 편집되어 삭제된다. 그렇기 때문에 영화 속 모든 것은 공식적으로 현재적이라고 여겨지는 것들을 지우기 위해 공모하면서, 관객이 영화 속 내러티브가 실제 역사적 시간을 뛰어넘어 마치 1930년대가 영원히 지속되고 있는 양 착각하도록 해준다. 이런 식으로 시뮬라크럼이나 판에 박힌 과거에 대한 혼성모방 같은 예술언어를 통해 현재에 접근하면, 이는 현재의 리얼리티와 열려 있는 현재의 역사에 번질거리는 신기루의 마법과 거리를 부여하게 된다. 그러나 이 새롭고 매혹적인 미학 양식은 사실 그 자체로 우리의 역사성이 약화되고 있음을 알리는 하나의 잘 다듬어진 징후라 할 수 있다. 즉 우리가 어떤 능동적인 방식으로 역사를 경험할 수 있는 실질적 가능성이 사라지고 있음을 표상하는 징후인 것이다. 따라서 향수영화가 자신만의 형식적 힘을 통해 현재를 낯설게 엄폐하고 있다고 말할 수는 없다. 다만 이러한 내적 모순들을 통하여 상황이 얼마나 심대한 것인지 설명해줄 수 있을 뿐이다. 즉 우리가 현재에 대한 우리의 경험을 재현해낼 수 있는 능력을 점차 상실해가고 있음을 설명해줄 수 있을 뿐인 것이다.

'실제 역사'에 대해서 말해보자. 어떻게 정의하건 간에, 그것은 역사소설의 전통적인 대상이었다. 따라서 역사소설이라는 고전적 형식과 매체로 돌아가, 현재 미국에서 활동 중인 진지하고 혁신적인 한 좌파 소설가의 작품 속에서 역사소설의 포스트모던적 운명에 대해 이야기하는 것이 실제 역사에 대해 보다 많은 것을 말해줄 수 있을 것이다. 그의 작품은 전통적인 의미의 역사로부터 자양분을 흡수하여, 미국 역사라는 일대 '서사시'에서 차례로 등장하는 각각의 세대를 대표하는 순간들을 구별해준다. 이 소설가의 이름은 E. L. 닥터로Edgar L. Doctorow로, 그의 작품『래그타임Ragtime』은 (『만국박람회World's Fair』와 마찬가지로) 20세기 첫 20년을 파노라마처럼 펼쳐내고 있으며, 그의 가장 최근작인『빌리 배스게이트Billy Bathgate』는『룬 레이크Loon Lake』와 비슷하게 1930년대와 대공황 시기를 그린다. 반면에『다니엘서The Book of Daniel』는 구좌파와 신좌파 각각의 위대한 시기라 할 수 있는 1930~1940년대의 코뮤니즘과 1960년대의 급진주의를 고통스럽게 병치시킨다(닥터로의 초기 저작인 미국 서부 관련 소설들 역시도 이러한 시대 구별에 비교적 잘 들어맞는 편인데, 이 작품들은 명확하게 표현하진 않고 형식상으로 자의식적인 방식을 택한 것도 아니지만 19세기 후반 프런티어의 종식을 표현하고 있다).

앞에서 열거한 다섯 권의 주요 역사소설 중『다니엘서』가 독자와 저자가 살아가고 있는 현재와 과거의 역사적 현실 사이에 분명한 서사적 연결 고리를 설정해주는 유일한 작품은 아니다. 여기에 직접 인용하지는 않겠지만,『룬 레이크』의 경탄할 만한 마지막 페이지 역시 이와 비슷한 작업을 조금 다른 방식으로 수행한다. 또한 주목해볼 만한 점은『래그타임』의 최초 판본9)은 우리를 현재의 공간이자 뉴욕주 뉴 로셸New Rochelle에 있는 작가 자신의 집으로 데리고 가는데, 이 집은 또한 1900년대라는 (상상적) 과거의 공간이 되기도 한다는 것이다. 하지만 출판된 텍스트에서는 디테일이 잘 드러나지 않게 억압되어 있다. 즉 상징적으로 〔소설을 시·공간적으로〕묶어줄 수 있는 끈을 잘라버림으로써, 소설이 새로운 과거의 역사적 시간 속을 자유롭게 떠돌 수 있도록 해주기 때문에, 역사적 시간과 우리의 관계는 상당히 문제적인 것이 되고 만다. 그러나 이러한 몸짓의 진실성은 삶이라는 명백한 실존적 사실에 의해 측정될 수밖에 없다. 다시 말해서 우리가 교과서에서 배운 미국의 역사와, 신문이나 우리의 일상생활 속에서 경험하게 되는 도시, 즉 다국적기업의 고층 빌딩이 즐비하지만 스태그플레이션에 갇혀 있는 현재의 도시에 대한 실질적 경험 사이에는, 그 어떤 유기적 관계도 더 이상 존재하지 않을 수도 있다는 사실에 의해 측정될 수밖에 없는 것이다.

하지만 역사성의 위기는 이 텍스트 내부에 존재하는 몇 가지 재미난 형식적 특징들 속에 징후적으로 각인되어 있다. 『래그타임』의 공식 주제는 정치적인 것의 변화라고 할 수 있다. 즉 (총파업 같은) 1차 세계대전 이전의 급진주의와 노동계급의 정치학에서, (할리우드와 상품으로서의 이미지의 발흥 같은) 1920년대의 기술적 발명과 새로운 상품생산으로의 이행이 이 소설의 명시적 주제인 것이다. 클라이스트Heinrich von Kleist의 『미하엘 콜하스Michael Kohlbaas』*를 다시 쓴, 흑인 주인공의 반란이라는 낯설지만 비극적인 에피소드가 소설 속에 삽입되어 있

---

* '하인리히 폰 클라이스트'는 독일 작가로, 그가 1808년 처음 발표한 『미하엘 콜하스』〔황종민 옮김, 창비, 2013〕는 한스 콜하제Hans Kohlhase라는 독일의 실존 인물을 바탕으로 쓴 작품이다. 콜하제는 귀족의 부당한 징세에 불만을 품고 반란을 일으켰으나 실패하고 1540년 처형되었다고 한다.

는데, 이는 이러한 이행 과정과 연관된 한 가지 계기로서 여겨질 수 있을 것이다. 『래그타임』이 정치적인 내용뿐만 아니라 심지어 정치적인 '의미' 같은 것도 가지고 있음은 어쨌든 분명해 보이며, 린다 허천Linda Hutcheon은 이를 능숙하게 설명한다.

병렬적인 세 가족이 있다. 영국계 미국인 정착민 가족, 유럽 변방에서 온 이민자 가족, 그리고 미국 흑인 가족이 그들이다. 미국 도시 지역의 사회적 인구통계에 대한 형식적 알레고리 속에서, 소설의 전개는 첫 번째 가족의 중심을 흩트리고 주변자들을 서사의 다양한 '중심들'로 옮겨놓는다. 게다가 자본가의 자산과 돈에 물든 권력에 뿌리를 둔 계급 갈등을 보여줌으로써, 미국적 민주주의의 이상에 대한 확장된 비판을 보여준다. 흑인 콜하우스Coalhouse 가족과, 백인 후디니Houdini 가족, 그리고 이민자 타테Tateh 가족은 모두 노동자계급이다. 그리고 노동자계급인데도 불구하고가 아니라 노동자계급이기 때문에, 그들 모두가 (래그타임, 보드빌, 영화와 같은) 새로운 미학적 형식의 창안을 위한 노동을 할 수가 있었다.[10]

이러한 해석은 이 소설에 경탄할 만한 주제적 일관성을 부여하는데, 꼼꼼한 해석을 위해 언어 대상체의 문장들에 지나치게 눈을 가까이 들이대서 이러한 원근법 속으로 들어가지 못하는 대부분의 독자는 그러한 일관성을 경험하지 못한다. 하지만 이 해석은 한 가지 핵심적인 것을 놓치고 있다. 물론 허천은 전적으로 옳다. 만일 이 소설이 포스트모던한 작품이 아니었다면 허천의 해석이 소설의 핵심이 되었을 것이다. 하지만 우선 한 가지 말한다면, 재현의 대상인 표면상의 서사적 인물들은 마치 상호 비교가 불가능한 물과 기름처럼 하나의 기준으로 평가하는 게 불가능하다. 즉 후디니는 **역사적 실존** 인물인 반면, 타테는 **허구적** 인물이고, 콜하우스는 **상호텍스트적인** 인물이다. 해석적 비교가 거의 불가능하다는 뜻이다. 한편 허천이 제시한 이 소설의 주제 역시 조금 다른 종류의 철저한 독해를 요구한다. 왜냐하면 소설의 주제가 20세기 좌파의 '패배의 경험'에 대한 고전적 버전, 즉 노동운동의 탈정치화가 미디어나 문화 일반의 문제(허천이 "새로운 미학 형식"이라고 부르는 것)에 기인할 수도 있다는 주장으로 다시 해석될 수도 있기 때문이다. 사실 내가 보기에 이러한 명제는 『래그타임』의 주제라고 하기는 어려울 듯하며, 다만 이 소설과 아마도 닥터로 소설 일반에 깔려 있는 애수 어린 배경이라 할 만하다. 그렇다면 우리는 이 소설을 설명하는 다른 방법이 필요하다. 예컨대 이 소설을 이런 좌파적 억견doxa에 대한 무의식적 표현이나 연상 기법에 의한 탐색, 혹은 '객관적 정신'을 마음의 눈으로 보려는 역사적 의견이나 의사–비전 같은 것으로 설명하는 것이다. 이러한 설명이 담아내고자 하는 것은 바로 일종의 패러독스라 할 수 있다. 즉 『래그타임』은 겉보기에는 리얼리즘적인 소설이지만, 실제로는 비재현적 작품으로 일종의 홀로그램의 형식을 통해 다양한 이데올로기소ideologeme로부터 가져온 판타지 기표들을 조합하고 있는 것이다.

하지만 나는 여기에서 이렇게 탈중심화된 내러티브의 주제적 일관성에 관하여 어떤 가설을 제시하려는 것이 아니다. 오히려 그 반대로 이 소설이 요구하는 종류의 독법이 사실상 우리가 공식적인 '주제'에 도달하거나 그러한 주제를 만들어내는 것 자체를 불가능하게 만들고 있다는 것이다. 그 공식적인 주제는 텍스트 위를 부유하지만, 각각의 문장에 대한 해석 속에 통합되지는 못한다. 그런 의미에서 이 소설은 해석에 대해 저항하고 있을 뿐만 아니라, 형식적인 측면에서 체계적으로 전통적인 유형의 사회적·역사적 해석을 전면에 내세웠다가는 이내 취소하는 것을 반복함으로써 그러한 해석을 단락短絡시키는 구조를 가지고 있다. 해석 자체에 대한 이론적 비판과 거부가 포스트구조주의 이론의 근본 요소라는 점을 기억한다면, 닥터로가 바로 이런 긴장과 모순을 소설 속 문장의 흐름 속에 의도적으로 심어놓았다는 결론을 내리지 않는 것이 더 어려울 것이다.

이 소설에는 실제 역사적 인물들이 상당수 등장한다. 시어도어 루스벨트Theodore Roosevelt부터 엠마 골드만Emma Goldman까지, 해리 K. 소Harry K. Thaw와 스탠퍼드 화이트Stanford White부터 모건J. P. Morgan과 헨리 포드Henry Ford*까지 저명인사가 그들이다. 보다 중심적인 역할을 맡고 있는 후디니는 (대문자로 표기된) 아버지, 어머니, 큰형 등으로 지칭되는 허구적인 가족과 함께 엮여 있지만, 그가 실존 인물임은 강조할 필요조차 없을 것이다. 월터 스콧Sir Walter Scott의 작품에서 시작된 모든 역사소설은 분명 어떤 방식으로건 학교 역사 교과서 매뉴얼을 통해 습득된 기존의 역사 지식을 문제시하게 된다. 교과서의 역사는 이런저런 국가적 전통의 합법화를 위해 고안되었기 때문이다. 따라서 역사소설은, 예를 들어 참주The Pretender**에 대해 우리가 이미

---

* '시어도어 루스벨트'(1858~1919)는 미국의 26대 대통령이고, '엠마 골드만'(1869~1940)은 무정부주의 운동가이자 작가로 20세기 초반 북미 지역과 유럽에서 무정부주의 정치학을 발전시킨 인물이다. 그리고 '해리 K. 소'(1871~1947)는 피츠버그 지역의 석탄과 철도 재벌이고, '스탠퍼드 화이트'(1853~1906)는 건축가이고, 'J. P. 모건'(1837~1913)은 미국 최고의 은행가이며, '헨리 포드'(1863~1947)는 미국 자동차 회사 포드의 창립자다.
** 명예혁명으로 폐위된 영국 국왕 제임스 2세의 아들로, 스스로를 영국의 국왕 제임스 3세라

'알고 있는' 것과 소설 속에서 구체적으로 묘사된 모습 사이에 서사적 변증법을 작동시킨다. 하지만 닥터로의 서사 진행 과정은 이보다 훨씬 더 극단적이다. 그래서 나는 이렇게 주장하고 싶다. 『래그타임』에서 사용되는 인물 유형에 대한 두 가지 지칭 방식, 즉 실제 역사적 이름과 대문자화된 가족 명칭의 사용은 강력하면서도 체계적으로 이 모든 인물들을 사물화시키는 동시에, 기존에 습득된 지식이나 억견을 미리 참고하지 않고는 독자가 그 인물에 대한 재현을 수용할 수 없도록 만든다는 것이다. 이것은 텍스트에 아주 이례적인 기시감과 이상한 익숙함을 부여하는데, 이는 독자 입장에서는 충실한 역사기술 방식보다는 프로이트가 논문 「두려운 낯섦The Uncanny」에서 말한 "억압된 것의 귀환"과 연관시켜도 좋을 법한 것이다.

한편 이 모든 것은 결국 문장 속에서 벌어지고 있는 일인데, 이 문장들은 자신만의 특이성을 가지고 있어서 우리가 모더니스트들이 추구했던 개인적 문체의 가공을 이 새로운 언어적 혁신과 구별할 수 있게 해준다. 이런 식의 언어적 혁신은 더 이상 개인적인 문체의 혁신이 아니며, 오히려 바르트가 오래전에 "백색 글쓰기white writing"*라고 불렀던 것과 가족 유사성을 지닌다. 특히 『래그타임』에서 닥터로는 자신에게 엄격한 문장 선별 원칙을 적용하여 ('be 동사'를 두드러지게 사용하는) 단순한 평서문만을 받아들였다. 하지만 그 결과가 독자를 얕보는

칭했던 '제임스 F. E. 스튜어트James F. E. Stuart'를 지칭한다.
* 롤랑 바르트가 저서 『글쓰기의 영도*Writing Degree Zero*』(1968)〔김웅권 옮김, 동문선, 2007〕에서 사용한 "글쓰기의 영도"와 유사한 용어로, 언어에 부과된 제도적·이데올로기적·관습적 제약들로부터 해방된 글쓰기의 실천을 말한다. 바르트는 이러한 글쓰기의 예를 알베르 카뮈의 『이방인』에서 찾는다.

듯한 지나친 단순화로 치닫거나 아동문학에서 나타나는 상징적인 조심스러움으로 귀결되지는 않았다. 오히려 그것은 보다 충격적인 어떤 것, 즉 미국식 영어에 가해진 보이지 않는 심각한 폭력에 대한 감지다. 하지만 이 폭력은 소설을 구성하고 있는 문법적으로 완벽한 문장 속에서 쉽게 발견될 수 있는 것은 아니다. 보다 가시적인 기법적 '혁신'이 『래그타임』의 언어 속에서 벌어지고 있는 상황을 이해할 수 있는 하나의 실마리를 제공해준다. 예컨대 카뮈Albert Camus의 소설 『이방인*The Stranger*』의 여러 특징적 효과는 근본적으로 작가가 프랑스어에서 이야기를 서술할 때 일반적으로 사용되는 과거 시제 대신 의도적으로 복합 과거를 사용했다는 사실에 기인하고 있음은 잘 알려져 있다.[11] 내가 보기에 그와 유사한 것이 『래그타임』에서도 작동하고 있는 듯하다. 다시 말해서 **마치** 닥터로가 언어를 사용하면서 영어에는 존재하지 않는 동사의 과거 시제, 즉 프랑스어의 과거 시제(혹은 단순 과거)에 상응하는 효과를 생산하기 위해 체계적으로 설계한 **것처럼** 보인다는 것이다. 에밀 뱅베니스트Émile Benveniste가 주장한 바와 같이, 프랑스어의 과거 시제가 가지는 '완료적' 움직임은 발화 시점으로부터 사건을 떼어내어, 시간과 행위의 흐름을 여러 개의 완전히 종결된 독립적인 점으로서의 사건으로 변화시킨다. 따라서 개별적인 점으로서의 사건들은 현재 상황(심지어 이야기를 하는 행위나 발화하는 상황)으로부터 분리된다.

E. L. 닥터로는 미국의 급진적 과거의 소멸과 예전 미국의 급진 전통과 계기 들에 대한 억압을 노래하는 서사시인이다. 좌파에 공감하는 사람이라면 누구나 그의 눈부신 소설을 읽을 때면 뼈아픈 고통을 느낄 수밖에 없다. 그것이 현재 우리의 정치적 딜레마와 직면하는 진실한

방법이기 때문이다. 그런데 문화적으로 흥미로운 점은 그가 이러한 거대한 주제를 형식을 통해서만 전달해야 한다는 것이며(이는 그가 다루고자 하는 주제가 정확하게 내용의 퇴조이기 때문이다), 그보다 더 흥미로운 점은 그 자체로 그가 직면하고 있는 딜레마의 표식이자 징후인 포스트모던의 문화적 논리를 통해서 자신의 작품을 완성해야 했다는 것이다. 『룬 레이크』가 (특히 더스 패서스John R. Dos Passos에 대한 재창안을 통하여) 혼성모방 기법을 훨씬 더 명시적으로 사용하고 있지만, 『래그타임』은 역사적 지시대상체의 소멸이 파생시킨 미학적 상황을 표현하는 가장 특별하고도 놀라운 기념비적 작품으로 남아 있다. 이 역사소설은 더 이상 역사적 과거를 재현하지 못한다. 그것이 할 수 있는 일이라고는 고작 과거에 대한 우리의 생각과 고정관념을 '재현'하는 것이다(따라서 과거는 이제 '대중의 역사pop history'가 되어버린다). 그러하기에 문화 생산은 이제 정신적 공간으로 쫓겨나는데, 이때 정신적 공간이란 오래된 단자화된 주체가 아닌 어떤 퇴락한 집단의 '객관적 정신'의 공간이다. 그것은 추정적 실제 세계를, 한때는 그 자체로 현재였던 과거 역사의 재구성물을 더 이상 정면으로 응시하지 못한다. 오히려 플라톤의 동굴에서와 마찬가지로, 그것은 꽉 막힌 동굴 벽에 투사된 과거의 정신적 이미지만을 추적해야 한다. 여기에 혹여 약간의 리얼리즘이 남아 있다면, 이는 동굴 안에 갇혀 있음을 깨닫는 순간 찾아오는 충격으로부터 파생되는 '리얼리즘'일 것이며, 또한 우리가 대문자 역사History를 우리 자신이 만든 대중적 이미지와 시뮬라크럼을 통해서 추구할 수밖에 없는 운명을 맞은 이 새롭고 유례없는 역사적 상황을 조금씩 인지함으로써 느끼는 충격으로부터 나오는 '리얼리즘'일 것이다. 역사는 이제 영원히 우리가 미칠 수 없는 곳에 위치하게 된다.

III

역사성의 위기는 이제 새로운 방식으로 포스트모던의 세력장 내에서의 시간 구조 일반의 문제로 돌아갈 것을 요구한다. 그리고 시간 구조의 문제는 사실상 점차 공간과 공간 논리에 의해 지배되고 있는 문화 속에서 시간과 시간성 그리고 연접적 구조가 취할 수 있는 형식의 문제라고 할 수 있다. 실제로 만약 주체가 시간의 다층성 전반에 걸쳐 사전기억pre-tensions과 사후기억re-tensions을 적극적으로 확장하고 자신의 과거와 미래를 하나의 일관된 경험으로 구성할 수 있는 능력을 상실했다고 한다면, 그러한 주체에 의해 생산된 문화적 산물들은 '파편 덩어리들'에 불과할 수밖에 없으며 또한 우발적인 이질성과 파편성과 우연성으로 이루어진 실천으로 귀결될 수밖에 없다. 하지만 바로 이런 것들은 (포스트모더니즘 옹호자들이) 포스트모더니즘 시대의 문화적 산물들을 분석하는 (심지어 옹호하는) 특권화된 용어라 할 수 있다. 그렇지만 이런 용어들은 포스트모더니즘의 특징을 설명하기에는 뭔가 부족하다. 포스트모더니즘의 보다 실질적인 특징을 잡아내는 것은 바로 텍스트성이나 에크리튀르 혹은 정신분열적 글쓰기 같은 말들인데, 지금부터 우리가 향하게 될 곳이 바로 이런 용어들이다.

여기에서는 정신분열증에 대한 라캉의 설명이 상당히 유용한데, 이는 내가 라캉 이론의 의학적 정확성에 대해서 알고 있기 때문이 아니라, 그의 이론이 진단보다는 설명으로서 한 가지 시사적인 미학적 모델을 제공해주기 때문이다.[12] 나는 존 케이지나, 애슈베리John Ashbery, 솔레르Philippe Sollers, 로버트 윌슨Robert Willson, 이슈마엘 리드, 마이클 스노Michael Snow, 워홀, 심지어 베케트Samuel Beckett 같은 중요한 포스트모던 예술가들을 의학적인 의미에서의 정신분열자라고는 절대 생각하지 않는다. 또한 크리스토퍼 래시Christopher Lasch의 영향력 있는 저서『나르시시즘 문화*The Culture of Narcissism*』와 같은 유형의 심리학적이면서도 도덕주의적인 문화비평처럼, 우리 사회와 예술의 문화와 개성에 대해 진단을 내리는 것 역시도 나의 관심사는 아니다. 나는 지금 내 주장의 정신의학적 방법론을 그러한 문화비평으로부터 멀리 떼어놓고자 한다. 나의 주장은 아마도 심리학적 범주를 사용함으로써 가능해지는 우리의 사회 체계에 대한 비판보다도 훨씬 더 가혹할 수도 있을 것이다.

짧게 정리하자면 라캉은 정신분열증을 의미 사슬signifying chain의 와해로서 설명한다. 즉 발화나 의미를 구성하는 기표들의 연접적 연결체가 와해된 상태인 것이다. 이런 상태에 대한 잘 알려진 정통 정신분석학적 배경 설명은 건너뛰겠다. 라캉은 정통 정신분석학의 체계를 언어 이론으로 변환하는데, 여기에서 오이디푸스적 경쟁 상대는 어머니의 관심을 독차지하기 위해 나와 경쟁하는 생물학적 개인이 아니다. 그것은 라캉이 아버지의 이름Name-of-the-Father이라고 명명한 것, 즉 이제는 언어의 기능으로 간주되는 아버지의 권위다.[13] 그의 개념인 의미 사슬은 근본적으로 소쉬르Ferdinand de Saussure적인 구조주의의 기본 원칙(이자 가장 위대한 발견) 한 가지를 전제한다. 그것은 바로 의미가 기표와 기의 사이의, 물질과 언어 사이의, 말이나 이름과 그것의 지시대상체나 개념 사이의 일대일 대응 관계가 아니라는 주장이다.

이 새로운 관점에 따르면, 의미는 기표에서 기표로 이동하는 운동을 통해 생성된다. 우리가 일반적으로 기의라고 부르는 것, 즉 발화의 의미나 개념적인 내용에 해당하는 것은 이제 일종의 의미-효과라고 할 수 있으며, 이는 기표들 간의 관계에 의해 생성되고 투사된 의미화의 객관적 신기루에 불과하다. 기표 간의 관계가 와해된다면, 의미 사슬의 고리들이 끊어진다면, 우리는 따로따로 떨어진 채 상호 연관성을 상실한 기표들의 조각의 형식 속에서 정신분열증을 만나게 된다. 이런 종류의 언어적 오류와 정신분열증 환자의 정신 상태 사이의 연관성은 다음의 이중적 명제를 통해 이해될 수 있다. 첫째, 개인의 정체성은 과거와 미래가 그 사람의 현재와 시간적 통일성을 이룰 경우 나타나게 되는 효과이다. 둘째, 그러한 적극적인 시간적 통일은 그 자체로 언어의 기능이며, 보다 정확하게 표현한다면 문장의 기능이다. 왜냐하면 문장은 시간을 통해 해석학적 순환 운동을 하기 때문이다. 만일 우리가 문장의 과거와 현재와 미래를 통일시킬 수 없다면, 그와 유사하게 우리는 우리 자신의 생물학적 경험이나 심리적 삶의 과거와 현재와 미래를 통일시킬 수 없다. 따라서 의미 사슬이 와해된다면, 정신분열증 환자는 순수한 물질적 기표만을 경험할 수밖에 없다. 다시 말해 상호 연관성이 없는 일련의 순수 현재들만을 경험하는 것이다. 잠시 후 이런 상황이 야기하게 될 미학적 혹은 문화적 결과에 대해 질문하기로 하고, 먼저 그러한 경험이 어떻게 느껴지는지를 살펴보자.

　　나는 그 일이 일어났던 날을 아주 잘 기억한다. 우리는 시골에 머무르고 있었고, 나는 이따금 그랬던 것처럼 산책을 나섰다. 학교 앞을 지나고 있을 때, 갑자기 독일 노래가 들렸다. 아이들이 노래 수업을 받고 있었다. 나는 멈춰 서서 귀를 기울였다. 바로 그 순간 이상한 기분이 엄습해왔다. 그 기분은 뭐라 설명하기 힘들지만 후에 내가 너무도 잘 알게 될 기분과 닮은 무언가, 즉 혼란스러운 비현실감 같은 것이었다. 나는 더 이상 학교라는 것을 인식하지 못했고, 그것은 거대한 막사 같은 것이 되었다. 노래를 부르는 아이들은 수감자들이었고, 강제로 노래를 불러야만 했다. 마치 학교와 아이들이 부르는 노래가 세상과 단절되어 있는 것 같았다. 그와 동시에 내 눈은 그 끝을 알 수 없는 밀밭과 조우했다. 햇빛 아래 반짝이는 그 누런 광활함은 매끈한 돌로 만들어진 학교-막사 속에 갇힌 아이들의 노래와 한데 엉켜 나를 불안하게 만들었고, 결국 나는 울음을 터뜨렸다. 나는 집으로 달려가 정원으로 가서 '사물들이 예전 모습처럼 보이게 만드는' 놀이를, 즉 현실로 돌아가는 놀이를 시작했다. 후에 비현실에 대한 감각을 느낄 때면 언제든 등장했던 요소들이 처음 출현한 것이 바로 그때였다. 끝을 알 수 없는 광활함, 찬란한 빛, 그리고 물질들의 광택과 부드러움.[14)

지금의 맥락에서 이 경험이 암시하는 것은 다음과 같다. 먼저 시간성의 붕괴는 현재에 집중함으로써 그것을 실천의 공간으로 만들고자 하는 모든 행위와 의도 들로부터 현재라는 시간을 해방시킨다. 그에 따라 현재는 고립되고, 그 고립된 현재는 갑자기 표현 불가능한 생동감과 압도적인 감각의 물질성을 가지고 주체를 삼켜버린다. 이것은 효과적으로 물질적인 (보다 정확히 표현한다면, 문자 그대로의) 고립된 기표의 힘을 극적으로 만든다. 물질적 기표의 세계로서의 현재는 고양된 강렬함과 함께 주체 앞에 나타나 신비스런 정동의 충만함을 가져다준다. 앞의 인용문에서 이 정서는 불안감이나 현실감의 상실과 같은 부정적인 언어로 묘사되고 있지만, 희열이나 마약에 의한 흥분이나 환각의 강렬함과 같은 긍정적인 용어로 상상할 수 있는 것이기도 하다.

텍스트성에 기반한 예술이나 정신분열적 예술에서 일어나는 일은 이러한 의학적 설명을 통해 상당히 많은 부분이 조명될 수 있다. 물론 문화 텍스트에서 고립된 기표는 더 이상 세계의 신비스러움이나 이해할 수는 없으나 매혹적인 언어의 파편은 아니다. 그보다는 오히려 고립 속에서 자유롭게 존재하는 하나의 문장에 더 가깝다. 예를 들어 존 케이지의 음악을 생각해보자. (예컨대 준비된 피아노에서) 일단의 물질적 소리가 흘러나온 후 잠시 침묵이 뒤따른다. 이 침묵은 견디기 힘든 것이어서, 우리는 그 뒤에 나타나게 될 청아한 화음을 상상조차 하지 못하며, 이전의 음들을 기억하여 새로운 화음들과 연결시킬 수 있다는 상상도 하지 못한다. 몇몇 베케트의 서사 역시 이런 순서로 되어 있다. 그중 가장 유명한 것이 『와트*Watt*』인데, 여기에서는 현재형 문장들이 지배하고 있기 때문에 서사 구조가 무자비하게 와해되어 현재를 중심으로 이야기를 재구성하려는 시도는 불가능해진다. 좀 덜 침울한 예를 들어보자. 이어지는 텍스트는 소위 언어시파Language Poetry 혹은 신문장파New Sentence로 알려진 샌프란시스코의 젊은 시인 집단에 속한 시인이 쓴 것으로, 이들은 자신의 기본적인 미학으로 정신분열적 파편화를 채택한 듯하다.

「중국」

우리는 태양으로부터 세번째 세계에 산다. 3번. 무엇을 해야 할지 아무도 말해주지 않는다.

우리에게 세는 법을 가르쳐준 사람은 매우 친절하고 있었다.

언제나 떠날 시간이다.

비가 오면, 당신은 우산이 있거나 없다.

바람이 불어 당신의 모자를 벗긴다.

태양은 또 떠오른다.

별들이 자기끼리 우리 이야기를 하지 않았으면 차라리 좋겠어. 차라리 우리끼리 이야기하면 좋겠어.

너의 그림자보다 앞서 달려가.

적어도 10년에 한 번씩 손으로 하늘을 가리키는 누이는 좋은 누이이다.

풍경에 동력이 달렸다.

기차는 자신이 가는 곳까지 너를 데려다준다.

물 위에 다리들.

사람들은 넓은 콘크리트길을 따라 뿔뿔이 흩어져 비행기로 향한다.

당신이 실종될 때 당신의 모자와 신발이 어떤 모양일지 잊지 마시오.

공기 중에 떠도는 말조차도 파란 그림자를 만든다.

맛있으면 먹는다.

나뭇잎이 떨어지고 있다. 지적해줘.

제대로 된 것을 골라.

야 그거 알아? 뭔데? **내가 말하는 법을 배웠어.** 대단한걸.

머리가 불완전한 사람이 울음을 터트렸다.

인형은 떨어질 때 무엇을 할 수 있을까? 아무것도 못해.

가서 자.

넌 반바지가 잘 어울려. 그리고 깃발도 멋있어 보여.

모두가 폭발을 즐겼지.

깨어나야 할 시간.

그러나 꿈에 익숙해지는 게 좋아.

— 밥 페럴먼Bob Perelman[15]

불연속성에 대한 이 흥미로운 연습에 대해 많은 것을 이야기할 수도 있다. 그런데 이 흩어진 문장들을 가로질러 보다 통일된 세계적 의미가 다시 생성된다고 하더라도, 그것은 절대 역설적이지 않다. 사실이 시가 다소 특이하고 은밀한 방식으로 정치적인 시가 될 수 있다면, 이 시는 세계사에 유례가 없었던 새로운 중국의 거대한 미완의 사회적실험에 대한 무언가 흥분된 마음을 포착해낸 것처럼 보인다. 두 초강대국 사이에서 전혀 예상하지 못했던 '3인자'로서의 중국의 부상, 그것은 자신의 집단적 운명에 대해 새로운 통제력을 갖게 된 인간에 의해 생산된 전적으로 새로운 대상세계의 신선함이라 할 만하다. 그리고 이것은 무엇보다도 한 집단이 새로운 '역사의 주체'가 되었음을 알리는 사건이다. 그들은 봉건주의와 제국주의의 오랜 지배에서 벗어나 자신의 목소리로, 자신을 위하여, 처음인 양 말하고 있는 것이다.

하지만 내가 주로 보여주고자 하는 것은 정신분열적 파열 혹은 에크리튀르라고 부르는 것이 하나의 문화적 스타일로 일반화되었을 때, 그것이 정신분열증 같은 용어와 연관되었던 병적인 내용과의 필연적 관계를 포기하고 대신에 보다 유쾌한 강렬함을 위해 전용되는 방식이다. 바로 정신분열증적 희열이 불안과 소외라는 전통적인 정동을 대체하는 것이다.

예를 들어 장-폴 사르트르Jean-Paul Sartre가 플로베르Gustave Flaubert

에게서 나타나는 비슷한 경향에 대해서 한 설명을 참조해보자.

그의 문장은 대상체를 감금하고 사로잡아, 움직이지 못하게 만들고는 허리를 부러뜨리고 꽁꽁 싸매버린 후, 돌로 만들어 끝내 그와 함께 돌이 되어버린다. 그것은 장님이고 귀머거리고 피도 없으며 숨도 쉬지 않는다. 깊은 침묵이 뒤따라오는 문장으로부터 그것을 고립시킨다. 그것은 무無로 전락한다. 영원히. 그리고는 자신의 사냥감을 그 무한의 전락으로 끌어내린다. 어떤 현실이건, 한 번 묘사되면, 목록에서 삭제된다.[16)]

나는 이런 독해를 부지불식간에 계보화된 유형의 시각적 환영(혹은 사진 확대)으로 보고 싶다. 이 환영 속에서 플로베르의 문체에 잠재되고 종속화된, 본질적으로 포스트모더니즘적인 특징이 시대착오적인 방식으로 전경화된다. 그러나 이것은 시대구분을 하고 문화적으로 지배적인 것과 종속적인 것을 변증법적으로 재구성함에 있어, 한 가지 흥미로운 교훈을 제공해준다. 왜냐하면 플로베르에서 이러한 특징들은 그것의 사후적 삶 전체에서, 그리고 사르트르가 3천 쪽에 달하는 『가족 백치The Family Idiot』 전편에 걸쳐 (점차 공감하면서도) 비난했던 실천에 대한 분노에서 드러나는 징후이자 전략이었기 때문이다. 그러한 특징들이 그 자체로 문화적 규범이 된다면, 이들은 부정적 정동의 온갖 형태들을 탈피하여 다른 사람들의 손에서 보다 장식적인 방식으로 이용될 수 있게 된다.

하지만 우리는 아직 페럴먼의 시가 지니는 구조적 비밀을 완벽하게 파헤치지는 않았다. 이 시는 중국이라는 지시대상체와 충분한 연관성을 지니고 있지는 않다. 사실 이 시인은 차이나타운을 산책하다가 우연히 사진첩을 하나 발견했는데, 사진의 표제로 사용된 상형문자가 그에게는 죽은 문자나 다름없었다고 말한 적이 있다(아마도 하이데거가 상상했던 이 전 자본주의적 풍경은 우리 시대에 남아 있는 자연 이미지의 마지막 형식이리라). 앞의 시의 해당 문장들은 따라서 그 사진첩의 사진들에 대해 페럴먼 자신이 직접 써 넣은 표제라고 해도 좋을 것이다. 그렇기 때문에 그 표제는 또 다른 이미지를, 즉 부재하는 텍스트를 지시하는 꼴이 되고 만다. 따라서 이 시의 통일성은 그 시의 언어 내부가 아닌 그 외부에 존재하게 된다. 즉 그 시의 외부에 존재하는 동시에 부재하는 책과의 통일성이 만들어지는 것이다. 여기에서 이른바 포토리얼리즘의 역동성과 흥미로운 유사성이 생겨난다. 포토리얼리즘은 추상 미학의 오랜 헤게모니 장악 이후에 재현과 형상화의 예술로 복귀하는 것처럼 보였다. 하지만 사실은 그렇지 않았다. 포토리얼리즘의 대상은 '실제 세계'에 존재하는 것이 아닌, 실제 세계에 대한 사진 자체였기 때문이다. 즉 실제 세계 자체가 이미지로 전화되었고, 따라서 포토리얼리즘 회화의 '리얼리즘'은 실제 세계의 이미지의 시뮬라크럼인 것이다.

그런데 정신분열증과 시간 구성에 대한 이러한 설명은 다른 방식으로 이론화될 수 있을지도 모른다. 이는 우리를 대지와 세계 사이의 간극 혹은 틈새라는 하이데거의 개념으로 데려다주는데, 물론 이것은 하이데거 철학이 지니는 어조와 고도의 진지함과는 극명하게 상충되는 방식일 것이다. 나는 포스트모더니즘적인 형식에 대한 경험을 역설적인 슬로건을 통해 표현해보고자 한다. 이는 다름 아닌 '차이가 연결한다difference relates'라는 명제다. 마슈레Pierre Macherey 이후 우리의 최근 비평은 예술 작품에 내재하는 이질성과 근원적 불연속성을 강조해왔다. 예술 작품은 더 이상 통일된 것도 유기적인 것도 아니게 되었다. 그것은 이제 연결 고리가 빠진 하부 체계들과 아무렇게나 모아놓은 온갖 종류의 원자재와 충동 들이 가득 담긴 잡동사니 주머니 내지는 창고가 되어버렸다. 바꿔서 표현한다면 예전에 예술 작품이었던 것이 이제는 하나의 텍스트임이 드러났으며, 텍스트에 대한 읽기는 통일화 과정이 아닌 차이화 과정이 됐다. 그런데 차이의 이론은 분리를 강조하다 보니 단어와 문장을 포함한 텍스트의 재료들이 산산이 부서져 무작위적이고 무기력한 수동성에 빠지거나, 상호 분리만을 생각하는 일련의 원소들로 전락하는 지경에 이르게 된다.

하지만 가장 흥미로운 포스트모더니즘 작품 속에서는 관계에 대한 긍정적인 개념을 발견할 수 있는데, 이는 차이라는 개념 자체에 진정한 긴장감을 복원하기도 한다. 차이를 통한 이 새로운 관계 양식은 때때로 새롭고 독창적인 사유와 지각 방식의 성취일 수 있으며, 대개 이는 아마도 더 이상 의식이라 칭해질 수 없는 것에서 새로운 변이를 성취하라는 불가능한 명령의 형식을 취한다. 내가 보기에 이런 사유 관계의 새로운 양식을 두드러지게 표현하는 가장 상징적인 작품은, 바로 백남준의 작품이다. 그는 무성한 식물들 사이에 공간을 두고 텔레비전 스크린을 층층이 쌓아놓거나 여기저기 흩어놓기도 하고, 마치 신기하고 새로운 별처럼 비디오를 천장에 설치하여 관객을 향해 깜빡이도록 만들기도 한다. 각각의 비디오는 미리 정렬된 이미지 시퀀스나 반복적 이미지를 계속해서 보여주는데, 이 이미지들은 여러 스크린에서 조금씩 시차를 두고 반복된다. 이를 접하는 관객들은 전통적인 미학을 실천한다. 하지만 불연속적이고 다양한 이미지에 당황한 관객은 이내 하나의 스크린에 집중한다. 마치 상대적으로 무가치한 이미지 시퀀스 뒤에 그 자체로 가치가 있는 유기적인 뭔가가 따라올 것이라고 생각하는 듯 말이다. 하지만 포스트모던 시대의 관객은 불가능한 것을 하도록 요청받는다. 즉 근원적이고 무작위한 차이들을 담고 있는 모든 스크린들을 한눈에 바라보는 것이다. 그러한 관객은 「지구에 떨어진 사나이The Man Who Fell to Earth」에서 (57개의 텔레비전 스크린을 동시에 보고 있던) 데이비드 보위David Bowie의 진화적 변이를 따라가야만 한다.* 이 과정에서 관객은 급진적 차이에 대한 생생한 지각이 그 자체로 과거에는 관계라고 명명되었던 것에 대한 새로운 이해 방식이라는 것을 깨닫는 수준에 이르게 된다. 이에 대해 콜라주라고 부르는 건 아직 뭔가 부족하다.

IV

이제 새로운 문화적 경험의 특징이라 할 수 있는 희열 혹은 강렬함에 대한 마지막 분석을 통해, 포스트모더니즘의 공간과 시간에 대한 예비적 설명을 마쳐야 할 것 같다. 먼저 모더니즘에서 포스트모더니즘으로의 이행이 얼마나 큰 변화인지를 다시 한 번 강조해두자. 그것은 호퍼Edward Hopper 그림 속 건물의 적막함이나 실러Charles Sheeler의 회화적 형식이 갖는 엄격한 미국 중서부의 문법을 과거에 남겨두

---

* 니컬러스 로그Nicolas Roeg 감독의 1976년 작 「지구에 떨어진 사나이」는 미국 소설가 월터 테비스Walter Tevis의 동명 소설(1963)을 스크린으로 옮긴 SF 영화로 영국 가수 데이비드 보위가 주연을 맡았다.

고, 이들을 포토리얼리즘적인 도시 풍경의 경이로운 표면으로 대체하는데, 그러한 도시 풍경 속에서는 파손된 자동차조차도 새로운 환각적 화려함 속에서 반짝인다. 하지만 이 새로운 표면이 주는 고양된 기분은 더욱더 역설적이다. 19세기에는 말할 것도 없이 20세기 초반에도 도시 자체라는 본질적인 내용은 상상할 수 없을 정도로 타락하고 와해되어 있었기 때문이다. 어떻게 도시의 누추함이 상품으로 표현되는 동시에 우리의 눈에 즐거움을 가져다줄 수 있는가? 도시적인 일상생활의 소외가 유례없이 양적으로 팽창했음에도 불구하고, 그것이 어떻게 낯설고 새로운 환각적 흥분의 형식으로 경험될 수 있는가? 바로 이것들이 현재 우리가 탐색해야 할 질문이다. 인간의 형상 역시 이 고찰로부터 제외될 수 없다. 비록 새로운 미학에 있어서 공간 자체에 대한 재현이 몸에 대한 재현과 상충될 수밖에 없더라도 말이다. 이런 모순적 관계는 일종의 미학적인 노동분업화와 연관되는데, 이것은 풍경화라는 장르적 개념 초기에 나타나며, 훨씬 더 심각해진 형태로 그리고 사실상 가장 불길한 징후로서 포스트모던 미학에 나타나고 있다. 더글러스 본드Douglas Bond의 작품이 보여주는 텅 빈 목욕탕과 같이, 새로운 예술에서 특권화된 공간은 근본적으로 반反인격화된다. 그러나 두에인 핸슨Duane Hanson의 조각상에서는 인간의 몸에 대한 궁극적으로 현대적인 물신화의 방식이 전혀 다른 방향으로 전개된다. 이는 앞서 내가 시뮬라크럼이라 불렀던 것으로, 이것의 특수한 기능은 사르트르가 주변의 일상적 현실 세계 전체의 **탈실재화**derealization라고 부를 법한 것이다. 다시 말해서 핸슨이 폴리에스테르로 만든 인간 형상과 마주하게 되면, 이들이 숨을 쉬고 온기를 지닌 게 아닌지 잠시 의심하게 된다. 그러다가 주변을 돌아보며 전시장을 오가는 실제 사람들을 바라보는 순간, 아주 잠시나마 우리는 그들을 인간의 피부색을 띤 죽은 시뮬라크럼으로 변형시키게 된다. 따라서 순간적으로 세계는 자신만의 깊이를 상실하고, 번들거리는 표피로, 입체적인 환영으로, 목적지를 상실한 채 몰려드는 영화 이미지로 전락할 수도 있다고 위협한다. 그렇다면 과연 이것은 끔찍한 경험일까, 아니면 흥분되는 경험일까?

그러한 경험을 수전 손택Susan Sontag이 영향력 있는 진술에서 "캠프camp"*라고 딱 꼬집어 말한 것을 통해 생각해보는 일은 상당히 유익하다. 하지만 나는 '숭고함sublime'이라는 개념에 의존하여 조금 다른 각도에서 이에 접근하고자 하는데, 물론 이 역시 에드먼드 버크Edmund Burke와 칸트Immanuel Kant의 저작들의 재발견을 통해 최근 들어 상당히 유행하고 있는 주제이다. 아니면 캠프와 숭고함이라는 두 개념을 묶어 캠프 숭고 혹은 '히스테리적인' 숭고라는 형식을 취해도 좋을 것 같다. 버크에게 숭고함이란 공포에 닿아 있는 경험으로, 인간 생명을 일거에 짓밟아버릴 듯한 아주 거대한 것을 놀라움과 충격과 경외심을 가지고 발작적으로 바라볼 때 느끼는 감정이라 할 수 있다. 칸트는 이러한 설명에 재현의 문제를 추가한다. 즉 숭고의 대상은 순수 힘의 문제이자 인간 유기체와 대문자 자연Nature 사이에 존재하는 물리적 통약 불가능성의 문제이기도 하지만, 동시에 그러한 거대한 힘을 재현할 수 있는 인간 능력의 결여와 형상화의 한계에 대한 문제이

---

*   수전 손택이 1964년 에세이 「'캠프'에 관한 단상Note on "Camp"」(『해석에 반대한다』, 이민아 옮김, 이후, 2002, pp. 408~437)에서 발전시킨 개념으로, 하나의 미학적 스타일이나 감수성을 지칭한다. 특히 저열한 미감이나 아이러니한 가치로 인하여 대중에게 어필하는 경우, 이를 캠프 미학 혹은 캠프 감수성이라고 부른다.

두에인 핸슨, 「미술관 경비원」

두에인 핸슨,「관광객 II」

기도 하다. 근대 부르주아 국가가 탄생하던 바로 그 역사적 시점에서 버크는 그 힘을 신적인 것으로밖에 개념화할 수 없었던 반면, 하이데 거는 전前 자본주의 사회의 유기적인 농촌 풍경과 시골 사회에 대해 환 영적 관계를 유지하고자 했다. 아마도 하이데거가 상상했던 이 전 자 본주의적 풍경은 우리 시대에 남아 있는 자연 이미지의 마지막 형식이 리라.

하지만 자연이 급격하게 소멸되고 있는 이 시점에, 우리는 이 모든 것을 전혀 다른 방식으로 생각해볼 수 있을 것이다. 결국 하이데거의 "숲길"은 후기자본주의에 의해, 녹색혁명에 의해, 신식민주의와 거대 도시에 의해 회복할 수 없을 정도로 훼손되었다. 이 새로운 세력들은 농촌의 들판과 공터 위에 고속도로를 건설했고, 하이데거의 "존재의 집"을 아파트 단지로 만들어버렸다(그 집들이 난방도 안 되고 쥐가 득 실거리는 비참하기 이를 데 없는 공동주택은 아닐지라도 말이다). 그런 의미에서 전 자본주의 시대와는 달리 우리 사회의 **타자**는 자연이 아닌 전혀 다른 어떤 것이라 할 수 있으며, 앞으로 우리가 밝혀내야 할 것이 바로 그것이다.

나는 성급하게 기술 그 자체를 우리 시대의 타자로 규정하는 게 아 닌지 우려된다. 내가 보기에 기술은 다른 어떤 것에 대한 비유에 지나 지 않기 때문이다. 하지만 기술은 그 뒤에 도사린 거대한 힘을 밝혀내 는 단초 역할을 할 수 있을 것이다. 그 힘이란 우리의 기계 속에 저장 되어 있는 거대하고 본질적으로 인간적인 그리고 반反자연적인 죽은 인간의 노동력이고, 소외된 힘이며, 또한 사르트르가 실천적 타성태 의 반反목적성counter-finality of practico-inert*이라고 부르는 것이다. 그 리고 우리를 향해 등을 돌리고는 쉽사리 알아볼 수 없는 형식으로 우리의 개인적·집단적 실천의 거대한 디스토피아적 지평을 구성하고 있는 것이 바로 이런 힘이다.

그러나 마르크스주의적인 관점에서 볼 때, 기술의 발전은 자본이 발전한 결과일 뿐 그 자체로 어떤 궁극적인 결정 심급은 아니다. 따라서 자본주의 내부에서 기술력 발전의 몇 세대 혹은 기술 혁명의 몇 단계를 구분하는 것이 더 온당할 것이다. 여기에서 나는 에르네스트 만델의 모델을 따르고자 하는데, 그에 따르면 자본주의하에서 기계의 발전에는 세 번의 근본적인 단절 혹은 양적 도약이 있었다.

> 동력 기술에서의 근본적인 혁명, 즉 기계로 동력 기계를 생산할 수 있게 된 것은 기술 혁명 전체로 볼 때 결정적인 계기로서 나타난다. 1848년 이후 기계에 의한 증기기관 생산, 1890년대 이후 기계에 의한 전기와 연소기관 생산, 그리고 1940년대 이후 기계에 의한 전자와 원자력 기구의 생산. 이 세 가지가 18세기 후반 '최초'의 산업혁명 이후 자본주의적 생산양식에 의해 생성된 일반적 기술 혁명이라 할 수 있다.[17]

이러한 시대구분은 만델의 역저 『후기자본주의』의 일반적 명제를 부각시킨다. 즉 자본주의에는 세 번의 근본적 순간들이 존재하며, 각각의 단계는 이전 단계에 대한 변증법적 확장이 된다. 이 세 단계는 시장자본주의, 독점자본주의 혹은 제국주의 단계, 그리고 마지막으로 현재 우리가 살고 있는 시대로, 이 단계는 후기산업시대라는 잘못된

---

* 사르트르가 1960년 저서 『변증법적 이성 비판Critique of Dialectical Reason』〔1~3권, 박정자 외 옮김, 나남출판, 2009〕에서 사용한 용어로, 수동적이고 익명적인 개인들의 소외 상태를 말한다. 이렇게 소외된 개인은 사회적 변화를 위한 어떤 실천도 하지 못한다.

이름이 붙여졌으나 사실은 다국적 자본주의 단계라고 부르는 편이 더 나은 듯하다. 앞서 이미 지적했듯이, 후기산업사회 논쟁에 대한 만델의 개입은 후기 혹은 다국적 자본주의 내지는 소비 자본주의가 마르크스의 위대한 19세기 분석과 모순되기는커녕 반대로 지금까지의 자본주의 중 가장 순수한 형태의 자본주의이며, 자본이 아직 상품화되지 않은 영역으로까지 놀라울 정도로 확장되고 있다는 주장과 연관된다. 우리 시대의 더 순수해진 자본주의는 따라서 지금까지는 관용과 지엽적 착취의 대상이었던 전 자본주의적 조직의 마지막 영지마저도 제거해버리고 있다. 이와 연관하여 우리는 새롭고 역사적으로 유례없는 침탈과 식민화에 대해서 이야기할 수 있을 것이다. 그것은 바로 자연과 무의식에 대한 침탈이자 식민화이다. 녹색혁명을 통한 제3세계의 전 자본주의적 농업의 파괴와, 미디어 및 광고 산업의 발흥이 그 예라 할 수 있다. 어쨌든 리얼리즘과 모더니즘과 포스트모더니즘이라는 나만의 문화적 시대구분은 만델의 3단계 이론에 의해 영감을 받았으며, 또한 그것을 통해 확증될 수 있다.

그러므로 우리는 우리 자신의 시기를 제3차 기계 시대로 명명할 수 있을 것이다. 그리고 숭고에 대한 칸트의 분석에서 이미 명시적으로 발전된 미학적 재현의 문제를 다시 논해야 하는 시기는 바로 지금이다. 왜냐하면 기계와의 관계와 기계에 대한 재현은 각각의 기술 발전의 질적 단계들에 따라 변증법적으로 변화하리라고 예상하는 게 논리적으로 보이기 때문이다.

여기에서 우리보다 앞선 세대의 자본주의 시기에 나타났던 기계에 대한 흥분을 상기해보는 것이 적절할 듯하다. 예컨대 가장 가시적으로 나타났던 미래파의 고무된 기분과, 마리네티Filippo T. E. Marinetti의 기관총과 자동차에 대한 찬양 같은 것 말이다. 이들은 아직까지도 그 시대에 대한 시각적 표상으로 기능하고 있으며, 근대화 초기의 동력 에너지에 물질성과 비유적인 형상을 제공했던 조형적 중심점이라 할 수 있다. 이 위대한 유선형의 위용은 르 코르뷔지에의 건물 속에 은유적인 방식으로 존재하고 있다는 사실을 통해 충분히 평가받을 수 있는데, 그의 건물은 거대한 유토피아적 구조물로서 예전의 늙고 타락한 대지와도 같은 도시 풍경 위를 수십 척의 거대한 증기선이 달려가는 듯한 인상을 준다.[18] 기계는 피카비아Francis Picabia와 뒤샹 같은 예술가의 작품에서 또 다른 종류의 매력을 발산하는데, 여기에서 이들의 작품을 논할 시간은 없다. 그래도 한 가지 덧붙이자면 1930년대의 혁명적 예술가나 공산주의자 예술가 들은 기계 에너지에 대한 열광을 인간 사회 전체의 프로메테우스식 재건을 위한 에너지로 재전용할 수 있는 방안을 찾고자 했다. 이러한 경향은 페르낭 레제Fernand Legér와 디에고 리베라Diego Rivera의 작품 속에 잘 나타나 있다.

우리 시대의 기술이 그와 같은 재현을 감당할 수 있는 능력을 더 이상 지니고 있지 않다는 것은 즉각적으로 명백해진다. 우리에게는 증기 터빈도 없고, 실러의 양곡기나 굴뚝도 없다. 또한 바로크 양식으로 장식된 파이프나 컨베이어 벨트도 없고, 심지어 유선형의 기차도 없다. (모든 속도 있는 탈것은 조용히 한곳에 모여 영면에 들었다.) 우리가 그나마 가진 것은 컴퓨터인데, 이것의 겉껍데기는 어떤 상징적인 혹은 시각적인 힘도 없다. 심지어 다른 다양한 매체들의 겉포장도 볼품 없기는 마찬가지다. 예컨대 텔레비전이라 불리는 가전제품 역시 내파 implode하는 것 이외에 어떤 것도 명확하게 표현하지 못하고, 그 내부의 납작한 이미지의 표면만을 전달할 뿐이다.

우리 시대의 이러한 기계들은 생산이 아닌 재생산을 위한 기계이다. 미래파 시대에는 우상숭배하듯 기계들을 모방하려고 했고, 그래서 그 시대의 기계만이 가질 수 있는 속도와 에너지를 표현하는 조각들을 낳았다면, 현재의 기계들은 우리에게 전혀 다른 미학적 재현 능력을 요구한다. 현재 우리는 운동 에너지보다는 온갖 종류의 새로운 재생산과정과 관계를 맺는다. 포스트모더니즘 시대에 생산이 약화되면서, 그러한 과정에 대한 미학적 형상화는 내용에 대한 단순한 주제적 재현으로 슬그머니 후퇴하는 경향이 나타난다. 그들이 다루는 내용이라고는 재생산과정에 **관한** 서사이며, 이런 서사는 영화카메라, 비디오, 녹음기 등과 같이 시뮬라크럼을 생산·재생산하는 기술 전체를 포함하고 있다. (안토니오니Michelangelo Antonioni 감독의 모더니즘적인 작품인 「욕망Blow-Up」(1966)이 드 팔마Brian De Palma 감독의 포스트모더니즘 영화 「필사의 추적Blow-Out」(1981)으로 재탄생한 것이 이에 대한 전범이다.) 예를 들어 일본 건축가가 카세트테이프를 쌓아 올린 모양을 장식적으로 모방하여 건물을 설계했다면, 이에 대한 해석은 약간의 유머를 동반할 수 있기는 하지만 기껏해야 주제적이거나 인유적인 것에 지나지 않게 된다.

하지만 가장 에너지 넘치는 포스트모더니즘 텍스트에서 다른 무언가가 나타나는 경향이 있다. 이러한 작품들은 모든 주제적이고 내용적인 것을 뛰어넘어 재생산과정의 네트워크와 맞닿아 있어서, 우리로 하여금 포스트모던적인 혹은 기술의 숭고함을 엿볼 수 있게 해준다는 의미에서 그러하다. 그리고 그것이 지니는 힘과 진정성은 그러한 작품이 우리 주변에 부상하고 있는 전적으로 새로운 포스트모던 공간을 성공적으로 환기시킨다는 점을 통해 기록되고 있다. 그런 의미에서 건축은 특권적인 미학 언어로 남아 있다. 한 건물의 거대한 유리 표면에 비친 다른 건물의 왜곡되고 파편화된 반영은 포스트모더니즘 문화에 있어서 재생산과정의 중심적 역할에 대한 전범이라 할 수 있다.

그러나 앞서 이야기했듯이, 기술이 어떤 방식으로건 현재 우리의 사회적 삶이나 문화 생산의 '궁극적 결정 심급'이 될 수 있다는 주장은 가급적 피하고자 한다. 물론 이러한 주장은 궁극적으로 후기산업사회라는 포스트마르크스주의적인 개념과 일맥상통한다. 하지만 내가 주장하고자 하는 바는, 어떤 거대한 컴퓨터 통신 네트워크에 대한 잘못된 재현이 그 자체로 보다 깊이 있는 무언가에 대한, 즉 현재의 다국적 자본주의라는 전 세계적 체제에 대한 왜곡된 비유에 지나지 않는다는 것이다. 그러므로 현대 사회의 기술이 그 자체로 우리를 매료시키진 않는다. 그것이 우리를 열광케 하는 이유는 우리의 마음과 상상력이 쉽게 포착할 수 없는 권력과 통제의 네트워크에 대해 어떤 특권화된 재현적 표상을 제공해주는 것처럼 보이기 때문이다. 다시 말해 자본주의의 제3단계인 전적으로 새로운 탈중심화된 전 지구적 네트워크에 대한 표상으로서 기능하기 때문인 것이다. 권력과 통제의 네트워크에 대한 비유적 과정이 가장 잘 표현되고 있는 곳은 현재의 대중문학인데, 여기에서는 특히 '첨단 기술 편집증'이라 부를 만한 것이 나타난다. 이 속에서는 가상의 전 지구적 컴퓨터의 회로와 네트워크가, 일반적인 해독 능력을 초월하는 복잡성 속에서 독립적이지만 치명적일 정도로 서로 맞물려 경쟁하는 정보기관들의 미로 같은 음모에 의해 서사적으로 작동된다. 그러나 음모론(과 이에 대한 화려한 서사적 표현)은 진보된 기술에 대한 비유를 통하여 현 세계체제의 불가능한 총체성을 사유하려는 질낮은 시도로 보아야만 한다. 내가 보기에 포스트모던 숭고가 적절히 이론화되기 위해서는, 거대하고 위협적이지만 거의 지각되지 않는 경제적·사회적 제도라는 또 다른 리얼리티의 차원에서 이루어져야 한다.

과학기술과 음모론이 결합된 서사는 첩보소설의 장르적 구조 속에서 처음 표현되었는데, 최근에는 **사이버펑크**cyberpunk라는 새로운 유형의 과학소설을 통해 나타나고 있다. 이런 종류의 소설은 그 자체로 범지구적 편집증의 양상이라 할 만한 초국가적 기업들의 현실을 담아낸다. 대표적인 작가로 윌리엄 깁슨*을 들 수 있는데, 그가 성취한 재현적 혁신은 시각적인 혹은 청각적인 것이 지배하는 포스트모더니즘적 문화 생산의 장에서 아주 예외적인 문학적 성과라 할 수 있다.

V

결론으로 나아가기 전에, 완전한 포스트모던 건물에 대해 개략적으로 분석해보고자 한다. 이 건물은 여러모로 로버트 벤투리나 찰스 무어Charles Moore, 마이클 그레이브스Michael Graves, 그리고 보다 최근에 등장한 프랭크 게리 같은 포스트모던 건축의 주창자들에게서 나타나는 특징을 지니고 있지는 않다. 하지만 내가 보기에 이 건물은 포스트모더니즘적인 공간의 특이성에 대해 몇 가지 주목할 만한 교훈을 제공한다. 여기에서 나는 앞선 언급들을 관통하고 있는 비유를 확장하

---

* '윌리엄 깁슨'(1948~)은 사이버펑크의 선구자로 "사이버스페이스"라는 말을 처음으로 만들어낸 장본인이기도 하다. 데뷔작인 『뉴로맨서Neuromancer』(1984)는 과학소설 장르의 혁신을 이끈 작품으로 평가받는다.

여, 이를 보다 명시적으로 표현해보고자 한다. 나는 이렇게 제안하고 싶다. 우리는 지금 건축 공간 자체에 일어나고 있는 급진적 변화를 목도하고 있다. 여기에서 내가 암시하고자 하는 바는, 이 새로운 공간 속에 우연히 들어가게 된 우리 인간 주체는 아직 이 공간의 진화를 따라가지 못하고 있다는 것이다. 대상에 변화가 일어났으나, 아직 그에 따른 주체의 변화는 없는 것이다. 내가 하이퍼스페이스hyperspace라고 부를 이 새로운 공간에 상응하는 지각 수단을 우리는 아직 갖추지 못하고 있으며, 이는 부분적으로는 우리의 지각 습관이 내가 본격 모더니즘의 공간이라고 부르는 이전의 전통적인 공간 속에서 형성된 것이기 때문이다. 따라서 내가 앞서 언급했던 여러 다른 문화적 산물들과 마찬가지로, 새로운 건축은 하나의 명령으로서 존재하게 된다. 그건 바로 아직까지 상상하지 못했고 아마도 궁극적으로 불가능할 어떤 새로운 차원에 걸맞게, 새로운 기관들을 발전시키고 우리의 감각기관과 우리의 몸을 확장하라는 명령이다.

내가 분석할 건물은 웨스틴 보나벤처 호텔Westin Bonaventure Hotel로 로스앤젤레스의 신시가지에 세워진 건물이다. 건축가이자 도시개발업자인 존 포트먼John Portman이 설계했는데, 다양한 하얏트 리전시Hyatt Regency들과 애틀랜타에 있는 피치트리 센터Peachtree Center, 디트로이트에 있는 르네상스 센터Renaissance Center 등이 이 사람의 작품이다. 앞서 나는 위대한 건축 모더니즘의 엘리트적인 (그리고 유토피아적인) 엄격함에 대항하여, 포스트모더니즘을 옹호하는 사람들의 레토릭에 담긴 포퓰리즘적인 측면에 대해 언급했다. 즉 이 새로운 건물들은 한편으로는 대중적인 작품이며, 또 한편으로는 미국 도시 구조의 특유성에 대한 존중을 의미한다는 것이 일반적인 의견이다. 다시 말해서 본격 모더니즘의 걸작과 기념비적인 건물 들과는 달리, 이 건물들은 자신을 둘러싸고 있는 도시 경관의 싸구려 상업 기호 체계 속에 자신만의 이질적이고 고양된 새로운 유토피아적 언어를 주입시키려 하지 않는다. 그들은 오히려 "라스베이거스로부터 배우기"라는 슬로건 속에 상징적으로 표현되어 있는 것처럼, 미국적인 도시의 어휘와 문법을 사용하여 바로 그들의 언어로 말하려 시도한다.

여러 포스트모던 건물 중에 포트먼의 보나벤처 호텔은 이런 주장을 완벽하게 확증해준다. 그곳은 지역민과 관광객들 모두 즐겨 찾는 대중적 명소다(비록 포트먼의 다른 건물들이 이런 점에서는 훨씬 더 성공적이기는 하지만 말이다). 그러나 그것이 도시 구조 속에 포퓰리즘적인 방식으로 삽입된다는 것은 전혀 다른 문제다. 우리가 논의를 시작할 지점이 바로 여기다. 보나벤처 호텔에는 세 개의 출입구가 있다. 피게로아Figueroa 거리에서 들어가는 문이 하나 있고, 다른 두 개는 호텔 뒤쪽 높은 곳에 만들어진 정원을 통해 들어가는 문이다(이 호텔은 예전에 벙커힐Bunker Hill 언덕을 깎아서 세운 탓에 건물 뒤쪽으로 약간의 언덕이 남아 있다). 이 문들은 옛날 호텔의 차양이 달린 문과는 전혀 다르며, 과거 호사스런 건물의 정문처럼 도시의 거리에서 건물의 내부로 이어지는 통로를 멋있게 장식한 기념비적인 현관 승차대와도 다르다. 보나벤처 호텔의 입구는 사실상 옆문이나 뒷문 같은 분위기를 풍긴다. 뒤편 정원에 있는 문을 통해 들어가면 건물 6층이 나오는데, 여기에서 호텔 로비로 내려가는 엘리베이터를 타기 위해서는 다시 한 층을 걸어 내려가야 한다. 반면에 손님과 일반 화물이 들락거리기 때문에 우리가 정문이라고 생각하기 쉬운 피게로아 거리에 있는 문은 실제로는 2층 쇼핑 발코니와 연결되어 있어서, 안내 데스크로 가려면 다시

에스컬레이터를 타고 내려가야 한다. 신기하게도 아무런 특색도 없는 이 출입문들에 대해 내가 첫번째로 주장하고자 하는 바는, 이 문들이 호텔 내부 공간을 지배하고 있는 폐쇄성이라는 새로운 범주를 수호하는 역할을 수행하는 듯하다는 것이다(그리고 이 폐쇄성의 범주가 포트먼이 작업을 수행하면서 감당해야 하는 물질적 제약보다 우선시되고 있다는 것이다). 파리의 보부르Beaubourg나 토론토의 이턴 센터 같은 다른 여러 특징적인 포스트모던 건물들과 더불어, 보나벤처 호텔은 총체적 공간total space이나 완전한 세계 혹은 일종의 미니어처 도시가 되기를 열망한다. 이 새로운 총체적 공간에는 새로운 종류의 집단적 실천, 혹은 개인들이 움직이고 모이는 새로운 양식이 요구된다. 즉 새롭고 역사적으로 유례가 없는 하이퍼군중hypercrowd의 행동 양식 같은 것이 요구되는 것이다. 이런 의미에서 포트먼의 보나벤처 호텔이 꿈꾸는 이상적인 소형 도시는 문이 있을 필요가 전혀 없다. 왜냐하면 출입문은 항상 빌딩과 그것을 둘러싸고 있는 도시를 연결해주는 봉합점이기 때문이다. 그것은 도시의 일부가 되고자 하기보다는, 도시의 등가물 혹은 대체자이길 원하고 있는 것이다. 하지만 그것이 출입문을 경시하여 최소화한다고 해서 가능해지진 않는다.[19] 주변 도시와의 단절은 국제양식의 기념비적인 건물이 수행하는 단절과는 다르다. 국제양식에서 나타나는 단절의 행위는 폭력적이고 가시적이면서도 상당히 실제적인 상징적 의미를 갖는다. 이는 르 코르뷔지에가 큰 필로티스pilotis*를 사용하는 데서 잘 나타나는데, 필로티스의 몸짓은 근대의

---

* '필로티스'는 르 코르뷔지에 건축의 특징 중 하나로, 지지벽 대신 건물을 지탱하는 동시에 지면으로부터 건물을 분리시키는 일련의 기둥을 말한다.

새로운 유토피아적 공간을 자신이 명시적으로 배격하고자 하는 퇴화되고 타락한 도시 조직으로부터 급진적으로 분리시킨다(그 와중에 모더니즘은 도박을 하고 있지만 말이다. 즉 새로움이라는 독성을 품고 있던 모더니즘의 유토피아적 공간은 자신만의 공간 언어의 힘을 통해 주변을 몰아내고 급기야는 변화시킬 수 있다고 믿었던 것이다). 그러나 보나벤처 호텔은 (하이데거를 패러디하자면) "타락한 도시 조직이 그 존재를 그대로 유지하도록" 하는 것에 만족한다. 그 이상의 영향을 미치거나 보다 큰 원原정치적인 유토피아적 변화를 야기하는 것은 기대하지도 또 욕망하지도 않는다.

이러한 진단은 보나벤처 호텔 표면의 거대한 반사 유리를 통해 확증된다. 이 유리 표면의 기능에 대해 바로 앞에서는 재생산 기술이라는 주제를 발전시키는 것으로 해석했는데, 이번에는 좀 다른 방식으로 해석해보고자 한다(물론 이 두 해석이 모순된다고는 할 수 없다). 일반적으로 사람들은 유리 표면이 외부의 도시를 거부하는 방식을 강조하고 싶을 것이다. 이는 우리가 반사경 선글라스를 쓰는 것과 유사한데, 이것을 쓰면 상대방이 우리 눈을 볼 수가 없기 때문에 타자에 대한 일정 정도의 공격성과 권력을 획득할 수 있다. 이와 비슷하게 보나벤처 호텔의 유리 표면은 이웃과의 단절감을 선사하는데, 이 단절감은 상당히 특이하고 자리매김하기 힘든 어떤 것이다. 이 유리벽은 단순히 외부 장식만은 아니다. 왜냐하면 우리가 그 호텔의 외형을 보고자 할 때, 우리가 볼 수 있는 것은 그 호텔의 외부 벽이 아니라 그 주변에 있는 모든 것의 왜곡된 이미지들뿐이기 때문이다.

이제 에스컬레이터와 엘리베이터를 보자. 이들은 포트먼의 건축에서 진정한 즐거움을 주는 것들이다. 특히 포트먼이 "거대한 움직이는 조각"이라고 명명했던 엘리베이터는 호텔 내부의 스펙터클과 흥분을 상당 부분 설명해준다. 특히 하얏트에 있는 마치 거대한 일본식 랜턴이나 곤돌라처럼 생긴 엘리베이터는 끊임없이 위아래로 움직인다. 이렇듯 엘리베이터 자체가 자신만의 특징을 가지고 두드러진다는 점을 고려해볼 때, 이러한 "사람 이동기people movers"(포트먼이 엘리베이터나 에스컬레이터를 이르기 위해 디즈니로부터 차용한 말이다)는 그것이 가지고 있는 기능이나 공학적인 요소 이상의 어떤 의미를 가지고 있는 것이 분명하다. 알다시피 최근의 건축 이론은 어떤 경우에든 다른 분야의 서사 분석 체계를 빌려오기 시작하여, 건물들 틈새로 움직이는 우리의 물리적 궤적을 가상의 서사 혹은 이야기로 이해하려는 시도를 한다. 즉 이동 경로는 일종의 역동적인 길 혹은 서사 패러다임과 같아서, 방문자로서 우리는 우리 자신의 몸과 이동을 통해 그 서사 패러다임이 요구하는 목적을 완수하는 것이다. 그런데 보나벤처 호텔에서 우리는 이런 과정이 변증법적으로 고양되는 것을 목격한다. 내가 보기에 여기에서는 에스컬레이터와 엘리베이터가 사람의 이동을 대신하게 되면서, 이것들은 무엇보다도 이동에 대한 새로운 반영적 기호나 상징이 되어버린다(이는 이 건물에서 걷기와 같은 이전의 이동 형식이 어떤 방식으로 남아 있는가라는 질문과 마주하게 되면 금방 명확해진다). 이 지점에서 서사적 산책은 이동 기계에 의해 부각되고, 상징화되고, 사물화되며, 급기야 그에 의해 대체된다. 즉 이동 기계는 우리가 더 이상 자신의 의지를 가지고 산책을 수행할 수 없음을 나타내는 알레고리적 기표가 된다. 그리고 이것이 모든 현대 문화의 자기지시성autoreferentiality을 변증법적으로 강화한다. 즉 현대의 문화는 자신을 중심으로 돌아가면서, 자신의 문화적 생산이 곧 자신의 내용이라고 말하는 경향이 있다.

사물 자체의 운반에 관해서 나를 더욱 당혹스럽게 만드는 것이 하나 더 있다. 그것은 바로 공간에 대한 경험이다. 에스컬레이터나 엘리베이터 같은 알레고리적 장치에서 내려 중앙 로비인 아트리움으로 나아가면서, 우리가 겪게 되는 공간에 대한 경험 말이다. 그곳에는 거대한 기둥이 서 있고 그 주변으로 미니어처 호수가 있다. 이런 공간 전체는 대칭 구조로 된 네 개의 객실 타워(각각 엘리베이터가 설치되어 있다)의 가운데 자리 잡고 있으며, 6층 높이에는 일종의 온실 지붕으로 덮인 발코니가 에워싸고 있다. 내가 하고 싶은 말은 이런 공간에는 입체감이나 부피라는 말을 사용하는 것이 더 이상 불가능하다는 것이다. 왜냐하면 부피를 파악한다는 것 자체가 불가능하기 때문이다. 천장에 매달려 있는 장식 리본들이 빈 공간 속으로 퍼져나가면서, 그 공간이 특정한 모양을 취하는 것을 체계적이고 의도적으로 방해한다. 반면에 어떤 지속적인 부산함으로 인해 텅 빈 공간이 절대적으로 꽉 차 있다는 느낌을 준다. 즉 예전에 원근감이나 부피감을 지각할 수 있도록 해주었던 거리가 소멸되어버린 채, 그 텅 빈 공간은 우리 자신이 함몰되어 들어가 하나의 원소가 되어버린 듯한 느낌을 주는 것이다. 우리는 이런 하이퍼스페이스 속에서 자신의 눈과 자신의 몸에 열중한다. 그리고 만일 내가 포스트모던 회화와 문학에서 언급했던 깊이의 억압이 건축에서는 성취되기 힘들다면, 이렇게 혼란스럽게 함몰되어 있는 느낌이 아마도 새로운 매체에서의 형식적 등가물 역할을 할 수도 있을 것이다.

그러나 에스컬레이터와 엘리베이터는 이런 맥락에서 보면 변증법적 대립항이 된다. 그리고 엘리베이터 곤돌라의 장엄한 움직임은 아

웨스틴 보나벤처 호텔(존 포트먼)

르 코르뷔지에,「집합 주택」

트리움의 꽉 찬 공간에 대한 변증법적 보상이라 할 만하다. 즉 그것은 우리에게 근본적으로 다르면서도 상호 보완적인 공간 경험을 할 수 있는 기회를 제공한다. 엘리베이터를 타면 네 개의 대칭되는 객실 건물 중 하나를 따라 천정을 뚫고 건물 밖으로 빠르게 치솟아 올라가는 경험을 하게 되는데, 그와 더불어 우리 앞에 숨을 턱 막히게 하며 심지어 경고를 하는 듯이 펼쳐진 지시대상체로서의 로스앤젤레스 그 자체를 보게 된다. 그러나 이러한 수직적인 움직임마저도 봉인되고 만다. 엘리베이터를 타고 끝까지 올라가면 회전 칵테일 라운지로 연결된다. 그리고 그곳에 자리를 잡고 앉는 즉시 우리의 의지와는 관계없이 회전하게 되고, 도시의 명상적인 스펙터클과 마주하게 된다. 이때 도시는 우리가 유리창을 통해 보게 되는 이미지들로 전화된다.

　로비의 중앙 공간으로 돌아가 이 모든 논의에 결론을 내려보자(지나가면서 보면 호텔 방들은 눈에 띄게 주변화되어 있다. 즉 객실 쪽 복도는 천장이 낮고 어두우며 우울할 정도로 기능적이고, 객실들은 최악의 미적 감각을 지니고 있다). 엘리베이터를 타고 내려가는 것 역시 충분히 극적이다. 지붕을 통과하여 곤두박질치다가 호수에 첨벙 빠질 듯한 느낌을 주기 때문이다. 그런데 로비로 내려가면 전혀 다른 일이 발생한다. 그것은 전쟁의 혼란이라고밖에 설명할 수 없는 것으로, 마치 이 공간이 여전히 로비를 걸어 다니고 싶어 하는 사람들에게 복수를 하는 듯 보인다. 네 개의 객실 타워가 절대적인 대칭을 이루고 있기에, 이 로비에서 방향을 잡는 것은 거의 불가능하다. 그래서 최근에는 이전의 공간적 좌표를 다시 복원하려는 애처로우면서도 시사적이지만 절망적인 시도로서 색깔 약호와 방향 표시 안내판이 추가되기도 했다. 여러 쇼핑 발코니에 자리한 가게 주인들의 악명 높은 딜레마는 이런 공간적 변형의 가장 극적이고 실질적인 결과로 보아도 무방하다. 1977년 이 호텔이 개장한 이래로 아무도 이 가게들을 찾아내지 못한 게 분명하다. 혹여 우연히 그곳에 있는 적당한 옷가게를 발견했더라도, 그곳을 다시 찾아가는 건 거의 불가능하다. 결과적으로 돈을 벌어야 하는 세입자는 절망하게 되고, 상품들을 염가 할인할 수밖에 없었다. 포트먼이 사업가이자 건축자이며 백만장자 개발 업자임을, 그리고 예술가인 동시에 그 자신이 자본가임을 상기해본다면, 우리는 여기에서 일종의 '억압된 것의 귀환' 같은 것을 느낄 수밖에 없다.

마침내 내가 말하고자 하는 핵심 지점까지 왔다. 즉 포스트모던 하이퍼스페이스의 탄생이라는 최근의 공간에서의 변화는 결국 지도 그리기가 가능한 외부 세계에서 개별 인간의 몸이 자신의 위치를 확인하고, 감각적 지각을 통해 주변 환경을 조직화하며, 인식적으로 자신의 위치를 지도 그릴 수 있는 능력을 초월하는 데 성공하고 있다는 것이다. 인간의 몸과 그것의 인위적 환경 사이에 나타난 이 우려할 만한 분리 지점(이것과 옛 모더니즘 초기의 당황스러움 사이의 관계는 우주선의 속도와 자동차의 속도 사이의 관계와 같다)은 훨씬 더 날카로운 딜레마에 대한 상징이자 비유라고 할 수 있다. 이 딜레마는 바로 최소한 현재 상황에서 우리가 개인 주체로서 사로잡혀 있는 이 거대하고 전 지구적이며 다국적적이고 탈중심화된 통신 네트워크의 지도를 그릴 수 있는 정신적 능력의 부재이다.

그런데 포트먼의 공간이 아주 예외적이거나 주변적이라고, 디즈니랜드를 본 따서 만든 놀이에 특화된 공간이라고 치부될까 걱정된다. 따라서 나는 이 자기만족적이고 (비록 혼란스럽기는 하나) 재미있는 여가 공간을, 전혀 다른 분야에 존재하는 이와 유사한 공간과 병치시킴으로써 결론으로 나아가보고자 한다. 이 공간은 포스트모던적 전쟁 공간으로, 특히 마이클 헤어Michael Herr가 베트남전쟁의 경험을 다룬 걸작『특파원 보고Dispatches』(1977)에서 그렸던 곳이다. 이 작품이 성취한 엄청난 언어적 혁신은 여전히 포스트모던적이라 여겨질 수 있는데, 이 책의 언어는 작가의 개성을 버리고 현대의 다양한 집단들의 개별언어(가장 눈에 띄는 것은 록 음악의 언어와 흑인의 언어이다)를 취사선택하여 녹여내지만, 이들을 녹여내는 방식은 내용의 문제에 의해 좌우된다. 이 최초의 무시무시한 포스트모더니즘적 전쟁은 전통적인 전쟁 소설이나 영화의 패러다임을 통해서는 전달될 수 없다. 사실 이전의 모든 서사적 패러다임의 붕괴는, 참전용사들이 자신의 경험을 전달할 수 있도록 해주었던 공유된 언어의 붕괴와 더불어 이 책의 핵심적 주제 중에 하나로, 이는 전적으로 새로운 반성reflexivity의 장을 열어주었다고도 할 수 있다. 벤야민의 보들레르Charles Baudelaire에 대한 설명, 그리고 이전의 모든 감각적 지각 습관을 초월하는 도시 기술에 대한 새로운 경험으로부터 모더니즘이 발생하는 과정에 대한 설명은, 베트남전쟁의 기술적 소외에서 나타난 새로우면서도 사실상 상상할 수 없을 정도의 비약적 발전과 비교한다면 독특한 연관성을 가지면서도 동시에 독특하게 시대에 뒤떨어진 것으로 보일 정도다.

그는 움직이는-표적-생존자 회원으로, 진정한 전쟁의 아들이었다. 왜냐하면 아주 드물게 꼼짝도 하지 못하게 되는 경우를 제외하고는, 그 체제가 우리를 계속 움직이도록 만들었기 때문이다(그 자신은 스스로 원해서 움직였다고 생각할지라도 말이다). 우리가 처음부터 거기에 있었고 그것을 가까이서 보고 싶어 한다는 걸 자연스럽게 고려한다면, 생존 기술로서 그것은 충분히 의미 있어 보였다. 그것은 견실하고 곧은 모양으로 시작하여 진행될수록 원뿔 모양이 된다. 왜냐하면 우리가 움직이면 움직일수록 더 많이 보게 되고, 더 많이 볼수록 우리가 무릅써야 하는 죽음과 불구가 되는 일을 모면하게 되며, 또한 그것을 모면할수록 언젠가 '생존자'로서 전역할 수 있는 기회가 더 많아지기 때문이다. 우리 중 몇몇은 탈출로가 더 이상 보이지 않을 때까지 미친 사람처럼 전쟁 지역을 돌아다녔지만, 오로지 전쟁만이 그 표면을 뒤덮고 있었고 종종 예기치 않게 관통하기도 했다. 우리가 헬리콥터를 택시처럼 타기라도 하면, 그것은 쇼크에 가까운 탈진과 우울증을 불러왔고 겉으로나마 진정하기 위해서는 아편을 열두 번은 피워야 했기에, 우리는 무언가가 우리를 쫓아오기라도 하듯이 우리의 피부 속을 헤집고 다녔을 것이다. 하하, 미친 삶이여. 내가 돌아온 뒤 몇 달 지나서 내가 탔던 수백 대의 헬리콥터가 모두 모이더니 거대한 헬리콥터 모양의 대열을 이룬다. 내 마음속에서 그것은 가장 섹시한 것이었다. 구원자이자 파괴자, 공급자이자 낭비가, 오른손이자 왼손이었으며, 민첩하고, 거침없고, 신중하고, 인간적이었다. 뜨거운 강철, 기름, 정글에 찌든 천막 끈, 땀이 식었다가 다시 체온이 오르고, 한쪽 귀에는 카세트에서 흘러나오는 로큰롤 음악이 다른 쪽 귀에는 헬기 기관총 소리가 들린다. 연료, 열기, 생명력과 죽음, 죽음 그 자체, 그건 침입자가 아니었다.[20]

기관차나 비행기 같은 예전 모더니스트의 기계처럼 움직임을 재현하지는 않지만, 오로지 **움직임 속에서만** 재현되는 이 새로운 기계 속에 새로운 포스트모던 공간의 신비함이 응축되어 있다.

VI

여기에 개괄된 포스트모더니즘 개념은 단순히 예술 양식에 대한 것이 아니라 역사적인 것이다. 그리고 다음과 같은 근원적 구별은 내가 아무리 강조해도 지나치다고 할 수 없다. 즉 포스트모더니즘이 (선택 가능한) 다양한 양식 중에 하나에 지나지 않는다는 관점과, 포스트모더니즘을 후기자본주의 논리의 문화적 지배종으로 파악하는 관점은 전혀 다르다. 이 두 접근법은 사실 전체로서의 현상을 개념화하는 전혀 다른 두 가지 방법을 생성해낸다. 한쪽은 도덕적 판단(이 판단이 긍정적이냐 부정적이냐는 문제되지 않는다)을 낳으며, 다른 한쪽은 대문자 역사 속에서 현재라는 우리의 시간을 사유할 수 있는 진정한 변증법적 시도를 낳는다.

포스트모더니즘에 대한 몇몇 긍정적인 도덕적 평가에 대해서는 언급할 필요가 거의 없다. 이 새로운 미학적 세계에 대한 자기만족적이고 (하지만 미망에 젖어 있는) 당파적인 찬사(그것의 사회적·경제적 차원을 포함하여, '후기산업사회'라는 슬로건 아래 열광적으로 환호하는 태도)는 분명 받아들이기 힘들다. 비록 반도체에서 로봇에 이르기까지 첨단 기술이 지니는 구원적 성격에 대한 현재의 판타지(좌파와 우파를 가릴 것 없이 곤경에 처해 있는 정부뿐만 아니라 많은 지식인들도 즐기고 있는 이 판타지)가 포스트모더니즘에 대한 보다 통속적인 변명과 본질적으로 한통속이라고 말할 수 있는지는 분명치 않지만 말이다.

그러나 그러한 경우에 위대한 모더니즘의 유토피아적인 '고도의 진지함'과 비교하면서 포스트모더니즘과 그것의 본질적 하찮음에 대한 설교조의 비난을 거부하는 것은 필연적인 결과일 뿐이다. 이런 판단은 좌파뿐만 아니라 극우파에서도 찾아볼 수 있다. 그리고 한때는 현실이라 여겨졌던 것을 텔레비전 이미지로 전락시켜버린 시뮬라크럼의 논리는 분명 후기자본주의의 논리를 단순 반복하는 것에 그치지 않는다. 그것은 그 논리를 강화하고 심화시킨다. 아울러 적극적으로 역사에 개입하고 수동적인 상태에 머물러 있었을 수도 있는 〔역사적〕 추동력에 수정을 가하고자 하는 정치 집단들에게는(역사의 추동력을 사회주의적 변혁을 향해 이끌어가고자 하건, 아니면 보다 단순한 판타지적 과거를 퇴행적으로 복원하기 위해 역사의 물줄기를 돌리고자 하건 관계없이), 이미지에 중독되어버린 현재의 문화 형식 속에는 개탄스럽고 비난받아 마땅한 것들이 수두룩할 수밖에 없다. 이러한 문화는 과거를 한낱 시각적 신기루나 전형화된 이미지 혹은 텍스트로 전락시키는가 하면, 미래와 집단적 기획에 대한 그 어떤 실천적 감각마저도 효과적으로 삭제해버린다. 따라서 이러한 문화는 미래의 변화에 대한 우리의 사유를 순전한 재앙이나 설명할 수 없는 재난에 대한 판타지로, 예컨대 사회적 차원에서의 '테러리즘'에 대한 전망부터 개인적인 차원에서의 암에 대한 공포에 이르는 여러 차원의 판타지로 치부해버린다. 그런데 만일 포스트모더니즘이 역사적인 현상이라면, 그것을 도덕적 혹은 도덕주의적 판단의 차원에서 개념화하려는 시도는 실수의 범주에 분류되어야만 한다. 이 모든 것은 우리가 문화평론가나 도덕주의자의 입장에 대해 깊이 있게 파고들면 금방 명확해진다. 그들은 우리 모두와 마찬가지로 이미 포스트모더니즘의 공간 속에 아주 깊이 빠져 있기 때문에, 이 새로운 문화적 범주에 의해 깊이 물들고 또 감염되어 있을 수밖에 없다. 따라서 구식의 이데올로기적 비평의 사치스러움, 즉 타자에 대한 분노 어린 도덕적 비난은 이제 아무런 효용이 없다.

내가 여기서 제안하고 있는 구별은 하나의 정전적 형식에서 취한 것이다. 즉 헤겔이 도덕 혹은 도덕주의적Moralität 사유와, 집단적인 사회적 가치 및 실천Sittlichkeit이라는 전적으로 다른 영역을 구별했던 것을 가리킨다.[21] 그런데 이것의 최종적 형식은 유물론적 변증법에 대한 마르크스의 설명 속에서 찾을 수 있는데, 특히 역사적 발전과 변화를 사유하는 진정한 변증법적 방식에 대한 어려운 가르침을 주고자 했던 그 유명한 『공산당선언Communist Manifesto』의 고전적 글귀들이 바로 그것이다. 물론 이 가르침의 주제는 자본주의의 역사적 발전과 특정한 부르주아 문화의 발전이다. 유명한 구절을 통해 마르크스는 우리에게 불가능한 일을 하라고 강력하게 촉구한다. 즉 자본주의의 발전을 긍정적인 **동시에** 부정적으로 사유하라는 것이다. 다른 말로 하자면 단 하나의 생각 속에서 자본주의의 명백한 해악들과 그것에 내재된 예외적이고 해방적인 역동성을 동시에 사유하면서도, 한쪽의 판단으로 다른 한쪽의 판단을 약화시키지 않는 사유 방식을 성취하도록 요구하고 있는 것이다. 어쨌든 우리는 자본주의가 인류에게 나타난 최고의 것인 동시에 최악의 것임을 이해할 수 있는 지점까지 이르러야 한다. 이 엄격한 변증법적 명령에서 도덕적 입장을 취하는 안이한 자세로의 일탈은 어쩌면 고질적이고 또한 무척 인간적이다. 그러나 이 주제가 갖는 엄중함은 여전히 우리에게 요구한다. 우리는 최소한 후기자본주의의 문화적 진화를 변증법적으로 사유하려는 노력을, 즉 현재의 상황을 파국인 동시에 진보로 파악하려는 시도를 해야 한다고 말이다.

그러한 노력은 두 가지 즉각적인 문제를 제기한다. 이 문제에 대한 해답을 찾으며 우리의 숙고를 마치고자 한다. 먼저 우리는 포스트모던 문화의 명백한 '거짓의 계기들' 속에서 '진실의 계기'를 구별해낼 수 있는가? 그리고 설령 우리가 그렇게 할 수 있다고 하더라도, 앞에서 제안했던 역사 발전에 관한 변증법적 관점 속에는 궁극적으로 우리의 사유를 마비시키는 것은 없는가? 그것은 역사의 불가항력이라는 앞을 내다볼 수 없는 안개를 핑계 삼아 행위의 가능성을 체계적으로 삭제해버리면서, 우리의 운동 능력을 빼앗고 수동적이고 무기력하게 만드는 것은 아닌가? 따라서 이 두 가지 (상호 연관된) 문제를 효과적인 문화정치학과 진정한 정치 문화 건설을 위한 현재의 가능성이라는 차원에서 논의하는 것은 충분한 타당성을 갖는다.

물론 문제를 이런 방식으로 접근하면, 포스트모던 시대에 하나의 사회적 층위 혹은 심급으로서 문화 일반의 운명과 더불어, 보다 구체적으로는 문화의 기능이라는 한층 심각한 쟁점과 직면한다. 앞서 다루었던 모든 논의들에 따르면, 우리가 포스트모더니즘이라고 부르고 있는 것은 다음 전제와 불가분의 관계에 있을뿐더러 그 전제 없이는 생각할 수도 없다. 그것은 바로 후기자본주의 세계의 문화 영역에 근본적인 변화가 발생했으며, 이 변화는 또한 문화의 사회적 기능에 대한 심대한 수정을 동반하고 있다는 것이다. 문화의 공간이나 기능 혹은 영역에 대한 이전의 논의들(그중에 허버트 마르쿠제Herbert Marcuse의 고전적인 논문「문화의 긍정적 성격에 대하여The Affirmative Character of Culture」가 가장 주목해볼 만하다)은 다소 다른 말로 표현한다면 문화적 영역의 '반半자율성semiautonomy'이라 부를 수 있는 것을 주장했다. 이는 문화가 좋은 의미에서건 나쁜 의미에서건 존재자들의 현실적 세계 너머에 유령처럼, 그러나 유토피아적으로 존재한다는 것을 의미한다. 그리고 이 문화는 자신의 거울 이미지를 다양한 형태로 현실 세계에 되돌려주는데, 그 이미지들은 현실보다 더 현실적인 복제품의 합법화라는 형식을 띠기도 하고 비판적 풍자나 유토피아적 고통과 같은 계쟁적인 고발의 형식을 띠기도 한다.

그렇다면 우리가 스스로에게 질문해야 할 것은 후기자본주의의 논리에 의해 파괴된 것이 정확히 이 문화 영역에서의 반자율성이 아닌가이다. 그런데 문화가 (전 자본주의 사회에서는 물론이거니와) 초기자본주의 시대에 다른 여러 사회적 층위와 더불어 하나의 독립된 영역으로서 향유했던 상대적 자율성을 이제는 더 이상 누리지 못하고 있다고 주장한다고 해서, 그것이 반드시 문화의 실종이나 멸종을 함의하는 것은 아니다. 그와 정반대로 우리는 문화의 자율적 영역의 해체가 오히려 문화의 폭발적 팽창이라는 측면에서 상상해야 할 문제라고 인정해야만 한다. 즉 문화가 사회의 전 영역으로 놀라울 정도로 팽창하여, (경제적 가치와 국가권력에서 일상적 습관과 정신 구조 자체에 이르기까지) 사회적 삶의 모든 것이 유례를 찾아볼 수 없는, 따라서 아직 이론화되지 않은 의미에서 '문화적'인 것이 되었다고 말할 수 있다. 이러한 주장은 이미지 혹은 시뮬라크럼 사회에서 '실재the real'가 수많은 의사-사건으로 전락했다는 앞서의 진단과 내용적으로 일맥상통한다.

이는 또한 그동안 우리가 오랜 전통 속에서 소중히 여겼던 문화정치학의 성격에 관한 몇몇 급진적 개념들이 이제는 낡은 것이 되고 말았음을 암시한다. 비록 그 개념들 각각이 독립적인 의미를 지니기는 하지만, (부정성, 대립, 전복과 같은 슬로건부터 비판과 반성에 이르기까지) 이 개념들은 모두 근본적으로 한 가지 공간적인 전제를 공유한다. 이것은 바로 '비판적 거리'라는 마찬가지로 전통적인 공식이다. 최근 좌파에서 성행하고 있는 어떤 문화정치학 이론도 최소한의 미학적 거리에 대한 이런저런 개념을 전제로 하지 않은 것은 없다. 즉 모든 이론은 문화적 행위를 자본이라는 거대한 존재의 외부에 위치시켜, 자본을 공격할 수 있는 토대를 마련할 수 있는 가능성에 기대고 있는 것이다. 그런데 앞의 설명에 따라 우리가 감당해야 할 문제가 암시하는 바는, (특히 '비판적 거리'를 포함하여) 거리 일반이 포스트모더니즘이라는 새로운 공간 속에서는 완전히 사라졌다는 것이다. 우리는 포스트모더니즘의 꽉 찬 공간 속에 매몰되어 있기 때문에, 우리의 포스트모던적인 몸뚱이는 공간적 좌표를 설정하고 거리를 가늠할 수 있는 (이론적인 능력은 고사하고) 현실적인 능력을 박탈당한 것이다. 또한 자본주의 영역 밖에 일종의 아르키메데스의 발판을 제공함으로써 비판적 효과를 담보해주었던 (자연과 무의식이라는) 전 자본주의 최후의 영지마저도 이미 다국적 자본의 무지막지한 팽창에 의해 침탈되고 식민화되고 있다. 바로 이런 이유로 전유co-optation라는 약칭이 좌파 진영에서 상용화되고 있지만, 이 말은 현재의 상황을 이해하는 데 적합한 이론적 토대를 제공해주지 못하고 있다. 즉 문화적 저항과 게릴라전을 위한 즉각적이고 국지적인 반문화 형식뿐만 아니라 '클래시The Clash'*의 음악과 같은 명시적인 정치적 개입들까지도, 자신이 속해 있는 사회체제에 의해 모두 비밀스럽게 무장해제당하고 재흡수되고 있음을 우리 모두가 어떤 식으로든 희미하게나마 느끼고 있는 그런 상황을 설명해주지 못하는 것이다. 이렇게 저항이 불가능해지는 이유는, 우리가 그러한 사회체제로부터 거리를 확보할 수 없기 때문이다.

---

* '클래시'는 1976년 영국 런던에서 결성된 펑크록 그룹으로 급진 좌파 이데올로기를 음악에 담아냈으며, 리드 보컬인 조 스트러머Joe Strummer는 헌신적인 사회주의자였다.

이제 우리는 포스트모더니즘의 '진실의 계기'란 바로 엄청날 정도로 우리를 탈도덕화하고 우울하게 만드는 이 전적으로 새로운 전 지구적 공간이라는 사실을 인정해야만 한다. 포스트모던적 '숭고'라고 불리는 것은 결국 이러한 내용이 명시적으로 드러나는 동시에, 그것이 그 자체로 새롭고 일관된 유형의 공간으로서 의식의 표면에 가장 가깝게 다가서는 순간에 불과한 것이다. 그럼에도 불구하고 여기에서도 분명 비유적인 방식의 은폐와 위장이 여전히 작동하고 있는데, 특히 첨단 기술이라는 주제를 통해 이 새로운 공간의 내용이 극화되고 표현된다. 그렇지만 앞에서 열거되었던 포스트모더니즘의 초기 특징들은 모두 그 자체로 동일하고 일반적인 공간 대상체의 부분적인 (그러나 구성적인) 양태라고 할 수 있다.

어떻게 보면 철저하게 이데올로기적인 문화 산물들 속에서 일정 정도의 진정성이 있다고 주장하기 위해서는, 반드시 한 가지 명제가 선행되어야 한다. 우리가 포스트모던 (혹은 다국적 자본주의) 공간이라고 부르는 것이 단순하게 문화적 이데올로기나 판타지에 지나지 않는 것이 아니라, 자본주의의 전례 없는 세번째 전 지구적 팽창이라는 진정한 역사적 (그리고 사회경제적) 리얼리티를 가지고 있다는 명제가 선행되어야 하는 것이다(첫번째로 국내시장의 팽창이, 두번째로 제국주의의 팽창이 있었으며, 각각은 자신만의 문화적 특수성을 가지고 자신만의 역학관계에 걸맞은 새로운 유형의 공간을 생성해냈다). 이 새로운 공간을 탐색하고 표현하려는 왜곡되고 무반성적인 시도들 또한 (보다 고답적인 말을 사용한다면) 그들 나름의 방식으로 이 (새로운) 리얼리티를 재현하려는 다양한 접근법으로 여겨져야 마땅하다. 역설적으로 들릴 수도 있겠으나, 고전적인 해석 방식을 따른다면 이들은 리얼리즘

(혹은 최소한 리얼리티에 대한 미메시스)의 특이하고 새로운 형식이라고도 할 수 있다. 반면 이와 동시에 이들은 바로 그 리얼리티로부터 우리의 관심을 다른 곳으로 돌리거나, 그것의 모순을 은폐하고 다양한 형식적 신비화라는 가면 속에서 모순을 해결하려는 시도로서 분석될 수도 있다.

그러나 바로 이 리얼리티 자체에 대하여, 즉 유례없고 아직 이론화되지 않은 다국적 혹은 후기 자본주의라는 새로운 '세계체제'의 공간, 부정적이고 해악한 측면이 너무도 명백한 이 공간에 대하여, 변증법이 우리에게 요구하는 것은 그러한 공간의 발흥에 대해 부정적인 평가와 균일하게 긍정적인 혹은 '진보적인' 평가를 수행해야 한다는 것이다. 마르크스가 국가 경제의 지평으로서 세계시장에 대해 수행했던 것과 마찬가지로, 혹은 레닌이 예전의 제국주의적 세계 네트워크에 대해서 했던 것과 마찬가지로 말이다. 마르크스나 레닌에게 사회주의는 보다 작은 (따라서 보다 덜 억압적이고 덜 총체적인) 사회조직 체계로 회귀하는 문제가 아니었다. 오히려 그들은 자신의 시대에 자본이 도달한 단계들을 새롭고 보다 포괄적인 사회주의를 성취하기 위한 전망이나 틀 혹은 선결 조건으로 파악하고자 했다. 새로운 세계체제라는 보다 전 지구적이고 총체적인 공간이, 즉 근본적으로 새로운 유형의 국제주의적인 개입과 정교한 수정을 요구하고 있는 이 공간이 바로 이에 해당하는 경우가 아닌가? 사회주의혁명이 민족주의 운동으로 재편되는 재앙 같은 현상들(동남아시아에서만 일어나는 일이 아니다)은 최근의 좌파 진영을 반성하게 만드는 계기가 되었는데, 이것이 앞에서와 같은 입장을 뒷받침할 수 있는 증거가 될 수 있을 것이다.

만일 이런 변증법적 사유가 옳다면, 최소한 한 가지 새롭고 급진적인 형식의 문화정치학이 가능해진다. 그런데 여기에는 마지막 미학적 단서가 곧바로 붙어야 한다. 좌파 문화 생산자와 이론가 들은 부르주아 미학, 특히 본격 모더니즘이 고전적인 예술의 기능, 즉 교육적이고 교훈적인 기능을 거부하면서 지나치게 주눅 들어 있었다. 특히 낭만주의 전통에서 발생하여 '천재'라는 자발적이고 본능적이며 무의식적인 형식을 창출해냈던 부르주아 문화 전통 속에서 성장한 사람들뿐만 아니라, 즈다노비즘Zhdanovism* 같은 명백한 역사적 배경과 예술에 대한 당의 정치적인 개입에 의한 서글픈 결과로 형성된 좌파 예술가와 이론가 들이 그러하다. 그러나 (비록 주로 도덕적인 교훈의 형식을 띠기는 했으나) 예술의 교육적 기능은 고전 시대에는 언제나 강조되었다. 반면에 워낙 천재적이어서 아직도 충분히 이해되지 못하고 있는 브레히트Bertolt Brecht의 작품은 본격 모더니즘 시대였음에도 불구하고 형식적으로 혁신적이고 독창적인 방식으로 문화와 교육 사이에 새롭고 복잡한 관계를 다시 긍정했다. 내가 제안하고자 하는 문화 모델은 이와 비슷하게 정치적 예술과 문화의 인식적이고 교육적인 차원, 즉 루카치와 브레히트가 (리얼리즘과 모더니즘이라는 각각의 시대에 대하여) 서로 다른 방식으로 강조하고자 했던 차원을 부각시키는 것이다.

그러나 우리는 더 이상 우리 시대의 것이라 할 수 없는 역사적 상황과 딜레마에 근거하여 만들어진 미학적 실천으로 돌아가서는 안 된다. 동시에 여기에서 전개되었던 공간 개념에 따르면, 우리의 상황에

---

* '즈다노비즘' 혹은 '즈다노프 강령'은 구소련 지도자였던 안드레이 즈다노프Andrei Zhdanov에 의해 제안된 것으로, 미국의 제국주의와 소련의 민주주의의 대결이라는 세계 질서 속에서 창작 활동을 하는 모든 예술가와 지식인이 국가와 당의 노선을 따를 것을 요구하는 문화 정책이다.

걸맞은 정치적 문화의 모델은 근본적인 조직 원리로서 반드시 공간의 문제를 제기해야만 한다. 따라서 잠정적으로 이 새로운 (가설적인) 문화 형식의 미학을 **인식적 지도 그리기**cognitive mapping 미학이라고 정의하고자 한다.

케빈 린치Kevin Lynch의 고전적인 저술 『도시의 이미지*The Image of the City*』(1960)에 따르면, 소외된 도시란 무엇보다도 사람들이 자신이 살고 있는 도시에서 (자신의 마음속에) 자신의 지리적 위치나 도시 전체를 지도 그릴 수 없는 공간이다. 기념비나 교차로, 자연적 경계나 인공적인 전망대 같은 전통적인 지리적 표식들이 전혀 없는 저지시티 Jersey City의 도시 조직 같은 것이 가장 대표적인 예일 것이다. 그렇다면 전통적인 도시에서의 탈소외는 장소에 대한 감각과 도시 전체의 이미지에 대한 구성 혹은 재구성 능력의 실질적인 재획득과 관련된다. 즉 도시 전체의 이미지를 기억 속에 담아내거나, 개인 주체가 이동하면서 다른 경로를 택할 때마다 다시 지도 그릴 수 있는 감각을 복원하는 것이다. 린치의 작업이 가지는 한계는 의도적으로 주제 자체를 도시 형태의 문제에만 한정시켰다는 것이다. 그럼에도 불구하고 이 저작이 제기한 문제를 우리가 지금 다루고 있는 보다 큰 국가적인 혹은 세계적인 공간의 문제에 투사시키면, 시사하는 바가 상당히 커진다. 또한 린치의 모델이 분명 재현이라는 하나의 중심적 문제를 제기하고 있기는 하지만, 그것이 '재현의 이데올로기'나 미메시스에 대한 포스트구조주의자들의 인습적 비판을 통해 어떤 식으로건 손쉽게 폄훼될 수도 있다고 너무 성급히 추측해서도 안 된다. 인식적 지도는 정확하게 고전적인 의미에서의 미메시스라고는 할 수 없다. 사실 이것이 상정하고 있는 이론적 문제는 보다 높고 복잡한 차원에서 재현에 대한 분석을 새롭게 수행할 수 있도록 해준다.

이와 관련하여 한 가지 말한다면, 도시 공간에 대한 린치의 연구가 시사하는 경험적 문제와, "**실재**Real 존재 조건에 대한 주체의 **상상적** Imaginary 관계의 재현"이라는 이데올로기에 대한 알튀세르의 (라캉적) 정의[22] 사이에는 아주 흥미로운 융합 지점이 존재한다. 분명 인식적 지도 그리기가 물리적인 도시 내에서의 일상적 삶이라는 좁은 틀 안에서 수행해야 하는 것은 정확하게 바로 이것이다. 즉 전체로서의 사회구조의 총화라고 할 수 있는 광대하고 본질적으로 재현 불가능한 총체성에 대해, 개인 주체가 상황에 따른 재현을 수행할 수 있도록 해주는 것이다.

또한 린치의 저작이 지도 작법 자체를 핵심적 매개항으로 삼고 있다는 점은 이를 심화 발전시킬 수 있는 지점을 암시해준다. 지도 작법이라는 과학(이자 또한 예술)의 역사로 돌아가 보면, 린치의 모델이 사실 지도 작법 그 자체와 정확하게 일치하는 것은 아님을 알 수 있다. 린치의 주체는 오히려 과학적 지도 작법 이전의 작업과 연관되는데, 이는 전통적으로 지도를 만드는 일보다는 여정을 짜는 일에 더 가깝다. 즉 멈춰 선 주체나 여행자의 실존적 여로를 중심에 두고 도표를 그려, 오아시스, 산맥, 강, 기념비 등과 같이 그 주변의 의미 있는 여러 지리적 특징들을 표시해두는 것이다. 이런 도표의 가장 발전된 형태가 항해 여정표나 해도海圖 혹은 포틸랑portulans과 같은 것으로, 특히 포틸랑에는 한 번도 대양으로 나가본 적이 없는 지중해의 항해자들이 사용할 수 있도록 해안의 특징들이 자세히 기입되어 있다.

그런데 나침반의 발명은 즉시 해도 작성에 새로운 차원을 도입한다. 이는 여정표가 가지는 문제성을 완전히 바꾸어놓았고, 따라서 훨씬 더 복잡한 방식으로 진정한 인식적 지도 그리기의 문제를 제기할 수 있도록 해주었다. 나침반과 육분의六分儀, 경위의經緯儀 같은 새로운 도구들은 지리와 항해상의 문제를 해결하는 데 기여했다(지구 표면의 굴곡진 부분에 대해 경도를 측정하는 데 어려움을 겪고 있었는데, 이런 발명품들을 통해 이를 해결할 수 있었다. 이와는 대조적으로 위도는 상대적으로 쉽게 측정할 수 있었는데, 유럽의 항해자들은 지금도 아프리카 해안을 육안으로만 관측해도 경험적으로 위도를 알 수 있다고 한다). 뿐만 아니라 이런 도구들을 통하여 전적으로 새로운 좌표 체계가 도입되었는데, 특히 이는 별이나 삼각측량법 같은 새로운 방법을 통해 매개되기 때문에 총체성과의 관계를 새롭게 설정할 수 있게 되었다. 이 지점에 이르면 넓은 의미에서의 인식적 지도 그리기는 실존적 데이터(주체의 경험적 위치)와 지리적 총체성이라는 경험해보지 못한 추상적 개념의 상호작용을 요구하게 된다.

마지막으로 1490년 최초의 지구본이 만들어지고 이와 거의 동시대에 메르카토르Mercator 투영도법 원리가 발명되면서 지도 작법의 세번째 차원이 나타나는데, 이는 현재 우리가 재현 약호의 본성이라고 칭할 만한 문제들과 연관된다. 즉 다양한 매체들의 근본적 구조의 문제와 더불어, 재현 언어 자체의 전적으로 새롭고 근원적인 문제들, 특히 지구의 곡면을 평면의 지도 위로 옮기는 일에서 비롯된 풀리지 않는 (거의 하이젠베르크적인) 딜레마가 다소 순박한 모방적 지도 그리기의 개념에 개입하기 시작한 것이다. 바로 이 지점에서 진정한 지도란 있을 수 없음이 분명해진다(또한 동시에 지도 제작과 관련된 여러 역사적 순간들 속에는 과학적 진보, 보다 정확히 표현한다면 변증법적 전진이 있었다는 것도 분명해진다).

지도 작법과 관련된 이 모든 문제를 알튀세르의 이데올로기 개념이라는 전혀 다른 문제틀로 전환하면, 우리는 두 가지 주장을 할 수 있다. 첫째, 알튀세르의 개념을 통해 우리는 지리와 지도 제작에 특화된 문제들을 사회적 공간의 측면에서 재고할 수 있게 된다. 예를 들어 사회계급과 국가적 혹은 국제적 맥락의 측면에서, 즉 우리 모두가 **마찬가지로** 지역적·국가적·국제적 계급 현실에 대하여 우리의 개별적 사회관계를 반드시 인식적으로 지도 그리는 방식의 측면에서 다시 생각해볼 수 있는 것이다. 그러나 문제를 이런 식으로 재설정하면, 지도 그리기에서 나타나는 바로 그 어려움들과 맞닥뜨리게 된다. 즉 우리가 현재 논의 중인 포스트모던 혹은 다국적 자본주의 시대라는 바로 그 전 지구적 공간에 의해 한층 더 고양되고 본원적인 방식으로 제기된 문제와 마주하는 것이다. 이는 단순하게 이론적인 문제만은 아니다. 이것은 급박하고 실질적인 정치적 결과를 갖는다. 이는 제1세계 주체들이 가지고 있는 인습적인 감정들을 보면 금방 분명해지는데, 이들은 실존적으로 (혹은 '경험적으로') 전통적인 생산방식이 사라지고 고전적인 유형의 사회계급 역시 더 이상 존재하지 않는 '후기산업사회'에 살고 있다고 믿고 있으며, 이런 믿음은 정치적 실천에 직접적인 영향을 미치기 때문이다.

둘째, 알튀세르 이론의 라캉적 토대로 돌아가면 상당히 유용하고 시사적인 방법론적 풍요를 얻을 수 있다. 알튀세르의 이론은 과학과 이데올로기의 구별이라는 이전부터 이어져온 고전적인 마르크스의 모델을 다시 활용한다(이 모델은 지금 우리에게도 가치가 없지 않다). 알튀세르의 체계 내에서 (개인 주체의 위치, 일상생활의 경험, 생물학적인 주체로서 우리가 필연적으로 갇혀 있을 수밖에 없는 세계에 대한 단자적monadic '관점' 같은) 실존적인 것은 추상적 지식의 영역과는 절대적으로 대립된다. 라캉이 우리에게 상기시켜주듯이 이 추상적 지식의 영역은 결코 어떤 구체적 주체가 아닌, 안다고 가정된 주체sujet supposé savoir 혹은 지식의 주체-자리라고 칭해지는 구조적 공백에 위치하거나 현실화될 수 있다. 이를 통해 확인할 수 있는 바는 우리가 추상적이거나 '과학적인' 방식으로는 세계와 그것의 총체성을 알 수 없다는 것이 아니다. 마르크스적인 '과학'은 추상적으로 세계에 대한 지식을 획득하고 개념화할 수 있는 방법을 제공한다. 예를 들어 만델의 위대한 저작이 전 지구적 세계체제에 대한 풍요롭고 정교한 **지식**을 제공하고 있다는 그런 의미에서 말이다. 그리고 이 세계체제에 대하여 우리가 그것을 재현할 수 없다고 했을 뿐, 그것을 알 수 없다고 말하지는 않았다. 아는 것과 재현하는 것은 전적으로 다른 문제다. 다른 말로 하자면 알튀세르의 공식은 실존적 경험과 과학적 지식 사이에 틈새와 균열이 있다고 주장하는 것이다. 이데올로기는 바로 이 두 개의 전혀 다른 차원을 서로 접합할 수 있는 방법을 창안해내는 기능을 담당한다. 이데올로기에 대한 이런 정의에 대해 역사주의적 관점에서 덧붙이자면, 이러한 실존적 경험과 과학적 지식 사이의 상호작용, 다시 말해 기능하며 살아 있는 이데올로기의 생산은 역사적 상황마다 다르게 나타나며, 또한 무엇보다도 그것이 전혀 가능하지 않은 역사적 상황도 존재할 수 있다. 그리고 현재의 위기 속에서는 이런 불가능성이 우리의 상황인 듯하다.

하지만 라캉의 체계는 이원적인 것이 아닌 삼각 모델이다. 이데올로기와 과학의 대립이라는 마르크스와 알튀세르의 모델은 라캉의 삼각 모델 중 단지 두 개하고만 일치할 뿐이다. 그것은 상상계와 실재계이다. 그러나 지도 작법에 대한 우리의 여담과 그것에 의해 최종적으로 밝혀진 재현의 변증법, 즉 약호와 개인 언어나 매체의 능력 사이의 재현의 변증법은 우리에게 한 가지 사실을 상기시켜준다. 이는 지금까지 누락되었던 라캉의 모델에서 상징계의 차원이 여전히 남아 있다는 것이다.

전 지구적 체계 내에서 개인 주체에게 자신의 위치에 대한 고양된 감각을 부여하고자 하는 교육적 정치 문화로서, 인식적 지도 그리기 미학은 반드시 이 심대하게 복잡한 재현의 변증법을 존중해야 하며, 또한 그것을 정당화할 수 있는 근본적으로 새로운 형식을 창안해야만 한다. 하지만 명확히 해두어야 할 것은, 이것이 결코 어떤 구식의 사회적 기계로의 회귀 혹은 예전의 보다 투명한 국가적 공간이나 보다 전통적이고 신뢰할 수 있는 원근법적이고 미메시스적인 공간으로의 회귀에 대한 요청은 아니라는 것이다. 만약 새로운 정치 예술이 가능하다면, 그것은 포스트모더니즘의 진실에 집중해야 한다. 다시 말해 그것의 근원적 대상으로서의 다국적 자본이라는 세계 공간에 집중해야 하는 것이다. 동시에 그것은 현실을 돌파하여 이 세계 공간을 재현할 수 있는 지금껏 상상하지 못했던 새로운 방식을 고안해야 한다. 이를 통해 우리는 개인적·집단적 주체로서 우리 자신의 위치를 다시 파악하기 시작하고, 현재 우리의 공간적·사회적 혼란에 의해 중화되어버린 행동하고 투쟁하는 능력을 회복할 수 있을 것이다. 포스트모더니즘의 정치적 형식이 어떤 식으로든 존재한다면, 그것의 소명은 사회적이고 공간적인 차원에서 전 지구적인 인식적 지도 그리기를 창안하고 투사하는 일일 것이다.

2장 포스트모더니즘 이론들

포스트모더니즘에 관련된 문제들이 있다. 포스트모더니즘의 근원적 특징들을 어떻게 설명해야 하는가? 무엇보다도 포스트모더니즘이라는 것이 존재하기는 하는가? 그 **개념**이 쓸모 있기는 한가? 반대로 그저 신비화에 불과한 것은 아닐까? 이는 미학적인 문제인 동시에 정치적인 문제이기도 하다. 포스트모더니즘에 대해 논리적으로 취할 수 있는 다양한 입장들은, 그것이 어떤 용어 속에 숨어 있던 관계없이, 언제나 역사에 대한 특정한 비전을 표현하는 것으로 여겨질 수 있는데, 이들은 이런 비전을 통하여 우리가 오늘날 살아가고 있는 사회적 순간들에 대하여 본질적으로 정치적인 긍정이나 부정의 평가를 수행한다. 사실 논쟁을 가능케 하는 바로 그 전제는, 우리의 사회 체계에 대한 최초의 전략적 가정으로 향하게 마련이다. 예를 들어 포스트모더니즘 문화에 대해 역사적 독창성을 부여한다면, 이는 내심 소위 소비사회라 칭해지는 것과 이를 탄생시킨 자본주의 초기 단계 사이에 급진적인 구조적 차이가 있음을 긍정하는 것이다.

그러나 다양한 논리적 가능성들은 필연적으로 포스트모더니즘이라는 바로 그 명명 자체에 각인되어 있는 또 다른 쟁점에 대해 하나의 입장을 취하는 것과 관련된다. 그것은 이제 본격 모더니즘 내지는 고전적 모더니즘이라 명명할 수밖에 없는 것에 대한 평가이다. 포스트모던하다고 특징지을 수 있는 여러 다양한 문화적 산물에 대한 목록을 작성할 때면, 여러 이질적인 스타일과 문화적 산물이 그 자체로 가지고 있는 '가족 유사성'을 바탕으로 목록을 만드는 것이 아니라, 본격 모더니즘적인 충동과 미학과의 관계 속에서 이를 파악하고자 하는 경향이 강하다. 즉 포스트모더니즘을 어떤 식으로건 모더니즘에 대한 반응으로 여기는 것이다.

그런데 양식으로서의 포스트모더니즘에 대한 최초의 논의였던 건축 관련 논쟁은 한 가지 장점을 가지고 있다. 겉으로는 미학적인 쟁점으로 보이는 이 문제의 정치적인 의의를 회피할 수 없게 만들고, 때때로 다른 예술 분야의 보다 약호화되고 은폐된 논쟁에도 이런 측면이 있다는 걸 발견하게 해주는 것이다. 전체적으로 보면 이 주제에 대한 최근의 다양한 견해들 속에서, 포스트모더니즘에 대한 네 가지 일반적인 입장을 끌어낼 수 있다. 하지만 상대적으로 깔끔해 보이는 이 체계 혹은 **조합**도 훨씬 더 복잡해질 수 있다. (마르크스주의나 보다 일반적인 좌파의 관점에서 말한다면) 각각의 가능성에 대해 사람들이 정치적으로 진보적이거나 정치적으로 반동적이라는 인상을 가질 수 있기 때문이다.

예를 들어 누군가는 본질적으로 반反모더니즘적인 관점에서 포스트모더니즘의 도래를 환영할 수 있다.[1] 이합 하산Ihab Hassan 같은 비교적 앞선 세대의 이론가들은 이미 그러한 태도를 취했다고 볼 수 있는데, 이들은 포스트모더니즘의 미학을 (재현의 이데올로기에 대한 『텔켈Tel Quel』*의 공격이나, 하이데거나 데리다Jacques Derrida 식의 '서구 형이상학'의 종언에 대한 주장 같은) 근본적으로 포스트구조주의적인 주제를 통해 접근한다. 이 이론가들의 글에서는 아직 포스트모더니즘이라는 명칭이 명확하게 사용되지는 않지만, 세계 내에 전적으로 새로운 사유와 존재 방식이 도래하고 있음에 환호한다(푸코의 『말과 사물The Order of Things』의 말미에 나오는 유토피아적 예언을 보라). 하지만 하산의 포스트모더니즘에 대한 찬양은 (조이스와 말라르메Stéphane Mallarmé 같은) 본격 모더니즘의 극단적인 걸작들을 다수 포함하고 있기 때문에, 만일 그 걸작들에 대한 환기와 **후기산업사회**라는 정치적 테제 사이의 유사성을 표시해주는 첨단 정보 기술에 대한 찬양이 동반되지 않았더라면 상대적으로 애매한 입장이 되었을 것이다.

이 모든 것은 톰 울프Tom Wolfe의 『바우하우스에서 우리 집까지From Bauhaus to Our House』에서 대체로 명확해진다. 사실 이 책은 최근의 건축에 대한 논쟁을 정리한 다소 평이한 책이지만, 저자 울프가 정립한 신저널리즘New Journalism**은 포스트모더니즘의 다양한 양상 중에 일부를 구성한다. 그런데 이 책에서 징후적이면서 흥미로운 점은 포스트모던에 대한 유토피아적 찬양이 부재하다는 것이며, 더 두드러

---

* 『텔 켈』은 파리에서 발간된 문학잡지로 필리프 솔레르 등에 의해 1960년에 창간되어 1982년까지 출판되었다. 이 잡지는 주로 포스트구조주의와 해체주의 이론을 다루었으며, 줄리아 크리스테바 등이 여기에서 활동했다.

** '신저널리즘'은 1960년대와 1970년대에 걸쳐 발전한 기사 쓰기 방식으로, 저널리즘에 문학적 기법을 도입함으로써 문학과 저널리즘의 경계를 와해시켰다.

지는 점은 자칫 상투적인 캠프적 비아냥의 레토릭처럼 보일 수도 있는 말을 통해 풍기는 모더니즘에 대한 열정적인 증오라 할 수 있다. 그런데 이런 열정적인 증오는 결코 새로운 것이 아닌 상당히 오래된 것이다. 그것은 근대 자체가 막 부상하던 모습을 지켜보았던 최초의 중간계층이 가졌던 초기의 공포와 같은 것이다. 즉 12세기에 막 완성된 성당만큼이나 새하얀 르 코르뷔지에의 첫번째 건축물이나, 초기 피카소의 도다리처럼 두 눈이 한쪽으로 몰려 있는 악명 높은 사람 얼굴, 그리고 도대체 알아먹을 수가 없었던 『율리시스*Ulysses*』와 『황무지*The Waste Land*』 최초 판본의 '불명료함'에 대한 공포가 그것이다. 원래 교양 없는 사람, 속물, 부르주아, 혹은 저잣거리의 장사치 들에게 가졌던 혐오감이 갑자기 되살아나, 모더니즘에 대한 새로운 비판에 이데올로기적으로 전혀 다른 정신을 불어넣었다. 그 결과 지금은 사멸해버린 본격 모더니즘에 내재되어 있던 원原정치적이고 유토피아적이며 반反중간계급적인 충동에 대한 오래된 공감을 독자에게 다시금 일깨워준 것이다. 따라서 톰 울프의 비난은 하나의 교과서적인 전범을 제공해준다. 즉 모더니즘에 대한 최근의 논리적이고 이론적인 거부는 (그것의 진보적 힘의 많은 부분은 도시에 대한 새로운 감각에서, 그리고 본격 모더니즘의 정통성이라는 이름하에 만들어진 과거의 공동체적인 도시 삶의 형식이 이제는 파괴되었음을 충분히 경험한 데서 유래하는데도 불구하고) 명백하게 반동적인 문화정치학에 봉사하도록 손쉽게 재전유되거나 강요될 수 있다는 것이다.

모더니즘에 반대하고 포스트모더니즘을 옹호하는 입장은 그 반대편에서 자신의 주장을 구조적으로 뒤집어놓은 듯한 일단의 반론과 마주하게 된다. 이 반론의 목적은 여전히 생명력을 가지고 살아 있다고 여겨지는 본격 모더니즘적인 진정한 충동을 다시금 긍정함으로써, 포스트모더니즘 일반의 조악함과 무책임함을 비판하는 것이다. 잡지 『뉴 크라이티리언*The New Criterion*』*의 창간자인 힐턴 크레이머Hilton Kramer는 창간호에 실린 두 편의 선언문을 통하여 이러한 관점을 강력하게 피력하며, 고전적 모더니즘의 "걸작"과 기념비적인 작품 들의 도덕적 책임을, 캠프 미학과 톰 울프의 스타일이 명시적으로 드러낸 "경박함"과 연관된 포스트모더니즘의 근원적 무책임과 표피성에 대조시킨다.

역설적인 것은 정치적으로 보면 톰 울프와 크레이머는 공통점이 더 많다는 사실이다. 그리고 크레이머가 모더니즘을 옹호하는 방식에는 어떤 모순이 있는 것처럼 보인다. 즉 그는 모더니즘의 고전이 가지고 있는 "고도의 진지함"으로부터, 모더니즘 내에 근원적으로 내재되어 있는 반중간계급적 태도와 원정치적 열정을 제거해야만 했다. 왜냐하면 입센Henrik Ibsen에서 D. H. 로런스David H. Lawrence, 반 고흐에서 잭슨 폴록Jackson Pollock에 이르는 위대한 모더니스트들은 이러한 태도와 열정 속에 빅토리아조의 금기와 가족생활, 상품화, 자본주의적 세속화가 가져온 점진적 무감각에 대한 거부감을 심어놓았기 때문이다. 위대한 모더니스트들의 이러한 표면적으로는 반부르주아적 태도를, 부르주아 자신들에 의하여 학술 기금이나 보조금의 형식으로 비밀스럽게 함양된 "충성스러운 반대"와 동일시하려는 크레이머의 교묘한 시도는 크게 설득력 있게 들리지 않는다. 그럼에도 그의 시도는

---

* 『뉴 크라이티리언』은 1982년 힐턴 크레이머에 의해 뉴욕에서 창간된 월간지로, 예술과 문화 비평을 중심적으로 다루고 예술적 고전주의와 정치적 보수주의를 표방한다.

모더니즘 그 자체의 문화정치학적 모순으로 인해 가능해진다. 즉 모더니스트들의 부르주아에 대한 부정은, (브레히트처럼 매우 드문 경우도 있기는 하지만) 그들이 진정한 정치적 자의식을 성취하지 못한 상태에서 거부하거나 향유하고 있는 어떤 것이 존속하고 있기 때문에 가능한 것이다. 그것이 바로 자본과의 공생 관계다.

그러나 『뉴 크라이티리언』의 정치적 기획을 명확하게 밝혀내면, 여기에 나타난 크레이머의 태도를 보다 쉽게 이해할 수 있다. 왜냐하면 이 잡지의 사명은 분명 1960년대 자체와 그 유산을 뿌리 뽑고 그 시기 전체를 망각 속에 덮어버리는 것이기 때문이다. 이러한 전략은 1950년대가 1930년대에 대하여 고안한 것이며, 또한 1920년대가 1차 세계대전 이전의 풍요로운 정치 문화를 제거하기 위해 고안한 것이기도 하다. 따라서 『뉴 크라이티리언』은 현재 진행 중이고 오늘날 곳곳에서 벌어지고 있는 신보수주의의 문화적 반혁명을 구축하기 위한 시도 속에 자신을 각인시키고 있으며, 이러한 반혁명의 범위는 미학적인 것부터 가족과 종교의 궁극적 수호까지 포함한다. 따라서 이렇게 본질적으로 정치적인 기획이 현재의 문화 속에 나타나고 있는 정치의 편재성에 대해 한탄하고 있다는 것은 역설적이지 않을 수 없다. 사실 정치의 편재성이라는 전염병은 대개 1960년대를 통해 확산되었는데도 불구하고, 크레이머는 마치 이것이 우리 시대 포스트모더니즘이 지닌 도덕적 우둔함의 원인인 양 여기고 있다.

보수주의적인 관점에서는 반드시 필요했던 이 기획이 가진 문제는, 이유가 무엇이었든 간에 (매카시즘이나 파머 습격Palmer Raids*의 경우

---

* '파머 습격'은 1919~1920년에 이뤄진 불법 체류자 색출 작전으로, 당시의 법무부 장관

와는 달리) 그들이 만들어낸 종이돈 같은 레토릭이 국가권력이라는 실제 금을 통해 보증되지 못했다는 것이다. 베트남전쟁의 실패는 최소한 잠시 동안은 국가의 억압적 권력을 드러내놓고 휘두를 수 없게 만들었으며,[2] 또한 1960년대에 대한 집단적 기억과 경험에 지속성을 부여해주기도 했다. 그런데 이런 지속성은 1930년대나 제1차 세계대전 이전 시기의 전통에서는 찾아볼 수 없는 것이었다. 따라서 크레이머의 "문화혁명"은 1950년대나 아이젠하워 시대에 대한 나약하고 감상적인 향수로 빠져드는 경향이 잦았다.

모더니즘과 포스트모더니즘에 대한 초기 입장들에 나타난 점들을 고려해보면, 작금의 문화적 상황에 대한 이 두번째 평가의 명백히 보수주의적인 이데올로기에도 불구하고, 포스트모더니즘이 주체에 대한 훨씬 더 진보적인 노선에 의해 전유될 수 있었던 것은 그리 놀라운 일은 아니다. 모더니즘의 훌륭한 가치들을 긍정하는 반면 포스트모더니즘의 이론과 실천을 배척하는 이 극적 반전과 재구성은 위르겐 하버마스Jürgen Habermas[3]에 기인한다고 할 수 있다. 그러나 하버마스에게 포스트모더니즘의 결함은 정치적인 측면에서 반동적으로 작동한다는 것이다. 즉 포스트모더니즘은 모든 면에서 하버마스가 부르주아 계몽주의와 그것의 여전히 보편적이고 유토피아적인 정신과 연관 지었던 모더니즘적 충동에 대한 불신을 조장하는 시도라는 것이다. 아도르노와 더불어 하버마스는 위대한 본격 모더니즘의 본질적으로 부정적이고 비판적인 유토피아적 힘을 구원하고 기억하고자 시도한다. 반면에

이었던 미첼 파머A. Mitchell Palmer의 주도하에 이루어졌다. 불법 체류자 추방이라는 명분하에 이루어진 이 작전은 사실 미국 내 좌파를 척결하기 위한 시도였다는 평가를 받고 있다.

이러한 모더니즘의 힘을 18세기 계몽주의 정신과 연결시키고자 하는 하버마스의 시도는, 사실상 아도르노와 호르크하이머의 우울한 『계몽의 변증법*Dialectic of Enlightenment*』과의 결별을 의미한다. 『계몽의 변증법』에서 계몽주의의 과학적 에토스는 잘못된 권력의지와 자연에 대한 지배 욕구로 각색되며, 또한 계몽주의의 세속화 프로그램은 우리를 곧장 아우슈비츠로 안내하는 도구적 세계관의 첫번째 발전 단계에 지나지 않는다. 하버마스 자신의 역사관을 통해 이러한 결정적 차이를 설명한다면, 그는 (평등, 시민권, 인도주의, 언론의 자유와 열린 미디어같이) 자본주의의 발전 속에서 실현되어야 할 이상들이 실패할 경우를 대비하여, "자유주의"의 약속과 그것의 근본적으로 유토피아적인 내용, 즉 보편적인 부르주아 이데올로기를 지키고자 했던 것이다.

하지만 이 논쟁의 미학적 차원에 대해서 이야기한다면, 모더니즘을 부활시키려는 하버마스의 시도에 대해 그것의 죽음을 경험적으로 확신할 수 있다고 응답하는 것은 온당한 태도가 아닐 것이다. 하버마스가 사유하고 글을 쓰는 국가적 상황이 미국과는 다소 다를 수 있다는 가능성을 염두에 두어야 한다. 일례로 반공주의와 정치적 억압이 당시 서독의 현실이었으며, 좌파에 대한 국가 정보기관의 협박과 (서독의 우파들이 '테러리즘'과 연관시켰던) 좌파 문화에 대한 억압은 서구 진영 그 어디에서보다 효과적으로 작동하고 있었다.[4] 신반공주의나 교양 없는 사람과 속물 문화의 승리가 암시하는 바는 이러한 국가적 상황 속에서는 하버마스가 옳을 수도 있다는 것이며, 또한 본격 모더니즘의 고전적 형식이 다른 지역에서는 비록 그 가치를 상실했을지라도 서독에서는 여전히 전복적인 힘을 가질 수도 있다는 것이다. 그러한 경우 모더니즘의 전복적인 힘을 약화시키거나 손상시킬 수도 있는 포스트모더니즘에 대한 하버마스의 이데올로기적 진단은 당연히 지역적으로 가치를 지닌다. 다만 그 평가가 일반화되지 못할 뿐이다.

반모더니즘/친포스트모더니즘과 친모더니즘/반포스트모더니즘이라는 앞서 본 입장들은 새로운 용어에 대한 수용의 문제라 할 만하다. 그리고 이것은 모더니즘 시대와 포스트모더니즘 시대 사이에 존재하는 결정적 단절의 근본적 성격에 대해 동의하는가의 문제와 다름없다. 물론 이는 포스트모더니즘이 어떤 평가를 받는가의 문제와는 관계없다. 그런데 여기에는 두 가지 마지막 논리적 가능성이 존재한다. 이 두 가능성은 어떤 종류든 역사적 단절이라는 개념을 거부하고 있으며, 따라서 둘 다 암시적으로든 명시적으로든 포스트모더니즘이라는 바로 그 범주의 가치를 문제시한다. 포스트모더니즘과 연관된 작품을 통해 이야기한다면, 이 작품들은 고전적인 모더니즘의 관점에서 평가될 것이고, 결국 '포스트모더니즘'은 기껏해야 우리 시대의 모더니즘이 취하고 있는 하나의 형식으로 전락하거나 혁신을 향한 고전적인 모더니즘적 충동이 변증법적으로 강화된 형태로 취급받을 것이다. (나는 여기에서 또 다른 상당히 학술적인 일련의 논쟁을 누락시켰다. 이는 여기에서 재확인된 바로 그 모더니즘의 연속성이 또 하나의 문제 지점이라는 것이다. 모더니즘의 연속성은 보다 광범위한 의미에서의 연속성, 즉 18세기 후반부터 이어져온 낭만주의의 연속성에 의해 포괄될 수 있는데, 이 경우 모더니즘과 포스트모더니즘은 낭만주의의 유기적 단계로 치부될 수도 있다.)

따라서 이 주제에 대한 두 가지 마지막 입장은 각각 지금까지 본격 모더니즘의 전통 속으로 다시 흡수된 포스트모더니즘에 대한 긍정 평가와 부정 평가로 요약될 수 있다. 그래서 장-프랑수와 리오타르[5]는 새로운 것과 부상하는 것 혹은 요즘 '포스트모던'이라고 널리 불리고 있는 컨템퍼러리 내지는 포스트컨템퍼러리한 문화적 산물들에 대한 자신의 열렬한 호응의 핵심은, 아도르노적인 정신에 입각하여 오래된 진정한 본격 모더니즘을 재긍정하려는 것의 중요한 일부분으로 파악해야 한다고 제안한다. 그의 제안 속에 담겨 있는 교묘한 비틀기가 주장하는 바는 이렇다. 포스트모더니즘이라고 칭해지는 것은 본격 모더니즘의 폐기물처럼 그것에 **뒤따르지** 않는다. 오히려 포스트모더니즘이 모더니즘에 **선행하며** 그것을 준비하는 것이다. 따라서 우리 주변을 온통 둘러싸고 있는 오늘날의 포스트모더니즘은 귀환과 재창안의 약속으로, 혹은 예전의 힘과 더불어 새로운 생명력을 부여받은 어떤 새로운 본격 모더니즘의 영광스러운 재출현으로 보는 것이 마땅하다는 것이다. 이는 일종의 예언자적 태도로서, 이 분석은 모더니즘과 포스트모더니즘의 반재현적antirepresentational 경향에 기반한다고 할 수 있다. 하지만 리오타르의 미학적 입장은 미학적 언어로는 적절하게 평가하기 힘들다. 왜냐하면 그의 미학적 입장을 채우고 있는 것은 고전적 자본주의를 넘어서는 (우리의 오랜 친구인 '후기산업사회'와 같은) 새로운 사회 체계에 대한 사회적·정치적 개념이기 때문이다. 그런 의미에서 갱생된 모더니즘이라는 비전은 완전한 형태로 나타나게 될 새로운 사회의 가능성과 약속에 대한 특정한 종류의 예언적인 신념과 불가분의 관계를 맺는다.

　이러한 입장을 부정적으로 뒤집어놓은 것이 바로 특정 유형의 모더니즘을 이데올로기적으로 거부하려는 태도와 연관될 것이다. 이러한 부정적 입장은 모더니즘의 형식이 자본주의적 삶의 사물화를 복제하는 것에 불과하다는 루카치의 고전적 분석에서 시작하여, 본격 모더니즘에 대한 최근의 보다 분명한 비판까지 모두 포괄한다. 그런데 이 마지막 입장이 앞서 개략적으로 설명한 반모더니즘과 다른 점은, 이들이 새로운 포스트모더니즘 문화를 긍정하는 안전한 방식을 취하지 않는다는 것이다. 그들은 오히려 포스트모더니즘마저도 이미 부정적인 낙인이 붙은 본격 모더니즘의 타락한 형태에 불과하다고 파악한다. 모든 입장 중에 가장 비관적이고 또 가장 부정적인 태도를 취한다고 할 수 있는 이 특정한 이론적 입장은, 베네치아 건축 사가인 만프레도 타푸리Manfredo Tafuri의 저작 속에서 가장 극명한 형태로 드러난다. 모더니즘 건축에 대한 그의 광범위한 분석[6]은 우리가 지금껏 본격 모더니즘의 '원정치적' 충동(다시 말해서 정치 자체를 문화정치로 대체하는 '유토피아적' 자세로서, 형식과 공간과 언어를 변형시킴으로써 세계를 변화시키겠다는 사명 의식과 같은 것)이라 칭했던 것에 대한 강력한 고발장이라 할 만하다. 그러나 타푸리는 다양한 모더니즘의 부정적이고 탈신비화하는 "비판적"인 사명 의식에 대한 분석에서도 마찬가지로 신랄한 태도를 취한다. 그에 따르면 모더니즘의 이러한 비판적 자세는 헤겔이 말하는 "역사의 책략ruse of History"의 일종으로, 모더니즘 운동의 사상가와 예술가 들이 수행했던 폭파 작업은 궁극적으로 자본을 도구화하고 세속화하려는 경향으로 귀결된다. 따라서 그들의 "반자본주의"는 오히려 후기자본주의가 "총체적인" 관료주의적 조직과 통제를 구축할 수 있는 기반을 제공하는 역할을 하는 것에 그치게 된다. 그리고 이러한 주장을 통해 타푸리가 이끌어낼 수 있는 논리적 결론은 하나다. 사회적 관계 자체의 근본적 변화 없이는 문화의 급진적 변화 역시 불가능하다는 것이다.

　내가 보기에는 앞의 두 입장에서 나타난 정치적 양가성이 여기에서도 계속 나타날 뿐만 아니라, 그 양가성은 이 두 복잡한 사상가의 입장에 **내재해** 있다. 앞서 언급한 많은 다른 이론가와는 달리, 타푸리와 리오타르는 명시적인 차원에서 예전 혁명 전통의 가치들에 공개적으로 헌신하는 정치적 인물들이다. 예를 들어 리오타르가 미학적 혁신이라는 최고의 가치를 전투적으로 옹호하는 것은 혁명적 입장에 대한 하나의 비유로서 이해될 수 있으며, 타푸리의 전체적인 개념틀은 고전적 마르크스주의 전통과 상당 부분 일치한다. 그러나 내면적으로 이 두 사람은 결국 반마르크스주의와 거의 구별되지 않는 포스트마르크스주의적인 관점에서 다시 해석될 수도 있으며, 특정한 전략적인 순간들에 가면 그러한 경향이 더욱 두드러진다. 예컨대 리오타르는 자신의 '혁명적' 미학과 고전적 이상을 구별하고자 꾸준히 시도한다. 그에게 그러한 정치적 혁명의 이상은 스탈린주의에 불과하거나 새로운 후기산업사회의 질서라는 조건과는 양립할 수 없는 고답적인 것에 지나지 않는다. 반면 타푸리의 총체적 사회혁명이라는 묵시록적인 개념은 자본주의의 '총체적 체계' 개념을 연상시키는데, 오늘날과 같은 탈정치화와 반동의 시기에 이것은 마르크스주의자들을 치명적인 절망에 빠뜨려 결국에는 정치 자체를 전적으로 포기하게 만들 수도 있다(호르크하이머나 메를로 퐁티Maurice Merleau-Ponty 같은 사람들과 더불어, 1930년대와 1940년대의 전前 트로츠키주의자들이나 1960년대와 1970년대의 전前 마오주의자들이 이런 부류에 포함된다).

앞에서 설명한 개념적 조합을 체계화시키면 다음과 같이 개략적으로 도표화시킬 수 있다. 플러스(+) 표시와 마이너스(-) 표시는 각각 해당 입장의 정치적 성향, 즉 진보와 반동을 나타낸다.

이 도표를 통하여 우리는 이제 한 바퀴를 완전히 돌아서, 다시 제일

	반反모더니즘		친親모더니즘	
친親포스트모더니즘	울프	+	리오타르	{ +
	젠크스	−		− }
반反포스트모더니즘	타푸리	{ +	크레이머	+
		− }	하버마스	−

처음 입장이 가지고 있던 보다 긍정적이고 잠재력 있는 정치적 내용들의 문제로 돌아갈 수 있게 되었다. 특히 강조했던 찰스 젠크스(뿐만 아니라 벤투리나 다른 이론가들)의 장점이라 할 수 있는 **표퓰리즘**의 문제로 돌아갈 수 있는데, 이 문제를 통해서 우리는 타푸리의 마르크스주의 자체의 절대적 비관주의를 좀더 제대로 다뤄볼 수 있을 것이다. 그런데 먼저 언급해야 할 것은, 미학 논쟁이라는 이름하에 진행되었던 대부분의 정치적 입장들은 사실 포스트모더니즘 현상에 대한 최후의 심판을 발전시키기 위한 도덕적 입장이었다는 것이다. 다시 말해서 포스트모더니즘이 타락한 것이냐 아니면 문화적으로나 미학적으로나 건전하고 긍정적인 혁신의 한 방식이냐 하는 문제를 도덕적으로 판단하기 위한 입장이었던 것이다. 그러나 이 현상을 진정을 역사적이고 변증법적으로 분석하려면, 특히 포스트모더니즘이 우리가 존재하고 투쟁하고 있는 시간적 현재와 역사적 현재의 문제라면, 우리는 절대적인 도덕적 심판이라는 곤궁한 사치를 누릴 여유가 없다. 변증법은 손쉽게 한쪽 편의 손을 들어준다는 의미에서의 "선과 악을 넘어서"며, 그것의 역사적 비전은 냉담하고 비인간적인 정신에서 비롯된

다(헤겔의 원래 체계의 이런 점에 당대 사람들도 이미 당혹스러워했다). 중요한 것은 우리가 포스트모더니즘 문화 **속에서** 살고 있기에, 그것을 손쉽게 거부하는 것이 불가능할 뿐만 아니라 손쉽게 찬양하는 것 역시 자기만족적인 타락이 될 수 있다는 점이다. 이는 오늘날의 포스트모더니즘에 대한 이데올로기적 판단이 필연적으로 우리 자신에 대한 판단인 동시에 우리의 문화적 생산물에 대한 판단이 될 수 있음을 암시한다. 즉 우리 시대와 같은 하나의 역사적 시기는 전 지구적 차원의 도덕적 판단이나 그보다 한 단계 낮은 대중심리학적 진단을 통해서는 결코 올바로 파악될 수 없다. 고전적인 마르크스주의적 관점에서 보자면 미래의 씨앗은 현재 속에 이미 내재하는데, 우리는 반드시 분석과 정치적 실천 양자 모두를 통하여 이것을 현재로부터 개념적으로 분리해내야만 한다(마르크스는 파리 코뮌의 노동자들은 "**실현시켜야 할 이상을 가지고 있지 못하다**"라며 통렬한 어조로 말한 적이 있다. 그들은 이전의 자본주의적 사회관계로부터, 이미 태동하고 있던 새로운 사회관계의 부상하는 형식을 분리해내고자 했을 뿐이다). 자기만족적인 포스트모더니즘을 퇴폐의 최종적 징후라고 비난하고 싶은, 혹은 첨단 기술과 기술 통치에 의한 유토피아의 선구자로서 이 새로운 형식에 경의를 표하고 싶은 유혹에 굴복하는 대신, 하나의 체제로서 후기자본주의가 사회를 재구성하는 동시에 문화를 전반적으로 수정하고 있다는 작업가설을 통해 이 새로운 문화적 산물을 평가하는 것이 보다 타당해 보인다.[7]

　새로운 형식의 부상에 대한 이야기를 하자면, 포스트모더니즘의 건축이 포퓰리즘을 앞세운다는 점에서 본격 모더니즘의 건축과는 구별된다는 젠크스의 주장[8]이 보다 일반적인 논의를 위한 출발점을 제공해줄 수 있을 것이다. 건축이라는 구체적인 맥락에서 보자면, 르 코르뷔지에나 라이트 식의 이제는 보다 고전적인 본격 모더니즘의 공간은 자신이 존재하고 있는 타락한 도시 구조로부터 자신을 급진적으로 구별하고자 했으며, 따라서 (건축물을 땅으로부터 분리하는 동시에 새로운 공간의 새로움을 호위하는 거대한 필로티스가 극화하고 있듯) 그 형식이 자신의 공간적 맥락으로부터 스스로를 근본적으로 분리하려는 행위에 의존한다고 할 수 있다. 반면에 포스트모더니즘 건물은 상업 지구와 모텔과 패스트푸드 상점이 즐비한 포스트-초고속도로postsuperhighway 기반의 미국 도시 풍경의 이질적 구조 속에 잘 녹아들어가 있음을 자랑한다. 아울러 ('역사주의'를 통한) 과거 양식들의 인유와 형식적 모방은 주변의 상업적 아이콘이나 공간 들과 이 새로운 예술적 건물들 사이의 친족 관계를 보장해주는 동시에, 급진적 차이와 혁신을 주장하는 본격 모더니즘을 부정한다.

새로운 건축 양식의 이러한 의심할 여지 없이 중요한 특징들이 **포퓰리즘적**이냐 하는 문제에 대해 섣부른 결론을 내려서는 안 된다. 하지만 광고에서 시작하여 상품부터 건물까지, 또 텔레비전 쇼(의 '로고')와 베스트셀러와 영화 같은 예술적인 상품까지 포함한 모든 종류의 형식적 **포장**으로까지 확산된 이 새로운 상업 문화의 부상하는 형식은, 예전의 민속folk 문화나 진정한 의미의 '민중popular' 문화와는 구별되어 마땅할 것으로 보인다. 사회적 계급으로서의 농민이나 도시 장인이 존재하던 당시에 번성했던 이 민속 문화나 민중 문화는 19세기 중반 이후 상업화와 시장 체계에 의해 점차 식민화되거나 멸종되고 말았다.

어쨌든 최소한 이러한 상업 문화의 특징들이 점차 보편적으로 자리

잡기 시작했다는 것은 인정해야 한다. 그리고 이런 특징들은 다른 예술의 영역에서 보다 분명하게 나타나고 있는데, 그것은 바로 고급문화와 소위 대중문화mass culture 사이의 고전적 구별이 소멸하고 있다는 것이다. 모더니즘이 자신만의 특수성을 유지하고 더불어 중간계급과 하층계급의 상업 문화라는 주변 환경에 대항하여 진정한 경험의 영역을 확보할 수 있는 유토피아적 기능을 적어도 부분적으로나마 유지하는 데 절대적으로 필요했던 그 구별 말이다. 사실 본격 모더니즘의 발생은 대중문화라고 할 만한 것의 급진적 확장과 동시에 이루어졌다고 할 수 있다(졸라Émile Zola는 하나의 텍스트 속에 예술적인 소설과 베스트셀러가 함께 공존하는 마지막 사례라 할 만하다).

이러한 구성적 차이화는 이제 막 사라지고 있는 듯하다. 이미 언급했다시피 음악에서 쇤베르크 이후 혹은 심지어 존 케이지 이후, '고전'과 '민중'이라는 두 가지 상반되는 전통은 다시금 하나로 병합되었다. 시각예술에서 사진이 그 자체로 중요한 매체이자, 팝아트와 포토리얼리즘의 '실체의 평원plane of substance'*으로 재탄생했다는 사실 역시 그 같은 과정에 대한 핵심적 징후이다. 어쨌든 분명한 것은 최근의 예술가들은 더 이상 예전 플로베르가 시작했던 방식대로 대중문화나 민중 문화의 질료와 단편 혹은 모티프를 '인용'하지 않는다는 것이다. 그들은 대중문화의 내용들을 자신의 작품 속에 스며들게 만들어 (모더니즘과 대중문화 사이의 급진적 차이에 근거하고 있던) 이전의 많은 비판적 범주나 평가 범주 들이 더 이상 기능하지 못하게 만든다.

---

* '실체의 평원'은 덴마크 언어학자 옐름슬레우Louis Hjelmslev로부터 차용된 것으로, 그에 따르면 언어의 기표와 기의는 각각 표현의 평원과 내용의 평원, 형식의 평원과 실체의 평원으로 구별된다.

만약에 그렇다면 최소한 다음과 같은 추론이 가능해진다. 포스트모더니즘에 대한 다양한 옹호와 선언문 속에 등장하는 '포퓰리즘'적인 가면이나 제스처는 사실상 (중대한) 문화적 변화의 반영물이거나 징후에 불과하며, 이 변화의 과정 속에서 예전에 대중문화 혹은 상업 문화라고 낙인이 찍혔던 것들이 이제는 새롭게 확장된 문화 영역의 일부로 수용되었다는 것이다. 어찌 되었건 이전의 정치 이데올로기 지형도에서 끌어온 용어는, 그것이 처음 사용되던 시기에 존재했던 지시대상체(일반적으로 '인민the people'이라고 불리던 노동자, 농민, 프티부르주아 계급 연합체의 인민전선)가 사라지면서 기본적인 의미론적 변화를 겪을 수밖에 없다.

하지만 아마도 이것이 전적으로 새로운 이야기는 아닐 것이다. 예컨대 우리는 프로이트가 어떤 무명의 부족 문화를 발견하고 기뻐했던 일을 떠올려볼 수 있을 것이다. 이 부족의 문화는 여러 가지 다양한 꿈의 해석 전통 가운데에서도, 유일하게 모든 꿈이 숨겨진 성적 의미를 내포하고 있다고 생각했던 문화였다(성적인 꿈은 예외인데, 그 꿈은 다른 무언가를 의미한다!). 포스트모더니즘 논쟁도 이와 마찬가지이며, 또한 포스트모더니즘에 상응하는 탈정치화된 관료 사회도 이와 유사하다. 즉 겉으로 보기엔 모두 하나의 문화적인 입장처럼 보이지만, 궁극적으로는 정치적 설교의 상징적 형식이라는 것이 드러난다. 물론 여기에는 하나의 예외가 있다. 이 입장은 명시적으로 정치적인 성향을 드러내지만, 결국 그것도 정치적인 것에서 문화적인 것으로 거꾸로 되돌아간다.

여기에서 계급이 스스로를 포함한다거나 분류법 자체가 스스로를 관찰하고 이론화할 수 있는 (충분히 특권적인) 자리를 포함하고 있지 못하다는 통상적인 반론이 있을 수 있는데, 이런 반론은 불가능한 일을 시도해보지도 못한 채 자신의 꼬리를 먹고 있는 일종의 나쁜 자기 반영reflexivity 이론으로 치부되어야 한다. 사실 포스트모더니즘 이론은 끊임없는 내적인 자리바꿈의 과정처럼 보이는데, 이 과정 속에서 관찰자의 입장은 뒤바뀌고 도표*는 다시 커지게 된다. 따라서 포스트모더니즘은 역사성 일반에 대한 침울한 흉내에 탐닉하도록 우리를 초대한다. 이 흉내 속에서 우리가 자의식을 가지고 우리의 상황에 대한 역사적 이해 행위를 어떻게든 완성하려는 노력은 마치 최악의 악몽처럼 음울하게 반복되고, 자의식이라는 바로 그 개념에 대한 스스로의 적절한 철학적 부정과 자의식이 다양하게 재연되는 그로테스크한 카니발이 병치된다. 이 지겹도록 반복되는 과정을 상기시켜주는 것은 도표의 각 자리에 할당된 〔진보와 반동의 표시로서의〕 플러스와 마이너스 기호의 불가피성이다. 이 기호는 바깥에 있는 관찰자를 매혹하여 이론에서 사전에 배제되어 있던 도덕적 판단을 끈질기게 강요한다. 어떤 이론은 순간적으로 스스로의 밖으로 빠져나와 자신의 외부 영역을 내부로 포섭해버리기도 하는데, 심지어 이런 도덕적 판단마저도 포스트모더니즘과 관련된 특징 목록에 포함시켜버리는 임시방편적인 마술 같은 행위는 오래가지 못한다. '이론'이 자신이 제시하고 예언한 종결이 어떠해야 하는가에 대한 본보기를 재구성하고, 차분하게 스스로 그 본보기가 되어야 한다면 말이다. 포스트모더니즘 이론은 따라서 결국에는 체제 그 자체가 될 수 있을 뿐만 아니라 가장 은밀하게 스스로를 선전하는 운동이 되어, 점차 절대화된 자기 복제라는 내

---

* 제임슨이 그린 143쪽 도표를 지칭한다.

적 자유를 찬양하게 될 것이다.

리트머스 시험지까지는 아니더라도 하나의 무기로서 거리낌 없이 추천할 수 있는 간명한 포스트모더니즘 이론이 생산될 수 있는 여지가 사전에 봉쇄되어 있는 이와 같은 환경하에서, 우리는 방종이나 무한 퇴행으로 후퇴하지 않기 위해 포스트모더니즘에 대한 적절한 사용법에 근접하는 방법을 생각하지 않으면 안 된다. 그런데 이 특별하고 새로운 마법의 영토에서는 거짓 문제가 유일한 진리의 장소가 될지도 모른다. 따라서 정의상 정치적 예술을 배제하는 조건 속에서 정치적 예술의 본질이라는 불가능한 문제에 대해 성찰하는 것이 숨 고르기를 위한 최악의 방법은 아닐 수도 있다. 사실 나는 '포스트모던 정치 예술'이 다음과 같은 것이 될지도 모른다고 상상한다(그리고 이후의 장에서 이를 확인할 수도 그러지 못할 수도 있을 것이다). 즉 그것은 분명 고전적인 의미에서의 예술은 아니지만, 어떻게 하면 예술이 가능할 것인가에 대한 부단한 추측은 될 수 있는 것이다.

모더니즘과 포스트모더니즘의 이분법에 대해 잠시 논의를 해본다면, 이 이분법은 대부분의 다양한 이분법보다 훨씬 더 참을 수 없기 때문에, 그것은 아마도 이분법 자체가 명백하게 오용의 표식이자 도구가 되는 것에 대해 이미 면역이 되어 있을 것이다. 따라서 이 이분법에 제3항(이에 대한 논의는 지금의 글에서는 빠져 있지만 다른 연관된 작업 속에는 포함되어 있다)[9]을 도입한다면, 현재의 불안정한 체계에 변화를 주어 보다 생산적이고 간편한 역사 도식 속에 차이를 기입할 수 있을 듯하다. 이 제3항을 일단 '리얼리즘'이라 부르기로 하자. 사실 더 나은 용어가 아직은 없다. 제3항으로서의 리얼리즘을 도입함으로써, 우리는 종교적 약호들을 추방하고자 했던 계몽주의로부터 세속적인 지시대상체의 출현을 확인할 수 있을 뿐만 아니라, 동시에 그것은 경제 체제가 아닌 언어와 시장이 모더니즘과 제국주의하에서 두번째 단계로 변형되기 이전의 첫번째 단계를 고발한다. 그렇다면 모더니즘이나 포스트모더니즘보다 먼저 존재했던 이 새로운 제3항은 이 둘을 자본주의 이전의 다양한 문화들을 위해 상정될 수 있는 제4항과도 함께 묶어줄 수 있을 뿐만 아니라, 영화나 록 음악 혹은 흑인문학 등의 연대기적 질서를 새로운 연대기로 다시 쓸 수 있는 보다 추상적이고 발전론적인 패러다임을 제공해줄 수 있을 것이다. 여기에 열거된 이분법의 아포리아로부터 이 새로운 도식을 구원해주었던 그것은 또한 날짜를 삭제하는 새로운 지적 훈련 방식을 제공해줄 것이다. 이 새로운 지적 훈련이란 하나의 이해 방식으로서의 연대기적인 것이 제공하는 최후의 만족감을 지연시키는 방법을 배우는 일종의 통시적 자기 단련 ascesis of the diachronic이라 할 수 있다. 그 만족감이란 결국 체계로부터 도망치는 것이라고 한다면, 여기에서 제시된〔모더니즘과 포스트모더니즘, 혹은 리얼리즘이라는〕두세 개의 항은 내부적으로 체계를 이루며 무한하게 대체 가능한 원소들이라 할 수 있다.

  만일 우리가 그렇게 제3항을 설정할 수 없다면, 그리고 제3항을 설정하는 것에 대한 합리적인 저항감에 직면한다면(사실 이 제3항도 모더니즘과 포스트모더니즘을 함께 묶어두는 것만큼이나 내적으로 모순적인 것이 사실이다), 다음과 같이 간단하고 깔끔한 제안을 할 수 있을 것이다. 이는 이분법을 그 자체에 반하는 방식으로 사용하는 것인데, 마치 관심이 없는 물건을 한곳에 고정시켜놓고 다른 측면만을 시야에 두는 것과 비슷하다. 예컨대 포스트모더니즘의 특징만을 파고들어가다 보면 결국에는 포스트모더니즘에 관련한 가치 있는 것을 거의 얻지 못하지만, 자신의 의도와는 반대로 혹은 전혀 의도치 않게 모더니즘에 대해서는 많은 것을 알게 된다. 물론 그 반대도 마찬가지다. 비록 처음에는 모더니즘과 포스트모더니즘이 대칭적 대립 관계에 있다는 것을 전혀 생각하지 않았다고 해도 그럴 수밖에 없다. 점점 더 빨리 모더니즘과 포스트모더니즘을 한 번씩 번갈아 바라본다면, 최소한 일반적인 찬양이나 꼰대 같은 비난 어린 도덕주의적 태도에 고착되는 것은 피할 수 있다.

비디오

3장 무의식 없는 초현실주의

우리는 종종 하나의 특권화된 형식이나 장르가 각각의 시대를 지배한다고 말하곤 하는데, 이는 그것의 구조가 그 시대의 비밀스러운 진실을 표현하기에 가장 적합해 보이기 때문이다. 이를 좀더 현대적인 사유 방식으로 표현한다면, 사르트르가 특정 시기와 장소에 따른 "객관적 신경증objective neurosis"이라고 칭했을 법한 어떤 것에 대해, 그 형식이나 장르가 가장 풍요로운 징후를 제공해준다고도 할 수 있을 것이다. 하지만 내 생각에 오늘날 우리는 형식이나 장르의 세계와 언어 속에서 그러한 특징적이고 징후적인 대상을 더 이상 찾으려고 하지 않는 것 같다. 자본주의와 근대는 성스러움과 '정신적인 것'의 멸종과 더불어, 모든 사물의 깊은 배후에 존재하는 물질성materiality이 마침내 백주의 햇빛 속으로 그 모습을 드러내고 땀 흘리며 발작하는 시대라 할 만하다. 문화 역시 그러한 것 중에 하나로서, 그 근본적인 물질성이 명시적이고 회피할 수 없는 것으로서 우리 앞에 나타나고 있다. 그러나 이는 하나의 역사적 교훈이기도 하다. 즉 문화가 그 구조와 기능에 있어서 언제나 물질적**이었거나** 유물론적**이었다**는 것을 이해하게 되었다면, 이는 문화가 물질적인 것이 **되었기** 때문이다. 우리와 같은 근대 이후의 인간은 그런 문화의 물질성을 발견하기 위한 어휘를 가지고 있다. 그 어휘는 장르와 형식이라는 과거의 언어를 대체해왔는데, 그것은 다름 아닌 **매체**medium라는 단어이며, 특히 그것의 복수형인 **미디어**media라는 단어는 세 가지 상호 연관되면서도 구별되는 의미를 결합하고 있다. 첫째, 미학적 생산의 예술적 양식이나 특정 형식. 둘째, 일반적으로 중심적인 장치나 기계를 둘러싸고 조직화된 구체적인 기술. 마지막으로, 사회 기관. 이 세 의미 영역은 매체나 미디어라는 말을 정의해주지는 못하지만, 그에 대한 정의를 구축하거나 완성하기 위해서는 반드시 언급되어야 할 구별되는 측면들을 지칭한다고 할 수 있다. 반드시 그런 것은 아니지만, 대개 문학 텍스트를 위해 고안된 전통적이고 근대적인 미학 개념들이 물질적인 것과 사회적인 것과 미학적인 것이라는 다양한 층위들에 대해 동시적인 관심을 갖도록 요구하지 않았던 것은 분명하다.

　문화가 언제나 미디어의 문제였으며, 또한 고전적인 의미에서의 형식이나 장르, 심지어는 영적 훈련과 명상, 생각과 표현까지도 사실은 여러 가지 다른 형태의 미디어의 산물이었다는 것을 마침내 깨닫게 된 이유는, 결국 오늘날의 문화가 미디어의 문제라는 것을 배웠기 때문이다. 기계의 발명과 문화의 기계화 그리고 의식산업Consciousness Industry*에 의한 문화의 매개는 이제 보편적인 현상이 되었다. 따라서

---

* '의식산업'은 독일의 이론가이자 시인인 한스 마그누스 엔첸스베르거Hans Magnus

이러한 현상이 인간의 역사를 통틀어 언제나 그랬던 것인지, 예컨대 지금과는 근원적으로 달랐던 전前 자본주의적 생산양식하에서도 그러했는지를 탐색하는 일은 아마도 흥미로울 것이다.

그럼에도 불구하고 문학 용어가 새로운 매체 개념에 의해 대체되는 데에는 역설적인 면이 존재하는데, 이는 언어 자체의 철학적 우선성이 대두되고 다양한 언어철학이 거의 지배적이고 보편적으로 받아들여지게 된 시점에 이러한 일이 벌어졌다는 것이다. 따라서 문자화된 텍스트는 자신의 특권적이고 규범적인 지위를 이 시점에 상실하게 된다. 즉 '리얼리티'가 우리에게 제공하는 엄청나게 다양한 연구대상(이제는 다양한 방식으로 '텍스트'라고 지칭되는 대상)을 분석하는 데 활용할 수 있는 개념들이 거의 모두 언어학에만 경도되어 있는 바로 이 시점에 말이다. 따라서 언어학이나 기호학의 용어를 통한 미디어 분석이 (시각적, 음악적, 육체적, 혹은 공간적인) 비언어적 현상까지도 언어의 영역으로 포함시켜버리는 제국주의적 확장처럼 보이는 것은 당연하다. 그러나 그러한 미디어 분석이 이런 동화 작업을 완수하기 위해 동원된 개념적 도구들에 대한 비판적이고 파괴적인 도전을 초래하는 것도 마찬가지로 당연하다.

오늘날 미디어의 우선성이 부각되고 있는데, 이는 결코 새로운 현상이라 할 수 없다. 지난 70여 년 동안 고명한 현자들이 경고했던 것처럼, 20세기의 지배적인 예술 형식은 결코 문학이 아니었다(회화나 연극 혹은 교향악도 아니었다). 우리 시대에 새롭고 역사적으로 고유한

Enzensberger가 사용한 용어로, 인간의 의식을 생산하는 사회적 장치나 메커니즘을 지칭한다. 가장 일반적인 사회적 기계는 매체와 교육으로, 알튀세르가 이데올로기적 국가기구라고 칭했던 것이 사유화되고 산업화된 형태라고 볼 수 있다.

예술 형식은 따로 있으니, 그것은 바로 영화다. 영화야말로 최초로 명백하게 미디어적인 예술 형식인 것이다. 논박의 여지가 거의 없는 이 진단은 시간이 지남에 따라 점차 일반적인 견해가 되었지만, 여기에는 다소 이상한 점이 있다. 그것은 이 진단이 실질적인 영향력이 거의 없었다는 것이다. 문학은 종종 현명하면서도 기회주의적인 방식으로 영화의 기법을 흡수하여 자신의 내용물로 만들면서, 모더니즘 시기 내내 이데올로기적으로 지배적인 미학 패러다임의 지위를 유지했으며, 또한 여전히 계속해서 풍부하고 다양한 혁신을 추구할 수 있는 공간을 열어놓고 있다. 하지만 영화는 20세기의 현실과 깊이 공명했음에도 불구하고, 모더니즘 시대와 그저 단속적인 관계를 유지하는 데 만족했다. 이는 분명 (버지니아 울프Virginia Woolf의 올랜도Orlando처럼) 영화가 반드시 거쳐 가야만 했던 두 가지 구별되는 삶 혹은 정체성에 기인한다. 첫번째는 무성영화 시대로, 대중 관객과 형식적인 것 혹은 모더니즘적인 것이 수평적으로 융합될 수 있는 가능성이 입증된 시대다(우리의 기이한 역사적 기억상실증으로 인해, 우리는 이것이 어떤 방식과 해결책을 통해 이루어졌는지 더 이상 파악할 수 없다). 두번째는 유성영화 시대로, 이때부터 대중문화(와 상업 문화) 형식이 지배하기 시작했는데, 이로 인하여 영화는 (히치콕Alfred Hitchcock, 베리만Ingmar Bergman, 구로사와Akira Kurosawa, 펠리니Federico Fellini 등) 1950년대의 위대한 작가들이 새로운 방식으로 영화의 모더니즘 형식을 재창안하기 전까지는 인내의 시간을 보내야만 했다.

이러한 설명이 암시하는 바는 비록 문학에 대한 영화의 우선성 선언이 인쇄 문화 그리고/또는 로고스 중심주의로부터 우리를 탈구시키는 데 도움이 될지는 몰라도, 영화는 여전히 본질적으로 **모더니즘적**

공식 속에서 남아 있다는 것이다. 즉 영화는 일단의 문화적 가치와 범주 들 속에 갇혀 있는데, 이것들은 포스트모더니즘에 의해 명백히 한물 간 것 혹은 '역사적'인 것으로 치부된다. 영화가 오늘날 포스트모더니즘적으로 변하고 있다거나, 최소한 몇몇 작품들은 이미 포스트모던적이라는 주장은 분명 맞는 말이다. 그렇지만 이는 문학작품의 몇몇 형식들에도 마찬가지로 적용될 수 있다. 그럼에도 불구하고 영화 형식의 우선성에 대한 주장은 계속되고 있다. 영화가 시대정신을 표현하는 최고의 특권적인 징후적 지표로서 기능한다는 것이다. 즉 영화가 (보다 최근의 용어를 사용한다면) 새로운 사회적·경제적 국면의 문화적 **지배종**으로 존재하며, (그 문제에 대한 철학적으로 가장 적절한 표현을 한다면) 사회 체계 자체를 새롭게 설명하는 데 가장 풍요로운 알레고리와 해석학적 수단을 제공한다는 것이다. 하지만 내가 보기에는 영화와 문학 모두 그러한 역할을 더 이상 수행하지 못하고 있다. 여기에서 여러 정황적 증거들을 일일이 다루지는 않겠지만, 영화나 문학은 내용, 형식, 기술에서 심지어 주제에 이르기까지 다른 예술 혹은 매체에 대한 의존도가 점차 늘어나고 있는데, 이 예술 혹은 매체가 바로 내가 오늘날의 문화적 헤게모니를 장악하리라고 여기는 최고의 후보자이다.

이 후보자의 정체는 비밀이라 할 것도 없다. 바로 비디오다. 이 비디오는 쌍생아와 같은 두 가지 형식을 통해 나타나는데, 상업적 텔레비전과, 실험적 비디오 혹은 '비디오아트'가 그것이다.* 물론 이것은 입

---

* 이후 논의에서 제임슨은 비디오와 텔레비전을 똑같은 매체로 취급하고 있으며, 비디오아트나 상업적 텔레비전 쇼 등과 같은 하위 범주만을 구별하고 있다. 따라서 번역을 할 때에도 그 둘을 크게 구별하지 않았다.

증된 명제는 아니다. 오히려 이 글의 나머지 부분에서 내가 입증하고자 하는 명제라 할 수 있으며, 이를 위해 이러한 주장이 전제하는 흥미로운 점과 더불어, 특히 비디오에 새롭고 보다 중심적인 우선권을 부여함으로써 파생되는 다양한 새로운 결과들을 설명해보고자 한다.

그런데 먼저 이 전제의 아주 중요한 특징 하나를 강조할 필요가 있다. 왜냐하면 그것은 논리적으로 영화 이론과 비디오 자체에 대한 이론이나 설명의 본성으로서 제안될 수 있는 모든 것 사이에 존재하는 급진적이고 사실상 선험적인 차이와 연관되기 때문이다. 특히 오늘날 풍성해진 영화 이론으로 인해 이런 결정과 경고는 피할 수 없게 되었다. 만일 영화 스크린과 그것의 매혹적인 이미지에 대한 경험이 뚜렷이 구별되고, 또한 텔레비전 모니터에 대한 경험과 근본적으로 다르다면, 그리고 시각 정보를 약호화하는 방식에서의 기술적 차이로 인해 그 구별이 과학적으로 추론 가능할 뿐만 아니라 현상학적으로도 주장될 수 있다면, 영화 개념들의 성숙함과 정교함은 그 사촌뻘인 비디오가 가지는 독창성을 필연적으로 약화시킬 것이 뻔하다. 따라서 비디오만의 구체적인 특징은 그 어떤 외래 범주나 차용된 범주에 의존하지 않고, 백지 상태에서 새롭게 재구성되어야만 한다. 이런 방법론적 결정을 뒷받침할 수 있는 우화가 하나 있다. 카프카Franz Kafka는 글을 독일어로 쓸 것이냐 이디시어Yiddish로 쓸 것이냐 하는 문제에 직면한 중부 유럽의 유대인 작가들의 망설임에 대해 논한 적이 있다. 카프카에 따르면 이 두 언어는 지나치게 유사해서 한 언어를 다른 언어로 만족스럽게 번역하는 것이 불가능하다. 이와 비슷한 현상이 영화 이론 언어와 비디오 이론 언어 사이의 관계에서 나타날 수밖에 없다. 만약 비디오 이론 언어라는 것이 있다고 가정한다면 말이다.

비디오 이론이 존재하느냐에 대한 의구심은 종종 제기되었다. 1980년 10월 '더 키친The Kitchen'*이 주최한 이 주제에 관한 야심 찬 컨퍼런스는 이를 극적인 방식으로 보여준다. 여기에 초청된 여러 고위 인사들은 연이어 강단에 올라와 왜 자신이 초청되었는지 이해할 수 없다는 불평만을 늘어놓을 수밖에 없었는데, 그도 그럴 것이 그들은 텔레비전에 대한 구체적인 생각이 아무것도 없었기 때문이었다(그들 중 몇 명은 텔레비전을 본다고 인정했지만 말이다). 하지만 그런 불평 뒤에 많은 이들은 텔레비전에 대해 '생산된' 한 가지 불완전하게나마 쓸모 있는 개념이 떠오른다고 덧붙였다. 그것은 바로 레이먼드 윌리엄스의 "총체적 흐름whole flow"[1]이라는 개념이었다.

어쩌면 이 두 가지 발언은 우리가 상상하는 것보다 훨씬 더 잘 어울릴지 모른다. 우리가 머리를 디밀고 있는 이 텔레비전이라는 작고 단단한 창 앞에서 새로운 생각이 전혀 떠오르지 않는 것은, 정확하게 우리가 그 창을 통해 보게 된 전면적 혹은 총체적 흐름과 무관하지 않다.

아무런 방해도 없이 (**광고**라 불리는 방해물이 있기는 하지만, 그것은 막간幕間이라기보다는 화장실에 다녀오거나 샌드위치를 서둘러 만들 수 있는 잠깐의 기회에 가깝다) 하루 종일 우리 앞에서 흘러가는 스크린 속 내용물의 총체적 흐름에 휩쓸린 상황 속에서는, 한때 '비판적 거리'라고 불렸던 것은 쓸모없어지고 만다. 텔레비전을 끄는 것에는, 연극 또는 오페라의 막간이나 불이 다시 서서히 켜지면서 기억이 신비스러운 작업을 시작하게 되는 장편영화의 대단원과의 공통점이 거의 없다. 사실 영화에서 비판적 거리 같은 것이 여전히 가능하다면, 그것

---

* '더 키친'은 뉴욕에 위치한 비영리 예술·공연 공간이다.

은 분명 기억과 연관된 것이다. 그러나 기억은 텔레비전이나 광고 같은 것(혹은 내가 일반적으로 포스트모더니즘이라 부르고 싶은 것)에서는 아무런 역할도 하지 못하는 듯하다. 텔레비전은 영화의 위대한 순간처럼 우리의 마음속에 계속 떠오르거나 잔상을 남기지도 않는다(물론 '위대한' 영화라고 해서 이런 일이 반드시 일어나진 않는다). 기억과 비판적 거리의 구조적 배제에 대해 설명하려는 시도는 어쩌면 우리를 불가능해 보였던 비디오 이론으로 이끌어 갈지도 모른다. 다시 말해 왜 이론화가 불가능한가에 대한 설명이 그 자체로 하나의 이론이 되는 것이다.

하지만 내 경험상 그렇게 생각하기로 결정했다고 해서 그렇게 할 수 있는 것은 아니다. 또한 내면의 깊은 흐름은 종종 기만을 통해, 혹은 가끔은 배반과 책략을 통해 깜짝 놀라게 할 필요가 있다. 이는 마치 좀 더 빨리 도달하기 위해 오히려 목표 지점으로부터 멀리 우회하거나, 대상의 이미지를 보다 정확하게 담아두기 위해 그 대상으로부터 눈을 돌리는 것과 유사하다. 그런 의미에서 상업 텔레비전에 대해 좀더 타당한 사유를 하기 위해서는, 그것을 무시하거나 그것과는 전혀 다른 것을 생각해볼 필요도 있다. 이 경우 실험적 비디오가 그런 역할을 해줄 것이다(혹은 내가 여기에서 직접 다룰 수는 없지만, MTV라는 새로운 형식 혹은 장르에 대해서 생각해보는 것도 나쁘지 않다). 이는 대중문화 대 엘리트 문화의 문제라기보다, 통제된 실험실적 상황에 대한 문제라 할 수 있다. 즉 고도로 전문화되어 일상생활의 세계 속에서는 일탈적이고 아무런 특징도 찾을 수 없던 것(예컨대 언어의 경우에는 아주 난해한 시)이 종종 일상의 친숙한 형식에 의해 가려진 연구 대상의 속성에 대해 중대한 정보를 제공해줄 수도 있는 것이다. 모든 인습적인 제약들로부터 해방된 실험적 비디오를 통해, 우리는 텔레비전이라는 매체가 가지는 광범위한 가능성과 잠재력을 목도하게 된다. 실험적 비디오는 텔레비전의 부분집합이자 특화된 경우이므로, 텔레비전의 다양한 보다 제한된 사용 방식을 조명해줄 수 있기 때문이다.

그러나 만일 형식적 혁신과 확장된 가능성의 언어를 통해 우리가 새로운 형식과 시각 언어의 만개와 다양화를 기대할 수 있다면, 이렇게 실험적 비디오를 통해 텔레비전에 접근하는 것을 멀리하고 다른 방법으로 대체해야 한다. 그러한 언어는 당연히 존재하며, 또한 그것들은 (때때로 백남준의 1963년 최초 실험에서 시작된다고 여겨지는) 비디오아트의 짧은 역사에 비하면 아주 놀라울 정도이기에, 어떤 설명이나 이론이 그 다양성을 모두 포괄할 수 있을지 궁금할 정도다. 비디오 이론이라는 쟁점에 다가갈 때, 나는 미학적 반응이자 현상학적 문제로서의 **지루함**boredom이라는 전혀 다른 방향에서 접근하는 것이 효과적이라는 생각이 든다. 프로이트 전통과 마르크스주의 전통에서(특히 마르크스주의 전통에서는 루카치뿐만 아니라, 사르트르의 『가짜 전쟁 일기*Journal of the Phony War*』*에 담긴 "어리석음"에 대한 논의까지), '지루함'은 사물과 노동의 객관적 속성이라기보다는 에너지(이것을 욕망의 차원에서 파악하건, 실천의 차원에서 파악하건 관계없이)가 봉쇄되었을 때 나타나는 반응으로 여겨졌다. 그렇다면 지루함은 마비 상황에 대한 반응으로서, 또한 분명히 방어기제나 회피 행위로서 흥미롭다고 할 수 있다. 문화 수용이라는 좁은 범위에서 보더라도, 특수한 종류

---

* 사르트르의 『가짜 전쟁 일기』의 프랑스어 제목은 *Les carnets de la drôle de guerre*이며 영문판 제목은 *War Diaries: Notebooks from a Phony War 1939~46*이다. 아마도 *Journal of the Phony War*는 제임슨이 프랑스어 제목을 임의로 번역한 것으로 보인다.

의 작품이나 문체 혹은 내용에 대한 지루함은 언제나 우리의 실존적·
이데올로기적·문화적 한계에 대한 값진 징후로서 생산적으로 이용될
수 있다. 즉 지루함은 타인들이 예술의 성격과 가치에 대한 우리 자신
의 합리화에 대하여 행하는 문화적 실천 및 위협 들 중에서, 무엇을 거
부해야 하는가에 대한 지표로서 이용될 수 있는 것이다. 한편 몇몇 중
요한 본격 모더니즘 작품에서 지루함은 종종 흥미로움interesting의 표
식이었으며, 그 역도 마찬가지였다는 것은 대단한 비밀도 아니다. 예
컨대 레몽 루셀의 글 어디건 백 문장만 읽어보면, 지루함과 흥미가 어
떻게 동시에 극화되는지 금방 알 수 있다. 따라서 우리가 먼저 해야 할
일은 **지루함**(과 그것의 경험)에 대한 개념으로부터 가치론적 함의를 벗
겨내고, 미학적 가치에 대한 모든 질문을 괄호 속에 묶어두는 것이다.
이때 우리가 익숙해질 수 있는 역설은 다음과 같다. 만약 지루한 텍
스트가 훌륭한 (혹은 앞에서 이야기한 것처럼 흥미로운) 것이라면, 오
락적이고 산만하며 시간을 잡아먹는 요소를 포함하고 있는 재미있는
exciting 텍스트는 종종 '나쁜' (혹은 프랑크푸르트학파의 언어를 사용한
다면 "저급한degraded") 텍스트일 수도 있다.

어쨌든 텔레비전 화면에 한 사람의 얼굴과 함께 이해할 수 없는 통
곡과 불평 소리가 끊임없이 흘러나온다고 상상해보자. 그 얼굴에는
아무런 표정이 없으며, '작품'이 끝날 때까지 변하지도 않는다. 마침
내 그것은 어떤 아이콘이나 움직임 없이 유영하는 무시간적인 가면처
럼 보이게 된다. 아마도 우리는 호기심 때문이라도 이런 경험을 위해
몇 분 정도는 기꺼이 할애할 수 있을 것이다. 하지만 잠시 한눈을 팔며
프로그램 책자를 뒤적이다 바로 그 비디오텍스트가 21분씩이나 된다
는 사실을 발견하게 되면, 패닉에 빠져 어떤 것이든 그보다는 낫다고

생각할 것이다. 그러나 다른 맥락에서는 21분이 짜증날 정도로 긴 시간은 아니다(능숙한 종교적 신비주의자의 부동자세를 참조해볼 수 있을 것이다). 특히 비디오아트를 보는 상황과 그와 유사한 실험영화를 경험하는 것 사이에 존재하는 차이를 상기해본다면, 이런 특정한 형식의 미학적 지루함의 성격은 흥미로운 문제가 된다(사회적·제도적 의식을 거행하듯 공손하게 앉아 관람하지 않기 때문에, 우리는 언제라도 비디오를 꺼버릴 수 있다). 하지만 내가 앞서 제안했듯이, 이 비디오테이프 혹은 텍스트가 단순히 나쁜 것이라는 손쉬운 결론을 피해야 한다. 그래서 누군가는 오해를 막기 위해 재빨리 첨언하고 싶을 것이다. 재미있고 우리를 사로잡는 온갖 종류의 비디오텍스트가 수없이 많다고 말이다. 하지만 그는 마찬가지로 그런 비디오가 단순히 더 나은 (혹은 가치론적인 의미에서 '좋은') 것이라는 결론도 피하고 싶을 것이다.

그렇다면 두번째 가능성, 즉 설명을 위한 두번째 유혹이 있다. 그것은 작가의 의도와 연관된다. 비디오 제작자의 선택이 의도적이고 의식적인 것이라면, 21분이라는 비디오 상연 시간은 하나의 도발로서, 관객에 대한 계산된 공격으로서 해석되어야 한다는 결론에 이를 것이다(노골적인 공격 행위는 아닐지라도 말이다). 그러한 경우 우리의 반응은 온당하다. 즉 지루함과 패닉은 적절한 반응이며, 또한 그런 특수한 미학적 행위의 의미를 인정하는 것이다. 하지만 문학의 취지나 의도와 연관된 잘 알려진 아포리아와는 별개로, 그러한 (미학적, 계급적, 젠더적, 혹은 다른 어떤) 공격성이라는 주제를 단 한 편의 비디오 작품을 근거로 삼아 재정립한다는 것은 사실상 불가능하다.

그렇지만 아마도 개인 주체의 모티프라는 문제는 기술과 기계 자체 같은 연관된 다른 유형의 매개에 주의를 기울이게 되면 생략할 수도 있을 것이다. 일례로 사진의 초창기 시절, 즉 은판사진법이 사용되던 시절에, 사진을 찍는 사람들은 일정 시간 동안 꼼짝하지 않고 앉아 있어야만 했다. 그 시간은 비록 상당히 짧지만, **상대적으로** 참을 수 없는 것으로 묘사될 수 있다. 예컨대 통제할 수 없는 얼굴 근육의 경련이나 참을 수 없을 정도로 긁거나 웃고 싶은 충동이 있다고 상상해보자. 그래서 초창기 사진사들은 전기의자 비슷한 것을 고안하여, 가장 낮은 하층민부터 일반적인 장교들은 물론이거니와 링컨 대통령에 이르기까지 모든 피사체를 이 의자에 앉혀놓고 죔쇠로 몸 뒤쪽을 고정시켜 5~10분의 노출 시간 동안 움직이지 못하도록 만들었다. 앞서 언급했던 레몽 루셀은 이러한 과정에 대한 문학적 등가물이라 할 수 있다. 상상할 수 없을 정도로 세세하고 섬세한 그의 대상 묘사는 어떤 원칙이나 주제적 흥미도 없는 절대적으로 무한한 과정이며, 그 독자는 한 문장 한 문장 곱씹어 읽으며 끝도 없는 세상과 씨름할 수밖에 없게 된다. 하지만 이제는 이러한 루셀의 특이한 실험이 오래전 모더니즘 시대에 포스트모더니즘을 예견하고 있었다고 해도 괜찮을 것이다. 어쨌든 다음과 같은 주장은 가능할 것이다. 모더니즘 시대에 주변적이거나 종속적이었던 일탈과 과잉이, 우리가 지금 포스트모더니즘이라고 부르는 체계적 재구성의 과정 속에서 지배적인 것이 되었다는 것이다. 실험적 비디오의 선조를 1960년대 초 백남준의 작품에서 찾건 아니면 1970년대 중반에 시작된 새로운 예술의 홍수 속에서 찾건 관계없이, 비디오아트는 역사적 시기로서의 포스트모더니즘과 동시대에 나타난 것은 분명하다.

기계에는 양면이 있다. 즉 주체로서의 기계가 있고, 객체로서의 기계가 있다. 그 둘은 닮았지만 서로 무관심하다. 사진 장치의 기계는 총신처럼 생긴 렌즈를 통하여 피사체를 응시하고, 피사체는 몸이 고정된 채 기입/수용 장치에 기계적으로 연결된다. 상연 시간 동안 아무것도 할 수 없는 비디오 관람자는 이제 움직이지 못한 채 기계적으로 통합되고 중화된다. 마치 옛날에 사진에 찍히는 사람이 한동안 매체 기술의 일부가 되듯 말이다. 분명 거실은 (혹은 비디오 대여점의 격식 없는 편안함은) 인간 주체와 기술적인 것이 동화되는 예상 밖의 일이 벌어지는 장소로 보인다. 그러나 비디오텍스트의 총체적 흐름은 자발적 집중을 요구하기에 관람하는 동안 거의 쉬지 못한다. 따라서 브레히트 연극의 관람객처럼 담배를 피울 수 있는 심리적 거리는커녕, 영화관에서 편안하게 스크린을 대충 훑어보는 것과도 상당히 다르다. 최근 영화 이론에서 영화 장치에 의한 매개와 영화 관람객의 주체 구성 사이의 관계에 대한 흥미로운 분석이 (대개는 라캉적 관점에서) 제공되고 있는데, 이에 따르면 관객은 탈인격화되지만 동시에 여전히 자아와 재현 사이에 허구적 동일성을 다시 정립할 수 있는 강력한 동기를 부여받는다. 내 생각에 기계에 의한 탈인격화(혹은 주체의 탈중심화)는 비디오라는 새로운 매체를 통해 더욱 심화되며, 작가 자신들도 관객과 함께 해체되고 만다(이 점에 대해서는 잠시 후 다른 맥락에서 다시 돌아오겠다).

비디오는 시간 예술이기 때문에, 기술에 의한 주체성의 전유가 지니는 가장 역설적 효과는 시간 경험 속에서 나타난다. 우리 모두가 알고 있으면서도 항상 망각하는 것이 있는데, 이는 영화 스크린에 나타나는 허구적 장면과 대화는 시간의 흐름 속에서 근본적으로 리얼리티를 축소시키며, 또한 영화 내러티브의 다양한 기법을 통해 약호화된 신비로 인하여 영화적 시간은 실제 삶 혹은 '진짜 시간real time'의 잠정적 길이와는 절대 일치하지 않는다는 것이다. 진짜 시간이란 영화 제작자가 이런저런 에피소드를 통해 이따금씩 실제 시간으로 돌아감으로써 우리에게 항상 불편하게 상기시켜줄 수 있는 것인데, 이는 우리가 특정 비디오 작품에 전가시켰던 똑같은 참을 수 없는 불편함을 표출시키겠다고 위협하는 것이기도 하다. 그렇다면 여기에서 문제되는 것이 '허구'이며, 그 허구는 (영화건 글 읽기건 관계없이) 본질적으로 축소된 가짜 시간성의 구성이라고 정의될 수 있는가? 그렇다면 그것은 우리가 잠시 동안이나마 망각할 수도 있는 진짜 시간을 대체할 수도 있는가? 그렇게 된다면 허구와 허구성의 문제는 그 자체로 내러티브와 스토리텔링의 문제들과는 급진적으로 분리되고 만다(비록 특정 형식의 서사 관행에서는 허구가 여전히 핵심적인 역할과 기능을 담당할지라도 말이다). (종종 리얼리즘에 관한 논쟁과 동일시되곤 하는) 소위 재현 논쟁에서 나타나는 많은 혼란은 허구 효과 및 허구적 시간성과 전반적인 내러티브 구조 들 사이의 분석적 구별을 통해 해소된다.

어쨌든 이런 의미에서 실험적 비디오는 허구가 **아니며**, 허구적 시간을 투사하지도 않고, 허구나 허구들을 가지고 작업하지도 않는다는 사실을 인정해야 한다(비록 그것이 서사 구조를 가질 가능성은 있지만 말이다). 일단 이렇게 구별을 해놓으면, 다른 구별도 가능해질 뿐만 아니라 흥미로운 새 문제들에도 접근할 수 있게 된다. 예를 들어 영화는 분명 다큐멘터리 형식을 통해 이러한 비非허구적 지위에 접근할 수 있을 것으로 보인다. 하지만 다양한 이유로 인해 다큐멘터리 영화(와 다큐멘터리 비디오) 역시도 그것의 미학적 이데올로기와 시퀀스의 리듬 및 효과의 핵심부에 허구성의 찌꺼기를 투사하고 있지 않나 하는 의심이 든다. 그것은 바로 다큐멘터리적으로 구성된 시간이다. 한편 실험적 비디오의 비허구적 과정과는 별도로, 최소한 비디오의 한 형식은 분명 영화적인 유형의 허구성을 지향하는데, 이는 바로 상업 텔레비전이다. 이 상업 텔레비전에 대한 우리의 개탄이나 찬양과는 무관하게, 이것의 특수성에 대해서는 아마도 실험적 비디오를 설명함으로써 가장 잘 접근할 수 있을 것이다. 만일 텔레비전 시리즈와 드라마 등을 다른 예술과 미디어(특히 영화적 내러티브)의 매개에 의한 모방이라는 측면에서 설명하고자 한다면, 아마도 텔레비전 프로그램 생산 여건이 지닌 가장 흥미로운 특징을 놓칠 수밖에 없을 것이다. 이는 어떻게 상업 텔레비전이 비디오의 철저하게 비허구적 언어를 통해 허구적 시간의 시뮬라크럼을 생산하기 위해 애쓰고 있는가 하는 문제이다.

시간성 자체에 대해서 이야기를 한다면, 모더니즘 운동에서 시간은 최상의 경우에는 하나의 경험으로서, 최악의 경우에는 하나의 주제로 고안된 것이었다. 비록 19세기에 처음 등장한 최초의 모더니스트가 감지했고 권태라는 말로 지칭되었던 그 현실은, 우리가 비디오 과정에서 구별해냈던 지루함의 시간성, 즉 순간순간 째깍거리며 사라져가는 진짜 시간과 시곗바늘의 운동 뒤편에 서려 있는 비가역적 현실 자체임이 분명할지라도 말이다. 하지만 이 모든 것에 기계가 연관되어 있다는 사실은, 아마도 우리가 현상학으로부터 그리고 의식과 경험의 레토릭으로부터 탈출하여 매우 주관적으로 보이는 이 시간성을 유물론적인 방식으로 새롭게 마주할 수 있는 기회를, 새로운 종류의 유물론을 구성할 수 있는 기회를, 물질의 유물론이 아닌 기계의 유물론을 구성할 수 있는 기회를 제공해줄 것이다. 새로운 장르의 소급적 효과에 대한 앞의 논의를 상기해본다면, 이는 마치 (마르크스가 『자본론*Capital*』을 조직하는 데 중심적인 문제였던) 기계의 출현 자체가 전혀 예상치 못한 방식으로 인간의 삶과 시간의 인위적produced 물질성을 폭로하는 것과 마찬가지라 할 수 있다. 사실 시간성에 대한 다양한 현상학적 설명이나 시간에 대한 철학과 이데올로기 들과 더불어, 우리는 시간의 사회적 구성에 대한 광범위한 역사적 연구를 보유하고 있는데, 이들 중 가장 영향력 있는 것은 의심의 여지 없이 작업장에서의 정밀시계 도입이 가져온 효과를 분석한 E. P. 톰슨Edward P. Thompson의 고전적 에세이다.[2] 그런 의미에서 진짜 시간이란 객관적objective 시간이다. 다시 말해서 대상object의 시간이며, 대상에 대한 측정법에 종속된 시간이다. 측정법의 발생에 따라 측정 가능한 시간이 하나의 현실이 되며, 이는 베버와 루카치와 밀접히 관련된 의미에서의 합리화와 사물화다. 시계적 시간은 특수한 공간적 기계를 전제한다. 따라서 그것은 기계의 시간이며, 더 나은 표현을 찾는다면 기계 자체의 시간이다.

나는 비디오가 독특하다고, 그런 의미에서 역사적으로 특권적이며 징후적이라고 주장하고자 했다. 비디오는 이러한 공간과 시간의 궁극적 봉합점이 형식의 중심이 되는 유일한 예술이자 매체이기 때문이다. 또한 비디오라는 기계는 주체와 대상을 똑같이 특유의 방식으로 지배하고 탈인격화하여, 주체를 대상의 기계적 시간을 위한, 혹은 '총체적 흐름'처럼 흘러나오는 비디오 이미지의 기계적 시간을 위한, 의사-물질적 기입 장치로 변화시키기 때문이다. 만일 양적 도약이나 기술적 변화를 통해 자본주의를 단계별로 구분할 수 있으며, 또한 자본주의는 이를 통해 체제의 위기에 대응한다는 가설을 우리가 기꺼이 수용할 수 있다면, 왜 그리고 어떻게 비디오가 후기자본주의 시대의 탁월한 예술 형식이 되리라고 강력하게 주장할 수 있는지 보다 분명해질 것이다(게다가 비디오는 자본주의의 제3단계인 후기자본주의의 지배적인 기술 양식인 컴퓨터 및 정보 기술과 밀접하게 연관되어 있다).

　이러한 주장들을 통해 우리는 총체적 흐름의 개념으로 돌아가, 상업 (혹은 허구적) 텔레비전을 새로운 방식으로 분석함에 있어 총체적 흐름와 텔레비전의 관계를 파악해볼 수 있을 것이다. 물질적 혹은 기계적 시간은 상업 텔레비전의 흐름을 한 시간 내지는 30분 단위 프로그램을 통해 끊어주는데, 각각의 프로그램은 마치 유령 같은 잔상에 의해, 훨씬 더 짧은 리듬의 광고에 의해 휩싸여 있다. 앞서 주장했듯이 이런 규칙적이고 주기적인 단절은 다른 예술에서는 찾아볼 수 없는 종류의 종결로서, 이는 영화에서조차 존재하지 않는다. 하지만 이런 〔텔레비전 흐름의 주기적〕 단절은 종결을 가장하여 상상적인 허구적 시간을 생산해낸다. 꿈이 외부의 육체적 자극을 흡수하듯이, 이 허구성의 시뮬라크럼은 물질적 시간을 흡수하여 이를 시작과 끝이라는 현상으로 전화시킨다. 다시 말해서 가상의 가상을 만드는 것인데, 다른 예술 형식에서는 1차적 가상의 허구성 내지는 시간성이었던 것이 2차적 시뮬라크럼이 되는 것이다. 그런데 이러한 구성적 과정은 현전과 부재, 현상과 실재 혹은 본질을 상정하는 변증법적 관점을 통해서만 드러날 수 있다. 예를 들어 1차원적이거나 실증주의적인 기호학은 상업 텔레비전이나 실험적 비디오의 순수하게 현존하고 실재하는 데이터 조각만을 다루기 때문에, 상호 연결되어 있지만 변증법적으로 구별되기도 하는 이 두 형식은 동일한 분석 도구가 적용되는 동일한 재료의 조각이나 묶음으로 환원될 수밖에 없다. 상업 텔레비전은 자율적인 연구 대상이 아니다. 텔레비전은 우리가 실험적 비디오 내지는 비디오아트라고 부르는 전혀 다른 의미화 체계와 변증법적으로 병치시킬 때만 그 의미가 파악될 수 있다.[3]

매체로서 비디오가 더 큰 물질성을 가지고 있다는 가설이 암시하는 바는, 상업 텔레비전 혹은 극영화 내지는 다큐멘터리 영화라는 명백한 상호 참조 지점보다는 다른 지점을 탐색해야만 비디오의 공통점을 더 쉽게 찾아낼 수 있다는 것이다. 비디오라는 새로운 형식을 가장 잘 떠올릴 수 있는 선구자가 애니메이션이나 만화영화일 가능성을 탐구해야 하는데, 그것의 유물론적인 (그러면서도 역설적으로 비허구적인) 특수성은 최소한 두 가지로 나타난다. 한편으로 이는 음악적 언어와 시각적 언어(이 두 가지 완전하게 발전된 체계는 극영화에서처럼 더 이상 서로에게 종속되지 않는다) 사이의 구성적 결합 혹은 조화와 연관된다. 다른 한편으로 명백하게 인위적으로 만들어진 것으로서의 애니메이션 이미지의 특성과 연관된다. 즉 이 이미지들은 끊임없는 변화 과정 속에서도 개연성이나 중력 같은 '현실적' 법칙을 따르기보다는, 글쓰기와 그리기의 '텍스트적' 법칙을 따른다. 애니메이션은 (인물이나 행위 등과 같은 재현 대상들의 내러티브적 속성을 견습하는 장이라기보다는) 물질적인 기표를 읽는 법을 가르치는 최초의 위대한 학교가 되었다. 하지만 이후의 실험적 비디오에서와 마찬가지로, 애니메이션에서는 물질적 기표로서의 언어라는 라캉적인 함의가 인간의 실천이라는 편재하는 힘에 의해 필연적으로 완성된다. 이는 움직이지 않는 조력자로서의 물질이나 물질성에 기반한 정적이고 기계적인 유물론이 아닌, 생산에 기반한 능동적 유물론을 암시한다.

한편 총체적 흐름에 대해서 언급하자면, 이는 실험적 비디오를 분석하기 위한, 특히 그러한 매체가 제시하는 연구 대상이나 단위를 구성하기 위한 중요한 방법론적 의의를 지닌다. 포스트모더니즘이 만개한 오늘날의 상황에서 (예술 작품이나 걸작과 같은 말에서 사용되는)

'작품work'이라는 고전적인 언어는 모든 곳에서 거의 대부분 '텍스트' 혹은 텍스트들과 텍스트성이라는 상당히 다른 언어로 대체되었는데, 이는 유기적이고 기념비적인 형식의 성취라는 의미가 전략적으로 배제된 언어다. 그런 의미에서 이제는 (일상생활, 몸, 정치적 재현 등) 모든 것이 텍스트가 될 수 있는 반면, 예전에 '작품'이라고 칭해졌던 대상은 다양한 종류의 텍스트들의 거대한 집결체나 체계로 재해석되며, 이 체계에서는 다양한 상호텍스트들과 파편의 연속 아니면 그저 (이후 텍스트 생산 혹은 텍스트화라 불리게 될) 순수 과정을 통하여 각각의 텍스트들이 서로 포개진다. 따라서 자율적 예술 작품은 예전의 자율적 주체나 자아와 더불어 사라졌거나 증발한 것처럼 보인다.

이는 그 어디에서보다 실험적 비디오'텍스트'에서 물질적으로 설명 가능하다. 실험적 비디오텍스트라는 하나의 사태를 통해, 분석가들은 어떤 식으로든 모든 포스트모더니즘을 특징짓는 새롭고 특이한 문제들과 마주하게 된다. 그것도 훨씬 더 날카로운 형태로 말이다. 만일 예전의 모더니즘적이고 기념비적인 형식들, 예컨대 세계의 책the Book of the World이나 건축 모더니즘의 '마의 산들magic mountains,' 바이로이트Bayreud에서 공연되는 신비한 오페라 연작, 모든 회화적 가능성의 중심지로서의 박물관 등과 같은 총체적 앙상블이 더 이상 분석과 해석을 위한 기본적 조직화의 틀이 아니라면, 다시 말해서 정전이나 '위대한' 책은 고사하고 걸작도 존재하지 않는다면(그리고 심지어 양서良書라는 개념마저도 문제시된다면), 그리하여 우리가 마주하는 것이 고작 '텍스트'라고 한다면, 즉 역사적 시간의 조각난 파편 더미 속으로 곧장 사라져버릴 하루살이와도 같은 일회적 작품들이라고 한다면, 흩어져가는 파편들 중 하나를 잡아 이를 중심으로 분석과 해석을 시도하는 것은 어려울 뿐만 아니라 심지어 모순적인 일이 되고 만다. 심지어 '표본'으로서 단 하나의 비디오텍스트를 선택하여 이를 독립적으로 분석하는 것조차, 걸작이나 정전적 텍스트라는 환영을 되살리는 치명적인 행위가 되며 텔레비전의 총체적 흐름에 대한 경험을 사물화하는 결과를 낳게 된다(추출한 표본은 총체적 흐름의 한 조각에 지나지 않기 때문이다). 사실 비디오를 본다는 것은 사물 자체의 총체적 흐름 속에 빠져 있는 것으로, 일정한 간격을 두고 서너 시간짜리 비디오테이프를 순서 없이 연속해서 보는 것과 비슷하다. 이런 의미에서 (그리고 공중파와 케이블 텔레비전의 상업화 덕분에) 비디오는 도시적인 현상이라 할 수 있다. 즉 집 주변에 비디오 대여점이 있어야 하며, 예전에 우리가 극장이나 오페라하우스(혹은 심지어 영화관)를 찾아가는 것과 같은 제도적 습관처럼 격식 없이 편안하게 그곳을 들락거릴 수 있어야 한다. 따라서 단 한 편의 '비디오 작품' 자체만을 따로 떼어내어 바라보는 것은 정말 무의미하다. 그런 의미에서 비디오 걸작이란 존재하지 않으며, 비디오 정전도 있을 수 없다. 그리고 (작가의 개성이 명확하게 드러나는) 비디오 작가론과 같은 것은 더욱 문제시될 수밖에 없다. '흥미로운' 텍스트는 이제 여러 다른 텍스트의 무차별적이고 무작위적인 흐름 속에서 존재해야만 한다. 따라서 비디오 분석의 불확정성의 원리 같은 것이 발생한다. 즉 분석가와 독자 들은 족쇄가 채워진 채 특정한 개별적 텍스트들을 하나씩 하나씩 지켜보아야만 한다. 달리 말하자면 일종의 연속적인 개진Darstellung*을 볼 수밖에 없는 상황에서, 개별 텍

---

* "Darstellung"의 영어 번역어는 'representation'으로 '재현하다'와 '대표하다'를 동시에 의미한다. 마르크스는 이 두 가지 의미를 분리하기 위해 '재현하다'의 의미로 "Darstellung"을 사용했고, '대표하다'의 의미로 "vertrenten"을 사용했다. 제임슨이 사

스트에 대해 한 번에 하나씩만 이야기해야 하는 것이다. 그러나 이러한 형식의 지각과 비평은 곧장 지각된 사물의 리얼리티에 간섭하고 그것을 어중간한 형태로 차단하여, 텍스트 속에서 발견한 모든 것을 왜곡시키고 만다. 그런데 단 하나의 '텍스트'를 사전에 선택하고 격리시켜 그것만을 논하게 된다면, 이는 자동적으로 그 텍스트를 '작품'으로, 익명의 비디오 제작자[4]를 저명한 예술가나 작가의 지위로 되돌려놓음으로써, 예전 모더니즘 미학의 온갖 특징들이 다시 귀환할 수 있는 길을 여는 꼴이 된다. 하지만 이런 특징이야말로 새로운 매체의 혁명적 성격 속에서 제거되고 추방되어야만 하는 것이다.

이런 조건과 의구심 들에도 불구하고, 하나의 구체적인 텍스트를 가지고 논하지 않고는 비디오의 가능성을 보다 심도 깊게 파고들기 힘들 것 같다. 여기에서 1979년 시카고 예술학교에서 에드워드 랭커스Edward Rankus, 존 매닝John Manning, 바버라 레이섬Barbara Latham이 제작한 29분짜리 비디오 '작품'「소외국AlienNATION」을 살펴보자. 독자들에게 이 작품은 분명 상상의 텍스트로 남을 것이다. 하지만 그것을 직접 본 관람객이 독자와 전적으로 다른 위치에 있을 것이라 '상상'할 필요는 없다. 이 비디오가 흘려보내는 온갖 종류의 이미지를 사후적으로 설명하려 시도한다면, 이는 필연적으로 이미지의 항구적 현전을 침해하고, 기억 속에 남아 있는 몇몇 파편적 이미지들을 재구성하게 될 것이다. 그리고 이 재구성은 텍스트 자체보다는 텍스트를 읽는 사람의 마음에 대해 보다 많은 것을 폭로하는 체계에 따라 이루어질

용하고 있는 "Darstellung"은 '재현하다'라는 말에 더 가깝다고 할 수 있다. 하지만 영어 'representation'과 구별하기 위해 여기에서는 "Darstellung"을 "개진開陳"으로 번역하고, 그 단어의 일반적인 용법과 구분하기 위해 한자를 병기한다.

것이다. 즉 우리는 그것을 일종의 이야기로 바꾸려고 시도하지 않겠는가? (자크 레나트Jacques Leenhardt와 피에르 조자Pierre Józsa가 쓴 상당히 흥미로운 책 『독서를 읽다*Lire la lecture*』[Paris : Le Sycamore, 1982]에 따르면, 심지어 "플롯이 없는 소설"을 읽을 때조차도 이런 과정이 작동한다. 독자의 기억은 재단되지 않은 천으로부터도 "주인공"을 창조해내며, 이를 인식 가능한 장면과 서사적 배열로 재조립하기 위해 그것을 읽었던 경험을 훼손한다.) 비평적으로 보다 정교한 수준에서 보자면, 우리는 최소한 비디오텍스트의 재료들을 주제별 단위와 리듬으로 정리하려고 시도하지 않겠는가? 즉 비디오가 시작과 끝, 정서의 상승과 하강 그래프, 절정, 딜레마, 장면 전환, 요약 등과 같은 요소를 가지고 있는 양 분절하여 보지 않겠는가? 여기에는 의심의 여지가 없다. 다만 우리는 이 비디오테이프를 볼 때마다 이러한 형식적 움직임들을 다르게 재구성할 것이다. 한 가지 주목할 만한 점은 비디오의 29분은 다른 극영화의 똑같은 분량보다 훨씬 더 길게 느껴진다는 것이다. 비디오테이프가 쏟아내는 이미지의 현재에 대한 사실상 마약 같은 경험과, 현재들이 연속적으로 삽입되어 있는 텍스트적 기억 사이에는, 진정한 의미에서의 그리고 상당히 날카로운 종류의 **모순**이 존재한다고 하더라도 결코 과언은 아니다(심지어 종전에 봤던 이미지가 다시 나타나 그것을 알아본다고 하더라도, 이미지들이 상당히 빠르게 병렬적으로 나타나기 때문에 그것을 파악한다고 한들 이미 늦은 것이 된다). 만약 비디오의 기억 구조와 할리우드 유형의 극영화의 기억 구조 사이의 대비가 극명하고 명백하다면, 우리는 비디오의 시간적 경험과 **실험**영화의 시간적 경험 사이의 간극이 그에 못지않게 크다는 느낌을 받게 된다. 물론 이 느낌을 기록하거나 주장하는 것은 만만치 않은 일이다. 이 비디오의 옵아트op art적 기교와 특히 정교한 시각적 몽타주는 「발레 메카니크 Ballet Mecanique」*와 같은 고전을 상기시킨다. 그런데 내가 이 작품에서 받은 인상은 이렇다. 예술영화와 비디오 간에 존재하는 제도적 상황의 차이(한편에는 예술영화 전용관이 있고, 다른 편에는 가정이나 비디오텍스트 전시관에 설치된 텔레비전 모니터가 있다)를 넘어, 그 이상으로 각각의 매체에 대한 경험이 많이 다르다는 것이다. 그리고 특히 영화에서는 이미지의 덩어리들이 (빠르게 휙휙 지나갈 때조차도) 훨씬 크고 과할 정도로 분명하게 지각 가능하기 때문에, 텔레비전 스크린에 비치는 약화된 시각적 데이터들과 달리 영화 이미지들의 조합은 보다 여유로운 기분이 들게 한다.

따라서 사람들은 이런 비디오를 관람한 후에는 비디오의 소재들 몇 가지를 나열하는 정도밖에 할 수 없다. 이 소재라는 것은 일단 주제가 아니다(왜냐하면 대부분의 경우 어딘가에 있을 법한 의사-광고의 창고에서 물질적으로 인용한 것이기 때문이다). 그것은 또한 바쟁André Bazin 스타일의 촘촘한 미장센을 갖추고 있지도 않다. 기존 시퀀스로부터 차용한 것이 아닌 이 비디오테이프에 사용하기 위해 촬영한 것이 분명한 부분들조차 저질 색감의 조악함이 두드러진다. 하지만 바로 그 점으로 인해 이 비디오는 '허구적'이고 연출된 것처럼, 즉 이미지 대상들 혹은 세계 속 이미지의 자명한 현실과 대립하는 것처럼 보인다. 그렇기 때문에 **콜라주**라는 단어가 여전히 이러한 병치에 잘 어울린다는 느낌이 든다. 즉 '자연적'인 소재라 부르고 싶은 것(새롭게 직접 촬영된

---

* 「발레 메카니크」(1923~1924)는 예술가 페르낭 레제Fernand Léger와 영화감독인 더들리 머피Dudley Murphy가 합작하여 만든 다다이즘적이고 포스트큐비즘적인 예술영화이다.

시퀀스)과 인공적인 소재(기존에 촬영된 이미지들이 기계에 의하여 '혼합된' 것)가 콜라주처럼 병치된 것이다. 자칫 오해를 불러일으킬 수 있는 것은 전통적인 회화의 콜라주가 지닌 존재론적 위계질서다. 이 비디오테이프에서 '자연적인' 것은 인공적인 것에 비해 좋지 않을뿐더러 오히려 질이 떨어진다. 이는 (큐비즘의 오브제들처럼) 인간에 의해 새롭게 축조된 사회에서의 안정된 일상생활보다는, 새로운 미디어 사회에서의 소음과 뒤죽박죽된 신호들과 상상도 할 수 없는 정보의 쓰레기를 함의한다.

첫번째 장면에서 시간의 '점'에 대한 약간 실존주의적인 농담이 나오는데, 이 시간의 점은 약간 크레이프처럼 보이는 시간 '문화'로부터 잘라낸 것이다. 다음에 실험용 쥐가 등장하고 목소리가 깔리면서 (스트레스 대처법, 미용, 체중 감량을 위한 최면 등) 다양한 의사-과학적 보고서와 치료 프로그램에 대한 이야기를 주절거린다. 그리고는 (괴수 영화 음악과 집단 대화를 포함한) SF 영화 장면이 나오는데, 대부분 일본 영화「몬스터 제로Monster Zero」(1965)에서 차용한 것이다. 이 시점에서 이미지 자료의 양이 급격히 많아지고 촘촘해지면서 열거할 수조차 없게 된다. 광학 효과, 어린이용 블록과 조립식 장난감 세트, 고전 회화 작품의 복제물, 마네킹, 광고 이미지, 컴퓨터 출력물, 온갖 종류의 교과서 삽화, 오르락내리락하는 만화 속 인물 들이 등장한다(마그리트의 멋진 중절모가 미시간호Lake Michigan에 천천히 가라앉는 장면도 포함된다). 뿐만 아니라 시트 방전sheet lightning, 최면 상태인 듯 누워 있는 여인(로브-그리예Alain Robbe-Grillet의 소설에서와 같이 그저 최면에 걸린 듯 누워 있는 여인의 사진이 아니라면 말이다), 사방으로 뻗어 있는 에스컬레이터가 다양한 각도로 올라가고 있는 초현대식 호텔 내지는 사무 빌딩의 로비, 지나다니는 차가 거의 없는 길모퉁이에 큰 바퀴 자전거를 탄 아이와 식료품을 든 몇몇 행인이 있는 장면들, 호숫가에 있는 폐기물과 어린이용 블록에 대한 기괴한 클로즈업(한 장면에서는 마그리트의 모자가 실물로 다시 등장하는데, 모래 위에 꽂힌 지팡이 위에 걸쳐져 있다), 홀스트Gustav Holst의 「행성The Planets」, 디스코 음악, 장례식장 풍금, 우주 공간 효과음, 「아라비아의 로렌스Lawrence of Arabia」의 주제음악과 병치되어 나타나는 시카고 상공의 비행접시, (호스티스Hostess사의 트윙키Twinkie 케이크와 비슷하게 생긴) 푸석한 오렌지색 긴 직사각형 물체를 수술용 칼로 해부하고 바이스로 쥐어짠 후 주먹으로 박살 내는 그로테스크한 장면들, 우유가 줄줄 새는 우유 갑, 자기 집에 있는 디스코 댄서들, 외계 행성 사진들, 다양한 붓질에 대한 클로즈업들, 1950년대 부엌 광고물, 그 밖에 많은 것이 등장한다. 때로는 이런 이미지들이 좀더 긴 시퀀스 안에 엮이기도 하는데, 예를 들어 시트 방전 이미지는 광학 이미지, 광고, 만화 인물, 영화음악, 아무 상관 없는 라디오 대사와 함께 나타난다. 상대적으로 구슬픈 '고전음악'에서 귀에 거슬리는 대중문화적 비트로의 전환같이, 때에 따라서는 변주의 원칙이 진부하고 서툴러 보이기도 한다. 또 가끔은 혼합된 이미지들의 흐름에 가속도가 붙으면서, 어떤 통합된 시간적 절박함 내지는 광란의 템포 혹은 시청 주체에 대한 직접적이고 실험적인 공격의 템포를 모델화하려는 인상을 준다. 전체적으로는 "끊어질 준비를 하시오"라는 형식적 신호와 함께 무작위로 구두점이 찍히는데, 이런 구두점은 아마도 시청자에게 끝이 임박했음을 경고하기 위해 고안된 것으로 보인다. 그리고 영화의 함축적 언어로부터 차용된 것이 분명한 마지막 해변 장면은 (펠리니의 「달콤한 인생La Dolce Vita」의 마

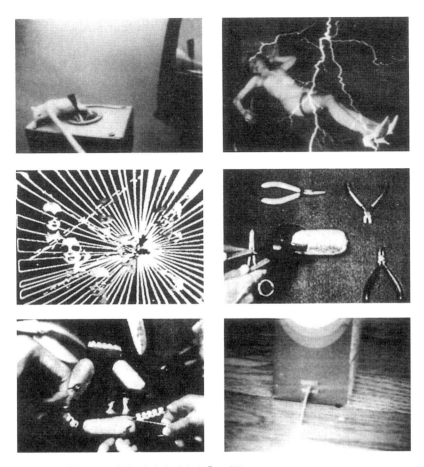

에드워드 랭커스, 존 매닝, 바버라 레이섬, 「소외국」

지막 시퀀스처럼) 하나의 대상세계가 파편으로 흩어지지만, 동시에 세계의 끝 혹은 궁극의 경계점에 도달하는 것처럼 보인다. 물론 (혹시 좀더 '진지한' 것을 기대했을지는 모르나) 이 모든 것은 분명 정교한 시각적 농담이자 짓궂은 장난이다. 혹은 원한다면 학생의 습작이라 해도 좋을 것이다. 실험적 비디오 역사의 템포가 그러하기 때문에, 이 분야의 내부자나 전문가 들은 일종의 향수를 가지고 이 1979년 작품을 감상할 수도 있을 것이다. 지금은 다른 작업을 하느라 바쁘지만, 당시에는 사람들이 그러한 작업을 하며 살았다는 것을 기억해내면서 말이다.

이런 종류의 비디오텍스트에 의해 제기되는 가장 흥미로운 질문은 가치와 해석의 문제로 남아 있다. 만일 역사적으로 흥미로운 그런 문제들에 대한 어떤 대답도 가능하지 않다는 것을 이해할 수 있다면 말이다(그리고 그 비디오 텍스트의 가치와 의미가 무엇이건, 나는 분명 그텍스트가 **효과적으로 작동**하리라 생각한다. 즉 최소한 부분적으로는 정보의 과잉으로 인하여 그 내용을 결코 완전히 파악할 수 없기 때문에, 시청자는 그것을 반복적으로 볼 수밖에 없다). 그러나 이 텍스트에 대해 말하거나 요약하려 시도한다면, '그것이 무엇을 의미하는가?' 혹은 이것의 프티부르주아적 표현인 '그것이 무엇을 재현하는가?'라는 해석적 질문에 도달하기도 전에, 우리는 형식과 해석이라는 기본적인 문제에 봉착하게 된다. 관람자가 천천히 텍스트에 대한 형식적 해석을 획득할 수 있는 지식과 충만한 기억의 순간에 도달할 수 있는지는 확실치 않다. 즉 시작과 주제의 부상, 조합과 발전, 지배에 대한 저항과 투쟁, 부분적 해결, 어떤 식으로건 완전한 정지 상태로 나아갈 수 있는 종결의 형식 등과 같은 것에 도달할 수 있느냐 하는 문제와 조우하게 되는 것이다. 우리가 대강이나마 일반적인 방식으로 그 작품의 형식적 시간 전체를 도표화할 수 있다면, 우리의 설명은 필시 음악 형식의 용어들만큼이나 공허하고 추상적인 것이 되고 말 것이다. 음과 악보의 수학적 차원이 뭔가 구체적인 해결책을 제공해주는 듯 보이지만, 오늘날 우연성 음악과 포스트 12음 음악에서 나타나는 문제도 이와 유사하다. 어쨌든 내가 의미하는 바는 이 비디오에서 우리가 추출해낼 수 있는 몇 안 되는 형식적 표식들, 예컨대 호숫가와 완구용 블록과 '끝이라는 느낌' 같은 것은 모두 기만적이라는 것이다. 그것들은 이제 더 이상 한 형식의 특징이나 요소가 아닌, 예전 형식의 기호이자 흔적이다. 물론 그런 예전의 형식은 여전히 이 텍스트의 파편들과 브리콜라주bricolage된 재료 내부에 포함되어 있다는 것을 반드시 기억해야 한다. 베토벤의 소나타 역시도, 조각상에 복원되어 삽입된 부러진 파이프나 캔버스 위에 붙인 찢어진 신문 쪼가리처럼, 이 브리콜라주의 일부에 지나지 않는다. 하지만 예전 베토벤의 작품의 음악적 부분에는 전통적인 의미에서의 '형식'이 여전히 남아 있으며, '떨어지는 카덴차'나 '첫번째 테마의 재등장'처럼 그것에 이름을 붙일 수도 있다. 일본 괴수 영화에서 잘라온 영상에도 똑같은 말을 할 수 있다. 이 영상에는 SF 형식 자체에 대한 차용도 포함된다. 즉 '발견'과 '위협'과 '탈출 시도' 등이 그것이다(음악 용어와 마찬가지로, 여기에서도 사용할 수 있는 형식적 용어는 아리스토텔레스Aristotle나 프로프Vladimir Propp와 그의 계승자들 혹은 에이젠슈테인Sergei Eisenstein의 용어에 한정될 수밖에 없는데, 사실상 이들이 내러티브 형식의 변화를 설명하는 중립적 언어의 유일한 원천이기 때문이다). 여기에서 제기되는 문제는 이런 차용된 부분과 조각 들이 지닌 형식적 속성들이 어디에서건 그러한 부분들이 하나의 요소로 결합되어 있는 브리콜라주로서의 비디오텍스트 자체로 전이될 수 있는가다. 그런데 이 문제는 각각의 에피소드와 부분 들이라는 미시적 차원에서 먼저 제기되어야 한다. '작품'이자 시간 조직으로서 간주될 수 있는 텍스트의 보다 큰 형식적 속성들에 관해 말하자면, 호숫가 이미지가 암시하는 바는 이전의 시간적 혹은 음악적 종결이라는 강한 형식이 여기에서는 단지 형식의 잔여물로서 존재한다는 것이다. 즉 펠리니 영화의 종결 부분에서 여전히 신화적 잔여물의 흔적을 담고 있던 모든 것이, 예컨대 시원적 요소로서의 바다나 인간과 사회가 자연의 타자성과 직면하는 장소로서의 바다와 같은 것이, 여기에서는 이미 오래전에 삭제되고 망각된 것이다. 그러한 내용들은 사라졌으며, 단지 근원적인 형식적 함의connotation의 희미한 사후 흔적, 다시 말해서 종결이라는 통사적 기능의 흔적만을 남겨두었을 뿐이다. 기호 체계가 가장 많이 약화된 이 지점에서, 기표는 예전 기호에 대한, 이제는 사실상 멸종한 저 기호의 형식적 기능에 대한 희미한 기억만을 가지고 있을 뿐이다.

앞 문단에서 도입하기 시작한 함의connotation라는 말은 이 개념의 핵심적인 정교한 의미를 재검토할 것을 요구한다. 이 개념에 대해서 우리는 롤랑 바르트에게 빚지고 있는데, 그는 자신의 『신화론』에서 옐름슬레우Louis Hjelmslev*의 이론에 따라 함의의 개념을 만들어냈지만, 그의 후기 '텍스트적인' 저작에서는 1차언어와 2차언어(지시적 의미와 함축적 의미)의 차이를 부정한다. 1차언어와 2차언어의 구별은 바르트

---

* '루이 옐름슬레우'(1899~1965)는 덴마크 출신의 언어학자로 소쉬르의 기호학 이론을 계승하여 구조주의 언어학 이론을 발전시켰다.

에게 미학적인 것과 사회적인 것, 혹은 예술적 자유 유희와 역사적 지시성 사이의 고전적 구별을 연상시켰을 것이 분명하며, 『텍스트의 즐거움*Le Plaisir du texte*』 같은 에세이에서는 이 구별을 피하거나 벗어나고자 했다. (미디어 연구에서는 여전히 막강한 영향력을 행사하고 있는) 바르트의 초기 이론은 영리하게 이 양자 사이의 우선순위를 전도시켜 사진 이미지의 지시적 가치에 진정성(즉 미학적 가치)을 부여하고, 사회적이거나 이데올로기적인 기능성을 죄인 양 취급하면서 지시적 의미의 '인위적' 연장延長 정도로 파악한다. 원본의 지시적 텍스트를 자신의 새로운 내용으로 취하는 광고 텍스트가 그 예일 텐데, 이들은 기존의 이미지를 저급한 생각이나 상업적 메시지의 유희를 강화시키는 데 봉사하도록 강요하는 것으로 여겨진다. 이 논쟁의 중요성이나 내포된 의미가 무엇이건, 함의의 작동에 대한 바르트의 초기 고전적 개념은 (아마도 누군가의 승인 여부를 떠나서) 적당히 복잡하기만 하다면 우리에게 상당히 시사적일 수 있을 것이다. 왜냐하면 지금 상황은 광고에서 일어나는 사태를 뒤집는 것이기 때문이다. 광고에서는 '보다 순수'하면서도 좀더 물질적인 기호가 광범위한 이데올로기적 신호를 위한 수단으로 기능하도록 전유되고 전용된다. 반면 실험적 비디오에서는 이데올로기적 신호가 이미 1차 텍스트에 깊이 각인되어 있는데다가, 1차 텍스트 자체가 이미 철저하게 문화적이거나 이데올로기적이다. 즉 베토벤의 음악은 이미 '고전음악' 일반이라는 함의체를 포함하고 있으며, SF 영화는 이미 다층적인 정치적 메시지와 불안을 포함하고 있다(예를 들어 미국의 냉전은 일본의 반핵 정치학에서 전용되며, 이 양자는 '캠프'라는 새로운 문화적 함의체 속으로 접혀 들어가게 된다). 그런데 여기, 즉 전반적으로 광고 이미지라는 좁은 상업적 영역을 대체로 초월하는 기능을 가지고 있는 (그러면서도 의심의 여지 없이 여전히 어떤 측면에서는 상업적 요소를 포함하고 상업적 구조를 반복하고 있는) 문화적 영역에서, 함의는 다의적 과정이며 그 속에는 다수의 '메시지'가 공존하게 된다. 따라서 베토벤과 디스코의 교차는 분명 계급적 메시지를 발산하게 된다. 즉 고급문화 대 민중 혹은 대중 문화, 특권과 교육 대 보다 민중적이고 육체적인 형식의 오락이 공존하는 것이다. 그러나 이는 또한 어떤 비극적 엄숙함이나, 소나타 형식 자체에 내재된 형식적 시간 감각, 혹은 시간, 모순, 죽음과 씨름하는 가장 엄격한 부르주아 미학의 '고도의 진지함'을 전달하기도 한다. 이것들은 이제 예전의 '비극적' 질문이 무의미해질 정도로 무자비하게 시공간을 메우고 있는 포스트모던 시대 대도시의 상업 음악의 무차별적인 시간적 산만함과 대립된다. 이런 모든 함의가 동시에 나타난다. 이렇게 되면 이 함의들은 앞서 언급한 (고급문화와 저급문화라는) 이항 대립으로 쉽게 환원되고, 그만큼 우리는 일종의 '주제'가 존재한다고 생각하게 되는데, 이 주제가 외부의 한계에 놓이면서 해석적 행위를 위한 계기가 될 수도 있으며, 또한 그 비디오텍스트가 이 특수한 대립에 '관한' 것이라고 주장할 수도 있게 된다. 나중에 이러한 해석적 가능성 혹은 선택지에 대해 다시 논하도록 하겠다.

그런데 여기에서 배제되어야 할 것은 이 특정 비디오텍스트에서 작동한다고 생각되는 탈신비화 과정 같은 것이다. 즉 여기에 포함된 모든 소재들이 폄훼될 수도 있는데, 예컨대 베토벤이 디스코와 별반 다를 것이 없다고 생각하는 것이다. 잠시 후 밝혀질 것처럼, 비록 (이미지 대 소리, 음악 대 대화같이) 텍스트의 다양한 층위와 요소나 다양한 언어 사이에 매우 복잡한 상호작용이 작동하고 있지만, (고다르가 하듯이) 이런 층위들 중 하나를 다른 층위와 대립시켜 정치적으로 사용하거나, 이미지를 문자언어나 음성언어와 대립시킴으로써 순수한 이미지를 얻으려는 시도는 이 비디오의 목적이 아니다. 물론 생각해볼 여지가 없진 않지만 말이다. 어쨌든 내 생각에 비디오에 인용된 다양한 요소와 부분(즉 현대 문화의 영역에 존재하는 광범위한 1차 텍스트의 부서진 파편들)을 수없이 많은 로고logo라고 생각할 수 있는지, 다시 말해서 바르트의 초기 이론들이 다루어야만 했던 그 어떤 광고 이미지보다 구조적으로나 역사적으로나 훨씬 더 발전하고 복잡해진 광고 언어의 새로운 형식으로 생각할 수 있는지는 따져볼 문제다. 로고는 광고 이미지와 브랜드 이름의 통합체 같은 것이다. 보다 명확하게 말한다면 로고는 브랜드 이름이 하나의 이미지로, 하나의 기호나 문장紋章으로 변형된 것이며, 이는 거의 상호텍스트적인 방식으로 그 자체 내에 이전 광고의 모든 전통의 기억을 담고 있는 것이다. 그러한 로고는 시각적이거나 청각적인 것 혹은 (펩시의 주제음악처럼) 음악적인 것이 될 수도 있다. 좀더 확장한다면 즉각적으로 확인 가능한 로고의 파편들이라 할 수 있는 사무 빌딩 에스컬레이터, 패션 마네킹, 심리 상담 영상, 길모퉁이, 호숫가, 「몬스터 제로」 등과 더불어, 사운드 트랙의 요소들도 이 범주에 포함될 수 있을 것이다. 그렇다면 '로고'는 그 자체가 각각의 파편들을 일종의 기호로 변형시키는 것을 의미한다. 그러나 그러한 새로운 기호들이 무엇에 대한 기호인지는 아직 불분명하다. 왜냐하면 하나의 상품이 명시적으로 드러나지 않을뿐더러, 여러 회사를 거느린 다국적기업의 상징이라는 로고의 원래 의미를 통해서 적확하게 명시될 수 있는 상품의 종적generic 범위도 확인할 수 없기 때문이다. 그런데 우리가 종래의 보다 정적인 '장르' 분류표에서보다 이 **종적**이라는 말의 문학적 함의를 좀더 광범위하게 생각해본다면, 그 말은 상당히 시사적이다. 비디오의 각 단편들이 투영하는 종적인 문화 소비는 보다 역동적이며 또한 내러티브와의 연관성을 요구한다(내러티브 자체도 보다 넓은 의미에서 일종의 텍스트 소비로 파악될 수 있다). 그런 의미에서 과학 실험 역시 「아라비아의 로렌스」만큼이나 완전한 내러티브라 할 수 있다. 또한 에스컬레이터에 올라타는 화이트칼라 노동자와 관료 들도 SF 영화에서 잘라낸 장면(혹은 공포영화 음악)만큼이나 내러티브적 비전을 가지고 있다. 심지어는 시트 방전 이미지 같은 스틸 사진도 다층적인 내러티브 틀을 암시한다(예를 들어 앤설 애덤스Ansel Adams*나, 거대한 폭풍의 공포, 혹은 레밍턴Frederic Remington** 스타일의 미국 서부 풍경에 대한 로고가 될 수도 있으며, 18세기의 숭고미나, 기우제에 대한 신의 화답이나, 세계 종말의 시작으로도 해석될 수 있다).

그런데 이런 요소나 새로운 문화적 기호나 로고 들이 그 어느 것도 독립적으로 존재하지 않는다는 것을 깨닫게 되면, 문제는 훨씬 더 복잡해진다. 비디오텍스트 자체의 거의 모든 순간이 이런 요소들 간의 끊임없고 명백히 무작위적인 상호작용의 과정이기 때문이다. 이는 분명 설명과 분석을 요구하는 구조이지만, 그것은 기호들 간의 관계이며, 이에 대해 우리가 가진 것은 고작 최대 근사치의 이론적 모델뿐이다. 사실 이는 다양한 요소의 지속적인 흐름 혹은 '총체적 흐름'을 이

---

* '앤설 애덤스'(1902~1984)는 미국 사진가이자 환경운동가로 미국 서부의 풍경을 흑백사진으로 담았으며, 특히 요세미티 공원 사진이 유명하다.
** '프레더릭 레밍턴'(1861~1909)은 미국의 예술가이자 작가로, 카우보이나 미국 원주민과 더불어 고전적인 미국 서부 풍경을 주로 담아냈다.

해해야 하는 문제로, 이 다양한 요소는 각각 하나의 구분되는 서사 유형이나 특정 서사 과정에 대한 속기 부호 같은 것이라 할 수 있다. 그러나 여기에서 우리가 즉각적으로 제기하는 문제는 통시적이라기보다는 공시적일 것이다. 어떻게 이 다양한 내러티브 기호 혹은 로고가 상호 교차하는가? 우리는 이런 요소들 각각을 독립적으로 수용하는 정신적 구획을 상상할 수 있는가? 아니면 우리의 정신이 어떤 방식으로건 모종의 연관 관계를 만들어내는가? 만일 그렇다면 우리는 그런 연관 관계를 어떻게 설명할 수 있는가? 만약 그런 관계를 맺는다면 각각의 요소들은 어떻게 서로 연결되는가? 아니면 마치 만화경을 보듯 감각이 모든 요소를 한꺼번에 받아들이면서, 우리가 그 다양한 흐름의 동시성과 대면하게 되는가? 여기서 우리의 개념적 허약성으로 인해, 우리는 가장 불만족스러운 방법론적 결정에서 시작하고 싶은 유혹에 빠진다. 데카르트René Descartes적인 출발점으로 돌아가서 현상을 가장 단순한 형식, 즉 여러 요소나 기호 들 중 두 가지의 상호작용으로 환원시키는 데서 시작하고 싶어지는 것이다(반면에 변증법적 사유를 한다면, 우리는 가장 복잡한 형식에서 출발해야 하며 단순한 형식은 그 파생물로 간주해야 한다).

그런데 2항 모델의 경우 의미 있는 이론적 모델이 그리 많지 않다. 가장 오래된 것은 당연히 **주어**와 **술어**로 구성된 논리적 모델인데, 이 모델은 진술 문장이나 진리 주장을 담고 있는 명제로서의 논리를 박탈당하고 최근에는 **주제**topic와 **논평**comment의 관계로 재편되었다. 문학 이론은 대개 메타포 분석에 한해서 어쩔 수 없이 이 구조를 사용했으며, I. A. 리처즈Ivor A. Richards의 **주지**tenor와 **매체**vehicle의 구별이 이를 잘 보여준다. 그러나 기호 현상으로서의 해석 과정을 집요하게 파고들었던 퍼스Charles S. Peirce의 기호학은, 이 모든 구별을 첫번째 기호와 이에 대한 해석체interpretant로서 존재하는 두번째 기호 사이의 관계로 다시 쓴다. 마지막으로 최근의 내러티브 이론은 (일화나 기본적인 이야기의 원재료인) 우화fable와 미장센을 기능적으로 구별하는데, 여기에서 미장센이란 원재료를 이야기하거나 무대화하는 방식으로서, 다시 말해서 **초점 맞추기**focalization라 할 수 있다.

이 정식화들로부터 반드시 보존해야 할 것이 있다. 이들은 성격과 가치가 똑같은 두 개의 기호를 상정하고, 이 두 기호가 교차하며 새로운 위계질서가 성립되는 순간을 관찰한다는 것이다. 이때 하나의 기호는 다른 기호가 작동할 수 있는 물적 토대 같은 것이 되거나, 아니면 첫번째 기호가 하나의 내용과 중심을 형성하면 두번째 기호는 이에 대한 보조와 종속적 기능을 하는 것으로 병합된다(여기에서 위계 관계의 우선순위는 뒤바뀔 수 있는 듯하다). 하지만 이 전통적 모델들의 용어나 명칭은 비디오의 맥락에서 기호의 흐름이 가지고 있는 근본적 속성이 될 것들을 표현하지 못한다. 즉 비디오의 기호들은 자리를 바꾼다. 그리고 그 어떤 기호도 의미 작용의 주제로서 우선권을 가지고 있지 않다. 하나의 기호가 다른 기호를 위한 해석체로 기능하는 사태 자체가 단지 임시적인 것을 넘어서며, 따라서 아무런 사전 통고 없이 자리 교환이 일어날 수 있다. 이 끊임없는 순환 운동의 힘 속에서, 두 개의 기호는 서로의 자리를 차지하고 혼란을 야기하며 거의 항구적으로 자리를 교환한다. 이는 벤야민적인 의미에서의 "정신분산distraction"*과 같

---

* '정신분산'은 「기술복제시대의 예술작품」(『발터 벤야민 선집 2』, 최성만 옮김, 길, 2007, pp. 39~150)에서 벤야민이 '관조contemplation' 혹은 '집중concentration'과 대비하여 제시한 것이다. 관조와 집중이 전통적인 예술작품과 관계되는 반면, 정신분산은 다다이즘 예술

은 것으로, 벤야민은 이를 새롭고 역사적으로 독창적인 힘으로 격상시켰다. 이런 정식화는 최소한 포스트모더니즘 고유의 시간성에 대한 적절한 설명을 제공하는 듯한데, 이후에 다시 이 문제로 돌아오겠다.

우선 앞서 언급했던 두 기호의 상호작용 과정의 성격에 대해 좀더 설명할 필요가 있을 것 같다. 우리가 주장했던 항구적인 자리바꿈 속에서 하나의 요소(혹은 기호나 로고)는 다른 요소에 대해 어떤 식으로건 '논평'을 하거나 그것의 '해석체'로서 기능하게 된다. 그런데 그러한 과정의 내용은 이미 로고에 대한 설명 속에 암시되어 있다. 즉 로고가 특정한 종류의 내러티브에 대한 신호나 속기 부호로서 설명되는 것이다. 우리가 지금 논하고 있는 미시적 차원에서의 원자 혹은 동위원소 교환은 한 내러티브 신호가 또 다른 내러티브 신호를 포획하는 것과 다름없다. 다시 말해 하나의 서사화 형식을 순간적으로 보다 강력한 다른 서사화 형식을 통해 다시 쓰는 것이며, 기존에 존재하는 내러티브 요소들이 서로에 의해 항구적으로 재서사화되는 것이다. 가장 확실한 예를 들어보자면, 패션모델이나 마네킹 시퀀스 같은 이미지가 SF 영화와 이를 상징하는 다양한 (시각적, 음악적, 언어적) 로고들의 세력장과 교차하면서 강렬하면서도 조잡하게 다시 쓰인다는 것에 대해서는 이론의 여지가 없어 보인다. 바로 그러한 순간에 광고와 패

이나 영화와 관계된다. 벤야민은 이를 다음과 같이 설명한다. "예술작품 앞에서 마음을 가다듬고 집중하는 사람은 그 작품 속으로 빠져 들어간다. 옛날 중국의 전설에 어떤 화가가 자기가 완성한 그림을 보고 그 속으로 들어갔다는 식으로 예술작품 앞에서 정신집중을 하는 사람은 그 작품 속으로 들어간다. 이에 반해 정신이 산만한 대중은 예술작품이 자신들 속으로 빠져 들어오게 한다. 이러한 현상을 가장 잘 보여주는 것은 건축물이다. 예부터 건축은 정신분산 속에서, 그리고 집단적 방식으로 수용이 이루어지는 예술작품의 원형이었다. 건축의 수용이 이루어지는 법칙들을 보면 우리는 이로부터 가장 많은 것을 배울 수가 있다(같은 글, pp. 144~145).

션 같은 친숙한 인간세계가 '낯설어'지고(이 개념에 대해서는 다시 돌아올 것이다), 현대의 백화점은 머나먼 행성에 있는 한 외계 사회의 제도만큼이나 특이하고 소름 돋는 장소가 되어버린다. 누워 있는 여성의 사진과 시트 방전 이미지의 윤곽이 겹쳐지는 순간 거의 비슷한 일이 발생한다. 객관적 관점에서 본다면, 아마도 문화와 자연의 대립? 어쨌든 이 두 기호는 상호 간 관계 속으로 들어가지 않을 수 없으며, 그 속에서 그중 하나의 종적種的 신호가 우세하게 된다(예를 들어 최면 상태에 있는 여성이 어떻게 방전된 전기를 자신의 의미 궤도로 끌어들일 수 있는지를 상상하는 것이 좀더 어렵다). 마지막으로 생쥐의 이미지와 행동실험 및 심리·직업 상담 관련 텍스트가 교차할 때, 이 조합은 관료 사회의 숨겨진 프로그램과 통제 메커니즘에 관한 예측 가능한 메시지를 생산한다는 것은 분명한 듯하다. 그러나 종적인 낯설게 하기estrangement, 자연과 문화의 대립, 대중심리학적 혹은 '실존'적 문화비평이라는 세 가지 형식의 영향 혹은 재서사화는 훨씬 더 복잡한 상호 교차 방식 중 몇 가지 잠정적 효과에 지나지 않는다. 사실 이 상호 교차 방식의 목록을 표로 만드는 작업은 불가능하진 않더라도 상당히 지루한 작업일 것이다(다른 어떤 이는 앞서 언급한 고급문화와 저급문화의 대립을 포함시킬 수도 있을 것이며, 어떤 이는 보잘 것 없지만 '자연스러운' 거리 풍경을 직접 찍은 것과 전형적인 미디어 자료의 흐름 사이에 존재하는 가장 통시적인 교차를 포함시킬 수도 있을 것이다).

이제는 우선순위나 불균등한 영향에 대한 질문들이 새로운 방식으로 제기될 수 있으며, 이 문제는 소리와 이미지 사이의 상대적 우선순위라는 명백히 중심적인 문제에 국한될 필요는 없다. 심리학자들은 청각적 인식 형식과 시각적 인식 형식을 구별하는데, 청각적 인식은

명백히 보다 즉각적이며 완전하게 형성된 청각적·음악적 형태gestalt
를 통해서 작동하는 반면, 시각적 인식은 적당하게 '인식 가능한' 것으
로 결정화되지 않을 수도 있는 점진적 탐색에 의존한다고 한다. 다른
말로 한다면 우리는 하나의 음조는 즉각적으로 인식하는 반면에, 영
화 장면의 장르적 구별을 가능하게 해주는 비행접시는 희미한 기하학
적 응시의 대상으로 남게 되며, 이 응시를 통해 우리는 굳이 비행접시
의 명백한 문화적·함축적 위치를 결정지으려 애쓰지 않는다. 그런 경
우에는 분명 청각적 로고가 시각적인 로고를 지배하고 다시 쓰게 될
것이며, 그 반대는 일어나기 힘들다(예를 들어 우리는 마네킹 사진에 의
해 SF 음악이 상호 간에 '낯설어'지는 것을 상상할 수도 있지만, 이 경우
그 음악이 마네킹과 똑같은 내용물로 이루어진 20세기 후반의 문화 쓰레
기로 되돌아갈 가능성이 있다).

　별개의 감각기관과 별개의 미디어로부터 전송되는 기호의 상대적
영향력이라는 가장 단순한 경우 말고도, 우리 문화에 있는 다양한 장
르적/종적 체계들의 상대적 중요성이라는 보다 일반적인 문제가 항존
한다. 우리가 광고라고 부르는 장르보다, (생존경쟁, 사무실, 틀에 박
힌 일상 같은) 관료 사회의 이미지를 제공하는 담론보다, 혹은 옵아트
효과(이것은 새로운 그래픽 기술보다 훨씬 더 많은 무언가를 함의할 수
도 있다)와 같이 이름이 없는 시각 '장르'보다, SF가 선험적으로 더 영
향력이 있다고 할 수 있는가? 내가 보기에 고다르 작품의 핵심에는 바
로 이 문제가 있으며, 그렇지 않더라도 최소한 다양한 국지적인 방식
으로 이 문제를 명시적으로 제기한다. 마사 로슬러Martha Rosler의 작
품 같은 몇몇 정치적 비디오아트는 문화적 언어들의 불균등한 영향력
을 다루면서 친숙한 문화적 우선순위를 문제시한다. 그런데 여기서

논하고 있는 비디오텍스트는 우리가 이러한 쟁점을 문제로서 정식화할 수 있도록 허락하지 않는다. 왜냐하면 우리가 기호들의 임시적 성좌constellation의 끊임없는 순환 운동의 힘이라고 칭했던 이 비디오의 형식 논리는 우선순위의 문제를 지워버려야만 가능하기 때문이다. 이런 주장과 가설은 우리가 지금까지 미루어왔던 해석과 미학적 가치의 문제로 우리를 안내한다.

'이 텍스트나 작품이 무엇에 **관한** 것인가?'라는 해석 문제는 일반적으로 주제에 관한 답변을 촉구하는데, 우리가 다루고 있는「소외국AlienNATION」이라는 비디오테이프의 친절한 제목 역시도 그러하다. 그에 대한 답변을 우리는 이제 알고 있다. 그것은 국가 전체의 소외이거나, 아마도 소외 자체를 중심으로 조직화된 새로운 종류의 국가일 것이다. (마르크스의 파리 수고Paris manuscripts〔『경제학-철학 수고』〕에서처럼) 노동자계급의 궁핍해진 삶을 구체적으로 표현하고자 할 때는 소외 개념이 엄밀성을 획득하게 된다. 그리고 소외는 또한 (흐루쇼프Nikita Khrushchev 개방기와 같은) 특정 역사적 시기에 특정한 기능을 갖는데, 동유럽(폴란드와 유고슬라비아)과 서유럽(사르트르)의 급진주의자들은 이것이 마르크스주의의 사유와 실천에 새로운 전통을 촉발시킬 수 있으리라 믿었다. 하지만 이 소외 개념은 (부르주아의) 정신적 질병을 지칭하는 일반적인 용어에까지는 이르지 못했다. 그러나 이것이 사람들이 불만을 느끼는 유일한 이유는 아니다. 로리 앤더슨Laurie Anderson의 빛나는 포스트모더니즘 퍼포먼스「미국USA」의 공연 중간에 **소외**라는 단어가 반복되면서(사실 이 말은 대중에게 지나가듯 속삭여진다), 이것이 실은 무엇인가에 '관한' 것이라는 결론에 이르는 것을 피할 수 없도록 만들 때 느끼는 불만의 이유 말이다. 이 공연을 본 사람은 사실상 두 가지 동일한 반응을 내놓는다. '그래서 그게 무슨 말을 하려는 거지?' 혹은 '그래서 그게 이 공연이 말하려는 전부야?' 여기에서 문제는 이중적이다. 무엇보다도 먼저 소외는 단순히 **모더니즘적** 개념일 뿐만 아니라 모더니즘적 **경험**이라는 것이다(여기에서 심화된 논의를 하기는 어렵지만, 이 말 정도는 해야 할 것 같다. 만일 오늘날 우리를 괴롭히는 것에 대한 말이 필요하다면, 이는 소외보다는 '심리적 파편화'라는 말이 더 적합할 것이다.) 그렇지만 이 문제의 두번째 줄기는 보다 결정적이다. 그 의미와 그것의 (의미로서의) 타당성이 무엇이건 간에, 사람들의 마음속 더 깊은 곳에서는 「미국」이나 「소외국」 같은 '텍스트'가 주제적인 관점에서 어떠한 '의미'도 가질 필요가 없다고 느낀다는 것이다. 우리가 「미국」에서 주제가 명시적으로 드러나는 찰나에 경험하게 되는 그 환멸을 잠시나마 느끼게 되는 바로 그 순간을 직접 관찰하고 좀더 세심한 주의를 기울인다면, 누구든 그러한 점을 마음껏 확인할 수 있다. 랭커스와 매닝과 레이섬의 공동 작품인 이 비디오테이프를 보는 동안 사람들이 이와 유사한 것을 느끼게 되는 지점들에 대해서는 이미 다른 맥락에서 일일이 열거한 바 있다. 그것은 기호와 해석체가 교차하는 바로 그 지점들로, 이들은 덧없이 흘러가는 메시지를 생산하는 것처럼 보인다. 고급문화와 저급문화의 대립, 실험실의 생쥐처럼 우리 모두가 프로그램화되어버린 현대 사회, 자연과 문화의 대립 등과 같은 메시지 말이다. 시쳇말로 이런 '주제들'은 진부하며, 또 소외라는 말만큼 진부하다(그렇다고 해서 캠프 미학만큼 구식은 아니다). 어쨌든 이런 흥미로운 사태를 단순화하고 본성과 질의 문제, 지적 내용의 문제, 혹은 주제 자체의 문제로 축소하는 것은 실수일 것이다. 사실 우리의 앞선 분석은 그러한 잘못들에 대해 보다 나은 설명을 하기 위한 과정이었다.

사실 우리가 보여주려 했던 것은 다음과 같다. 이 특정 비디오 과정 (혹은 '실험적'인 총체적 흐름)을 특징짓는 것은 요소들 간의 지속적인 순환이며 따라서 매 순간 각 요소들이 자리를 바꾸게 되는데, 그 결과 그 어떤 기호도 '해석체'의 위치(혹은 1차적 기호의 위치)를 영구히 차지할 수는 없고, 다음 순간(여기에서 영화 용어인 '프레임'이나 '숏'과 같은 말은 이런 연속적 과정에 적합하지 않다) 교대로 그 위치에서 쫓겨나 종속적인 위치로 탈각되며, 이 위치에서 전혀 다른 종류의 로고나 이미지 내용에 의해 '해석되'거나 서사화될 것이다. 하지만 이것이 그 과정에 대한 정확한 설명이라고 하더라도, 논리적으로 본다면 그것을 저지하거나 방해하는 어떤 것이 미학적 결함으로서 감지될 수 있다. 우리가 앞에서 불평했던 주제적 계기들이 그러한 방해의 순간, 즉 이 과정에 대한 일종의 봉쇄가 이루어지는 순간이다. 그러한 지점들에서 (하나의 기호나 로고가 다른 것에 대하여 잠정적 지배권을 행사하여, 그것을 자신만의 내러티브 논리에 따라 해석하거나 다시 쓰게 되는) 잠정적 '서사화'가 필름 위에 떨어진 불똥처럼 시퀀스 전체로 급속하게 퍼져나간다. 그리고 바로 그 지점에서 잠정적 서사화는 충분한 시간 동안 '지속'되기 때문에, 비디오 자체의 텍스트 논리와 상당히 모순되는 주제적 메시지를 생성하고 전달할 수도 있다. 그러한 순간은 사물화reification의 특이한 형식과 연관되는데, 동시에 우리는 이를 **주제화**thematization라는 말로 특징지을 수도 있을 것이다. 이는 후기의 폴 드 만이 애용했던 용어로서, 데리다를 글쓰기에 '관한' '철학적 체계'를 가진 '철학자'로 오독하는 경우를 묘사할 때 사용하곤 했다. 그렇다면 주제화란 텍스트의 한 요소 혹은 한 성분이 공식적 주제의 위상으로 격상되는 순간이며, 바로 그 지점에서 그것은 작품의 '의미'라는 좀더 높은 명예를 획득할 수 있는 후보자가 된다. 그러나 그러한 주제적 사물화가 반드시 '주제' 자체의 철학적이거나 지적인 특성으로서 기능하는 것은 아니다. 현대 관료 사회에서 소외 개념이 제아무리 철학적 흥미와 생존력을 지닌다고 하더라도, 그것이 이 비디오텍스트에서 하나의 '주제'로 부상하는 것은 본질적으로 형식적인 이유로 인하여 하나의 오류로서 기록된다. 이 주장에 거꾸로 접근할 수도 있는데, 이는 이 비디오에 있을 수 있는 또 다른 실수가 일본 SF 영화에서 잘라낸 장면의 '낯설게 하기 효과'에 지나치게 많이 의존하고 있다는 점이란 걸 밝히는 것이다(그런데 반복적으로 보게 되면, 이 영화 장면이 우리가 기억하는 것만큼 자주 나오지는 않는다는 게 분명해진다). 만일 그렇다면 우리는 여기에서 대중철학과 판에 박힌 억견을 통한 품격의 손상보다는, 내러티브나 장르 유형의 주제화와 관계하고 있는 것이다.

우리는 이제 이 분석을 통해 예상치 못한 결과를 얻을 수 있다. 그 결과란 다름 아닌 포스트모더니즘에서의 해석이라는 난처한 문제뿐만 아니라 또 다른 문제인 미학적 가치와도 관련된 것으로, 이는 우리 논의의 출발점에서부터 잠정적으로 논의 대상에 포함되었던 것이다. 만약 해석을 주제적인 측면에서 어떤 근본적인 주제나 의미를 풀어내는 것으로 이해한다면, 분명 포스트모더니즘 텍스트(문제의 비디오테이프를 이에 대한 특권적 전범으로 취급하고 있다)는 의미에 저항하는 구조 혹은 기호의 흐름으로서 정의될 수 있다. 이것이 가지는 근본적인 내적 논리는 그런 의미에서의 주제의 발생을 배제하는 것이며, 따라서 전통적인 해석을 향한 유혹을 체계적으로 단락短絡시키려 시도한다(이는 포스트모던 시대가 아직 동트기도 전에 수전 손택이 『해석에 반대한다*Against Interpretation*』라는 적절한 제목을 붙인 책을 통해 예언적으로 직관한 것이기도 하다). 이 주장으로부터 예기치 못하게 미학적 가치에 대한 새로운 평가 기준이 부상하게 된다. 즉 비디오텍스트가 제아무리 훌륭하고 위대하다 할지라도, 만일 그 텍스트가 해석 가능하다면, 또 혹여 그 텍스트가 그런 주제화의 장소와 영역을 느슨하게라도 열어놓는다면, 그 텍스트는 나쁘거나 흠결 있는 것이 된다.

그러나 작품의 '의미'를 찾는 것으로서의 주제적 해석은 지금의 텍스트를 포함한 모든 텍스트가 처할 수 있는 유일하게 가능한 해석학적 작용은 아니다. 결론으로 나아가기 전에 나는 두 가지 다른 해석적 선택지를 제시하고자 한다. 첫번째 선택지는 여기에서 뒤섞여 있는 통조림화된 문화적 쓰레기가 인용되어 각인되고 녹화된 자료가 아닌, 우리가 아직까지 주의를 기울이지 않았던 일단의 다른 요소들을 통해 예상치 못한 방식으로 우리를 지시대상체의 문제로 되돌려 보낸다. 이는 ('자연적' 소재로 규정될 수 있는 요소들로) 직접 촬영한 영상 부분들이다. 호숫가 시퀀스를 제외하면, 이 요소들은 본질적으로 세 가지로 분류된다. 먼저 도시 거리의 교차로는 일종의 타락한 공간으로, (안토니오니 감독의 「일식*Eclipse*」의 놀라운 마지막 장면의 가난한 먼 사촌쯤 되어 보이는) 이 장면은 추상화된 텅 빈 무대 혹은 사건*Event*의 장소를 희미하게 투영한다. 이곳은 무엇인가 일어날, 그것이 일어나기 전에는 형식적 기대감 속에서 기다리는 구획된 장소다. 물론 「일식」에서는 사건이 물질적 형태를 갖추지 못하고 두 연인 모두 만나기로 한 장소에 나타나지 않자, 이제는 잊힌 그 장소는 서서히 퇴락한 공간, 수량화되고 측정될 수 있는 현대 도시의 사물화된 공간으로 변질된다. 그러한 공간 속에서 땅과 대지는 수많은 상품과 분양지로 구획화된다. 비디오 속 도시 거리의 교차로에서도 역시 아무 일도 일어나지 않는다. 무엇인가 일어날 수 있다는 가능성과 사건이라는 범주의 희미한 발생만이 이 비디오테이프에서 이례적인 점이다(도래할지도 모르는 사건과 SF 영화에서 잘라낸 장면의 불안감은 단지 사건의 '이미지' 혹은 자신만의 시간성을 갖고 있지 않은 스펙터클 사건에 불과하다).

두번째 장면은 구멍 난 우유갑 시퀀스로, 이 장면은 첫번째 장면의 특수한 논리를 영속화하고 확증한다. 왜냐하면 여기에서 우리는 어떤 의미에서 순수한 사건 자체를 목도하게 되는데, 이 사건에 대해서는 눈물을 흘려도 소용없고 돌이킬 수도 없다. 손가락으로 구멍을 막는 걸 포기해야만 하고, 우유는 식탁 위에 쏟아져 그 너머로 흘러가는데, 이 극명하게 하얀 물질은 시각적으로 우리를 매혹시킨다. 만약 이 지극히 놀라운 이미지가 내게 매우 멀리 떨어진 보다 영화적인 상황을 상기시킨다면, 그것은 분명 부분적으로 이 이미지에서 영화 「맨추리안 캔디데이트Manchurian Candidate」*의 유명한 장면을 떠올리는 나만의 일탈적이고 순전히 개인적인 연상 탓일 것이다.

세번째 부분은 가장 기발하지만 더 의미 없어 보이는데, 이는 앞에서 이미 언급했던 장면으로 철물점 연장을 가지고 호스티스사의 트윙키 비슷하게 생긴 크기를 확정할 수 없는 오렌지색 물체에 대해 연구실 실험을 하는 듯한 어이없는 장면이다. 이 직접 찍은 약간 다다dada적인 영상이 주는 거북함과 모호한 혼란스러움은 동기의 명백한 결여와 관련된다. 사람들은 아무런 만족감도 느끼지 못한 채, 이 장면을 실

---

* 「맨추리안 캔디데이트」는 존 프랑켄하이머John Frankenheimer 감독의 1962년 작품으로 세뇌당한 스파이와 미국 대통령 선거 후보자 암살에 관한 이야기를 다룬다.

험실 동물 시퀀스에 대한 〔코미디언〕 어니 코백스Ernie Kovacs식의 패러디로 보려 할 것이다. 어쨌든 이 비디오테이프의 어느 곳에서도 이런 특정한 양식이나 우스꽝스러운 '목소리' 비슷한 것을 찾아볼 수 없다. 이 세 이미지 중 특히 이 트윙키에 대한 부검은 유기적 조직 속에 엮여 있는 한 가닥의 유기물질을 희미하게 상기시키는데, 이는 요제프 보이스Joseph Beuys*의 조각품에서 고래 기름 덩어리가 하는 기능과 비슷하다.

첫번째 접근법은 내가 보기엔 무의식적 불안의 차원에서 작동한다. 여기에서 우유갑에 난 구멍은 이제 명백하게 총알구멍으로 이해된다 (「맨추리안 캔디데이트」의 암살 장면에서 희생자는 열린 냉장고 문 앞에서 밤참을 먹다가 깜짝 놀란다). 그동안 내가 제공하지 않았던 또 다른 단서가 있는데, 이는 컴퓨터로 만든 X자 표시로 소총의 과녁 표식처럼 텅 빈 거리의 교차로를 가로지르며 움직인다. (이 논문의 초기 판본을 읽은) 기민한 청중이라면 연관성을 알아차리고, 이제부터는 이것이 명백하며 부정할 수 없다고 지적할 것이다. 미국 미디어를 접하는 대중에게 우유와 트윙키라는 두 요소의 조합은 너무도 특이해서 호기심을 갖지 않을 수 없다. 사실 (이 비디오테이프를 제작하기 직전 해인) 1978년 11월 27일 샌프란시스코 시장인 조지 모스코니George Moscone와 시의원 하비 밀크Harvey Milk가 전직 시의원에게 사살을 당했는데, 범인은 법정에서 호스티스사의 트윙키 과다 섭취로 인한 심신미약 상태를 이유로 무죄라고 주장하는 잊을 수 없는 변론을 펼쳤다.

이제 여기에서 마침내 지시대상체가 그 모습을 드러낸다. 그것은

---

* '요제프 보이스'(1921~1986)는 독일의 전위예술가로 플럭서스의 일원으로 활동했다.

잔인한 사실이고, 역사적 사건이며, 이 특수한 상상의 정원에 있는 진짜 두꺼비다. 그러한 지시성을 추적하는 것은 분명 해석 행위 내지는 앞에서 언급했던 것과는 다른 종류의 해석학적 발견을 수행하는 것이다. 왜냐하면 만일 「소외국」이 이것에 '관한' 것이라면, 그러한 표현은 이 텍스트가 소외 자체에 '관한' 것이라는 주장에서 사용했던 표현과는 분명 다른 느낌을 가질 수밖에 없기 때문이다.

　지시성reference의 문제는 특이하게도 최근 유행하고 있는 다양한 포스트구조주의 담론의 헤게모니 속에서 추방당하거나 부정적인 낙인이 찍히게 되었다. (지시성과 더불어, '리얼리티reality' '재현representation' '리얼리즘realism' 등과 같이 비슷한 낌새가 보이는 말들도 비슷한 상황에 처해 있는데, 심지어 **역사**history라는 단어도 알파벳 'r'이 들어 있어 비슷한 취급을 받는다.) 오로지 라캉만이 부끄러움을 모른 채 '실재the Real'에 대해 계속 이야기하고 있는 실정이다(그런데 실재 역시 부재하는 것으로서 정의된다). 의식으로부터 독립된 외부의 실제 세계라는 문제에 대한 존중할 만한 철학적 해결책은 모두 전통적인 것으로, 이것이 의미하는 바는 전통적인 철학이 제아무리 논리적으로 만족스럽다고 할지라도(그런데 논리적 관점에서 보자면 이들 중에 그 무엇도 썩 만족스럽지는 못하다), 이들은 최근의 논쟁에 참가할 만한 적절한 후보자는 아니다. 텍스트성과 텍스트화의 이론이 헤게모니를 장악하고 있다는 것의 의미는 무엇보다도 논쟁이 벌어지고 있는 공공 영역에 들어갈 수 있는 입장권을 손에 넣기 위해서는 일반 문제 영역의 기본적인 전제들에 대해 암묵적이든 아니든 동의를 해야만 한다는 것인데, 이는 전통적인 입장이 사전에 거부할 수밖에 없다. 내 생각에 역사주의는 이 악순환 혹은 이중 구속으로부터 전혀 예상치 못한 탈출로를 제공해준다.

　예를 들어 최근의 문화와 사유 속에서 '지시대상체'의 운명이라는 쟁점을 제기하는 것은, 예전의 지시성 이론을 주장하거나 모든 새로운 이론적 문제를 미리 거부하는 것과는 같지 않다. 반대로 그러한 문제들을 유지하고 지지하지만 단서를 붙이는 것이다. 즉 새로운 이론적 문제들은 그 자체로 흥미로울 뿐만 아니라, 동시에 역사적 변화의 징후라는 것이다.

　지금 우리와 관련된 직접적인 사례에서, 나는 명확한 지시대상체로 여길 수 있는 것의 현존과 실존을 주장했다. 예컨대 죽음과 역사적 사실 같은 것은 궁극적으로 텍스트화될 수 없으며, 또한 텍스트적 가공의 그리고 〔기표의〕 조합과 자유 유희의 얇은 막을 뚫고 나오게 된다(라캉이 말하듯 "실재"는 "절대적으로 상징화에 저항하는 것이다"). 내가 여기에 즉시 덧붙이자면, 이는 리얼리즘이라고 알려진 어떤 것이 텍스트화하는 세계관에 대해서 특별히 영광스러운 철학적인 승리를 거두었음을 의미하지 않는다. 이 비디오텍스트에서 보듯이 뒤에 숨겨진 지시대상체를 주장하는 것은 일종의 쌍방향 통행로라 할 수 있는데, 이것의 정반대는 상징적인 의미에서의 '억압'이나 '지양 Aufhebung'이라 이름 붙일 수 있을지도 모른다. 그림은 우리가 바라보는 것이 뜨는 해인지 지는 해인지 말해주지 않는다. 우리가 발견한 것이 지시성의 지속과 완강함, 혹은 모든 것을 말해주는 지시성의 중력과 같은 힘을 기록하는가? 아니면 반대로 그것은 지시성이 체계적으로 가공되고, 와해되며, 텍스트화되고, 증발해버려 결국에는 소화되지 않는 찌꺼기만을 남기는 경향적 역사 과정을 보여주는가?

　이런 모호성을 어떻게 다루던 간에 이 비디오테이프가 지닌 구조적 논리의 문제는 남는데, 이 비디오에서 직접 촬영한 시퀀스는 다른 많은 줄기 중에 단 하나에 불과하며 아주 사소한 것에 지나지 않는다(비록 그것의 속성이 주의를 끌기는 하지만 말이다). 비록 그것의 지시적 가치가 만족스럽게 설명될 수 있을지라도, 앞에서 설명된 합체와 분리의 순환 논리는 분명 그러한 가치를 와해시킨다. 이렇게 되면 지시적 가치는 개별적 주제의 등장만큼이나 용인될 수 없는 것이 되어버린다. 또한 이렇게 기괴한 시퀀스가 미디어의 판에 박힌 이미지 콜라주의 무작위적이고 방향성 없는 '무책임'보다는 나을 수도 있음을 우리가 인정한다는 미명하에 가치론적 체계가 발전할 수 있는지 역시 분명치 않다.

그러나 우리는 이 비디오테이프를 해석하는 또 다른 방법을 생각해볼 수 있다. 이는 추정적 메시지나 의미 혹은 내용보다는, 그것의 생산 과정 자체를 강조하는 해석이다. 이런 독해에서는 암살 개념과 미디어 및 복제 기술의 전지구적 체계가 불러일으키는 판타지와 불안감 사이에서 어떤 멀찍한 화음이 울려나올 수도 있다. 판타지와 불안감이라는 겉보기에 관련이 없는 두 영역 사이의 구조적 유비analogy가 음모라는 개념을 통해 집단적 무의식 속에 자리를 잡게 되는데, 이 둘의 역사적인 맞물림은 케네디John F. Kennedy 대통령 암살 사건에 의해 역사적 기억에 깊이 새겨진다. 게다가 케네디 암살 사건은 미디어 보도와 더 이상 분리되지 않는다. 자기지시성이라는 측면에서 이러한 해석이 제기하는 문제는 그것의 개연성이 아니다. 누군가는 아마도 모든 비디오아트, 심지어 모든 포스트모더니즘의 가장 심층적인 '주제'는 정확히 복제 기술 그 자체라는 주장을 옹호하고자 할 것이다. 방법론적 어려움은 오히려 다음과 같다. 그러한 전 지구적 '의미'는 심지어 앞서 우리가 다루었던 해석적 의미들보다 더 새로운 유형이나 지위를 가질 수 있으며, 이는 다시 한 번 개별적인 텍스트를 용해시켜 총체적 흐름보다 더 재앙적인 무無구별성의 영역으로 몰아넣을 수도 있다. 즉 앞서 언급했던 개별 작품의 이율배반이 발생하는 것이다. 만일 모든 비디오텍스트가 단순히 생산/재생산의 과정만을 지시한다면, 그것들은 아마도 특유의 쓸모가 전혀 없는 '똑같은 것'이 되고 말 것이다.

나는 이러한 문제를 해결하려 애쓰지 않을 것이다. 대신 현재의 (포스트모던적인) 문화적 생산의 성격을 특징짓고 그것의 다양한 이론적 전망들을 위치시키는 데 상당히 유용했던 일종의 신화를 통해서, 내가 요청한 바 있는 역사주의적 접근법과 관점 들을 다시 무대에 올려 보고자 한다.

옛날 옛적 자본주의와 중간계급 사회가 막 동터오던 무렵, 기호라 불리는 것이 태어났다. 그것은 자신의 지시대상체와 큰 문제 없이 좋은 관계를 유지하고 있는 것처럼 보였다. 문자 그대로의 언어 혹은 지시적 언어의 시대이자 소위 과학적 담론을 아무 문제 없이 주장할 수 있었던 이 시기, 즉 기호의 초기 전성시대는 우리가 사물화라고 부르게 될 힘이 마술적 언어의 오래된 형식을 파괴적으로 와해시키면서 도래했다. 사물화의 힘이 가진 논리는 무자비한 구별과 분리의 논리였으며, 또한 전문화와 합리화의 논리이자, 노동의 모든 영역에서의 과학적 노동분업화를 꾀하는 논리였다. 불행히도 전통적인 지시성을 탄생케 했던 그 힘은 끊임없이 강해져 자본 자체의 논리가 되고 말았다. 따라서 탈약호화 혹은 리얼리즘으로 규정될 수 있는 이 첫번째 시대는 오래 가지 못했다. 변증법적 역전을 통해 그것은 다시 사물화의 파괴적 힘의 대상이 되어버렸다. 사물화의 힘이 언어의 영역으로 침투하여 기호를 지시대상체로부터 분리해버린 것이다. 그러한 분리가 지시대상체, 대상세계, 혹은 리얼리티를 완전히 철폐하지는 못했다. 그것은 마치 작아진 별처럼 혹은 적색왜성처럼 지평선 위에 간신히 자신의 존재를 여전히 유지하고 있었다. 그러나 지시대상체와 기호 사이가 너무 멀리 떨어져버린 탓에, 기호는 자율성의 시대로 들어서게 되었고, 자신의 예전 대상과 대비하여 상대적으로 자유롭게 떠다니는 유토피아적인 존재가 되었다. 이러한 문화의 자율성 내지는 언어의 반⁺자율성이 바로 모더니즘 시대이자, 세계가 없어도 세계를 복제할 수 있는, 그리하여 어떤 부정의 힘이나 비판적 힘과 더불어 탈세속적인 무익함도 획득할 수 있게 된 미학의 시대라 할 수 있다. 그러나 이런 새로운 세계를 도래케 했던 사물화의 힘은 여기에서 멈추지 않았다. 한층 고양되고 양에서 질로의 전화가 역전된 또 다른 단계에 이르자, 사물화는 기호 그 자체 속으로 침략해 들어가 결국 기표와 기의를 분리해버렸다. 이제 지시성과 리얼리티는 완전히 종적을 감추어버렸다. 심지어 의미(기의)마저도 문제시되었다. 이제 우리가 포스트모더니즘이라고 칭하는 기표의 순수하고 무작위적인 유희만이 남겨졌다. 포스트모더니즘은 이제 더 이상 모더니즘적 유형의 기념비적 작품을 생산하지 않으며, 다만 기존 텍스트들의 파편과 오래된 문화적·사회적 산물들의 블록 조각들만을 끊임없이 새롭고 과장된 브리콜라주 방식으로 재배열할 뿐이다. 즉 다른 책들을 포식하는 메타책metabook과, 다른 텍스트의 파편들을 모아서 맞추는 메타텍스트metatext뿐인 것이다. 포스트모더니즘 일반의 논리가 그러하며, 포스트모더니즘의 가장 강력하고 가장 독창적이며 진정성 있는 형식은 바로 실험적 비디오라는 새로운 예술 속에서 찾을 수 있다.

4장   세계체제의
공간적 등가물

포스트모더니즘은 건축을 향한 욕구에 대한 질문 제기와 거의 동시에 이 질문의 방향을 바꾼다. 북미 사람들에게 건축은 음식과 마찬가지로 상대적으로 최근에야 기호의 대상으로 여겨지게 된 듯하다. 그들은 음악과 스토리텔링에 대해서는 거의 모든 것을 알고 있는 반면, 웅변술에 대해선 관심도가 떨어지는 편이고, 가끔은 미신적이거나 주술적인 냄새가 나는 다소 의심스러운 목적으로 작고 어두우며 비밀스러운 그림을 그렸다. 그러나 상당히 최근까지도 그들은 먹는 것에 대해서는 많이 생각하지 않으려 했다(거기에는 충분한 이유가 있었다!). 그리고 건축 공간에 대해서도 마찬가지로 방어적인 수면 상태가 오랫동안 지속되어왔다. 전반적으로 '보고 싶지 않아' 내지는 '알고 싶지 않아'라는 식의 태도가 미국의 고전적인 도시와의 가장 두드러지는 관계로서 발전해온 듯하다. (그렇다면 포스트모더니즘은 이 모든 것이 바뀌는 계기가 되었을 것이다.) 사실상 자연적인 혹은 생물학적인 종족 보존이라는 전쟁 직후의 유산으로 인하여, (사실 미학이라는 이름을 붙이기에도 민망한) 그런 미학적 본능은 즉각적인 상품화로 전환되었다. 한편에 패스트푸드가 있다면, 다른 한편에는 키치적인 인테리어 장식과 가구가 있는데, 이들은 미국의 대표 상품이기도 하지만 동시에 대공황과 당시의 극렬한 물리적 빈곤의 기억을 떨칠 수 있도록 고안된 일종의 보호막처럼 여겨지기도 했다(전후 최초의 미국 국내 생산품은 커튼이었다). 하지만 그들은 맨 처음부터 다시 시작할 수는 없었다. 그리고 (레이건Ronald Reagan이 자신을 프랭클린 루스벨트Franklin Roosevelt와 비교하기 위한 핑곗거리로 되살려내기 전까지는) 대공황이 잊힌 지 한참이나 지난 소위 포스트모더니즘 시대에, 모든 것은 그런 가망 없는 상업적 출발점 위에 세워져야만 했다. 그리하여 마치 헤겔 밑에서 공부라도 한 것처럼, 포스트모더니즘은 그 모든 쓰레기들을 한껏 고양시킨 후 부정해버린다(일종의 지양Aufhebung이다). 고급 음식으로부터 자신을 분리하는 햄버거와, 기업의 환각적인 기념탑들의 무지갯빛 풍경 속에 존재하는 라스베이거스를 포함해서 말이다.

그러나 건축에 대한 욕구는 공화국의 다양한 사회계급이 도심에 대하여 견지해왔던 '나와는 상관없어'라는 식의 오래된 태도와는 모순된다. 분명 건축은 도시를 의미했으며, 또한 그것은 독립적이면서도 이왕이면 돌로 만들어져서 공간 속에 위치한 자태가 보기 좋은 건물을 의미했다. 보기 좋다는 것이 올바른 표현이라면 말이다. 여기에 해당되는 것이 기념비적인 건축이다. 그것은 건물의 본체와 외곽선에 현대적인 레토릭을 요구하지 않으며, 또한 색깔로 약호화된 포스트모던적 감각의 천박한 외관일 필요도 없다. 우리가 몸소 거대한 계단을 걸어 올라갈 필요는 없지만, 그렇다고 대충 훑어보고 모형을 만들어 주머니에 넣고 집으로 가져갈 수 있는 매너리즘적인 포물선 모양도 아니다. 하이데거와 J. P. 모건에 대해 이미 언급했던 바처럼, 기념비는 이 둘 사이 어딘가에 세워진다고 말하는 게 적절할 것이다. 즉 파르테논보다 피츠버그에 가깝지만, 관념적으로는 둘 모두를 포함한다. 그리고 아마도 신고전주의적인 것에 대해 뭔가 긍정적인 걸 말해야 할 시간이 된 듯한데, 여기에서 말하려 했던 것이 바로 그것이다. 신고전주의는 조합 설계에서 수면 아래 침묵하고 있던 대응물이라 할 수 있는 것으로, 몇 년 전 느닷없이 포스트모더니즘에 의해 조명받았다. 프랑스 요리에 대한 욕구와 마찬가지로, 이런 건축에 대한 욕구는 견실하고 부르주아적인 19세기의 것으로, 파리 그 자체를 옮겨놓지는 못하더라도, 적어도 여전히 차도車道와 인도人道라는 형식적 범주를 포함하는 충실한 신고전주의적 도시를 요구했다. 그런데 이 형식적 범주를 철폐하고자 했던 것은 모더니즘의 유명한 시도로서, 이는 적지 않은 성공을 거두기도 했다. 내 생각에 포스트모더니즘은 그보다 훨씬 더 근본적인 구별을 철폐하려 했는데, 이는 안과 밖의 구별이다(모든 모더니스트는 이에 대해 하나가 다른 하나를 표현해야 한다고 늘 말해왔는데, 이것은 무엇보다도 안과 밖의 구별이 필요한가를 의심하기 시작한 사람이 아무도 없었다는 것을 암시한다). 한때 거리였던 것이 이제는 백화점 내의 수많은 통로로 변신한다. 이를 일본식으로 생각한다면, 백화점은 포스트모던 '도시'의 모델이자 상징이, 비밀스런 내적 구조이자 개념이 된다. 이는 이미 도쿄의 일부 구역에서 충분히 적절하게 현실화되었다.

그러나 그 결과 건축은 새로운 것으로서 공간적으로 흥미로워졌지만, 이러한 도시 풍경 속에서는 예전 건축과 같이 고급스러운 건축 요리를 주문하고 싶어도 그렇게 하기 훨씬 어려워졌다(그리고 그런 의미에서 포스트모더니즘 건축가의 진정한 업적은 야밤에 대충 먹을 수 있는 냉동 간식의 발명에 비견할 만하다. 즉 먹고 싶은 바로 그것은 아니지만 일종의 대체재를 개발한 것이다). 따라서 오늘날 건축에 대한 욕구(나는 공식적으로 포스트모더니즘이 이 욕구를 완전히 재창안하진 않았더라도, 최소한 그것을 부활시켰다는 주장에 동의한다)는 실제로는 다른 어떤 것에 대한 욕구가 분명하다.

　내 생각에 그것은 사진에 대한 욕구다. 오늘날 우리가 소비하고자 하는 것은 건물 그 자체가 아니다. 사실 고속도로를 타고 한 바퀴 돈다고 하더라도, 우리는 그 건물들을 거의 알아보지도 못한다. 도심의 조건반사는 우리가 그것의 사진을 기억해내기도 전에 단조로운 곳으로 변질된다.〔로스앤젤레스의〕고전적인 서던 캘리포니아의 건설 현장은 자신의 이미지를 퇴색시키고 일반적인 잠정성을 새겨 넣었는데, 이 잠정성은 '텍스트'에서라면 훌륭한 것일 수 있으나 공간적으로는 조잡함의 또 다른 동의어에 지나지 않는다. 사실 이는 마치 '외부의 리얼리티'(우리는 이를 지시대상체로서 특징짓지 않도록 주의해야 한다)가 (흑백영화에서의) 흑과 백의 마지막 피난처이자 보호구역이 되어버린 듯 느껴지게 한다. 바깥의 실제 세계에서 우리가 색깔이라고 생각하는 것은 사실 내부의 어떤 컴퓨터 프로그램에 대한 정보에 불과한 것으로, 이것은 고전 할리우드 영화에 색깔을 입히듯이 데이터를 재가공하여 적당한 색조로 채운다. 진짜 색깔은 광택 있는 종이에 찬란함을 간직하고 있는 사진을 볼 때 나타난다. "세상의 모든 것은, 책에 이르기 위해 존재한다Tout, au monde, existe pour aboutir à un Livre."* 글쎄, 최소한 사진집은 그렇다! 그리고 사진을 위해 설계된 듯 보이는 포스트모더니즘 건물도 많은데, 이 건축물들은 오직 사진 속에서만 CD에 담긴 최첨단 오케스트라의 모든 인광燐光을 간직한 채 찬란한 존재와 현실성으로 빛을 발한다. 프린스턴 대학의 고든 우 홀Gordon Wu Hall에서 벤투리가 번쩍이는 금속 자재와 단단한 난간 기둥을 사용하여 고결함으로 전향하고자 했던 것처럼, 촉각적이고 촉감적인 것으로 돌아가려는 모든 시도는 루이스 칸Louis Kahn이나 '후기모더니즘' 시대를 돌아보는 듯한데, 당시에는 건축자재가 비싸고 고급스러웠으며 사람들은 여전히 정장에 넥타이를 매고 다녔다. 이것은 귀금속에서 신용카드로 이행한 것과 유사하다. '나쁜 새로운 것'은 덜 비싼 것도 아니고, 우리가 그 가치를 덜 소비하는 것도 아니다. 다만 (이후에 주장하게 될 바와 같이) 우리가 최우선적으로 소비하는 것은 사진 장비의 가치이지 피사체 자체의 가치는 아니다.

따라서 아마도 포스트모던 건축은 결국 문학평론가의 자산이 될 것이며, 또한 여러 가지 방식으로 텍스트적인 것이 될 것이다. 모더니즘적인 실천 방식은 개인의 스타일과 이름을 중심으로 사물을 조직화하는 것이었으며, 여기에서 이런 스타일과 이름은 개별 작품보다 더 큰 차별성을 가졌다. 여전히 남아 있는 모더니즘의 여파는 개별 작품이 요구하는 방법뿐만 아니라 작품의 구조 속에서도 분명하게 드러나는데, 포스트모더니즘에 대한 연구에서는 이런 모더니즘의 잔재들을 검토하고 그것들의 필연성을 숙고하는 것이 적지 아니 중요하다(이 장에서도 그러한 방식으로 연구를 수행하고자 한다).

다른 한편으로 포스트모더니즘 안에는 모더니즘보다 훨씬 예전으

---

* 말라르메의 시 「책, 정신의 도구Le Livre, Instrument Spirituel」의 한 구절이다.

로부터 내려온 잔재도 있는데, 이것들은 고풍스러운 '억압된 것의 귀환'으로 우리 앞에 나타난다.

예를 들어 부채꼴 구조의 집단 형식은 일반적으로 그 본성상 우리 시대보다 더 집단적인 이전 생산양식의 잔재이자 유산이라고 할 수 있다. 중국 요리와 그것의 공시적 상호 관계가 그러하며, 혹은 다른 영역에서 현재 일본식 팀team 개념으로 알려진 것이 있는데, 이것은 분명 본래 공장과는 다른 영역에서 집단을 조직하는 데 사용된다. 이렇게 본다면 '총체성'의 혹은 건축의 기념비적 모델은 모더니즘 시대의 남은 파편들을 재구성한 것이라는 가설에 이르게 된다. 다시 말해서 이러한 재구성은 보다 고풍스러운 총체성 형식을 대체할 수 있는 자본주의적이고 '서구적인' 대안적 총체성 형식을 제공해주진 않는다. 무엇보다도 자본주의의 논리는 분산과 분리인 까닭에, 어떤 형태로건 전체라는 개념으로 나아가지 않는 경향이 있기 때문이다. 우리의 생산양식에서 전체라는 개념을 찾을 수 있는 곳은 국가권력(혹은 달리 말하자면 국가 관료제의 건설이나 재건설)이기 때문에, 전체성을 찾으려는 노력은 분산과 파편화에 대한 반작용이자 반동적 혹은 2차적 형식으로 보일 수도 있다. 그렇다면 포스트모던 시대에 나타나는 [전체의] 이완은 예전의 집단 형식으로의 회귀가 아니라 모더니즘적 구조가 느슨해진다는 의미이며, 따라서 (아직까지는 구별 가능하고 비교적 분해되지 않은) 그 구조의 요소와 부분 들이 기적적인 정체 혹은 유예 상태에서 서로 일정한 거리를 두고 부유하고 있는 것이다. 물론 이런 요소와 부분 들은 성좌처럼 곧 흩어질 것이 분명하다. 이 과정이 그림처럼 생생하게 재현된 곳은 분명 포스트모던 건축가들의 소위 역사주의에서 찾을 수 있는데, 특히 역사주의가 고전적인 언어와 맺는 관계에서 더욱 그러하다. (처마도리, 기둥, 아치, 주식柱式, 상인방上引枋, 지붕창, 돔 같은) 다양한 고전적인 요소는 공간 속에서 서로로부터 탈피하려는 우주론적 과정의 느린 힘으로 시작하여, 이전의 지지대로부터 독립하여 자유로운 부양 상태에 놓이게 되고, 마지막 짧은 순간에 심리적 기표로서 찬란한 자율성을 부여받는다. 이는 마치 각각 요소들의 2차적인 공의어共義語적 기능이 순간적으로 대문자 말Word 자체가 되었다가, 텅 빈 공간의 먼지 속으로 혹하고 사라지는 듯하다. 이러한 부유는 초현실주의에서 이미 나타난 바 있다. 달리Salvador Dalí의 그림에서 죽은 예수들이 자신이 못 박혔던 십자가 위를 떠다니기도 하고, 마그리트의 그림에서 중산모를 쓴 남자들이 하늘에서 빗방울 형태로 서서히 떨어지는데 이 빗방울로 인하여 남자들은 또 중산모를 쓰고 우산을 가지고 다니게 된다. 이 모든 대상을 어떻게든 한꺼번에 각인시키기 위해 사용되는 것이 무중력 상태의 경험인데, 이 속에 스며 있는 동기를 찾기 위해 자주 언급되는 것이 『꿈의 해석The Interpretation of Dreams』이다. 이는 부유하는 대상에 대해 심리적 깊이의 모델이나 무의식을 제공해주지만, 그 방식은 포스트모더니즘과는 무관하며 맥락상 다소 고리타분하다. 그런데 찰스 무어Charles Moore가 만든 '이탈리아 광장Piazza d'Italia'이나 그의 다른 많은 건축물에서는, 그 요소들이 자신만의 추진력을 가지고 느슨하게 부유하면서, 각각이 건축 자체에 대한 하나의 기호나 로고가 된다. 그에 따라 건축은 말할 필요도 없이 상품처럼 소비되며, 또한 그런 소비를 불러일으키는 열정의 향기를 풍긴다. 이는 모더니즘이 그런 요소들에게 수행하라고 요구하거나 대개는 억압했던 역할과는 상반되는 것으로, 모더니즘은 소비에 저항하거나 소비될 수 없는 경험을 제공하길 열망했다.

모더니즘에는 낙체 법칙이 작용하며, 따라서 (프로이트의 에로스처럼) 끌어당기는 힘을 통해 요소들을 하나의 덩어리로 결합시키고자 했다면, 이와는 근본적으로 기조를 달리했던 포스트모더니즘은 해결책으로서 일종의 반중력성antigravity을 통해 건축의 각 요소와 성분 들을 공중에 붕 뜨게 만든 것처럼 보일 수도 있는데, 이러한 종류의 내적 차이화가 포스트모던 공간의 근본적 징후가 될 수 있을지도 모른다. 겉보기에 포스트모더니즘은 이와 무관하다. 왜냐하면 그것은 이 원심력 운동보다는 긍정적인 관계의 원리를 암시하는 듯하며, 또한 유기체가 이물질에 반응하면서 일종의 격리 공간이나 완충지대로 끌어들여 그것을 둘러싸고 중화시키는 방식 같은 것을 제시하기 때문이다. 그런데 그 이물질은 대개 그저 과거에 속한 것이기 때문에 외래 물질 혹은 외계 물질로 취급받는다.

그러하기에 나는 건축가들의 용어를 빌려, 이 두번째 절차를 **포장**wrapping이라 부르고자 한다. 왜냐하면 우리가 여기에서 이와 비슷한 작업을 하고 있으며, 이는 또한 이론적인 차원에서 '그것의 개념을 생산'하고자 시도하는 것이기 때문이다. 포장이란 헤겔이 "토대ground"라고 불렀던 보다 전통적인 개념의 와해에 대한 반작용으로 볼 수 있다. 여기에서 토대는 '콘텍스트context'의 형식으로 인문학적 사유에 들어오는데, 이를 반대하는 사람들에게 그것은 올바르지 못한 '외부적인 것' 혹은 '외연적인 것'으로 느껴진다. 왜냐하면 그것은 두 개의 근본적으로 다른 일단의 사유와 절차라는 이중 잣대를 암시하는 듯 보이며(하나는 텍스트에 대한 것이고, 다른 하나는 여기서 문제되고 있는 콘텍스트에 대한 것이다. 후자는 대개 텍스트의 외부로부터, 즉 역사나 사회학의 설명서로부터 들여왔다고 여겨진다), 더욱이 그것은 언제나 좀더 거창하면서도 훨씬 더 용인될 수 없는 사회적 총체성 개념의 도입을 떠올리게 하기 때문이다. 그렇다면 그 문제는 형식의 문제로 재구성된다. 만일 도圖/지地 관계*를 처음부터 배제한다면, 서로 구분되는 이 두 집합의 정보 혹은 원재료 사이에 우리는 어떤 종류의 관계를 설정할 수 있는가? '상호텍스트성'이라는 말은 항상 이 문제에 대한 너무 빈약한 형식주의적 해결책에 지나지 않는다. 하지만 포장이라는 말은 훨씬 나은 해결책을 제시한다. 무엇보다도 그것은 조금 더 하찮은 (따라서 즉각적으로 처분 가능한) 것일 뿐만 아니라, 보다 중요하게는 상호텍스트성과는 달리 (하나의 요소를 다른 하나에 기능적으로 종속시키는 것으로, 종종 '인과율'이라 칭해지는) **우선순위** 내지는 심지어 **위계질서**라는 본질적인 전제조건을 유지하면서도 이따금씩 그것을 전도시킬 수도 있기 때문이다. 포장되는 것이 포장지로 사용될 수도 있고, 결국에는 포장지가 포장의 대상이 될 수도 있는 것이다.

이러한 효과는 허구적 예술 작품에 대한 말로André Malraux의 직관[1]과 같은 예전의 기대를 통해 근사치까지 접근할 수 있다. 그가 염두에 둔 것은 사진이 당시까지는 현실화되지 못한 새로운 예술 형식을 창조해내는 방식인데, 예를 들어 스키타이족의 보석 조각의 금박을 확대하여 파르테논 신전의 프리즈frieze를 연상시키는 부피를 부여하고, 장식 예술을 조각으로 변형시키는 것이다. 그리고 유목민의 임시방편적이고 유동적이며 사소한 생산품을 기념비적이고 고정된 정전적인 '작품'으로 변형시키는 것이다. 정전적인 작가인 동시에 스스로의 관점

---

* '도/지 관계figure/ground relationship'는 게슈탈트 심리학에서 나온 용어로, 시각적으로 특정 형상을 인지하기 위해서는 형상과 배경을 구별해야 한다는 의미다.

에서는 모더니스트였던 말로 자신도 그러한 변형의 개념을 생산하는데는 성공하지 못했지만, 익명의 스키타이 작가를 ([이집트] 파이윰Fayoum의 무덤 화가들과 더불어) '주요' 정전에 포함시키는 데는 성공했다. 이와 같은 작업이 다른 방향에서도 성공할 수 있는지, 즉 위대한 정전의 형식을 사소한 작품으로 되돌릴 수 있는지는 아직 풀리지 않은 또 다른 문제다(들뢰즈Gilles Deleuze와 가타리Félix Guattari가 카프카라는 현대의 고전을 통해 이런 작업을 시도했다).2)

하지만 [포스트구조주의] 이론적 담론의 발흥과 더불어, (어쨌든 모든 것이 텍스트이기 때문에) 한때 콘텍스트라고 칭해졌던 것 역시 사실은 우리가 다른 책에서 가져온 것이기에 그 자체로 하나의 텍스트에 불과하다는 생각이 실질적으로 보편화된 이후, 말로식으로 허구적인 예술 형식을 창조하려는 실천은 인용quotation처럼 보였던 방식을 통해 현실화되었다. (예를 들어 안드레이 타르콥스키Andrey Tarkovsky의 영화 「노스탤지어Nostalgia」에서 가져온 사진을 보라.) 이것은 모든 종류의 비평이나 텍스트 해석explication de texte에서 명백해지지만, 특히 현대 이론의 보다 독특한 비평적 관행 속에서는 더욱 분명하다. 예컨대 하나의 텍스트가 단순하게 다른 텍스트 속에 포장되면서 역설적 효과를 가져오는데, 포장의 대상인 첫번째 텍스트는 (그것이 단순히 글쓰기 표본이었건, 아니면 한 문단이나 예문, 혹은 콘텍스트와는 무관하게 아무렇게나 잘려 나온 하나의 조각이나 순간이건 관계없이) 자율적이고 그 자체로 일종의 통일성을 가졌다고 인정받게 된다. 말로의 귀걸이에 달린 포식하는 사자가 그러하듯 말이다. 이 새로운 이론적 담론은 (한때 대문자 문학Literature이라 불렸던) '1차 텍스트'를 자신의 내용물substance로 동화시키는 데 열중한다. 문학적 요소들의 약호를 변환

안드레이 타르콥스키의 「노스탤지어」에 등장하는 이탈리아 성당 내부의 러시아 가옥

하고, 모든 반향과 유추를 전면에 부각하며, 때때로 신조어를 만들어내기 위해 예시의 특징적 스타일을 빌려오기까지 한다. 즉 그들로부터 이론적 포장지에 필요한 공식 용어를 빌려오는 것이다. 실제로 가끔 덜 유명한 고전 작품들의 경우에는, 그것들을 대변해주는 강력한 이론가의 언어 속으로 빨려 들어가, 결국에는 이름 있는 이론가를 위한 부록이나 확장된 각주로 기능하는 운명에 처하곤 한다. 그런데 많은 경우 지속적으로 영향을 미치는 것은 이런 2차적인 결과라 할 수 있다. 물론 그것이 딱히 의도된 결과는 아니다. 즉 최근의 이론은 예술의 1차적 통일성을 느슨하게 만들뿐만 아니라 작품을 텍스트로 분해하여, 그것의 요소들을 풀어주고 해방시켜 각종 메시지의 각축장인 후기자본주의의 미디어 문화 혹은 '객관 정신'의 단편적인 정보로서 반ᴇ자율적 존재로 만들어버린다. 그러나 이 경우 그 움직임이 역전될 수도 있다. 예를 들어 새뮤얼 딜레이니Samuel Delany 같은 작가들은 이론적 담론의 용어 파편들을 자신의 공식적인 '문학 생산' 속으로 되가져와 작품 속에 끼워 넣는데, 그렇게 되면 이론적 용어들은 마치 지층 속의 화석이나 미래의 폼페이에 있는 원자화된 신체를 설명하는 말처럼 기능하게 된다.* 이론적 담론의 '파편들'은 과거 예술 작품에서의 파편들과는 전혀 다른 것으로, 오히려 신조어에 가깝다. 이런 신조어들은 이데올로기적인 로고가 되어 폭탄의 파편처럼 사회세계 속으로 폭넓게 퍼져나가서, 일반적인 용법으로 사용되다가 점차 동력을 상실한 채 하강 포물선을 그리게 되고, 결국에는 피해갈 수 없는 이런저런 장애

---

* 딜레이니는 1976년 과학소설 『트리톤*Triton*』에서 푸코의 용어인 "헤테로토피아heterotopia"를 차용하여, 지구와 동떨어진 유토피아적 공간을 지칭하기 위해 사용한다.

물에 걸려 그곳에 고착되는데, 그 장애물이란 다름 아닌 미디어 그 자체다.

포장지와 포장 대상이라는 전략이 영속화하는 것은 또한 (함축적으로는 상호텍스트성 '개념'의 가장 명시적인 메시지도 마찬가지인데) 그 어떤 부분도 새롭지 않다는 암시이며, 이후에 위기에 처한 〔개념인〕 급진적 혁신이라기보다는 반복이다. 문제는 결과적 역설에 있는데, 그 역설은 포스트모더니즘 일반과 특히 포스트모던 건축이 역사적 독창성을 가지고 있다는 주장이 바로 이런 새로움에 대한 거부에 근거하고 있다는 것이다. 그렇다면 '신neo'이라는 개념 속에서 (어떤 새롭고 독창적인 의미에서) 독창적인 것은 독창성을 멀리하고 강력하고 독창적인 방식으로 반복을 수용한다는 뜻일까? 포스트모더니즘이 세계 자체를 변화시킬 수 있는 근본적으로 새로운 유토피아적 공간의 생산이라는 위대한 모더니즘의 신화를 명시적으로 거부한 마당에, 우리는 어느 정도까지 포스트모더니즘의 공간 건축의 독창성을 설명할 수 있는가?

그러나 늘 그렇듯 포스트모더니즘의 딜레마는 모더니즘의 딜레마를 수정하기 마련이다(반대로 그에 의해 수정되기도 한다). 모더니즘에 있어 혁신이란 이데올로기적 가치로서는 충분히 모호하지 않은 것이지만, 그것이 현실화되었을 때는 구조적으로 양가적이고 판단 불가능하다. 만약 사회적 혁신을 사후에 기입하는 것이 손쉬운 문제라고 생각한다면, 이런 종류의 판단은 (르 코르뷔지에같이) 모더니스트들 중에서도 가장 계획적이었던 건축가의 작업 속에 나타나는 형식적 변화와 급진적 사회 변화 자체의 명백한 동일시를 통해, 즉 일반적인 경험적 검증 가능성을 제공할 수도 있는 어떤 것을 통해 이루어졌어야만 했다. 상부구조의 관점에서 그러한 변화를 통해 사유하려는 시도는 결국 본질적으로 종교적인 사회 모델이나 세계관을 생산할 수도 있다. 어쨌든 여기에서 공간이라는 개념은 지극히 매개적인 기능을 한다. 공간에 대한 미학적인 정식화는 즉각적으로 한편으로는 인식적 결과를, 다른 한편으로는 사회정치학적 결과를 수반한다.

하지만 이는 또한 공간의 혁신이 초래한 사회적 결과를 공간 자체의 측면에서 규정짓는 것이 오해를 불러올 수도 있는 이유이기도 하다. 또 다른 영역이나 매개체로부터 가져온 간접적인 제3의 항이나 해석체가 자신의 논리를 강요할 수도 있기 때문이다. 영화 연구에서 그런 경우가 있었는데, 몇 년 전 크리스티앙 메츠Christian Metz는 자신의 영화 기호학을 정교하게 다듬기 위해 거대한 다시 쓰기 프로그램을 수행하여 영화적 구조의 본질들을 언어와 기호 체계의 차원에서 재구성하고자 했다.[3] 그러한 다시 쓰기 프로그램의 가시적 결과는 두 가지 문제를 야기했는데, 이는 영화 기호학이 순전히 영화적 언어 속에 남아 있었다면 결코 드러나거나 주목을 받을 수 없는 문제였다. 첫번째는 영화에서 (단어와 같은 것은 고사하고) 〔언어의〕 기호와 그 구성 성분에 상응하는 영화 이미지의 최소 단위와 거대형식macroform이 무엇인가의 문제이다. 두번째는 영화의 디에게시스diegesis* 속에서 (하나의 문장이나 그보다 더 큰 일종의 '텍스트'적인 문단까지는 아니더라도) 하나의 완결된 발화로서 여겨질 만한 것이 무엇인가의 문제이다.** 그러

---

* '디에게시스'는 일반적으로 스토리텔링 방식을 의미하지만, 영화적인 의미에서는 카메라와 편집에 의해 창조되는 영화의 내적 세계 혹은 내러티브 세계를 지칭한다.

** 영화 기호학에서는 '영화는 언어와 같다'고 정의하는데, 여기에서 문제는 언어의 최소 단위인 '기표'가 영화에도 존재하느냐이다. 시간에 의존하고 있는 영화의 영상 언어 속에서는

나 그러한 문제들은 존재론적 (혹은 이와 거의 같다고 할 수 있는 형이상학적) 문제처럼 보이는 더 큰 의사-문제pseudo-problem의 틀 속에서 '생산된' 것으로, 이 의사-문제는 영화가 일종의 언어인가 같은 대답할 수 없는 문제의 형식을 취할 수 있다(심지어 영화가 언어 혹은 대문자 언어Language와 **유사하다**고 주장하는 것은 형이상학적인 울림을 만들어낸다). 영화 연구에서 이 특정 시기가 종언을 고하게 된 것은 그러한 존재론적 질문이 잘못되었다고 판명되었을 때가 아니라, 약호를 전환하는 국지적 작업이 그 대상의 한계에 봉착했을 때로, 바로 이 지점에서 의사-문제에 대한 판단이 제 길로 들어설 수 있었다.

이러한 다시 쓰기 프로그램은 지금 우리가 논하고 있는 건축의 맥락에서도 유용할 것이다. 이것이 (이미 존재하는) 건축 기호학과 혼동되지 않는다면, 그리고 두번째 역사적이고 유토피아적인 단계가 이 핵심적인 과정에 추가될 수 있다면 말이다. 이 두번째 단계의 기능은 (지어진 공간은 일종의 언어인가 같은) 유사 존재론적 질문을 제기하는 것이 아니라, 이런저런 공간적 형식이 취할 수 있는 가능성의 조건에 대한 질문을 일깨우는 것이다.

영화에서처럼 첫번째 질문은 최소 단위에 대한 것이다. 지어진 공간의 단어들 혹은 최소한 그것의 실사實辭, substantive들에는 방房이 있을 것이고, 통사적으로 혹은 공의共義적으로 다양한 공간적 동사 및 부사(예를 들어 복도, 출입구, 계단)와 연관되고 그것들에 의해 표현되며, 결국에는 그림, 가구, 장식, 장식품(이것에 대한 아돌프 로스Adolf Loos

---

하나의 기표를 구별해내는 것이 불가능하기 때문이다. 즉 하나의 숏shot이 기표로 기능할 수도 있지만, 그보다 더 긴 신scene이나 시퀀스sequence 역시 기표로 기능할 수도 있다.

의 청교도적인 거부는 상당히 흥미로운 언어적·문학적 대응점을 제공한다) 같은 형식의 형용사에 의해 수식되는 범주들이 있을 것이다. 한편 (우리가 하나의 건물을 하나의 문장'이라고' 말할 수 있다면) 이 '문장들'은 자신의 몸으로 다양한 움직이는 자리와 주체 위치를 차지하고 있는 독자에게 읽힌다. 반면에 이러한 단위들이 삽입되는 더 큰 텍스트는 도시 자체의 텍스트 문법에 해당될 수 있다(아마도 이들은 세계체계 속에서 더 광대한 지리地理와 그 지리의 통사적 법칙 속에 삽입될 수도 있을 것이다).

일단 이런 식으로 건축과 언어 간의 등가 관계를 설정하면, 그다음에는 보다 흥미로운 역사적 정체성에 대한 문제가 제기되기 시작한다. 이는 언어학이나 기호학이라는 학제에 내재된 문제가 아닌, 역사적 정체성이 변증법적으로 도전받을 때 나타나기 시작하는 문제들이다. 예컨대 우리는 (최소 단위로서) 방이라는 근본 범주를 어떻게 생각해야 하는가? 개인 방이나 공적인 방 혹은 (화이트칼라를 위한 사무실 같은) 집무실 등이 똑같은 실사로서 여겨질 수 있는가? 이 모든 방들이 똑같은 문장구조 내에서 서로 무관하게 배치될 수 있는가? 그런데 어떤 역사적인 해석에 따르면,[4] 현대적인 의미의 방은 기껏해야 17세기에 복도가 발명되면서 나타나게 되었다고 한다. 방의 사생활적 의미는 사람들이 혼란 속에서 다른 방으로 어렵사리 지나가기도 하고, 자는 사람들의 몸을 넘어 다녀야 했던 질 낮은 취침 공간과는 거의 관계가 없다. 이러한 혁신을 재서사화한다면, 방에 대한 질문은 핵가족의 기원과 부르주아 주체성의 탄생 및 형성에 대한 동종의 질문을 낳게 되고, 뿐만 아니라 그와 연관된 건축 기술에 관한 의문도 발생하게 된다. 그것은 또한 처음으로 그 공식을 만들어낸 언어철학에 대해 심각한 의심을 제기하기도 한다. 즉 단어와 문장의 초역사적 지위란 도대체 무엇인가? 현대 철학은 (고대 그리스어와 라틴어의 유사성은 말할 것도 없고) 자신의 가장 근본적인 (서구의) 범주들과 고대 그리스어의 문법적 구조와의 관계를 평가하기 시작하면서, 자신의 역사에 대한 비전뿐만 아니라 그것의 기능에 대한 개념을 현저하게 수정해왔다. 현대 철학에서 실체substance라는 범주를 거부하게 된 것은 이런 역사성의 경험이 가져다준 충격에 대한 한 가지 반응이라 할 만하다. 왜냐하면 역사성에 대한 경험은 실사 자체를 신뢰하지 않는 것으로 보였기 때문이다. 문장 자체의 거시적 차원에서 이와 비슷한 일이 있었는지는 불확실하다. 비록 학문 분과로서의 언어학이 연구 대상 중 가장 큰 단위로서의 문장과 맺었던 구성적 관계에 대해서는 이해되었지만 말이다(그리고 이 관계는 의미론이나 텍스트 문법과 같은 보완적 학문 분과를 발명하려는 시도를 통해 약화되기보다는 더욱 강화되는 추세를 보이고 있는데, 사실 의미론이나 텍스트 문법은 그것이 필사적으로 넘어서거나 철폐하고자 했던 한계를 극적인 방식으로 보여주기도 한다).

여기에 정치적·사회적 결과를 끌어오게 되면 역사적 성찰은 보다 혼란해질 뿐이다. 칸트에서 레비-스트로스Claude Lévi-Strauss까지 모든 철학자들은 언어 자체의 기원(인류시대의 태초에 거대한 마그마 속에서 문장과 단어가 원형적인 형태로 만들어지는 지점)에 대한 질문을 금기시해왔다. 비록 그것이 사회 자체의 기원에 대한 질문을 동반할지라도 말이다(그리고 그것은 가족의 기원이라는 또 다른 연관된 질문을 동반하기도 했다). 하지만 언어에 나타날 법한 진화와 변화에 대한 질문은 여전히 생각해볼 만하며, 또한 (이런 질문이 여전히 가능한 곳에서라면) 이 질문은 사회에 나타날 법한 변화에 대한 유토피아적 질문과의 핵심적 관계를 품고 있다. 사실 그러한 논쟁이 취하는 형식은 포스트 모던 사회가 조금이라도 변화할 수 있는가 아닌가에 대한 우리의 깊은 확신과 엄격하게 비례하여 철학적으로 수용 가능해 보이거나, 반대로 시대에 뒤떨어지고 미신적으로 보이게 될 것이다. 예를 들어 구舊소비에트연방에서 벌여졌던 마르Nikolai Marr 논쟁은 리젠코Trofim Lysenko 와 더불어 과학적 일탈로 분류되었는데, 언어의 형식과 구조 자체가 상부구조로서 생산양식에 따라 변화한다는 마르의 가설 때문이었다. 차르 시대 이후 러시아어에는 실질적인 변화가 없었던 탓에, 스탈린은 자신의 유명한 소책자인 「마르크스주의와 언어학Marxism and Linguistics」을 통해 이러한 고찰을 급작스럽게 중단시켰다. 우리 시대에는 페미니즘만이 사실상 유일하게 젠더 지배와 불평등이 소멸한 사회에서 사용될 유토피아적 언어를 상상하기 위해 시도하고 있다.[5] 그 결과 최근의 과학소설 분야에서 위대한 성과를 거두었으며, 하나의 실천 형식으로서 유토피아적 상상력의 정치적 가치를 알리기 위한 전범을 계속해서 만들어가야 한다.

바로 이런 유토피아적 실천의 관점에서, 우리는 건축에서의 모더니즘 운동의 혁신에 대해 어떻게 판단할 것인가의 문제로 돌아올 수 있다. 말라르메에서 포크너로 이어지는 문학의 모더니즘에서 문장의 확장이 근본적인 역할을 했듯이, 건축의 모더니즘에서 최소 단위의 변형은 근본적인 것으로, 길을 지워버리려고 했다는 점에서 문장(그 자체)을 초월하고자 시도했다고 할 수 있다. 르 코르뷔지에의 "프리 플랜free plan"* 역시 이와 거의 똑같은 의미에서 통사적 범주로서의 전

---

* '프리 플랜'은 일반적으로 '오픈 플랜open plan'이라고도 불리는 설계 방식으로, 방의 사

통적인 방의 존재에 대해 도전하며, 새로운 방식으로 거주하라는 명령을 생산한다고 볼 수 있다. 즉 형식적 변이의 윤리적이고 정치적인 (그리고 아마도 정신분석적인) 결과로서 새로운 삶과 주거 양식을 창안하라는 것이다. 그렇다면 문제는 '프리 플랜'이 비록 새로운 유형이기는 하지만 그저 또 다른 형태의 방을 생산하는 것이냐, 아니면 (문장 너머의 언어가 서구의 개념성과 사회성 모두를 초월할 것이라는 생각과 마찬가지로) 그것이 방이라는 범주를 전적으로 뛰어넘는 것이냐가 된다. 그것은 다다이즘의 성상 파괴와 정화를 통한 치유같이, 낡은 형식의 파괴라는 문제만은 아니다. 그러한 종류의 모더니즘은 유토피아적이라고 정의할 만한 가치가 있는 새로운 공간적 범주를 표현할 것이라 약속한다. 익히 알려져 있다시피 포스트모더니즘은 본격 모더니즘의 그러한 유토피아적 열망에 대한 부정적 판단과 동일하며, 그 열망을 포기했다고 주장한다. 그러나 포스트모더니즘이라는 그 새로운 이름, 급진적 단절이라는 느낌, 새로운 종류의 건축에 대한 열렬한 환호, 이 모든 것은 새로움 혹은 혁신이라는 개념이 모더니즘 시대를 넘어 여전히 살아남아 있음을 증명한다.

　나는 바로 이런 문제틀 내에서 혁명적 공간성을 강력하게 주장하는 몇몇 포스트모던 건축 중 하나를 분석해보고자 한다. 그것은 캐나다계 미국인 건축가 프랭크 게리가 1979년 캘리포니아주 샌타모니카에 자신을 위해 건축한 (혹은 재건축한) 집(혹은 단일 가족 거주지)이다. 하지만 여러 문제가 이 출발점을 둘러싸고 있다. 우선 첫번째는 게리가 자기 자신과 보다 일반적인 포스트모던 건축과의 관계를 어떻게 생

용을 최소화하여 칸막이벽 없이 공간을 최대한 넓게 사용하는 것을 말한다.

각하고 있는지 불분명하다는 것이다. 그의 스타일은 분명 마이클 그레이브스Michael Graves나 찰스 무어Charles Moore 혹은 심지어 벤투리가 사용했던 허세적 장식의 경박함과 역사주의적 인유와는 공유점이 거의 없다. 게리는 이렇게 말한다. 벤투리는 "스토리텔링을 향해 갑니다. 〔……〕 저는 실질적인 것에 관심이 있지, 이야기를 하는 데는 관심이 없습니다."[6] 이는 (다른 무엇보다도) 포스트모더니즘이라는 개념이 유래하게 된 시대구분을 향한 열정을 적절히 표현하는 말이라 할 수 있다. 반면에 단일 가족 거주지는 또한 포스트모더니즘 기획의 특징과는 거리가 멀어 보일 수도 있다. 궁전이나 대저택의 웅장함은 무엇보다도 '주체의 죽음'과 더불어 시작된 이 시대에는 분명 점차 어울리지 않는 것이 되었다. 그렇다고 핵가족이 특별하게 포스트모던적인 관심사나 흥밋거리도 아니다. 그렇다면 여기에서도 우리는 〔게임에는〕 이길지라도, 실제로는 패배할 수도 있다. 다시 말해서 게리의 건축이 독창적이라고 증명될수록, 그만큼 그것의 특징을 포스트모더니즘 일반의 특징으로 일반화할 수 없게 된다.

그 집은 22번가와 워싱턴 애비뉴의 교차점에 위치하고 있는데, 정확하게 말하면 새 건물이 아닌 오래되고 아주 전통적인 틀을 가진 집을 재건축한 것이다.

다이먼스틴Barbaralee Diamonstein: 그런데 선생님께서 만들어낸 예술 작품 중에 하나가 선생님께서 살고 있는 집입니다. 그 건물은 교외의 익명성으로 설명되곤 합니다. 건물의 원래 구조는 2층의 꺾인지붕을 가진 미늘벽 판자집이었죠. 선생님께서는 먼저 그 주위로 골함석〔물결모양으로 주름진 금속판〕으로 1층 반 높이의 벽을 세우고, 그 벽 뒤에서 원래 구조물이 새로운 구조물 안에서 불쑥 솟아나오게 만들었습니다. 어떤 의도로 그렇게 하셨는지 말씀해주시겠습니까?

게리: 그건 제 아내와 관련됩니다. 그녀가 이 멋진 집을 발견했답니다 —저는 제 아내를 사랑합니다— 골동품으로 가득 찬 이 작고 귀여운 집을 말이지요. 너무나 작고 사랑스러운 녀석이었죠. 당시에 저희 부부는 살 집을 찾느라 고생하고 있었어요. 우리는 샌타모니카에서 부동산 붐이 정점에 이르렀을 때 그 집을 샀고, 최고가를 지불했습니다.

다이먼스틴: 16만 달러였다고 읽었습니다.

게리: 맞아요. 16만 달러였지요.

다이먼스틴: 아주 큰돈이네요.

게리: 1년 전만 해도 그 집은 불과 4만 달러였어요. 힘겨운 결정이었죠. 저는 항상 그랬습니다. 그 집은 살기에 괜찮았습니다. 방도 충분히 있었고, 모든 게 갖춰져 있었지요.

다이먼스틴: 초록 지붕에 핑크색 집이었죠?

게리: 하얀 미늘벽 위에 핑크색 석면 지붕이었습니다. 그 위에 몇 겹의 레이어가 있었죠. 즉 그 집은 이미 레이어가 있던 집이었는데, 요즘 그 말이 유행하고 있지요. 레이어 말입니다.

다이먼스틴: 그 부분이 선생님께 매력적이었던 거군요?

게리: 어쨌든 저는 그 낡은 집과 대화하기로 맘먹었는데, 사실 그건 내가 론 데이비스Ron Davis의 집에 대해 하고자 했던 말과 다르지 않습니다. 그 집은 내부가 외부와의 대화에 참여하고 있지요. 저희 집에서는 그 대화가 쉽게 이루어졌는데, 왜냐하면 그 옛집은 이미 다른 미학을 가지고 있었고, 저는 그것과 결판을 지으면 되었죠. 하지만 저는 그 둘 사이의 관계를 탐색하고 싶었습니다. 저는 옛집이 외부에서 보면 손상되

지 않은 채 그대로 남아 있는 것처럼 보이면 좋겠다는 생각에 사로잡혔습니다. 그렇게 되면 새집을 통해 옛집을 볼 수 있고, 옛집은 마치 새로운 피부로 포장된 것처럼 보이게 됩니다. 새집의 새 피부와 창문은 옛집의 창문과 미학적으로 완전히 다릅니다. 그러면 옛집과 새집은 계속해서 서로 간에 긴장 관계 혹은 그와 비슷한 상태에 놓이게 되죠. 저는 각각의 창문을 미학적으로 다르게 만들려고 했는데, 당시에는 완성하지 못했습니다.

다이먼스틴: 그러면 옛집이 알맹이고 새집은 포장지군요. 물론 선생님께서는 선생님의 어휘 속에서 친숙한 재료들을 다수 사용하셨는데, 예를 들어 금속이나 합판, 유리, 철망 울타리 등 모두가 아주 값싼 건축자재들입니다. 한편으로는 그 집이 마무리가 덜 되고 거칠어 보이기도 합니다만……

게리: 마무리가 되었다고는 확신할 수 없네요.

다이먼스틴: 확신하지 못한다고요?

게리: 네.

다이먼스틴: 확신할 수 있는 사람이 있을까요?

게리: 애매합니다. 일전에 저는 이것이 가족에게 어떤 영향을 미칠까 생각해본 적이 있습니다. 제 아내가 식탁 위에 서류와 물건 들을 늘어놓은 걸 본 적이 있는데, 거기에는 우리가 이 집에서 어떻게 살 것인가 하는 조직 구성에 존재하는 일종의 혼란이 있었습니다. 그래서 저는 그게 내가 마무리를 했는지 안 했는지를 아내가 알지 못하는 것과 연관이 있다고 생각하기 시작했습니다.[7]

이어지는 내용에서 나는 개빈 맥레이-깁슨Gavin Macrae-Gibson의 저서『건축의 비밀스러운 삶*The Secret Life of Buildings*』[8]에 상당히 많이 의존하고 있는데, 이 책에는 현상학적이고 형식적인 설명을 담고 있는 몇 편의 훌륭한 글이 실려 있다. 나는 그 집을 직접 방문한 적이 있는데, 바르트의『모드의 체계*System of Fashion*』에 나오는 극명한 방법론적 아포리아를 피하기 위해 무지 애를 썼다(이 책에서 바르트는 물리적인 패션 그 자체보다는 패션에 관한 글쓰기를 분석하려 했다). 그러나 건축 '텍스트'에 대한 가장 물리적이고 감각적으로 보이는 접근마저도 (우리가 건축 사진의 특정 현상으로 돌아갈 때 마주하게 될 어떤 것이라 할 수 있는) 표현이나 해석과는 명백하게 대립된다는 것은 분명하다.

그러나 맥레이-깁슨의 저서는 지금 우리의 관심사에 대해 상당히 강력한 주장을 펼친다. 이는 이 책이 가지고 있는 해석틀의 성격에 기인하는 것으로, 그것은 예전의 본격 모더니즘의 해석틀을 유지하고 있으며, 그렇기 때문에 묘사와 해석 사이의 핵심적 결합 지점에서 모더니즘과 포스트모더니즘의 차이를 드러낼 수 있는 무언가를 우리에게 말해준다. 게리의 건축물 그 자체만큼이나 핵심적인 것을 말이다.

맥레이-깁슨은 게리의 집을 세 가지 유형의 공간으로 분류한다. 나는 이 3중의 차이화를 그대로 따라가지는 않겠지만, 이는 유용한 출발점을 제공해준다. "첫번째로 집 1층과 2층의 뒤편에 일단의 방들이 있는데, 계단과 침실과 욕실과 옷장으로 구성되어 있다. 두번째로 옛 가옥의 주요 공간으로, 1층의 거실과 2층의 주 침실이 있다. 마지막으로 새로운 공간적 포장지에 싸인 복잡하고 좁다란 공간으로, 출입 공간과 부엌과 식당으로 구성되며 거실보다 다섯 계단 밑에 있다."[9]

이 세 유형의 공간을 차근차근 되짚어보자. "이 집은 기존의 예쁜 핑크색 지붕이 있는 1920년대풍 집의 3면을 골함석 껍데기로 에워싼 형태로 되어 있어서, 껍데기와 옛 가옥의 외부 벽 사이에 새로운 공간을 창출해내고 있다."[10] 옛집의 목재 골조들은 마치 비계飛階의 기억처럼 제자리에 남아 있지만, 식당과 부엌은 그 너머까지 확장되어 본래 진입로와 마당이 있던 곳에 위치한다(예전의 1층 지면보다 다섯 계단 밑에 있다). 기존의 틀과 새로운 포장지 사이에 존재하는 이 새로운 구역들은 거의 유리벽으로 처리되어 시각적으로 열려 있기 때문에, 예전의 '바깥' 혹은 '옥외' 공간과 구별되지 않는다. 이런 형식적 혁신으로부터 우리가 어떤 종류의 미학적 전율을 얻던 간에, 그것은 분명 안/밖이라는 범주의 손상이나 그에 대한 재배열과 관련될 것이다(그것은 아마도 불편함이나 불쾌감에서 오는 전율일지도 모른다. 하지만 또 한편으로 그곳에서 아침 식사를 했던 필립 존슨Philip Johnson은 상당히 따뜻한gemütlich 느낌을 받았다고 한다).

〔외부를 둘러싸고 있는〕 골함석 벽이 가져다주는 명백한 효과는 옛 가옥을 무자비하게 침탈하여 잔인하게도 '모던 예술'이라는 인장을 찍고 사인을 한 것처럼 보이면서도, 옛 가옥을 완전히 해체하지는 않았기 때문에 마치 '예술'의 위압적인 몸짓이 과정 중간에 방해를 받으며 방기되어버린 것처럼 보인다. 이런 극적인 형식상의 개입 이외에도(잠시 후 살펴보겠지만 싸구려 건축자재의 사용 또한 잊지 말아야 한다), 새롭게 포장된 이 집의 또 다른 극적인 특징은 진입로 구역을 유리로 감싼 것과 더불어, 특히 부엌에 새롭게 채광창을 낸 것과 연관되는데, 이는 바깥에서 보면 마치 거대한 유리 상자가 밖으로 불쑥 튀어나온 것처럼 보인다. 게리가 "텀블링 큐브tumbling cube"라고 부르는 이곳은 "낮에는 움푹 들어간 공터가 되고 밤에는 봉화烽火처럼 앞으로 튀어나온 물체가 되는 어떤 것이 맞닿아 있는 교차로"라 할 수 있다.[11]

맥레이-깁슨의 이러한 묘사는 내게 굉장히 흥미롭기는 하지만, 말레비치Kazimir Malevich의 신비스러운 사각형으로 되돌아가는 그의 유리 상자에 대한 해석은 (사실 게리가 말레비치의 전시관을 설계한 적이 있기 때문에, 그에 대한 언급이 임의적으로 보이진 않지만) 내가 보기엔 철저하게 잘못된 것이다. 이는 특정 포스트모더니즘의 낡은 옷 같은 싸구려 미학을 예전 본격 모더니즘의 가장 원대한 형이상학적 소명 의식 속에 의도적으로 다시 각인시키려는 시도라 하지 않을 수 없다. 게리 스스로도 자신의 건물을 보는 사람이라면 누구나 쉽게 인지할 수 있는 것이 값싼 건축자재라고 자주 강변했다. 그래서 그는 그 건물을 "구두쇠 건축"이라고 부른 적도 있다. 이 건물을 둘러싸고 있는 알루미늄 골함석 말고도, 그는 철망, 가공되지 않은 합판, 콘크리트 블록, 전봇대 등과 같은 자재를 명백히 선호할 뿐만 아니라, 심지어 과거 한때 (놀라울 정도로 화려한) 마분지 가구를 디자인한 적도 있었다. 그러한 건축자재는 분명 '함축적인 의미'를 갖는다.[12] 이 자재들은 질료와 형식의 통합이라는 위대한 모던 건축의 기획을 폐기하고, 동시에 게리의 집에 경제적인 혹은 하부구조적인 주제를 분명하게 각인시킴으로써, 주택과 건축의 비용은 물론 나아가 땅의 가치에 대한 투기 비용까지 우리에게 상기시킨다. 사회에 대한 경제적 조직화와 (공간적) 예술의 미학적 생산 사이에 구성적 이음매가 존재한다면, 건축은 (아마도 영화를 제외한) 그 어떤 예술 장르보다 더 극적으로 이 이음매를 안고 살아가야 하지만, 그로 인하여 생기는 상처는 영화보다도 건축이 더 생생하게 전달한다. 또한 그 이음매는 건축이 경제에 의해 결정된다는 사실을 억압하고 은폐해야만 한다.

유리 상자와 골함석 판. 눈에 띄는 이 표식들은 교통사고 희생자의 몸을 꿰뚫고 들어간 치명적인 쇠기둥처럼 이전 건물에 깊게 파고들어서, 이런 건축에 대해 품어볼 법한 유기적 형식이라는 환상(이것이 바로 예전 모더니즘의 구성적 이상이다)을 산산이 부숴버린다. 이 두 가지 공간적 현상이 '포장지'를 구성한다. 이 포장지는 이전 공간을 침해한다. 그리고 이것들은 새로운 건축의 일부가 되는 동시에 그것으로부터 거리를 유지한다. 마치 이물질처럼 말이다. 내가 보기에 그것들은 또한 포스트모더니즘 선언문이라 할 수 있는 『라스베이거스의 교훈』에서 로버트 벤투리가 새로운 미학의 과업과 소명을 재정식화하기 위해 전통으로부터 해방시킨 건축의 두 가지 위대한 구성적 요소에 상응한다. 그것은 바로 파사드façade(건물 정면)와 건물 뒤편의 창고 혹은 건물 자체의 차고 같은 공간 사이의 대립이라 할 수 있다. 하지만 게리는 하나를 다른 하나에 대립시킴으로써 흥미롭지만 임시방편적인 해결책을 만들어내는 이런 모순 속에 머물러 있지 않는다. 내가 보기엔 오히려 전면의 골함석 벽과 텀블링 큐브는 딜레마에 빠진 두 항을 **인유**하면서도, 그 딜레마를 다른 곳에 위치시킨다. 그곳은 바로 옛 가옥의 유물들과, 역사와 과거의 지속성이다. 그것은 글자 그대로 새로운 요소들을 통해서 여전히 볼 수 있는 내용으로서, 골함석 포장지의 창문 비슷하게 열린 틈을 통해 그 뒤편에 있는 목조 가옥의 오래된 창문이 드러나는 순간 나타난다.

만약에 그렇다면 우리는 맥레이-깁슨이 만든 3단계 체계를 재조정하지 않을 수 없다. 그의 첫번째 범주는 전통적인 교외 공간의 잔여물인데, 이것은 일단 그대로 놔두고 나중에 다시 돌아오기로 하자. 하지만 만약에 포장지라고 할 수 있는 큐브와 골함석 벽이 건축적 변화 과정의 시각적 대리자로서 자신만의 생명력을 가지고 있다면, 그것은 그 자체로 하나의 범주로서 지위를 부여받아 마땅하다. 반면에 맥레이-집슨의 남은 두 가지 공간 유형이라 할 수 있는 예전 가옥의 '주요 공간'과 새로운 '출입구' 및 부엌 공간은 첫 두 범주가 교차하면서 만들어낸 결과물로서, 즉 '포장지'가 전통 가옥에 개입함으로서 발생하는 결과물로서 병합될 것이다.

따라서 우리의 의도에 따른다면 거실이 옛 가옥 안에 이미 만들어진 공간 속에서 생겨난 반면, 부엌은 사실상 옛 가옥의 외부에 추가된 방이라는 사실은, 둘 다 똑같이 새로운 공간이라는 점 이상의 의미를 갖지 않는 듯하며, 이는 차후에 평가받아야 할 것이다. 사실 느슨하게 둘러진 외부의 포장지와 이제는 불필요해진 옛 가옥의 '시들어가는' 구조 골격 사이의 공간에 만들어진 움푹 들어간 거실과 식당과 부엌은, 내가 보기엔 그 자체로 완전히 포스트모던한 공간이 아닐 수 없다. 그곳은 불안이나 기쁨 속에서 우리의 몸이 기거하는 공간이며, 안과 밖에 대한 범주와 지각 들이라는 오랜 습관을 버리고자 시도하면서도, 여전히 (이전의 중심화된 부르주아적 자아의 울타리와 같은) 튼튼한 벽에 의존하는 부르주아적 사생활을 갈망하고, 용설란 혹은 바르트가 캘리포니아성이라고 부를 법한 어떤 것을 새롭게 재구축된 우리의 환경 속에 끌어들일 수 있다는 참신함에 대하여 감사하는 공간이라 할 수 있다. 우리는 이 새로운 '하이퍼스페이스'의 성가신 모호성을 반복적으로 그리고 다양한 방식으로 강조해야만 한다. 이를 맥레이-집슨은 이렇게 표현한다.

다수의 모순적 관점들이 넓고 다양한 지평선 위아래에 있는 여러 소실점을 향해 간다. 〔……〕 그 어떤 관점도 올바른 각도가 아니라면, 어떤 관점도 똑같은 점을 향해 소실되지 않을 수도 있다. 〔……〕 게리가 왜곡된 관점의 수평면과 골재의 부재部材들을 환영적으로 사용하는 방식은, 보는 이에게 이와 똑같은 느낌을 불러일으킨다〔마치 로널드 데이비스Ronald Davis의 그림에서 "관람자가 삐뚤어진 원근법 투시선 위에 붕 떠 있다가 그림을 향해 기울어지는" 것과 유사하다〕. 평면의 기울기는 수평이나 수직이 되리라고 예상되는데, 샛기둥 건축의 부재들이 한곳에 모아지면 사람들은 붕 떠 있거나 자신이 여러 방향으로 기울어져 있다고 느끼게 된다.

　게리에게 세계는 다수의 점을 향해 소실되는데, 그는 그 어떤 소실점도 서 있는 인간과 연결되어 있다고 전제하지 않는다. 게리의 세계에서 인간의 눈은 여전히 비판적인 측면에서 중요하지만, 중심에 대한 감각은 더 이상 전통적인 상징적 가치를 갖지 않는다.[13]

이 설명이 암시하는 바는, 이 모든 것이 큐브릭의 「2001: 스페이스 오디세이」가 그리고 있는 (뉴턴적 세계의 안정성이 사라져버린) 우주 공간 속에서 (좌/우, 앞/뒤, 위/아래의 좌표를 가지고 있던) 예전의 현상학적 몸이 경험했던 소외와는 전혀 무관하다는 것이다. 그 느낌은 분명 질량도 부피도 없는 새로운 형체 없는 공간과 관련된 것으로, 이는 (내 생각에) 포트먼이 설계한 거대한 호텔 로비 공간의 특징이라 할 수 있다.[14] 이 로비 공간에서 장식 리본과 천장의 장식물은 마치 보이지 않지만 존재하는 잔류 자기磁氣처럼 예전의 공간 분할이나 구조적 경계선 혹은 울타리 범주들을 상기시키는 한편, 또한 그것들을 제거하고 새롭고 저속한 공간적 해방과 유희를 제공해주기도 한다. 분명 게리가 창조한 공간은 포트먼의 거대하고 조악한 멜로드라마적 공간과 비교한다면 훨씬 더 정교하게 조각되었다. 그것은 좀더 명확한 방식으로 역설적 불가능성(특히 재현 불가능성)을 통해 우리와 대면한다. 이 불가능성은 '다른 어떤 것'으로 변화하고 있는 후기자본주의의 최근 진화적 변이 속에 내재된 것이라 할 수 있다. 그리고 이 다른 어떤 것은 더 이상 가족이나 이웃도 아니고, 도시나 국가도 아니며, 심지어 민족도 아니다. 그것은 우리의 마음속에서 혼합되어 나타나는 국제적인 모텔 체인의 방이나 공항 터미널의 익명적 공간의 장소 없음placelessness만큼이나 추상적이고 현실에 뿌리내리고 있지 않은 어떤 것이다.

그런데 하이퍼스페이스의 성격에 대해 접근할 수 있는 또 다른 방법들이 있다. 앞서 인용했던 인터뷰에서 게리는 한 가지 다른 방법에 대해 언급하는데, 이는 그가 말했던 집 안에 있는 사물들의 혼란과 연관된다. 결국 벤투리의 "장식된 창고decorated shed"라는 말은 다음을 암시한다. 즉 그 공간 안에 있는 내용물들은 상대적으로 연관성이 부족하며, 여기저기 아무렇게나 흩어져 있을 수도 있고 어딘가 한구석에 차곡차곡 쌓여 있을 수도 있다. 게리가 로널드 데이비스에게 지어준 조립식rebuildable 스튜디오에 대해 설명할 때도 이런 식이었다. 그러한 구조물은 "하나의 껍데기를 창조해냅니다. 그러면 사용자가 쓸모없는 물건들을 가지고 들어와 그 껍데기 안에 어떤 식으로든 쟁여놓게 되죠. 제가 로널드에게 지어준 집은 바로 그런 아이디어를 실현한 겁니다. 저는 제가 만들 수 있는 가장 아름다운 껍데기를 만들어서, 그가 자신의 물건들을 가져와 자신만의 용도로 바꿀 수 있도록 했습니다."[15] 그러나 게리가 자기 집의 무질서함에 대해 언급할 때는 희미한 불쾌감이 묻어나는데, 이는 좀더 깊게 파고들 만한 가치가 있는 듯하다(특히 인터뷰가 이어지면서 사진이라는 새로운 주제가 등장하는데, 이에 대해서는 곧 다시 이야기할 것이다).

> 다이먼스틴: 선생님께서 거주자에게 주었던 또 다른 힌트가 있었던 것 같습니다. 그 집에서 한 곳에는 완벽한 백합들을, 또 다른 곳에는 책 두 권을 놓고 사진을 찍으셨는데, 그때 선생님은 부엌용 가루비누를 싱크대 위에 올려놓고 계셨고, 찬장 문 몇 개가 열려 있었습니다. 사람이 이미 입주해 살고 있는 듯한 환경이었습니다. 실제 사람들이 실제 삶을 살아가고 있는 환경을 반영하기 위해 의도적으로 설정된 사진인 것이 명백해 보였습니다.
> 게리: 사실 사진을 위해 설정하지는 않았습니다.
> 다이먼스틴: 선생님께서 살고 계신 그대로의 사진이 아닌가요?
> 게리: 네. 그런데 사실을 말씀드리면, 저는 당시에 여러 명의 사진사를 고용했습니다. 각각의 사진사들은 그곳을 어떻게 찍을지에 대해 저마다의 생각을 가지고 온답니다. 그래서 그분들이 가구를 집안 여기저기 옮기기 시작했지요. 만약 제가 제시간에 도착했다면, 저는 가구들을 제자리로 되돌려놓기 시작했을 겁니다.[16]

이 토론은 건축 공간의 변경에 관한 문제를 암시하는데, 사물이나 인간의 몸처럼 건축의 내용물이 배열되는 방식도 문제시될 수 있다는 것이다. 이런 감정은 역사적·비교적 맥락을 통해서만 적절하게 평가될 수 있는 것으로, 내 생각엔 다음의 주장을 토대로 평가되어야 할 것 같다. 만약 모더니즘 시대의 위대한 부정적 정서가 불안, 두려움, 죽

음을 향한 존재, 혹은 커츠Kurtz가 말한 "공포horror"라면,* 포스트모
더니즘 시대의 새로운 '강렬함intensities'은 '무시무시한 환각 체험'과
정신분열적 침잠이라 정의할 수도 있으며, 또한 산재하는 존재의 무
질서, 실존적 무질서, 1960년대 이후 삶에 나타나는 지속적인 시간적
착란으로 정식화할 수도 있다. 사실 누군가는 (게리의 집이 지니는 아
주 사소한 특징들에 과도한 의미를 부여하는 것이 못마땅하여) 불량스러
운 1960년대와 동일시될 수 있는 더 큰 실질적인 악몽이라는 좀더 일
반적으로 교육적인 맥락을 떠올리고 싶을 것이다. 즉 1960년대야말로
역사적이고 반문화적인 '무시무시한 환각 체험' 그 자체였으며, 이 속
에서 정신적 파편화가 극에 달하며 질적으로 새로운 힘으로 격상되었
고, 탈중심화된 주체의 구조적 착란은 이제 후기자본주의의 동력이자
실존적 논리로 승격되었다는 것이다.

안과 밖의 부재라는 낯설고 새로운 느낌, 포트먼의 호텔에서 느껴
졌던 공간적 방향감각의 혼란과 상실, 사물과 사람이 더 이상 자기 '자
리'를 찾지 못하는 환경의 무질서, 이런 모든 특징들은 어쨌든 물자체
에 대한 모델이나 설명 없이도 포스트모던 하이퍼스페이스의 본성에
접근할 수 있는 징후적 접근법을 제공해준다.

하지만 맥레이-깁슨의 두번째와 세번째 유형에 해당하는 이 하이
퍼스페이스는 두 항 혹은 두 대극, 즉 두 개의 뚜렷이 구분되는 종류의
공간적 구조와 경험 사이의 긴장으로 인해 나타난 결과라 할 수 있다.
이 두 가지 중 우리는 지금까지 한 가지에 대해서만 언급했는데, 텀블

---

* 조지프 콘래드Joseph Conrad의 소설 『암흑의 핵심*The Heart of Darkness*』의 주인공 커츠
는 죽기 직전 "The horror!"라는 말을 반복한다.

링 큐브와 골함석 벽 그리고 외부의 포장이 그것이다. 따라서 우리는 이 집에서 가장 오래된 부분인 계단, 침실, 목욕탕, 옷장에 대한 논의를 진행해야 한다. 여기에서 눈여겨봐야 할 것은 조금이라도 변경된 부분이 어디인지뿐만 아니라, 전통적인 통사적 관계와 문법이 유토피아적 변형을 수용할 수 있는가이다.

사실 그 방들은 박물관에 보존되어 있는 것과 다를 바 없다. 그곳은 손대지 않은 채 원형 그대로지만, 이제는 어떤 식으로건 '인용되고' 최소한의 수정도 없이 텅 비워져서, 무언가를 자기 자신의 이미지로 혹은 자신의 구체적인 삶의 이미지로 변형시킨 것처럼 보인다. 이는 화성인이 자신의 흥미와 역사적 연구를 위해 디즈니랜드를 보존하는 것과 비슷하다. 게리의 집에서 옛날 양식 그대로인 계단을 올라가면 옛날 양식의 문이 나오고, 이 문을 지나면 (10대 청소년의 침실이었다고 해도 괜찮을 듯한) 옛날 양식의 하녀 방이 나온다. 이 문은 시간 여행 장치다. 들어가서 문을 닫으면, 20세기 초 미국 교외 지역으로 돌아간 느낌을 준다. 나만의 사생활과 나의 보물, 그리고 나의 키치와 커튼, 낡은 곰 인형과 오래된 LP판이 있는 그런 옛날 개념의 방 말이다. 하지만 시간 여행을 떠올리는 건 오독이다. 한편으로 필립 K. 딕Philip K. Dick의 "워시-36Wash-36"처럼 여기에는 경험과 재구성이 존재한다.[17] 워시-36은 필립 K. 딕의 소설에서 300살의 어느 백만장자가 자신이 어린 시절을 보냈던 1936년의 워싱턴을 인공 행성에 애정을 다하여 진짜처럼 재구성해놓은 것이다(즉시 참고할 만한 대상으로는 디즈니랜드나 엡콧 센터가 있다). 다른 한편으로 게리의 방은 엄밀한 의미에서 과거에 대한 재구성이 전혀 아닐 수도 있다. 왜냐하면 이 고립된 공간은 우리의 현재이며, 또한 오늘날 로스앤젤레스의 시내 혹은 다른 어딘가에 있는 다른 집의 실제 주거 공간을 복제한 것이기 때문이다. 그것은 현재의 리얼리티이지만 동시에 포장과 인용의 과정을 통해 시뮬라크럼으로 변해버린 리얼리티이며, 따라서 역사적인historical 것이 아닌 역사주의적인historicist 것이다. 즉 그것은 실제 역사로부터 가져온 현재에 대한 인유이며, 이는 실제 역사로부터 제거된 과거에 다름 아니다. 그러므로 게리가 인용하고 있는 방은 영화에서 복고풍 혹은 향수 영화라고 칭해지는 것과 친연성을 갖는다. 그것은 유행이자 번쩍거리는 이미지로서의 과거이다. 그렇다면 게리가 "대화"하고자 하는 그 옛 가옥에서 그대로 보존된 이 구역은 하나의 미학적 현상으로서 포스트모더니즘 예술과 이론 내부에 존재하는 다른 갖가지 비非건축적인 현상과 공명한다. 즉 그 방은 이미지 혹은 시뮬라크럼으로의 변형, 역사를 대신하는 것으로서의 역사주의, 인용, 문화적 영역 내의 고립된 공간 등과 공명하는 것이다. 나는 여기서 심지어 지시성의 문제를 다시 거론하고 싶은 유혹을 느낀다. 하지만 이 문제에는 건축과 관련해서는 상당히 역설적인 부분이 있다. 건물은 문학이나 회화나 영화의 내용물보다는 아마도 '더 실제적'일 것이며, 그 자체로 자기 자신의 지시대상체이기 때문이다. 그런데 건물이 어떻게 (일종의 기의나 의미와 대비되는 것으로서의) 지시대상체를 가질 수 있는가 하는 이론적인 문제는, 건물이 무엇을 지시할 수 있는가와 같이 좀더 약한 쟁점 속으로 미끄러져 들어가게 될 경우, 그 문제가 지니는 낯설게 하기 효과나 충격 효과는 사라지게 된다. 내가 이 문제를 거론하는 이유는 이 지시성의 문제가 그 집에 대한 맥레이-깁슨의 "모더니즘화하는" 해석에 나타나는 또 다른 시도이기 때문이며, 또한 그것의 결과물이 한 편의 뛰어난 에세이로 나타났기 때문이다. 이 글에서 그는 일련의 바다에 대한 인유와 형상화를 통해, 그 집이 샌타모니카에서의 자기 자신의 위치를 **인유하는** 방식을 설명한다. 이러한 종류의 독해는 르 코르뷔지에나 프랭크 로이드 라이트의 작품에 대한 분석을 통해 우리가 이미 익숙해져 있는 것으로, 이런 분석에서는 인유 작용이 그런 건물이 가진 모더니즘 미학뿐만 아니라 그들만의 특수한 사회적 공간이나 역사적 상황과도 완벽하게 맞아떨어진다. 하지만 우리가 만약 1980년대의 도시 공간이 여러 다양하고 중층결정된overdetermined 이유로 인하여 독특한 물질성과 장소성placeness 혹은 상황성situatedness을 상실했다고 느낀다면, 다시 말해서 우리가 해변이나 고속도로 등과의 결정적인 관계 속에 존재하는 하나의 장소로서 예전 샌타모니카에 대해 가졌던 느낌을 더 이상 느끼지 못한다면, 결국 맥레이-깁슨의 주해는 잘못된 것이거나 그 집과는 무관할 수도 있다. 하지만 반드시 잘못된 것은 아니다. 왜냐하면 이런 구조는 옛날 모더니즘 언어의 잔여물로서 새로운 언어에 의해 포섭되고 사실상 부정되었다고 할 수 있으나, 명석하지만 고집스럽고 과거 지향적인 독자와 비평가에 의해 약간이나마 해독되면서 간신히 그 명맥을 이어가고 있기 때문이다.

하지만 지시성이라는 이론적 문제의 틀을 짤 수 있는 다른 방법이 존재한다. 가장 주목해볼 만한 것은 그 방에 대한 관점이다. 그 방은 게리의 집이 놓여 있던 이전의 주류 미국 사회와 사회적 공간의 특징을 고스란히 담고 있다. 하지만 이런 예전의 공간은 새로운 공간 체계에 의해 반복되고 지양되고 덧칠되고 증발되며 순화되거나 변형됨으로써, 그 공간의 마지막 최소한의 잔여물로 남아 있다. 그렇다면 그 전통적인 방은 간신히 살아남은 최후의 지시성, 혹은 전면적인 해체와 파산의 과정 속에서 잘려나갔지만 끈질기게 마지막까지 살아남은 지시대상체의 골수라 할 수 있다. 내 생각에 포트먼의 보나벤처 호텔에서는 이런 공간을 전혀 찾아볼 수 없다. 만약 그것이 이제는 쓸모없어진 전통적 호텔이라는 장치apparatus가 아니라면 말이다. 폐소공포증적이며 불편하기 그지없는 이 호텔의 침실을 감추고 있는 객실 타워와 각 층들은 전통적인 호텔의 거주 공간인데, 이곳의 장식들은 너무 악명이 높아서 호텔 개장 이후 수차례 개조해야만 했다. 하지만 분명한 것은 이 호텔을 건축한 포트먼에게는 방이 절대 관심의 대상이 아니었다는 것이다. 그런 의미에서 포트먼의 공간 속에서 전통적인 방이고 전통적인 언어이자 범주인 지시성은 희열감으로 가득 찬 중앙 로비의 새로운 포스트모던적 공간과 가차 없이 분리된 채, 바깥바람 맞으며 시들어 축 늘어져 있다고 할 수 있다. 그렇다면 게리의 집 구조가 지닌 힘은 이 두 종류의 공간 사이의 긴장감이 유지되거나 악화되도록 하는 변증법적 방식에 기인하는 것이다(만약 이것이 〔게리가 생각하는〕 "대화dialogue"라면, 이는 가다머Hans-Georg Gadamer나 리처드 로티Richard Rorty의 "대화conversations"에 내재된 자기만족과는 거의 무관하다).

내가 덧붙이고 싶은 말은 이 지시성이라는 개념이 사회적인 동시에 공간적인 것으로서 실제 내용을 가지고 있으며, 아주 구체적인 방향으로 발전될 수 있다는 것이다. 예를 들어 앞에서 설명했던 고립된 공간은 사실 하녀의 방이며, 따라서 이곳은 다양한 사회적 서발턴성subalternity의 이야기와 더불어 가정 내에서의 고전적 위계질서 및 젠더와 에스닉에 기반한 노동분업화의 흔적이 동시에 부여될 수 있는 공간이다.

우리는 지금까지 세 유형의 공간(전통적인 방들, 새로운 생활 공간, 큐브와 골함석 벽)에 대한 맥레이-깁슨의 설명을 역동적인 모델로 바꾸는 본질적인 다시 쓰기를 시도했다. 이 모델에서는 (침실, 그리고 옛 가옥을 열어젖히는 추상적인 건축 형식들이라는) 두 개의 극명하게 구별되는 공간이 교차하면서 새로운 종류의 공간(부엌과 식당과 거실)을 생산하는데, 이 공간은 옛것과 새것, 안과 밖, 옛 가옥의 뼈대와 이를 둘러싸고 있는 포장지 사이에 존재하는 재구성된 괴상한 무정형의 공간을 모두 포함한다. 포스트모던으로 분류될 수 있는 공간은 근본적으로 서로 다른 두 공간의 변증법적 결합의 결과로 탄생한 이 새로운 공간이다. 다시 말해서 이 공간이야말로 전통적인 것뿐만 아니라, 급진적 차이와 독창성에 대한 역사적 권리를 주장하는 것처럼 보였던 모더니즘까지 모두 넘어서는, 본질적으로 새로운 공간성이라 할 수 있다. 우리가 이런 주장을 평가하고 그것이 가질 수 있는 '의미'에 대하여 가설을 세우고자 시도할 때, 해석의 문제가 발생한다. 달리 이야기한다면 그러한 가설은 필연적으로 약호전환 작업인데, 이 작업을 통하여 우리는 건축적이고 공간적인 현상에 대한 등가물을 다른 약호나 이론적 언어로 틀 짓게 된다. 혹은 또 다른 말로 표현한다면, 이 가설들은 분석 모델 구조에 대한 알레고리적 투사가 된다. 예를 들어 여기에서 우리의 논의는 분명히 처음부터 하나의 알레고리를 이야기하고 있다. 즉 전통적인 혹은 리얼리즘적인 계기로부터(아마도 여기에서의 리얼리즘은 발자크Honoré de Balzac의 리얼리즘이 아닌 할리우드의 리얼리즘일 것이다), '모더니즘'이라는 번개가 번쩍이며 '고유의' 포스트모더니즘을 생성했다는 것이다. (게리 자신의 사적인 알레고리화는 유대교가 모더니즘 세계와 심지어 포스트모더니즘 세계에서 단지 유물로 남는 게 아니라 새로운 기능을 하도록, 유대교를 각색하거나 재구축하는 일과 연관되는 것으로 보인다. 게리의 할아버지는 "가정집을 개조한 듯한 작은 유대교회의 수장이었는데, 이후 그의 손자가 회상하길 그 집은 어떤 면에서는 1970년대에 자신이 직접 리모델링한 샌타모니카의 집과 유사했다. 게리는 이렇게 고백한다. '우리 집은 옛날 그 건물을 떠올리게 합니다. 그래서 제가 여기서 지낼 때면 자주 그 건물을 생각하곤 합니다.'")[18] 칸트가 주장하듯이 그러한 내러티브는 오직 보는 자의 눈에만 존재할지라도, 이 내러티브는 역사적 설명과 그 가능성의 조건에 대한 해명을 요구하며, 또한 그것이 완벽한 하나의 이야기 혹은 내러티브까지는 못 되더라도 논리적인 연결처럼 느껴지는 이유가 무엇인지 설명하라고 요구한다. 물론 이와는 다른 알레고리적 구성 역시 가능하다. 그리고 그러한 가능성을 분석하기 위해서는 먼 길을 에둘러 맥레이-깁슨의 해석 체계로 되돌아가야 하는데, (내가 이미 말했던 것처럼) 그의 해석은 본질적으로 모더니즘적이다.

지금까지 맥레이-깁슨의 글에 나타난 몇 가지 해석적 움직임에 대해 검토했지만, 그가 이 새로운 건물의 기능에 대한 자신의 느낌을 틀 짓는 기본적인 공식에 대해서는 아직 언급하지 못했다. 이 공식은 다음과 같다. "원근법적 환영과 원근법적 모순이 게리의 집 전체와 그의 여러 다른 프로젝트에서 사용되었는데, 이는 지속적인 지각적 충격의 직접성을 파괴할 수도 있는 지식에 의한 그림intellectual picture의 형성을 미연에 방지한다. 〔……〕 그러한 환영과 모순은 사람들로 하여금 자신이 보고 있는 것의 본성이 무엇인지 지속적으로 질문하도록 강요하고, 끝내는 리얼리티에 대한 정의를 사물에 대한 **기억**memory에서 사물에 대한 **지각**perception으로 바꾸라고 강요한다."[19] 이러한 정식화는 감각을 새롭게 자극하고 타락한 세계의 일상생활 속에서 습관화되고 사물화되어 무뎌진 감각으로부터 경험의 신선함을 복원하는 것이 예술의 사명이라는 친숙한 명제를 통해, 맥레이-깁슨 미학의 본질적 모더니즘의 심장부로 우리를 안내한다. 물론 이러한 관점은 러시아 형식주의자들에 의해 아주 강력하고 지속적으로 주창되었으며, 파운드Ezra Pound부터 초현실주의와 현상학까지 이어지는 거의 모든 모더니즘 이론뿐만 아니라, 건축에서 음악과 문학(심지어 영화)에 이르는 예술의 전 영역에 걸쳐 유사하게 나타나기도 한다. 내가 보기에 이 놀라운 미학은 여러 이유로 인하여 오늘날 무의미해졌으나, (르네상스나 그리스 시대 혹은 당나라 시대와 더불어) 문화적 과거의 가장 강렬했던 역사적 성취 중 하나로 추앙받아 마땅하다. 철저하게 자본에 의하여 구축된 우주인 후기자본주의 속에서, 자연은 마침내 효과적으로 폐지되었으며 인간의 실천은 정보와 통제와 사물화라는 타락한 형식을 통해 예전에는 자율적인 공간이었던 문화뿐 아니라 심지어 무의식마저도 침탈하게 되었으니, 지각의 일신이라는 유토피아는 갈 곳을 잃어버렸다. 간단명료하게 말한다면 순전한 광고 시뮬라크럼과 이미지의 환경 속에서, 우리가 사물에 대한 지각을 벼리고 일신해야 할 이유가 무엇인지 분명하지 않다. 그렇다면 우리 시대의 문화에 대해 어떤 다른 기능을 생각해낼 수 있을까? 이 문제는 최소한 최근의 포스트모더니즘이 어떤 진정한 형식적·공간적 독창성을 가지고 있다는 주장에 대해 평가할 수 있는 하나의 기준을 제공해준다. 수용 불가능한 모더니즘의 잔재가 다양한 포스트모더니즘 선언서 속에 여전히 작동하고 있음을 낱낱이 폭로함으로써, 포스트모더니즘의 독창성에 대해 아주 부정적으로 평가할 수도 있다. 예컨대 벤투리의 작품 속 아이러니 개념은, 맥레이-깁슨의 저서에 등장하는 낯설게 하기 개념과 크게 다르지 않을 수도 있다. 새로운 이론이 자신만의 내부경제를 통해 생성해낼 수 없는 어떤 궁극적인 개념적 토대를 필요로 하는 곤경에 처했을 때, 그런 예전 모더니즘적 주제가 관심을 끌게 되는 것이다(이는 포스트모더니즘 이론의 논리가 종종 본질주의나 근본주의라고 낙인찍힌 개념적 토대와 양립하지 않거나 그에 대해 적대적이기 때문은 절대 아니다). 덧붙이자면 좀더 경험적인 차원에서 보더라도, 나는 맥레이-깁슨의 설명을 부정해야만 한다. 왜냐하면 내 경험상 게리의 집은 낯설게 하거나 감각을 새롭게 벼린다는 설명과 딱히 들어맞지 않기 때문이다.

그럼에도 불구하고 나는 조금 다른 각도에서 그의 설명에 흥미를 느끼는데, 이는 포스트모더니즘적 틀 내에서 지속 가능성을 지니기 때문이다. 비록 더 이상 그래서는 안 되지만, 그의 설명은 여전히 그럴듯하다. 그리고 내 생각엔 왜 그것이 그럴듯한지에 대해 설명할 필요가 있다. 구체적인 설명들을 다시 들여다보자. 그에 따르면 게리의 건물은 1차적인 미학적 기능을 가지고 있는데, 그것은 바로 "지속적인 지각적 충격의 직접성을 파괴할 수도 있는 지식에 의한 그림의 형성"을 전복(하거나 차단)하는 것이다. 몇 문장을 지나면 (저항과 전복과 차단의 대상인) 이 "지식에 의한 그림"은 ("사물에 대한 **지각**"이 지니는 긍정적 가치와는 구별되는) "사물에 대한 **기억**"과 동일시된다. 여기에서 우리는 (깨트려지고, 약화되고, 미연에 방지되어야 할) 부정적인 면을 강화하고 점진적으로 구체화하는 방식을 통해, 이전 모더니즘의 패러다임이 미세하게 수정되고 있음을 감지하게 된다. 예전의 모더니즘에서 그런 부정적인 면들은 그 성격상 여전히 상대적으로 일반적이었으며, 일종의 세계적 차원에서 사회적 삶의 본성을 상기시켰다. 예컨대 〔러시아〕 형식주의자들이 근대적 삶의 조건으로 개념화했던 〔지각의〕 습관화가 그런 경우에 해당되며, 마르크스주의 개념인 사물화도 예전의 도식적인 방식으로 사용하게 될 경우 그와 크게 다르지 않다. 플로베르의 바보짓bêtise이나 진부함lieux communs에서 나타나는 것과 같은 전형성의 개념 역시 이와 비슷하다. 이러한 개념들은 점차 표준화되고 있는 근대인이나 부르주아 개인의 '의식'을 특징짓는 말로 사용된다. 최근 내가 느끼는 바에 따르면, 비록 모더니즘 미학의 일반적인 이항 대립적 구조가 겉으로 보기엔 상당히 발전된 듯한 여러 이론 속에서도 그대로 남아 있기는 하지만, 이런 부정적 면의 내용이 역사적으로 흥미롭고 징후적인 방식으로 수정되고 있다. 특히 사회적 삶이나 의식에 대한 일반적인 설명에서 벗어나, 이제는 부정적인 면이 구체적인 기호 체계로 재구성되고 있다. 따라서 더 이상 일반적인 타락한 사회적 삶은 지각에 대한 미학적 일신이라는 잔혹한 신선함과 대립하지 않는다. 다만 두 종류의 지각과 두 종류의 기호 체계가 존재하며, 이제는 그 둘이 대립한다. 그것은 하나의 발전이며, 이는 새로운 영화 이론과 특히 소위 재현 논쟁에 극적으로 기록될 수 있다. 이 논쟁 속에서의 주장이나 미학적 우선순위와 해결책은 본질적으로 모더니즘적인 형태를 띠고 있음에도 불구하고, '재현'이라는 슬로건은 예전의 습관 개념이나 심지어 플로베르의 전형stereotypes보다도 훨씬 더 조직화되고 기호학적인 것을 지칭한다(플로베르의 전형은 비록 소설적인 정확성을 가지고 있지만, 여전히 부르주아 의식의 일반적인 특징에 가깝다). '재현'은 리얼리티에 대한 모호한 부르주아적 개념이자 (할리우드 영화에서처럼) 하나의 특수한 기호 체계이기도 하다. 그러한 재현 개념이 이제는 분명 낯설어지고 있는데, 이는 위대하거나 진정한 예술의 개입이 아닌 **또 다른** 예술에 의해서, 근본적으로 다른 기호의 관행 속에서 이루어지고 있다.

만약 이것이 진실이라면, 맥레이-깁슨의 모더니즘적인 정식화를 잠시 더 잡아두고 좀더 집요하게 파고드는 일도 흥미로울 것이다. 그에게 예술에 대한 보다 진정한 지각 과정을 차단하는 이 "지식에 의한 그림"이란 도대체 무엇일까? 내 생각에 여기에서 중요한 것은 추상과 구체라는 단순한 전통적인 이분법이 아닌, 지적 사유intellectualizing와 보기seeing 내지는 이성 혹은 사유와 구체적 지각 사이의 차이다. 그런데 (사물에 대한 기억과 사물에 대한 지각의 이분법하에서) 그런 지식에 의한 그림이라는 개념을 기억의 측면에서 주제화하는 것은 역설적으로 보인다. 개인과 집단의 기억 모두 그 기능이 위기에 처해서, 기억에 호소하는 것이 점점 더 문제시되고 있는 상황이기 때문이다. 우리가 '기억'하듯이, 프루스트Marcel Proust는 거꾸로 오로지 기억을 통해서만 사물에 대한 진실하고 진정한 지각을 재구성할 수 있음을 보여주고자 했다. 그러나 향수영화를 참조해본다면, 맥레이-깁슨의 최근 정식화가 정당화될 수 없는 것만은 아니다. 만일 우리가 프루스트와 대조적으로 기억 자체가 이미지와 시뮬라크럼의 타락한 저장고가 되었으며, 따라서 사물에 대한 기억된 이미지가 주체와 리얼리티 혹은 과거 그 자체 사이에 사물화되고 전형화된 이미지를 끼워 넣는다고 가정한다면, 그것은 정당화될 수 있는 것이다.

이제는 맥레이-깁슨의 "지식에 의한 그림"이 무엇인지 좀더 정확하고 구체적으로 확인할 수 있게 됐다고 믿는다. 내 생각에 그것은 단순히 사진이자 사진적 재현, 즉 기계에 의한 재현이다. 이렇게 정식화하는 이유는, 기계에 의해 **매개되는** 지각이라는 통상적인 관념보다 좀더 강하게 표현하기 위해서다. 몸에 의한 지각은 이미 물리적이고 유기체적인 기계에 의한 지각이지만, 우리는 오랜 전통 속에서 그것을 의식, 즉 시각적 리얼리티를 대면하는 정신mind 혹은 존재Being 자체를 탐구하는 현상학의 정신적 육체spiritual body라고 생각해왔다. 그러나 데리다가 어디선가 말했듯이 그러한 의미의 지각이란 존재하지 않는다고 가정한다면, 건물 앞에서 어떤 영광스러운 이미지-사물image-thing의 형태로 그 건물의 원근법적 통일성을 파악하고 있는 우리 자신을 상상하는 것이 이미 하나의 허상이라고 가정한다면, 사진을 비롯하여 기록하고 영사映寫하는 다양한 기계들은 이제 불현듯 이전에 우리가 시각의 정신 활동이라고 믿었던 것들의 근본적인 물질성을 폭로 혹은 탈은폐하게 된다. 따라서 우리는 최근의 영화 이론에서와 거의 똑같은 방식으로, 건물의 통일성에 대한 건축학적인 질문을 대체해야만 한다. 예를 들어 영화 이론에서 영화적 장치에 대한 숙고는 회화적 원근법의 역사 다시 쓰기에 삽입되는 동시에, 주체 구성과 주체 위치 그리고 주체와 거울 이미지 사이의 관계에 대한 라캉적 개념에 의해 강화됨으로써, 영화적 대상에 대한 논의에서 동일시에 대한 예전의 심리학적 질문과 그 비슷한 문제 들을 대체해왔다.

　그러한 대체는 최근 건축비평의 모든 곳에서 이미 이루어지고 있다. 건축비평에서는 이미 세워진 구체적인 건물과, 건축가의 **기획**project에 따라 앞으로 세워질 건물에 대한 재현, 즉 미래의 '작품'에 대한 다양한 스케치 사이에 명확한 긴장이 오랫동안 존재해왔다. 예컨대 아주 흥미로운 몇몇 현대의 혹은 그 이후의 건축가의 작품은 햇빛에 의한 실제 그림자가 결코 드리우지 않는 상상적 건물만을 그린다. 그렇다면 기획, 즉 그림이 실제 건물에 대한 하나의 사물화된 대체제가 된다. 그러나 그것은 무한한 유토피아적 자유를 가능케 하는 '좋은' 대체제가 아닐 수 없다. 기존 건물에 대한 사진 역시도 또 다른 종류의 대체제라 할 수 있지만, 그것은 '나쁜' 사물화라 말하고 싶다. 다시 말해서 그것은 하나의 사물의 질서를 또 다른 사물의 질서로 부정하게 대체하는 것이며, 건물을 그 자체의 이미지로 변형시키는 것이고, 그런 점에서 보자면 거짓 이미지인 것이다. 건축 역사와 건축 잡지를 통해 우리는 고전적이거나 모더니즘적인 건물의 사진 이미지를 너무 많이 소비해왔고, 결국에는 사진 이미지가 사물 그 자체라고 믿기에 이르렀다. 최소한 프루스트의 베네치아 사진 이래로 우리는 모두 사진의 구성 요소인 착시 효과에 대한 예민함을 유지하려고 애썼는데, 사진의 프레임과 앵글이 항상 우리에게 전달해주는 것과 비교해본다면 실제 건물은 언제나 뭔가 구별되고 뭔가 살짝 다르기 때문이다. 컬러사진에서는 이것이 한층 더 강력해진다. 즉 컬러사진에서는 이것이 더욱더 잘 맞아떨어지는데, 이는 일단의 새로운 리비도적 힘이 작동하면서 건물은 이제 소비의 대상에서 탈락하고, 다양한 색상과 빳빳한 인화지의 광택이 가져다주는 강렬함을 소비하기 위한 구실로 전락하기 때문이다. 드보르는 자신의 유명한 이론적 주장에서 이렇게 말했다. "이미지는 상품 사물화의 최종 형식이다." 하지만 그는 여기에 덧붙여 '**물질적** 이미지the *material* image,' 즉 사진적 복제라고 말해야 했다. 그렇다면 바로 이 지점에서 그리고 앞에서 이야기한 주장들을 인정한다면, 우리는 게리의 집이 가지는 특이한 구조는 "지속적인 지각적 충격의 직접성을 파괴할 수도 있는 지식에 의한 그림의 형성을 방지"하는 것을 목적으로 한다는 맥레이-깁슨의 정식화를 수용해도 좋을 것이다. 게리의 집은 사진 찍기 좋은 지점을 선택하는 것을 차단할 뿐만 아니라, 사진의 이미지 제국주의로부터 교묘히 벗어나, 어떤 사진도 이 집에 대한 올바른 재현이 될 수 없는 상황을 확보함으로써 그것을 가능케 하고 있다. 왜냐하면 이런 의미에서 "지식에 의한 그림"의 가능성을 제공하는 것은 사진뿐이기 때문이다.

　"지식에 의한 그림"이라는 이 특이한 표현이 가질 수 있는 또 다른 의미는 그것을 맥락으로부터 완전히 이탈시킬 경우 나타난다. 예를 들어 지도는 사진의 시각적 추상화와는 전혀 다른 방식으로 그림지도와 인식적 지도의 기능을 동시에 한다. 이 새로운 방향을 통해 해석 자체에 대한 나의 최종적 의견이자, 지금까지 우리가 이미 논의한 끝에 거부했던 모더니즘적 해석에 대한 대안적 해석 가능성으로 나아가고자 한다. 영화에 대한 최근의 저서에서 질 들뢰즈는 영화가 사유의 한 방식이 될 수 있다고 주장한다. 즉 그것은 순수하게 영화적인 언어로 철학을 하는 하나의 방법일 수 있다. 영화로 구체적인 철학을 한다는 것은 영화나 다른 예술이 철학적 개념을 **삽화적으로 보여주는** 방식과는 전혀 관계가 없다. 그리고 이는 정확하게 영화에 대한 철학적 개념은 영화적 개념이지 관념적이거나 언어적인 개념이 아니기 때문이다. 이와 비슷하게 나는 건축 공간이 사유와 철학의 한 방식인 동시에, 철학적인 혹은 인식적인 문제를 해결하려는 방식이라고 주장하고자 한다. 분명 건축이 건축적 문제를 해결하는 한 가지 방법이라는 것에는 모두가 동의할 것이다. 소설이 내러티브의 문제를 해결하는 방식이고, 회화가 시각적인 문제를 해결하는 방식이듯 말이다. 나는 각 예술의 역사적 차원을 일단의 문제와 해결로서 전제하는 동시에, 이를 뛰어넘어 매우 다른 유형의 당혹감이나 사유의 대상(혹은 야생의 사고pensée sauvage)으로 상정하고자 한다.

　그러나 그러한 알레고리적 약호전환은 반드시 공간에서 시작되어야 한다. 왜냐하면 만일 게리의 집이 어떤 문제에 대한 숙고라면, 그 문제는 분명 공간의 문제이거나, 최소한 본질적으로 공간의 언어를 통한 정식화 내지는 현현顯現이 가능해야 하기 때문이다. 사실 우리는 그러한 문제를 설명하는 요소들에 대한 작업을 이미 수행해왔다. 이는 전통적인 방 및 규격형 주택의 공간과, 골함석 벽 및 텀블링 큐브 같은 또 다른 공간 사이에 존재하는 통약 불가능성과 연관된다. 그렇다면 이 긴장과 통약 불가능성은 어떤 종류의 문제에 조응하는가? 우리는 어떻게 이 순수하게 건축적인 모순을 설명하는 공간의 언어를 다른 비건축적 언어와 약호로 다시 쓰기 위한 매개를 창안해낼 수 있는가?

우리가 알다시피 맥레이–깁슨은 텀블링 큐브를 유토피아적이고 신비스러운 모더니즘의 전통, 특히 말레비치적인 전통 속에 각인시키길 원했다. 그렇게 되면 우리는 게리의 집에 나타나는 근원적인 모순을 전통적인 미국적 삶과 모더니즘적 유토피아주의 사이의 모순으로 다시 쓸 수밖에 없다. 좀더 자세히 살펴보자.

> 큐브처럼 보이는 것은 상당히 기만적이라 하지 않을 수 없다. 외부 벽면을 향해 불쑥 튀어나온 표면은 정사각형보다는 직사각형이며, 큐브의 뒷면은 옆으로 밀려나 있고 윗면은 잘려 있어서, 정면을 제외하고는 어떤 뼈대도 다른 뼈대들과 직각을 이루지 못한다. 그 결과 정면에 있는 유리판은 직사각형이라 할 수 있지만, 다른 면에 있는 유리판은 모두 평행사변형이다.[20]

이 설명으로부터 우리가 수용할 수 있는 것은 두 개의 구별되는 차원이 동시에 존재하는 하나의 공간에 대한 느낌으로, 이 중에 하나는 직사각형적 존재로 이끄는 반면, 이와는 무관하면서도 동시적으로 존재하는 세계 속에서 그것은 평행사변형이 된다. 여기에서 이 세계나 공간이 연결되거나 어떤 유기적 통합체로 융합될 가능성은 있을 수 없다. 기껏해야 이런 특이한 모양들은 재현이라는 불가능한 과업을 극적으로 만드는 동시에, 줄곧 그것의 불가능성을 (그리고 아마도 어떤 신기한 2차적인 수준에서는 그 모든 것을 한꺼번에 재현하게 됨을) 시사한다.

따라서 문제는 그것이 어떤 종류이건 관계없이 이중적인 것이 된다. 게리의 집은 자신의 내부 내용물을 문제나 딜레마로 상정하며, 또한 (아마도 앞의 문제와 본질적으로 '똑같은' 문제라 할 수 있는) 2차적인 문제를 제기하는데, 이는 우선 그 집을 재현하는 것이 또 하나의 문제가 된다는 것이다. 이제 나는 공간 문제란 무엇인가에 대해 내가 생각하는 바를 연역적인 방식을 통해 교조적이고 알레고리적으로 이야기해보고자 한다. 우리는 게리의 집에 대한 맥레이-깁슨의 상징적 방식의 설명을 거부해왔다. 그의 설명에 따르면 그 집은 자신의 공간 속에 정박하고 있는데, 이 공간은 샌타모니카이자, 집 뒤편에 있는 바다와 도시 그리고 넓은 구릉지대와 해안을 따라 조성된 또 다른 확장된 도회 지역과의 관계라 할 수 있다.[21] 우리가 이론적으로 이 설명을 거부한 이유는 다음과 같은 확신에 근거한다. 오늘날 미국에는 아주 단순한 현상학적인 혹은 지역적인 의미에서의 장소란 더 이상 존재하지 않는다. 보다 정확하게 말한다면 그것은 단지 아주 약한 차원에서만 존재하며, 보다 강력하지만 또한 보다 추상적인 모든 종류의 공간에 의해 포섭당한 채로 존재한다. 여기서 내가 말하는 강력하지만 추상적인 공간이란 로스앤젤레스와 같이 새로운 고도화된 도심 지역뿐만 아니라, 그 너머 미국적 리얼리티의 점점 더 추상화되는 (통신) 네트워크까지 지칭하는 것으로, 이것의 극단적 형식은 소위 다국적 자본주의 자체의 권력 네트워크이다. 우리는 개인으로서 항상 이 모든 겹쳐진 차원들의 안과 밖에 존재하는데, 이곳에서는 예전의 실존적 방식에 따라 우리 자신을 대문자 존재Being 안에 위치시키려는 노력이, 즉 자연 풍광 안의 인간의 몸으로, 시골 마을이나 유기적 공동체 안의 개인으로, 혹은 심지어 국민국가의 시민으로 위치시키는 것이 극도로 문제적인 일이 된다. 장소가 역사적으로 와해되는 초기 단계에 대해, 한때 대중적이었으나 이제는 더 이상 읽히지 않는 일련의 소설들을 언급하는 것이 도움이 될 것 같다. 예를 들어 (뉴딜 정책 시대에 대해) 존 오하라John O'Hara는 권력이 소도시를 중심으로 시작하여, 그것을 벗어나 주州라는 보다 높은 변증법적 단계로 이행하고, 그리고 마침내 연방정부로까지 점진적으로 확장되는 과정을 지도 그린다. 만약 우리가 이러한 이행이 오늘날 새로운 전 지구적 차원으로까지 투사되고 강화된 것을 상상할 수 있다면, 최근의 '지도 그리기'의 문제와 예전의 개인을 이 체제 안에 위치시키는 문제를 새롭고 보다 예리하게 감각할 수 있을지도 모른다. 그 문제는 여전히 재현의 문제이며 재현 가능성의 문제이기도 하다. 우리는 스스로가 이 더욱 복잡한 전 지구적 네트워크 속에 사로잡혀 있음을 알고 있다. 왜냐하면 우리는 일상 속 모든 곳에서 기업의 공간이 확장되고 있음을 피부로 느끼며 고통받고 있기 때문이다. 하지만 우리는 우리 마음의 눈을 통해서 비록 추상적으로나마 그것들에 대해 생각하고 그 모형을 만들 수 있는 방법을 가지고 있지 못하다. 그렇다면 이러한 인식적 '문제'가 바로 사유의 대상이 되어야 한다. 텀블링 큐브에 의해 전범화된 불가능한 정신적 퍼즐

내지는 역설이 바로 이것이다. 그리고 만일 그 큐브가 새로운 공간적 개입을 표현하는 유일한 것이 아니라고 보인다면, 그리고 그 집의 골함석 벽 내지는 울타리에 대해서는 아직 어떤 해석적 참작도 하지 않았다고 한다면, 나는 이제 최근의 미국에 대하여 생각하는 문제를 설명하는 두 가지 특징을 이야기하고자 한다. 알루미늄 골함석과 그 위에 있는 철망 발코니는 오늘날 미국적 삶의 쓰레기 같은 부분 혹은 제3세계적인 측면이라 생각할 수 있다. 즉 가난과 고통의 생산, 직장을 잃고 살 곳이 없는 사람들, 홈리스, 산업 폐기물과 공해, 불결함, 쓰레기, 고물이 된 기계 같은 것들 말이다. 이 모든 것은 분명 최근 초강대국 미국의 아주 현실적인 진실이자 피할 수 없는 사실이다. 우리가 이러한 가시적인 리얼리티를, 우리의 집단적 정신의 전혀 다르고 관련이 없는 부분에 존재하는 미국에 대한 마찬가지로 결코 이의를 제기할 수 없는 다른 재현과 결합시키고자 할 때, 인식적이고 재현적인 문제가 나타난다. 이 다른 재현이란 바로 엄청난 과학·기술의 발전을 성취한 포스트모던적 미국이다. 그것은 발전이란 말의 모든 과학소설적 의미와 함의에서 가장 '발전된' 나라로서의, 상상조차 할 수 없는 금융 체계와 우리 모두가 실제로는 그것이 무엇인지 혹은 무엇과 비슷한지 알지 못하면서도 믿고 있는 추상적 부와 실질적 권력을 겸비하고 있는 나라로서의 미국이다. 이것들은 미국이라는 추상적 공간의 두 개의 대립적이고 통약 불가능한 특징이자, 오늘날 초강대국 혹은 다국적 자본주의의 특징이다. 그리고 이것은 텀블링 큐브와 골함석 벽이 (그에 대한 재현적 선택지를 제공하지 않은 채) 상징하는 것이기도 하다.

그렇다면 게리의 집이 사유하고자 하는 문제는, 미국이라는 초강대국과, 전통적인 방과 규격형 주택에서 살고 있는 국민의 실존적인 일상에 대한 추상적 지식 및 확신이나 신념 사이의 관계라 할 수 있다. 이 두 영역 혹은 차원 사이에는 분명 모종의 관계가 있다. 그렇지 않다면 우리는 모두 과학소설 속에 살고 있는 것이나 다름없으며, 단지 우리가 그것을 깨닫고 있지 못할 뿐이다. 하지만 그 관계의 본성은 우리 정신에 포착되지 않는다. 그러하기에 그 건물은 이 공간의 문제를 공간의 언어로 사유하려 시도한다. 무엇이 이러한 인식적이지만 동시에 공간적인 문제에 대한 성공적인 해결책의 표시나 신호 내지는 지표가 될 수 있을까? 그것이 이 새로운 사이 공간intermediary space, 즉 서로 다른 두 대극이 교차하면서 만들어내는 새로운 삶의 공간이 지니는 특질 속에서 발견될 수 있으리라 생각해볼 수 있다. 만약 그 공간이 의미 있다면, 우리가 그곳에서 살아갈 수 있다면, 그곳이 새로운 방식으로 우리에게 편안함을 제공해줄 수 있다면, 그곳이 역사적으로 새롭고 독창적인 삶의 방식의 문을 열어준다면, 즉 우리가 가진 문법 너머의 새로운 유토피아적인 공간의 언어, 새로운 종류의 문장, 새로운 종류의 구문론, 급진적으로 새로운 단어들을 생성한다면, 그때는 그 딜레마가, 그 아포리아가 해결되었다고 생각할 수 있을 것이다. 비록 그것이 공간적인 차원에서일 뿐이더라도 말이다. 나는 그 결과에 대해 결론을 내리거나 감히 평가하지는 않을 것이다. 나는 겸손한 입장을 취하고 싶다. 그것은 내가 보기에 프랭크 게리의 집이 분명 하나의 유물론적 사고를 시도하고 있다는 것이다.

문장

5장   글 읽기와
       노동분업화

"살아 있는 기억 속에" 남아 있는 클로드 시몽의 1971년 소설[1]을 다시 읽는다면, 예전의 문제(해석의 문제)에 더하여 우리를 당혹시키는 새로운 문제(평가의 문제)와 직면하게 될 것이다. 예전의 문제가 일소되지 않은 채 말이다. 새로운 문제는 정전canon의 붕괴 혹은 최소한 위기로부터 발생하는데, 이는 다음과 같은 질문들을 포함한다. 유행과 고급 문학의 관계는 무엇인가? 만일 누보로망이 끝났다면, 그것은 유행이었는가 아니면 오늘날에도 여전히 문학적·미학적 가치를 지니고 있는가? 페미니즘이 발흥한 이래로 어떤 책들은 읽을 가치가 없다고 할 수 있는가? (시몽의 성적 묘사, 즉 근본적으로 그가 조롱했던 로브-그리예의 사디즘적 탐미주의와는 무관한 사타구니 묘사의 중립성은 사실 그 점을 입증하지 못한다고, 그리고 본질적으로 남성적인 부분-대상part-object 관음증이라고 판명되지 않았던가?) 만약 남성 독자들이 시몽의 미학적 쾌락이 보편적이지 않고 특정 이익 집단에 국한된다는 것을 알게 된다면(그 집단이 남성 문학 독자 일반같이 거대하더라도), 과연 그런 텍스트를 대하는 그들의 태도가 변하게 될까? 과거와 비교한다면 우리는 지금 그의 작품 속에 담겨 있는 프랑스적인 요소를 보다 강하고 억압적인 것으로 느끼고 있는가(보통 말하는 시몽 같은 작가들이 대문자 문학을 생산하고자 했던 비非민족적인 전위부대를 대표했는데도 불구하고 말이다)? 그동안 '신사회운동'이나 미시정치 혹은 미시집단과 연결되었던 분열이 이제 민족 전통과 결합된다면, 그런 '프랑스 문학'이 최근의 시詩나 게이 문학 내지는 과학소설같이 특정 집단의 내부자를 위한 표식과 완전히 동일한 것이 될 수 있을까? 반면에 미디어와 소위 문화비평 사이에 벌어지고 있는 경쟁이 오늘날 대중문화의 역할과 공간이 변화하고 있음을 알리는 신호는 아닐까? 그리고 최근의 대중문화는 단순한 확장을 넘어서, 이런 종류의 문학 '고전'이 설 자리도 점차 잠식하고 있는 건 아닐까? 누보로망의 실험적 특성이 이미 포스트모더니즘의 전조는 아니었을까(아니면 죽어가던 모더니즘의 때늦고 이미 유행에 뒤떨어진 반복은 아니었을까)? 누보로망의 멸종이 1960년대의 생존(혹은 쇠퇴)에 대해 우리에게 무엇인가 말하고자 했던 바가 있던 것은 아닐까(대개 프랑스산이었던 최신 유행 이론들을 포함해서 말이다)? 이런 유형의 실험적인 고급 문학에는 어떤 사회학적 가치가 있는가? 그리고 이런 고급 문학은 사회적 맥락과 후기자본주의 혹은 그 문화의 진화에 대해 도대체 어떤 이야기를 하고 있는가? 그런 문학을 읽는 행위가 지식인의 역할과 지위의 변화에 대해 무슨 말을 하고 있는가? 시몽에 대해 이야기하거나 심지어 그의 작품을 읽는 행위가 지니는 표면적 무익함은, 미학적인 것이 그저 계급의 표식이거나 과시적 소비에 지나지 않는다는 부르디외Pierre Bourdieu의 전면적인 규탄을 인정하는 것일까? 마지막으로 이것들은 '고뇌로 가득 찬' 질문일까, 아니면 한낱 한가로운 지식인의 호기심일까?

누군가는 누보로망을 읽는다는 것이 어떤 느낌인지 기억할 것이다. 『행동하는 신체들*Les corps conducteurs*』은 시내 거리의 진열창에서 시작한다. 누군가 소화전에 기대어 아프고 메스꺼워하는 듯 보인다. 〔스페인〕 정복자들이 힘겹게 정글을 횡단하고 있다. 비행기 한 대가 머리 위로 북아메리카와 남아메리카 사이를 날아간다. (앞 사람과 동일한?) 어떤 남자가 전화기에 대고 여자에게 서로의 관계를 유지해야 한다고 설득하려 하지만 별 소득이 없다(이후 우리는 그 둘이 한 침대에 있는 것을 보게 되는데, 아마도 전날 밤인 듯하다). (동일한?) 어떤 남자가 (맨해튼 혹은 남아메리카 어느 도시에 있는?) 개인 병원을 방문한다. (동일한?) 한 남자가 예술의 사회적 역할에 대한 토론이 벌어지고 있는 남아메리카 작가 대회에 참석하고, 중간중간 다양한 예술 작품(푸생Nicolas Poussin의 「오리온Orion」과 피카소의 판화)에 대한 설명이나 언급이 나오는데, 우리는 '주인공'이 그 작품들을 방금 전에 다른 곳에서 봤는지에 대해서는 판단할 수 없다. 우리는 이러한 플롯의 갈래들의 목록을 만들고 그것들을 조직하는 법을 배우게 된다. 이 작업은 두 가지 모순된 방향으로 나아가는데, 하나는 각각의 플롯을 독립적으로 이야기하는 법을 배우는 것이고, 또 하나는 좀더 큰 틀에서 플롯들 간의 상호 관계를 추측하는 것이다(이 경우 이름 없는 남자 주인공은 반드시 동일 인물이어야 하므로, 그가 북아메리카에서 남아메리카로 여행하고 있다고 가정되어야 한다). 이 두 가지 작업에 대해서는 차후에 다시 돌아오기로 하자. 일단은 시몽을 읽는다는 것이 지니는 역사적 특이성을 강조하는 것으로 충분하다. 우리는 이 글 읽기 과정에서 우리

눈앞에 어떤 일들이 펼쳐지고 있는지 구별해내기 위해 애쓰는가 하면 (그가 지금 거리에 앉아 있는 건가?), 그다음에는 도대체 어떤 무관한 플롯으로 경고도 없이 전환될지 노심초사하며 예상하게 된다. 이런 급작스런 전환은 대개 문장과 문장 사이에 일어나지만 문장 중간에도 일어날 수 있기 때문에, 플로베르 작품에서 나타나는 것보다 깊은 침묵을 야기한다.

　대다수 평론가에 따르면『행동하는 신체들』은 클로드 시몽의 작품 세계에서 중요한 전환기에 생산된 작품이다. 실리아 브리턴Celia Britton은 이 시기를 그의 작품 세계 중기의 개인적 소설과 후기의 몰개성적 소설 사이의 단절기라 부른다.[2] 이는 또한 재현적 작품과 '텍스트적' 혹은 '언어적' 작품 사이의 단절기이며, 기억과 표현적 환기를 지향하는 스타일과 우리가 누보로망이라 부르는 것의 두드러진 특징인 중립적이고 조합적인 글쓰기 스타일 사이의 단절기이기도 하다. 작품 세계의 단절 지점을 그 이전 소설인『파르살루스 전투La Bataille de Pharsale』에서 찾기도 하는데, 이 작품은 '개인적인' 것으로 시작하여 '몰개성적인' 것으로 끝난다. 여기『행동하는 신체들』에서 문체 style의 '개인적인' 성격은 거의 완전히 사라지지만, 주인공 비슷한 인물과 하나의 통일된 이야기의 잔재는 여전히 남아 있다. 반면 그다음 두 소설『세폭화Triptyque』과『실물 교육Leçon de choses』에서는 그 잔재마저 모두 사라진다. 이상하게도 시몽 말년의 작품 중 가장 원대한 작품이었던 최근의『게오르기카Les Géorgiques』는 다시 개인적인 문체로 회귀한다.

　시몽의 전 작품을 통해서 나타나는 이러한 특이한 갈마듦이 우리의 출발점을 제공하는데, 왜냐하면 이는 발전이나 진화의 문제라기보다는 두 개의 대별되는 내러티브 매트릭스 중에서의 선택 가능성 문제로 보이기 때문이다. 이것은 시몽이 두 미학 모두와 근본적으로 거리를 두고 있었고, 또한 각각에 대해 똑같지만 서로 관련 없고 분열된 친밀감을 가지고 있었음을 암시한다. 따라서 나는 시몽과 **이 둘** 사이의 관계가 혼성모방pastiche이라고 주장하고자 한다. 즉 고도의 정교한 모방을 통해 문체의 진정성 자체를 거의 구별이 불가능할 정도로 복제해내는 것이다. 이는 곧 작가의 주체가 해당 문체 관행의 현상학적 전제 조건에 완전히 몰입되어 있는 상황을 모방하고 있다는 의미다. 그렇다면 이것이 가장 광범위한 의미에서 시몽의 포스트모던적 특징이라 할 수 있다. 모든 현상학을 뛰어넘은 작가적 주체의 명백한 공백과, 전혀 다른 세계를 수용하듯 전혀 다른 문체를 받아들이는 능력이 그것이다. 그러나 모더니스트들은 먼저 자신의 힘으로 자신만의 세계를 창안해야 했는데, 적어도 문체 선택에 있어 시몽의 첫번째 선택지였던 소위 개인적인 문체는 분명 이러한 모더니즘에서 기원한 것이다. 왜냐하면 그것이 포크너적인 글쓰기 과정을 아주 체계적으로 복제하고 있기 때문이다.

포크너의 문체는 기억 자체의 상황을 형식적 전제 조건으로 삼는다. 예를 들어 그것은 과거의 폭력적 행위나 제스처이다. 또한 그것은 화자를 매혹하거나 사로잡는 비전인데, 여기에서 화자는 현재 속에서 과거를 기념할 수밖에 없고 동시에 그것을 완성된 회화인 양 보여주어야만 한다. 그 이미지는 '분노'하지만 '움직임이지 않고,' 불안의 정적 속에서 '숨죽이고' 있다. 그리고 그것은 보는 이에게 강렬한 '지각의 마비'와 '놀라움'을 가져다준다. 이때 언어는 이미 끝나버린 그 제스처로 반복적으로 되돌아오면서, 그것을 상기하려는 노력 속에서 형용사와 수식어 들을 필사적으로 쌓아놓고는, 문장의 움직임을 통해서는 더 이상 구축될 수 없는 그 자체로 사실상 솔기 없는 형태gestalt를 외부로부터 불러들인다. 따라서 포크너는 스스로 언어의 필연적 실패에 대한 뿌리 깊은 전조를 보여준다. 즉 언어는 미리 주어진 그것의 대상과 결코 일치하지 않는 것이다. 바로 이 실패가 분명 포크너에 대한 시몽의 (혹은 다른 누군가의) 혼성모방의 시발점이다. 왜냐하면 그것은 문학적 언어의 '자발성'이 이미 분리되어, 한편으로는 시각적이고 비언어적인 내용을 구축하고 또 한편으로는 거의 끝없이 계속되는 레토릭에 의한 환기를 만들어갈 수 있는 구조를 폐쇄하기 때문이다. 이는 레토릭과 주체와 몸의 온기를 배제하는 이른바 누보로망의 언어 윤리와 그렇게 멀지 않은 듯하다. 하지만 포크너적인 '지금'의 놀라운 기능을 생각해보면 결코 그렇지 않다. (일반적으로 과거 시제를 동반하는) 포크너적인 지금은 과거의 강박적 기억의 트라우마적 현재로부터, 듣는 이의 상황을 횡단하여, 우리가 글을 읽고 있는 시간 속 포크너적인 문장의 현재로 전환된다. 갑자기 여기에서, 즉 포크너적인 심층 시간과 심층 기억(그리고 그와 연관된 레토릭)과는 다른 공간에서, 누보로망에 의해 상당한 정도까지 특화되고 발전하게 될 어떤 것에 구조적으로 비견될 만한 언어적·텍스트적 메커니즘이 형성된다.

그러나 시몽에게 나타나는 포크너적인 모더니즘 양식은 또 다른 문체의 관행으로 교체되지는 않는다(그런 의미에서 개인적인 문체는 현저하게 모더니즘적인 현상이다). 대신 다소 다른 어떤 것, 즉 새로운 '인공적' 장르의 법칙의 약호화라고 규정 지을 만한 어떤 것에 자리를 내주게 된다. 어떤 의미에서 이 장르는 '유명한' 현상으로 남아 있다. 로브-그리예가 창시자이기는 하지만, 이론적으로 이 장르의 에이젠슈테인은 장 리카르두Jean Ricardou라고 할 수 있다. 어쨌든 그것은 상대적으로 몰개성적인 배제 규칙의 체계로서, 이는 철저히 '인간이 만든' 장르라는 (유전자공학에서나 있을 법한) 특이한 외형을 선사해준다. 즉 역사적 시간을 거치면서 유기적으로 진화한 '자연적' 장르를 모방하여 하나의 완성된 형태로 고안된 장르인 것이다.[3] 그럼에도 불구하고 (로브-그리예와 마찬가지로) 여기에도 다소 거리가 있기는 하지만 포크너적인 구조의 캐리커처가 존재한다. 이는 내용이 먼저 주어지고, 문장이 그 내용을 사후적으로 추적하고 모방하는 방식이다. 하지만 로브-그리예에게 이미 행해진 내용이란 문화적 전형이라는 원자재로, 예컨대 다양한 종류의 상황, 인물, 대중문화에 대한 인유 등이 여기에 해당된다. 이러한 것들은 (우리가 몇 마디 들어봤음 직한 뮤지컬의 테마곡같이) 우리의 소비 습관을 통해 한눈에 알아볼 수 있다. 반면 포크너의 원자재는 시간성에 대한 강박이 지배하던 시대의 기억이라는 지위를 통해서뿐만 아니라, 지각知覺 자체의 내재적 이데올로기에 의해서도 철학적으로 고양된 것이다. 여기에서 지각은 (포크너 자신의 개인적 발전을 위해 전략적으로 가장 필요로 했던) 콘래드Joseph Conrad의 인상주의("무엇보다도, 볼 수 있게 만드는 것이다!")*에서 시작하여, 다양한 모더니즘 미학에 영향을 미치기도 했다. 그러나 포스트모던 시대는 시간성을 피해서 공간으로 나아갔으며, 대개의 경우 깊이 있는 현상학적 경험 일반과 특히 지각이라는 개념 자체에 대해 점차 회의적인

---

* 조지프 콘래드는 예술가로서 자신의 책무를 다음과 같이 말한다. "나의 과업은 듣게 만들고, 느끼게 만들며, 무엇보다도, 볼 수 있게 만드는 것이다. 그것이 모두이고, 그것이 전부다My task is to make you hear, to make you feel, and, above all, to make you see. That is all, and it is everything."

입장을 취했다(데리다를 참고하라). 이런 점에서 로브-그리예의 선언서는 오늘날 다른 감각에 대한 시각의 우위를 긍정한다기보다는 현상학적인 지각 자체를 급진적으로 거부하는 것으로 다시 읽을 수 있다. 만약에 그렇다면 실리아 브리턴의 훌륭한 시몽 연구서가 주장하듯,[4] 로브-그리예의 나이 든 "제자" 시몽은 사실상 시각과 텍스트성이라는 공존 불가능한 충동들 사이에서 분열되었다고 할 수 있으며, 그러한 화해 불가능한 긴장은 왜 그가 포크너적인 지각에 대한 환기와 텍스트화라는 누보로망적 실천 사이에서 오락가락했는지 설명하는 데 큰 도움이 된다(형식주의자들이 주장하고 싶어 하는 것처럼 그 반대의 경우가 아니라면, 그리고 문학사적 선택이 작가적 성향의 기질적 특징을 미리 결정하는 것이 아니라면 말이다).

한편 누보로망이 **사물**과 (따라서 묘사와) 관계 있다고 하는 인상이 널리 퍼져 있는데,[5] 만일 이를 새로운 미학적 측면에서 재정식화하거나, 개인적이고 정신분석학적인 혹은 '문체적'인 측면에서 진단하지 않는다면, 그것은 시몽이나 로브-그리예를 넘어서 그들의 언어적 상황 일반이라는 새로운 역사적 의미로 나아가게 된다. 누보로망의 사물에 대한 '묘사'가 주로 보여주는 것은 오히려 묘사의 붕괴이고, 또 언어가 자신이 성취해야 할 가장 명백한 것을 성취하지 못한다는 것이다. 예를 들어 그들의 묘사는 겉으로 보기엔 구체적이고 세세한 것에 대한 묘사에만 완강하게 초점을 맞추지만, 이는 사실상 교과서적인 변증법적 방식을 통해 즉시 정반대로 뒤집어지고 만다(이러한 묘사는 레몽 루셀 같은 더욱 일탈적인 모더니스트들에게서 이미 나타난 것으로, 여기에서는 사물을 아주 정밀하게 묘사하려는 시도가 타협 없이 유지되면서 흥미롭게도 결국에는 대부분의 독자의 인내심을 고갈시키고 만다).

"꾸러미"*는 그 자체만으로는 충분치 못하다(그것은 "구두 상자"와 다를 바 없는데, 특히 이 구두 상자는 아무런 경고도 없이 "비스킷 통"으로 변화하면서, 프레게Gottlob Frege의 유명한 논문 「의미와 지시대상체에 관하여Über Sinn und Bedeutung」에 등장하는 "금성 혹은 샛별"과 같이 지시대상체가 여전히 잔존하고 있음을 상기시켜주기 때문이다). 또한 ("병사의 왼쪽 팔 밑" "의사의 책상 서랍" 같은) 그 꾸러미의 위치 역시도, 우리가 지금 대하고 있는 것이 모두 **똑같은** 물건이라는 걸 확신하는 데 별 도움이 되지 않는다. 분명히 그 꾸러미는 "갈색 종이로 포장되어" 있지만, 또 한편으로는 "눈이, 마르면서, 그 위에 더 짙은 원들, 둥근 외곽선들의 흔적을 남겼다. 가장자리는 아주 작은 꽃술 장식이 있고, 부풀어 올라 끈이 한쪽 구석으로 미끄러져 내려갔다." 사실 이 묘사("더 짙은 원들, 둥근 외곽선들의 흔적, 꽃술 장식")**의 복잡성은 분명 이 물건이 가진 세세한 부분을 최대한 제공하는 것처럼 보이지만, 그 뒤에는 단지 변증법만이 기다리고 있을 뿐이다. 마치 단일성이란 다수성의 한 기능에 불과하다고 말하듯 말이다. 왜냐하면 로브-그리예가 가장 형식화되는 지점에서, 이 추상적 다수는 결국 어떤 알갱이가 있는 표면을 환기시키기 때문이다. 우리의 눈앞에서 가장 구체적인 것이 가장 일반적인 것으로 변하는 것이다. 다수성은 특수자보다는 보편자의 편에 서기 마련이듯 말이다. 하지만 "언어를 통해서는 언어를 벗어날 수 없다!"는 말처럼, 모든 가능성은 결국 똑같은 막

---

* 로브-그리예의 소설 『미로 속에서Dans le labyrinth』에서 눈이 내리는 가운데 한 병사가 어떤 도시의 거리를 걸어가면서 손에 들고 있는 꾸러미를 지칭한다.

** 원문에서 제임슨은 프랑스어를 그대로 인용했다. "des cernes plus foncés, traces aux controus arrondís, franges de minuscules festons."

다른 길로 들어서게 된다. ("갈색"이나 "판지" 같은) 그 상자가 가진 하나의 속성은 (예컨대 "뜯어지다"나 "찢어지다" 같은) 명백히 더 우연적인 속성보다 더 나은 설명을 해주지 못한다. 이 모든 단어가 그 본질상 일반적인 것으로 남을 수밖에 없기 때문이다. 다만 정관사(그the 상자라고 말한다면, 그것이 또 있으면 안 된다)나 현재 시제만이 그다지 만족스럽지 못한 명사와 형용사 들을 '텍스트' 내의 올바른 자리에 다시 위치시키려 할 뿐인데, 여기에서 텍스트는 장르의 사양에 따라 읽어야 하는 인쇄된 소설을 말한다. 여전히 우리는 또 다른 종류의 〔언어적〕 미끄러짐slippage의 가능성을 감지하게 된다. "베이지색 거품 속에 뭉쳐 있던 포말들이 오목한 쪽에 일어 오른다."[7] 이 문장에서 관찰자나 관찰 대상의 차원의 문제는 차치하더라도(그런데 그 커피 잔은 고다르의 영화 「그녀에 대해 알고 있는 두세 가지 것들Deux ou trois choses que je sais d'elle!」에 나오는 거대한 컵처럼 무지막지하게 커질 수도 있다), 오로지 색깔만이 이 설명 뒤에 등장하는 와인병에 대한 설명과 혼동하지 말라고 경고할 뿐이다. "작은 장밋빛 거품이 액체의 표면에 뭉쳐, 옆면에 들러붙는다"(BP 209). 이는 색깔이 다른 속성보다 더 신뢰할 수 있는 속성이라는 말은 아니다. "이제 그것은 뿌연 회색이다"(BP 253). 그러나 이전 문장에서 대명사 "그것"은 그때까지 축축하게 젖어 거의 알아볼 수 없는 색깔의 반짝임으로 빛나던 아스팔트 길을 지칭하는 말이었다. 그다음 문장에서 그것은 술 취해 벌거벗은 병사의 피부가 되는데, 그는 더러운 바닥에 넘어져 회색이 된다. 그런데 그 피부에서 "그의 몸 왼쪽 전체를 뒤덮고 있는 회색 흙먼지 아래의 상처로부터 작은 핏방울들이 배어나기 시작한다." 이런 예는 얼마든지 찾을 수 있다. 그러나 우리의 언어적인 혹은 관념적인 지각에 상응하는 〔텍스트의〕 요소를 창안하려는 우리의 저항하기 힘든 성향을 이겨내지 못한다면, 그 예들은 아무런 쓸모가 없다. 이어지는 문장들은 책을 읽는 우리의 마음속에 어떤 대상도 남기지 않는다. 따라서 문장들은 관념적이거나 상상적인 문학적 지시대상체의 형태로 독자에게 제공된다. 그러한 지시대상체는 잠재의식적인 혹은 원형적인 이미지라 할 수 있는데, 여기에서는 무색의 표면만이 단조로운 무구별성과 다양한 지점에 대한 고양된 지각 사이를 오락가락할 뿐이다. 수많은 가능한 표면의 현현들과 마찬가지로, 아스팔트와 흙먼지로 뒤덮인 피부는 이런 최소 공통분모에 상응한다. 이런 이미지의 정교함은 그것을 만들어낸 무의식적 주체를 상정하는 논리적 결과로 이어지게 되지만, 그러한 이미지는 존재하지 않는다. 그것은 해석 과정에서 만들어진 허구이며, 방금 읽었던 문장에 의해 생성된 주체 위치가 절망적으로 오작동하고 있다는 신호일 뿐이다. 결과적으로 독자는 언어가 붕괴되었다는 (다시 말해서 문장들이 그 어떤 주체 위치도 남기지 않는다는) 결론에 이를 수 없는 듯하며, 따라서 영화에서의 리버스 숏처럼 이미 가지고 있었던 주체 위치가 지속되고 있음을 정당화해줄 수 있는 새로운 상상적 대상을 구축하게 된다. 이 상상적 대상은 사실 시몽의 작품이 우리에게 제공해주는 모든 해석적 유혹 중 단 한 가지인데도 불구하고, 대문자 저자Author라는 마찬가지로 상상적인 대상 쪽에 주체성이라는 2차적 신기루를 만들어내는데, 바로 이 상상적 대상이 저자의 생각이라고 가정된다. 따라서 주체와 대상, 혹은 주체 위치와 이제는 대상 위치라고 불러야 하는 어떤 것 사이의 자리 바꿈이 있으며, 또한 그 둘 사이에 존재하는 상상적 실체들의 변증법적 증식이 이루어진다. 그리고 이는 『말과 사물』에서 푸코가 〔벨라스케스Diego Velázquez의 그림〕「시녀들

Las Maninas」을 (작가나 화가의 "주체성"이라고 추정되는 "소실점"을 포함하는) 주체 구성에 대한 실질적인 알레고리로서 선택한 것을 확증해준다. 이로부터 우리는 칸트의 초월적 연역법을 전도시킬 필요성을 연역해내야만 한다. 즉 초월적 주체의 통일성을 기반으로 하여 상정되어야 할 것은 세계의 통일성이 아니다. 오히려 주체의 통일성이나 비일관성과 파편화가, 다시 말해서 사용 가능한 주체 위치에 대한 접근 가능성이나 그것의 부재가 그 자체로 외부 세계의 통일성이나 통일성의 결여에 대한 상관물이라 할 수 있다. 주체가 분명 단순히 대상에 의한 '효과'만은 아니지만, 주체 **위치**가 그러한 효과의 하나라는 건 그렇게 잘못된 주장은 아니다. 한편 여기서 대상이 의미하는 것은 단지 물리적인 사물에 대한 지각의 총합이 아닌, 사회의 형태 혹은 사회적 관계의 총체임을 반드시 이해해야 한다(심지어 몸과 물질에 대한 물리적 지각과 외관상 가장 근본적인 경험들마저도 사회적인 것에 의해 매개된다). 그러한 주장으로부터 우리가 추론할 수 있는 것은 '통일된' 주체가 비실재적이거나 바람직하지 못하고 진정성이 없다는 것이 아니라, 오히려 그것이 구성되고 존재하기 위해서는 특정한 종류의 사회에 의존할 수밖에 없으며, 따라서 그와는 다른 사회구조에 의해서는 위협받고 약화되고 문제시되거나 파편화될 수 있다는 것이다. 어쨌든 이러한 것들이 내가 시몽의 소설 속(혹은 최소한 그의 누보로망 연작 속)에 있는 주체성의 문제에 대한 알레고리적 교훈으로 생각하는 것이다. 그러나 여기에서 대상은 여전히 주로 언어의 기능으로서, 이 대상을 묘사하거나 지시하는 데 나타나는 언어의 국지적 실패는 우리를 다른 방향으로 이끌고 가서, 우리가 평소에 당연하다고 생각했던 언어 기능의 예상치 못했던 붕괴를 전면에 부각시킨다. 즉 말과 사물 사이의 특권화된 관계가 말의 일반성과 대상의 감각적 특수성 사이에 벌어진 간극에 자리를 내주는 것이다.

　이러한 과정 속에 있는 언어는 우리가 언어의 1차적 기능이라 여기는 것을 수행하도록 강요받고 있지만, 어떤 절대적 한계까지 몰려 있는 언어는 이제 그런 기능을 더 이상 수행할 수 없다고 판명되었다. 여기에서 왜 이런 자기 파괴적 실험이 수행되고 있는지를 이해하려 애쓰기 전에, 일단 그것이 무엇을 의미하는지 알 필요가 있다. 분명해 보이는 것은 여기서 명사는 이름으로 기능하도록 요청된다는 것이다. 왜냐하면 고유한 이름은 분명히 특정 단어를 하나의 고유 대상과 연결시키려는 시도 속에서 우리가 가지고 있는 유일한 말이기 때문이다. 그러나 누보로망과 더불어, 거의 동시적으로 우리는 레비-스트로스로부터도 교훈을 얻을 수 있는데, 이는 "고유한 이름"이라는 것 자체가 부적절한 명칭이라는 것이다. 왜냐하면 개인의 고유한 이름 역시도 (개, 경주마, 사람, 고양이 등과 같은) 종적 대상에 따라 변화해왔던 더 큰 언어 체계의 구성 요소이기 때문이다. 따라서 상당히 확고해 보였던 이런 언어적 가능성, 즉 말이 한낱 일반명사로서는 가질 수 없었던 특정 수준의 구체성에 도달할 수 있는 가능성은 다른 무엇보다 먼저 신기루처럼 사라져버렸다. 그러나 『행동하는 신체들』에서 이런 잘못된 전례와 고유한 이름의 약속의 종말은 반복해서 언어의 증식을 야기함으로써, 분류 목록이 일정한 방향성도 없이 사방으로 펼쳐진다. 예컨대 신체 부위, 열대 조류 분류표, 별자리 목록 등으로 말이다.[8]

　반면 언어가 **이름**이 아닌 지시指示 혹은 직시直視, deixis를 통해 사물에 이를 수 있다는 생각 같은 또 다른 이론적 대안이, 누보로망의 장르적 몰개성성에 의해 그렇게 많이 배제되는 것은 아니다. 예컨대 로브–

그리예는 "혹은 그렇게 보일 것이다" "아마도" "이미 말한 바와 같이" 등과 같은 삽입구를 매너리즘적으로 사용하는데, 이는 문장 속에 변조 내지는 변화를 주는 기법이라 할 수 있는 일종의 직시로deictic 기능한다. 하지만 헤겔이 『정신현상학*Phenomenology of Spirit*』서론에서 "지금" "여기" "이것" "저것"과 같은 말에 대해 설명했던 바와 같이, 직시의 실패는 남은 모든 것과 더불어 그러한 말 자체가 가지는 환원 불가능한 일반성에 기인한다. 철학 영역에서 『정신현상학』은 이후 발생한 누보로망과 사실상 동일한데, 여기에서 반복되는 것은 언어 자체의 능력으로 보편과 특수, 일반과 구체 사이의 근본적인 철학적 대립을 해결할 수 있는가에 대한 가장 근본적인 의심이다. 헤겔의 변증법 개념은 다소 전前 언어적(혹은 적어도 시대착오적이거나 전前 구조주의적)인 것이며, 특히 그의 변증법은 논리적 혹은 개념적 이율배반과 모순이 마치 언어에 선행하고 또한 언어적 속성보다 더 '근본적인' 것인 양 동원하고 있다는 주장이 종종 제기된다. 이것은 맞을 수도 맞지 않을 수도 있지만, 그러한 판단은 의식(감각적 확신, 지각, 힘과 오성)을 다루고 있는 『정신현상학』의 서론의 의의를 무시하는 것으로, 이 서론의 의도는 처음부터 언어와의 거래를 청산하면서 보편과 특수를 설정함에 있어 언어가 실패할 수밖에 없다는 변증법적 필연성을 확립하고자 하는 것이다. 반면에 구조주의가 언어에 대해 그 어떤 존재론적 지위를 부여할 수 있다고 느낄지라도, 중요한 것은 이런 전통도 그 출발점이 (앞서 언급한 레비-스트로스의 분석에 있건, 누보로망의 읽기의 수수께끼에 있건 관계없이) 그런 언어의 실패에 대한 숙고라는 점을 알아내는 것이다.

헤겔이 보여주었던 것은 언어와, 현재에 대한 즉 고유한 사물들의 지금 여기에 대한 우리의 감각적 경험(헤겔이 "감각적 확신"이라고 불렀던 것) 사이에 매개되지 않은 동일성이란 있을 수 없다는 것이다. "만일 〔철학자들이〕 실제로 그들이 의미하고자 하는 '이this' 한 장의 종이를 **말하고자** 했다면, 만일 그들이 그것을 **말하고자** 했다면, 이는 불가능하다. 왜냐하면 그것이 의미하는 그 감각적인 이것This은 언어가 **도달할 수 없는** 것으로, 언어는 의식에, 즉 본질적으로 보편적인 것에 속하기 때문이다."[9] 여기에서 "보편"은 구별되는 여러 종류의 내용을 포괄할 수 있는 하나의 텅 빈 개념으로 길고 복잡하게 정의되고 있다. 헤겔에게 "여러 지금들Nows을 포괄하는 복수"로서의 "지금"은 "지금이 하나의 **보편**임을 배우는 경험"[10]을 구성한다. 이것이 누보로망이 우리를 위해 아껴두었던 '교훈'은 딱히 아닐 수도 있지만, 그것을 가르치기 위해 헤겔이 사용하는 언어의 실패는 분명 소설적 교훈 이상의 것이다.

우리가 감각적인 것〔내용〕이 무엇인지 **발화**utter하는 것 역시 마찬가지로 보편적이다. 우리가 말하는 것은 '이것This' 즉 **보편적인** 이것이거나, '그것이 있다it is' 즉 **존재 일반**Being in general이다. 물론 우리는 보편적인 이것 혹은 존재 일반을 **상상**envisage하지는 않지만, 우리는 보편적인 것을 **발화**한다. 다른 말로 하자면, 우리는 이런 감각적 확신 속에서 우리가 말하려는 그것을 엄밀하게 말하지 않는다. 그러나 우리가 알고 있다시피 언어는 더 진실하다. 언어 속에서 우리 자신은 우리가 말하려는 것을 직접적으로 논박한다. 그리고 보편적인 것이 감각적 확신의 진실〔내용〕이기 때문에, 그리고 언어는 홀로 이 진실〔내용〕을 표현하기 때문에, 우리가 말하려는 감각적인 존재를 말하거나 말로 표현하는 일

은 딱히 가능하지 않다.[11]

언어의 실패라는 상황 속에서, 헤겔에게 말과 사물 간 관계의 붕괴는 행복한 타락일 수도 있다. 그것이 철학적 사유의 방향을 보편 자체의 새로운 형식을 향하도록 재설정해줄 수 있다면 말이다. 그러나 시몽과 누보로망 일반에 있어서, 그것은 하나의 잠정적 공간을 열어준다. 이곳에서 이런 붕괴는 하나의 과정으로서 반복적으로 재경험되는데, 이 과정은 언어에 대한 믿음의 습관적 시작과, 기의의 물질적 기표로의 혹은 기호 자체의 한낱 이미지로의 필연적인 타락 사이에서 벌어지는 일시적인 투쟁이라 할 수 있다.

이러한 잠정적이고 반복적인 과정을 우리는 글 읽기reading라고 불렀다. 내가 여기에서 주장하고자 하는 것은 다음과 같다. 누보로망에서 글 읽기는 상당한 전문화를 거쳤으며, 산업혁명 초기의 옛날 수공업 활동과 마찬가지로 일반적인 노동분업화의 원칙에 따라 다양한 구별되는 과정들로 분해되었다. 이런 내적 분화diffentiation와 예전의 통합된 생산과정 분야들에 적합해진 자율성은 테일러화Taylorization, 즉 계획과 분석을 통해 다양한 생산 단계를 독립적 단위로 분리하는 과정을 통해 두번째 질적 도약을 하게 된다. 글 읽기라는 오래됐지만 딱히 전통적이라 할 수 없는 활동은 유사한 역사적 발전에 영향받기 쉬운 일종의 수공업 과정으로 볼 수 있다. 분화에 대한 (지금까지의 이론 중이 과정에 대한 가장 발전되고 전문화된 이론적 성찰이라 할 수 있는) 니클라스 루만Niklas Luhmann의 좀더 일반적인 이론은 이를 설명하는 데상당히 적절해 보인다.*

우리는 체계 분화를 한 체계 내에서 체계와 그 환경 사이의 차이를 복제하는 것으로 생각할 수 있다. 분화는 따라서 체계 구축의 반사적이고 반복적인 형식으로 이해된다. 그것은 똑같은 메커니즘을 반복하여, 자신의 결과물을 확장하는 데 사용한다. 그 결과 분화된 체계 내에는 두 종류의 환경이 존재한다. 모든 하위 체계에 공통되는 외부 환경과, 각각의 하위 체계에 고유한 독립된 내부 환경이 그것이다. 이런 개념이 함축하는 바는 하위 체계와 그 환경 사이의 차이라는 특별한 형식 속에서 각각의 하위 체계가 전체 체계를 재구성하며, 또 어떤 의미에서는 각각의 하위 체계가 **곧** 전체 체계 자체라는 것이다. 따라서 분화는 원래 체계가 가지는 정체성을 다수의 내적 체계들과 그와 연관된 환경들로 쪼갬으로써, 원래 체계의 특화된 판본들을 다양하게 만들어내는 과정을 통해 체계 자체를 재생산한다. 이것은 단순히 조금 더 작은 덩어리들로의 해체가 아니라, 오히려 내적 분리를 통한 성장이다.[12]

리카르두에서 시작하여 시몽의 작품에 나타나는 국지적 절차와 패턴 들에 대한 다수의 정교한 분석이 생산되었으며, 이 분석들은 대개 일종의 '텍스트주의자' 미학 이데올로기를 긍정하는 것으로 귀결되었다. 하지만 요즘에는 그런 주장의 신선함이 사라졌기 때문에, 루만의 체계에 따라 이를 다시 쓰는 것이 좀더 흥미로운 일이 되지 않을까 한다. 나는 (포크너적인 작품과 대립되는 것으로서) 시몽의 누보로망에는

---

* "differentiation"은 제임슨이 이 책 전체를 통해 포스트모더니즘의 일반적 경향을 표현하기 위해 사용하고 있는 용어로서, 일반적인 맥락에서는 "차이화"로 번역했다. 하지만 루만의 맥락에서는 "차이화"를 사용할 경우 오해의 여지가 있기 때문에 불가피하게 "분화"로 번역했다.

두 가지 일반적 과정이 작동하고 있다고 제안하고자 한다. 이는 체계 (혹은 텍스트) 내에서 외부 환경을 재생산하는 것과, 각각의 하위 체계를 위한 구별되는 내부 환경들의 복제 사이의 루만의 구별과 대체로 일치한다. 이것은 또한 앞서 내가 기의의 물질적 기표로의 타락이라 칭했던 것에 상응하기도 한다. 이 타락은 이를테면 〔언어적〕 투명성이라는 환영의 소멸, 예기치 못한 의미의 사물로의 전화, 좀더 나은 표현을 쓴다면 이미 사물화된 것으로서의 혹은 이미 불투명했던 것으로서의 기표의 탈은폐라 칭할 수도 있다. 여기에서 불투명성은 단어의 소리나 외형을 통해서 드러날 수도 있고, 그것의 인쇄를 통한 복제와 각각의 글자의 무의미한 공간성을 통해서 드러날 수도 있다. 그런 점에서 투명성이란 유기체나 하위 체계의 자율성에 대한 환영 같은 것이다. 그렇다면 기표의 물질성에 대한 환기는 루만이 내부 환경이라 불렀던 것(예를 들어 두뇌 속에서 일어나는 화학적 과정과 비슷한 것)을 재건해준다. 시몽의 작품에서는 예전 의미와 기의의 물질적 분화는 대체적으로 두 가지 일반적인 형식을 취한다. 첫번째 형식은 '읽기'에 대한 읽기로 설명될 텐데, 이는 ("무시무시한 색깔의 폭동……!"에서처럼) 말 속의 무엇인가가 그 말 자체도 단순히 인용일 수도 있다는 가능성과, 우리가 다른 누군가의 읽기를 읽고 있을 수 있다는 가능성을 우리에게 경고하는 순간 나타난다. 두번째 형식에서는 문장 속에 삽입된 외국어나 전혀 다른 활자체로 인쇄된 글자의 복제물같이, 단어 자체가 단순히 활자가 되는 것이다.

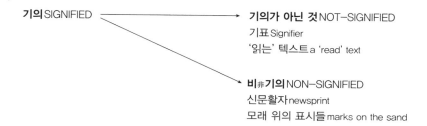

기의SIGNIFIED — 기의가 아닌 것NOT-SIGNIFIED
기표 Signifier
'읽는' 텍스트a 'read' text

비非기의NON-SIGNIFIED
신문활자newsprint
모래 위의 표시들marks on the sand

　외부 환경 자체(혹은 문학에서 일반적으로 맥락이나 심지어 지시대상
체로 칭해지는 것)를 중심으로 이루어지는 루만의 두번째 과정은 우선
(로브-그리예의 특징이기도 한) 다음과 같은 순간들을 통해 예증된다.
이는 (문학에서 허구적인 것이라 칭해지는 것은 다른 형식의 언어에서 지
시적인 것에 대응하기 때문에) 우리가 〔진실이라고〕 믿었던 내러티브
가 갑자기 단순한 이미지에 불과했음이 드러나는 순간이다. 여기에서
그 이미지가 단순히 (앞선 유사 내러티브에 의해 활성화되는) 하나의 그
림이건, 아니면『행동하는 신체들』에 등장하는 열대 지역으로의 탐험
의 경우처럼 한 편의 영화로 판명되건 관계없다. 그렇다면 앞에서 설
명했던 인용에 의한 기의의 물질화는 전체로서의 기호 차원에서 디에
게시스적으로 혹은 내러티브적으로 복제됨으로써 새롭고 예상치 못
한 결과를 초래한다. 즉 이러한 과정을 통하여 이제 우리는 언어적 문
제와 언어철학의 영역에서 이미지 사회와 미디어의 영역으로 이행하
게 된다. (사실 누보로망 내에 의미와 해석이라는 전혀 다른 두 개의 미시
영역과 거시 영역이 함께 존재한다는 것은, 누보로망 속에 역사적으로 새
롭고 강화된 형식의 분화가 내포되어 있다는 우리의 주장을 입증하는 데
큰 도움이 될 것이다.) 기호 차원에서 나타나는 논리적으로 가능한 두
번째 순열을 생각해보자면, 비非기호의 위치라 부를 수 있는 것이 무

엇인지에 대한 문제가 등장한다.

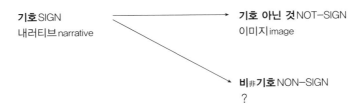

이 비기호는 본질적으로 그 어떤 의사소통 체계에든 존재할 수밖에 없는 **소음**으로 구성된다고 볼 수 있다. 시몽의 경우 일반적으로 아무렇게나 무작위로 삽입된 주제와 무관한 참고 서적의 내용들(예컨대 『눈먼 오리온*Orion aveugle*』이라는 그림책에서 가져온 스케치들이 있는데, 시몽은 『행동하는 신체들』을 소설로 구성하기 위해 이를 유용하고 있다)이 그러한 소음에 해당하지만, 사실 이 작품 속에서 그것은 개별 문장들의 틀을 가로질러 움직이는 신비스러운 돌무더기로서 상징화 내지 알레고리화되고 있다("잿빛에 형체 없이 무시무시하게 무거운 어떤 것이 조금씩 조금씩 하지만 가차 없이 움직이는 듯하다. 억겁의 세월 동안 느릿하게 움직이는 산사태, 참을성 있고 교활하게 바닥과 벽을 침식시킨다"[*CC* 88/72]). 이것이 병에 의한 안구의 상태인지, 영사기 안의 필름 자체가 부식된 것인지, 아니면 일종의 과학소설적인 존재인지조차 '미결정' 상태에 있는 것은 아니다. 왜냐하면 이 에피소드는 분명히 역설적이고 사실상 모순적인 그리고 불가능한 기능을 하기 때문이다. 이 기능이란 바로 무의미를 의미하며, 의도의 부재를 전달하려는 의도이다.

　그러나 이런 지엽적 효과들은 또한 단순히 생산과정 속에 들어간 원자재의 변화이지, 생산과정에서의 급진적인 구조적 변화를 표시하는 것은 아니라고 할 수 있다. 이런 급진적인 변화는 글 읽기 내부에서의 분화 과정이라기보다는, 글 읽기 자체가 감당해야 하는 특이하고 새로운 어떤 것이라 할 수 있다. 우리가 누보로망을 읽기 시작할 때 우리 자신의 정신 과정을 조사해보면, 루만의 하부 체계 분화에 따른 결과인 증식에 의한 균열과 복제뿐만 아니라, 새로운 작업들이 나타나고 있음이 드러난다. 예를 들어 소설의 첫 페이지를 열면 어쩔 수 없이 수행하게 되는 **동일시** 행위가 그것인데, 누보로망에서는 이 동일시가 두 가지 새롭지만 아직 뭐라 부르기 힘든 정신 작용으로 나뉜다. 우리는 책 속에서 행위나 제스처의 확정되지 않은 부분의 뭐라 부르기 힘든 요소들을 마주하게 되면, 바르트의 행위 약호proairetic code*의 가능성들을 연상시키는 방식을 통해서, 이것들을 잃어버린 사진의 확대된 조각처럼 알아볼 수 있는 형태로 되돌려놓게 된다. 다시 말해서 (『행동하는 신체들』에서 소화전에 고통스럽게 기대어 있는 남자와 같은) 재현의 대상이 이제는 **명명** 혹은 **재명명**되어야 하는 것이다. 전통적인 소설에서 우리는 이런 작업을 수행할 필요가 없다. 소설가가 우리를 위해 그 일을 대신 해주면서, 앞으로 펼쳐질 이야기의 구성 요소나 핵심 부분 들을 분명하게 표시해주었기 때문이다. 전통적인 소설을 읽을 때 우리가 해야 할 일은 아직까지는 '명명'되지 않은 더 큰 행위(내러티브 그 자체) 안에 그 요소들을 재조립하는 것이다. 하지만 이 일은 누보로망을 읽을 때에도 **역시** 반드시 해야 하는데, 왜냐하면 그 대상(소

---

* 바르트는 자신의 저서 『S/Z』(김웅권 옮김, 연암서가, 2015)에서 텍스트를 구성하는 5가지 약호를 구별하는데, 해석 약호(HER), 행위 약호(ACT), 의미 약호(SEM), 상징 약호(SYM), 문화 약호(REF)가 그것이다. 특히 행위 약호는 행위의 순서를 조직화하는 약호를 지칭한다.

화전에 기대어 있는 남자)이 무엇이냐 하는 문제를 결정하는 일과 더불어, 우리는 여전히 그가 '누구'인지 결정해야 하기 때문이다. 즉 더 큰 플롯에서 그의 위치가 어디인지 말해야 하는 것이다. 그러나 이 과정 역시 내적으로 분화된다. 『행동하는 신체들』에서 이는 매우 구별되는 두 작업으로 나뉜다. (1) 소화전에 기대어 쉬는 행위가 의사를 방문하기 전인지 후인지(혹은 술집에 들르기 전인지 후인지) 결정하기. (2) 불행한 연애를 하고 있는 그 사람은 일단 제쳐두고라도, 소화전에 기대어 있는 남자와 라틴아메리카 작가 대회에 방문한 사람이 동일인인지 확인할 수 있는 증거 찾기. 그렇다면 이 동일시 작업은 각 조각들을 연대기적 시간에 맞춰 다시 배열하는 작업과, 그리고 각 사건의 줄기들을 상호 참고하거나 교차 연결시키는 다른 과정과 통합되기도 하고 분리되기도 한다. 이 작업은 또한 앞서 했던 작업을 차례차례 반복하는 일이기도 하다(만일 소화전에 기대어 있던 남자가 라틴아메리카로 여행했던 사람이라면, 그 사람이 그 일을 한 것이 간瞬 이상을 앓기 전인가 후인가?).

한편 현대식으로 자동화된 거대한 공장에서처럼 정신 활동이 식민화되고 소형화되며 전문화되고 재조직화되는 상황 속에서, 다른 종류의 정신 활동은 해이해지며 글 읽기 과정 속에서 조금은 다르고 조직화되지 못하거나 주변화된 존재가 된다. 사실 시몽을 읽을 때 최소한의 즐거움도 없다는 것은 문학의 다른 어느 곳에서도 그에 상응할 만한 것이 없는 경이적인 효과라는 인상을 주며, 이는 우리가 기차가 움직인다고 느끼는 최초의 순간이라 부를 수도 있을 것이다. 글을 읽으며 우리는 다양한 일에 몰두하게 된다. 이런저런 제스처의 조각들을 구별해내고, 다양한 플롯의 줄기들이 번갈아 나타날 때마다 그에 대한 예비 목록을 만들기도 한다. 하지만 어느 순간 갑자기 **무엇인가 벌어지고 있음**을, 시간이 흘러가기 시작했음을, 그리고 아직 명확하게 무엇인지 알 수 없는 대상들이 우리의 목전에서 변하기 시작했음을 깨닫는다. 그 책은 실질적으로 이와 함께 진행되고, 쓰이고, 또 끝이 난다. 하지만 이 기이한 미학적 안도감은 완결된 행위에 대한 보다 전통적인 미메시스에 수반되는 아리스토텔레스적인 정서와는 하등의 관계도 없다.

마찬가지로 전통적인 의미의 해석은 여기에서 더 이상 요구되지 않는 과거의 잔재 혹은 유물일 뿐이다. 비록 내가 보기에는 다른 곳에서 종종 그러는 것처럼 시몽이 해석적 가능성을 절대적으로 배제하는 포스트모더니즘의 근본적 특징을 가진 작가라고 여기는 것이 반드시 옳지만은 않지만 말이다. 베버에게서와 마찬가지로 여기에서도 과거의 가치는 도구성과 효율성을 통한 합리화 과정과 노동의 재구조화에 의해 한물간 것으로 치부되지만, 예전의 해석적 가치들은 잔존하는 유혹으로서 여전히 살아남아 있다. 그 모든 유혹은 불만족과 좌절감을 안겨주는 것으로 끝나지만 말이다. 말할 것도 없이 리얼리즘적 유혹은 모든 원재료들을 하나의 통일된 행위로 재조립하는 것과 연관된다. 이는 그렇게 절망스러운 일만은 아닐 수도 있는데, 앞으로 확인하게 될 테지만 그것은 오로지 다른 우연적 재료들이 무작위로 존재하기 때문이다. 또한 모더니즘적 해석의 유혹이라고 부를 만한 것도 있다. 이는 소설의 형식 자체를 지각의 흐름으로 읽는 것이다. "한 무리의 금강앵무가 날개를 펼치고 햇빛 속으로 비상할 때, 색깔의 폭동! 꽥꽥거리고 지저귀는 무리가 사라지고, 보는 이의 망막을 가로질러 길고 어지러운 밝은 색의 흔적을 남긴다"(*CC* 174/146). 그러나 이

해석적 유혹은 밤의 도시 불빛에 대한 거대한 비전(CC 83/67)과, 이후 도시의 광고 체계와 이미지 들의 극적인 시각적 혼란 속에서(CC 139/116) 부자연스러워진다. 그리고 그러한 해석은 지각 자체의 내용을 다룰 방법이 없을뿐더러, 앞에서 언급한 지각의 이데올로기와 깊이 공모하고 있다. 그런데 포스트모더니즘의 이미지 문화는 지각 이후postperceptual와 연관되며, 물질적 소비보다는 상상적 소비를 중심으로 삼는다. 따라서 (클로드 시몽의 이 작품과 같은 미학적 산물을 포함한) 이미지 문화에 대한 분석은 우리가 비전통적이고 비현상학적인 방식으로 '이미지' 자체를 다시 생각해볼 때에만 의미를 가질 수 있다.

또 한편으로 구조주의적 유혹이 최근까지도 가장 영향력 있는 해석적 선택으로 남아 있다. 이에 의하면 로브-그리예와 리카르두를 따라, 우리는 텍스트를 벤야민의 자동인형*에 대항하여 치르는 게임으로 파악하고 읽기를 조합의 경험으로 해석하게 되는데, 이때 모든 순열 조합이 마침내 소진되면 게임은 종결된다.

팔 하나를 자신의 앞으로 쭉 내민 채, 허공을 더듬거리면서, 오리온은 태양이 떠오르는 쪽을 향해 여전히 전진하며, 그의 근육질 어깨 위에 앉아 있는 작은 형상에 의해 그에게 전달되는 목소리와 정보의 안내를 받고 있다. 그러나 그가 목적지에 결코 도달하지 못하리라는 암시가

---

* "자동인형"은 벤야민이 「역사의 개념에 대하여」(『발터 벤야민 선집 5』, 최성만 옮김, 길, 2008, pp. 327~50) 1장에서 언급한 것으로, 이 인형은 어떤 사람과 체스를 두던 반드시 승리하는데, 실제로는 체스의 명수인 난쟁이 꼽추가 책상 밑에서 인형을 조종하고 있다. 벤야민은 이 자동인형이 '역사유물론'의 표상이라고 주장한다. 자동인형은 종종 기계적 유물론에 대한 비판이자 벤야민 특유의 유대 신학적 역사관을 함축한다고 이해된다.

도처에 깔려 있다. 왜냐하면 태양이 하늘로 점점 더 높이 떠오를수록, 거인의 몸의 윤곽을 비춰주는 별들이 점차 약해지고 희미해지기 때문이다. 따라서 거대한 발걸음으로 움직임 없이 전진하는 그 멋진 실루엣은 천천히 희미해지고, 끝내는 새벽하늘 속으로 모두 사라질 것이다(*CC* 222/187).

그러나 해석을 감지하는 모든 가이거 계수관의 바늘을 미친 듯이 요동치게 만들었던 이 영광의 시대는 (시몽이 그림책『눈먼 오리온』에서 차용하여 소설로 가져온) 또 다른 내러티브 줄기와는 전적으로 아무런 관계도 없다. 기껏해야 그것은 앞에 나온 비디오텍스트의 **끝낼 준비를 하시오!**라는 명령과 비슷하다. 만일 이것을 다른 여러 텍스트적 사건들 중 하나가 아닌 소설의 절정으로 해석한다면, 이는 모더니즘적 해석에 대한 구조주의적 되받아 읽기를 굴절시키고, 이제는 구식이 되어버린 미학인 모더니즘의 자기-지칭self-designation과 자기 지시성 autoreferentiality을 재창안하는 일이 될 수도 있다.

하지만 마지막 한 가지 가능성이 남아 있는데, 분명 이것은 다른 것에 비해 개연성이 덜하지 않다. 그것은 이 소설을 일종의 일기나 자서전적인 스크랩북으로 읽는 것이다. 그렇다면 이 소설은 (비록 시몽이 그 경험들을 실제로 '했는'지는 이제 더 이상 확인할 수 없기는 하지만) 〔작가 자신의〕 다양한 실제 삶의 경험을 담고 있는 것이 된다. 예컨대 라틴아메리카로의 여행, 뉴욕에서의 단기 체류, 연애사, 42번가에서 본 물건들, (아마도 그랜드센트럴 역에 있는 거대한 오리온 천장화를 포함한) 박물관에서의 관련 그림 감상 등이 그러한 경험을 구성하며, 이 모든 것은 그 어떤 사진첩보다도 더 만족스러운 기념비로 구성되고 재조합되었다고 할 수 있다. 그런데 이것은 현재를 충족시키는 동시에 의기양양하게 그 현재를 과거 속으로 처분해버리는데, 오래전에 사라져버린 무언가를 환기시킴에 있어 불운하지만 용감하며 공허하고 독단적이었던 포크너적인 환기보다는 조금 더 적절하게 이를 수행한다. 그러나 이렇게 해석할 경우 누보로망의 외형적 미학은 변증법적으로 전혀 다른 종류의 형식으로 선회하면서, 미학 일반의 죄의식으로부터 탈출할 수 있게 된다(제3세계에서는 누보로망을 읽을 수 없다는 사르트르의 주장[13]과 더불어, 제1세계에서 누보로망을 읽는 것은 유한계급의 "구별 짓기"에 불과하다는 부르디외식 주장을 생각해보라). 동시에 그것은 일상의 가공되지 않은 재료들을 기입할 수 있는 새로운 장비와, 벤야민이 보들레르를 따라 현대 산업 사회의 풍경과 연관시켰던 만화경적인 충격을 극복하기 위한 새로운 '리비도적 장치'를 제안한다. 바로 이 지점에서 이 새롭고 인위적으로 발명된 **장르**의 재생산 가능성은 민주적 접근성에 대한 지표가 된다. 그리고 이것은 항상 모더니즘 예술에 대한 가장 악명 높고 속물적인 비난의 이면인 동시에 진보적 함의이기도 하다. 예컨대 추상화를 보고 누군가 이렇게 말한다. "저걸 누가 못해?" 이에 대한 대답은 이렇다. "물론이지요! 하지만 당신은 그렇게 하고 싶지 않을 걸요? 당신이 하고 싶어야 하는 겁니다!"

그러나 이 지점에서 해석의 문제는 문학 생산의 문제로 바뀌고, 문학 수용의 문제는 사용의 문제로 재활용되기 시작한다. 이런 특수한 변증법적 전도는 무한한 분열과 분화의 과정 속에서 새로운 미시적 하위 체계가 이제 하나의 통합된 실천 형식으로 강력하게 재편되는 루만의 체계와는 정반대로 받아들여질 수도 있지만, 그럼에도 이는 아마도 누보로망이 제공하는 가장 흥미로운 것이며, 또한 그것이 이룩한 혁신들 중에 역사적으로 가장 독창적인 특징이라 할 수 있다(그 혁신들은 수많은 부정 출발이나 성공하지 못한 특허처럼 이미 역사 속으로 사라졌지만, 이 점은 크게 중요하지 않다). 특히 내가 주장하고자 하는 바는 우리가 그의 작품을 읽는 아주 긴 시간 동안 특이하게도 수용(혹은 소비)을 생산과 구별할 수 없게 만드는 이유가 시몽의 '새로운 소설'이 언어에 초점을 두고 있기 때문이라는 것이다. 그의 문장은 한 단어 한 단어 유심히 읽어야 하는데, 이것부터가 이미 상당히 비정상적인 (그리고 고통스러울 정도로 친숙하지 못한) 일이다. 특히나 간결하고 즉각적으로 알아볼 수 있는 것에 가중치가 붙기 때문에, 문장이 다른 많은 기호처럼 즉시 소화될 수 있도록 걸러지거나 사전에 준비되어야 하는 정보사회에서는 더욱 그러하다. 한마디 한마디에 의한 훈육(이것은 시몽 자신의 표현이다)이 교차 편집의 실천, 다시 말해서 주제가 경고도 없이 아무 때고 바뀔 수 있는 가능성에 의해 강제된다. 어쨌든 이런 종류의 책들에는 속도 내어 읽을 수 있는 지점이 어디에도 없다. 우리에게 제공되는 보조적 내용이나 정보도 없다. 또한 쌓아두고 가져갈 것도 없다. (그 기이한 이야기가 끝나도) 찾아낼 수 있는 어떤 것도 없다. 아무것도 찾을 것이 없다는 단순하고 비극적인 발견 말고는 아무것도 없는 것이다.

경제학자들은 자동화가 탈숙련화와 병행한다고 말하는데, 여기에서도 글 읽기 과정이라고 불렸던 것에 엄청나게 차별적인 전문화가 일어났고(이에 대해서는 앞에서 이미 이야기했다), 이는 누구나 할 수 있는 새롭고 좀더 기초적인 평민의 노동 형식을 동반했다. 왜냐하면 특정 조건(사실상 사회주의를 위한 사회적 조건!)하에서는, 탈숙련화가 민주화(나는 이것을 평민화plebeianization라고 부르고 싶다)와 병행하여 등장했기 때문이다. 그렇다면『행동하는 신체들』같이 엘리트 문학적인 고도로 전문화된 기법으로 가득 찬 작품들을 읽는다는 것이, 급진적으로 다른 대안적 사회의 탈소외화된 노동과 유토피아적 경험에 대한 비유나 등가물analogon을 제공할 수 있을까?

우리 시대에 예술이나 미학적인 것이 다른 곳에서는 상상할 수 없는 탈소외화된 노동에 가장 가까이 접근할 수 있는 유비를 제공하며, 그에 대한 가장 합당한 상징적 경험을 구성한다는 주장이 널리 퍼져 있었다. 이는 산업화 이전 독일 관념론 철학의 성찰에서 파생된 주장으로, 이에 따르면 놀이의 경험은 노동과 자유, 과학과 윤리적 명령 사이의 긴장이 극복될 수도 있는 조건과 유사한 등가물을 제공한다.

그러나 탈소외 노동에 대한 실마리나 예기 혹은 상징적 경험에 대한 이런 주장이 왜 더 이상 설득력이 없는지에 대한 타당한 이유도 있다. 한 가지 이유를 들자면, 오늘날 예술에 대한 경험 자체가 소외되고 '타자'화되었으며, 너무 많은 사람들에게 접근 불가능한 것이 되어 사람들의 상상적 경험을 위한 유용한 매개체로 기능할 수 없게 되었다. 이것은 고급 예술에서건 대중문화에서건 마찬가지 문제다. 왜냐하면 이두 경우 모두에서 아주 다른 이유로 그러한 예술 형식의 **생산**에 대한 경험이 (비평가와 지식인을 포함하여) 대부분의 사람들에게 차단되어 있기 때문이다. 따라서 그들에게는 두 종류의 예술 모두에서 순수한 수용자로서의 경험만이 주어질 뿐이다(이 두 범주가 현대 이론에 대해 가지는 매력은 여기서 나온다). 전문화와 그에 동반되는 모든 소수 엘리트화esoteric(대중으로부터 유리된 활동에 따르는 단순한 무관심과 더불어, 특수 훈련, 집단적 노동분업화, 고유의 기술, 길드나 전문가 정신)가 고급 예술과 대중문화 모두의 특징이 되었다. 예를 들어 한편에는 현대 포스트전자음악의 모든 정교한 기계들이 있고, 다른 한편에는 텔레비전 프로그램 생산 체계가 있는데, 이 모든 것은 대부분의 사람들이 편안하게 느낄 수 있는 환경이 아닐뿐더러, 예술 생산 과정이나 자기 자신의 그리고 자연과 집단의 운명을 통제하거나 지배할 수 있다는 잠재적 가능성에 대한 낙관적 희망마저도 거의 제공해주지 않는다. 사실 탈소외 노동이라면 이러한 것들을 반드시 포함하고 기획해야 함에도 불구하고 말이다. 따라서 예전의 낭만주의적 유비는 사문死文으로 남을 가능성이 있다. 왜냐하면 대안적인 사회적 삶을 위한 유토피아적 모델로서 추켜세워졌던 바로 그 예술 생산은 이제 이해할 수 없는 것이 되었기 때문이다.

놀이play에 대해서 이야기해보자면, 노동과 마찬가지로 여가 활동 역시 상품화되고, 자유 시간과 휴가가 사무실에서의 일과만큼이나 조직화되고 계획화되었으며, 다양한 새로운 대중 오락 산업의 대상이 되어 첨단 장비와 상품으로 치장되고, 그 자체로 완전하고 철저하게 조직화된 이데올로기적 교화 과정을 담당하고 있는 상황에서, 놀이 역시 더 이상 탈소외 노동을 상기시키는 도구로서나 대안적 경험으로서 의미가 크다고 말할 수 없는 실정이다. 한때 놀이는 어린이를 의미했으며, 이들은 예전 사회에서 야생과 같은 대문자 자연을 대표하는 다소 먼 대리인으로 여겨졌다. 하지만 어린이들이 부모의 손에 이끌려 조직화된 채 소비사회로 포섭된 상황에서, 유년 시절은 놀이와 같은 개념, 즉 능동적인 자기 창안과 자기 결정의 형식으로서 살아 움직이는 자유를 전달할 수 있는 개념을 제안하거나 기획하는 능력을 상실한 것으로 보인다.

이런 상황하에서 인간적으로 만족스럽게 여겨지던 활동이란 무엇인가라는 문제를 멀리서나마 일별하기 위해서는, **취미**hobby와 같이 훨씬 더 주변적이고 낮은 단계의 경험들을 소환해야 된다. 하지만 이 일별은 그 매개체에 의해 왜곡되고 수족이 잘릴 수밖에 없다. 예를 들어 취미의 경우 일과 후의 아마추어적인 활동이며, 죄의식 없이 의도적으로 시간을 때우거나 허비하기 위한 결심이자, 옛날 수공예 기술로의 회귀이기에, 그것은 전혀 공적이지 않은 활동으로서 체계적으로 집단적인 것을 배제하여 미학적인 쾌락과는 전혀 다른 관점을 제공한다. 즉 취미는 자기만족을 추구하기 때문에, 그것을 공유하거나 타인의 경험을 통해 확인하기를 갈망하지 않는다(이는 가다머가 정확하게 강조했던 바와 같이, 칸트가 말하는 미학적 가치의 보편주의의 사회적 차원이다). 다른 한편으로 미학적 형식을 내면 세계의 상업적 활동으로부터 떼어내기 위해 19세기의 특정 예술 형식은 신성함이라는 개념을 발전시킨 적이 있는데, 취미에 내재된 헌옷 같은 비非격식성은 그러한 신성함을 실질적으로 비난하고 배제한다. 초현실주의자들에게 찬사를 받았던 레몽 루셀이나 우체부 슈발le factuer Cheval*의 작품에서처럼, 취미의 고독한 괴짜스러움은 이제 사제의 축성향유를 내쫓고 불필요한 것으로 만들어버린다. 그러나 개인적 삶의 사회화와 제도화가 20세기 초기의 자본주의에서는 상응하는 것이 없을 만큼 강화되어버린 우리 (포스트모던) 시대에, 울리포Oulipo** 같은 집단에서 취미가 조

---

* 본명은 '페르디낭 슈발Joseph Ferdinand Cheval'(1836~1924)이며 일반적으로 'Cheval Factor'로 알려져 있다. 그는 30년이 넘는 세월 동안 우편배달부로 일하면서 「꿈의 궁전 Palais Idéal」을 조각했다. 그의 창작 활동은 철저하게 제도권 밖에서 이루어졌으나, 그의 작품은 마르크스나 프로이트의 혁명적 전회에 비견될 정도로 후세에 거대한 파장을 남겼다.
** '울리포Oulipo'는 프랑스어 'Ouvroir de littérature poetntielle(잠재 문학 작업실)'의 약어로, 프랑스어를 사용하는 작가와 수학자가 모여 특정 제약하에 문학적 글쓰기를 실험했

직화되고 제도화되었다는 역설적인 발견을 했다고 해도 그리 놀랍지는 않을 것이다. 사실 울리포의 지지자였던 조르주 페렉Georges Perec의 비범한 소설『인생 사용법La Vie: mode d'emploi』은 누보로망의 종말 이후 실험적 작가에 의해 생산된 작품 중 가장 괄목할 만한 문학적 기념비일 뿐만 아니라, 노동과 활동에 대한 시몽의 상징적 처리에 버금갈 만한 작품이기도 하다.

사실『인생 사용법』에서 취미의 형식을 한 탈소외 노동은 소설의 중심 줄기를 형성하고 있는 그로테스크한 강박 속에서 명시적으로 주제화된다. 철저하게 계산된 일생의 프로그램을 통해 실존의 공허한 의미 없음으로부터 스스로의 주의를 다른 데로 돌리려는 백만장자 바틀부스Bartlebooth의 열정이 그것이다. 그 프로그램은 이렇다. 20년 동안 2주마다 한 번씩 전 세계 500개의 항구를 방문하며, 각 항구를 수채화로 그려 나무판에 붙인 후, 이를 조각 그림 퍼즐로 만들어서 상자에 보관한다. 그리고 이 일정을 다 마친 후 그다음 20년 동안 이 그림 퍼즐을 하나씩 맞추어 나무판을 다시 붙인 후, 〔잘렸던〕종이를 마술처럼 원상 복귀시키고 수채 물감을 제거하여 텅 빈 도화지를 원래의 서류철에 되돌려놓는 것이다. 만일 이 특이한 취미가 이 소설이 다루고 있는 여러 가지 중 하나에 불과하다고 항변한다면, 우리는 전혀 다른 방식으로 작동하고 있는 전 지구적 총체화를 파악해야 한다. 이 총체화의 장소는 (그 백만장자가 소유한) 아파트 건물인데, 이 건물은 이야기와 운명과 취미 들의 총화를 담아내고 있으며, 마지막 쪽에 등장하는 미니어처 모형을 통해 자신에게로 되돌아온다(미니어처화는 일반적으

던 집단이다. 1960년 레몽 크노Raymond Queneau가 설립했다.

로 과정으로서의 생산이 현존하고 있음을 보여주는 가장 강력한 지표이자 신호 중 하나다). 이는 마치 텍스트와 그것의 죽은 모형들이 지구상에 인류가 멸망해버린 지질학적 시대의 관점에서 인류 역사의 모든 혼란을 회상하는 것처럼 보인다. 이것이 말하는 바는 우리 시대에 탈소외 노동 자체를 형상화하기 위해서는 막대한 대가를 지불해야 한다는 것이다.

그러나 시몽의 작품은 (누보로망 연작의 마지막 작품 전까지는) 이런 방식으로 생산과 활동을 주제화하지 않는다. 기껏해야 번역 과정을 통해 그 비슷한 것에 도달하는데(『파르살루스 전투』에서는 라틴어 번역, 『행동하는 신체들』에서는 스페인어 번역), 이때 문장의 생산은 일종의 불투명성을, 이를테면 물질의 저항을 부여받는다. 시몽의 소설은 그런 동일시가 없고 공식적인 추상적 이름도 없는 문장 생산의 경험을 제공한다. 그리고 문학에서 그러한 과정에 대한 주제화, 즉 문학이 하나의 상징이나 의미 혹은 재현으로 변화하는 과정의 주제화가, 문학 언어 자체의 신비로운 불확정성 원리에 의하여 결국 다른 무언가로 변형되지 않을 수도 있는가는 열린 문제로 남겨두어야 한다. 그러나 그 주제는 시몽의 마지막 누보로망 작품인 『실물 교육』(1975)에 등장하는데, 여기에서 그 주제는 마치 일종의 끼웠다 뺐다 할 수 있는 전단지처럼 인쇄된 텍스트 속에 삽입되어 있다.

'큰 쟁점'을 등한시하는 글쟁이들이 행하는 비판에 예민했던 저자는 여기에서 그런 쟁점 몇 가지를 제기하려 했다. 예를 들어 숙박, 육체노동, 음식, 시간, 공간, 자연, 여가, 교육, 언어, 정보, 간통, 그리고 인간과 동물 종의 파괴와 번식 등이 그것이었다. 수천 개의 도서관에 있는 수천 편의 작품들로도 분명 아직 충분치 않은 광대한 프로그램이다. 지금 이 소박한 글은 대답을 제공한다고 주장하지는 않지만, 다름 아닌 장르의 한계 내에서 최선을 다하여 공헌하고자 하는 야망을 가지고 있다.[14]

어떤 이유에서건 예전의 아이러니한 결론을 더 이상 도출할 수 없는 병치라 할 수 있는 새로운 종류의 공허한 아이러니blank irony를 제외하면, 이것을 아이러니로 이해하는 것이 옳다고는 할 수 없을 듯하지만, 작가 대회의 삽입을 사르트르적인 정치적 가치와 참여문학에 대한 풍자나 공격의 문제로 규정하는 것도 그다지 옳지 않은 듯하다. 그러나 이것이 이데올로기적 논쟁을 다루는 방식은 역사적으로 독창적이진 않더라도 아주 특이한 것만은 분명 사실이다. 즉 그 논쟁을 텍스트 속으로 끌어들여서, 다른 소재들이 펼쳐지고 전시되는 납작한 평면의 일부가 되도록 만든 것이다. 아마도 사실상 이것이 이데올로기가 종언을 고한 방식일 것이다. 이데올로기의 종언이라는 1950년대의 주제에 대한 포스트모던식 재연 속에서 말이다. 하지만 그것이 대략 자유선거와 소비 상품 속에 뒹굴다가 증발해버린 것은 아니다. 오히려 한때 치명적이고 전복적이거나 최소한 공격적이었던 아이디어들이 미디어라는 뫼비우스의 띠 속에 각인되어, 이제는 우리가 잠시 바라보았다가 지나치고 마는 여러 물질적 기표로 변형되었다고 할 수 있다.

물론 이 에피소드가 하고 있는 작업은 앞서 인용한 사르트르의 논평을 뒤집는 것이다. 제3세계 국가에서는 누보로망을 읽지 못할 수도 있지만(사실 사르두이Severo Sarduy와 그 밖의 '뉴웨이브' 탈식민 작가들을 보면 이 말 자체도 다소 의문스럽다), 이 특정 누보로망을 **벗어나서** 제3

세계를 읽을 수도 없다. 왜냐하면 그런 누보로망의 내용은 라틴아메리카라는 외부의 제3세계뿐만 아니라 맨해튼 내부의 제3세계로부터 아주 체계적으로 끌어와서 모두 포장하여 보존하고 있기 때문이다. 그러한 원자재와 시몽의 관계는 로브-그리예의 그것보다 (리얼리즘이라는 말의 그 어떤 의미에서도) 더 리얼리즘적이다. 로브-그리예의 대중 만화책 같은 내러티브는 시몽의 시각적인 것에 대한 모더니즘적이고 회화적인 관계와는 극명히 대비되는 포스트모던적인 측면으로, 여러 방면에서 더 미학적이다. 전형이란 이미 앞서 소비된 것, 즉 소비를 위해 미학적으로 준비된 것이다. 반면에 감각 자료를 문장 속으로 주입하려는 가시적인 고투는 그 실패 속에 흔적을 남기면서, 닫힌 문 너머에 지시대상체가 존재하고 있음을 우리가 감지하도록 만든다.

그러나 그 문은 한동안 닫혀 있을 것이다. 좋든 싫든 우리 사회에서 예술은 리얼리티로 향하는 직접적인 통로, 즉 한때 리얼리즘이라고 불렸던 매개되지 않은 재현의 어떤 가능성도 제공해주지 못할 것이다. 오늘날 일반적으로 우리에게 리얼리즘처럼 보이는 경우는 기껏해야 리얼리티에 대한 우리의 생각에 접근할 수 있는 매개되지 않은 통로를, 다시 말해서 (닥터로같이) 리얼리티에 대한 우리의 이미지와 이데올로기적 전형을 제공해줄 뿐이다. 물론 그것 역시 실재the Real의 일부이다! 하지만 사람들은 그렇게 생각하길 꺼릴 뿐만 아니라, 사물에 대한 이런저런 관점들이 실제로는 다른 누군가의 생각이 투영된 것에 '불과'함을 깨닫는 것이 그 어떤 것보다 우리의 간담을 서늘하게 만들기 때문에, 그러한 생각 자체를 떨쳐버리려 애쓰는 것이 우리 시대의 특징이기도 하다. 따라서 세상에 대한 관점에는 그 자체로 딱지를 붙여야 하고, '제임슨적인' 관점이라는 인장을 찍어야 한다. 포스트모더니즘 시대의 인구 폭발 속에서는 모더니즘 시대처럼 누군가 심각하게 받아들이는 사적인 세계관이나 개인적인 스타일 혹은 관점 들이 지나치게 많아졌다.

그러므로 예술은 기본적으로 사회적 정보를 징후로서 산출한다. (보다 일반적인 의미에서 명백히 사회적 전문화의 징후라 할 수 있는) 예술의 전문화된 기계적 체계는 다른 모더니즘적 경험의 양식 (예컨대 생각이나 일상생활) 속에서는 획득할 수 없는 엄밀성을 가지고 데이터를 기입하고 기록할 수 있지만, 재구성된 그 데이터는 사물이나 실체 혹은 사회적·제도적 존재론 형식의 리얼리티의 모형은 아니다. 다만 그것은 그런 모순에 대해서 이야기하는데, 그 모순은 선사시대의 사회적 리얼리티의 가장 심오한 형상을 구성하며, 또한 앞으로 도래할 긴 시간 동안 '지시대상체'를 대신해야 한다.

따라서 앞에서 지나가며 언급했던 바로 그 모순이 우리 자신의 다중적 주체성과 관점에 대한 포스트모던의 특수한 정서라 할 수 있는데, 이는 (깊이 있는 시간과 기억을 포함하는) 이전의 고전적 형식의 주체성 자체에 대해 우리가 싫증과 염증을 느끼고 있으며, 또한 한동안은 〔깊이 없는〕 표면 위에 살기를 원한다는 것이다. 이런 모순은 모더니즘과 포스트모더니즘 내러티브의 발전에 근본적인 것으로, 내러티브의 짜임을 통해 우리는 현재 상황의 온도를 측정할 수 있게 된다. 그런 의미에서 『행동하는 신체들』은 하나의 스캔들이다. 『파르살루스 전투』에서 이미 스캔들의 조짐을 보였으나 여전히 경향적인 발전에 불과하던 것을 급진화함으로써, 이 '소설'은 우리에게 이제 불가능한 선택과 용인할 수 없는 대안을 들이댄다. 우리는 둘 중 하나를 선택해야 한다. 즉 우리는 이 책 전체를 하나의 정교한 관점으로서 해석하면서

한 명의 상상적 주인공을 재구성해내고 가능한 한 기발하게 모든 이야기를 그에게 귀속시키거나(그림 전시회를 포함한 맨해튼으로의 여행은 이전 여행의 **기억**이다, 등등), 아니면 시몽의 안내에 따라 책의 페이지들을 라우셴버그Robert Rauscheberg의 거대한 콜라주 설치물의 언어적 등가물로 봐야 하는 것이다.[15] 첫번째 대안은 이 소설을 나탈리 사로트Nathalie Sarraute*나 그보다 더 나쁜 쪽으로 되돌리는 것이며, 두번째는 이미 출판된 『눈먼 오리온』과 그림책의 우발적 변덕으로 재번역하는 것이다. 그러나 이 모순으로부터 추론해야 할 것은 어떤 새로운 미학, 즉 이 텍스트가 봉쇄 전략을 탈피하여 모순 자체를 전경화하는 새로운 기능을 부여받고 있다는 식의 미학이 아니다. 텍스트에 징후를 각인하는 일은 절대 미리 계획될 수 없다. 그것은 간접적으로 사후에 나타나며, 또한 내용을 가진 실제 기획의 실패나 계산 가능한 굴절의 결과로 나타난다.

그러한 기획은 예컨대 서두에 언급했던 언어적 노력과, 특히 언어를 구체적으로 만들고 문장을 헤겔이 감각적 확신이라고 부른 것을 위한 도구로 만들려는 시도 속에서 엿볼 수 있을지 모른다. 그런데 이것은 역사적인 기획이지만, 아주 오래된 것은 아니다. 감각적인 것의 기입이라는 문학적 언어의 이 새로운 소명은 19세기 이전에는 거의 찾아보기 힘들지 않나 싶다. 그렇다면 이것이 왜 새롭게 산업화된 '인간의 시대'에 발생하기 시작했을까? 그리고 언어의 다른 기능들은 충분히 잘 작동하고 있는 듯했고, 다른 생산양식하에서는 충분히 만족스러웠

---

* '나탈리 사로트'는 로브-그리예와 시몽과 더불어 누보로망 운동을 이끌었던 소설가이며, 그녀의 에세이 「의심의 시대The Age of Suspicion」는 누보로망의 선언서로 알려져 있다.

음에도 불구하고, 왜 이제는 그러한 불가능한 명령이 언어에게 요구되는가? 클로드 시몽의 사례가 증명하듯이, 이러한 사회적이고 역사적인 해석의 문제는 포스트모더니즘 시대에는 분명히 더욱 악화되고 수정될 수밖에 없다. 본격 모더니즘 시대에는 언어의 역설이 예술에서 아도르노가 유명론nominalism이라고 불렀던 것에 상응했다. 즉 (장르 자체를 포함하여) 일반적이거나 보편적인 형식에 대한 경향적 거부와, 미학을 지금 여기의 독특한 상황이나 독특한 표현과 보다 긴밀하게 동일시하려는 강력한 의지에 상응했던 것이다. 물론 나는 여기에서 아도르노를 따라 예술 작품이 사용할 수 있는 다른 어떤 것보다도 사회적 발전과 생산과 모순의 논리를 유용하고 정확하게 기입할 수 있다는 주장을 옹호해왔다.[16] 그러나 지금부터는 모더니즘 시대의 고급 예술의 징후성(당시 예술은 막 발흥하기 시작했던 미디어나 문화산업 자체와 급진적으로 대립하고 있었다)과, 우리의 포스트모더니즘 시대의 잔여적 엘리트 문화의 징후성을 구별하고자 한다. 포스트모더니즘 시대에는 부분적으로는 문화 일반의 민주화로 인하여, 이런 (고급과 저급 문화) 두 양식이 서로 겹쳐지는 양상을 보이기 시작했다. 만일 아도르노의 시대에 유명론이 쇤베르크와 베케트를 의미했다면, 포스트모더니즘 시대에 그것은 몸 자체로의 환원을 의미한다. 이는 욕망의 이데올로기의 승리라기보다는 최근 포르노그래피의 숨겨진 진실이며, 또한 그 자체로 다른 고상한 언어적 혹은 미학적 징후와 마찬가지로 (우리가 앞에서 보았듯이) 시몽의 작품 속에 충실하게 기입되어 있다. 그러나 들뢰즈가 설파한 바와 같이, 포스트모더니즘하에서도 우리는 기관 있는 신체와 기관 없는 신체를 구별해야 한다. 역설적으로 이 기관 없는 신체 혹은 진정성을 상실한 몸이 시각적 통일성을 구성하고 통일된 개성에 대한 우리의 감각이나 환영을 강화한다. 그리고 바로 이 기관 없는 신체가 포르노그래피적 대상이자 영화의 많은 이미지나 영상의 번지르르한 내용이라 할 수 있다. 그러나 기관 있는 신체가, 그리고 다양한 기관을 가진 그 신체가, 일단의 불완전하게 재결합된 "욕망하는 기계"로 와해되는 지경까지 이르렀는데, 바로 그 몸이 고통이라는, 즉 볼 수도 표현할 수도 없는 바로 그 고통이라는 진정성의 공간이라 할 수 있다. 하지만 그 몸은 유령 같은 지시대상체로서, 실재the Real 그 자체를 대신하는 것으로서 시몽의 문장을 따라다닌다("의사가 손을 뗀 지 오랜 시간이 흘렀지만, 압박감이, 아니 그보다는 어떤 거대한 외계의 신체가 여전히 그의 내부에 쐐기처럼 박혀 있는 느낌이 지속되고 있다"[*CC* 47/36]).

그런데 이 논의를 끝내는 또 하나의 방법이 있다. 그리고 이것은 끝 자체와 관련된다. 행위 약호(하나의 제스처와 그것의 '전개' 혹은 시간적 요소를 구별하는 것)와 리얼리즘과 종결의 문제를 함께 사유하고자 시도하면, 여기에서 시몽에 관한 모든 것이 뒤섞이고 변화하며 분류할 수 없는 상태로 부상한다. 『행동하는 신체들』에 리얼리즘적인 것이 있다면 더 큰 완결된 행동이나 사건 들에 대한 지속적 탐색이라 할 수 있으며, 이는 다음 질문들과 연관된다. 보다 작은 것이 보다 큰 것과 연결될 수 있는가? 만약 그렇다면 어떤 순서로 연결될 수 있는가? 그리고 마지막으로 전체 텍스트가 어떤 거대한 단일 행동을 모방하고 있다고 할 수 있는가? 그렇다면 '끝낼 준비를 하라!'는 명령과 같은 지상으로의 선회는 만족스러운 것으로서, 마침내 비행기가 착륙 과정에 들어서게 된다. 물론 이것은 종결을 안정화시켜 시몽을 상대적으로 전통적인 작가로 만들고, 인간의 삶에 사건과 경험의 완결성이 존재한다고 인정하는 것이다. 그런 점에서 비행기가 목적지 아닌 어딘가의 중간 기착지에 착륙한다는 사실은 징후적이라고 할 수는 없을지라도 상당히 중요한 의미를 갖는다. 즉 그 비행기는 직항이 아니었다. 따라서 승객들은 어디에 있는지도 모르는 지역의 작은 공항에서 발이 묶일 수밖에 없다. 연애 사건도 작가 대회도 어떤 식으로건 결론에 이르지 못한다. 그런 점에서 『행동하는 신체들』은 우리를 미완성된 것의 완성으로 단호하게 이끌어가는 엄청나게 터무니없는 장광설이다. 다만 마지막 줄기는 결정적인 듯하다. 병든 그 남자가 호텔 방에서 쓰러진다. 몸은 바닥에 쓰러져 있고, 막 초점을 상실한 눈은 카펫의 씨줄과 날줄을 향해 열려 있다. 이런 상황에서 호텔 방에 도달함으로써 분명 무언가를 성취하게 된다. 즉 책이 끝나는 지점에서 뜨고 있던 눈의 전원을 끔으로써, 우아하게 자기 지시적으로 내용 속에 형식을 각인시킬 수 있었다(다른 곳에서 시몽은 극장의 텅 빈 스크린에 매혹된 적이 있는데, 이는 죽음이라는 텅 빈 무대 위에 막을 올리는 보들레르를 연상시킨다). 하지만 이 죽음이 무작위하게 선택된 다른 종류의 끝맺음만큼이나 무의미한 중단으로 느껴질 수 있는 가능성 또한 존재한다.

6장 유토피아의 종언 이후 유토피아주의

특정 공간적 전회는 종종 모더니즘으로부터 포스트모더니즘을 구별하는 보다 생산적인 방식 중 하나를 제공하는 듯하다. 따라서 심층 기억과 더불어 실존적 시간으로서의 시간성에 대한 경험을 본격 모더니즘의 지배종으로 보는 것이 통념이다. 돌이켜 보건대 (조지프 프랭크Joseph Frank에게서 빌려온 표현인) 위대한 모더니즘의 "공간적 형식"은 포스트모더니즘의 불연속적인 공간 경험과 혼란보다는, 프랜시스 예이츠Frances Yates의 기억의 궁전이라는 기억술의 통합적 상징과 더 많은 공통점을 공유한다. 반면에 오늘날에는 『율리시스』에서 그려지는 하루 동안의 도심 공간의 공시성은 절정에 이른 나이트타운 Nighttown* 구역이라는 꿈의 극장에서 시간적 완성을 이루게 되는 단속적 연상 기억에 대한 기록에 보다 가깝게 읽힌다.

---

* 나이트타운은 『율리시스』의 열다섯번째 에피소드의 배경을 이루는 극장의 이름이다.

〔모더니즘과 포스트모더니즘의〕구별은 시간과 공간이라는 두 개의 불가분한 범주에 대해서보다는, 시간과 공간 사이의 상호 관계의 두 형식에 대한 구별이다. 비록 (들뢰즈에게서 나타나는) 이상적이거나 영웅적인 정신분열증에 대한 포스트모더니즘적인 비전은, 과거의 역사와 미래의 운명이나 기획을 초월한 공간적 현재에 대한 순수한 경험과 같은 무언가를 상상하는 것이 불가능한 시도임을 보여주지만 말이다. 이상적인 정신분열증의 경험은 비록 니체적인 영원한 현재에 대한 경험이기는 하지만, 그 역시 여전히 시간에 대한 경험이다. 시간의 공간화라는 말을 상기시킴으로써 의미하는 것은 오히려 시간을 공간에 봉사하도록 이용하고 종속시키려는 의지라고 하는 편이, 지금은 좀더 올바른 표현인 듯하다.

그리고 사실 그 단어와 용어 들은 각기 다른 두 가지 에피스테메 episteme와 공모 관계에 있다. 만약에 **경험**과 **표현**이 모더니즘의 문화 영역에서 여전히 대체로 적절해 보인다면, 이들은 포스트모더니즘 시대에 전적으로 부적절하고 시대착오적이다. 포스트모더니즘 시대에 시간성이 여전히 자신의 자리를 가지고 있다면, 이는 시간에 대한 산 경험이라기보다는 그에 대한 **글쓰기**를 일컫는다고 해야 옳을 것이다.

시간에 관한 글쓰기, 시간의 재기입. 예컨대 J. G. 밸러드James G. Ballard의 잊을 수 없는 명작 「시간의 목소리The Voices of Time」의 교훈이 그러한 것이다.[1] 그것의 묵시록적 비전, 즉 태엽이 풀린 시계처럼 멈춰버린 우주와 잠든 채 종말로 치닫고 있는 인류(마취성 혼수상태의 첫번째 희생자는 "마지막 행군을 위해 모인 거대한 몽유병자 군대의 선봉대"였다〔85〕)의 임박한 종말에 대한 비전은, 처음에는 세기말적인 바그너Richard Wagner식 모더니즘 내지는 웅장하고 음악적인 사회생물학을 닮은 것처럼 보인다. 하지만 벨러드가 언어적으로 심혈을 기울이고 있는 것은 사실 대문자 시간Time의 다층적인 인장印匠이었으며, 그의 글쓰기가 읽고자 하는 바도 바로 그것이었다. 이는 주인공의 시간 동물원 혹은 종말 연구소의 표본과 전시물 들을 통해서 잘 드러난다. 예를 들어 기형적인 침팬지뿐만 아니라 말미잘(이들은 백색광에는 더 이상 반응하지 않지만 색깔에는 반응한다)과 초파리의 돌연변이, 눈이 먼 거대 거미("아니 오히려 그들 눈의 광학적 민감도의 대역이 낮아졌다고 해야 할 것 같습니다. 그들의 망막은 감마선만을 감지할 뿐이지요. 당신 손목시계 바늘이 야광이잖아요. 그 시계를 유리창을 가로질러 흔들면 그 거미가 생각하기 시작할 겁니다"[91]), 방사능 차단 외장을 두른 개구리, 여러 지질학적 시대를 거쳐 아득한 시간을 살고 있는 해바라기("그것은 말 그대로 시간을 **본답니다**. 주위 환경이 오래될수록, 그것의 신진대사는 더 느려집니다"[93]), 그리고 마지막으로 궁극의 문자인 DNA 자체가 글자 그대로 점점 악화되고 있다. "모든 살아 있는 유기체에서 단백질 연쇄체를 풀어내는 RNA 주형이 점점 닳아 없어지고 있습니다. 그리고 원형질의 인장을 새기는 틀이 점점 무뎌지고 있습니다. 결국 이들은 지금까지 수십억 년 동안 작동되어왔던 거죠. 이제 재정비를 해야 할 때입니다"(97).

시간을 읽을 수 있는 것은 단지 유기체의 생체 시계뿐만은 아니다. 은하계 역시 말 그대로 시간을 이야기한다. 예를 들어 "오리온에서 파견된 신비스러운 특사들"은 달에서 **아폴로 7호**의 우주 비행사들을 만나 이렇게 경고한다. "먼 우주 공간에 대한 탐사는 소용없는 짓이오. 그들은 너무 늦었습니다. 우주의 생명이 이제는 사실상 종말에 이르렀기 때문입니다!"(103). 또한 사냥개자리로부터 숫자로 된 신호가 날아온다.

96,688,365,498,695
96,688,365,498,694

이는 지구를 향한 카운트다운이다. "거대한 소용돌이가 약해지고 있고, 그들은 작별을 고하고 있습니다. [……] 이 숫자가 0에 이를 때쯤이면 이 우주는 곧 끝장나리라 추정됩니다"(109~10). 이에 대하여 다른 한 사람이 대꾸한다. "그들 중 사려 깊은 자들이 우리에게 진짜 시간을 알려주고 있는 것이지요."

최근 (포스트구조주의나 포스트모더니즘) 이론이 DNA에 대해 보편적으로 열광하는 이유(예를 들어 밸러드 소설의 애독자인 장 보드리야르Jean Baudrillard에게 DNA는 "약호" 개념의 표본이다)는 DNA가 일종의 글쓰기의 지위(이로 인해 생물학은 물리학 모델에서 정보이론으로 옮겨갔다)를 가지고 있을 뿐만 아니라, 그것이 주형이나 컴퓨터 프로그램처럼 능동적이고 생산적인 힘을 가지고 있기 때문이다. 다시 말해서 DNA는 우리가 읽는 대상이 아닌, 우리를 읽는 글쓰기라 할 수 있다. DNA는 "자동 피아노의 천공 악보 음악"인 것이다(91). 밸러드의 이야기는 또한 아주 구체적으로 보면 '미래' 예술이나 포스트모던 미학에 관한 이야기이기도 하다. 사실 이 이야기 속에는 두 종류의 새로운 공간예술 간의 대립이 존재한다. 하나는 마취성 혼수상태의 마지막 단계에 처한 주인공이 만든 1960년대의 만다라*로, 주인공은 그 한

---

* '만다라'는 우주를 상징하는 불교와 힌두교의 문양이다.

가운데에서 죽음을 맞고자 했다. 다른 하나는 또 다른 바이런George Gordon Byron적 인물의 "잔혹 전시회atrocity exhibit"로, 이는 오늘날 포스트모던적인 박물관에서 새롭게 나타나고 있는 창의적인 전시 형식의 한 판본으로서, 새로운 예술을 잉태하고 있는 밸러드의 후기 작품에 대한 전조를 보여준다. 이 소설 속 전시물은 히로시마부터 베트남과 콩고 그리고 자동차 다중 충돌 사고에 이르는 최근 세계의 가장 잔혹한 트라우마를 첨단 기술을 통해 복제한 흔적들(엑스레이 사진부터 여러 인쇄물까지)을 포함하고 있다. 이 중에서 밸러드는 특히 자동차 충돌 사고에 한동안 천착하기도 했다(그의 소설 『크래시Crash』에 가장 두드러지게 나타난다). 하지만 포스트모더니즘이라는 시대 개념의 틀 속에서, 사람들은 글쓰기나 명문銘文에 대한 다층적인 비유를 [시간으로부터] 떼어내서 보다 확장된 공간 개념 속에 다시 위치시키고 싶을 것이다.

시간의 퇴거 혹은 시간적인 것의 공간화라는 이 특정한 '거대한 전환'에 처음 접근하는 경우, 종종 상실감을 통해 그것의 새로움을 기록하려 한다. 밸러드에게 나타나는 엔트로피의 파토스가 바로 그런 것이라 볼 수 있을 듯하다. 이는 전적으로 새로운 공간성의 세계에 대한 세심하면서도 냉담하지 않은 탐색을 통해 발현되는 **정동**affect과, 그에 동반되는 모더니즘의 죽음에 의한 날카로운 고통으로 표현된다. 어쨌든 이렇게 향수로 가득 찬 퇴행적인 관점, 즉 이전의 모더니즘과 그것의 시간성의 관점에서 보면, 심층 기억에 대한 기억은 애도의 대상이 된다. 그리고 이로 인해 발현되는 것은 향수를 위한 향수, 다시 말해서 근원과 목적telos이나 심층 시간과 (푸코가 『성의 역사』에서 한 방에 날려버렸던) 프로이트적 무의식같이, 이제는 멸종해버린 예전의 거대한 질문들에 대한 향수이며, 변증법에 대한 향수이기도 하다. 또한 그것은 모더니즘의 쇠퇴기에 무기력해진 모든 기념비적 형식에 대한 향수이며, 과학기술 전문가에 의해 지배되는 세계 속에서 우리에게는 더 이상 들리지도 않고 읽을 수도 없는 조물주의 상형문자 같은 형식의 절대자들에 대한 향수이다.

그렇다면 포스트모더니즘 시대와 그것의 공간성이 지니는 역사적 독창성이 무엇인가를 파악하기 위해서는, 모더니즘을 통해 에둘러 갈 필요가 있다. 실로 그런 역사의 교훈은 향수의 파토스에 대한 최고의 치료제인데, 필연성의 법칙을 통해 이 교훈은 최소한 우리에게 모더니즘으로 돌아가는 길은 영원히 봉인되었다는 것을 가르쳐준다. 물론 이후 논의에서는 모더니즘에서 포스트모더니즘으로의 이행과, 예전의 독점자본주의(이른바 제국주의 시기)로부터 그것의 새로운 다국적 첨단 기술 변종으로의 경제적 전환 혹은 체제 전환 사이의 연관 관계를 전제한다. 점증하는 이 새로운 유형의 공간적 특성은 그러한 경제적 설명으로부터 추론될 수 있지만, 이 새로운 공간 미학과 그것의 실존적 생활세계를 구체적으로 설명하기 위해서는 어떤 중간 단계 혹은 변증법에서 매개라 칭했던 것이 요구된다.

분명 '개념예술' 역시 공간화라는 간판하에 존재하는데, 이는 사람들이 즐겨 말하는 것처럼 상속받은 형식이 문제시되거나 와해되면 우리는 공간 그 자체에 고립된 채 남겨진다는 의미에서 그러하다. 개념예술은 칸트적인 절차로서 설명될 수 있는데, 이에 따르면 어떤 종류의 예술 작품과 처음 조우하게 될 때 정신의 범주들(이는 대개 의식되지 않으며, 어떤 직접적인 재현이나 주제화할 수 있는 자의식 내지는 반성성에도 접근할 수 없는 것이다)이 이완되면서, 이 범주의 조직적 현전이 우리가 일반적으로 감각하지 못하는 근육이나 신경처럼 보는 이의 〔의식 속에 통합되지 못한 채〕 옆에 따로 있는 것처럼 느껴진다. 이는 리오타르가 배리paralogism라고 규정한 특이한 정신적 경험의 형식, 다시 말해서 의식적 추상을 통해서 사유하거나 풀어낼 수 없고, 우리를 시각적 사건 앞에 갑자기 멈춰 세우는 지각의 역설과 같은 형식으로 나타난다. 말하자면 브루스 나우먼Bruce Nauman의 설치예술이나 심지어 셰리 레빈Sherrie Levine의 재현물의 재현*은 그러한 해결 불가능한 그러나 명확히 시각적이고 지각적인 이율배반을 생성해내어, 보는 이의 마음을 배리적 과정의 혼란스러운 단계로 내쫓아버리는 지옥의 기계라 할 만하다. 여기에서 '개념'이란 (실험적 의미에서) 과정의 궁극적 **주체**, 즉 정신 자체에 존재하는 지각의 범주를 지칭한다. 이 경우 우리는 이런 범주들이 그 자체로 사물처럼 볼 수 있는 것이 절대 아니며, 보기viewing 과정의 매 단계에서 우리가 가진 전부는 과거에 '예술 작품'이라고 여겨졌던 것의 형식을 통한 개념에 대한 물질적 형상화라는 것을 이해해야 한다. 개념 작용이 공간화한다는 것은 바로 이런 의미다. 왜냐하면 개념 작용은 반복적으로 공간의 장이 그 안에서 우리가 움직이는 유일한 영역이며 또한 경험의 유일한 '확실성'이라고 가르쳐주기 때문이다(하지만 소위 개념예술 작품이라는 공간적 구실이 고전적인 예술 작품에서 주장되는 것처럼 그 자체로 물질화된 의미의 완전한 형식이라는 의미는 **아니다**). 그러한 개념예술의 소명과 (이와 거의 비슷한 방식으로 설명될 수 있는) 해체주의의 몇몇 고전 텍스트 사이

---

* '셰리 레빈'은 미국의 사진작가이자 개념예술 작가로, 다른 사진작가의 작품을 재촬영해서 복제하는 작품으로 유명하다.

의 관계는 매우 명백해 보이지만, 이 좀더 새로운 **독해**가 공간화와 맺는 관계에 대해서는 보다 심화된 질문을 제기한다. 예를 들어 철학적이거나 이론적인 '에세이'의 종결을 독해한다는 것은 어떤 측면에서는 전통적인 예술 작품의 형식적 경계들과 유비 관계에 있기 때문에, 독해 그 자체를 해체적으로 문제시하는 것 역시 틀을 파열시키고 우리를 전혀 다른 곳으로 데리고 갈 수도 있는 것은 아닐까? 최근의 사유에서 외부 세계에 대한 광범위한 텍스트화가 이루어지고 있는데(예컨대 텍스트로서의 몸, 텍스트로서의 국가, 텍스트로서의 소비), 이런 현상 자체가 포스트모더니즘적 공간화의 근본 형식인 듯해 보이며, 이어지는 논의에서는 이것이 전제되어 있다.

그런데 개념예술과 이것의 진화에 대해서 이야기를 해보자면, 예컨대 한스 하케Hans Haacke의 작품에서 나타나는 개념예술의 보다 최근의 정치적 변형체는 지각 범주에 대한 해체가 제도 자체를 틀 짓는 쪽으로 방향을 돌린다는 사실을 덧붙일 필요가 있다. 여기에서 '작품'의 배리는 박물관을 포함하는데, 이는 박물관의 공간을 물질적 구실로 후퇴시키고, 정신의 회로가 예술 인프라를 통해서 형성될 수밖에 없음을 보여준다. 사실 하케의 작품에서 우리가 멈추는 이유는 단지 박물관의 공간 때문만은 아니다. 오히려 제도로서의 박물관 자체가 위탁자들의 관계망과 다국적기업들과의 제휴 그리고 최종적으로 후기자본주의의 전 지구적 체계 속으로 열고 들어감으로써, 한정된 개념예술의 제한적이고 칸트적인 기획이 (명확한 재현적 모순들을 가진) 인식적 지도 그리기라는 바로 그 야망으로 확장된다. 하케의 작품에서는 어쨌든 처음부터 개념예술에 내제된 공간화 경향이 더욱 공공연해진다. 그리고 자기 자신을 철폐함으로써 자신이 전시된 박물관의 구조를 폭로하는 '예술 작품'과, 그러한 제도적 구조뿐만 아니라 자신이 포섭되어 있는 제도적 총체성까지도 포괄할 정도로 자신의 권위를 확장하고 있는 예술 작품의 불안한 형태의 교차 속에서, 그런 공간화 경향은 회피할 수 없게 되었다.

물론 이 시점에서 하케를 언급하는 것은 일반적으로 포스트모더니즘에 의해 상정된 근본적인 문제들 중 하나를 제기한다(그리고 이는 특히 여기서 논의되고 있는 공간화 경향에 의해 상정된 문제다). 즉 포스트모던 예술에서 가능한 정치적 내용의 문제다. 포스트모던 예술의 정치적 내용이 필연적으로 (리얼리즘은 제쳐두고라도) 이전의 모더니즘에서 형식적으로 가능했던 정치적 내용과는 구조적으로나 변증법적으로나 전혀 다르리라는 건, 사실 포스트모더니즘에 대한 선택 가능한 모든 설명 속에 암시되어 있다. 하지만 이를 이전 장에서 상정된 정치 미학 속에서 편리하게 축약된 문제들을 통해서 본다면, 보다 극적인 것이 될 수도 있다. 즉 너무도 명백하게 상품과 소비자 물신주의를 재현하고 있는 앤디 워홀의 코카콜라 병과 캠벨 수프 통조림이 왜 비판적 혹은 정치적인 진술로 기능하는 것처럼 보이지 않는가 하는 문제를 통해 보는 것이다. 그런데 (내 자신의 이론을 포함하여) 포스트모더니즘에 대한 어떤 체계적인 설명도 그것이 성공을 거두는 순간 실패할 수밖에 없다. 그리고 예컨대 역사성의 소멸과 같은 이 새로운 문화적 지배종의 반反정치적 특성을 강조하고 구별해내는 우리의 방식이 강력할수록, 그만큼 더 우리는 스스로 궁지에 몰리게 되고 그러한 문화의 재정치화는 선험적으로 상상할 수 없는 것이 되고 만다. 그러나 포스트모더니즘에 대한 총체화된 설명은 언제나 다양한 형식의 대항문화를 위한 공간을 포함하게 마련이다. 예컨대 주변부 집단을 위한 공간과, 포스트모더니즘과는 근본적으로 다른 잔여적인 혹은 새로이 부상하는 문화 언어를 위한 공간도 존재한다. 그리고 이들의 존재는 후기자본주의의 필연적인 불균등 발전에 의해 이미 예정된 것이며, 또한 제1세계는 내적 역동성으로 인해 자신의 내부에 제3세계를 생산해낼 수밖에 없다. 바로 이런 의미에서 포스트모더니즘은 '단지' 문화적 지배종에 불과하다. 포스트모더니즘을 문화적 **헤게모니**의 차원에서 설명한다고 하더라도, 그것이 사회적 장에서의 거대하고 단일한 문화적 동질성을 암시하진 않는다. 오히려 그것은 포스트모더니즘이 제압하고 포섭해야 하는 다른 저항적이고 이질적인 세력들이 공존하고 있음을 시사할 뿐이다. 그런데 하케의 경우는 급진적으로 다른 문제를 상정한다. 왜냐하면 그의 문화적 산물은 명백하게 포스트모던적일 뿐만 아니라 마찬가지로 명백하게 정치적이고 대항적이며, 따라서 패러다임 내에서 산출되지도 않고 그것을 통해 이론적으로 예상할 수도 없는 듯하기 때문이다.

하지만 이 문제는 이 글이 다루는 범위에서 제외될 것이다. 만일 우리가 바로 앞에서 했던 것과 같이 포스트모더니즘에 대한 평가의 문제와 관련된 궁극적인 정치적 좌표를 밝혀야 한다면, 여기에서 우리의 주제는 오늘날 다양한 형식의 포스트모더니즘 내에서 발견될 수 있는 **유토피아적** 충동들 중 하나로 좁혀진다. 어떤 사람들은 현대의 정치에서 유토피아적 비전을 재창안해야 할 필요성에 대해 매우 강력하게 주장한다. 이는 마르쿠제가 우리에게 처음 가르친 교훈으로, 1960년대의 유산의 일부라 할 수 있다. 따라서 1960년대라는 시기와 그에 대한 우리의 관계를 재평가함에 있어서, 우리는 그러한 유토피아적 비전을 결코 포기해서는 안 된다. 다른 한편으로 반드시 인정해야 할 것은 유토피아적 비전이 아직 그 자체로 정치적인 것은 아니라는 점이다.

그런데 유토피아라는 말은 어떤 포스트모더니즘 이론과 어떤 시대 구분에 대해서도 자신만의 구체적인 문제를 상정한다. 왜냐하면 전통적인 관점에 따르면 포스트모더니즘은 (대니얼 벨이나 립셋Seymour Martin Lipset 같은) 1950년대 보수주의 이데올로그들이 ("후기산업사회"와 더불어) 발전시켜 공표했던 최종적인 "이데올로기의 종언"과 그 궤를 같이 하는데, 이 주장은 1960년대에는 극적이게도 '오류로 판명'되었다가, 1970~1980년대에 들어서면서 다시 '현실화'되었다. 이런 의미에서 '이데올로기'는 마르크스주의를 의미했으며, 그것의 '종언'은 유토피아의 종언을 동반했다. 그리고 이런 경향은 〔조지 오웰의〕『1984』 같은 전후 반反스탈린주의적 디스토피아를 통해 이미 확증되었다. 그런데 그 시기의 '유토피아'는 단순히 '사회주의'를, 혹은 급진적으로 다른 사회를 창안하려는 모든 혁명적 시도를 의미하는 약호이기도 했으나, 그 시절 운동권에서 탈퇴한 이들은 이를 거의 배타적으로 스탈린과 소비에트 공산주의와만 연결시키려 했다. 1950년대의 보수주의자들에 의해 찬사를 받으며 일반화된 '이데올로기와 유토피아의 종언'은 또한 마르쿠제의 저서『일차원적 인간One-Dimensional Man』이 감당해야 할 짐이었으며, 그는 급진주의적 관점에서 이에 대해 개탄해 마지않았다. 그런데 벤투리의 "아이러니"부터 아킬레 보니토-올리바의 "탈이데올로기화"에 이르기까지, 우리 시대의 거의 모든 중요한 포스트모더니즘 선언문은 그와 유사한 발전에 찬사를 보낸다. 그리고 그것은 이제 '신념'의 퇴색과 더불어, 본격 모더니즘과 '정치'(즉 마르크스주의)라는 두 절대자의 쇠퇴를 의미하게 되었다.

1960년대를 이러한 역사적 내러티브 속에 투입하면, 모든 것이 변한다. '마르쿠제'는 실질적으로 유토피아적 사유와 상상력을 폭발적으로 부활시키고, 예전의 [유토피아적] 내러티브 형식이 다시 태어나게 하는 이름이 된다. 어슐러 르 귄Ursula K. Le Guin의 『빼앗긴 자들*The Dispossessed*』(1972)이 이런 장르를 가장 풍요롭게 문학적으로 재창안한 작품이었다면, 어니스트 칼렌바크Ernest Callenbach의 『에코피아 *Ecotopia*』(1975)는 1960년대의 모든 이질적인 유토피아적 충동을 집대성하여 정치 운동 전체의 결정체를 이루는 책을 쓰고자 했던 (실은 그 자체로 유토피아적인) 야망을 부활시켰다. 이와 유사한 경우로 북아메리카의 정치적 유토피아주의 운동의 초기 단계에 에드워드 벨러미Edward Bellamy가 쓴 『뒤돌아보며*Looking Backward*』와 그가 만든 국민당Nationalist Party을 중심으로 한 대중운동이 있다. 그러나 1960년대의 유토피아적 충동은 초기와 같은 방식으로 결집되지는 못했지만, 대신 (이웃, 인종, 에스닉, 젠더, 환경 등) 활력 넘치는 다양한 미시정치 운동을 창출해냈는데, 이들의 공통분모는 다양한 (종종 반자본주의적인) 형식으로 대문자 자연의 문제성이 되살아났다는 것이다. 이런 사회적·정치적 발전은 분명 우리의 첫번째 패러다임 속에서 전통적인 좌파의 정치를 거부하고, 이를 통해 자신만의 방식으로 또 다른 '이데올로기의 종언'을 구성하는 것으로 재해석될 수 있다. 하지만 이런 다층적인 유토피아적 충동이 어느 정도로 1970년대 후반과 1980년대까지 이어졌는지는 분명하지 않다(예를 들어 마거릿 애트우드Margaret Atwood의 『시녀 이야기*The Handmaid's Tale*』[1985]는 최초의 페미니즘 **디스토피아** 소설이며 따라서 유토피아 장르 내에서 매우 풍요로웠던 페미니즘 작품의 종말로 평가된다). 반면에 이쯤에서 앞서 언급했던 공간화 현상으로 돌아가, 1960년대에 나타났던 모든 다양한 유토피아적 비전 속에서 제대로 된 공간적 유토피아의 전 영역에서의 발전에 대해 살펴볼 수 있을 듯하다. 여기에서 공간적 유토피아란 사회적 관계와 정치적 제도의 변화가 인간의 몸을 비롯한 장소와 풍경에 대한 비전으로 투영되는 것을 말한다. 그렇다면 공간화는 시간과 대문자 역사를 사유할 수 있는 능력을 제거해버릴지도 모르지만, 또한 유토피아적이고 심지어 원原정치적인 유형의 리비도의 투여가 일어날 수 있는 전적으로 새로운 영역으로 향하는 문을 열어주기도 한다. 어쨌든 지금부터는 살짝 열려 있는 이 문을 비집어 열지는 못하더라도, 최소한 그 열린 틈을 통해 안을 들여다보고자 한다.

로버트 고버Robert Gober의 설치 작품은 이 논의를 시작할 수 있는 탁월한 장소가 아닐까 싶다. 왜냐하면 그의 작품은 최소한 우리에게 텅 빈 문틀 하나를 보여주고 있기 때문이다. 이 작품은 또한 우리가 이미 아주 명백하게 공간 예술로 보이는 작품을 대할 때, 공간화 개념의 타당성에 대해 명백한 질문을 던지라고 강요하는 동시에 그에 대한 답을 찾도록 도와준다. 그러나 여기에서 포스트모던적 공간화는 다른 여러 공간 매체와의 관계와 경쟁 속에서 작동한다. 예컨대 영화와 비교하여 비디오가 형식적 힘에서 우위에 있다고 주장하거나, 하나의 매체로서 그림보다는 사진이 더 우위에 있다고 주장하기도 한다. 사실 우리는 여기에서 일어나고 있는 공간화를 전통적인 미술이 **매체화되는**mediatized 과정이라고 말해도 좋을 것이다. 다시 말해서 이제 그런 예술은 매체의 체계 내에 존재하는 여러 매체 중 하나로서 스스로를 의식하게 되었으며, 이 체계 내에서 예술의 내적 산물들은 해당 매체의 위상 위에서 상징적 메시지를 구성하기도 하고, 한 자리를 차지하기도 한다. 한때는 회화나 조각, 글쓰기나 심지어 건축이라고 불렸

로버트 고버, 「무제」

을 법한 것들을 포함하고 있는 고버의 설치 작품은, 따라서 매체 너머의 장소로부터가 아닌 그것들의 관계 체계 속에서 작품의 효과를 끌어온다. 이는 보다 전통적인 '혼합 매체mixed media' 개념이라기보다는 일종의 반영성이라고 규정할 수 있는 것이다. 혼합 매체란 일반적으로 매체 간의 종합과 조합을 통해 일종의 최고의 산물이나 초월적인 대상, 즉 종합예술Gesamtkunstwerk이 발생할 수 있다고 암시한다. 하지만 고버의 이 설치 작품은 분명 그런 의미에서의 예술 작품이 아니다.

무엇보다도 여기에는 바라볼 수 있는 〔대상으로서의〕 '재현'이 존재하지 않는다. 문과 그림과 언덕과 텍스트, 어느 것도 그 자체로 우리에게 완전한 집중의 대상이 아니다. 어쩌면 하케의 설치예술의 요소들이나, 이를 넘어서 근본적으로 포스트모더니즘적 성향을 가지고 있는 백남준의 작품에 대해서도 이런 말을 할 수 있을지 모른다. 예를 들어 많은 박물관 관람자들이 백남준의 작품을 접할 때 비디오 이미지 자체의 내용 속에서 '예술'을 찾으려는 헛된 시도를 하곤 한다. 하지만 하케의 작품(혹은 백남준의 비정치적 '개념' 예술)과, 어떤 의미에서는 '개념'을 환기시키는 고버의 특정한 공간 사이에는 심오한 방법론적 차이가 있는 듯하다. 즉 문제의 작동 방식이 사실상 정반대라 할 수 있다. 말해왔듯이 하케의 작품은 상황-특정적이다. 그의 작품은 박물관과 그 제도적 상황을 전경화한다. 이는 고버에게는 전적으로 부재하는 것으로, 고버의 설치 작품의 나쁜 혹은 비정치적인 유토피아주의를 폭로한다고 할 수 있다. 이것이 이 기획에 내재된 이상주의에 대하여 사람들이 지닌 최악의 공포심을 확증하지는 못하더라도 말이다.

하케는 해체한다. 사실 해체라는 유행어가 그의 작품을 사유하는

데 매우 불가피해 보인다(그리고 그 자신의 맥락 내에서 해체라는 말의 독창적이고 강력하며 정치적이고 전복적인 의미를 복원한다). 그의 예술에는 유럽의 문화정치적 신랄함이 있다. 반면 고버의 작품은 셰이커 교도나 찰스 아이브스Charles Ives만큼이나 미국적이며, 그것의 부재하는 공동체나 '보이지 않는 대중'은 아도르노의 독자가 아닌 에머슨Ralph Waldo Emerson의 독자로 구성되어 있다. 따라서 나는 다음과 같이 주장하고자 한다. 고버의 개념예술 형식은 그 자체로 반대편에 있는 예술과는 다른데, 왜냐하면 그것은 하케나 다른 예술가들이 해체하고자 했던 기존의 개념이 아닌, 아직까지 존재하지 않는 개념에 대한 관념을 구성해내기 때문이다.

그러나 건축에 대한 논의를 통해 이미 보았듯이, 단순한 문화적 수정이 지니는 유토피아적 가치에 대한 판단은 모호할 수밖에 없다. 이에 포함된 신호와 징후 들은 체계적 복제의 신호로 읽힐 수도 있고, 임박한 변화의 신호로 읽힐 수도 있기 때문이다. 모더니즘 공간은 새로움으로서, 삶의 새로운 형식을 위한 돌파구로서, 급진적으로 부상하는 것으로서 자신을 제시했으며, 또한 쇤베르크와 이후의 마르쿠제는 "다른 행성들에서 온 선율"(슈테판 게오르게Stefan George)이 새로운 시대의 새벽을 알리는 숨길 수 없는 첫번째 신호라고 환기시키길 좋아 했다. 이제 모더니즘 건축의 실패를 뒤돌아본다면, 모더니즘 공간은 그저 상당히 높은 강도로 체계의 논리를 재생산했을 뿐이며, 앞으로만 내달리면서 당시의 합리화와 기능주의, 치료법적 실증주의와 표준화라는 시대정신을 그때까지는 꿈도 꿔보지 못했던 건축 공간 속으로 전이시키고자 했다고 할 수 있다. 그에 대한 대안은 모더니즘이 실제로 자신의 사명과 기획을 완수했느냐, 아니면 중단되어 근본적으로

백남준, 「TV 시계」

백남준, 「TV 정원」

미완의 상태로 충족되지 않은 채 남아 있느냐 하는 연관된 역사적 질문을 통해서만 판단될 수 있다.

그러나 포스트모더니즘은 지금 또 다른 가능성을, 즉 제3의 해석 같은 것을 암시한다. 즉 유토피아적 예기Utopian anticipation의 개념이 이론적이고 비非구상적인 방식으로 전경화될 수 있다는 것이다. 고버의 기획을 가장 잘 이해할 수 있는 방법은 바로 이런 가능성의 관점을 통해서인데, 이는 모든 경제적·사회적 장애물에 대항하여 우리의 건축 공간을 일거에 변화시키고자 했던 르 코르뷔지에의 원정치적 사명감을 포기하는 것으로 보인다. 알튀세르의 표현을 빌리자면, 그것은 특정 형식의 유토피아적 공간의 생산이 아닌 그러한 공간에 대한 **개념**의 생산이라 볼 수 있다. 최근의 건축가들은 점차 건축 불가능한 '기획'(엄밀하게 건축학적인 의미에서의 설계, 도면, 모형)을 디자인하기도 하고, 일반적인 태양 빛 아래에서는 상상 불가능한 건물과 도심의 복합 공간에 대한 그로테스크하고 패러디적인 투영도를 출판하기도 하는데, 이는 피라네시Giovanni Battista Piranesi의 로마에 대한 관점이나 르 코르뷔지에의 공책보다는 피라네시의 판타지에 대한 시각적 기록과 유사하다. 하지만 고버의 기획을 이러한 의미에서 이해하고자 해서는 안 된다. 건축가라는 단어의 의미를 제아무리 확장한다고 해도, 고버는 건축가가 아니다. 비록 그의 '조각'이 건물의 내부 공간으로부터, 그리고 가구와 거주 공간의 외피 사이의 사이세계intermundia으로부터 파생된 것이지만 말이다(이 사이세계는 종종 배관을 위한 공간 정도로 생각되었던 것으로서, 부엌과 욕실 설비의 가시적 장치들이다).

고버의 설치 작품은 앞에서 언급한 '기획들'처럼 새로운 종류의 거주지에 대한 재현을 마음의 눈에 있는 유토피아적 스크린 위에 제시하려 하지 않는다. 공간 개념 생산에 대한 설명이 체계적으로 작동하는 이유는, 그것이 이 작업을 그런 재현들과 구별하는 용어상의 방식일 뿐만 아니라 개념예술에 대한 현재의 관념에 대한 개입이기 때문이다. 그것은 해체주의적 작업에 대항하여 새로운 종류의 정신적 실체의 생산을 강조하지만, 동시에 그 정신적 실체가 다른 어떤 종류의 실증적 재현과 유사해지는 것을, 특히 '긍정적인' 건축을 위한 밑그림과 유사해지는 것을 배제한다. 따라서 이는 정말로 독특한 작업으로, 보다 정밀하게 설명할 가치가 있다.

우리에게 주어진 것은 하나의 문과 그 문틀(고버), 하나의 언덕(멕 웹스터Meg Webster), 전통적인 미국 풍경화 한 폭(앨버트 비어슈타트 Albert Bierstadt), 그리고 '포스트모더니즘 텍스트'라 칭할 만한 어떤 것(리처드 프린스Richard Prince)이 전부다. 박물관 공간 내에 있는 하나의 통합된 전시물로서 이런 사물들의 조합은 분명 재현적인 기대감과 충동 들을 일깨우며, 특히 지각을 통해 이들을 하나로 통합하여 각각의 분리된 대상과 물품 들을 파악할 수 있는 미학적 총체를 창안하라는 명령을 내린다. 즉 전체의 일부로서 파악하는 것이 불가능하다면, 최소한 어떤 완결된 사물의 요소들로서 이해하라는 것이다. 앞서 우리가 주장했듯이, 이는 '작품'(우리가 이 용어를 여전히 계속해서 사용할 수 있다면) 자체에 의하여 체계적으로 좌절될 수밖에 없는 명령이다. 하지만 앞서 했던 또 다른 주장처럼, 이것은 기본적으로 '전체'나 '완성된 사물' 혹은 '작품'이나 '재현' 자체의 형식을 향한 우리 자신의 (칸트적인) 열망을 전경화하거나 비난하기 위한 것은 아니다. 소위 개념예술에서 경험되는 좌절이 이와 유사한 경우다.

한 가지 말해두자면 고버의 작품에 등장하는 물품이나 요소 들의 이질성은 일반적인 포스트모던 '텍스트'에 나타나는 것과는 달리, 단지 조합이 불가능한 원재료나 내용의 유형 들 간의 추상적 차이가 아니다. 오히려 그 이질성은 보다 실질적으로 구체적이고 심지어 사회적인 이질성, 다시 말해 집단 작업 자체의 이질성에 의해 '배가'되고 '강화'된다. 각 물품들의 형식이 지닌 저마다의 다양한 역사는 각 요소들이 서로 거리를 유지할 수 있게 만든다. 예를 들어 '언덕'은 자신의 미학적 선구자가 있으며, 아이러니한 '텍스트' 역시 상당히 다른 자신의 미학적 선구자가 있다. 게다가 허드슨강 화파와 그 독특하고 오래된 역사는 언급할 필요도 없을 것이다. 이 모든 개별적인 예술 원자재들은 다른 것과 융화되지 않는 자신만의 형식적·물질적 목소리를 발산하며, 또한 실제 인간 협업자들의 유령 같지만 사회적이기도 한 현전을 소환한다. 그리고 이 협업자들은 다시 〔각 개인의〕 '인장'이라는 용해되지 않는 요소와 더불어, 주체와 에이전시의 쟁점뿐만 아니라, 심지어 집단 주체와 개인의 의도라는 잘못된 문제까지 제기한다. 따라서 이 작품의 이러한 2차적인 층위는 미학적 수용과 통합이라는 순수하게 형식적인 1차적 문제의 이질성을 증폭시키고 조정하며, 이를 사회적인 것으로 변형시킨다. 어떻게 이 모든 사물을 보고 그들 사이의 지각적 관계를 창안해내느냐 하는 형식적 딜레마를 그대로 보존한 채 말이다. 따라서 이 형식적 딜레마는 이제 두번째 층위의 문제와 함께 마찬가지로 견딜 수 없는 스캔들로 남게 된다. 또한 경첩이 떨어진 그 문은 계속해서 이 모든 것을 제자리로 되돌려놓으라고 촉구하며, 줄곧 자기 자신은 분리되어 있음을 각인시킨다. 이에 따라 우리는 개념을 생산하는 것이 단순히 개념을 갖거나 심지어 개념을 통해 생각하는 것과도 불편할 정도로 다르다는 점을 점차 이해하게 된다.

하지만 사회적으로, 작품의 이러한 집단적 현전은 또한 일정한 역사적 엄밀성을 획득하기 시작하면서, 이미 존재하지만 아마도 더 이상은 기능하지 않는 오래된 범주인 함께 있음Mitsein과 차별화되는 불편을 감수한다. 일례로 근본적인 집단적 삶이라는 시원적 개념으로서의 가족은 고버의 방room 관념에는 완전히 부재한다. 따라서 이 방은 더 이상 가족의 가치를 전복시키거나 해체할 필요조차 느끼지 않는다. 그렇다면 바로 이것이 고버의 유토피아적 방을 순수하게 건축적인 (심지어 '유토피아적인' 유형의) 기획으로부터 구별할 수 있는 최종적이고 가장 결정적인 특징이다. 왜냐하면 건축의 기획은 어쩔 수 없이 가족이라는, 그리고 가족 구조의 존속이라는 문제와 씨름해야 하기 때문이다. 공동 주방이나 공동 식당으로 가장 잘 알려진, 건축이 공간의 집단화를 시도하는 곳에서조차 이는 마찬가지다(공간의 집단화에 대한 천착은 토머스 모어Thomas More부터 벨러미의『뒤돌아보며』에서 여봐란 듯이 부엌이 없는 외견상 중간계급의 아파트까지, 그리고 심지어 우리 시대까지 이르는 유토피아적 담론 속에 존재한다). 여기에서 가족 문제의 부재는 젠더 차원의 발언으로 해석될 수 있지만, 또한 분명히 집단의 문제를 가정의 영역에서 본원적인 집단 노동의 영역으로 대체하고 있다. 고버의 작품에서는 이 집단 노동이 예술적 협업과 동일시된다.

　그러나 이 시점에서 두번째 역사적 특수성이 개입한다. 왜냐하면 이 협업이 무엇이든 간에, 이는 분명 이전의 모더니즘적 아방가르드의 전위적 기획은 더 이상 아니며, 오히려 아방가르드의 실종이나 불가능성이 모든 포스트모더니즘의 구성적 특성이라고 당연히 여겨져 왔기 때문이다. 바꿔 말한다면 이 설치 작품은 좀더 일반화될 수 있는 유형의 스타일의 정치학을 기획하지도 않고, 또한 초현실주의와 같은 특정 문화정치학이나 건축 아방가르드가 한때 탁월하게 수행했던 정치학도 기획하지 않는다. 즉 새로운 시대의 스타일이 갖는 힘을 통해 원정치적 바이러스를 확산시키지도 않고, 이런저런 개별적 작품이나 텍스트나 건물이나 그림을 통하여 급진적인 문화정치적 변화를 위한 보편적 프로그램에 호소하지도 않는다. 다른 포스트모더니즘과 마찬가지로, 여기에서도 우리는 아방가르드를 넘어서고 있다. 그러나 이러한 차이점에도 불구하고, 고버의 집단 작업은 여전히 단순히 시대의 초상 혹은 개별 화가나 건축가 들 사이의 일화적인 마음의 회합과는 다른 어떤 것으로 인정받는다. 이 협업은 특정 예술 운동이나 유파를 조직하지도 않고, 스타일에 대한 사명감도 무시하며, 선언서나 프로그램의 함정도 피해가고 있지만, 이런 식의 협업에 대한 긍정이 갖는 궁극적 의미가 고버의 설치예술이 우리에게 던지는 수수께끼는 결코 아니다. 오히려 이 수수께끼는 적어도 '신사회운동'이나 최근의 '미시정치학'이 당면 과제에 대해 던지는 신선하고 더 정확하게는 정치적인 모든 질문과 궤를 같이 한다.

이제 이 작품 자체에 대한 보다 형식적인 '독해'의 문제로 돌아가 보자. 먼저 살펴봐야 할 것은, 이 문제가 우리 자신의 문화적·이론적 시대를 연구하는 미래의 역사가들이라면 의미심장하고 징후적이라 여길 수밖에 없는 또 다른 문제와 연관된다는 것이다. 즉 만약 이것이 예상치 못했던 어떤 형식의 재창안이 아니라면, 이는 **알레고리** 자체의 복원과 재생의 문제로, 여기에는 알레고리적 해석이라는 복잡한 이론적 문제가 포함된다. 왜냐하면 포스트모더니즘에 의한 모더니즘의 대체는 또한 대문자 상징Symbol이라는 이전의 미학적 절대자의 위기에서 발견되고 평가될 수 있기 때문이다. 사실 상징의 형식적·언어적 가치는 낭만주의에서 신비평에 이르는 긴 시기와 1950년대 말 대학 체계 속에서 '모더니즘' 작품을 정전화하는 과정을 통해 헤게모니를 유지해왔다. 만약 상징이 (너무 성급하게) 예술 작품과 문화의 다양한 유기적 개념에 동화되었다고 한다면, 그 반대 진영에 있었던 다양한 개념과, 알레고리와 연관된 광범위한 명시적·암시적 이론들이라는 억압된 것의 귀환은 우리 시대의 일반화된 감수성을 통해 정의될 수 있다. 우리의 감수성은 단절과 불연속성에, 그리고 이질성에(단지 예술 작품에서의 이질성만은 아니다), 대문자 동일성Identity보다는 대문자 차이Difference에, 솔기 없는 그물망과 의기양양한 내러티브의 전진보다는 틈새와 구멍에, 대문자 사회Society 자체와 그것의 '총체성'보다는 사회의 차이화에 경도되어 있으며, 기념비적 작품과 '구체적 보편성'이라는 예전의 교의 역시도 그 속에 몸을 담그고 자신을 비춰볼 수밖에 없다. 드 만이나 벤야민이건, 중세나 비非유럽 텍스트에 대한 재평가건, 알튀세르나 레비-스트로스의 구조주의건, 아니면 클라인Melanie Klein의 심리학이나 라캉의 정신분석학이건 관계없이, 알레고리적인 것을 최소한의 형태로 정식화한다면, 이는 사유의 대상 내에 존재하는 통약 불가능한 거리에 대한 각성을 통해 사유에 대해 제기되는 질문이며, 또한 우리가 동의할 수 있는 것이 하나의 생각이나 이론으로는 포괄할 수 없다는 점 말고는 없는 〔즉 공통점이 없는〕 현상들을 포괄하기 위해 고안된 여러 새로운 해석적 답변이라 할 수 있다. 그렇다면 알레고리적 해석은 무엇보다도 전통적인 의미에서의 해석이 불가능하다고 인정함으로써, 그리고 그 불가능성을 임시적이거나 심지어 우연적인 움직임 속에 포함시킴으로써 시작될 수 있다.

새로운 알레고리는 수직적이라기보다는 수평적이다. 『천로역정*The Pilgrim's Progress*』식으로 알레고리가 여전히 개념적 꼬리표를 대상에 일대일로 대응시켜야 한다고 하더라도, 이는 그 대상들이 이제는 (그 꼬리표들과 더불어) 상호 간의 깊은 관계성 아래 놓여 있으며, 사실상 상호 관계를 통해 대상 자체가 구성된다는 확신 속에서 이루어진다. 여기에 대상들 간의 관계가 필연적으로 유동적이라는 사실을 덧붙인다면, 우리는 알레고리적 해석 과정을 일종의 스캔 과정으로 볼 수 있다. 즉 텍스트의 앞뒤를 오가면서, 중세나 성경의 정적인 해독에 대한 우리의 고정관념과는 전혀 다른 상시적 수정을 통해 텍스트의 그 항들을 재조정하는 것이다. 이를 (고리타분한 말이 아니라면!) 변증법적이라 규정할 수도 있다.

(아마도 지나가면서 살펴볼 가치가 있는 것은, 여기에서 상기시키고 있는 알레고리적 방법이 모더니즘과 포스트모더니즘 사이의 단절이라는 시대구분 도식에 의해 요구되고 또 작동된다는 것이다. 그렇다면 종종 그러하듯 여기에서 다시 포스트모더니즘 이론은 그 자체로 자신이 해부하고자 하는 대상의 표본이 된다. 즉 새로운 알레고리적 구조는 포스트모던적이며, 포스트모더니즘 자체의 알레고리가 없다면 해명될 수 없다.)

어쨌든 고버의 설치 작품이 강제하는 독해 방식이 바로 이것이다. 한 항목에서 다른 항목으로의 연이은 움직임 속에서 각 항목은 다른 세 개 중 하나를 마주하며, 자신의 가치와 의미를 섬세하게 찾아내거나, 섬세하지는 않더라도 수정된 가치와 의미를 찾아내기도 한다. 만일 어떤 방향과 어떤 시작점이 가능하다는 점을 이해한다면, 그리고 여기에 제시된 것이 논리적으로 가능한 다양한 궤적과 조합 중에 단지 하나의 가능성에 불과하다는 점을 (그리고 아마도 보다 자명한 것들 중

로버트 고버, 「무제」

에 하나에 불과하다는 점을) 이해한다면, 이 움직임은 투박하게나마 설명 가능해진다. 따라서 집이나 주거지 같은 틀을 통해 시작하는 것이 명백히 '논리적'이거나 '자연스러운' 것이 된다. 집과 주거지는 건축 공간이자 거주처로서 사회와 문화의 산물이며, 언덕과 가장 직접적으로 대립하여 존재한다. 반면에 언덕은 이제 일군의 17세기 목가시나 셰익스피어William Shakespeare적인 의미에서의 대문자 자연의 자리를 표시한다. 이러한 첫번째 독해에 의하면 사회적인 것(문틀)과 자연적인 것(언덕)은 모두 리얼리티로서, 즉 세계의 존재론적 차원으로서 여겨지게 된다.

의미를 이렇게 양분하면, 그다음에는 사회적·문화적인 것과 자연적인 것의 조합으로서의 '세계' 자체가 자신에 대한 **재현**, 즉 미학적 영역이라는 다소 다른 문제와 대립하게 되는데, 이 영역에서는 자연과 문화 모두 (자연적인 것과 사회적인 것 모두) 재현의 대상이 될 수 있다. 사실 이 두 가지는 허드슨강 화파의 그림 속에서는 변증법적인 관계에 놓이게 된다. 이 특정 종류의 풍경화가, 보다 정확하게는 이 특정 종류의 풍경화의 이데올로기가, 동시에 '사회'에 관한 그리고 사회적·역사적 리얼리티에 관한 일군의 정확한 이데올로기적 메시지를 표현한다면 말이다. 그리고 이 풍경화 속에 부재하는 사회적·역사적 리얼리티는 그림의 구성 속에 내포된 대상에 다름 아닌 것이 되고 만다. 그렇다면 이러한 움직임에서 전통적인 풍경화는 회고적으로 사회적인 것과 자연적인 것이라는 앞선 두 개의 외관상 존재론적인 리얼리티를 이데올로기와 재현으로 변형시켜버린다.

그러나 누구라도 우리 시대의 재현에 대한 질문을 제기한다면 이는 곧 새로운 세력장을 여는 것이며, 이 세력장에서 예전의 회화는 그 자체로 역사의 기록물이자 북미 문화의 발전사에서 죽어버린 시대를 표현한다. 이렇게 우리의 초점을 풍경화로 옮기면, 이 설치 작품 속 마지막 항목과의 연결 고리, 즉 좀더 스캔들에 가깝고 역사주의적인 연결 고리를 만드는 과정에 들어서게 된다. 즉 현재로부터 날아 들어온 유독 물질이라 할 수 있는 리처드 프린스의 텍스트와 마주하게 되는 것이다. 이 텍스트가 가진 불가사의하고 '개념적'인 구조는 곧 포스트모더니즘의 출현을 공언하면서, 앞선 세 항목들을 〔과거에 대한〕 향수와 미국적인 것으로 변형시킨다. 그리고는 느닷없이 이들을 이제는 멀어진 과거 속으로 투영시키며, 그에 대해 적잖이 당황스러운 질문을 던진다. 항구적 현재와 다양한 역사적 기억상실증으로 가득한 완전한 포스트모던적인 후기자본주의 속에서, 미국은 아직도 고정관념이나 문화적 판타지가 아닌 보다 진정한 실존을 가지고 있는가?

그러나 이 지점에서 의미화 궤적이 멈추진 않는다. 오히려 본격적으로 시작된다고 할 수 있다. 왜냐하면 이제 우리는 포스트모던적인 텍스트에서 똑같이 포스트모던적인 언덕으로 옮겨가서 질문할 수 있기 때문이다. 사회가 자신의 대문자 타자Other(비인간적인 혹은 이전의 자연적인 요소)를 지배하는 경향성이 인류 역사상 그 어떤 시대보다 더 완벽해지면서, 자연이 객관 세계와 사회적 관계로부터 체계적으로 가려짐에 따라, 그 언덕은 대문자 자연의 자리를 표시한다기보다는 오히려 대문자 자연의 무덤과 같은 것을 구성하는 건 아닐까? 그러한 관점에서 본다면 잃어버렸다는 사실조차도 거의 기억나지 않는 어떤 잃어버린 대상에 대한 애도 과정 속에서, 다른 사물을 통해 그 대상으로 돌아가고자 하는 것은 그 사물이 급진적으로 수정되고 변형된 것임을 보여준다. 인간의 거주처와 사회적인 것에 대한 환유로서의 문틀은 이제 단순히 문화적인 것이자 그에 대한 재현이 아니라, 보다 자연적인 주거 형식에 대한 향수 어린 재현으로 변형된다. 이제 그 문틀은 우리 시대 '포스트모더니즘'의 또 다른 얼굴이라 할 수 있는 부동산 투기와 예전 핵가족을 위한 주택 건설의 실종에 대한 일군의 경제적·역사적 불안감의 '문을 연다.' 그리고 이 불안감은 풍경화를 전적으로 새로운 사회적 리얼리티로 이끌면서, 한때 문화사에 대한 기록물이었던 풍경화가 골동품이자 상품이 되어 여피족의 장식물로 변질된다. 그리고 바로 이런 의미에서 풍경화도 다른 포스트모던적 대응물과 마찬가지로 '현대적'인 것이 된다. 그런데 우리의 새로운 궤적에 대해 한마디 덧붙인다면, 이는 (예전 의미에서의 예술 상품이 아닌) 언어로서 또 의사소통 수단으로서 자신을 끈질기게 전경화하기 시작하면서, 이 새로운 구조 속에 미디어의 편재성을 도입한다. 많은 이들이 미디어의 편재성이 현대사회의 근본적인 특징을 구성한다고 여기듯이 말이다.

그러나 이 시점에서 포스트모더니즘의 승리, 과거의 향수를 자아내는 듯한 항목들에 대한 포스트모더니즘의 정복을 동반하는 그 승리는 결코 안전하진 않다. 만약 액자 속 텍스트가 나머지 항목들을 격동 속으로 몰아넣는 강력한 향신료나 삐걱거리는 소리라고 한다면, 혹은 가장 능동적인 요소라는 의미에서 바르트가 말하는 푼크툼punctum*

---

* 바르트는 『카메라 루시다Camera Lucida』에서 사진 이미지의 두 가지 효과를 구별한다. 그중 하나는 '스투디움studium'으로, 이는 일반적인 역사적·문화적 경험과 학습에 의해 결정되는 사진 이미지의 효과이며 작가의 의도나 당시의 일반적인 문화적 관행 속에서 경험되고 해석될 수 있는 것이다. 이에 대립되는 것이 '푼크툼punctum'이다. 바르트에 따르면 이는 사진의 감각적이면서도 상당히 주관적인 효과로서, 보는 이를 찌르고 아프게 하지만 타인과는 공유될 수 없는 어떤 것이다. 그런 의미에서 푼크툼은 사진 이미지에 의해 전달되는 라캉의 실재the Real와 같다고 할 수 있다.

이라고 한다면, 그것은 또한 연관된 대상들 중 가장 취약한데, 이는 단순히 그 텍스트의 익살스러운 내용이 일종의 향수를 불러일으키거나 예전 에스닉의 표식을 담고 있기 때문만은 아니다.* 하지만 이제 어떤 '지배적인 것' 특유의 역전 속에서, 예컨대 대문자 언어가 가장 핵심적인 요소이고 근원적 리얼리티이며 '궁극의 결정 심급'이라 여겨지는 현재의 주로 '구조주의적인' 에피스테메 속에서, 이 문자 텍스트는 단지 그 주변의 강력한 시각적 존재들을 재확인하고 강화시키는 경향이 있지만 자신은 아무런 실질적인 내용도 없는 어떤 것으로 우리 앞에 나타난다.

그런데 여기에서 무엇인가 발생한다. 〔설치된 각 항목들이〕 단순한 향수의 반영에서 점차 의식적 저항이라는 긍정적이고 능동적인 가치를 획득하게 되는 것이다. 즉 이들은 선택과 상징적인 행위로서 이제 장식적인 포스터와 같은 지배 문화를 거부함으로써, 잔여적인 어떤 것이 아닌 새로이 떠오르는 어떤 것으로서 자신을 주장한다. 즉 과거의 판타지에서 즐거움을 찾던 것들이, 이제는 유토피아적 미래의 건설 같은 것으로 바뀐다.

하지만 여기에서 사변적으로 요약되었던 것은 단순히 하나의 잠정적 '해석'에서 또 다른 경쟁적인 해석으로 이어지는 '끝낼 수 없는' 궤적만은 아니다. 이는 다른 여러 형식을 취할 수 있으며, 여기에서 우리가 설명을 끝내는 것이 하나의 이미지나 재현으로서의 '유토피아적인

---

* 액자 속 리처드 프린스의 텍스트는 다음과 같다. "소방관이 술 취한 사람을 불타는 침대에서 끌어낸다. '빌어먹을 멍청아, 너는 이제 침대에서 담배를 피우라는 교훈을 얻었겠지'Fireman pulling drunk out of a burning bed: 'You damned fool, that'll teach you to smoke in bed.'"

미래'가 어떻게든 확보되었다는 암시도 아니다. 각 '항목들'은 불안정한 성좌처럼 서로의 짝을 계속해서 바꿔가며, 쉼 없는 변화 속에서 '사유'의 특질이 차올랐다 기울고, 밝아졌다가 다시 좀더 어두워진다.

　이 설치 작품은 또한 다른 종류의 메시지를 발산한다. 앞서 넌지시 보여준 바처럼 이 메시지는 미술 자체의 체계와 관련되며, 혹은 보다 현대적인 언어를 사용한다면 다양한 매체들의 상호 관계와 관련된다. 문학적 실재의 공감각synesthesia(보들레르)처럼, 종합예술의 이상은 다양한 미술의 '체계'를 존중했고 폭넓게 포괄하는 **종합**synthesis이라는 개념 속에서 그에 대한 찬사를 보냈으며, 이런 종합을 통하여 예술가들은 일반적으로 예술 장르 중 하나의 '우애적 통솔'하에 모든 장르를 어떤 식으로건 '통합'하려고 했다(이것이 **학제간**interdisciplinary이라는 과거의 개념과 이론적·철학적으로 유사하다는 점은 주목해볼 만하다). 예컨대 바그너는 음악을 중심으로 이를 시도했다. 앞서 주장했듯이 현재의 설치예술은 더 이상 그러한 종합을 좇지 않는다. 이는 특히 개별 미술 작품이 자신만의 고유한 자율성 혹은 반半자율성을 지닌다는 주장과 더불어, 예전의 종합이 기반하고 있던 바로 그 '체계'가 문제시되었기 때문이다. 다시 말해서 여기에 연관된 매체는 (고버 자신이나 웹스터같이) 순수한 조각 언어의 내적 일관성에 의존하지 않으며, (전통 풍경화와 '포스트모던' 회화처럼) 회화 자체의 내적으로 일관된 전통에 의존하지도 않고, 심지어 일단의 형식으로서의 건축적인 것의 1차적 중요성에 의존하지도 않는다. 만약 어떤 의미에서 이것이 (종합예술에 대한 현대적 대응물이지만, 앞에서 열거한 모든 차이점을 가지고 있는 것으로서) '혼합 매체'라고 한다면, 여기에서는 '혼합'이 먼저 이루어진 연후에 그와 함축적으로 연관된 매체를 귀납적으로 재정의해야 한다.

그럼에도 불구하고 과장하자면 회화가 권좌에서 물러났다는 2차 메시지가 여기에 분명하게 나타나고 있는 것으로 보이며, 또한 이는 포스트컨템퍼러리한 상황에 대한 피할 수 없는 판단일 것이다. 그리고 건축 관련 논쟁과 마찬가지로, 실천적인 차원에서 핵심적 문제였던 '포스트모던' 회화의 위상에 대한 논쟁은 이제 과거의 일일 뿐이다. 왜냐하면 회화의 '풍경'과 '텍스트'로의 분화는 조각이나 건축적 요소의 분화보다 더 난폭하게 이 특정한 미술의 주장을 문제시하기 때문이다. 반면에 우리가 쟁점으로 삼고 있는 유토피아적 충동에 관한 질문은, 일반적으로 이전의 모더니즘에서 회화가 차지하고 있던 위상뿐만 아니라, 특히 존 버거John Berger의 큐비즘에 대한 평가에서 두드러진다.

이번 세기의 첫 10년 동안 어떤 변화된 세계가 이론적으로 가능해졌으며, 그 변화에 필요한 힘은 이미 존재한다고 여겨졌다. 큐비즘은 이러한 변화된 세계의 가능성을 반영했던 예술이었으며, 또한 〔변화에 대한〕 자신감에 영감을 불어넣었다. 따라서 어떤 의미에서 그것은 **이미 존재하고 있던** 가장 모더니즘적인 예술이었으며, 또한 그만큼 철학적으로 가장 복잡한 것이기도 했다.[2]

버거는 이 시제tense들에 명시적으로 주석을 달고 있는데, 이는 단지 큐비즘에 체화된 회화의 유토피아적 소명이 전쟁과 뒤이은 전 세계적 혁명의 실패로 인해 차단되었음을 의미할 뿐만 아니라, 과거 큐비즘의 실패가 아직까지도 우리가 재창안하지 못하고 있는 유토피아적 충동을 표현하고 있는 한 그것은 우리의 미래가 될 수도 있음을 의미하기도 한다는 것이다. 하지만 다른 아방가르드 운동 역시 모두 자신만의 구체적인 유토피아적 계기를 가지고 있다. 예컨대 다다 운동에서 나타난 폭발적인 부정성은 단지 비판에 그치지 않고, 역사 자체의 역동성을 "인간 삶을 형성하는 객관적인 형식에 대한 끊임없는 전복"[3]으로 구체화한다. 초현실주의의 유토피아적 소명은 손상되고 파괴된 산업사회의 대상세계에 신비와 깊이를 부여하려는, 즉 (막스 베버나 라틴아메리카 사람들처럼 말한다면) 그러한 신비와 깊이를 통해 말하고 울리는 듯한 무의식의 "마술적" 성격을 부여하려는 시도 속에 존재한다.

그러므로 고버의 입장(앞서 말한 바처럼 이 역시 새로운 종류의 유토피아적 공간 속에 위치하고 있다)의 함의를 독해하기 위해서는, 반드시 이를 모더니즘 회화의 다층적인 유토피아적 소명과 대조해야만 한다. 그러나 현 상황이 가하는 새로운 압력은 포스트모던 회화에 대한 모든 평가를 다양한 다른 매체에 대한, 가장 구체적으로는 사진에 대한 일단의 진술들로 변형시키는 결과를 낳았다. (이론과 실천에 있어서) 사진에 대한 최근의 엄청난 재창안은 포스트모더니즘 시대의 근본적인 사실이자 징후이다. 최근 전시회의 사진 영역에 나타난 무언가는, 사진이 자신만의 의심할 바 없는 유토피아적 소명을 발산함으로써 설치예술 영역과 사진이 조화될 수 있음을 호기롭게 보여주고 있다. 사실 우리가 감지하기로는, 회화에서의 모더니즘 운동과 동시대에 일어났던 다양한 사진 예술 운동은 자신의 미학적 변호의 정당성을 여전히 회화 매체로부터 빌려오는 경향이 있었다는 것이다. 기껏해야 자신의 과업을 시각적 세계의 폭로에 의한 (영화적 리얼리즘에 대한 크라카우어Siegfried Kracauer의 설명을 빌리자면) "물리적 리얼리티의 구원"이라 생각했으며, 이는 또한 다양한 양식과 스타일을 통해 회화 매체를 탈신비화하는 것이었다. 곧 보여주겠지만, 현대 사진의 소명은 이제 다소 다를 것이다. 이를 설명하기 위해서는 마찬가지로 다소 변형된 포스트모던 회화에 대한 변호를 통한 우회가 요구된다. 하지만 여기에서도 고버의 설치예술을 평가하는 데 유용했던 구성과 해체의 변증법이 새로운 맥락에서 예상치 못하게 다시 등장할 것이다.

어쨌든 포스트모던 회화의 대변인들은 가장 열렬한 환영을 받았던 포스트모더니즘의 특징인 다원주의 내에서 어떤 특정한 경향을 앞에 내세우건 관계없이, 포스트모더니즘 회화가 최근의 신新구상화neofigurative painting를 통해 회화의 예전 (모더니즘의) 유토피아적 소명을 포기한다는 것에 동의한다는 점은 처음부터 분명하다. 포스트모던 회화는 더 이상 (위대한 모더니즘의 초미학적 핵심을 포함하여) 자신을 넘어서는 그 어떤 것도 시도하지 않는다. 이러한 이데올로기적 임무를 상실한 채, 그리고 일종의 목적telos으로서의 회화적 형식의 역사로부터의 해방됨으로써, 회화는 이제 자유롭게 "모든 과거 언어의 가역성을 옹호하는 노마드적 태도"를 따를 수 있다(IT 6).[4] 이러한 개념은 "언어에서 의미를 박탈"하길 소망할 뿐만 아니라, "회화의 언어를 전적으로 교환 가능한 것으로 여기면서, 언어에서 고정성과 편집증을 제거하고, 가치를 비非항구적인 것으로 보고자 하는 실천으로 인도"하는 경향이 있다. "상이한 스타일 간의 인접성은 이미지의 사슬을 생산하는데, 이 모든 사슬은 계획보다는 유동적인 변화와 발전을 토대로 작동한다. 〔……〕"(IT 18~20). "이런 식으로 의미는 뒤죽박죽되고 약화되며 상대화되어, 이 수많은 기호 체계들의 복원을 뒤로 하고 부유하는 다른 의미론적 물질들과 관계하게 된다. 그 결과 일종의 작품의 온화함이 나타나는데, 이는 더 이상 위압적으로 말하지 않고, 이데올로기적 경직성에 대한 호소에 근거하지도 않으며, 다만 여러 방향으로의 일탈 속에서 분해된다"(*IT* 24). 이러한 매우 흥미롭고 정곡을 찌르는 설명은 불공평하게도 새로운 회화에 대한 두 가지 연관된 쟁점을 제기한다. 첫번째는 종종 역사주의라 불리는 것이다. 즉 회화가 자신의 스타일의, 그리고 자신의 형식에 담긴 내용의 진정한 역사나 변증법으로부터 분리되는 것이다. 이는 회화를 "해방시켜" 그림이 "그것의 의미론적 참조점과 모든 은유적 연상으로부터 분리된 채, 일종의 오브제 트루베objet trouvé*로서의 〔……〕 회화 스타일을" 복원하도록 해준다. "스타일은 작품 제작 솜씨를 통해 소비되고, 작품은 스타일들의 전형성이 정련되는 용광로가 된다. 이런 이유 때문에 예전에 없던 혼종들과 역사적 상황과 관련된 각기 다른 언어의 단층들을" 접목시켜, "자칫 화해가 불가능했을 수도 있었던 참조점들을 갱신하고 각기 다른 문화적 온도들을 엮어내는 일이 가능해졌다"(*IT* 56~58). "신매너리즘적 감수성이 우세를 점하게 되는데, 예술사를 통해 이어져온 이 감수성은 레토릭이나 정서적 동일시를 동반하지 않지만, 그 대신 복원된 언어의 역사적 깊이를 탈신비화되고 억제되지 않는 **표피성**으로 번역해낼 수 있는 유연한 편측성laterality을 보여준다"(*IT* 66~68). 이 주장 속에 내포되어 있지만 언표되지는 않은 포스트모더니즘의 조건의 다른 특징은 당연히 우리에게 친숙한 '주체의

---

* '오브제 트루베'를 직역하면 '발견된 사물'로, 전통적으로 예술적 용도나 기능을 지니지 않은 사물을 그대로 혹은 약간의 수정을 거쳐 예술 작품으로 전환시키는 것을 의미한다. 마르셀 뒤샹이 남성용 소변기를 그대로 미술관에 전시한 「샘Fountain」이 그 대표적인 예이다.

죽음,' 개성의 종말, 새로운 익명성 속에서의 주체성의 약화이다. 그런데 이는 청교도적 의미에서의 소멸이나 억압은 아니다. 아마도 그것은 자주 언급되진 않지만 정신분열적 흐름flux이나 노마드적 해방으로 찬양되어왔던 것이라 할 수 있다.

무의식이 없는 초현실주의. 사람들은 이 새로운 회화를 이런 식으로 규정하고 싶은 유혹을 느낀다. 이 새로운 회화에서는 가장 통제할 수 없는 종류의 형상이 환각과는 전혀 다른 깊이 없음과 더불어 몰개성적인 집단 주체의 자유연상처럼 나타나지만, 개인 무의식 혹은 집단 무의식의 돌진이나 투여는 없다. 다시 말해서 이는 유대교나 농민이 빠져 있는 샤갈Marc Chagall의 민속 도상학이고, 특유의 개인적 기획이 포함되지 않은 클레Paul Klee의 봉선화棒線畵, stick drawing이며, 정신분열증이 없는 정신분열적 예술이고, 선언문이나 전위성을 상실한 '초현실주의'이다. 이는 우리가 대문자 무의식Unconscious이라 불러왔던 것이 사실은 (특정한 종류의 도시적 대상들과 특정한 종류의 도시인을 포함한) 사회적 장의 특정 상황에 고유한 배치 내에서 특수한 종류의 이론에 의해 생산된 역사적 허상에 지나지 않는다는 의미 아닐까? 그러나 핵심은 근본적인 역사적 차이를 찾아내는 일이지, 한쪽 편을 들거나 역사적 가치의 증명서를 교부하는 일이 아니다.

이런 기조에서 본다면, 오늘날의 신구상화는 실로 기이한 공간이 아닐 수 없다. 이를 통해 문화의 모든 이미지와 아이콘이 아무렇게나 쏟아져 나와 부유하고 떠다니다가, 이미지의 흐름을 가로막는 통나무 더미처럼 '전통'의 이름하에 과거로부터 흘러와 현재에 도착한 모든 것을 운반해오지만 끝내 시각적으로 사물화되고, 산산이 부서져서 나머지 것들과 더불어 휩쓸려 떠내려가고 만다. 바로 이런 의미에서 나는 그런 회화를 **해체**라는 용어와 연관시켰다. 왜냐하면 그것은 모든 것을 어마어마하게 분석적으로 해부하고, 시각적인 종양을 절개하기 때문이다. 수전 손택이 한때 환기시켰던 일종의 이미지 "생태학"이나 소비 절제주의자의 단식 혹은 이미지 사회에 대한 물치료와 비슷한 의미에서,[5] 그 수술이 치료적인 가치가 있는지는 분명하지 않다. 어떤 경우에서건 개인이나 집단의 주체가 부재한 상태에서는 '치료' 같은 개념이 작동하는 것을 보기란 쉽지 않다. 그러나 데이비드 살르David Salle의 작품처럼, 어떤 강력한 방해 움직임(전기 합선에 의한 연기 혹은 거울에 비치거나 심지어 절시증적으로scopophilic 불에 탄 고깃덩어리의 지글거림)은 최상의 〔해체적〕 회화로부터 자신을 분리한다. (정확하게는 형식이라고 말할 수 없는) 살르의 원형적 범주는 두폭화dyptich 혹은 이중패널double panel(이는 경우에 따라서 겹쳐 놓기, 겹쳐 그리기, 겹쳐 낙서하기의 형식으로 변형된다)의 텅 빈 구조처럼 보인다. 하지만 살르의 작품에는 전통적으로 ('이제 이 그림을 보세요. 그리고 이것도'와 같은) 제스처를 수반하는 내용, 즉 승인과 거부, 탈신비화, 또 다른 기호 체계 내지는 '리얼리티' 자체의 이름하에 하나의 기호 체계에 구멍 내기와 같은 제스처를 수반하는 내용이 부재한다. 반면 그와 동시에 이데올로기의 종언, 특히 프로이트의 종언과 정신분석학의 종언은, 그 어떤 해석학이나 해석 체계도 살르의 그림에 나타나는 이런 병치를 길들여서 사용 가능한 의미로 전환시킬 수 없음을 확증한다. 따라서 이러한 병치가 작동할 때, 그것들이 '작동함'으로써 나타나는 충격과 보니토-올리바가 말했던 "온화함"을 구별하는 것이 어려워진다. 그 온화함이란 예술적 대상이 이데올로기적인 의도로 우리에게 말을 걸거나 괴롭히는 것을 삼가함으로써 나타나는 결과일 뿐만 아니라, 또한

데이비드 살르, 「와일드 로커스트 라이드」

"다차원적인 탈선" 속으로 와해됨으로써 나타나는 결과이기도 하다.

이런 점에서 그림 안을 파편화하는 이 작업을 병치시키는 것은 유용하고 유익해 보인다. 즉 그림의 두폭화 틀, 시퀀스 콜라주, 오려 붙여진 이미지 등을 병치하는 것으로 **화면 분할**이라고 부르는 것이 가장 적절해 보이는데, 이는 내가 데이비드 살르의 토대-상부구조적 특징이라고 부르고 싶은 것으로, 또한 여기에 전시된 사진작가들의 작품 속에서도 다양한 방식으로 실천된다. 워소Oliver Wasow가 사진의 사진을 찍어 재조합한 이미지, 심프슨Lorna Simpson의 "홍체"들과 설명 자막, 래리 존슨Larry Johnson의 좌우명, 시피스Dorit Cypis의 다중 화폭 해부학 전시, 웰링James Welling의 문자 **분석**이 그러한 예들이다. 그리고 심지어 월Jeff Wall의 투명 양화陽畵의 경우, 만약 그 속의 실제 사진을 그것과 결부되어 있는 야광이나 입체 영상 공연과 분리한다면, 그의 작품도 이런 식으로 보아도 무방하다(살르에게서 나타나는 평면적 덧인쇄나 나란히 놓기와는 다르게, 사진을 한 차원 밑에 두는 병치라 할 수 있다). 이런 '작품'이나 '텍스트'의 부분과 단편 들은 서로를 탈신비화하지 않는다고 말하고 싶어진다(비록 심프슨의 예술이 이에 가장 근접해 있고, 시피스의 '페미니즘'적 요소, 즉 여성의 몸의 파편들은 의무적으로 급진적 해석을 시도하라고 요구하지만 말이다). 하지만 이 문제는 지각을 통해 접근하는 것이 가장 적절할 수도 있다. 예를 들어 사진에 대한 지각은 **동일시**에 크게 의존한다. 즉 우리는 최소한 일반적으로나마 사진 속 사물을 인식하기 위해 미리 어떤 시도를 한 연후에야, 그 사물에 대한 특정 관점이나 노출에 관한 예기치 못한 것을 탐색할 수 있다. 어떤 특정한 사전 지식이나 학술 용어 혹은 일반 용어 같은 것이 모더니즘 시대까지 이어져 내려오는 재현적 회화의 위대한 전통을 탐색하는 첫 순간에 결정적인 역할을 수행할 것이다. 하지만 이것들은 이제 현대의 **사진** 속으로 이주한 것처럼 보인다. 사진에서도 우리는 스타일이 있는 작품을 알아보고 구별해야 하며, 따라서 이러한 작품이 지니는 개별적 정체성은 다른 요소들과 절대적으로 분리될 수밖에 없다. 이로부터 이런 이질적인 '기호학적 내용들'의 공존과 갈등이 발생하게 된다.

내 생각에 최근의 사진 예술에 나타나는 화면 분할은 화가들의 '해체적' 방식을 반드시 따르지는 않는다. 하지만 이들은 새로운 구조의 조짐을 보여주고 있을지도 모른다. 다만 새로운 구조를 위한 올바른 역사적·형식적 범주가 우리에게 아직 없을 뿐이다.

예컨대 J. G. 밸러드가 (『잔혹 전시회The Atrocity Exhibition』에서) 올리버 워소의 사진 속의 회전하는 풍경을 보았다면 이를 무엇이라고 불렀을까를 생각해보면, 1960년대와 1980년대 사이에는 약간의 온도 차이가 있을 수 있다. (1장에 나와 있는 워소의 작품 「#146」을 참조하라.) 사실 워소의 작품 속에는 1960년대의 폭력과 고통의 배경이 빠져 있지만, 〔밸러드의『잔혹 전시회』에서는〕 퇴락하고 있는 고층 건물과 무너진 고속도로 들이 있는 달의 풍경 위에서 일어난 자동차 다중 충돌 사고의 형식을 통해 베트남전쟁과 콩고는 히로시마의 기억을 되살린다. 하지만 이 그림의 다층적인 여러 비전은 "기억의 지속The Persistence of Memory"이라는 제목이 붙은 다음 '문단'에서 밸러드가 환기시켰던 것과 기괴한 유사성을 지닌다.

녹아버린 모래가 있는 텅 빈 해변. 여기에서 시계의 시간은 더 이상 유효하지 않다. 심지어 비밀스런 성장과 가능성의 상징인 태아마저도 완전히 지쳐 늘어져 있다. 이런 이미지들은 기억된 짧은 순간의 찌꺼기일 뿐이다. 탤벗Talbot을 가장 혼란스럽게 만든 요소는 해변과 바다의 직선 구역이다. 시간의 흐름에 따른 이 두 이미지의 치환과, 탤벗 자신의 연속체와 그들의 결혼은, 그들을 그의 경직되고 고집스런 의식 구조속으로 구겨 넣었다. 이후에 고가도로를 산책하면서, 그는 자신이 의식하고 있는 현실의 직선으로 된 형식이 어떤 평온하고 조화로운 미래로부터 온 뒤틀린 요소들이었음을 깨달았다.[6]

"기억의 지속"이라는 이 글의 제목은 분명 영화 이론에서 아주 크고 상징적인 역할을 했던 '비전의 지속'이라는 (명백하게 의사-과학적인) 교의와 대비하여 읽어야 한다. 여기에서 연속성의 환영은 망막에 비친 정적인 잔상들이 겹쳐지면서 발생한다. 밸러드는 이제 이 겹쳐짐을 세계 자체와 그것의 복합적인 리얼리티에 대한 우리의 경험에 투사하는데, 이 세계와 리얼리티의 불연속성은 개인과 집단의 위기와 와해의 순간에 다시 나타나, [워소의 사진 속에서는] 해변과 바다의 겹쳐진 띠로 분리된다. 고통과 트라우마의 장치, 즉 사회적·역사적 재난을 가능하게 만드는 도구는 워소의 엑스레이 사진에는 부재하는 듯하다(이후 세대에게는 이것들이 너무도 깊이 내재화되어, 밸러드의 정동이 더 이상 발견될 수 없는 것이 아니라면 말이다). 하지만 밸러드는 여기에서 또한 (내 생각에는 오로지 그의 작품에서) 유토피아적인 "휴식의 시대"(윌리엄 모리스William Morris), 즉 "평온하고 조화로운 미래"를 환기시킨다. 이런 미래의 상상할 수 없는 메시지와 신호 들은 핵폭발 이후 황폐화된 우리의 생태계를 어떻게든 관통하여, 그것들의 부재하는 현전을 느끼게 만든다. 줄무늬의 입체나 평면 들의 텅 빈 형식, 원색原色처럼 구별할 수 있지만 부재하는 물질들이 포개진 띠 모양들, 소크라테스 이전 시대의 기본 원소들, 혹은 자연 상태라는 궁극의 단순함을 향한 퇴행적 꿈 등이 그런 부재하는 현전을 환기시키는 것이다. 「시간의 목소리」가 절정의 순간에 이르면, 우주의 공간적 구성 요소들마저 주인공에게 말을 걸어온다. 하지만 그것들은 분명한 언어로 다양한 비율의 엔트로피를 발산하며 말한다.

파워스Powers는 야광 석회암 낭떠러지 같은 육중한 무게의 절벽이 어두운 하늘을 향해 갑자기 떠오르고 있음을 느꼈다. 〔……〕 그는 그 절벽뿐만 아니라, 그것이 지내온 막대한 세월도 감지할 수 있었다. 〔……〕 들쑥날쑥한 능선들은 〔……〕 모두 분명한 자신의 이미지를 그에게 전달했다. 그것은 수천의 목소리였으며, 그 절벽의 인생에서 흘러간 전체 시간에 대해 한꺼번에 말하고 있었다. 그 언덕에서 눈을 돌리자, 두번째 시간의 파동이 첫번째 파동을 쓸고 지나가는 걸 느꼈다. 그 이미지는 더 넓지만 더 짧은 시각들로 이루어져 있었으며, 소금 호수의 넓은 원판으로부터 퍼져나가고 있었다. 〔……〕 파워스는 눈을 감고 등을 기댄 채 이 두 가지 시간의 경계선 사이를 따라 차를 몰고 나아갔다. 그러자 그 이미지들이 그의 마음속에서 깊어지고 강해지는 걸 느꼈다.[7]

여기에 더하여 드디어 은하 공간으로부터 목소리들이 들려온다. 그리고 이 모든 것은 마침내 하나의 궁극적 목표물, 즉 만다라의 중심에 있는 파워스의 몸에 모여든다. 초기 밸러드의 안도감을 주는 멸종 판타지는 1960년대라는 세계 대변혁의 시대에는 더 이상 가능해 보이지 않았지만, 역설적이게도 엔트로피 공식과 지리학적 과거를 저 너머에 있던 미래와 유토피아에 대한 미약한 인정과 맞바꾸는데, 이 모든 것은 그것이 관통해야만 하는 해악한 분위기에서는 더욱 강력했다. 위소와 더불어 우리는 1980년대에 들어서게 되고, 그의 사진에 등장하는 유토피아적인 빙빙 도는 띠 모양들의 어둡고 환각적인 색깔은 샌타모니카 너머로 저무는 황혼의 고요하고 초자연적인 대화재大火災와 같은 무언가를 지니고 있다. 이러한 광학적 효과는 공중에 부유하는 화학적 오염 물질의 농도가 극단적으로 높기 때문에 나타난다고 한다.

내 생각에 새로운 사진 예술이 자신의 유토피아적 소명을 확보하는 방식은 정확히 이러한 내적 차이화를 통해서다. 예컨대 이미지 내에서 서로 공명하는 그 띠 모양과 같은 것을 통해서 말이다. 사진이 주는 전통적인 즐거움은 그것이 기계를 포섭하고 있다는 점과 그 대상의 뺏뺏한 광택뿐만 아니라, 전통적으로 회화가 폐기하고자 했던 지시성까지 포함한다. 이름의 변증법에서처럼,[8] 이름은 그 대상과 분리되어 이제는 대상의 반대편에서 마주보고 있는데, 사진은 언제나 그러한 이름의 독립성이 한때 자신과 '불가분'했던 대상으로부터 복제된 것임을 극적으로 보여준다. 그런데 최근의 회화에서 우리가 관찰한 바에 따르면, 현대 사회가 점차 '문화에 길들여짐'으로써 사회적 리얼리티는 전형이나 집단 이미지 등과 같은 보다 특수한 문화적 형식을 취하게 되는데, 이와 마찬가지로 포스트모더니즘 회화는 일종의 지시성을 복원하고 '지시대상체'를 재창안하지만 그것은 단지 집단의 문화적 판타지라는 형식 안에서 이루어질 뿐이다.

그렇다면 사진은 그것의 현대적 판본과 심지어 포스트모더니즘적인 판본 속에서도 회화와는 반대 방향으로 진화하여, 지시성 자체를 포기하고 더 이상 외부 세계에 등가물을 갖지 않는 자율적 비전을 정밀하게 만들어내려는 시도를 하고 있다. 내적 차이화는 이제 이미지가 지시대상체와 맺는 예전의 관계가 이미지 내부의 관계 혹은 내화된 관계로 대체되는 결정적인 이행의 표시이자 순간으로서 존재한다(따라서 이 관계 속에서는 워소의 이미지 속 '띠 모양'의 어떤 것도 다른 것에 비하여 지시적 우선권을 갖지 못한다). 보다 심리학적으로 말하자면 보는 이의 주의가 이제 이미지 내부에 존재하는 차이의 대립에 쏠리기 때문에, 그 이미지를 바깥에 있는 어떤 잠정적 사물과 비교하는 식의 고전적인 '유사성 찾기'나 '짝짓기' 작업에 신경 쓸 여력이 남아 있지 않은 것이다. 하지만 역설적이게도 살르의 작품과 같은 포스트모더니즘 회화의 새로운 특징을 결정하는 것은 바로 그 '바깥'에 대한 주목이다. 하지만 이때 바깥은 집단적 판타지가 만들어낸 외부의 리얼리티와 문화산업의 내용물이라는 형식을 통해서 우리의 의식 속으로 들어오게 된 그 바깥이다.

이런 보다 새로운 유토피아적 사진이 (추상이나, 이제는 알아볼 수 없는 우유 방울 확대 사진, 모든 종류의 속임수 기법 등) 보다 오래된 유형의 실험적 예술 사진의 숙명을 따라가게 될지는 지켜봐야 할 것이다(이런 미학을 싫어했던 것은 비단 바르트만은 아니었다). 새로운 사진과 고전적인 실험 예술 사진이 똑같지 않다는 여러 가지 강변 중에 하나는, 예술과 문화가 무엇이냐에 대한 우리의 개념이 수정되었다는 것이다. 예전의 예술 사진이 내뿜는 메시지 중 지금은 참을 수 없는 것 중에 하나는 그것이 (사진 저널리즘이 아닌) '예술'이라는 주장인데, 새로운 사진들은 이런 주장을 천명하거나 옹호하지 않는다. 이러한 유토피아주의가 (미학 이데올로기를 포함하는) 하나의 이데올로기임은 분명해 보인다. 하지만 최소한 **'모든 것**이 이데올로기다,' 혹은 더 나은 표현으로는 '이데올로기의 외부에는 아무것도 없다'는 말에 동의한다면, 그러한 주장이 최근 사진의 위상에 대해 손상을 입히지는 못할 듯하다. 공식적으로 정치성을 천명하는 것 자체가 비정상적으로 무력화되고 있고, 오래된 종류의 정치적 입장을 취할 경우 많은 사람들을 당황스럽게 할 수밖에 없는 우리 시대이지만, 다른 한편으로는 오늘날 모든 곳에, 특히 예술가와 작가 들 사이에는, 공인되지 않은 '유토피아 정당' 같은 어떤 것이 발견된다. 이는 지하 정당으로, 당원의 수를 파악하기 어렵고, 그것의 프로그램이 공표되거나 심지어 만들어진 적도 없으며, 또한 그 존재가 일반 시민과 당국에 알려지지 않았지만, 그 당원들은 비밀스러운 프리메이슨적인 신호를 통해 서로를 알아본다. 현재 전시회 출품자들 중 몇몇이 그 당의 지지자일지도 모른다는 느낌마저 든다.

7장 포스트모던 이론적 담론에서 내재성과 유명론

1. 내재성과 신역사주의

　최근 미국의 비평에서 월터 벤 마이클스Walter Benn Michaels의『금본위제와 자연주의 논리The Gold Standard and the Logic of Naturalism』〔이후『금본위제』로 표기〕[1]만큼 해석적 명민함과 지적 에너지를 보여주는 작품은 흔치 않다. 이 책은 문학사적으로 항상 특이한 문제를 제시했던 시기, 특히 자연주의 시대의 형식적 경향에 대해 이야기하면서, 분류나 평가를 거부하는 듯 보이는 독특한 작가들, 특히 그중에서도 프랭크 노리스Frank Norris를 정면으로 다루고 있을 뿐만 아니라, 또한 최근 논객들이 사랑해 마지않는 대상인 '신역사주의New Historicism'라는 새로운 담론을 자신만의 특별한 방식으로 요리하기도 한다. 아울러 마이클스가 (스티븐 냅Stephen Knapp과 함께) 쓴 논문「이론에 반대한다Against Theory」[2]도 '설명'해둘 필요가 있는데, 이는 도발적이고 논쟁적인 이론 텍스트로서 짐작건대 '이론'을 버리더라도 우리에게는 여전히 할 수 있는 일이 있음을 보여준다. 그 밖에도 사진의 문제에 대한 기민함은 아마도 현재 (포스트모더니즘에서) 가장 흥미로운 예술 매체가 무엇인지에 대해 자극을 줄 수 있는 개입을 했으며, 또 한편으로는 (모더니즘 자체와 더불어) 로망스*와 리얼리즘의 문제에 관심을 돌려 앞서 제기된 자연주의의 중심 문제와 결합시켜서 환영받을 만한 생산적인 방식으로 장르와 시대구분의 의제에 다시 접근하기도 했다. 마지막으로 이 책은 강한 (누군가에게는 모욕적인) 정치적 태도를 보여주는데, 이런 정치적 태도가 문학비평적 태도와 맺는 관계는 명시적으로 분명하게 드러나지 않는다. 이러한 주제들은 그 자체로 세심한 관심을 기울일 만한 가치가 있을 것이다. 전체적으로 보면 이 주제들은 마이클스의 저작들이 최근(혹은 그 이후)의 비평과 이론의 온도를 측정할 수 있는 지표적 실마리를 제공할 수 있음을 암시한다(나는 그 이상이라고 주장할 것이다).

마이클스와 냅의 기획 논문〔「이론에 반대한다」〕에서 '이론'은 확실히 제한된 범주를 지칭한다. 그것은 이상하게도 지난 20여 년간 우리 중 많은 이에게 이론이라는 말이 상기시켜왔던 지금까지 방대하게 축적된 유럽의 저작들을 무시하고 있다. 이 논문의 참조 틀은 분명 미국이 아닌 유럽 지향적인 '이론가들'에게는 유별나게 영미권 중심이며, 오로지 영문학적인 관심사(정전적인 시나 문장에 대한 이런 독해가 어떤 타당성을 가지고 있는가?)로 돌아가려는 듯한 인상을 줄 것이다. 그

---

* "romance"가 일반적인 연애 이야기를 뜻할 경우에는 "로맨스"로, 초자연적이고 마술적 요소가 곁들여진 장르를 뜻할 경우에는 "로망스"로 번역했다.

러나 그것은 우리 중 나머지가 벗어나려 했던 것으로, 그것을 대신하여 (구조주의나 포스트구조주의적인 혹은 독일이나 변증법적인 의미에서) '이론'은 새로운 문제와 새로운 관심사라는 위안거리를 약속했다. 물론 이 논문에는 가다머가 등장하지만, 그는 단지 E. D. 허시Eric D. Hirsch의 경쟁자일 뿐이다. 데리다 역시 등장하는데, 이는 그가 미국과 연결되어 있기 때문이기도 하지만, 그보다는 그와 존 설John Searle 사이의 논쟁*의 여파 때문이다. 따라서 이 글 속에서 누가 언급되고 배제되느냐의 여부는 그가 영미권에 적이 있느냐에 달린 것처럼 보인다. 하지만 내가 주장하고자 하는 바는 『금본위제』에서도 유럽의 주제와 쟁점 들이 다시 표면화될 것이며, 여기에서 마이클스가 주장하는 바의 논리는 그에게 유럽의 이론들을 재발견하고 재창안할 것을 강요하리라는 것이다. 사실 내 생각에 이는 이 책의 가장 비범하고 찬사받아 마땅한 특징으로, 우리의 목전에서 철학적 발견의 과정이 작동하는 것을 보여주고 있을 뿐만 아니라, 마이클스는 자신이 말하고자 하는 내용의 논리와 그 대상의 내적 역동성에 자신을 완벽하게 내맡김으로써 중요한 문제들이 최근 이론의 유행이나 슬로건의 압력으로 인해 외부로부터 소환되어 들어오는 것이 아니라 자신만의 동력을 통해 스스로 나타나도록 하고 있다. 아마도 이것이 그렇지 않아도 도발적인 「이론에 반대한다」라는 기획에 내재된 보다 심층적인 진리의 계기로서 기능한다고 할 수 있을 것이다. 다시 말해서 기민함과 이해력이 적당

---

* 이 논쟁은 데리다가 1972년 논문 「서명, 사건, 맥락Signature, Events, Context」을 통해 언어학자 오스틴John L. Austin의 '언어 행위' 이론을 비판한 것에 대해 미국의 언어철학자 존 설이 반론을 제기하며 시작된 것으로, 유럽 대륙의 철학 전통과 영미권의 분석철학 사이의 간극을 분명하게 보여준 사건이었다.

히 어우러지면서, 〔이론적인〕 문제들이 스스로 문제를 제기하게 됨으로써, 우리가 현재의 이론적 담론의 사물화를 에둘러 갈 수 있도록 해준다.

　그러나 그것은 이 논문이 "이론"을 통해 "의도"했던 바는 아니다. 이론이란 저자의 모든 간결한 언어를 통해 요약할 수 있는 어떤 것, 즉 "사실상 분리될 수 없는 항목을 분할함으로써 이론적 문제를 생성해내려는 경향"이다(AT 12). 이런 경향은 두 종류의 특권화된 오류로 구별되고 한정된다. 하나는 "저자의 의도와 텍스트의 의미"의 구별이다(AT 12). 또 하나는 보다 큰 "인식론적" 병리학이다. 이 오류는 "지식"을 "신념"으로부터 구별함으로써 우리가 어떻게든 "우리의 신념 바깥으로 빠져나올" 수 있다는 생각을 생성하게 되며(AT 27), 이로 인하여 "이론"은 이제 "사람들이 외부에서 실천을 통제하기 위해 실천 바깥으로 빠져나오려 시도하는 모든 방법들을 지칭하는 이름"이 되었다(AT 30). 이 두 쟁점으로 다시 돌아오겠지만, 일단 하나의 다른 약호 혹은 용어를 통해 이 둘을 한편으로는 주체의 문제로 다른 한편으로는 이데올로기의 문제로 분리한 연후에, 다시 통합적으로 생각해보자고 제안하고 싶다. 마이클스와 냅의 주장이 자신들의 논의 대상에 관한 가장 흥미로운 문제를 무시하고 있다는 섣부른 반론을 하게 된다면, 그 논의는 너무 이르게 중단되어버릴 것이다. 다시 말해서 그들의 말을 사용하자면 "사실상 분리될 수 없는 항목을 분할"하는 것이 왜 그렇게 항구적인 실수나 오류인지, 그리고 왜 그렇게 많은 사람들이 그런 실수를 계속하는지, 혹은 애초에 왜 그런 실수를 하는지 질문한다면 말이다. 아마도 실수와 오류는 개인적인 일이고, 어리석음이나 불분명한 생각의 결과일 것이다. 그런데 이것이 이제는 역사적인 의

문의 일부를 차지하게 되는데, 이 의문에 대한 첫번째 적당한 답변은 『금본위제』전체를 통해 나타나는 마이클스 특유의 반응으로, 그런 생각 자체가 "이상하"거나 "기이하다"는 것이다. 바로 이 때문에 결국 (스탠리 피시Stanley Fish의 말을 빌린다면) 이론을 그만둔다고 하더라도 아무런 (실질적인) 일도 발생하지 않을 것이라는 다소 경악스러운 확신을 진지하게 받아들이는 독자는 거의 없다. 이는 그런 독자들이 문제의 그 결과에 대한 명확한 반대 이미지를 그리지 못하기 때문은 아니다. 오히려 우리가 무엇인가를 **그만두라**는 명령을 받고 있으며, 그 동기를 명확히 파악할 수 없는 이 새로운 금기가 열정적인 에너지와 확신을 통해 세워졌다는 느낌을 강하게 받기 때문이다. 따라서 "이론" 자체에 대한 이 새로운 금기에는 "기이한" 무언가가 존재한다.

이런 주장에 관한 감질나고 수수께끼 같은 침묵들 중 하나는 '이론'의 종말 이후에 철학이 가지게 될 지위와 관련된다. 이 '종말' 자체는 고전적인 의미에서의 '내재성immanence'과 '초월성transcendence' 사이의 긴장의 반복이라는 철학적 용어를 통해 유용하게 다시 설정될 수 있다. 문학비평의 영역에서는 신비평주의자들이 이 문제에 대해 소리 높여 엄청난 염려를 쏟아내면서, 오늘날 우리가 이따금씩 회고적인 시선으로 **형식주의**라 칭하며 무시하곤 하는, 그 유명한 텍스트적 내재성의 우연성을 설파했다. 신비평주의자들이 내재성과 초월성 대신 사용했던 단어는 '내연intrinsic'과 '외연extrinsic'이었다. 그리고 그들이 추방하고자 했던 이론적 초월성의 형식은 외연적인 역사적·전기적 정보뿐만 아니라, 정치적인 의견과 사회학적 일반화 그리고 '프로이트적'인 관심사이기도 했다. 즉 '고전적인' 역사주의와 더불어 마르크스와 프로이트를 추방하고 싶었던 것이다. 사태를 이런 식으로 정리하면, 마르크스주의가 주도하던 1930년대부터 대학가에서 정전 구축 작업이 이루어진 1950년대에 이르기까지, 신비평은 자신이 승승장구하던 전성기 동안 다른 '이론'의 도전을 받은 적이 거의 없음을 깨닫게 된다. 당시만 해도 학계의 분위기는 여전히 이론의 확장으로 인한 오염이 상대적으로 적은 편이었으며, 이론이 맹렬히 퍼져나간 것은 그 이후의 일이었다. 심지어 철학과조차 실존주의가 촉발한 강풍으로 인한 최초의 신선한 자극을 아직 느끼지 못하고 있었다. 오로지 구식 공산주의와 구식 정신분석학만이 거대한 외계의 흉물처럼 농촌 풍경 속에 자리 잡고 있었다. 따라서 (당시에 마찬가지로 구식이었던) 역사 자체도 먼지 쌓인 '학문'의 쓰레기통에 아주 효과적으로 버려져 있었다. 당시에 내재성은 시 쓰기와 읽기를 의미했고, 또한 그 어떤 이론보다 신나는 일로 여겨졌다.

이런 식으로 보면 오늘날 미국에서 비평과 이론은 전적으로 다른 상황에 처해 있음을 깨닫게 된다. 우리가 '저명한' 이론이라고 부를 만한 것이 그 리듬이 강렬해지고 수가 확산되어 전례 없이 문화적·학문적 환경에 스며들면서, '내연'을 강조하는 신비평의 분리주의를 무의미하게 만들었고, 그 결과 그런 분리주의는 단지 또 다른 저명한 이론이 되어버렸다고 치부되었다. 앞서 언급했던 초기의 두 이론을 보자면, 정신분석학에 다수의 학파가 생겨났듯이, 최근 마르크스주의 역시 다양해지면서 이제는 그리 위협적이지 않을뿐더러 명백하게 '외연적'이지도 않다고 여겨지게 되었다. 따라서 폴 드 만이 "이론에 대한 저항resistance to theory"(물론 이는 단지 그가 생각하는 '이론'만을 의미한다)이라고 불렀던 것도 복잡한 2차 형식을 띠게 되리라고 예상할 수 있으며, 그러한 2차적 형식은 명백히 좀더 오래된 형식의 저항과 비교될 수 있을 뿐이었다. 심지어 '역사로의 귀환'이라는 슬로건조차도 (만약 그것이 실제로 신역사주의를 특징짓는 방식이라고 한다면) 오해의 소지가 있다. 특히 '역사'가 그 자체로 오늘날 '이론'과 대립하는 것이 아닌, (아날학파Annales School, 메타역사, 역사심리학, E. P. 톰슨의 역사 등과 같이) 정확히 다양한 역사와 역사기술 '이론들'의 생동하는 다원성 그 자체라면 말이다. 하지만 '다원주의' 자체는 오히려 현재 학계의 상황을 '외연적'으로 설명하는 방식이다.

신역사주의의 경계선을 긋고 그것의 발생에 대한 이야기를 할 경우, 우리가 마주하게 되는 사실상 첫번째 문제는 신역사주의라는 이름 자체와 연관된다. 이 말은 신역사주의가 하나의 '학파'나 '운동'(혹은 '이론'이나 '방법론')으로 존재하고 있음을 전제한다. 잠시 후 설명하겠지만, 그것은 다양한 참여자를 묶어줄 수 있는 어떤 이데올로기적 내용이나 신념이라기보다는 하나의 공유된 글쓰기 관행이다. 아마도 신역사주의라는 꼬리표에 대한 그들의 복잡한 감정에 대한 이런 설명은, 비록 참여자들 사이에서 발생하긴 했지만, 이제는 그것이 외부에서 날아 들어온 일종의 비난처럼 그들에게 되돌아오고 있다. (여전히 운동이라는 말을 느슨하게 사용할 수 있다면) 최근의 지적 운동 중에 (해체주의를 제외하면) 신역사주의만큼 우파와 좌파 모두에게 열정과 반대를 불러온 것은 거의 없다. 만약 포스트모더니즘 시대를 구성적인 차원에서 전통적인 아방가르드와 집단 운동이 불가능해진 시기라고 규정짓는 것에 어떤 가치가 있다면, 고전적인 유형의 집단 운동 같은 것(혹은 운동인 체하거나, 그러한 운동의 시뮬라크럼과 같은 것)을 비난하는 데에는 여러 형태의 르상티망ressentiment*이 작동하고 있다고 볼 수 있다. 이런 기이한 상황 속에서, 즉 아방가르드가 구조적으로 불가능하다는 것이 공인된 이 시점에서, 우리는 적어도 이런 쟁점을 제기하지 않을 수 없다. 무엇이 진정한 아방가르드 운동이었나?

이 질문은 또한 신역사주의자라고 여겨지는 사람들이 느끼는 불편함에 대해 어느 정도 설명해준다. 그들은 자신의 저서들이 어떤 애매한 일반적 관념이나 ~주의-ism의 표본으로 변질되었고, 바로 그 때문에 비난을 받고 있다고 느낀다. 그리고 그들의 생각에는 정당성이 없지 않다. 사실 이어지는 논의에서 우리는 바로 그 점에 대해 죄가 있음을 느끼게 될 것이다. 그리고 때에 따라서는 『금본위제』를 좋은 쪽으로든 나쁜 쪽으로든 신역사주의 방법론에 대한 예증으로 읽고자 한다. 하지만 사르트르가 오래전에 보여주었듯이 여기에는 피할 수 없는 딜레마가 있다. 독자적인 개인으로서 내가 지닌 **특수한** 상황이라는 핵심적 요소는 언제나 타인들에게는 내가 처해 있는 **일반적** 범주로 여겨진다. 따라서 나는 수치심이나 자부심 내지는 회피 행동같이 내가 좋아하는 방식대로 그 일반적 범주와 타협해야 한다(사르트르는 이를 **취한다**assume라고 표현한다). 그렇다고 내가 특별한 사람이라는 이유로 그 일반적 범주를 제거할 수 있으리라 기대할 수도 없기 때문이다. 이는 다른 '차별'의 대상들에도 통용되는 것으로, 신역사주의자들 역시도 이를 피해갈 수는 없다. 아마 사르트르라면 신역사주의자란 타인에 의해 신역사주의자라고 여겨지는 사람이라고 말했을 것이다. 용어를 달리하여 표현한다면 이것은 사실상 개인적 내재성이 여기에서

---

* '르상티망'은 '분함' 혹은 '분개'를 뜻하는 프랑스어로, 니체가 『도덕의 계보학』에서 사용한 이후 널리 퍼졌다. 철학과 심리학에서는 자아에게 좌절감을 안겨주는 원인에 대한 적대감을 의미하는 말로 사용한다. 제임슨은 『정치적 무의식』에서 이를 19세기의 중요한 이데올로기소 중 하나로 이야기한다.

특정한 초월성과 긴장 관계에 있다는 의미이며, 이 초월성은 외관상 외부적이며 집단적인 이름표와 정체성이라는 형식을 띤다. 그러나 이에 대한 이론적 형식의 '부정'은, 무엇보다도 초월적 차원이 경험적 소여가 아니며 진정한 존재론적 혹은 개념적 지위도 갖지 않기 때문에, 그런 〔초월적〕 차원은 존재하지 않는다고 주장하는 것이다. 즉 누구도 그러한 집단을 본 적도 직접 경험한 적도 없는 반면에, 그들에게 붙여진 ~주의란 고작해야 너무나 낡은 전형이나 아주 불분명한 일반화의 사고와 관련된 것처럼 보인다는 것이다. 이런 식으로 초월성을 부정하는 가장 극적인 예로는 다음과 같은 것이 있다. 즉 사회계급은 존재하지 않는다거나, 혹은 문학사에서 '모더니즘' 같은 개념은 개별 텍스트에 대한 매우 상이하고 질적으로 차별적인 독서 경험을 표현하는 조악한 대체물에 지나지 않는다는 (그리고 개별 텍스트가 어떻게 '모더니즘적'인지 확인하는 어떤 지점도 더 이상 존재하지 않는다는) 것이다. 그런 의미에서 (아도르노가 모더니즘 예술의 경향에 대해 내린 진단을 확장한다면) 현대의 사상과 문화는 심각하게 **유명론적**nominalist이며, 포스트모더니즘은 그 이전의 어떤 것보다도 더욱 철저하게 그러하다. 그러나 시대정신이 어떤 식으로건 통제한다고 하더라도 내재성과 초월성 사이의 모순은 예전처럼 그대로 남아 있으며, 오히려 너무나 편재해 있어서 이제는 보이지도 않는 후기자본주의의 엄청난 체계화와 획일화의 힘에 의해 더욱 강화되었다. 그 결과 자본이 아직 완성되지 않아서 간헐적이었던 자본주의 초기 단계에 비하여, 후기자본주의의 초월적 작용은 초월성 자체에 대한 학문적 문제를 가시적이고 극적으로 제기하지 않게 된 듯하다.

따라서 『금본위제』를 신역사주의의 특징적 표본으로 읽는 것, 즉 신역사주의 '운동'을 이해하는 데 유용한 어떤 전형을 발전시키거나 추상화하라고 요구하는 작업으로 읽는 것은, 적절치 않으면서도 동시에 피할 수 없는 일이기도 하다. 내 생각에 이런 작업은 오직 스토리텔링(과거에 이러했고, 지금은 **이러**하다)을 통해서만 수행될 수 있다. 그리고 나는 이 이야기를 '텍스트' 개념의 도입에 의해서 야기된 변화를 통해 서술해보고자 한다. 그런 변화가 처음 발생한 것은 문학 분야가 아니었다. 하지만 이후에 그 변화들은 '바깥'으로부터 문학에 재도입되었는데, 그것은 텍스트성 개념에 의해 수정된 바깥이었다. 이제 텍스트성은 다른 학문 분과의 연구 대상을 재구성하고, 골칫거리인 '객관성' 개념을 유예시키는 새로운 방식으로 그 연구 대상을 취급하는 것을 가능하게 만드는 것으로 보인다. 이로써 정치권력은 우리가 읽을 수 있는 하나의 '텍스트'가 되었다. 일상생활도 산책이나 쇼핑을 통해 활성화되고 해독되어야 하는 텍스트가 되었다. 소비 상품도 (스타 시스템이나 할리우드 영화의 장르 시스템 등과 같이) 상상 가능한 여러 다른 '체계들'과 마찬가지로 하나의 텍스트 체계로서 탈신비화되었다. 도시와 도심처럼 전쟁 역시 독해 가능한 텍스트가 되었다. 결국에는 몸 자체가 심층의 충동과 감각기관 들과 더불어 고통과 증상 들이 쓰였다 지워지길 반복하는 양피지 같다는 게 밝혀져, 여타의 텍스트처럼 완전히 **읽힐** 수 있게 되었다. 학문의 기본적인 대상에 대한 이런 재구성은 환영받았으며, 제약을 가하는 모든 잘못된 문제로부터 우리를 해방시켰음을 누구도 의심할 수 없다. 반면에 그러한 재구성 자체가 새로운 잘못된 문제들을 발생시키리라는 것 역시 누구든 예견할 수 있었다. 여기에서 우리에게 흥미로운 것은 텍스트성 개념이 설명적 글쓰기expository writing(혹은 이를 포함하는 고전적 용어이면서도 단순한

'재현representation'보다 좀더 근본적인 것을 의미하는 개진開陳)에 대해 제기하기 시작한 형식적 딜레마들이다.

이 딜레마들은 동종의 학문 분과 내에서는 표면화되지 않는다. 예컨대 유사한 학문 분과 내에서는 권력이 다른 종류의 자료들의 개입 없이도 텍스트로 읽힌다. 그러나 몇몇 유형의 자료와 대상 들이 병치되는 경우, 재현의 문제가 발생하고 이는 (때에 따라서는 '방법론'으로 볼 수 있는) '이론'을 통해서만 해결될 수 있다. 따라서 레비-스트로스처럼 광범위한 관심을 가지고 있는 경우에는, 여러 이질적인 연구 대상들이 저마다 혼란스러운 주장들을 내세우게 된다. 우선 친족 체계가 있고, 또한 2원적 혹은 3원적 체계라는 좁은 의미의 '사회구조'도 있으며, 마지막으로 문화 자체도 있다. 그 문화가 특정 부족 사회의 시각적 '양식'의 형식이건 아니면 구전 이야기의 형식이건 간에 말이다. 가족, 계급, 일상생활, 시각적인 것, 내러티브 등 저마다의 '텍스트들'은 특수한 문제들을 제시하지만, 우리가 그것들을 병렬적으로 읽으면서 상대적으로 통합된 단일한 담론으로 엮어내려 시도한다면, 그것들은 질적으로 고양된 한 가지 유형의 문제들로 통합된다. 포스트모던 시대의 사회사상을 예견하고 있었던 레비-스트로스는 대문자 사회Society와 같은 허구적인 총체적 실체를 설정하지 않으려 했다. 그러한 총체적 실체하에서는 앞에서 열거했던 유형의 보다 지엽적이고 이질적인 요소들이 유기적이고 위계적인 방식으로 정렬될 수밖에 없기 때문이다. 하지만 그렇게 할 수 있었던 것은 그가 다른 종류의 허구적인 (혹은 초월적인) 실체를 창안해냈기 때문인데, 이를 통해 그는 친족 관계, 마을 구성, 시각 형식 등 여러 독립적인 '텍스트들'을 어느 정도 '동일한' 것으로 읽어낼 수 있었다. 그 허구적인 실체가 바로 **상동**

성homology의 방법이다. 다양한 지엽적이고 구체적인 '텍스트들'이 서로 뚜렷이 구별된다 할지라도, 우리가 그런 모든 텍스트에 작동하고 있는 추상적 **구조**로부터 분리될 수만 있다면, 각각의 구체적인 내적 역동성에 따라 각각의 텍스트들을 상동적인 것으로 읽어낼 수 있게 된다. 원리적으로 보면 구조 '이론'은 상동성을 방법론으로 사용하는 것을 정당화하면서, 존재론적으로 선행하는 개념의 설정을 피할 수 있도록 해준다. 그렇다면 친족 구조는 최소한 원칙적으로는 마을의 공간적 구성보다 더 근본적이거나 인과적으로 우선하는 것일 수 없다(비록 여기에는 사실상 [일종의 개념적] 미끄러짐이 나타날 수밖에 없고, 레비-스트로스 또한 종종 그러한 우선성과 '심층적' 차원을 암시하고 있는 듯 보이기는 하지만 말이다). 그러나 다양한 하위 체계들 간의 무관계성이나 비위계성을 확보하기 위해서는 외부 범주가 요구되는데, 이는 바로 '구조' 그 자체이다. 내 생각에 '구조주의'의 영향력(그리고 그것이 열어놓은 새로운 분석 방법의 엄청난 풍요로움)은 구조 개념이라는 기능적 핑곗거리를 만든 것보다는, 상동적인 것을 만들어낼 수 있는 가능성을 부여했다는 데에 있다. 사실 구조는 구조주의의 철학적 전제였으며 또한 기능적 허구(혹은 이데올로기)였다. 동시에 반드시 언급해두어야 할 점은 너무도 빨리 상동성 개념이 골칫거리라는 것이 증명되었으며, '토대와 상부구조'만큼이나 조악하고 저급한 발상이었음이 금방 들통났다는 것이다. 즉 상동성은 지나치게 애매한 종류의 일반적 공식을 위한 핑계였으며, 전적으로 다른 규모와 속성들을 지닌 실체들 사이에 '동일성'을 주장하는 것은 어떤 깨달음도 주지 못했다. 사실 약간의 수정(이것의 함의에 대해서는 이후에 논의할 것이다)과 더불어 마이클스가 행한 '이론'에 대한 비판은 바로 이 특정 이론에 대한 고발이라 할 수도 있다. 즉 (친족 현상이나 마을의 배치 같은) 구체적인 실체 혹은 '텍스트'로부터 일종의 '의도intention' 혹은 근원적인 **구조**를 추상화하거나 추출해내어, 구체적인 텍스트가 그렇게 독립적으로 만들어낸 의도의 표현이나 실현체인 양 보이게 만들었다는 것이다.

하지만 이 문제는 분명 텍스트 개념 이전의 학문 관행으로 퇴행한다고 해서 해결되지는 않는다. 다시 말해서 그 모든 이질적인 자료 혹은 '텍스트들'을 구별하고 각각에 대한 전문적인 논의를 수행하는 방식으로 돌아가서는 해결되지 않는다. 상동성 개념의 사용을 용인했던 '구조주의적 계기' 혹은 구조주의 '이론'의 특징을 지닌 담론의 발전은 연구 대상뿐만 아니라 다양한 종류의 자료 사이에 새로운 관계를 광범위하게 설정할 수 있는 가능성을 확장시켰다. 이것은 '이론적' 요소에 대한 우리의 입장이 무엇이든 간에, 이제 와서 포기할 수 있는 것이 아니다. 다시 말해서 마이클스와 냅의 선언문이 가지는 모호성은 이론 **이전**의 단계로 회귀하라는 촉구로 해석될 가능성이 있지만, 반면에 신역사주의적 실천을 통해 전적으로 **포스트**-이론적인 일단의 작업을 열어줄 수도 있다. 하지만 그러한 작업은 지속적으로 다양한 이질적인 자료를 담론적으로 통합하면서도, 동시에 한때 그러한 확장을 정당화해주었던 이론적 요소를 조용히 포기함으로써, 애초에 상동성의 진정한 목표이자 명분이었던 초월적 해석을 누락시켜버렸다.

따라서 우리는 신역사주의를 내재성으로의 회귀이자, '상동성' 과정의 연장이라 말할 수 있는데, 여기에서의 '상동성'은 상동성 이론을 회피하고 '구조' 개념을 포기해버린다. 이는 또한 하나의 미학(혹은 글쓰기 관행이나 개진開陳의 양식)이기도 한데, 이 미학이 성립되기 위해서는 이론적인 논의를 하고 자료로부터 해석적 거리를 유지하는 일,

즉 잠정적인 대차대조표를 만들고 그때까지 논의해왔던 '요점'을 정리하는 일을 금지하거나 금기시하는 것을 통괄할 수 있는 형식적 규칙이 나타나야 한다. 이런 〔미학의〕 우아함은 다양한 구체적 분석이나 이행 혹은 조절 사이에 창의적인 연결 통로를 만들어 이론적이거나 해석적인 문제 제기를 사전에 차단하는 것에 있다. 내재성이란 거리를 억압하는 것이며, 이것이 유지되기 위해서는 이런 결정적인 이행의 순간 동안 〔독자들의〕 마음을 디테일과 즉각성 속에 사로잡아둘 수 있어야만 한다. 이러한 작업을 훌륭하게 수행해낸 논문에서는 숨 쉴 틈이 없다는 느낌과 탁월한 글쓰기 능력에 대한 감탄이 절로 나오지만, 그 글의 결론에 도달하게 되면 손안에 아무것도 건지지 못한 듯해 어리둥절하게 된다. 즉 이후에 지속적으로 생각할 수 있는 어떤 개념이나 해석도 남지 않는다.

이런 관점에서는 신역사주의의 출발을 알렸던 스티븐 그린블랫 Stephen Greenblatt의 책 『르네상스 시대의 자아 창안Renaissance Self-Fashioning』은 돌이켜 보건대 (케플러Johannes Kepler나 갈릴레오Galileo Galilei의 플라톤주의처럼) 잘못된 문제를 해결하려는 과정 속에서 성공적인 우연을 통해 획득된 고전적이고 전범적인 과학적 발견처럼 보인다. 제목이 보여주듯이 이 책의 출발점 혹은 틀은 "자아"와 "정체성"이라는 다소 고답적인 개념으로, 이는 구체적으로 보면 본격 모더니즘의 이데올로기이자 가치이다. 그리고 이런 출발점 혹은 틀은 철저하게 자아와 정체성 개념을 해체하고 의심하는 것으로 끝날 수밖에 없음에도 불구하고, 절대 이런 결과를 이론화하지도 그것의 함의를 이론적인 방식으로 이끌어내지도 않는다. 여기에서는 해석적 정교함, 강력한 지성과 이론적 에너지가 고전적인 유형의 자의식이나 자기반성에 대한 배제와 주목할 만한 조합을 이루는데, 바로 이것이 모든 성공적인 신역사주의의 결과물을 규정짓는 특징이다. 물론 이데올로기적인 틀의 해체를 결정했던 것은 그린블랫의 특수한 연구 대상과 그 자체의 내적 논리였다. 즉 자아가 자신의 모습을 굉장히 효과적으로 변형시킬 수 있었기 때문에, 궁극적으로 자아라는 바로 그 개념을 문제시할 수 있었던 것이다. 하지만 그 책의 전반적인 주제는 영향력 있는 특징이 거의 없었던 것 같다. 오히려 그것은 명시적인 탐구 대상이었던 자아라는 주제를 통해 신학과 제국주의 사이에 존재했던 한 가지 축을 발견했다고 할 수 있다. 왜냐하면 바로 이 축 위에 고해성사 제도나 틴들William Tyndale의 영어 번역본 성경부터 아일랜드나 바하마 제도에서 벌어진 무시무시한 잔학 행위들에 대한 설명에 이르는 다양한 기록물이 각인되기 때문이다. 처음부터 '자아'로 확정되고 정신분석학의 분석적 정교함을 통해 파악된 연관 주제가 무시되지는 않지만, 그것은 재창안되고 사실상 약호전환된다. "내가 아는 한 나의 텍스트와 기록물에는 순수하고 해방된 주체성의 계기는 존재하지 않는다. 사실 인간 주체는 그 자체로 놀라울 정도로 자유롭지 못한 존재로 보이기 시작했다. 즉 인간 주체는 특정 사회의 권력관계에 의한 이데올로기적 산물이다."[3] 이런 주제적 라이트모티프leitmotif는 새롭지만 과거로 소급해가는 것으로, 결국에는 대문자 권력Power 자체로서의 상동성 혹은 구조에 **이름**을 부여하는 것이다. 이는 내가 보기에 '장치의 동기화motivation of the device'와 같다. 즉 다양한 자료를 콜라주하거나 몽타주하는 행위를 합리화하기 위해 사후적으로 소환된 것이다. 여기에서 '권력'은 해석적 개념도 아니고, 텍스트가 작동하게 하거나 텍스트가 생산해내고자 하는 '초월적'이고 이론적인 대상도 아니다. 권력은 그저 자신의 내재성을 확보하고, 독자가 죄의식이나 불편함을 느끼지 않은 채 디테일에만 머무르면서 곱씹을 수 있도록 보장해주는 것이다.

최소한 이것은 『르네상스 시대의 자아 창안』을 신역사주의의 〔글쓰기〕 과정의 전범으로 읽을 경우 발생하는 일이다. 그 책을 (〔르네상스가 아닌〕 빅토리아 시대나 우리가 지금 이야기하고자 하는 미국 자연주의 시기같이) 다른 영역에도 적용할 수 있는 '방법론'(혹은 담론)에 대한 설명서로서 읽는다면 말이다. 덧붙여야 할 것은 그 책이 구조적으로 모호하다는 점이다. 그 책을 르네상스 연구에 대한 기여로서 읽는다면, 내가 앞서 말한 것과는 전혀 다른 일이 발생한다. 즉 그것은 역사적 주장이자 역사적 내러티브에 대한 잠정적인 스케치가 된다. 그 내러티브는 이러하다. 틴들과 모어Thomas More의 시기에 주체성 혹은 내면성이 출현한 것으로 보이고(하지만 이것은 단지 출현만을 의미할 뿐이며, 또한 〔종교와 제국주의라는〕 두 제도의 안정성 사이에서 흔들리게 된다), 이것이 와이엇Thomas Wyatt의 시대에 이르러 세속화된 이후, 엘리자베스 시대에는 말로Christopher Marlowe와 셰익스피어의 등장과 더불어 새로운 종류의 비주체의 허구성과 연극의 구경거리 속으로 휩쓸려 들어가게 된다. 여기에서도 주체라는 범주가 소환되지만 이내 '해체'되고 만다. 그러나 역사적 해석의 초월적 토대는 남아서, 전혀 다른 식으로 이용되거나 논쟁의 대상이 될 수 있다. 신역사주의는 이를 끝내 유기해버리는데, 이는 역사의 단위를 상대적으로 작게 분절시키는 데서 예견되어 있었다. 그리고 이런 역사의 분절화로 인하여, 이것이 보다 더 큰 경향과 일치하는지 아니면 단지 지엽적인 작은 단위의 변화만을 의미하는지를 결정하는 일이 어려워졌다.

신역사주의의 내재성에 대해 사유할 수 있는 또 다른 방식이 존재하는데, 우리는 이를 승인하는 동시에 기각할 필요가 있다. 그것은 신역사주의가 단순히 역사가들이 이론적 일반화에 대해 갖는 불편함을 반영한다는 것이다(일반적으로 역사가들은 사회학적 혹은 원原사회학적 유형의 일반화에 대해 불편해하는데, 이는 대부분 여기에서 문제가 되는 역사와 사회학 사이의 구성적 긴장 관계 때문이다). 아날학파의 역사학자들이나 긴츠부르그Carlo Ginzburg의 방법론 혹은 심지어 E. P. 톰슨의 알튀세르에 대한 공격에 내재된 충동은 '이론화'에 대한 상당히 이론적인 거부감을 보여주는데, 바로 이러한 것들이 신역사주의와 가족 유사성을 갖는다. 이와 연관되어 다른 학문 분과에서 나타나고 있는 경향이 있는데, '서사' 인류학이 그것이다. 그린블랫은 자신의 첫 저서에서 (기어츠Clifford Geertz, 터너Victor Turner 등) 이 분야의 선도적 학자들의 작업을 명시적으로 소환하기도 한다. 하지만 그는 당시에 조지 마커스George Marcus와 제임스 클리퍼드James Clifford가 이런 경향을 성문화했다는 사실을 알지 못했는데, 사실 이들은 신역사주의와 훨씬 더 밀접하게 연관되어 있을 뿐만 아니라 신역사주의의 발흥에 대한 생산적 반작용으로 볼 수도 있었다. 하지만 역사가들에 관한 한, 그 유사성은 중층결정의 측면에서 논의되는 것이 바람직하다. 즉 역사학자들과 신역사주의의 이데올로기적 친족성은 새로운 학문 운동으로서 신역사주의의 수용과 평가 그리고 그 위상에 부가적인 울림을 더했다고 할 수 있다. 하지만 그렇다고 해서 그것이 문학비평과 이론이라는 맥락에서 이 새로운 역사적 현상의 의미와 기능을 해명해줄 수 있는 정도로 나아가진 않는다.

따라서 우리는 신역사주의 담론을 에이젠슈테인의 유명한 구절을

빌려 "역사적 어트랙션의 몽타주montage of historical attraction"라 정식
화하고자 한다. 여기에는 극단적인 이론적 에너지가 포획되고 이용되
지만, 이 에너지는 내재성과 유명론의 가치가 증식되면서 이내 억압
된다. 이 부분이 바로 '물자체'로의 회귀 혹은 '이론에 대한 저항'으로
보일 수 있다. 이러한 정교한 몽타주는 짧은 형식 속에서 보다 생생하
게 작동하는데, 서로 다른 두 편의 논문에서 그것의 놀라운 효과를 경
험할 수 있다. 그린블랫 자신이 쓴 「보이지 않는 총알Invisible Bullets」
과 캐서린 갤러거Catherine Gallagher의 「『우리 모두의 친구』에 나타난
생명경제학The Bio-economics of *Our Mutual Friend*」이 바로 그 논문이다.
그린블랫의 논문에서는 경찰 감시와 버지니아 식민지 그리고 금화 위
조가, 르네상스 시대의 문법과 언어 교육 그리고 셰익스피어의 사투
리 흉내 내기와 병치된다. 갤러거의 연구에서는 맬서스Thomas Robert
Malthus, 죽음이라는 주제, 19세기 위생 증진 운동, 그리고 부상하던
생명 혹은 생기生氣 개념이, 가치라는 푯말 아래 디킨스Charles Dickens
의 소설 속에 나타나는 쓰레기와 하수 처리에 대한 재현과 병치된다.
하지만 우리가 이미 논했던 바를 통해서 본다면, 타자와 가치라는 이
두 논문의 표면적인 주제는 그 자체로 '개념'보다는 몽타주를 위한 구
실이 분명하다.

덧붙이자면 에이젠슈테인의 언어를 비유적으로 사용하더라도, 신
역사주의의 〔몽타주〕 형식에 대한 유비는 역사나 인류학 같은 연관 학
문 분과의 영역과는 아주 동떨어져 있는 반면에, 이런 담론 조각들을
몽타주의 미학이나 그 형식 혹은 개진開陳의 측면에서 무대화하는 방
식은 보다 일반적인 역사적 등가물들을 이미 암시하고 있는데, 나는
이 중 두 가지를 언급하고자 한다. 영화에서 새로운 형식의 몽타주는

교육과 연관된다. 즉 몽타주가 생각을 자극하고 관객이 시각적 이미지에 대한 단순한 내재적 관조로부터 벗어나도록 촉구하는 것은 에이젠슈타인이나 브레히트의 고전적인 문제일 뿐만 아니라, 고다르의 영화가 그들의 유산과 필사적이고 훨씬 더 문제적인 방식으로 씨름했던 당장의 현재적 공간이기도 하다. 고다르가 브레히트나 에이젠슈타인만큼이나 이론적인 '관념,' 즉 영화가 전달해야 하는 과업으로서의 소비사회와 마오주의 정치사상에 대한 관념을 가지고 있었다는 것은 분명해 보인다. 고다르에게서는 그 '관념들'의 지위가 (권력, 타자, 가치 같은) 신역사주의의 관념들과 유사하게 미결정 상태에 있는 것처럼 보이지만, 최소한 그러한 미결정 상태는 여기에서 우리가 다뤄야 하는 것이 해당 작가의 개인적인 선택이나 성향이 아닌 보다 일반적인 역사적 상황과 딜레마라고 암시한다. 그런데 이에 대한 개념적 입장 자체 (우리가 담론적 '초월성'이라 불렀던 것)는 내재성 혹은 아도르노가 유명론이라 정의했던 것으로 향하는 보다 일반적인 움직임에 의해 비합법화되고 신뢰를 상실하게 된다. 예를 들어 고다르의 영화에서는 광고 이미지, 인쇄된 슬로건, 뉴스 영화, 철학자와의 인터뷰, 이런저런 허구적 인물들의 게스투스gestus* 등과 같이 많은 의미로 가득 차 있고 훈계적인 장면들이 병치되는데, 이것들은 비록 정확하지는 않더라도 관객에 의해 하나의 메시지 형태로 재조립될 수 있다. 하지만 이제는 이것이 가능할지 더 이상 확실치 않다. 아도르노의 경우 그의 『부정변증법』이 여러 방식으로 내재성과 초월성 사이에 나타나는 이 똑

---

* '게스투스'는 브레히트에 의해 발전된 연기 기법으로, 배우가 특정한 행위를 통해 자신의 사회적 관계나 위치를 노출시키는 방법을 말한다.

같은 역사적 딜레마를 생산적으로 다루어보고자 하는 시도로 해석될 수 있지만(그에게 그런 딜레마는 해결될 수 없는 것이었다), 그럼에도 그가 이 딜레마를 극명하게 마주하게 된 것은 (그로서는) 인정할 수 없었던 기획인 후기 벤야민의 아케이드 프로젝트를 통해서였다. 그 당시에 둘이 주고받은 편지에 따르면, 벤야민이 자신의 역사적인 "성좌constellation" 내지는 몽타주를 대하는 독자에게 그것이 도대체 무엇을 의미하며 어떻게 해석해야 하는지 말하기를 꺼려한다는 사실을 알고 난 후, 아도르노는 자신이 넘고 싶지 않은 선이 있음을 깨닫게 된다. 영미권의 전통 속에서 이 내재성에 대한 불안은 에즈라 파운드의 상형문자 개념과 그의 『칸토스*The Cantos*』에 나타나는 교육학적 딜레마 속에서 그 계보를 찾을 수 있다. 우리는 신역사주의 현상을 보다 광범위한 역사적·형식적 맥락 속에 흥미롭게 재위치시킬 수 있는데, 그 맥락 속에서는 지엽적인 해결책(혹은 회피)이 보다 전범적인 역사적 공명을 얻을 수 있게 된다.

당연히 『금본위제』는 그러한 몽타주 중 하나이며, 여기서 몽타주는 각각의 장들과 책 전체라는 두 층위에서 작동한다. 신역사주의의 형식(혹은 '방법론')에 대한 확장된 설명인 이 책은 우리에게 부가적인 흥밋거리를 제공하는데, 이는 그 책이 그린블랫의 선구적인 저작의 "자아" 같은 전통적이거나 인습적인 '주제들'을 받침대로 쓰지 않고 자신의 무대를 만든다는 점이다(비록 서문에서처럼 '글쓰기'라는 주제로 나아가려는 간헐적인 몸짓이, 독자가 안심하도록 우리가 보다 친숙한 일에 착수하고 있다고 오해하게끔 고안된 듯 보일지라도 말이다).

이 책 전반에 걸쳐 세 가지 구별되는 리듬이 불규칙적으로 흐르는 듯한데, 이 중 어느 하나에 주의를 기울이면 다른 두 가지는 배경으로 물러나게 되어 해석 자체가 달라진다. 이는 다음과 같다. (1) 상동성 자체의 실천, 달리 말하면 "역사적 어트랙션의 몽타주." 여기서 신역사주의 담론의 가장 분명한 형식적 원칙이 드러난다. (2) 자유주의적이거나 급진적인 해석에 저항하는 표층적인 논쟁. 하지만 이는 사실 자신의 논문 「이론에 반대한다」에서 설명된 '입장'을 반복하는 것이다. (3) 원형적 역사protohistoric 내러티브. 이를 통해 자연주의의 쇠퇴와 그것의 다른 무언가로의 임박한 변화를 포함하는 이 특정 시기의 특수성에 관해 단언한다. 이러한 내러티브는 (금본위제 이데올로기, 계약에 대한 논쟁, 기업합동trust의 등장 같은) 경제적 측면에서 가장 명확하게 파악되지만, (리얼리즘, 로망스, 자연주의 같은) 문학 운동이나 장르를 통해서 재구성될 수도 있으며, 심지어 착시trompe-l'oeil 그림과 사진에 대한 주목할 만한 설명 부분(아마 에크리튀르에 대한 논의도 여기 포함될 것이다) 같은 재현의 측면을 통해서도 재구성이 가능하다. 『금본위제』는 이러한 계획되지 않은 다성성polyphony에 지대한 관심을 보이며, 따라서 이는 다른 특징이나 층위 들(특히 두번째의 논쟁적 층위)로 인한 신역사주의의 몇몇 추정적 규범과는 구별된다.

그러나 상동성은 여전히 이 책을 처음 읽을 경우 1차적인 관심을 끌 수밖에 없다. 이는 그 책이 사용하고 있는 원재료의 현란한 이질성에 기인하는데, 여기에는 의약품, 도박, 토지 보유권, 마조히즘, 노예제도, 사진, 계약서, 히스테리 등과 특히 돈 자체가 포함된다. 돈과 그에 연관된 투영물들(신탁법, 미래 시장, 금의 레토릭 등)을 문학비평의 존중할 만한 주제로 정당화하는 것이 마이클스를 대표하는 특성이라 해도 좋을 것이다(그린블랫을 대표하는 특성이 여행 서사와 제국주의에 대한 강조이듯 말이다). 주목할 만한 점은 최근 경제적 모티프에 대한 탐사가 (한때 필수적이었던) 마르크스주의적 함의를 모두 떨쳐냈다는 것이다. 얼마 전까지만 하더라도 문학이나 비평 속에 (과학, 종교, '세계관' 같은) '지적 맥락'을 관습적으로 제공하는 것과 더불어, 짤막하게나마 경제적 배경을 포함시키는 행위는 해당 해석의 역사적 내용과는 무관하게 정치적인 의미와 결과를 가져왔다. 이런 의미에서 '돈'은 '경제'와 더 이상 정확히 맞닿아 있다고 할 수 없다. 예를 들어 장-조제프 구 Jean-Joseph Goux의 『화폐론Numismatiques』까지만 하더라도 여전히 마르크스주의적 사유에 '공헌'을 했다고 할 수 있으나, 마크셸Marc Shell의 돈과 화폐 주조에 대한 선구적 저서는 이미 그보다 상당한 정도로 중성화되었다. 반면 마이클스에게 '돈'은 그저 또 하나의 '텍스트'다. 물론 그것은 마지막 남은 미개척지이자 황야로서 마이클스 정도의 체력을 갖추지 못한 인문학자라면 감히 뛰어들 수 없는 곳이기는 하지만 말이다. 앞으로 보겠지만 역설적이게도 여기서 정치적 이해관계는 북미 (독점)자본주의의 발전이라는 쟁점에 투여되지 않은 채, 보다 최근의 쟁점인 시장과 소비에 집중되어 있다. (그린블랫에게는 제국주의가 여전히 훨씬 더 강력한 정치적 문제로 남아 있지만, 최근에는 마르크스주의와 더불어 푸코적이거나 제3세계적인 혹은 보다 철저하게 반제국주의적인 유형의 대안적 급진주의가 열려 있는 상황이다.)

『금본위제』에서 돈은 물자체로서보다는 뒷받침하는 증거로서 그림 속에 들어온다. 초반부에는 독자가 하나의 층위에서 다른 층위로 이동할 수 있도록 해주는 메커니즘에 대한 진술이 있다(출발점은 샬럿 퍼킨스 길먼Charlotte Perkins Gilman의 『누런 벽지The Yellow Wallpaper』의 주인공에 의한 특이한 낙서 및 표시의 "생산"이다).

이런 관점에서 보면 히스테리 상태의 여성은 노동의 **경제적** 중요성 뿐만 아니라, 노동의 경제적 중요성과 개인적 정체성이라는 **철학적** 문제 사이의 연결 또한 체화한다. '나는 어떻게 나 자신을 생산하는가'라는 경제적 질문과, '나는 어떻게 나 자신으로 남을 수 있는가'라는 치료법적 문제는, '나는 어떻게 나 자신을 알 수 있는가'라는 **인식론적** 질문과 평행을 이룬다. 이 마지막 질문을 보다 구체적으로 말한다면 제임스William James의 표현처럼, 나는 오늘의 "내가 어제의 나와 똑같다"는 것을 어떻게 알 수 있는가? "의식이 현재의 자아가 그것이 품고 있던 과거의 자아들 중 하나와 **똑같다**고 말할 때," 그 "의식"이란 무엇을 의미하는가? (*GS* 7, 강조는 제임슨)

이 발언은 오해를 불러일으킬 만큼 깔끔하고 최종적이다. 하지만 사실 그것은 상동적 혹은 유비적 과정을 촉발시킬 뿐이며, 이 과정은 다양한 다른 영역으로 재빠르게 퍼져나갈 것이다. 또한 여기에서 "자아"로 명명되고 그와 동일시되고 있는 "구조"가 그린블랫이 제시했던 개념과 어떤 공통점이 있는지도 불분명하다. 이런 흄David Hume적인 자아는 애초부터 철학적으로는 불신의 대상으로 폐기되었기 때문이다. 우리는 그 자아를 통해서 바닥을 미리 보게 된다. 그 자아가 어떤 종류의 가짜 안정성을 고안해낸다고 하더라도 그것은 외부로부터, 즉 다른 심급과 자료 들로부터 올 수밖에 없는 것으로, 여기에서 다른 심급과 자료 들이란 결국 앞서 인용문에서는 언급되지 않았던 또 하나의 '층위,' 즉 **재산**의 형식들이라 할 수 있다. 다른 방식으로 말하자면 여기에서 마이클스가 자아의 추상적 문제성에 의해 이끌리고 있다고 말할 수는 없다는 것이다. 누군가는 다음과 같이 그럴듯하게 주장할 수도 있다. 여기에서 자아에 관한 언어는 단순히 원재료에 대한 또 다른 결정적인 텍스트 증거, 즉 윌리엄 제임스의 저서를 지칭할 뿐이라고 말이다. 즉 그의 저서 『심리학의 원리The Principles of Psychology』는 드라이저Theodor Dreiser, 프랭크 노리스, 호손Nathaniel Hawthorne, 워튼Edith Wharton 등의 작품과 마찬가지로 『금본위제』의 근간을 구성한다는 것이다. 그런 경우라면 '자아' 개념은 해결책이나 설명적 틀로부터 탈각하여 텍스트적인 문제의 지위, 즉 여러 증거물의 일부로 떨어지며, 그에 대한 개념적 언어는 더 이상 어떠한 특권도 갖지 못한다.

사실 제임스 본인은 심리학적인 것(혹은 심지어 정신분석학적인 것)으로부터 탈피하여 재산권의 범주로 전환할 수 있는 성찰을 제공했다. 제임스는 과거에 대한 우리의 여러 기억 가운데 개인 정체성이 지속되는 방식을 소에게 우리만의 독특한 "표시"를 낙인찍는 방식과 비교한 적이 있는데, 바로 이 주목할 만한 구절을 통해 우리는 보다 만족스러운 공식에 도달하게 된다. 즉 생산의 언어가 법률적 권리의 언어로 대체되는 것이다.

제임스가 생각하기에 우리의 실수는, 우리가 〔현재의〕 생각을 과거의 생각에 대한 소유권을 **정립**하는 것으로 상상해왔다는 것이다. 그 대신 우리는 현재의 생각이 과거의 기억을 **이미** 소유하고 있다고 생각해야 한다. 그 소유권자는 "자신의 '지위'를 상속받았다." 그의 "태생"은 언제나 "다른 소유권자의 죽음"과 동시에 발생한다. 그리고 사실 소유권자의 존재는 소유 대상의 존재와 동시에 발생해야 한다. "따라서 각각의 생각은 소유권자로 태어나서 소유 대상으로 죽는데, 이 과정을 통해 그것은 대문자 자아Self로서 이룩했던 모든 것을 다음 소유주에게 전달한다"(*GS* 9).

생산의 유비를 재산권의 유비로 대체하는 이러한 재정식화와 함께,
이후 장들에서 펼쳐지는 연관 작업들로 향하는 왕도가 열린다. 이제
우리는 호손의 작품에서의 로망스와 사진의 문제로 즉시 나아갈 수 있
다. 그렇다면 "로망스"는 부동산 시장 가치의 등락에 저항하여 "반론
의 여지가 없는 지위와 양도할 수 없는 권리"(*GS* 95)라는 안정성 및 안
전을 제공하는 반면에, (『일곱 박공의 집*The House of Seven Gables*』 속 홀
그레이브Holgrave의 직업인) 사진 작업은 모든 기대와는 반대로 "모방
에 적대적인 예술적 과업"(*GS* 96)이 된다. 만약 미메시스가 리얼리즘
과 연관된다면(따라서 시장의 위협적인 역동성과 연관된다면), 최초의
사진 혹은 은판사진의 낯섦과 "하이퍼리얼리티"는 다른 어떤 것으로,
즉 "어떤 화가도 감히 다가가지 못했던 진리를 알고 있는 비밀스러운
인물을 실질적으로 끌어내는" 해석학적 행위로 기록된다(『일곱 박공
의 집』 91, *GS* 99에서 재인용).

  (리얼리즘이 아닌 로망스, 당시 발흥하던 근대 회화의 위대한 전통이
아닌 사진 같은) 일탈적이거나 주변적인 '예술' 형식과의 이 특이한
상동성은, 우리가 노리스 혹은 피토John F. Peto와 하넷William Harnett
의 착시 그림과 더불어 '자연주의'라는 다른 일탈적인 현상과 마주할
때 다시 등장한다. 여기에서 그러한 사소한 매체가 예술과 문학의 역
사라는 단선적인 거대서사의 궁극적 목적telos을 무효화할 수는 없지
만, 말하자면 이것들은 들뢰즈가 자신의 영화 위상학에서 슈트로하임
Erich von Stroheim과 부뉴엘Luis Buñuel의 본능적 자연주의와 물신주의
를 위치시켰던 곳과 유사한 그 주변부에 위치하고 있다. 『일곱 박공

의 집』이 제시한 불가능한 해결책, 즉 시장 너머의 항구적 지위와 "전유appropriation에 대한 면역"은 이제 재산과 자아 사이의 다른 종류의 개념적 관계를 상상할 수 있는 가능성을 향해 보다 직접적으로 안내한다(호손에 대한 이런 독해가 제기하는 **정치적** 질문, 즉 이 로망스적 비전을 시장에 대한 비판이나 유토피아적 초월로 볼 수 없는가에 대해서는 나중에 다룰 것이다). 하지만 노예제도를 이론화하려는 시도와 "마조히즘"적인 실천을 위한 자허-마조흐Leopold von Sacher-Masoch의 "기괴한" 계약상의 배열 속에서 극단적인 개념적 가능성이 부여된다. 이 문제에 대한 마이클스의 뛰어난 논의는 건너뛰고, 그 대신 우리는 노예제 논란이 이 책을 미국 역사의 주류 속에 안착시키고 있음을 눈여겨봐야 한다. 반면에 명백하게 일탈적인 시도라 할 수 있는 동유럽 작품에 대한 언급은 사실상『금본위제』라는 책 전체를 위한 근원적인 시험대를 마련한다. 즉 노리스의 소설 특히『맥티그McTeague』(의 트리나Trina라는 인물)에서 나타나는 수전노적 성격과 마조히즘이라는 이중적 현상의 결합이 그것이다. 이제 금은 (한편으로는 노예제도의 법률적 '이론'에 대한 판타지적이고 상상적인 해결책에 맞선 대립항으로서, 다른 한편으로는 마조히즘이라는 '교회법'에 맞선 대립항으로서) 마침내 자연주의 텍스트의 '리얼리티' 속에서 호기롭게 등장한다. 그러나 땅과 재산을 가로지르는 그 기나긴 여담은 가치와 자아라는 이 새로운 조합에 법률과 계약 이론이라는 보완적 '층위'를 제공하는데, 앞으로 보겠지만 이 층위는 얼마 지나지 않아 이런 속박을 풀고 자율성을 획득하게 된다.

『맥티그』에 대한 마이클스의 독창적인 해석은 (샬럿 퍼킨스 길먼에 대한 해석과 마찬가지로) 반드시 모든 독자를 설득시킬 수는 없는 "해결책"을 통해 이 소설의 "문제를 생산해낸다"는 장점이 있다. "그렇다면 모순점은 트리나가 맥티그의 소유물이지만 그녀의 돈은 그렇지 않다는 것이다. 〔……〕 소유하고 싶으면서도 소유당하고 싶은 동시적 욕망이 『맥티그』에서 노리스가 정교하게 설계한 정서적 역설을 구성한다"(*GS* 123). 만일 이런 식의 해석이 마음에 들지 않더라도, 우리가 책을 더 읽어나가면 결국에는 돈과 본능적 폭력이라는 '주제'가 서로 분리되는 것이 해결되어야 할 문제로 우리 앞에 나타난다. 이 특수한 해결책을 통해 마이클스는 『맥티그』라는 텍스트에서의 수전노적인 성격과 노리스의 또 다른 텍스트(『밴도버와 짐승*Vandover and the Brute*』)에 등장하는 낭비가의 열정을 연결할 수 있게 된다. 그리고 짐멜Georg Simmel을 통해 이 둘은 모두 시장 체계 자체로부터 탈출하고 돈을 철폐하려는 "비극적" 시도로 밝혀진다.

낭비가의 관점에서 보자면, 수전노가 돈을 쓰길 거부하는 것은 화폐경제로부터 후퇴하고자 하는 실패한 시도를 표상하는 것처럼 보이는데, 화폐경제에서 구매력으로서의 돈의 힘은 결코 부정될 수 없기 때문에 그것은 실패할 수밖에 없다. 돈은 언제나 최소한 돈 자체를 구매할 수 있다. 수전노보다 한 발짝 더 나아가는 낭비가는 화폐경제로부터 벗어나는 길을 돈으로 사려 한다. 수전노는 언제나 돈을 돈과 교환하려 한다면, 낭비가는 돈을 무無와 교환하고, 돈의 구매력의 실종을 무대화함으로써 돈 자체의 실종을 무대화한다(*GS* 144).

여기에서 "시장" 개념이 재등장함에 따라 우리는 한 가지 논쟁에 대해서 신경 쓰지 않을 수 없는데, 이는 바로 이 인용문의 정치적 기능이다. 이후 적당한 시기에 이 문제로 다시 돌아올 것이다. 이 분석을 통해 마이클스는 또한 본능, 격세유전, 원시적 리비도, 강박(즉 졸라나 노리스의 인물들을 사로잡아 뒤흔드는 자연의 힘 같은 거대한 비인간적 강렬함)의 측면에서의 자연주의에 대한 모든 전통적인 독해(여기에는 자연주의자들 스스로의 독해도 포함된다)를 (아마도 너무 이르게) 삭제해버릴 수 있게 된다. 무의식이나 본능처럼 보였던 것이 (다시 윌리엄 제임스를 통해서) 여기에서는 (비록 헛되고 모순적이지만) 의도적인 것으로서 탈약호화된다.

이런 독해로 마이클스는 마침내 자신의 책 제목이 약속하고 있는 중심적인 논증을 제자리에 안착시킬 수 있었다. 즉 "금본위제" 자체를, 혹은 금의 **자연적** 가치에 대한 열정적이고 심지어 강박적인 믿음을, 시장으로부터 탈출하고자 하는 열망이라는 판타지를 펼칠 수 있는 궁극의 형식으로서 분석하는 일이 가능해진 것이다. 하지만 마이클스가 우리를 안내하고 있는 엄청난 양의 시대적 기록물의 직접성에서 한 발짝 물러나서 보면, 마이클스의 지엽적 진단과 이제는 포스트구조주의의 특징처럼 여겨지는 자연과 '진정성'의 이데올로기에 대한 거부 사이의 가족 유사성을 간파하는 것은 그리 어렵지 않다. (『신화론』에서) "자연성naturality"과 자연스러움을 만들어내는 신화의 전략을 폭로했던 바르트 초기의 브레히트적인 시도를 이 특정한 십자군 운동의 원천이라고 섣불리 판단해서는 안 된다(오히려 데리다와 드 만의 루소Jean-Jacques Rousseau에 대한 작업이 조금 더 직접적으로 연관된다). 이 십자군 운동의 완전한 예행 연습은 딘 맥커넬Dean MacCannell의 『여행자 The Tourist』에서, 그리고 완전한 이데올로기적 프로그램은 보드리야르에게서 찾아볼 수 있는데, 특히 보드리야르의 "욕구need"와 "사용가치use value"개념에 대한 비판이 그러하다. 한편 자연과 금과 진정성에 관한 논쟁의 미학적 결과 역시 이 책에서 중심적인데, 이는 **재현** 자체에 대한 (마찬가지로 포스트컨템퍼러리하고 전범적인) 비판을 통해 표현되고 있다. 이 재현에 대한 비판은 회화의 착시 기법을 다루는 몇몇 뛰어난 부분에서 다시 부상하는데, 여기에서 마이클스는 그린버그Clement Greenberg의 모더니즘 개념을 사용하는 동시에 이를 무력화시킨다. "아무것도 재현할 수 없지만 여전히 하나의 그림으로서 존재하고 있는 그림은 '돈 자체'이다. 그리고 재현으로부터의 자유라는 모더니스트(혹은 어쩌면 문자주의자)의 미학은 금본위제 지지자의 미학이다"(*GS* 165). 이런 발언은 동맹을 배은망덕하게 대하는 것이기는 하지만, 또한 최근 모더니즘이 차지하고 있는 문제적 지위를 강조하기도 한다. 모더니즘 이데올로기는 자신이 급진적으로 결별하고자 했던 자연주의적 계기를 부정하고 억압함으로써 헤게모니를 획득했다. 따라서 이 특수한 시기를 문학적으로 다시 옹호하는 일은 의기양양했던 모더니즘의 내러티브에 (혹은 리얼리즘의 시각에도) 들어맞지 않는 것처럼 보이며, 본격 모더니즘의 고전적 지위에 대해 심각하게 혼란스러운 감정들을 수반하게 된다(심지어 이것은 시가 아닌 회화에서 파생된다). 결과적으로 완전한 포스트모더니즘 시기에 접어든 오늘날 자연주의의 부활은 마치 억압된 것의 귀환처럼 보일 수도 있으며, 이것과 (마이클 프리드Michael Fried의 해석 같은) 모더니즘에 대한 포스트모던적 독해와의 관계는 기껏해야 양가적인 것으로 남을 수밖에 없다. 상당히 구태의연하지만 너무나 진짜인 척하여 하이퍼리얼처럼 보이는 착시 그림(이런 작품에 대해서는 보드리야르를 참조하라)은 이제 모더니즘의 외부에 아르키메데스의 기점을 제공하게 되고, 이 기점을 통해 재현에 대한 (모더니즘적) 비판은 비非모더니즘적인 방식으로 무대화된다.

　그러나 마지막으로 진정성에 대한 이전 비판자들의 입장과 마이클스의 입장 사이에는 어떤 강조점의 이동이 존재한다. 그런데 이 이동을 1970년대와 1980년대 사이의 차이라고 섣불리 특징짓기는 망설여진다. 그럼에도 불구하고 마이클스가 여전히 공유하고 있는 이전 입장들의 도덕적·정치적 긴급성이 여기에는 결여되어 있다. 그 논쟁은 명백히 재구성되었으며, 그것의 새로운 쟁점은 이제 보드리야르보다는 리오타르에게서 반향과 유비를 찾을 수 있는 찬양의 어조와 결합된다.

　마이클스 저서의 보다 논증적인 이 층위를 검토하기 전에, 처음 시작할 때 다루었던 자아라는 주제로부터 우리가 얼마나 멀리 왔는지 잠시 평가해보는 것도 유의미할 것 같다. 〔주제의〕 놀랄 만한 급격한 변화 이후 자아라는 주제가 예상치 못하게 다시 등장하게 되겠지만, 지금으로서는 '자아'가 주로 노예제도, 계약, 재현, 화폐 같은 영역들을 열어놓는 데 유용해 보이며, 이를 통해 우리가 심리학의 문제를 건너뛸 수 있다는 장점이 있었다. 하지만 여전히 상동성 과정과 다를 바 없는 미해결 문제 하나가 남아 있다. 즉 이들 층위 중 어느 하나가 설명적 가치로서 우선권이나 특권을 지니고 있진 않은가. 뒤집어서 질문한다면, 우리는 과연 '구조'의 이데올로기 자체로 다시 빨려 들어가지도, 자신의 의지에 반해 우선순위와 위계질서를 세우지도 않고, 상동성을 만들 수 있는 방법을 고안할 수 있을까? 마이클스도 이 문제를 인지하고 있었기에 이따금씩 발작적으로 그것을 반복하지만, 만족스러운 결론을 내놓지는 못한다. "따라서 이런 텍스트들의 사회적 관련성은 화폐 논쟁의 직접적인 재현이 아니라, 화폐 논쟁 자체가 접합되는 조건에 대한 간접적인 재현에 달려 있다"(*GS* 175).

물론 그에 대한 확답은 이 책 제목의 나머지 절반을 차지하고 있는 "자연주의 논리"라는 개념과 함께 주어질 것이다. 하지만 현재로서는 꺼림칙한 느낌이 계속 남을 수밖에 없다. 즉 이 모든 것이 결국에는 '자아'의 문제로 **되돌아가는** 것은 아닌가? 그리고 생산중심주의, 로맨스, 노예제도, 마조히즘, 금본위제, 축적과 낭비 등에 대한 절망적이거나 열정적인 판타지가 결국에는 모두 불가능한 시도이거나, 사유재산으로서의 자아라는 이율배반과 타협하려는 시도는 아닌가? 물론 그 어디에서도 이 꺼림칙함을 인정하지는 않지만, 끝없는 상동성의 사슬 속에 숨어 있는 이론적·해석적 공백은 독자를 우리가 실존적(정신분석학적이진 않더라도) 해결책이라고 부를 만한 것으로 이끌고 간다. 즉 이 해결책은 다른 모든 층위보다 자아의 층위에서의 설명에 존재론적 우선성을 부여하는 것이다. 이것은 (헤겔적인 의미에서의) "내용" 없는 철학, 특히 내용 자체를 배제하려는 철학의 일반적인 운명이다. 여기에서 배제는 라캉적인 "폐제foreclosure"와 비슷한데, 이를 통하여 내용은 (『텔켈』 그룹이나 데리다의 몇몇 글에서처럼) 일종의 보상의 형식이자 일반적으로 정신분석학적인 의미에서의 최종 핵심의 형식으로서 외부로부터 다시 도입되게 마련이다. 즉 '자아'라는 재료는 역사와 사회의 재료라기보다는 형식주의자의 체계를 완성하는 데 더 안성맞춤이라고 증명된 것이다.

지금 내가 설명하고 있는 것은 하나의 체계나 방법론의 형식적 경향인데, 이것은 자신을 완성시키는 동시에 자신의 의지나 사명과는 반대로 스스로를 땅에 묶어둘 수 있는 토대를 제공한다. 이 '토대'가 갖는 경향은 철저하게 토대에 반대하는 세계관 속에서 억압된 것의 귀환이라는 극단적인 형식을 통해 돌아온다는 것이다. 이 같은 '토대'의 경향에 대한 일반적인 설명은 문제시되고 있는 구체적인 토대의 층위에 대한 판단과는 반드시 구별되어야 한다. 이 경우 자아와 사유재산의 동일시는 올바른 독해가 아니고 저자의 의도와도 전혀 부합하지 않는다고 우리가 확신할 수 있음에도 불구하고, 이 책에 대한 대안적 독해를 발작적으로 제안한다. 그리고 이런 해석의 유혹이 마이클스의 텍스트 전반에 걸쳐 주기적으로 나타난다. 자아가 사유재산처럼 구성된다거나 심지어 사유재산 모델에 근거하여 구성된다는 식의 대안적 독해는 근대 사상의 여러 상이한 영역에 걸쳐 공명하고 있는 것으로, 특히 자아나 개인의 정체성이 불안정한 구성물로서 가장 강력하게 경험되는 사유 영역에서 그러하다. 예컨대 아도르노에게 "주체가 정신으로서 역사의 왕좌에 오르는 것은 주체의 소외 불가능성이라는 망상을 동반한"[4]다면, 마이클스의 법률적 함의는 또한 형식적으로 죽음 불안과 연관된다(앞으로 보게 되겠지만, 이런 죽음 불안은 『금본위제』 전반에 나타난다). 한편 라캉에게서는, 특히 그가 라이히Wilhelm Reich의 『성격 분석Character Analysis』에서 차용한 방어기제, 즉 일종의 요새로서의 자아 혹은 성격 개념에서는, 토지 재산에 대한 비유가 거의 중세 시대 영토와 같은 의미를 갖는다. 그럼에도 불구하고 우리가 이들 사이에 학문적 친족 관계를 강하게 느끼지 못한다면, 이는 분명 최소한 마이클스에게는 결여되어 있는 필연적인 다음 단계와 관련이 있을 것이다. 즉 법률적 보호를 받지 못한 채 산다는 것이 무엇을 의미하며, 재산이라는 강력하지만 역사적으로 구성된 법률적 범주가 없다면 주체가 과거에 취했어야만 하는 형식 혹은 미래에 창안해냈을 법한 형식은 무엇인지에 대한 숙고가 부재하는 것이다. 그러나 그보다 더 중요한 것은 마이클스의 정식과 심지어 윌리엄 제임스도 포함하는 이런 다른 철학자들의 정식 사이에는 기조상의 차이가 있는데, 이로 인하여 우리는 마이클스의 정식에 진정한 '관념'이 존재한다고 절대 확신하지 못한다. 즉 마이클스의 사유 혹은 이론의 지위에 대하여 의심하지 않을 수 없는 것이다. 보다 일반적인 철학적 힘이 거세된 사유와 이론은 단지 구체적인 역사적 설명들 사이를 연결해주는 매개 고리를 수립하는 지엽적인 역할로 그 기능이 제한되고 동원될 뿐이다.

따라서 마이클스에게는 심지어 '이론들'조차 치료법적인 차원으로 제한되고, 미리 준비되어, 역사적인 '텍스트' 자료로 되돌아간다(예컨대 "사유재산으로서의 자아"는 더 이상 하나의 개념이 아니라, 윌리엄 제임스에 의해서 문자화된 정식에 불과하게 된다). 이는 그의 논문 「이론에 반대한다」의 기조와 다를 바 없다. 이제 『금본위제』에서 이런 기조가 어떤 논쟁의 형식을 취하는지 살펴보자. 다시 말해서 이 책의 두번째 충동으로 넘어가서, 그것이 (많은 경우 각주를 통하여) 텍스트의 본론에서 상동성을 수립해가는 좀더 중립적인 작업을 통해, 어떻게 적극적이고 원原정치적인 결과를 이끌어내는지 살펴보자. 이런 결과들은 이제 이런저런 서정적 핵심을 독해함에 있어 [저자의] 의도와는 더이상 아무런 관계가 없는 듯하다(우리는 잠시 후에 이 관계를 재정립할 것이다). 구체적인 예로 『시스터 캐리Sister Carrie』를 읽는다면, 이는 상품화와 소비에 대한 평가와 관련된다. 왜냐하면 작가 드라이저는 관행적으로 리얼리스트이자 사회비평가로 여겨지며, 또한 그는 일생 동안 좌파의 대의와 운동에 연결되었기 때문이다. 논쟁의 범위를 좁히면, 이는 에임스Ames라는 인물과 그가 캐리에게 불러일으킨 예술적 야망을, 캐리가 가지고 있던 초기의 '물질적인' 충동과의 급진적 단절로 읽을 수 있는가와 연관된다. 마이클스는 이에 대해 그렇지 않다고 주장한다. 나 역시 그가 옳다고 생각한다. 하지만 그 주장은 교훈적인 차원에서 만들어진 것이다. "따라서 캐리에게 에임스가 표상하는 이상은 불만족의 이상이며 항구적인 욕망의 이상이다"(GS 42). 드라이저의 작품 속에서 우리는 결코 상품 갈망으로부터 헤어나지 못한다. 여기에 '대안적 비전'은 없다. 그 어떤 반대 충동도 감지되지 않는다. 상품 갈망에 오염되지 않은 경험은 남아 있지 않으며, 어느 것도 이 편재하는 요소를 부정하지 못한다. 마이클스는 이 요소를 "시장"과 동일시하는데, 이 역시 옳은 주장이다. 그렇지 않다면 최소한 그 어느 것도 사회적일 수 없다. 왜냐하면 가장 짜릿한 문장들을 통해서, 마이클스는 드라이저에게 시장과 상품 소비의 진정한 타자는 다름 아닌 죽음 그 자체라는 점을 확인하고 있기 때문이다. "『시스터 캐리』에서 만족이란 결코 바람직하지 않다. 그것은 오히려 막 시작된 실패와 퇴락과 궁극적 죽음의 전조이다"(GS 42). (호손에 대한 독해 작업에서도 이와 비슷한 것이 나오는데, 양도할 수 없는 지위, 로맨스, 시장에 대한 면역력이라는 해결책은 아파니시스aphanisis*와도 같다. "앨리스 핀천Alice Pyncheon은 단순히 아무런 욕망도 느끼지 못한다는 이유로 〔……〕 스스로 소유욕에 면역이 생겼다고 상상했다"〔GS 108〕.) 만일 '리얼리즘'에 어떤 의미가 있다면, 그것은 『시스터 캐리』의 허스트우드Hurstwood 부분, 즉 시장과 욕망의 치명적인 대문자 타자에 대한 재현, 다시 말해

---

* '아파니시스'는 '사라짐disappearance'을 의미하는 그리스어로, 1927년 정신분석학자 어니스트 존스Ernest Jones가 "성욕의 사라짐"이라는 뜻으로 처음 사용했다. 그는 이것이 거세 불안보다 더 근본적인 것으로 모든 신경증의 토대라고 주장한다.

서 "오로지 고갈된 욕망과 경제적 실패의 문학"을 의미할 것이다(*GS* 46). '리얼리즘들'은 마치 저 가난하고 늙은 하우얼스Howells처럼 시장으로부터 다른 어떤 (상상계적인) 내적 세계의 공간으로의 목가적 도피를 환기시키며, 따라서 모두 나약하고 감상적인 판타지인 것이다. 비록 『일곱 박공의 집』은 명시적으로 비非리얼리즘을 표방할 뿐만 아니라 형식을 통하여 모순과 정면으로 부딪히기 때문에, 이런 판단으로부터 뚜렷이 제외되지만 말이다.

이제 논쟁은 또 다른 추가적인 방향 전환을 한다. 마이클스에 따르면 드라이저의 작품은 시장에 대해 절대적으로 **내재적**이기 때문에, 드라이저 비평은 오직 기만적인 방식을 통해서만 그의 텍스트를 시장에 대한 **비판**으로 보이게 할 수 있다는 것이다. 따라서 우리는 모든 급진적이거나 마르크스주의적인 문학·문화 비평에서 중심적인 문제가 갑자기 예상치 못하게 다시 등장하는 것을 목도하게 된다. 즉 어떻게 부정성을 실천 속에서 생각해낼 수 있는가? 그리고 특히 어떻게 이데올로기적으로나 재현적으로 '체제'와 공모하는 작품들에 비판적 가치를 부여할 수 있는가? 따라서 마이클스의 글에서 얼핏 보기에 정치적으로 충격적인 내용은 드라이저 개인에 대한 평가가 아니다(작가의 의식적인 이데올로기적 위치에도 불구하고 말이다). 그것은 드라이저 같은 모호한 작가들을 중심으로 한 논쟁의 고전적인 형태에서는 충격적인 점이다. 예컨대 발자크의 경우, 그의 작품에서도 상품 갈망이 중요한 쟁점이지만, (드라이저와는 전혀 다른 양상으로) 지주들에 대한 보수파의 판타지와 공공연한 왕당파의 입장이 동시에 존재한다. 내 생각에 사람들이 마르크스와 엥겔스Friedrich Engels에게 동의하지 않으면서, 발자크가 그들이 생각했던 것보다 훨씬 깊이 타락하여 치유 불가능한 사람이라고 판단하는 것도 가능하다(비록 이 경우 발자크가 한 낱 '자유주의' 작가들보다 더 날카롭게 모순적인 사회의 힘들을 작품 속에 기입할 수 있었다고 생각하는 그들의 입장이 훨씬 더 복잡하고 흥미롭기는 하지만 말이다). 아마도 『금본위제』에서 펼쳐지는 그러한 논의들 가운데 더 충격적인 것은 이러한 〔좌파적〕 문제성 자체의 존재일 것이다. 이 문제성은 형식주의나 미학주의 비평에서는 결코 흥미로울 수 없지만, 마르크스주의자들에게는 중요하지 않을 수 없다. 즉 '반대 진영'에서 마르크스주의자의 영역에 들어와 전선을 형성하고, 문학적·문화적 '전복'이나 부정성 혹은 비판적 가치의 문제를 제기하며 싸움을 걸어오고 있는 형국인데, 이런 상황은 이제 훨씬 더 우려스럽다. 왜냐하면 앞서 언급했던 경제적 자원과 논제 들의 전유는 지금까지 좌파와 연계되던 것이기 때문이다. 물론 문화의 부정적 기능의 비판적이고 특히 변증법적인 모델의 지속 가능성에 대한 의구심은 포스트구조주의 시대에 확산되고 있었다. 하지만 그런 의구심을 표현했던 작가들은 대개 정치적인 성향을 가졌거나 '좌파들hommes de gauche'이었으며, 해체주의 같은 '방법론'은 전통적인 이론보다 더 전복적이고 더 '혁명적'일 것을 약속했다. 그러나 내 생각에 마이클스는 전반적으로 신역사주의보다 앞서 나아가지 않았으며, 자신의 작업에 대해 '혁명적'이거나 전복적인 가치를 주장하지도 않았다.

  사실 '전복'은 마이클스가 다양한 형식으로 거부하고자 했던 입장이나 원칙의 약칭으로 기능할 수 있다. 우리는 어떻게 자연과 자연적인 것과 진정성에 대한 다양한 이데올로기(금에 대한 논쟁부터 석유와 밀로 상징되는 '천연 자원'에 대한 정치적·경제적 입장들까지)가 체계적인 공격 대상이 되어왔는지 익히 목격했다. 이제 그러한 이데올로기의 더 근원적인 악은 시장의 역동성 외부에서 어떤 유토피아적 공간을 확보하려는 시도라는 것이 분명해졌다. (마이클스에게) 시장이란 필연적이고 구성적으로 '순수하지 않은' 공간이자, 결코 완성(이나 '만족')을 모른 채 온갖 잡다한 공간들을 품속으로 끌어들이는 무한한 '대리보충supplementarity'의 공간이다. 비非시장이라는 대안 공간의 허상적인 꿈을 지칭하는 또 다른 이름은 당연히 '생산' 그 자체인데, 이는 그의 책의 서론에서 도발적으로 다루어지는 것이기도 하다. 이 서론은 샬럿 퍼킨스 길먼이 자아–생산을 통해 자율성을 성취하고자 했던 시도가 스스로의 텍스트에 의해 해체된 하나의 판타지임을 보여준다(따라서 길먼의 텍스트는 분명 여전히 스스로를 약화시키거나 '전복'시킬 수 있지만, 이런 과정은 데리다의 해체주의를 바로 연상시키는 내재성 안에서 이루어진다). 하지만 마이클스는 자신의 개념적 적이 마르크스주의나 페미니즘에 한정되지 않음을 명확히 하고 있다. 예를 들어 유럽의 '욕망'의 이데올로기 역시 관심의 대상이 되는데, 이는 리오 버사니Leo Bersani에 대한 비판 속에서 드러난다. 그리고 조금만 수정하면 이 비판은 크리스테바Julia Kristeva나 들뢰즈에게도 마찬가지로 유효하다(리오타르의 『리비도 경제학Economie libidinale』은 다소 애매하다). 욕망의 힘이 후기자본주의의 완고함을 약화시킬 수 있으리라 여겨지기도 하지만, 사실 바로 그 힘이 무엇보다도 소비 체계를 유지하는 힘이라는 것을 보여주는 일은 그리 어렵지 않다. "버사니에게는 욕망이 지닌 '파열적인' 요소가 매력적일 수도 있으나, 드라이저에게 그것은 자본주의 경제를 전복시키는 것이 아닌 그것의 권력을 구성하는 것이다"(GS 48). 이 현란한 〔논리적〕 뒤집기는 아마도 1960년대의 주요한 정치적 입장에 대한 묘비명으로 읽힐 수도 있을 것이다. 왜냐하면 1960년대로 인해 자본주의는 자신이 그때까지 성취하지 못했던 욕구와 욕망을 깨닫게 됨으로써 스스로를 어느 정도 전복시킬 수 있었기 때문이다. 그리고 이런 점에서 마이클스는 분명 1960년대에 대한 일반적인 체계적 반작용의 일부로서 해석될 수 있다.

그런데 이 시점에서 강조해야 할 점은 이런 논증법이 겉보기에는 보다 제한적이었던 「이론에 반대한다」의 입장과 일치한다는 것이다. 기억하겠지만 이 논문에서는 두 가지 층위에 대한 공격이 수행되었는데, 이는 바로 소위 이론의 '존재론'적 층위와 '인식론'적 층위다. 존재론적 층위에서 보자면, 그런 사유의 악덕은 텍스트 자체로부터 저자의 '의도'를 어떻게든 분리하려는 비판적 실천에 있다. 이것의 잘못된 점은 '인식론적' 층위에서의 오류에 대한 보다 철학적인 논의를 통해 명확해지는 것으로, "해석 대상과의 중립적 만남에 대한 우리의 신념 바깥으로 빠져나오려는" 시도로서 간단하게 정리된다(*GS* 27). 따라서 '전복' 개념(혹은 의사-개념)은 이제 전체로서의 '체제'와 관련하여 이와 똑같은 종류의 착각을 제공하게 된다. 예를 들어 드라이저의 작품에서 이 착각은 시장 체계와 그것의 역동성에 내재되어 있으며, 시장과 깊은 공모 관계에 있는데도 불구하고, 동시에 어떻게든 그 시장 '바깥으로 빠져나오려' 할 뿐만 아니라 그에 대해 (보통 비판적 **거리**로서 규정되는) '초월성'을 획득하고, 그에 대한 사실상의 전면적인 정치적 거부까지는 아니더라도 하나의 비판으로서 기능할 수 있는 것이다. 하지만 이는 분명히 지나치게 멀리 간 것이다. 푸코처럼 '총체적 체제'를 만들어내는 이론가들에게는 언제나 저항이 체제 내에 포섭되기 마련이다. 즉 푸코가 말한 바와 같이 어떤 체제가 총체화하려는 경향을 갖는다면, 그 체제 내에는 "혁명적인" 충동은 말할 것도 없고 온갖 국지적인 저항들이 포섭될 뿐만 아니라, 사실상 그 체제의 내재적 역동성으로서 기능하게 된다. 그럼에도 불구하고 푸코는 여전히 체제에 저항하는 일종의 국지적인 게릴라전을 실천하고 지지할 수 있었던 것 같다. 하지만 누군가는 푸코가 '욕망'을 믿지 않았기 때문에, 그에게는 시장의 '유혹'을 측정할 수 있는 수단이 없다고 말할 수도 있다. 이런 딜레마에 대해 가장 극적이고 '편집증적인 비판'을 표한 사람은 보드리야르인데, 그의 설명에 따르면 반역과 혁명 그리고 심지어 부정적 비판이라는 의식적 이데올로기는 단순히 체제에 의해 "포섭"되지 않고, 오히려 체제의 내적 전략에 필수적인 기능적 일부가 된다.

이 모든 주장 중 1980년대 미국에서 살아남은 것은 분명 소비와 소비사회에 대한 비판이다. 그리고 이것들이 마이클스의 주적이기도 하다(드라이저가 핵심적인 증거물 혹은 투쟁의 장이 된 것도 바로 이 때문이다). 이 문제에 대한 그의 핵심적인 각주는 길게 인용할 가치가 있다.

나는 여기에서 〔리처드 와이트먼〕 폭스Richard Wightman Fox와 〔T. 잭슨〕 리어스T. Jackson Lears를 인용했고 뒤에서는 앨런 트랙턴버그Alan Trachtenberg와 앤 더글러스Ann Douglas를 인용했는데, 이는 내가 보기에 그들이 미국 문화사에서 수구적이거나 진보적인 전통의 극히 나쁜 예로 보였기 때문이 아니라, 정반대로 그들이 미국 문화에 대해 대안적 관점을 상상하려 시도한 사례이기 때문이다. 이는 그들이 중요한 예술 작품을 어떤 의미에서는 시장을 초월하거나 시장에 반대하는 것으로 보는 수구적/진보적 관점에 대해 끝내 이의를 제기하지 않았다는 사실을 더욱 돋보이게 만든다. 여기에서 내가 더 말하고자 하는 요점은 미국의 문학비평이 (심지어 미국 문화사보다도 더) 관습적으로 자신과 자신의 숭배 대상을 소비문화에 대립되는 것으로 이해하고 있으며, 소수의 예외를 제외하고는 앞으로도 계속해서 그러리라는 것이다. 의심할 바 없이 새롭게 정치화된 '대항' 비평의 옹호자들은 그들의 작업이 이렇게 수구적 전통에 동화되는 것을 거부할 것이다. 그러나 1950년대와 1960년대의 도덕적 절망handwringing이 먼저 1970년대의 인식론적 절망으로, 그리고 현재 1980년대의 정치적 절망으로 변화해온 것은 그렇게 큰 진전으로 보이지 않는다(*GS* 14, n. 16).

여기에서 이 글을 쓴 사람이 마이클스라는 점을 잠시 제쳐둔다면, 이 문장은 유용하고 치료법적인 듯 보인다. 왜냐하면 우리에게 여전히 중요한 매우 미국적인 문제를 불편한 방식으로 제기하고 있기 때문이다. 그 문제란 다름 아닌 '자유주의'와 '급진주의'의 관계이다. 마이클스는 사실상 오늘날 스스로를 급진주의자라고 생각하는 비평가들을 자유주의자 정도로 취급하는 무례를 범한다. 그 단어에 담긴 모든 나약하고 '절망적인' 의미에서의 자유주의자 말이다. 따라서 좌파의 자기 정의가 방향성을 상실하지는 않았더라도 상당히 혼란스러운 현시점에, 마이클스는 우리에게 중요하고 심지어 긴급한 유형의 '비판/자기비판'을 할 기회를 제공해주고 있는 것이다. 이런 과정에서 그의 통렬한 정식화는 유용할 것이다. 한 대목 더 인용해보자.

드라이저가 소비문화를 인정(혹은 거부)한다고 생각하는 것은 정확히 무엇을 의미하는가? 최소한 예레미야Jeremiah 이후로 자신의 근원을 평가하기 위해서 그 근원을 초월하는 것이 문화비평에 있어 출발점이 되기는 하지만, 이런 출발점을 액면 그대로 받아들이는 것은 분명 실수다. 이는 우리가 우리의 문화를 실제로 초월할 수 없기 때문이라기보다, 설령 그렇게 초월할 수 있더라도 아마도 신학적인 기준을 제외하고는 우리에게 그 어떤 평가 기준도 남아 있지 않을 것이기 때문이다. 따라서 우리가 살고 있는 문화를 우리의 애정의 대상으로 생각하는 것은 잘못이라 할 수 있다. 그 문화가 좋건 싫건 우리는 그 속에 존재하며, 또한 우리가 좋아하는 것도 싫어하는 것도 마찬가지로 그 안에 존재한다. 심지어 바틀비Bartleby처럼 세상을 거부하는 것도 그 문화와 불가분하게 연결되어 있다. 그 어떤 계약 속으로도 들어가길 성공적으로 거부했던 바틀비보다 계약의 자유라는 권리를 더 강력하게 행사할 수 있는 형태가 무엇이 있겠는가? (GS 18~19)

이 인용문은 총체적 체계로부터의 탈출이라는 딜레마를 끝까지 밀고 간다(여기에서 마이클스는 이를 재창안하고 있다). 하지만 시장이나 자본주의이건 아니면 미국적 특징과 (미국 문화라는) 예외적 경험이건 관계없이, 체계를 이론화하는 힘은 체계 내부에서 그 체계를 판단하거나 그에 저항하는 지엽적인 행위를 압도한다. 그러한 힘은 체계 자체가 지니는 또 다른 특징이기도 한데, 이는 책략이나 근친상간 금기와 같은 형태로 체계 속에 미리 프로그램된다. 비록 이 딜레마의 형식이 「이론에 반대한다」의 보다 추상적 모델을 반복하고 있기는 하지만, 여기에서 마이클스의 구체적인 주제는 '문화비평cultural criticism'으로, 이는 전통적인 독일어 단어 문화비평Kulturkritik에 의해 보다 강력하게 구체화된다. 아도르노는 『프리즘Prisms』 권두의 뛰어난 기획 논문에서 이 단어에 대해 단호한 의견을 말하는데, 이 논문은 보다 큰 틀에서 마이클스의 맹렬한 비난을 포괄하며 의미심장하게도 그의 글에서 빠져 있는 쟁점을 제기한다. 지식인의 지위, 문화의 본성 자체와 그 개념, 그리고 심지어 이율배반의 문제가 그것이다. 특히 이율배반은 변증법 자체가 발생하고 그 존재의 이유를 발견하게 되는 곳으로서, 불가능하지만 필수 불가결하고 어떤 경우에서건 필연적인 것을 어떻게 실천할 수 있는가의 문제라 할 수 있다. 이에 대한 마이클스의 독단적인 해결책은 그 행위를 **그만두는** 것인데, 이는 그 문제에 대해 철두철미하게 파고드는 행위라고는 할 수 없다. 비록 사람들이 이에 아랑곳하지 않고 이론이나 문화**비평**을 계속해나가리라는 사실을 그가 명확하게 인식하고 있을지라도 말이다.

이 문제에 대한 그의 마지막 말은 이렇다.

텍스트가 사회적 리얼리티를 지시하는가? 만약 그렇다면 그것은 단지 리얼리티를 반영하는가, 아니면 그에 대한 유토피아적 대안을 상상하는가? 드라이저가 자본주의를 좋아했느냐 싫어했느냐 따위의 문제와 마찬가지로, 이런 문제들은 〔마이클스는 부당하게 이를 **리얼리즘적** 재현의 문제로 한정시키고 있다〕 내가 보기에는 문화 외부에 어떤 공간을 상정하고 (여기에서 문학이라고 정의된) 그 공간과 문화 사이의 관계를 질문하려는 시도로 보인다. 그러나 내가 탐색하고자 했던 공간은 모두 문화 내에 있었으며, 따라서 그러한 질문의 기획은 이치에 맞지 않다 (*GS* 27).

사실상 마이클스는 여기에서 2차 인터내셔널 사회주의의 윤리적인 (그리고 약간 칸트적인) 성격에 대해 벌어졌던 거대한 논쟁을 반복한다. 여러 학자 가운데 이 논쟁을 가장 엄밀하게 진단한 사람은 루카치로서, 그는 2차 인터내셔널이 존재하지 않기에 그 정의상 실질적으로 실현 불가능한 것을 창조하라고 우리에게 요구하는 도덕적 명령이라고 진단했다. 기존 질서에 대한 급진적인 윤리적 대안으로서의 '사회주의'의 기획은 사실상 그것의 도래 불가능성을 확신한다는 것이다. 그리고 이는 그것이 지니는 자본주의에 대한 윤리적 비판으로서의 타당성과 힘에도 불구하고 불가능한 게 아니라, 불가능성은 이〔타당성과 힘〕에 비례한다. 경험적 차원에서 보자면(그런데 루카치의 주장은 또한 칸트적 사유에 존재하는 윤리 범주에 대한 효과적인 비판이기도 하다), 기존 질서가 타락하고 나빠질수록 그로부터 더 나은 것이 출현할 가능성은 더 낮아진다. 루카치가 올바르게 지적했듯이 자본주의로부터 사회주의가 출현한다는 마르크스 자신의 (변증법적) 설명은 이와는 매우 다르다. 마르크스가 기획했던 바와 같이, 그런 마르크스주의의 힘은 바람직한 사회주의(와 참을 수 없는 자본주의)에 대한 논증을 자본주의 **내부에** 사회주의의 맹아가 **이미** 싹틀 수밖에 없는 상황에 대한 입증과 결합시켰다는 것이다. 이에 따르면 자본주의는 자신의 논리의 몇몇 특징에 의해 사회주의의 구조를 이미 창출해내고 있었으며, 또한 사회주의는 이상향이나 유토피아가 아닌 기존 구조의 경향적이고 부상적인 추세로서 무대화된다. 이것이 바로 마르크스의 관점이 지니는 본질적 리얼리즘이다. **불가피함**inevitability이라는 단어는 왠지 이를 다른 방식으로 잘못 전달하는데, 이 본질적 리얼리즘 속에서 마르크스가 '모순'이라는 말을 통해 의미하고자 했던 바의 강한 혹은 완전한 형식을 관찰하고 검토해볼 수 있다. 이런 진단에 대해 마르크스가 틀리지 않았다는 말은 언제나 첨언할 만한 가치가 있으며, 우리가 『자본론』에 등장하는 축약된 묵시록적 예언 대신 『정치경제학 비판 요강』에 서술된 장기적 관점을 수용한다면 특히 그러하다. 루카치 분석의 한 단면만을 받아들인다면, 오늘날 집단화의 과정이 일상생활의 미시적 경험에까지 이르는 광범위한 층위에서 시장 개인주의를 대체하고 있는 것을 관찰할 수 있는데, 이는 소위 신사회운동이라는 '분자 정치학'에 반영되어 있다. 현재 속에 미래가 현전한다고 생각하는 이 모델은 기존의 실질적인 리얼리티로부터 어떤 다른 공간으로 '나가려는' 시도와는 분명 전혀 다르다. 마르크스의 가장 통렬한 정식화로 표현한다면, 코뮌의 노동자들은 "실현시켜야 할 이상이 아닌, 낡고 쓰러져가는 부르주아 사회 자체가 잉태한 새로운 사회의 요소들을 해방시켜야 한다."[5]

핵심은 총체적 체제를 비롯한 모든 체제는 변화한다는 것이다. 그러나 그러한 변화의 경향과 운동 법칙에 관한 질문은 또한 그 변화 과정에서 인간 에이전시의 역할이라는 상대적으로 구별되는 질문을 동반한다(물론 이것은 헤겔적인 "역사의 책략"으로 인해 무엇을 '의도'했느냐 하는 문제와는 전혀 다른 결론에 이를 수도 있다). 그런 의미에서 마르크스의 변화 개념은 완전히 내재적인 개념이 아니다. 즉 노동자들에게는 아무런 '이상'이 없을지라도, 코뮌 지지자들은 프로그램을 가지고 있고, 그에 대한 그들의 의식은 그 프로그램이 변화시키고자 했던 바로 그 상황에 의해 부과된 한계를 반영한다. 다시 말해서 "언제나 인류는 해결할 수 있는 문제만을 제기한다."

우리가 '시장'의 문제 및 소비와 소비주의에 대한 유토피아적 비판이라는 보다 당면한 문제로 돌아가야 한다면, 바로 이런 기조 속에서 이루어져야 한다. 마이클스가 끈덕지게 주장하듯, 내가 보기에 우리

스스로를 다음과 같이 설득시키는 것이 매우 중요하다. 우리는 시장 문화의 **내부**에 존재한다. 그리고 소비문화의 내적 역동성은 생각하는 것(혹은 도덕적 입장)만으로는 탈출할 수 없는 지옥의 기계이며, 스스로를 자양분 삼아 무한히 번식하고 복제되는 '욕망'이다. 그 욕망은 바깥이 없으며 충족될 수도 없다. 이 과정이 지니는 위험한 힘은 오늘날 사회주의 국가에서 더욱 명백히 관찰되는데, 이들 국가에서는 그러한 '소비문화'의 자율적 역동성을 제대로 인식하지 못한 채 당장 필요하고 요구되는 소비재의 생산과 분배의 문제를 해결하려 덤벼들다가 결국 통제의 끈을 놓치게 되고, 우리는 그 밖에 어떤 것도 상상할 수 없는 지경에 이르게 된다. 그렇다면 총체적 체제의 압박과 그 체제로부터의 탈출을 상상할 수조차 없다는 것을 감지하는 그 최초의 순간을 통해, 우리는 다시금 '급진주의'와 '자유주의'를 구별하는 더욱 확고한 선을 그릴 수 있게 된다. 왜냐하면 일반적으로 자유주의적 관점은 '체제'가 그렇게 총체적이진 않으며, 따라서 우리는 그 체제를 개선하고 재조직하여 견딜 만한 것으로 만듦으로써 '두 세계의 장점'만을 취할 수 있다는 신념을 특징으로 한다. 이런 점에서 보면 사진에 관한 수전 손택의 명저〔『사진에 관하여On Photography』〕는 좋은 예라 할 수 있다(손택의 "이미지 갈망image lust" 개념은 시장과 소비에 관한 마이클스의 비전과 유사한 동시에, 그에 관하여 논할 수 있는 심대하게 다른 대안적 방식을 제공해주기도 한다). 최근의 이미지 문화에 대한 그녀의 결론은 이미지에 대한 일종의 "식이요법"[6] 같은 고전적인 자유주의적 권고인데, 손택은 이를 "환경보호적 치료법"이라고 부른다. "실제 세계가 이미지의 세계를 포함할 수 있도록 하는 더 나은 방법이 있다면, 그것은 실제 사물뿐만이 아닌 이미지까지 포괄하는 생태학을 요구할 것이다."[7] 하지만 무엇도 과잉되지 않는(!) 이 해결책은 사실 또 다른 '급진주의'라는 환영에 의해 결정된다. 말하자면 모든 이미지를 철저하게 억압하는 플라톤이나 청교도의 방식이다(손택의 구체적인 예는 마오주의 중국이다). 내가 다른 곳에서 "유토피아 불안증anxiety of Utopia"*이라 불렀던 이런 종류의 뿌리 깊은 공포심이 시장을 보호하기 위해 작동하고 있진 않은지 의심이 드는데, 이런 불안증은 소비와 이미지와 욕망이 사회주의 국가에 접촉하는 바로 그 순간 이 모든 것이 일거에 제거될 수도 있다는 환상을 갖게 한다.

따라서 나는 마이클스와는 반대되는 결론을 도출해보고자 한다. 소비와 상품화에 대한 비판은 단순히 시장 자체의 문제에 대한 반성뿐만이 아니라, 무엇보다 대안적 체제로서의 사회주의의 성격에 대한 숙고도 구체적으로 포함할 때에야 비로소 진짜 급진적인 비판이 될 수 있다. 그러한 대안적 체제의 가능성을 찾기 위해 씨름하며 이를 명시적으로 이론화하지 않는다면, 나는 상품화에 대한 비판이 필연적으로 단순히 도덕적인 논의, 즉 나쁜 의미에서의 단순 문화비평Kulturkritik과 '절망'의 문제로 되돌아가는 경향이 있다고 동의하게 될 것이다. 레이건주의Reganism보다는 대처주의Thatcherism라고 부르는 편이 더 정확해 보이는 담론이 헤게모니를 장악하면서, 일단의 경제적 도그마(예를 들어 균형예산을 편성해야 한다거나, 생산이 '효율적'이어야 한다는 주장)의 자연화와 '사회주의는 작동하지 않는다' 같이 겉보기에는 이제 보편적으로 수용되는 듯한 확신이 결합되었다. (스튜어트

---

* 다음 인터뷰의 85쪽을 참조하라. Fredric Jameson, Leonard Green, Jonathan Culler and Richard Klein, "Interview: Fredric Jameson," *Diacritics* 12.3(1982), pp. 72~91.

홀Stuart Hall이 끊임없이 증명했던 바와 같이) 그러한 확신은 대체로 담론 투쟁에 의해 만들어졌으며, 특히 사회주의 국가에서조차 사회주의가 어떠해야 하며 어떻게 작동해야 하는가에 대한 명확한 개념이 붕괴되면서 더욱 강화되었다. 하지만 지금이야말로 이 모든 사태를 당혹스러운 침묵 속에 내버려두기보다는, 공개적으로 논의해야 할 바로 그 시기라고 생각된다. 내가 이렇게 말하는 이유는 시장의 문제가 사회주의를 이론화하거나 개념화하는 문제에서 중심적이기 때문이다. 최근 몇 년간 좌파 진영에서 시장을 둘러싼 엄밀한 논쟁이 시작되었으며, 이 논쟁이 주로 서구의 마르크스주의 경제학자들에 국한된 것도 아니었다. 그렇다면 마이클스의 책의 가장 중요한 성취는 사실상 시장에 관한 주제를 피할 수 없는 의제로 다시 가져와, 이를 문화비평의 의제로 상정했다는 것이다. 따라서 문화비평은 자신의 내재성을 털어내고, 텍스트 분석과 더불어 경제학과 시장 논쟁에 대한 여러 종류의 자료를 논의 대상에 포함시켜야 한다.[8] 마이클스가 너무도 잘 보여주었듯이, 이런 종류의 문학과 문화 분석에서 시장과 사회주의라는 정치적 쟁점은 궁극의 결론이자 궁극의 심급이다. 그러한 분야를 마이클스에게 넘겨줬다는 점이 우리에게는 아이러니일 것이다.

결국 이 모든 것은 우리가 우리의 체제나 문화의 바깥으로 나갈 수 있다고 암시하는 것처럼 보인다. 하지만 마이클스가 여러 번에 걸쳐 효과적으로 정식화한 바와 같이, 내가 보기에 이런 강력한 반론은 유토피아적 사유와 심지어 유토피아적 비판의 용도와 기능에 대한 오해와 관련된다. (몇몇 좌파 학자들이 이따금씩 유토피아라는 약호를 단순히 사회주의를 대신하는 완곡어법으로 사용하고 있는 문제는 일단 논의 대상에서 제외하도록 하자.) 그러한 담론과 그것으로 인한 이익을 상정하는 일은 그것의 가능성을, 혹은 마이클스의 언어로 표현하자면 완전히 현실적인 의미에서 우리가 살고 있는 체제 밖으로 나갈 수 있는 능력을 긍정하는 것이 결코 아니다. 그것은 여전히 그 문제를 상대적으로 재현이라는 관점에서 바라보는 것으로, 이는 우리로 하여금 토머스 모어나 스키너Quentin Skinner의 글을 조사하여 그 안의 실증적인 것들의 목록을 만들어 합한 다음, 그들의 선지자적 업적과 비교하도록 이끈다. 그런데 그들이 성취했던 것은 실증적으로 성취된 것과는 전혀 달랐다. 그들은 자신의 시대와 문화를 향해 유토피아를 상상하는 것의 **불가능성**을 역설했다. 따라서 유토피아의 청사진 속에서 가장 흥미로운 것은 한계나 체계적인 제약과 억압 혹은 텅 빈 장소empty places라 할 수 있다. 왜냐하면 이것들만이 문화나 체제가 가장 선지적인 사람을 구별해내서 초월성을 향해 나아가려는 그들의 운동을 봉쇄해버리는 방식을 증언하기 때문이다. 그러나 그러한 한계들은 이데올로기적 속박의 측면에서도 논의될 수 있지만, 위대한 유토피아적 비전들 속에서도 구체적이고 명확하게 표현된다. 따라서 이 한계들은 다른 무언가를 상상하기 위해 필사적으로 시도하지 않으면 결코 가시화되지 않는다. 따라서 내재성에 대해 관대하게 동의한다면, 즉 우리가 사전에 포기하도록 만드는 유토피아적 기획의 필연적 실패를 의식한다면, 그 기획의 체계와 범위의 양태에 대한, 그리고 〔체계의〕 바깥을 도달 불가능한 곳으로 만드는 특정한 사회적·역사적 방식에 대한 그 어떤 실험적 정보도 얻을 수 없게 되고, 결국에는 현 상태로 되돌아오게 된다.

이는 또한 보다 제한적인 방식으로나마 우리가 예전 문학과 문화의 급진적 충동들과의 관계를 발전시켜야 함을 의미한다. 드라이저와 샬럿 퍼킨스 길먼이 사유의 궁극적 지평으로서 그들을 포위하고 있던 체제로부터 탈출하는 방법을 생각해내는 데 실패했다는 것은 그다지 놀라운 일은 아니다. 하지만 이것은 우리에게 통찰을 제공해주는 특수하고 구체적인 실패이다. 그 통찰이란 다른 무언가로 나아가려는 급진적 운동은 또한 그 운동이 회피하거나 이기고자 하는 체제의 핵심이기도 하며, 따라서 극단적으로 보자면 그러한 저항의 제스처는 체제 내에 이미 프로그램되어 있다는 것이다. 또한 그러한 과정은 단지 새로운 사유를 생각해내는 문제라기보다는, 그와는 전혀 다르고 보다 실체적인 것으로서 **재현** 생산의 문제이다. 사실 이런 점에서 문학과 문화 분석이 철학적·이데올로기적 연구보다 우선한다고 할 수 있는데, 그 이유는 모든 재현이 자신의 실패와 관련하여 제공하는 구체적인 디테일의 충만함 속에 있다. 중요한 것은 상상력의 성과가 아닌 그것의 실패이다. 왜냐하면 어떤 경우에서건 모든 재현은 실패하기 마련이고, 상상은 언제나 불가능하기 때문이다. 또한 정치적 입장과 이데올로기의 측면에서 말하자면, 과거의 모든 급진적 입장은 결함이 있는데, 이는 바로 그들이 실패했기 때문이다. 포퓰리즘이나 길먼의 페미니즘 혹은 심지어 T. 잭슨 리어스와 같은 학자들이 탐구하기 시작한 상품화에 반대하는 충동과 태도 들 같은 과거의 급진주의를 생산적으로 이용하는 방법은, 그들을 급진주의 전통의 선구자로서 재구성하여 치켜세우는 것이 아니라, 우선 그러한 전통을 구성하는 비극적 실패에 주목하는 것이다. 벤야민이 끈질기게 주장한 것처럼, 역사는 성공보다는 실패를 통해 발전한다. 그리고 (무작위로 몇몇 걸출한 이름을 꼽자면) 레닌이나 브레히트를 용비어천가식의 찬양의 대상이나 모범 사례가 아닌 실패자로 보는 것이 더 합당하다. 즉 그들을 자신의 이데올로기적 한계와 역사적 상황에 의해 제약을 받았던 연기자이자 대리자에 불과하다고 보는 것이다. 여기서 드라이저의 변절이 모든 것을 말해준다. 마이클스가 드라이저를 급진주의자로 오독하는 것을 맹렬히 비난하면서 고려하지 않았던 점은, 왜 독자들이 처음부터 드라이저를 오독했으며 왜 그런 오독이 지속되고 있는가이다. 즉 왜 텍스트 속 무언가가 오만하게도 우리로 하여금 상품 갈망에 대한 정교한 해부가 순전한 자기만족이 아닌 상품 갈망과의 내적 거리로부터 발생한다고 추측하게 만드는가? 하지만 이것은 어떤 현상에 이름을 붙이고 그것을 지칭하거나 전면에 내세우는 것이 갖는 모호성일 수도 있다. 일단 독자의 마음속에서 어떤 것이 [하나의 현상으로서] 구별되는 순간, 그것은 저자의 의도와는 무관한 판단 대상이 된다. 그렇다면 마이클스를 오독하는 사람들도 면죄부를 받게 된다. 즉 마이클스가 드라이저의 텍스트 속에 나타나는 상품 갈망을 긍정이나 부정의 관점에서 판단할 수 없으며, 따라서 우리는 그것에 대해 긍정이나 부정 같은 입장을 취할 수 없다고 누차 강조했음에도 불구하고, 우리는 마이클스가 드라이저의 상품 갈망에 대해 긍정적으로 판단했다고 우길 수도 있는 것이다.

사실상 마이클스의 반자유주의(내 생각에 그의 사상은 어떤 실증적인 혹은 실체적인 이데올로기적인 의미에서도 보수주의라고 부를 수 없다)에 내재된 '진실의 계기'는, 아마도 내가 근대 소설(여전히 부르주아 소설이라 부르는 편이 더 나을 수도 있다)의 다양한 단계 중에 존재론적 헌신ontological commitment*이라고 부르는 것과의 유비를 통해 가장

---

*   Fredric Jameson, "Afterwords," *A Concise Companion to Realism*, Matthew Beaumont,

잘 파악될 수 있을 것이다. 루카치가 위대한 리얼리스트라고 칭했던 사람들, 즉 19세기의 주요한 리얼리즘 소설가들은 대문자 존재 자체에 관심을 기울였던(즉 사회를 안정된 대문자 존재의 형식으로 파악하려는) 일종의 미학이라는 말을 통해 설명될 수 있는데, 그들에게 존재란 때로는 격변하기도 하고 합법칙적인 변화의 내적 리듬을 가지고 있더라도, 궁극적으로는 그 자체로 파악되고 기록될 수 있는 것이다. 그 소설가 중 일부는 진보적일 수 있다. 그럼에도 불구하고 사회세계의 질서의 법칙과 그 국지적 형식인 '인간 본성'의 급작스러운 수정과 소위 변증법적 변형을 용인하는 사회세계에 대한 비전 속에서, 그 작가들이 자신의 소명과 미학을 통해 얻을 것이 없을 수도 있다. 그러한 소설가와 역사가 들 사이에는 심층적인 형태의 친족 관계가 있는데, 이는 역사가라는 직업도 마찬가지로 사회적 존재와 경험의 육중한 밀도에 대한 일종의 존재론적 헌신을 요구하고 있음을 암시한다. 내가 보기에 (새로운 유형의) 역사비평가로서 마이클스의 관심은 본질적으로 이러한 존재론적 헌신과 맞닿아 있다. 왜냐하면 그가 자신의 연구 대상(여기서는 종종 단순히 '시장'이라고 명명되는)의 안정성을 급진적으로 위협한다고 여기는 이론가들은, 마치 그 시장이 다른 무언가에 의해 대체될 수도 있다고 암시함으로써 그의 연구 계획을 하찮게 보이게 하거나 그 토대를 무너뜨리는 경향이 있기 때문이다.

　내 생각에 이 모든 것은 이른바 모더니즘과 더불어 변화한다. 모더니즘에서 산업주의에 따른 실질적 사회 변화의 경험은 이제 존재의 안

---

ed., Oxford: Wiley-Blackwell, 2010, pp. 279~89, p. 280을 참조하라. 간단히 말해서 존재론적 헌신은 사회 변화와 모순의 가능성이 사회에 내재되어 있다는 인식을 배제하고, 현 체제와 현재 자체의 지속 가능성에 대한 신념을 유지하는 것이다.

정성에 대해 심각한 회의를 일으켰고, 마찬가지로 구성된 것 혹은 만들어진 것으로서의 사회적인 것의 본성에 대해서도 심각한 경각심을 품게 했다. 반면에 이 과정은 포스트모더니즘 시대에 들어서 끝나지만, 이 최후의 시대의 예술가들은 대문자 존재 자체로 인해 전혀 고달파하지 않는다. 그들은 다층적인 사회적 리얼리티가 아무런 무게도 없으며 텍스트화된 것이라고 확신하기 때문이다. 그런데 이렇게 보다 포스트모던한 입장이 소위 신역사주의 좌파를 특징짓는다고 한다면, 본격 모더니즘의 입장은 아마도 전혀 다른 종류의 역사기술에 할애될 것이다. 헤이든 화이트Hayden White 같은 사람의 역사기술이 그에 해당된다.

마이클스 자신의 시장 개념에 대한 숙고를 통해, 우리는 그의 저서의 세번째 줄기로 나아가 역사적 패러다임에 대한 질문을 제기할 것이다. 이는 때로는 시장에 암묵적으로 대립하는 것처럼 보이기도 하고, 때로는 시장의 중심 무대를 차지하여 공식적인 주제나 중심적 쟁점이 되기도 한다. 먼저 명심해두어야 할 것은, 마이클스에게 '시장'은 최근에 종종 총체화 개념이라고 경멸적으로 묘사되는 것이라는 점이다. 바로 이 부분에서 그는 신역사주의의 주류와 결별한다. 신역사주의는 르네상스 연구든 빅토리아 시대 연구든 모두 이런 식으로 부재하는 동시에 모든 것에 영향을 미치는 총체성이나 체계를 상정하거나 전제하지 않는 듯하다. 마이클스가 다양한 방식을 통해 무엇을 체계적으로 악용하고 있는지 지적하는 것은 불필요해 보인다. 즉 '체제에 이름을 붙이는' 특수한 방식을 통해 강조점과 그것이 요구하는 설명의 유형들을 생산과 분배에서 교환과 소비로 이동시킨다는 것 말이다. 마이클스가 생산의 레토릭에 반하여 수행하는 논쟁은 마르크스주의를 명시적으로 노리고 있지는 않다(여기에서 이 문제는 주제로서 중요하지 않다). 사실 그의 주요 목표는 샬럿 퍼킨스 길먼의 페미니즘이다. 하지만 오해를 피하기 위해서는 여전히 언급해둬야 할 것이 있다. 이는 마르크스의 자본에 대한 분석이 (보드리야르에게는 미안하게도) '생산중심주의'적이지 않으며, 그 유명한『정치경제학 비판 요강』의 1857년 서문 초안은 생산, 분배, 소비라는 세 차원의 변증법적 불가분성을 인정하고 있다는 사실이다. 그럼에도 불구하고 마르크스는 언제나 생산을 다른 두 과정을 이해하기 위한 열쇠로 보았다고 (올바르게) 이해한다면, 그것은 (마이클스를 포함하여) 마르크스 이전과 이후의 주류 경제학이 지속적으로 소비와 시장을 절대화하기 때문이다. '생산의 1차성'에 대한 인정은 (그것이 정확히 무엇을 의미하건) 시장 자체와 소비 중심적 자본주의 모델이라는 이데올로기를 낯설게 하고 탈신비화할 수 있는 가장 효과적이고 강력한 방법을 제공한다. 그렇다면 자본주의에 대한 한 가지 비전으로서의 시장의 1차성에 대한 인정은 순전히 이데올로기가 된다.

그런데 마이클스에게는 다른 무언가가 있는데, 이제 이에 대한 이야기를 할 필요가 있다. 우리가 이미 보았다시피 그는 암묵적으로건 명시적으로건 특정 '구조'를 상정하는 상동성의 방법론을 사용하는 경향이 있는데, 이 구조는 가공되지 않은 다양한 자료와 문서를 유사성에 따라 병치시키는 것을 정당화하고, 이것들이 어느 정도는 '동일'하다고 인정할 수 있게 해주는 형식이나 용어를 제공할 것이다. 하지만 레비-스트로스의 경우 방법론적으로는 기민한 대응을 보여주지만, 그의 공통 '구조'는 초월적 메커니즘으로 남기 때문에 결코 표층의 여러 징후 중 단 하나로 완전히 환원되지 않는다. 그 징후가 제아무리 특권적이라도 말이다. 따라서 이 초월적 구조는 결코 민족지학적 설명의 내재성 속으로 완전히 사라지지 않는다. 하지만 이미 살펴본 바와 같이 신역사주의의 전체적인 취지와 독창성은 그런 초월적인 실체를 불편하게 여기기 때문에, 그것들이 전혀 없이도 상동성 방법론의 담론적 이익을 보존하고자 노력한다. 마이클스는 명백히 이런 가설적 입장을 공유하지만, 그가 신역사주의적 실천과 거리를 둔다는 것도 분명하다. 그는 이 부재하는 공통 '구조'의 위치에 시장이라는 숨 막힐 정도로 총체적인 체제를 가져다 놓으려 시도하면서, 이를 통해 자신의 독해에 색다른 효과를 부여하고 있다. 그것은 모든 것을 포괄하는 종결이자 모든 것을 아우르는 숙명론이라는 효과이다. 그런데 어떻게 이런 과정이 이론화될 수 있는가? '시장'은 분명 더 이상 세계관이나 시대정신과 같은 고답적인 말을 통해서는 파악할 수 없다. 마이클스에게서 그것의 효과는 푸코의 에피스테메 개념과 가족 유사성을 갖는다. 하지만 그 명칭이 암시하듯 에피스테메는 여전히 지식에 관해 말하고 설명하며 해석을 제시하는 말로서, 처음에는 사유의 특수한 질서나 패턴을 설명했고, 나중에는 특정한 언어적 가능성을 미리 선택하고 다른 것들을 배제하는 담론의 규칙에 관한 질서를 설명했다. 하지만 마이클스의 저서에서는 분명 그러한 설명은 나타나지 않는다. 푸코는 감옥을 다루는 저서[『감시와 처벌Surveiller et punir』]에서 "몸에 대한 생명기술"과 그것의 권력 및 통제의 경향적 그물망을 이론화함으로써, 마이클스가 여기에서 시장을 설명하는 악의적인 방식과 상당히 유사한 효과를 창출해낸다. 하지만 그린블랫과는 달리 마이클스는 권력에 관심이 그리 많지 않은 듯하다. 결국 이 문제에 대해서는 마이클스 자신의 말이 가장 적절해 보인다. 그는 이 모든 것을 자연주의의 "논리"라고 칭하고, 더 나아가 이를 시장의 심층 논리나 역동성에까지 연결시키는 듯하다. 이를 통해 그는 특정한 미학적 논리(아울러 길먼이나 호손과 같은 비자연주의자들과 그 밖의 다른 작품의 미학적 논리)를 파악할 수 있다.[9] 『금본위제와 자연주의 논리』라는 제목을 가진 책에서 이런 설명은 비판이 아니다. 내 생각에는 총체화 개념 없이 이 모든 것을 수행하려는 것보다는 그러한 개념을 상정하는 편이 더 생산적이다. 프랑크푸르트학파 역시도 그러했는데, 그들은 "후기자본주의"(혹은 그 대신 보다 베버적인 "관리사회")라는 다소 모호한 개념을 가지고 그것을 수행했다.

하지만 내가 하고 싶은 말은 다른 곳에 있다. 즉, 그렇게 조직화하는 개념 혹은 체계는 「이론에 반대한다」의 요점에 대해서 실질적인 문제를 제기한다는 것이다. 이는 이 논문이 (비록 더 이상 이 말을 사용하지 않으려고 하고 있긴 하지만) 저자의 '의도'라는 개인주의적 성향에 방점을 찍고 있으며, 또한 전반적으로 개인 주체라는 범주에 한정되어 있기 때문이다. 개인 주체와 의사 결정이라는 영미권의 경험주의적 세계에서, 이러한 시장의 초주체적transsubjective '논리'가 과연 어떤 지위를 가질 수 있는가? '유럽 대륙'의 이론 속에서 성장한 사람들의 초창기 논문에는 그러한 문제들이 너무나 신비스럽고 의아하게도 언제나 부재했다. '이론적' 참조점으로서 하나의 예를 들자면, 분명 프로이트의 무의식은 언제나 "그것이 의미하는 바를 말"하거나 "그것이 말하는 바를 의미"하지는 않는다. 앞서 언급한 푸코의 에피스테메나 보드리야르의 "약호" 혹은 헤겔의 "이성의 책략" 같은 개념들은 둘째 치고라도, 프로이트나 마르크스의 이데올로기 개념이 어떻게 되었는가는 상당히 시급한 문제로 보이는데도 불구하고, 이는 ("서사학, 문체론, 운율론"이 포함되는) 반ᵣ이론주의자들의 예외 목록에 빠져 있을 뿐만 아니라, 의미심장하게도 언급 자체가 거의 없다. 하지만 이런 초개인적transindividual 실체들은 오늘날 (좋건 나쁘건 간에) 가장 강력한 **해석**의 장이다. 저자의 의도에 관한 논쟁보다는, 그러한 유럽 대륙의 개념들이 저자가 의도하지 않은 의미들에 대한 비판적 가설을 해명할 수 있는 알리바이를 훨씬 빈번하게 제공해왔다(가다머와 E. D. 허시 사이의 논쟁도 이 문제의 복잡성을 충분히 공정하게 다루지는 않았다).

하지만 이 시점에서 『금본위제』는 이 문제에 답하려 시도하면서 「이론에 반대한다」의 틀과 그것의 문제성을 은연중 확장한다. 일례로 여기에서 프로이트가 마침내 운명적인 등장을 한다. 마지막 장에서 그는 여러 사진작가 사이를 비집고 예기치 못하게 불쑥 튀어나오는데, 이는 [닥터로의 소설] 『래그타임』을 상기시킨다(이 역시 나쁜 역사는 아니다!). 여기에서 가장 놀라운, 그리고 놀라울 정도로 적절한 상동성이 시야에 들어온다. 얼추 동시대의 사건으로서, 그리고 공통의 구조를 공유하거나 최소한 유사한 구조적 문제를 둘러싸고 나타나는 현상으로서, 사진과 정신분석학이 함께 등장한다. 호손에 대한 분석에서 이미 보았다시피, 마이클스에게 사진은 '포토리얼리즘'이나 재현이 아니었다. 사진은 어떤 면에서 회화나 '리얼리즘'보다 **덜** 재현적이다. 그 기발함에 있어 상대적으로 여전히 과시적인 이러한 주장은, 호손을 인용하여 그의 권위에 기대면서 사진이 보다 해석학적인 것이며 독특하고 신비스러운 방식으로 사물 표면의 배후를 관통한다고 말한다. 또한 특이하고 이론화될 수 없는 사진 작업은 예기치 못하게 포스트모더니즘의 중심에 서게 되고, 그것의 짧은 역사에도 불구하고 최초로 새로운 예술계의 서열에서 사실상 꼭대기까지 오르게 되었는데, 사람들은 그러한 사진이 자연주의와 최소한 무언가를 공유하고 있음을 감지했다. 그것은 분류할 수 없는 문화 격변이 가져온 탈중심성ec-centiricity이자, 리비도라는 전적으로 시원적 세계와 대립되는 친숙한 표면이지만, 그 표면은 우리가 맨눈으로 똑바로 응시하며 고정시키려는 순간 사라져버리고 만다. 이제 무의식의 자리가 시야의 중심으로 들어온다. 무의식은 의도를 **초과**하는 것이며, 의도적인 행위나 의도적인 표현을 통해서는 통제될 수 없는 것이다. 짧게 말해서 그것은 우연이자 사고이며 예상 불가능한 것이다. (마이클스는 자연주의와 동시대에 통계학과 확률 이론과 더불어 수학이 우연성을 통제하고 제압하려는 과정에 있었다는 사실은 언급하지 않는다. 그 증거로 말라르메와 그의 시 「주사위 던지기Un coup de dés」를 보라.) 왜냐하면 사진작가가 자신의 앵글과 시점을 선택하더라도, 다수의 예상 불가능하고 계획할 수 없는 세부적인 요소들이 최종적으로 감광판에 기입되기 때문이다(이는 후대의 영화 이론에서 바쟁이 웰스Orson Welles와 르누아르Jean Renoir의 디프 포커스 촬영을 존재 자체의 공간으로서 찬양하면서 주목받았던 것으로, 바쟁은 이 공간을 통해 "세계의 세계성"이 열리며 한낱 개별 인간 주체의 보잘것없는 "의도"를 뛰어넘어 자신의 존재를 탈은폐한다고 주장한다). 그러나 우연성은 당대의 사진 예술가들에게는 넘기 힘든 장애물이기도 했는데, 특히 스티글리츠Alfred Stieglitz처럼 사진을 회화와 동등한 권위를 가진 회화 **같은** 예술로 끌어올리고자 했던 작가에게 그러했다(반면에 포스트모더니즘 시대에 사진은 그러한 〔예술적〕 지위를 끝내 성취하지만, 그것은 회화와 '예술' 자체의 **강등**과 연관된다). 즉 예술가로서 그들은 자신의 창조물 내에 존재하는 모든 것이 자신의 것이라고 주장할 수 없다는 사실과 맞닥뜨렸던 것이다. 왜냐하면 그것의 의미 영역들이 그들과는 무관하며 그들의 의도와 통제를 벗어나기 때문이었다. 그렇다면 어떻게 사진의 최종 산물이 미학적인 의미에서 건 창조의 의미에서건 진정한 **자신의 것**이라고 주장할 수 있을까? 프로이트가 등장하는 것은 바로 이 순간이다. [마이클스에 따르면] '무의식'(말실수, 꿈, 신경증적 증상, 가장 넓은 의미에서의 **우연**)은 의식의 **타자**, 혹은 프로이트가 다른 장면이나 무대라고 불렀던 것이 아니다. 오히려 그것은 정확히 말하자면 일종의 의식의 **확장**이다. 즉 의도 개념을 확장하여 일탈적인 현상까지 의식의 그물망에 잡아둠으로써, 그런 현상을 '의지에 의해' 계획된 것으로 만들며 의식적인 행위로서의 의미까지 부여하는 것이다. "무의식의 발견은 따라서 에이전시를 문제시하지만 결과적으로 에이전시를 확장하게 되어, 오직 우연적 사고가 일어났던 곳에서만 행위를 발견하게 된다"(*GS* 222). 충분히 할 수 있는 이야기다. 설상가상으로 마이클스는 「이론에 반대한다」에 대한 '유럽 대륙'의 반론을 넘어서는 동시에, 또 하나의 새로운 상동성의 계열을 작동시켜 (퍼스를 통해) 기계(*GS* 230)와 (워튼Edith Wharton의 『기쁨의 집House of Mirth』을 통해) 도박까지 끌어들인다. 그는 또한 이를 통하여 프로이트를 지엽적이고 역사적인 텍스트로 끌어내려, 단지 그의 또 다른 증거품 정도로 만들어버린다. 즉 다른 문서들과 전혀 다를 바 없이 아무런 특권도 갖지 못하는 텍스트로 말이다. 결국 정신분석학은 이제 "우연을 우연이라 말할 수 없게 만드는 강요"(*GS* 236) 정도의 위치로 확실히 후퇴하게 된다.

그러나 이게 이야기의 끝은 아니다. 우리가 시장의 문제를 상기해본다면, 에이전시의, 즉 의식과 의도의 모험은 분명 여기서 끝나지 않는다. 완전히 비인격적인 규모를 가진 에이전시와 같은 지위를 부여받고 있는 이 시장은 프로이트와 관련된 논쟁에서 거의 언급되지 않는다. 사실 마이클스의 저서의 정치적 무의식은 이 시장의 문제에 관해 또 다른 보다 지속적인 방식으로 끊임없이 생각하고 있다. 그리고 그것은 우리에게 상당히 다른 이야기를 한다. 그것은 이론이 아니며, 엄밀하게는 '해결책'도 아니다. 그것은 문제성 자체의 진화이자 재구성으로서, 의도와 정신분석학 사이의 관계를 확정 짓는 것보다 더 심층적인 쟁점이 있다고 인정하는 보다 중요한 어떤 것이다. 결국 '시장'은 우리를 먼저 드라이저, 길먼, 호손, 노리스 등과 그들의 소설 속 인물들과 같은 개인 주체에게로 되돌려보낸다. 소비의 논리에 포획되어 있는 이 주체들은 그 논리로부터 벗어나 다른 어떤 곳으로 탈출하는 것의 불가능성을 실연하고 설명한다. 소비 논리로부터 벗어나는 것은 단지 죽음을 의미할 뿐이다(호손의 경우처럼 항구적인 재산권에 대한 로망스적 판타지가 없다면 말이다). 하지만 만약 탈출구를 찾아내려는 이 특수한 시도가 예상치 못한 보다 의미 있는 방식으로 지속될 수 있다면 어떻게 될까? 만약 '체제'를 이론화하는 데 실패하더라도, 즉 비개인적이고 의미 있으며 집단적이면서 비인격적인 에이전시(혹은 마르크스주의가 "생산양식"이라고 부르는 것)를 사유하는 것의 불가능성에도 불구하고, 다른 종류의 에이전시를 파악할 수 있는 가능성이 열린다면 어떨까? 어떤 측면에서는 개인의 의식과 비슷하지만 또 다른 측면에서는 불멸의 비인격적인 '주체'를 생각할 수 있다면, 포퓰리즘의 꿈을 넘어서는 집단성을 가지고 있고, 모든 판타지를 넘어서는 사회적·역사적 객관성을 철저한 방식으로 부여할 수 있을 정도로 육화되고 제도화된 주체를 생각할 수 있다면 어떨까?

그렇다면 마이클스의 책의 세번째 줄기는 인격화된 인물들과는 매우 다른 종류의 '인물'의 등장을 목격하는 것으로 구성된다. 예컨대 첫 번째 신호들, 바람 속의 지푸라기, 배가된 참조, 의미가 점점 더해지는 주장, 그리고 마지막으로 궁극의 승리 속에서 잘 차려입은 채 만개한 사물 자체가 그것이다. 참조 틀을 유지한 채 말하자면, 그것은 프랭크 노리스의 『문어 *The Octopus*』의 경이로운 마지막 몇 페이지에서 우리가 대기실을 지나 회장 책상 뒤편에 앉아 있는 신God과 직접 얼굴을 맞대는 순간과 다소 유사하다(우나무노Miguel de Unamuno의 『안개 *Mist*』에서 보듯, 모더니즘에서는 이것이 대문자 저자와의 만남으로 되돌아간다). 이미 선물先物 시장은 우리가 적절하게 대처할 경우, 시간 자체와 개별적인 불확실성에서 어떤 일이 벌어질지 어느 정도 감지할 수 있게 해주었다. 그러나 지금은 (록펠러 가문과 그들의 '절망적인' 적이었던 아이다 타벨Ida M. Tarbell* 같은) 단순한 경험적 사실의 홍수를 통과하여, 우리는 새로운 사물과 그것의 범주를 향해 돌진한다. 기업합동과 독점과 새로운 법인법을 갖춘 '영혼이 있는' 회사가 그것이다. 이 새로운 '역사의 주체'는 이제 자유방임주의 체제의 〔산물이었던〕 개별 인물들을 철폐하고, 자신들의 가짜 문제를 정립한다. 그것은 생산과 소비 사이의 대립을 대체하고, 마침내 기계 자체의 범주와 관계를 맺는다(사진을 다룬 장에서는 이 기계가 다소 다르게 그려진다).

사실 셀처Mark Seltzer의 안내를 따른다면 "힘의 담론"이 몸과 기계의 대립을 무효화할 수 있을 뿐만 아니라, 더욱 놀랍게도 몸/기계와 영혼

---

* '아이다 타벨'은 탐사보도의 선구자로서, 록펠러가 세웠던 석유 회사 스탠다드오일의 비리를 폭로했다.

의 대립, **전적**으로 몸인 것과 절대 몸이 아닌 것 사이의 대립을 무효화할 수도 있다. 따라서 데이비스Cyclone Davis는 기업을 "비물질적인"(몸이 아닌) 동시에 "기계"(전적으로 몸)인 것으로서 생각할 수 있었는데, 이는 그가 모순적이어서가 아니라 이 두 조건이 서로가 서로의 대안이라기보다는 서로 같은 것이기 때문이다. 즉 몸에 깃든 영혼인 것이다(*GS* 201).

"『문어』에 대해서도 거의 똑같이 말할 수 있다"고 그는 결론짓는다. 사실 그럴 수밖에 없는 것이, 기업은 무엇보다도 권력의 문제나 사유하고 철학하는 문제가 아니며(비록 그것이 로이스Josiah Royce의 "해석 공동체" 개념에도 해당되지만 말이다[*GS* 188]), 또한 심지어 새로운 법률적 범주를 창안하거나 전통적인 범주를 새로운 방식으로 적용하는 문제 역시 아니기 때문이다. 그것은 무엇보다도 재현의 문제다. 이것이 바로 **모더니즘적** 계기다. 이는 단지 (모더니즘에 대한 가장 소박한 설명으로서) 소설 창작 과정에 대한 성찰이 등장했다는 의미에서가 아니라, 오히려 지금은 금지되어버린, 혹은 더 나은 표현으로는 새로운 종류의 성공과 승리로 변형되어야 할 필연적 실패에 대한 감각이 막 출현하기 시작했다는 의미에서 그러하다. 그리고 이것은 재현을 사물 자체로 되돌리는 것의 불가능성을 인식함으로써 나타난다. "따라서 기업은 인간성에 대한 비유적 확장으로 나타난다기보다는, 인간성을 가능케 하는 비유법figurality의 육화처럼 보이게 된다"(*GS* 205). 초인간적인suprapersonal 에이전시는 개별 인간의 마음으로는 상상할 수 없다. 최소한 바로 이것이 우리가 **계급**이나 **계급의식** 같은 단어 혹은 많은 조롱을 받았던 루카치의 **역사의 주체** 같은 비통할 정도로 인격화된 범주를 사용할 때면, 저들이 우리에게 하고자 하는 말이다. 그럼에도 불구하고 그들은 존재하며, 우리는 그들에게 이름을 붙였다. 이는 한편으로는 새로운 실체의 존재를 믿는 것이며, 또 한편으로는 무엇보다도 그것을 우리가 실제로 생각하거나 재현할 수 없는 것에 대한 은유로서 파악하는 것이다. 어쨌든 마이클스는 여기에서 개인 주체 혹은 '인물'이 딛고 있는 양탄자의 마지막 조각을 잡아당겨 버린다. 이로 인해 개인 주체 혹은 인물은 하나의 인간처럼 보이도록 만들기 위해 우리가 초개인적인 실체에게 투사했던 그 무엇이 아닌, 그 자체로 하나의 효과이자 비유적 형상에 지나지 않는 것임이 밝혀진다. 즉 역사 자체의 우선순위에 의해 생성된 집단적이고 2차적인 환영의 투영물인 것이다.

우리가 보았듯이 불멸의 존재가 된 기업은 또한 개인의 소비에 의해 환기된 죽음과 죽는다는 것의 공포를 잠재운다. 하지만 이것은 『금본위제』가 수완을 발휘하여 집단성 자체와 집단적 에이전시의 개념을 생산해내는 과정을 본다면, 상대적으로 그리 중요한 특징은 아니다. 물론 철학적이거나 이론적인 의미에서 본다면 그 문제는 해결된 것이 아니라 악화되었다. 왜냐하면 우리는 이제 이 두 개념이 존재하는 상황에 처했기 때문이다. 다시 말해서 우리의 오랜 친구인 시장이 이 또 다른 중대해 보이는 변화 속에서도 끈질기게 살아남았기에, 우리는 기업과 시장 사이의 모순 속에 놓이게 되었다. 역사의 어떤 층위에서 보면, 분명 무언가 큰 사건이 벌어졌다. 기업과 기업합동이 개인주의(와 그것의 형식 및 범주 들)를 역사의 쓰레기통에 던져버린 것이다. 그런데 다른 층위에서 보면, 아무것도 변하지 않았다. 우리 눈이 닿는 범위 내에서는 시장이 예전처럼 계속 돌아가고 있다. 그러나 시장이 하나의 체제로서의 자본주의를 의미한다면, 그리고 기업합동이 단지 그 체제의 한 순간 내지는 재구성을 의미한다면, 시장과 기업 사이의 모순은 더 이상 심각한 충격을 주지는 않는다. 다만 예외적으로 텍스트와 세부 사항의 층위에서는, 우리는 서로 다른 두 약호 사이를 오갈 수밖에 없다. 그런데 시장이 결국 불멸의 영혼과 초개인적인 성격을 지닌 새로운 거대 기업합동과 똑같은 질서의 심급이라고 할 수 있을까? 시장 또한 어느 정도는 '인간'적이라고 혹은 인간성에 대한 비유법의 효과라고 할 수 있을까? 그러한 '논리'와 이 불가항력적인 기계에 사로잡힌 (소비자, 작가, 기업합동 같은) 행위자 사이의 관계는 무엇인가? 신실용주의neopragmatism 이론에서 최근 발전하고 있는 내용에 따르면, '시장'이 욕망과 상품 갈망을 가진 개인 주체와 맺는 관계는, 논쟁적인 단어인 **신념**이 〔체제〕 바깥으로 나가서 이론화하거나 심지어 변화시키려는 의식적이고 (때때로 '지식'이라 지칭되는) '이론적인' 시도와 맺는 관계와 동일하다. 여기에서 **신념**은 부재하는 총체화이며, 우리가 결코 벗어날 수 없는 또 다른 말이고, 항상 고정되어 있는 이데올로기의 궁극적이고 확정적인 형식(혹은 사르트르가 "존재의 근원적 선택"이라 부른 것)이다. 마이클스는 이렇게 말한다. "신념과 연관된 유일한 진실은 우리가 그로부터 벗어날 수 없다는 것이다. 그리고 그 진실은 살아낼 수 없는 것이 아니라, 살아내지 않을 수 없는 것이다. 그것은 어떤 실질적인 결과도 가져오지 못하는데, 이는 그것이 실천과 **결합될** 수 없기 때문이 아니라, 실천과 **분리될** 수 없기 때문이다"(AT 29). 하지만 우리는 그 '신념'으로부터 조금이나마 벗어나지 않았던가? 그 신념을 '시장'이라 부르고, 그것에 비유적 형상을 부여함으로써 말이다. 그렇다면 이 경우 어느 것이 먼저일까? 인간을 시장의 지옥 같은 역동성을 생성해내는 절대적인 의미에서의 '신념' 속에 유폐하는 것이 먼저일까? 아니면 오늘날 어떻게든 '신념'이라는 괴상한 개념을 '생산'하는 시장이 먼저일까? 여기에서 전제되어 있는 지식으로부터의 신념의 분리가 이미 이론의 생산을 보여주는 본보기가 아닐까? 즉 분리될 수 없는 리얼리티에서 두 개의 추상적인 실체를 인위적으로 창조해냄으로써 이론을 생산하고 있음을 보여주는 것은 아닐까?

2. 유명론으로서의 해체주의

포스트구조주의에 대해 이따금씩 느끼는 바는, 모든 적들은 좌파이며 언제나 이런저런 형식의 **역사적** 사유가 주요 표적이라는 것이다. 하지만 만약 그에 대해 조금 다른 식의 의미를 도출해낸다면, 그것이 짜증과 분노로 이어지지 않을 수도 있다. 왜냐하면 포스트구조주의가 과거의 어떤 이론적·철학적 기술technology보다 더 엄밀하게 통시적diachronic인 것의 흔적과 오염물을 끈질기고 무자비하게 색출해내어 파괴하라는 사명을 띠고 있다고 하더라도, 그것이 반드시 **공시적** synchronic 사유에 특권을 부여하지는 않기 때문이다. 통시적 사유의 결함이 딱히 공시적 사유의 정당성을 입증하진 않는다. 사실 공시적 사유는 유난히 모순적이며 일관성이 없는데(이런 주장은 종종 '구조주의에 대한 비판'으로 언급된다), 이는 다음과 같은 차이 때문이다. 통시적인 것과 달리, 공시적인 것의 개념적 이율배반은 명백하고 피할 수 없다. 공시적 '사유'는 모순어법이다. 그것은 사유로 인정받을 수도 없으며, 따라서 그와 함께 고전 철학 최후의 전통적 소명은 사라지고 만다.

결과적으로 하나의 역설이 발생한다. 통시적인 것이 '사유' 자체와 거의 동일해지면서, 그것을 공격하던 바로 그 힘에 의해 통시적인 것이 철학의 특권적인 영역으로 정립되는 것이다. 만일 '포스트구조주의'(나는 이를 '이론적 담론'이라 부르고 싶다)가 곧 모든 사유의 필연적 비일관성과 불가능성에 대한 설명이라면, 그것이 통시적인 것을 비판하는 집요함으로 인해, 그리고 시간적이고 역사적인 개념성을 자신의 공격 목표의 중심에 두는 메커니즘을 통해, '역사'를 사유하려는 시도가 (비록 혼란스럽고 내적으로 모순된 방식이지만) 마침내 사유 자체의 소명과 동일시되고 만다. 시간과 변화에 대한 이 투박한 이미지(표현Vorstellungen)와 변증법이라는 다루기 힘든 기계는 재현의 실패를 뚜렷하게 보여주는데, 이는 라이트 형제의 비행기에 비하면 조악하기 그지없었던 인간이 만든 최초의 날개와 거의 유사하다. 오직 이런 연관성에서만 본다면 과거의 우리는 그 최초 날개의 조악함을 비교·평가할 수 있는 비행기를 아직 가지고 있지 못했다. 그럼에도 불구하고 우리는 인류 최초의 세련된 철학자를 완벽하게 상상할 수 있다. 그는 이미 충분히 진보한 회의주의자였기에, 자신의 동료들이 때리고 깨뜨리고 두드렸던 돌멩이가 얼마나 불편한지에 대해 자기들끼리 불평을 토로했을 것이다. 그들은 그 조악한 물건이 자신이 생각했던 개념이나 '장비'나 '도구'와 비슷한 정도에 도달하지도 못했다고 느꼈을 것이다. 그들은 최초 인류와 동일한 사회적 삶의 질과 수준을 살았을 것이다. 고고학자들에 따르면 그들은 서로 자주 부딪쳤으며 빈번하게 혼란스러워 했고 집중력도 약했기 때문에, 대개 분명한 목적이나 목표 없이 주변을 배회했다. 그렇다면 인류 최초의 철학자들은 비판을 하기 위한 보다 발전된 개념을 필요로 했을까(예컨대 조악한 돌망치와 현격하게 다른 기능을 지닌 특화된 손잡이와 머리라는 개념, 다시 말해서 망치에 대한 최초의 플라톤적인 반짝이는 이데아를 가지고 있었을까)? 혹은 그들이 인류가 진정한 도구성(과 차이화)을 성취하는 것은 불가능하며, 심지어 생각할 수 있는 가장 진보한 인간의 사유 속에 잠재되어 있는 기계라 할지라도 그것의 개념과 비교하면 일종의 우스꽝스러운 모순이자 어쭙잖은 재현이 될 수밖에 없다고 결론을 내리는 것이 당연할까? 예를 들어 〔원시인의〕 망치만큼이나 우주 로켓이 그러할 것이고, 검게 그을린 불쏘시개만큼이나 컴퓨터도 그럴 수 있는 것이다. 왜냐하면 **의도**는 어쨌든 언제나 대단히 우스꽝스럽기 때문이다. 이런 관점에서 보면 인간을 존재론적으로 부족하다고 여기도록 만들기 위해서(즉 호메로스적인 웃음을 자아내기 위해서), 우리에게 〔밟고 미끄러질 수 있는〕 바나나 껍질이나 인간의 행위에 개입하는 〔신의〕 의도된 행동이 굳이 필요하지는 않다. 그러한 것을 위해서라면 의도 자체가 행위로부터 분리되어 그 주변을 맴돌기 때문에, 더 이상 판단의 내적 준거로서 적합하지 않다는 것만으로 충분하다. 그쯤 되면 미끄러지지 않고 걷고자 하는 인간의 기획도 상당히 우스운 문제가 된다. 하지만 여기에 함축된 내용은 우리가 최소한 기술의 발전이라는 이데올로기적 환상을 일소해야 한다는 것이다. 모든 인간의 행위와 사고에 서투름이라는 근절할 수 없는 차원을 복원시킨다면, 우리는 무언가를 얻게 된다. 그것은 집에서 손으로 만든 느낌, 대중적인 기계 속의 전문화되지 않은 핵심, 통제되지 않은 어린아이의 실험 같은 차원이다. 사물들은 우리가 좋아할 정도로 정교할 수도 있고, 철학의 역사만큼이나 복잡할 수도 있다. 하지만 사유와 개념화라는 위대한 행위에 대해서 생각할 때, 예컨대 칸트나 헤겔이나 갈릴레오나 아인슈타인Albert Einstein과 같은 사람들의 행위를 생각해볼 때, 복원시켜야 할 것은 그들의 투박하고 철저한 단순함인데, 그것이 멍청함이 아닐 경우 그들은 마침내 그것을 가지고 바위를 하나씩 하나씩 깨뜨릴 결심을 한 것이다.

그런 '위대한' 인류의 조상 중에 한 사람이 바로 루소Jean-Jacques Rousseau인데, 그는 '역사' 개념을 발명하기로 결심했다. 그의 경우 우리는 더더욱 쉽게 그의 선조와 가능성의 조건들에 대한 복잡한 이야기를 한쪽에 제쳐둘 수 있다. 왜냐하면 그는 스스로 순진한 척faux naïf하는데다가, 그 문제를 아무것도 없는 상태에서 "집에서 만든 독특한 가구"를 제작한 것으로 생각하고 싶어 했기 때문이다("집에서 만든 독특한 가구"라는 표현은 T. S. 엘리엇Thomas S. Eliot이 블레이크William Blake의 철학을 멋있게 표현한 말인데, 다만 엘리엇은 '전통'을 그와는 다른 것이라 생각했다. 그리고 일반적으로 브리콜라주 개념에 수반되는 문제는 일을 수행함에 있어 그보다는 훨씬 더 효율적인 방법이 있다는 전제에 존재한다). 무로부터 유를 창조했던 바로 그 순간, 루소의 관심사는 투박하지만 새로운 사상이라는 스펙터클을 제공하는 것이었다. 그 사상은 다름 아닌 역사였으며, 이는 서양 철학의 가장 큰 쟁점이자 골칫거리 중 하나가 아닐 수 없었다.

그런데 루소에 대한 가장 뛰어난 비평가이자 분석가였던 폴 드 만의 '위대함'도 이와 동일한 수준이라고 덧붙일 필요가 있다. 그의 저작 『독서의 알레고리Allegories of Reading』 중 루소를 다루고 있는 절반은 메타포, 자아, 알레고리, 독해reading의 알레고리, 약속, 핑계라는 근본적인 벽돌들을 거대하게 쌓아올린 웅대한 구조로 이루어져 있는데, 그것을 개진開陳함에 있어서 드 만은 충분히 자부심을 가질 만하다(『자본론』 1권의 집필을 막 끝낸 마르크스처럼 말이다). 어쨌든 이 책 역시 자신의 연구 대상의 독특한 구성만큼이나 "집에서 만든 독특한 가구"가 아닐 수 없다. 당시 부상하던 철학적 일반화의 투박함은 이제 명예의 문제이자 영광스러운 칭호로 여겨질 것이다. 사유의 영역에서 무로부터 시작한다는 것은 아무나 달성할 수 있는 성취가 아니다. 드만은 텍스트 자체를 이렇게 독특하게 구성함으로써 루소와의 신의를 지킨다. 그리고 내가 보기엔 드 만을 읽을 때, 그것을 너무도 복잡하고 미묘하여 영원히 가닿을 수 없을 것 같은 극도로 정교한 '타자의 생각'이라 치부하고, 이를 통해 하펌Geoffrey Harpham이 드 만을 비판하는 이들에게서 찾아낸 텍스트적 질투심을 자극하기보다는, 차라리 드 만의 저서가 지니는 난해함과 새롭게 구축되기 시작한 사유들의 극명한 단순성 사이의 관계를 파고드는 것이 더 생산적일 듯하다. 좀더 미학적인 방식으로 달리 이야기하자면, 초기 사유 과정의 투박함을 복원하는 것은 실천으로서의 사유 행위로 돌아가 그 사유가 하나의 사물이 되었을 때 그 행위 주변에 침전되어 있는 사물화의 껍데기를 벗겨내는 것을 의미한다. 거트루드 스타인은 이렇게 말하곤 했다. "모든 걸작은 그 내부에 다소의 추함을 담고 세상에 등장한다. [……] 비평가로서 우리의 일은 바로 그 추함을 전면에 복원시키는 것이다."[10]

비평가이자 사상가로서 드 만의 '지위'는 절대적으로 루소의 지위와 연결되어 있기 때문에, 루소의 역사적 특수성에 관한 불확실성이 드 만 자신의 기획에 관한 불확실성으로 투사된다(이 불확실성에 대한 평가의 가능성은 다양하지만 무한대는 아니기 때문에, 나는 **미결정성**이란 단어를 피하고 싶다).

일례로 현대인 중에 드 만만큼 강렬하게 역사의 위기와 역사기술의 위기 그리고 통시적 서사 언어의 위기를 경험한 사람은 드물다. 즉 이런 극단적인 경험으로 새롭게 돌아갈 수 있는 가능성(비록 그는 이를 이론적으로 다루려 했지만)이, 그 위기에 대한 그의 숙고가 우리에게 가져다줄 수 있는 가치와 의미의 원천인 것이다. 그는 말한다. "나는 낭만주의에 대한 역사적 고찰을 준비하기 위해 루소를 진지하게 읽기 시작했지만, 해석이라는 지엽적 어려움 너머로 전진하지 못했다. 이 문제를 극복하기 위해 나는 역사적 정의定義에서 독해의 문제성으로 옮겨가야만 했다. 이런 이동은 우리 세대의 전형적인 것으로 그 원인보다는 그 결과가 훨씬 더 흥미롭다."[11] 이 마지막 문장이 암시하듯이, 그는 자신의 연구 대상으로 채택할 수 없었던 역사적 관점으로부터 자신의 '해결책'을 교묘하게 분리하려는 시도를 한다. 따라서 이것이 존중받는다면, 이 경고성 문장은 자기 충족적이며 이후의 입장에도 타당성을 부여한다. 분명 사람들은 방금 인용한 문장의 두 가지 특징에 의거하여 드 만이 의미하고자 하는 바를 이해할 것이다. 첫째는 문학사 교과서의 내러티브가 지니는 우둔함이다. 그것은 근본적으로 몇 가지 예시를 제시하는 것 말고는 그 텍스트들을 감당하지 못한다. 둘째는 사상사의 조악한 인과론이다. 이 인과론은 종종 (드 만이 평생토록 혐오했던) 정신분석학에서 논리를 끌어오기도 하며, 때로는 (빈도는 낮지만) 속류 사회학의 형식을 통해 일반화에 도달하기도 한다. 그렇다고 해서 이 문제에 관한 드 만의 경험이 지니는 고유함을 단지 통시성에서 공시성으로의 전환에만 한정시키는 것은 실수다(예컨대 우리 시대의 사상사에 대한 **미래의** 교과서가 바로 그 형식을 취할 수도 있다).

그러나 교과서의 시대구분 범주에 대한 거부는 복잡하고 변증법적인 일이다. 왜냐하면 드 만의 저작도 시대구분 범주를 **유지하고** 있기 때문이다. 예컨대 계몽주의와 낭만주의 사이의 근원적 차이에 대한 개념이 두드러지게 남아 있으며, 또한 낭만주의와 모더니즘 사이의 구별도 미약하게나마 남아 있다. 무엇보다도 낭만주의는 실러Friedrich Schiller의 시대이며, 18세기 사상이 세속화(다른 언어를 쓴다면, 사상이 이데올로기로 전환)된 시대이다. 따라서 낭만주의 시대는 위험한 시기이자 (드 만의 핵심적인 윤리적 범주로 표현하자면) **미혹**seductiveness의 시기이다. 그런데 여기에서 우리를 미혹하는 것은 사유 체계나 이데올로기적 종합이다(우리가 변증법을 **그런 것**으로 여기고 일반성의 수준에서 그것을 동원한다면, 변증법 역시 여기에 포함될 것이다). 반면에 모더니즘은 보다 엄밀한 의미에서 언어적이고 감각적인 미혹의 승리로 표현된다(이 점에 대해서는 나중에 다시 다룰 것이다). 따라서 18세기의 역사적 특수성을 확보하는 일은 드 만에게 중요할 수밖에 없다. 이는 그의 저서 『낭만주의의 레토릭The Rhetoric of Romanticism』의 서문에 등장하는 경고에서 분명해지는데, 이 경고는 이런 맥락이 아니라면 딱히 그 동기를 찾을 수 없다. 그는 이렇게 말한다. "몇몇 지나가는 언급을 제외하면, 『독서의 알레고리』는 결코 낭만주의나 그것의 유산에 관한 책이라 할 수 없다."[12] 이는 최소한 몇몇 독자가 이 책에 담긴 설명(과 루소의 텍스트)을 다른 시대의 텍스트에 대한 자신의 해석과 은연중에 동일시하려는 경향을 정정해주려는 의도로 보인다. 그는 언젠가 사석에서 이렇게 말하기도 했다. "마르크스주의의 문제는 그것이 18세기를 이해할 수 있는 방법을 제공해주지 않는다는 것이다." 그는

〔마르크스주의〕 문헌과는 친숙하지 않았기에, 이 말이 '이행기' 논쟁뿐만 아니라 '부르주아 혁명'이나 자본주의와 국가권력의 관계에 관한 논쟁에 대해 얼마나 명민한 통찰을 보여주는지 알아차리지 못했을 것이다.

교과서에는 관례적으로 18세기가 대문자 역사가 탄생한 시기로 구분된다. 즉 역사성과 역사의식뿐만 아니라 근대적인 역사기술의 (아직 관행까지는 아니지만) 가능성이 탄생한 시기이다. 이 설명이 어떻게 그 시대의 또 다른 별칭인 '이성의 시대'와 연결될 수 있는가 하는 문제는, 이성의 행사와 그 이성이 예전에는 경험해본 적이 없는 새로운 역사적 리얼리티의 출현(아메리카 대륙과 타히티에서 오래되고 급진적으로 다른 생산양식을 발견했고, 프랑스혁명 이전 유럽에서 생산양식 간의 갈등을 경험했다) 사이의 특수한 조화 속에서 찾을 수 있다. (가장 큰 스캔들을 일으켰던 루소의 제스처를 반복한다면) 이제부터 오랫동안 이성은 "모든 사실을 제쳐두고set all the facts aside"[13] 순수한 추상적 연역이나 환원을 통해 역사를 일으켜 세우려 애쓸 것이다. 다른 말로 하자면 현대적 삶의 질료들로부터 비본질적인 것을 제거해냄으로써, 이러저러한 것들의 기원(이것이 '역사'에 대한 철학적 논쟁에서 사실상 중심적 범주라 할 수 있다)으로 돌아가는 길을 사유하는 것이다. 칸트도 자신의 철학적 논증에서 이런 절차를 따르는데, 이 절차에 대해 그가 한 말을 초기 번역가들은 "사유 속에서 전멸시키기to annihilate in thought"[14]라는 말로 의역했다. 19세기에 발전한 보다 풍부해진 경험주의적 역사기술 방식이 등장한 이후, 이 절차는 더 이상 철학적 이성의 활동을 중심적으로 설명하는 말로서 기능하지 못하고, '사유 실험'이나 현상학에서 메를로 퐁티의 개념인 "환상 사지phantom member"의 지위로 강등되었다(환상 사지는 이미 절단된 사지에서 느껴지는 감각으로, 대문자 언어나 대문자 존재 혹은 몸같이 없어서는 안 되는 어떤 것에 대해 우리가 파악하는 것이 불가능함을 극화한다). 그렇다면 18세기의 인식론적 특권과 그것이 독특한 개념적 실험실로서 우리에게 갖는 가치는, 그것이 '기원' 개념을 생산할 뿐만 아니라 거의 동시에 그에 대한 무지막지한 비판을 수행한다는 역설적 상황에 존재한다(루소에게는 특히 그러하다). 부분적으로는 이것이 드 만에게 루소가 이상적인 연구 대상이 되었던 이유가 아닐까 싶다.

　루소는 또한 이후에 변증법에 의해서 확보된 개념적 공간을 개척한 사람으로 해석될 수도 있다. 그러나 근본적으로 변증법적인 텍스트인 루소의 『인간 불평등 기원론Discourse on the Origin and Foundations of Inequality』을 다루는 드 만의 장은 이 논문을 구성하는 보다 큰 서사적 형식에 대한 적절한 그림을 제공해주지 않는다(그런 시도도 하지 않는다). 이는 부분적으로는 메타포를 [그리스 신화 속] 거인으로 상정하는 드 만의 중심적인 설명이 「언어 기원에 관한 시론Essay on the Origin of Language」(이 글이 『인간 불평등 기원론』의 초안인지 아니면 속편인지조차 불분명하다)이라는 2차 자료로부터 끌어온 것이기 때문이다.

　『인간 불평등 기원론』에 나타난 루소의 언어에 대한 사유는 상당히 흥미로운데, 이는 글의 내용뿐만 아니라 그것의 기능과 내러티브의 위치 때문이기도 하다. 그의 언어에 대한 사유는 방금 언급했던 '사유에서의 환원'과, 최소한 '자연 상태'라는 부정적 개념에 도달하기 위해 루소가 필연적으로 "모든 사실을 제쳐두는" 방식에 대해 기본적인 해설을 제공한다. 이 방식은 비본질적인 것들이 제거된 뒤 무엇이 남는지 보기 위해서, 인간의 리얼리티로부터 모든 인위적이고 '불필요한,' 사회적이고 사치스러운, 따라서 비도덕적인 여러 층의 껍질을 벗겨내는 것이다. 그런 연후 루소는 이 과정을 되밟아가면서, 이러한 타락한 보충물들이 생겨나고 오늘날 우리가 알고 있는 인간 사회가 등장하게 되는 역사를 재구성한다. 따라서 그의 설명은 사르트르가 앙리 르페브르에게서 비롯되었다고 보았던 "진보-퇴행 방법론"에 대한 사실상 최초의 예라고 할 수 있다. 하지만 앙리 르페브르는 이것이 마르크스(『정치경제학 비판 요강』의 1857년 서문)의 방법론이라고 밝혔다.[15]

하지만 루소의 이러한 역추적에 문제가 없진 않다. 이는 특히 언어에 관한 그의 발언에 의해서 명백해지는데, 그는 언어 자체가 바로 '비본질적인' 사회적 부가물이자 보조물 중 하나로서 사유에 의한 이성의 환원을 통해 본질적인 인간의 삶으로부터 제거될 수 있다고 본 것이다. 문제는 루소 자신이 먼저 언어가 태어나지 않았을 수도 있었다는 증거를 지나치게 역설하는 바람에, 스스로 당황하여 중단할 수밖에 없었다는 것이다. 왜냐하면 실제로 그렇기 때문이다. 이후 「언어 기원에 관한 시론」은 이 수수께끼로 돌아가 다양한 방식으로 고민하지만, 그 어떤 결론에도 도달하지 못한다.

그러나 루소의 내러티브가 시간을 되돌려 대문자 역사의 시작을 설명하기 위해서는, 기폭장치와 같은 새로운 종류의 인과 개념이 요구된다. 즉 레비-스트로스의 "뜨거운 사회hot society"와 같은 역본설dynamism적인 의미에서의, 혹은 마르크스주의적인 의미에서의 국가 권력의 기원 같은 개념이 필요한 것이다. 대문자 타락Fall에 대한 확신에 가까운 (따라서 유사 종교적인) 전망이나, 단일한 형식의 인과론 혹은 결정론이 루소에게서 비롯되었다고 보는 것은 분명 잘못이다. 『인간 불평등 기원론』은 사실상 다양한 지엽적 출발점을 상정하거나 가정하는데, 이는 여러 지점에서 섹슈얼리티(이것은 사랑과 질투를 통해 **남자들** 사이의 투쟁을 자극하고, 따라서 불평등을 제도화할 뿐만 아니라 언어에 대한 필요성을 발생시키기도 한다〔*RSD* 134, 137〕)와 좀더 널리 알려진 바처럼 사유재산 자체("한 줌의 땅에 울타리를 쳤던 최초의 사람이 이를 상기하며 말한다. **이것은 나의 땅이다**"〔*RSD* 141〕)를 포함한다. 그런데 루소에게서 변증법적인 혹은 최소한 변증법의 원형적인 것이 있다면,[16] 그것은 "완성 가능성perfectibility"의 이중적 가치인데, 이는 인간 존재 자체에 관한 모든 특징을 정의하는 것일 뿐만 아니라, 퇴락과 부패와 문명으로의 타락이라는 거의 거역할 수 없는 인간의 숙명을 규정하는 것이기도 하다(*RSD* 114~15).

드 만의 '언어학적' 독해를 정당화시켜주는 것은, 이 과정이 루소의 저서 모든 곳에서 차이화differentiation라는 측면을 통해 묘사된다는 점이다. 무엇보다도 18세기 계급에 대한 경험은 카스트 구별, 지위, 신분이 높은 사람들의 오만함, 그리고 '학위'와 얼굴에 대한 집착의 견딜 수 없는 경험이었다. 그리고 이 모든 것은 경제적인 의미라기보다는 봉건적이고 사회적인 의미에서의 차이화와 동의어라 할 수 있는 **불평등**이라는 단어에 강력하게 집중되었다. 곧 보게 되겠지만, 루소 또한 그러한 차이화를 원형적 언어의 측면에서, 그리고 언어의 기원이 갖는 심층적 의미로서 설명한다.

여기에서 내러티브상의 마지막 전환에 대해 언급할 필요가 있는데, 왜냐하면 그것이 『인간 불평등 기원론』의 절정을 구성하며 최초의 '불평등'의 증폭 혹은 변증법적 강화 같은 것에 이르기 때문이다. 이는 국가 자체와 국가권력의 기원에 관한 것으로, 이와 관련하여 루소는 국가의 엉터리 계약이 엄청난 사기이자 거짓말임을 보여주고자 했다(이를 통해 처음으로 진정한 '사회계약'에 대한 자신만의 판본에 대한 동기를 부여받게 된다. 이에 대해서는 뒤에서 살펴볼 것이다).

드 만의 루소에 대한 보다 개인적인 친밀함에 대해서는, 사실 우리가 아는 바 없고 다만 (예컨대 벨기에 사람이라면 파리의 위대함과 대비되는 스위스의 주변성에 대해 명백히 관심이 있을 것이라는) 추측만 할 수 있을 뿐이다. 하지만 몇 가지 부주의한 실수가 있다. 내 생각에 『신화론』을 쓸 당시 바르트는 그것들의 탈신비화 기능을 환기하면서, 위안을 얻기 위해 여기저기서 좀더 존재론적이고 바슐라르Gaston Bachelard적인 설명에 탐닉한 적이 있다고 인정했다. 마찬가지로 드 만 역시 (대부분 자신이 명시적으로 거부했던) 매우 다른 종류의 비평의 미혹에 굴복한 적이 있다. 루소의 소설 『신엘로이즈Julie, ou la nouvelle Heloïse』에 대한 글에서 그는 이렇게 말한다.

당시에 열정은 병리적인 욕구로 여겨졌다. 이것이 열정이 쾌락과 고통이라는 측면에서 정동으로서의 가치를 갖게 된 이유이기도 하다. 알레고리는 어쩔 수 없이 행복과 관련된 어휘로 전환되었다. 보다 가정적인 판본에서 이 어휘는 에로스적인 달콤함과 기만의 혼합물, 즉 루소의 소설 대부분에 감돌고 있는 "달콤한 모범doux modèle"과 "쓰쓸한 키스âcres baisers"의 혼합물을 생성한다. 그는 스스로 『신엘로이즈』를 진술陳述의 쓰쓸함을 감추고 있는 "달콤한 술"(타소Torquato Tasso)에 비유한다. 그리고 이것의 약간 매스꺼운 맛은 루소의 필연적으로 '저급'한 취향의 정수를 잡아낸다. 사람들은 이에 질리면 언제나 위생적으로 상쾌한 『사회계약론The Social Contract』을 통해 위안을 얻을 수 있다(AR

209).

여전히 루소의 텍스트가 지니는 이 특수한 육체적인 혹은 현상학적인 차원이 모든 '미혹'에 맞서 자신을 지킬 수 있을 만큼 충분히 혐오스럽다는 것에는 동의할 수 있다. 그런데 인식론적인 차원은 보다 많은 것을 드러낸다. "루소처럼 의심 많은 사람은 자기 자신을 포함한 그 누구의 목소리도 거의 신뢰하고 싶어 하지 않기 때문에, 그러한 일련의 치환은 그 이상의 복잡화 없이는 통제될 수 없는 듯하다"(AR 225). 다른 비평가라면 이런저런 다양한 실존주의적 정신분석학을 통해 접근하고 싶은 유혹을 느낄 수도 있는 편집증과 자기혐오가, 여기에서는 루소의 사유와 글쓰기의 인식론적 특권을 정의하는 "행복한 타락"과 "행운이 깃든 우연"이 된다. 이것은 이제 무로부터 역사적 개념성을 구축하는 동시에, 의심과 불신을 통해 그 개념성을 분해하는 것을 목도할 수 있는 유례없는 기회를 제공한다. 동일한 텍스트 안에서 구조를 만들자마자 해체하는 것이다. 비록 (하나의 이데올로기로서) '해체주의'의 보다 일반적인 레토릭이 모든 '위대한' 텍스트는 스스로의 구조를 해체하며 문학적 언어는 언제나 그렇게 한다고 주장할지라도, 루소에 대한 분석을 근거로 이러한 주장을 일반화할 수는 없다. 반면에 그런 점에서 (즉 루소의 '편집증'이나 그의 사회적·역사적 상황과 관련하여) 루소의 특권화된 인식론적 가능성에 대한 심화된 '설명'은, 드 만의 경우에는 이미 전략적으로 차단되어 있다("그 원인보다는 그 결과가 훨씬 더 흥미롭다").

그렇다면 드 만의 분석에서 핵심적인 주제는 루소의 정신이 이른바 자연 상태를 구축했던 방식일 것이다. 이는 곧 단순한 과거 일반이나 특정한 역사적 과거가 아닌, **필연적인** 역사적 과거를 구축하는 방식이다. 즉『학문과 예술에 대하여』에서 이미 살펴보면서 맹렬히 비판했던 책략과 퇴폐적 경박함과 '문명'의 사치를 제거했을 때, 그곳에 남는 것 혹은 남아 있어야만 하는 것을 구축하는 방식인 것이다. 바로 이 지점에서『인간 불평등 기원론』에 대한(즉 "인류의 불평등에 대한") 드 만의 관점과 (『그라마톨로지*Of Grammatology*』에서의) 데리다의 관점을 구별하는 것이 중요하다. 그들의 이름이 '해체주의'라는 간판하에 자주 함께 호명되고 묶이는 상황 속에서, 내 생각에 적어도 당분간은 '자신의 이름이 표시된' 이론의 이 두 핵심 인물이 처음부터 서로 전혀 관련이 없다는 작업가설을 세워두는 것이 유용해 보인다. 사실 이런 치료법적인 작업가설은 내가 여기에서 발전시키고자 하는 드 만의 형이상학에 대한 그림을 통해서 보다 심도 깊게 정당화될 수 있을 터인데, 이 그림은 일반적으로 데리다와 연관시키는 입장들과는 전적으로 달라 보일 것이다.

그러나 '자연 상태'의 문제라는 특정 사안에서 드 만과 데리다 사이에 강조할 만한 최초의 차이점들이 분명하게 나타난다. 드 만은 자연 상태를 "허구"라고 규정한다(*AR* 163). 마치 그가 (**철학자**에 의해 창안된 헌법을 포함하는) 루소의 정치철학이 일단의 "약속들"이고, 자신의 과거에 대한 루소의 내러티브가 일단의 "변명들"이라고 여기는 것처럼 말이다. 이러한 말들은 이미 이상하게도 현재 너머에 존재하는 것들을 일단의 주관적 투영물로 치부해버린다. 아니 오히려 상대적으로 조잡한 사회적인 유형의 일단의 관행으로 취급한다고 할 수 있다. 왜냐하면 우리는 '주관성' 자체에 대한 드 만의 적개심이 드러나는 경우를 이미 보았(으며 앞으로도 또 그럴 것이)기 때문이다. 예를 들어 미국의 헌법을 '약속'이라고 생각해보자. 이 표현이 비록 낯설게 하는 효과가 있다고 하더라도, 어쨌든 그것은 특이하게도 제도(와 알튀세르의 이데올로기적 국가기구)의 힘을 보이지 않게 만드는 듯한 관점을 채택하는 일일 것이다. 실존적 죄책감 역시 러시아 형식주의자들이 말하는 일종의 "장치의 동기화" 혹은 문장구조의 사후 효과가 될 것이다 (*AR* 299). '허구'에 대해서 말하자면, 시뮬라크럼과 이미지 사회 이론이 확산되고 있는 현 분위기에서 그것은 이상하게도 고답적이고 '미학'적인 범주처럼 보인다. 최근 정신분석학적 경향의 연장선상에서 보더라도, '판타지'와 상상계는 종종 리얼리티나 이성보다 더 강력한 영향력을 지닌 것으로 보인다. 그리고 역사기술 이론에서도 마찬가지인데, 역사의 다양한 경험적 과거는 때때로 루소의 특수한 '허구'보다 이데올로기적으로 더 설득력이 없는 듯하다. 오늘날 내러티브 이론이 뭔가 본질적인 것을 성취했다면, 그것은 '허구성'이라는 구식 범주를 강력하게 추방시킨 것이다(이와 더불어 드 만에게 똑같이 중요한 것은 모든 적절한 변화 중에 '문학적 언어'라는 범주가 추방되었다는 것이다). 하지만 일단은 데리다의 텍스트가 딱히 존중하거나 인정하지 않는 듯한 '허구'나 '아이러니' 같은 구식 범주들이, 드 만의 텍스트에는 기능적으로 존재하고 있다는 사실을 알아두는 것만으로 충분하다. (다소 성급하게 요약하자면) 데리다의 관심은 루소의 설명이 전제하는 듯한 과거 '경험'의 허구성이 아닌, 그의 정식의 내적 모순과 관련이 있다. 한때 분명히 존재했던 어떤 상황(옛날 옛적 인류에게 언어가 등장했고, 잉여가치가 존재하지 않았으며, 사회와 부족 제도가 서서히 등장하기 시작했던 그 무렵)을 향해 정신적으로 거슬러 올라가는 일은, 우리에게 언어나 글쓰기를 통해 바로 그 언어와 글이라는 두 '자산'이 모두 부재하는 조건을 상정하라고 요구한다. 이 상황이 지니는 여러 불일치와 모순은 적어도 하나의 사실에 의해 극화될 수 있는데, 이는 말과 글을 '소유한' 자는 그것이 부재할 경우 어떤 일이 벌어질 수 있는지 상상하기 어렵다는 것이다. 이 점에 특별히 초점을 맞추면, 급진적 변화나 차이에 대한 모든 상상력에 타격을 입히며, 현재의 특정 체계 속에서 교육을 받은 사람이 급진적으로 다른 조건을 이해할 수 있는 가능성에 대해 의문을 제기한다. 왜냐하면 정의상 차이와 변화라는 논지가 의미하는 것은 바로 과거는 접근과 상상을 불허한다는 것이기 때문이다. 그러나 데리다의 논의가 지니는 힘은 정치적·학문적 전제 조건을 요구하는데, 그것은 이 개념성의 불일치에도 불구하고 우리는 과거가 현재와 다르다고 계속해서 '믿어야' 한다는 것이다. 드 만의 허구성 개념은 더 이상 그러한 고통스러운 이중적 구속을 무대화하는 것 같지는 않다. 자연 상태는 선택적 지위로 추락한다. 아니 그보다는 자연 상태의 역사적 내용이 상당히 다른 종류의 철학적 관심사로 대체된다고 해야 옳을 것이다. 이 관심사를 인식론적이라고 규정하는 것은 오해의 소지가 있으며, 또한 여기에서 기원에 관한 문제는 다소 다른 것으로 변형된다. 이는 온전히 **추상**abstraction과 철학적 개념성 자체의 탄생에 대한 질문이다. 그리고 이를 강조할 경우, 이제 루소의 텍스트와 드 만의 저서 나머지 부분에 대해서도 전혀 다른 독해를 할 수 있다.

　드 만의 분석은 메타포라는 기호 아래에서 수행된다. 메타포는 드 만의 글쓰기에서 언제나 조심스럽게 접근해야 하는 단어이자 개념인데, 왜냐하면 문학적·미학적 글쓰기에서 전통적으로 찬양받아왔던 (천재의 표식으로서 혹은 시어의 정수로서) 메타포의 기능이 여기에서는 언제나 무자비하게 배제되기 때문이다. 사실 역설적이게도 메타포는 "본질적으로 반反시적이다"(AR 47). 이보다 더 역설적인 것은, 메타포가 비유적 언어의 심장부나 언어가 축자적 의미와 지시적 기능으로부터 해방될 수 있는 공간(일반적으로 이것은 낭만주의적·모더니즘적 미학의 관점인데, 이런 관점이 미학의 이데올로기가 되어 일반적 관념으로 느슨하게 전승되었다)과는 거리가 멀다는 것이다. 드 만에게 메타포는 축자적·지시적 환영 자체의 근원이자 기원이며 심층 원인이다. "메타포는 그것이 함의하는 실체의 본성에 내재하는 허구적이고 텍스트적인 요소를 간과한다. 그것은 텍스트의 내적 사건과 외적 사건, 축자적 형식의 언어와 비유적 형식의 언어가 구별될 수 있는 세계, 축자적 측면과 비유적 측면이 각각 하나의 속성으로 분리되어 교환되거나 대체될 수 있는 세계를 상정한다"(AR 152). 드 만은 덧붙인다. "이것은 오류다. 비록 이런 오류가 없다면 어떤 언어도 가능하지 않지만 말이다." 따라서 드 만에게서 전의轉意, trope의 지위가 무엇이건 관계없이, 분명한 것은 다른 비유법(예컨대 환유나 오어법catachresis)을 가상적인 시 구조의 중심으로 끌어올리기 위해 메타포를 끌어내린다고 추측해서는 안 된다는 것이다. 우리는 잠시 후 레토릭에 대한 질문으로, 특히 그 질문이 기대고 있는 동시에 비판하고자 하는 축자적 측면과 비유적 측면의 구별에 관한 특유의 문제로 돌아올 것이다. 지금은 이 구절을 드 만의 주장에서 가장 성가시고 당혹스러운 것은 무엇인지, 그리고 가장 '변증법'적인 것은 무엇인지에 대한 설명으로 사용하는 것으로 충분하다. 즉 구조에서 사건으로의 전환, 혹은 텍스트의 특정 지점 내에 구조적 관계를 상정하는 것에서 그에 따른 효과에 주의를 기울이는 것으로의 전환에 대한, 그리고 그로 인해 최초의 구조가 분해되는 것에 대한 설명으로 족하다. 이런 의미에서 메타포는 '오류'이자 '오류'가 아니다. 즉 그것은 환영을 만들어낸다. 하지만 그 환영이 피할 수 없는 것이며 언어 구조의 일부분이란 점에서, '오류'는 메타포에 딱히 적당한 단어로 보이지 않는다. 왜냐하면 우리에게는 언어 밖으로 나가 그에 대해 판단을 내릴 수 있는 공간이 없기 때문이다. (그런데 루소의 절차나 그의 인식론적 환영 역시도 그러했다. 그리고 앞으로 보겠지만, 어떤 의미에서 드 만의 비범한 시도는 보다 세밀한 이론적 차원에서 보면 루소의 그것을 복제하고 있으며, 따라서 그의 이론은 18세기 합리주의의 최신 형태를 구성한다고 말할 수 있을 것 같다.)

루소 자신의 범주를 사용하자면, 『인간 불평등 기원론』은 이름과 메타포 사이의 긴장 관계, 혹은 원한다면 이름에서 메타포로의 전형적인 미끄러짐으로 무대화될 수 있다. 루소에 따르면 여기에서 '이름'은 강한 의미에서 절대적으로 유일하고 개별적인 것으로서의 **특수자** particular를 구별하기 위해 사용하는 언어로서 비교적 문제 없이 받아들여진다. 그런데 이 특수자는 현대적인 용어를 사용하자면 '이질적인heterogeneous' 것이라고 할 수 있는데, 그것은 일반적인 것이나 보편적인 것 아래 포괄될 수 있는 것이 아니다. 따라서 이름에서는 인간의 언어와 사물 사이의 급진적 '차이'(사물 간의 차이뿐만 아니라 사물과 인간 간의 차이)가 교차한다. 이름을 이런 식으로 설명하게 되면, 이름을 붙이는 행위에 내재된 어떤 의미의 특이성뿐만 아니라 사실상 도착성과 불가능성도 일깨우기 시작한다. 즉 '나무'는 이미 더 이상 내가 창밖으로 응시하고 있는 '깊이 뿌리내린 꽃 피우는 것'이라는 구체적인 것에 대한 이름으로 여겨지지 않는다. 반면에 어떤 사람들은 자신이 좋아하는 자동차에 이름을 붙일 수도 있지만, 우리는 보통 좋아하는 안락의자나 머리빗이나 칫솔에는 이름을 붙이지 않는다. '고유'명사의 경우, 특히 레비-스트로스는 이름이 분류 체계의 일부로 사용될 때 개별적인 이름이 고유성을 지닌다는 주장이 즉시 전복되는 방식에 대해 풍부한 가르침을 줬다(다른 언어학에서는 이렇게 특수성을 부여하는 기능을 '이것'이나 '저것'같이 사실상 말이 없이 작동하는 **지시어**가 맡는다. 이런 지시어는 지금 여기에 있는 유일한 대상의 달리 형언할 수 없는 구체성을 지시하기도 한다). 그러나 이것들을 고려하더라도 드 만의 주장이 특별히 약화되는 것은 아니다. 그러한 고려들은 메타포의 두 번째 작용을 제때에 무대로 끌어와 언어 일반의 허영심을 확인시켜준다. 일반화, 개념화, 보편화와 같은 언어 일반의 근절할 수 없는 '속성들'은 독특하고 일반화할 수 없는 사물들의 세계의 표면을 미끄러질 뿐이다. 이런 식으로 생각하면 필연적으로 세계와 언어에 대한 존재론적인 (혹은 형이상학적인) 그림을 보여주게 된다(이 문제에 대해서는 나중에 다시 돌아오겠다).

그런데 언어는 **등장하기 마련이다**. 우리는 사물들에 이름을 붙이고 그에 대해 이야기한다. 그것이 오류이건 아니건 말이다. 그리고 18세기의 합리화 과정은 루소가 아직 언어가 존재하지 않았던 단계를 발생학적으로 혹은 역사적으로 추론해냄으로써 그러한 상황을 '이해'하(거나 '설명'하)려 시도하도록 이끈다. "인간과 다양한 존재자 사이의, 그리고 존재자와 존재자 사이의 반복된 접촉은 필연적으로 인간의 마음속에 관계에 대한 인식을 낳는다"(루소, AR 155에서 재인용). 그러한 관계는 먼저 비교('크다, 작다, 강하다, 약하다')가 나타나고 다음엔 수數가 나타나는데, 이것이 진정한 개념화와 추상화의 탄생을 알린다. 혹은 원한다면 추상 그 자체를 파악하는 추상화의 탄생이라고도 할 수도 있다(이런 추상화는 여전히 비교가 **아닌** 특수자를 존중하고자 하는 이름 붙이기와는 다르다). 그런 연후에 단순한 개념적 관계가 특수자에게로 역류하면서, 그 특수자를 일련의 등가물이나 동일자 들로 변형시키게 된다. 최소한 이런 점에서 보자면 어떻게든 등가성(내지는 유사성)을 상정하지 않고는 (이 나무가 저 나무**보다 크다**와 같은) 두 실체 사이의 양적인 차이를 떠올릴 수 없다. 따라서 이름이 지배하는 시기는 이 지점에서 끝나고, 단어와 개념과 추상화와 보편성의 지배가 시작된다. 물론 드 만도 이제 결정적으로 이런 변화를 메타포의 작용과 동일시한다. 개념은 특정 존재자 집단 사이에 유사성이 있다고 사전에 결정했음을 암시한다(그렇기에 우리는 그 존재자들을 인간이나 나무 혹은 안락의자 등으로 부른다). 하지만 그러한 사전 결정의 수준에서 보면, 그 존재자들에게는 상호 간 어떤 공통점도 없다. 그들은 모두 서로 구별되는 존재이며, 따라서 사실상 전前 언어적인 단계에서는 두 개의 서로 다른 '꽃'을 '비교'하는 것이 '나의 연인'을 '붉디붉은 장미'로 묘사하는 언어 행위만큼이나 터무니없다. 이렇게 추상화의 등장을 메타포의 작용과 동일시하는 것은 당연히 루소의 특정 구절에 대한 주석 이상으로 가치가 있다. 곧 보겠지만 이는 또한 드 만의 독특한 '레토릭' 체계의 탄생을 가능케 하는 전략적 행위이기도 하다. 이러한 '이론 축조' 과정 중 이 지점에서 잠시 멈추면, 자칫 독특하고 분류 불가능해 보이는 드 만의 작업이 일단의 특정 현대 사상들과 어떤 공통점이 있는지 조금 더 명확하게 볼 수 있다.

아도르노는 개념의 독재에 대한 견해를 가진 학자들 중 〔드 만에〕 가장 가까운데, 그의 소위 동일자 이론, 혹은 이성의 추상적 동일자(루소의 유사성이나 드 만의 메타포)에 의해 이질적인 것에 가해지는 폭력은 유사한 진단적 기능을 가지고 있다(이는 아도르노의 "부정변증법"을 데리다적인 '해체'의 특정 형식과 비교하고픈 잦은 유혹 속에서도 다시 발견할 수 있다). 우리는 이런 현상을 개념의 차원에서 설명하는 철학과 언어적 사건의 패턴 속에서 탐색하려는 이론 사이의 차이점을 괄호에 묶어두어야 하는데, 이는 의식에 대한 언어의 존재론적 우위라는 (어쩌면 형이상적인) 문제를 접어두는 것과 연관된다. 하지만 말이 나온 김에 드 만의 설명의 보다 내적인 서사성이 "계몽의 변증법"에 나타나는 외적 서사성과는 대립된다는 점을 주시할 필요는 있다. 보게 되겠지만 드 만에게서 메타포화라는 구조적 사실은 텍스트와 그 내용에 발생하는 유사 사건적인 결과가 따르는데, 이 결과는 궁극적으로 다양한 종류의 알레고리로 분류되고 유형화된다. 아도르노에게 개념, 추상, "동일성"의 독재는 여러 방법을 통해 극복될 수 있으며, 이를 위해 제안된 "부정변증법"은 일종의 성문화이자 완전히 전략적인 프로그램 같은 것이다. 그런데 드 만의 메타포와 마찬가지로, 아도르노에게도 그 개념은 억압적이며 사유의 필수 불가결한 요소이다(따라서 여기에서도 '오류'는 적절한 동시에 불충분한 표현이다). 그런데 아도르노가 루소와 유사하고 드 만과는 다른 점은, 그가 추상화의 등장을 설명할 수 있는 외부의 역사적 내러티브를 재구성할 수 있다고 느낀다는 것이다(이런 역할을 하는 것이 루소에게는 유사성이라면, 아도르노와 호르크하이머에게는 이성 혹은 자연에 대한 계몽의 "지배"이다). 루소와 아도르노의 모델에서 이러한 내러티브의 중심에는 자연의 무시무시한 위협에 대한 공포심 및 인간의 나약함과 아울러, 이런 자연의 위협에 대해 사유만이 지속성 있는 보호와 통제의 도구를 제공해준다는 생각이 존재한다. 대부분의 북미 사람들보다는 그런 공포심과 나약함을 역사적으로 좀더 크게 경험했다고 볼 수 있는 드 만은 이런 종류의 설명을 배제한다. 의심할 바 없이 그는 그러한 설명에는 '흥미 없다'고 말했을 것이다.

여기서 드 만의 문제와 더 깊은 친연성을 가지고 있는 사람은 마르크스로, 그의 가치 4단계에 대한 설명이 특히 그러하다(이는 내러티브의 발생으로 해석될 수도 있지만 반드시 그럴 필요는 없다). 드 만은 그의 말년에 마르크스주의와의 만남에 대해 탐색하며 그에 대해 이야기해주겠다고 약속했지만, 결국 그리하지는 못했다. 하지만 『독서의 알레고리』는 이미 상당한 실마리를 포함하고 있는데, 이는 마르크스주의와의 만남을 (욕구나 인간 본성 등과 같은) 인류학적인 관점으로부터 그가 "언어학적 개념화"라고 부르는 것으로 옮겨놓는다.

그러나 루소의 정치 이론의 경제적 토대는 옳고 그름이라는 윤리적 원칙으로 이어질 수 있는 욕구와 욕망과 이해관계의 이론에 뿌리를 두고 있지 않다. 그것은 언어적 개념화와 상호 연관성이 있고, 따라서 유물론적이지도 관념론적이지도 않으며 또한 단순히 변증법적이지도 않다. 왜냐하면 언어는 초월적 권위뿐만이 아니라 재현적 권위도 박탈당했기 때문이다. 루소와 마르크스의 경제결정론 사이의 복잡한 관계는 오직 이런 관점에서만 접근할 수 있으며 또한 그렇게 접근해야만 한다 (AR 158).

데리다와 마찬가지로 드 만과 마르크스주의의 이론적 만남은 1차적으로 알튀세르를 통해 매개된 것으로 보이는데, 드 만은 알튀세르의 루소에 관한 글을 극찬한 바 있다(드 만은 그의 독해가 **흥미로운** 오독이며, 정신분석학적·전기적·주제적·훈육적 접근이 보이는 진부한 오독보다 훨씬 유용하다고 느끼는 듯하다〔*AR* 224〕). 그런데 (거의 모든 이에게 그랬듯이) 마르크스주의에게도 루소는 대개 골칫거리였음을 고백해야 한다. 마르크스주의 전통 속에는 18세기의 기계적 유물론이 유입되었지만, 루소의 '이상주의' '감상주의' 등에 대한 보다 큰 너그러움이 동반되지는 않았다. 하지만『사회계약론』을 다시 읽다보면, 국민공회가 성립되는 과정이 우리의 목전에서 생생하게 펼쳐지는 걸 발견하게 된다. 반면 이후의 좌파나 마르크스주의가 정치적으로 형성되는 역사 속에서 (여기에서 루소가 예언적으로 표현하고 있는) 자코뱅적 요소에 대한 논쟁은 일반적으로『사회계약론』의 지속적인 관련성에 대해 충분히 언급하지 못하고 있다.『사회계약론』이 당과 국가의 문제나, '프롤레타리아트 독재'의 문제, 그리고 의회 대표제라는 부르주아의 형식을 뛰어넘을 수 있는 좀더 진보된 사회주의적 민주주의에 대한 비전 제시의 필요성과 지속적인 연관성을 지니고 있음에도 불구하고 말이다. 그런데 드 만은 마르크스주의자들에게 영민하고 가치 있는 경고성 제안을 한다. 즉 정치철학의 일반론적 비교는 미뤄두고, 우선 훨씬 더 어려운 작업에 몰두해야 한다는 것이다. 그것은 바로 이런 관념이나 '가치'의 언어 조직을 통한 분류 작업이다. 실제로 우리는『사회계약론』이 그러한 독해를 강력하게 요구할 뿐만 아니라, 그러한 독해가 없다면 사실상 이해가 불가능하다는 것을 알게 될 것이다.

　마르크스주의의 관점에서 보면 마르크스주의와 드 만의 해체주의가 겹쳐지는 좀더 긴급한 문제는 '가치 이론'이라 할 수 있다. 등가성이라는 훨씬 더 신비로운 현상 속에 "가치 형식의 모든 신비가 숨겨져 있다"[17]는 마르크스의 말을 상기해본다면 이 두 이론의 병치가 그리 당혹스럽지는 않을 터인데, 바로 이 등가성 위에서 교환가치와 하나의 사물이 또 다른 사물과 교환될 수 있는 가능성이 어떻게든 성립된다. (용어상의 혼란을 피하기 위해서, 독자는 "사용가치"가 『자본론』의 앞부분 이후에는 그림에서 즉시 배제된다는 것을 기억할 필요가 있다. 사용가치는 우리가 고유의 사물들과 맺는 실존적 관계를 표현하지만, 가치법칙이나 등가성의 원리에 종속된다는 의미는 아니다. 이에 대해서는 잠시 후에 다시 논할 것이다. 현대적인 용어로 표현하자면 "사용가치"는 차이와 차이화의 영역이고, 반면에 "교환가치"는 곧 보겠지만 동일자의 영역이라고 말할 수 있다. 하지만 마르크스에게 이런 용어 사용이 의미하는 바는 이후에 가치와 "교환가치"는 동의어라는 것이다.)

『자본론』에 나오는 가치 4단계에 대한 논의[18]는 또한 이른바 노동가치론의 '구축'과는 구별되어야 한다. 노동가치론은 애덤 스미스Adam Smith를 따라 생산된 상품에 투여된 노동의 양을 통해 상품의 가치를 결정한다. 이런 이론이 궁극적으로 (알튀세르나 드 만이 비난했던 의미에서의) 인류학을 수반하거나 그것으로 귀결되는가는 상당히 흥미로운 문제이다. 하지만 생산의 문제는 지금 우리가 논하고 있는 '가치 형식'이라는 현상의 이면 혹은 또 다른 차원이다. 가치 형식은 시장과 교환의 토대가 되며, 결국에는 화폐라는 특이한 사물의 등장으로 귀결된다.

언어학이나 '레토릭'의 관점에서 보면, 루소(혹은 드 만)의 분석보다는 마르크스의 분석이 신선한 풀숲과 복잡함으로 향하는 '메타포적 동일시'에 대한 탐색을 훨씬 심도 깊게 추궁한다(여기서 드 만에게 메타포는 자신의 독해를 가능케 하는 출발점에 지나지 않는다). 마르크스는 겉보기에는 자연스러운 집합을 낯설게 혹은 '서로 멀어지게' 만들어서, 뚜렷이 다른 종류의 대상들을 비교하여 저울질하거나 심지어 경우에 따라서는 마치 서로 같은 것인 양 교환되도록 만든다. 이렇게 되면 소금 1파운드와 망치 3개가 어떤 공통점을 가지며, 또 어떤 방식으로 그 둘이 어느 정도 '동일하다'고 인정할 수밖에 없는가를 헤아리려는 시도 속에 신비함이 존재하게 된다. 마르크스는 원칙적으로 서로 좀더 밀접하게 연관된 두 개의 구체적인 사물을 제시함으로써 이 문제를 보다 정교하게 만든다. 즉 "리넨 20야드"와 그 천으로 만든 "코트 한 벌"을 비교하는 것이다. 이는 명백히 **새로운** 가치의 생산이라는 전혀 다른 문제를 꺼내들기 위해 고안된 선택으로, 이 문제가 이후『자본론』에서 그의 중심적 관심사가 된다.

분명 여기에서 우리는 다시 메타포의 영역으로 들어서게 된다. 서로 다른 두 대상 사이에 동일성을 생각할 수 없거나, 그것이 신비로운 것으로 남아 있거나, 혹은 개념적 이성에 의해 정당화될 수 없는데도, 그 둘을 이런 식으로 동일시하는 것을 분명 우리는 메타포라 부르기 때문이다. 내 생각에 마르크스에게도 이 등가성의 상정은 그런 의미에서는 생각할 수 없는 것으로 남게 된다. 비록 루소나 아도르노가 순전한 공포와 나약함을 통해서 수행하는 다소 신화적인 '설명'과는 달리, 마르크스는 그것을 (노동가치론을 통해) 훨씬 훌륭하게 구조적이고 역사적인 방법으로 설명할 수 있었지만 말이다. 따라서 어떤 의미에서 마르크스의 등가성에 대한 분석은 드 만의 레토릭을 통한 설명과 완전히 양립한다고 할 수 있다. 즉 두 상품을 '동일하다'고 선언하는 이 원초적인 메타포적 폭력을 전의trope의 언어적 기능의 측면에서 바라본다면, 그것은 분명 마르크스의 체계를 풍요롭게 한다고 환영받을 것이다. 하지만 이에 대한 반대급부로 마르크스는 자신의 '설명' 속에, 즉 가치가 부상하는 과정에 대한 내러티브 속에 등장하는 언어학적 해석에 다른 무언가를 첨가한다(그리고 그 '다른 무언가'가 드 만의 체계 속에서 어떤 위치를 점유하느냐는, 오로지 마르크스의 '내러티브'를 우리가 여기서 아직 다루지 않은 드 만의 '원초적 메타포로부터 알레고리의 탄생'에 관한 '이야기'와 비교해야만 밝혀질 수 있다).

그러나 마르크스가 말하는 "신비로움"과 그와 연관된 사물들의 본성을 무대에 올려놓는다면, 이는 루소의 출발점을 크게 확장하는 동시에 수정하게 된다. 루소의 출발점은 상대적으로 단순한 두 가지 상황과 연관된다. 하나는 사물들의 '동일성'이고, 다른 하나는 타인을 자신과 어떻게든 '똑같은' 존재로 파악하는 것(연민과 공감)이다. 사실 (대문자 타자, 거인, '인간'으로 이어지는) 메타포적 행위의 이 두번째 영역에 관한 드 만의 흥미로운 논의는, 첫번째 동일시를 등한시하거나 우리가 사물과 맺는 관계와 우리가 타자와 맺는 관계의 차이를 지워버리는 약점이 있다. 하지만 마르크스에게 어떻게 하나의 나무가 전혀 다른 나무와 병치되고, 그 결과 나무라는 '이름'과 '개념'이 발생하게 되는지 이해하는 것은 더 이상 문제가 아니다. 오히려 문제는 (소금, 망치, 리넨, 코트같이) 뚜렷이 구분되는 사물들이 어떻게 등가적인 것으로 이해될 수 있는가이다. 그렇다면 마르크스주의의 가장 흥미로운 인식론적 작업은 마르크스의 반反데카르트적이고 변증법적인 방법론상의 가르침을 따르게 된다. 즉 우리는 단순한 것으로부터 복잡한 생각을 만들어내는 것이 아니라, 오히려 반대로 복잡한 형식에 대한 직관이 단순한 형식을 파악하는 열쇠를 제공하는 것이다. 그렇다면 우리는 가치 법칙 혹은 근본적으로 다른 사물들 간의 등가성이라는 신비로부터, 새로운 길을 통해 보편과 특수라는 보다 단순한 문제로 돌아갈 수 있다. 달리 표현하자면 (드 만의 "언어적 개념화" 같은) 추상화

자체와 개념적 사유가 지니는 보다 전문화된 철학적·언어적 효과를 이해하기 전에, 우선 그것을 가치 법칙이 작용하는 더 넓은 공간에 위치시켜야 하는 것이다. 마지막으로 좀더 '속되게'(다시 말해서 좀더 존재론적으로) 말하자면, 철학적·언어적 추상화는 그 자체로 교환의 효과이자 그 부산물이다.

등가성의 두 항 중 하나가 다른 하나에 대한 **표현**이 된다("리넨은 코트를 통해 그 가치를 표현하며, 코트는 그 가치가 표현되는 재료로서 기능한다"[*MC* 139])는 마르크스의 설명 방식 속에서, 우리는 논지이자 매개체로서의 메타포의 교의에 대한 한층 더 풍부한 변증법적 예견을 볼 수 있다. 또 한편으로는 두 사물이 가치에 있어서 '동일하다'고 인정하는 등식의 불가역성은 이 구조 속에 '시간적' 과정을 도입하는데, 이는 메타포로부터 '내러티브'가 생성되며 그 후에 그러한 구조적 경향성에 따른 결과로서 '알레고리' 형식이 나타난다는 드 만의 설명과 양립한다. 그런데 **시간적**이라는 단어를 '실제' 경험되는 혹은 실존적인 시간이나 역사적 시간이 이 구조 속에 참여하고 있다는 암시로 받아들여서는 안 된다. 앞서 제안한 바처럼 가치의 네 형식에 대한 마르크스의 설명은 계보학적, 내러티브적, '연속주의적continuist,' 역사적인 방식으로 읽을 수 있다. 첫번째 등가성은 두 개의 자율적인 체계 혹은 자족적인 사회구성체가 교차하는 지점에서 형성된다. 예를 들어 우리 부족 내부에서는 소금이 '교환가치'가 없지만, 우리는 금속이 없고 이웃 부족은 소금에 관심이 있어서 소금과 금속 물질을 기꺼이 교환하고자 한다면, 등가성의 "우연적accidental" 형식이 나타나게 된다. 각기 다른 사물을 이런 식으로 비교하고 그들 사이에 등가성을 상정하는 일이 자립적인 사회구성체 내부에서 발생하면, 그 결과 새로운 종류의 운동이 발생하게 되고 이를 통해 일련의 잠정적인 등가성이 광범위한 사물들 사이로 퍼지게 된다. 교환이 이루어지는 순간 '메타포'의 계기가 갑자기 나타났다가 이내 다시 사라지지만, 그것은 사회 관계망의 먼 지점에서 다시 나타난다. 그렇다면 이것이 바로 "총체적 혹은 확장된 가치 형식total or expanded form of value"이 된다. 일종의 무한한 그리고 무한히 잠정적인 등가성의 사슬이 개별 사회구성체의 대상세계를 통해 이어지는 것이다. 그리고 이 속에서 사물들은 가치 등식의 두 항에 잇따라 자리를 바꿔가며 들어가게 된다(이 과정은 앞서 말한 바대로 비가역적이다). 사람들은 이 과정 속에 안정성이 부재하는데도 쉴 새 없이 교환한다. "상품 가치의 상대적 표현은 완성되지 않는다. 왜냐하면 그에 대한 일련의 재현은 결코 끝나지 않기 때문이다. 각각의 가치 등식이 연결되는 이 사슬은 새롭게 개발된 상품에 의해 언제든지 연장될 수 있으며, 이 새로운 상품은 가치를 신선하게 표현하는 재료를 제공해줄 것이다"(*MC* 156). 물론 이런 순간은 다른 시각을 통해서도 기술될 수 있는데, 이는 그 순간들의 잠정성과 그에 수반되는 가치의 지속적인 소멸을 강조하는 시각이다. 즉 가치 '법칙'이 아직까지는 하나의 매개체를 통해 제도화되거나 굳어지지 않았기 때문에, 가치는 각각의 거래가 발생하는 순간마다 완전히 소비되고 사라진다는 것이다. 이런 설명은 보드리야르의 상징교환 개념에 상응한다(상징교환은 역사에 대한 보드리야르의 관점 속의 유토피아적인 순간이라 할 수 있는데, 그 명칭은 모스Marcel Mauss의 개념을 상당히 수정한 것이다. 말리노프스키Bronisław Malinowski의 쿨라kula 체제가 종종 이런 순간의 형식화된 투사로 받아들여지곤 하지만, 쿨라는 또한 흔히 그런 〔유토피아적〕 순간의 사물화이자 다른 것으로의 변형으로 여겨지기도 한다. 한편 보드리야르의 해석과 바타유Georges Bataille의 초과excess, 파괴, 포틀래치potlatch에 대한 인류학적 찬사 사이에 관계가 있는 것 또한 분명하다).

끊임없이 무한하게 연결되는 이 교환의 사슬이 곧 견딜 수 없는 것으로 판명됨에 따라 "일반적 가치 형식general form of value"이 나타나는데, 이는 (일반적 관념이나 보편적 속성으로서의 '가치'라는) 가치 개념을 만들어내어 생산 과정에서 나타나는 획일성을 은폐한다. 이후 이 가치 개념은 단 하나의 사물 속에 체현되며, 그 밖에 모든 사물들의 '기준' 역할을 하게 된다. 하지만 이는 상당히 특이하고 모순적으로 작동한다. "우리가 이제 막 획득한 그 새로운 형식은 상품 세계의 가치를 그 세계로부터 구별되는 단 한 종류의 상품을 통해 표현한다"(*MC* 158). 따라서 그렇게 선택된 사물은 불가능한 사명을 수행해야 한다. 왜냐하면 그것은 다른 모든 사물들과 마찬가지로 잠재적 가치를 지니고 있는 세계 속의 사물 중 하나인 동시에, 대상세계로부터 끌려나와 세계의 외부에서 세계 내의 새로운 가치 체계를 매개할 것을 요구받기 때문이다. (에번스–프리처드E. E. Evans-Pritchard의 누에르Nuer족에 대한 고전적 연구 속 묘사처럼) 그 매개체로 암소가 선택된다고 하더라도 그다지 놀라운 일은 아니다. 최소한 그 소는 자신의 다리와 힘으로 우리를 따라다닐 수 있기 때문이다. 하지만 그 과정에 따르는 성가심은 이루 말할 수 없을 것이다. 가야트리 스피박Gayatri C. Spivak은 가치 단계의 변증법이라는 측면에서 문학 정전의 형성을 재고할 필요가 있다고 주장했는데,[19] 이는 함의하는 바가 상당히 크다. 그런데 나였다면 세계 내부의 사물이 보편적 등가물로서 이중적 임무를 이제 막 수행하게 되는 이 특이한 세번째 단계를 사유에서의 상징 및 상징적 계기와 함께 연결해보고 싶었을 것이다. 문화적으로는 특정 세계관에 대한 이런저런 감각적 재현에 (T. S. 엘리엇이 조이스에게서 나타나고 있다고 보았던 새로운 보편적 "신화" 같은) 일종의 보편적 힘을 부여하고자 했던 모더니스트들의 다양한 시도가 있었다. 철학적으로는 개념적 추상화에 도달하기 직전의 야생의 사고pensée sauvage를 보편화하려는 시도가 있는데, 이는 ('모든 것은 물이다' '모든 것은 불이다'같이) 세계 내의 단 한 가지 원소를 존재의 근간으로 상정했던 소크라테스 이전의 사유와 비슷하다.

그다음에 나타나는 것은 단지 추상화만은 아닐 터이다. 그것은 알레고리이자, '개념'에 도달하려는 필사적 노력이다. 그것은 필연적으로 실패할 수밖에 없지만, 그럼에도 불구하고 성공하기 위해 스스로 실패자라는 낙인을 찍는 그런 시도이다. 마르크스에게 이것은 당연히 화폐 형식이다. 그리고 이어지는 상품 물신주의에 대한 그 유명한 부분에서 마르크스는 화폐 형식에 따르는 특수한 결과들의 성공과 실패를 극적으로 반복 설명한다. 여기에서는 우리의 목적에 따라 '상품 물신주의'를 사회 전체에서 끓어올랐던 광범위한 추상화 과정으로 약호 전환하는 것이 유용할 것이다. (『스펙터클의 사회』에서) 이미지를 "상품 사물화의 최종 형식"이라고 정의한 기 드보르의 유명한 정식을 상기해본다면, 상품 물신주의 이론이 최근의 사회와 미디어 그리고 포스트모더니즘 자체와 연관된다는 것이 즉시 확인된다. 그런데 만일 메타포가 시작되는 순간의 중요성에 대한 드 만의 탐색이 마르크스가 가치의 등장을 무대화하는 것과 깊은 친연성을 지닌다는 나의 주장에 일말의 타당성이 있다면, 이 친연성은 또한 언뜻 보기에는 상당히 멀어 보이는 드 만의 텍스트성 개념과 미디어가 의미를 만들어내는 특수한 역동성에 대한 보다 포스트모더니즘적인 관심 사이의 가능한 관계를 열어줄 것이다.

어쨌든 가치 개념의 '단계들'을 재론함으로써, 우리는 마르크스의 개진開陳이 반드시 내러티브는 아니라는 사실을 인정할 수 있게 된다. 왜냐하면 첫번째 단계는 내러티브에 포섭되지 않은 채 오로지 계보학적으로만 재구성되기 때문이다. 여기서 '가치'가 지니는 역동성은 레비-스트로스가 언어 속에서 찾아냈던 역동성에 비견될 만하다. 레비-스트로스에게 언어는 하나의 체계이기 때문에, 그것은 조금씩 생겨날 수는 없다. 그것은 한꺼번에 전체로서 존재하거나, 아니면 아예 존재하지 않는다. 이는 단지 언어 체계에서만 의미를 갖는 말들을 무작위적인 조각이나 단편 들, 즉 신음이나 제스처로 전이시키는 것이 모욕적이라는 (그러나 불가피하다는) 의미이다. 하지만 돌이켜 보면 그것은 체계를 준비하는 것으로 보인다.

드 만이 『인간 불평등 기원론』에서 벌어지는 이 보편과 특수의 드라마가 『사회계약론』의 더 넓은 '정치적' 투쟁의 장에서도 반복되고 있다고 보다 강력하게 주장하지 않은 것은 유감이다(그는 아마도 자신이 이런 맥락에서 매우 명확하게 사용했던 **메타포적**이라는 단어가, 이 텍스트에 대한 일반적 오독을 강화하도록 계산된 다소 약한 '유기적' 고정관념으로 전락하지 않을까 두려워했던 것으로 보인다). 하지만 (국가라는 일자, 인민이라는 다자 같은) "수 체계의 메타포적 구조"(*AR* 256)에 대해 드 만이 지나가는 말로 제시했던 흥미로운 묘사처럼, 그 상황은 전적으로 비교 가능하다. 그러나 자신의 개진開陳의 후반 단계에서, 드 만은 우리가 법적 언어의 '미결정성'이라고 부를 만한 주제로 이동한다. 이는 전적으로 예측 불가능한 새로운 맥락에서 언어가 의미 있게 기능하는 능력에 관한 것으로, 한편으로는 '약속'이라고, 다른 한편으로는 언어의 두 기능인 진술적 기능과 수행적 기능 사이의 긴장이라고 특징 지을 수 있다("문법적 논리는 언어의 지시적 의미가 무시될 경우에만 작 동할 수 있다"[*AR* 269]).

하지만 분명 특수성과 이질성의 영역으로부터 메타포적인 추상화 와 개념적 보편의 인위적 등장이 더 이상 극적이지 않듯이, 일반의지 general will의 등장(루소에게는 오히려 등장이 아닌 탈은폐인데, 먼저 '사 회'의 존재를 보장했던 것은 언제나 원초적 행위였기 때문이다)도 그렇 게 극적이지 않다. 드 만이 정확히 지적했듯이 이 원초적 행위의 구조 적 결과나 사회적 차원의 통합은, 우리가『인간 불평등 기원론』에서 발견했던 것과는 텍스트적으로 전혀 다르다. 그런데 딜레마는 (혹시 그런 것이 있다면) 여기서 더욱 통렬해진다. 왜냐하면 루소에게 일반 의지의 수준에 있는 법의 보편성으로부터, 그 법이 구체적인 갈등이 나 루소가 참조적 환경이라 부를 만한 것에 어떤 식으로건 적용될 수 있는 우연적 결정으로 다시 내려가는 일은 상당히 어렵기 때문이다. 하지만 여기가 마르크스주의와의 교차가 유용하다는 것이 드러날 수 있는 또 하나의 지점이다. 마르크스주의에서 발전되지 못한 정치적 차원의 본성에 관한 불평은 분명 (가치 같은) '경제적' 추상화와 그와 는 다른 국가나 일반의지 같은 추상적이거나 보편적인 심급 사이의 관 계에 대해 새롭게 주목하는 방향으로 나아가게 되기 때문이다.

『독서의 알레고리』의 관심사와 마르크스주의의 문제의식 사이에 존재하는 이렇게 긴 합류 지점을 무대화할 경우, 결국에는 특정 종류 의 작업을 허락하거나 배제하는 용어상의 도구로서 이런 약호들에 대 해 이야기할 필요가 있다. 드 만의 "레토릭"이나 아도르노의 "동일 성" 혹은 "개념"에 대립되는 것으로서, 마르크스주의적 약호인 "가치"의 장점은 '오류'라는 철학적 문제를 대체하거나 변형시킬 수 있다는 것이다. 사실 오류는 이 글 내내 우리를 곤혹스럽게 만들고 있다. 오류 개념이 드 만이나 아도르노의 입장에 대해 정보를 제공한다는 점에서, 논리적으로 보면 그들은 '진리'에 대한 선험적 판타지를 전제하고 있는데, 각각의 대상에 대한 언어나 개념의 적절성이라는 의미에서의 이 진리는 짝사랑에서처럼 이후 미망에서 깨어나 의심으로 가득한 결론 속에서 영속화될 수밖에 없다고 주장할 수도 있다. 이는 틀린 말은 아니지만 지나치게 손쉬운 주장에 지나지 않는다. 어쨌든 **가치**라는 단어가 지배하는 용어의 영역에서는 그런 일은 결코 일어나지 않는다. 오류라는 용어는 언제나 의도치 않게 우리가 열심히 노력하면 제거해버릴 수도 있다는 생각이 들게 만든다. 사실 아도르노뿐만 아니라 드 만의 산문이 선사하는 길고 복잡함의 상당 부분은, 이 원치 않는 함의를 단락시키고 그러한 오류나 허상의 '객관성'을 반복적으로 강조하기 위한 욕구에서 비롯된다. 하지만 오류나 허상은 언어나 사고의 본질적인 부분이며, 그런 의미에서 그것은 시정될 수 없다. 최소한 지금 여기에서는 안 된다. 여기서 드 만은 아도르노뿐만이 아니라 데리다로부터도 가장 멀리 벗어나는 듯 보인다. 이들에게는 사회 체제와 역사의 어떤 급진적 변화가 새로운 종류의 사고와 개념을 사유할 수 있는 가능성을 열어줄 수 있다는 암시가 가득하다. 이런 것은 드 만의 언어관에서는 생각조차 할 수 없다. 하지만 가치 개념은 유용하게도 오류나 진리와 같은 쟁점을 암시하거나 유발하지 않는다. 가치의 경우는 다른 방식으로 판단해야 할지 모른다(그런 까닭에 루카치나 그람시Antonio Gramsci는 둘 다 혁명의 중심적 목적을 가치 법칙의 철폐라고 본다). 하지만 가치의 추상화는 객관적이고 역사적이며 제도적이다.

따라서 그것은 추상화에 대한 우리의 비판을 새로운 방향으로 재정립한다.

이 모두를 또 다른 방식으로 표현한다면, 종종 "레토릭"이라 부르는 드 만 자신의 개념적 장치에 매개적 기능도 있음을 파악해야 한다는 것이다. 우리는 드 만이 개념화 일반을 지칭하기 위해 **메타포**라는 말을 특수하게 사용하고 있음을 논했는데, 이는 여기에서 벌어지고 있는 일이 전의론tropology의 측면에서 텍스트 자료들을 단순히 (혹은 적당히 정교하게) 다시 쓰는 것보다 조금 더 복잡하다고 암시한다. 즉 헤이든 화이트나 로트만Yuri Lotman 혹은 (드 만이 항상 전략적으로 거리를 두려고 했던) 뮤 그룹mu group*의 작업을 더 잘 설명해줄 만한 무언가가 있다는 것이다. 오히려 메타포 개념을 보다 폭넓게 매개적으로 활용하면 전의론을 용어상 (정치, 철학, 문학, 심리학, 자서전 등) 다양한 다른 대상과 자료에 적용할 수 있는데, 그럴 경우 이와 같은 분야에서 전의들과 그것의 운동에 대한 특정한 설명은 자율적이 된다. 따라서 드 만에게 메타포는 우리가 약호전환이라 부르는 것의 핵심적 장소이다. 처음부터 메타포는 좁은 의미에서의 전의적 개념이 아니었다. 오히려 메타포는 서로 다른 약호나 이론적 담론 들이 전적으로 무관하거나 연결될 수 없는 방식으로 광범위한 현상들을 '동일하다'고 선언할 수 있는 전의의 역동성이 작동하는 장소이다(여기에서 우리가 사용해왔던 말은 추상화이다). 따라서 드 만에게 메타포는 그 자체로

---

* '뮤 그룹mu group/group μ'은 1967년 벨기에의 리에주대학교University of Liège의 시학연구센터를 통해 결성된 학제 간 연구 집단으로, 장-마리 클링켄베르크Jean-Marie Klinkenberg와 자크 뒤부아Jacques Dubois 등을 중심으로 현대 기호학 관련 연구를 수행하며 다양한 책을 출판했다.

메타포적인 행위이며 서로 다른 이질적 대상들을 폭력적으로 함께 얽어매는 것이다.

또 한편으로는 『독서의 알레고리』 곳곳에서 가끔씩 사용되는 다른 종류의 언어적·레토릭적 도구들에 대해서도 이와 유사한 말을 할 수 있다. 특히 다양한 의미를 담고 있는 용어(이자 **독해**라는 말과 교환되어 쓰이는) **레토릭**은, 전의와 관련된 용어와 다양한 종류의 수행적·진술적 언어 행위를 구별하는 J. L. 오스틴John L. Austin의 용어 사이의 통약 불가능성을 거의 포괄하지 못한다. 하지만 후기 이론에서 오스틴의 주목할 만한 자산은 최소한 부분적으로는 언어학 자체의 구조적 한계에 기인하는 것이 분명하다. 즉 언어학은 (행위나 '리얼리티' 등과 같이) 문장 밖에 존재하는 모든 것을 배제함으로써 자신〔의 학문적 정체성〕을 구성해야 했다. 그 상황에서 오스틴은 갑자기 '언어학적인' 용어로 언어학에서 배제된 비언어적 리얼리티에 대해 이야기할 수 있는 방안을 창안해낸 것이다. 그것은 언어철학 안에 있는 일종의 새로운 '타자'로서 새로운 언어학적 용어 **내부**에 〔언어 밖의〕 행위를 위한 자리를 확보하여, 언어학적 용어가 이제는 다른 '모든 것'에 확장되는 것을 정당화했다. 우리는 드 만이 오스틴식의 이항 대립을 '문법'과 '레토릭'의 측면에서 반복하고 있는 것을 목격했다. 그것은 양 항 사이의 긴장 관계를 인정하면서도, 그 이항 대립을 '해소'하지 않은 채 언어 속에 다시 들여온다고 볼 수 있다(하지만 내가 그 긴장이 해소**될 수 있다**고 주장하는 것처럼 오해받고 싶지는 않다). 여기에서도 우리는 전략적이지만 다소 다른 유형의 약호전환을 발견한다. 즉 구조적 타자 혹은 주어진 체계에서 배제된 자들에게 그 체계의 용어로부터 끌어온 이름을 부여함으로써, 그들을 구조 속에 포섭하는 것이다.

결국 어떤 존재론적 주장이 하나의 약호가 다른 약호에 대해 우선성이 있다고 그토록 지지해주었을까(언어와 생산 중 어느 것이 먼저일까)? 비록 우리처럼 본질적으로 언어적인 존재가 그러한 제한된 통찰이나마 획득할 가능성이 얼마나 있는지 알긴 어렵지만, 그 언어가 고유하고 독특하다는 점은 인정할 수 있다. 그리고 그 누구보다도 드 만이 언어가 작동하는 그 순간 나타나는 언어의 메커니즘을 파악하기 위해 지칠 줄 모르는 자학적인 노력을 기울였다는 사실 역시 자명하다. 하지만 그렇다고 하더라도 언어적 약호나 해석학의 우선성이 보장되진 않는다. 그 어떤 약호의 우선성도 보장되지 않다는 니체적인 논증만 보더라도 말이다. "만일 모든 언어가 언어에 관한 것이라 하더라도"(*AR* 153), 다시 말해서 "모든 언어가 명명에 관한 언어, 즉 개념적이고 비유적이며 메타포적인 메타언어"라고 하더라도(*AR* 152~53), 그것이 반드시 언어에 관한 주제나 일반적 원칙을 중심으로 조직된 이론적 약호가 궁극적이고 존재론적인 우선성을 갖는다는 의미는 아니다. 그런 의미에서 모든 언어는 "언어에 관한 것"일 수는 있지만, 언어에 관해 논하는 것은 결국 그 밖의 다른 것에 관해 논하는 것과 다르지 않다. 혹은 스탠리 피시의 표현을 빌리자면 모든 어법에 심층적인 기능적 오류가 있음을 "발견했다"고 하더라도, 그로부터 어떤 실질적인 결과도 도출하지 못한다. 그러나 드 만의 작업에 내재하는 모든 모순(그의 가장 흥미로운 모순까지도)이, 그가 분석을 방법론으로 변환하고 또 개별 텍스트와 개별 문장 들에 대한 자신의 비범한 독해로부터 어떤 가설적인 이데올로기(심지어 하나의 형이상학)를 일반화하려 시도한 데서 발생한 것도 아니다.

예를 들어 언어의 우선성에 관한 본질적으로 철학적인 질문들은 방법론적인 질문들과 선명하게 구분되며, 이 속에서 다양한 다른 종류의 텍스트 언어에 대해 특정 접근법이 옹호되기도 한다. 신역사주의에서 보았던 것과는 달리, 또한 데리다의 특정한 우발적 순간들(특히 정신분석학적 모티프와 함께 장난스럽게 다뤘던 그 순간들)과도 다르게, 드 만에게는 상동성이 어떤 역할도 하지 않는다. 왜냐하면 그것은 담론 내의 대상이나 내용 혹은 가공되지 않은 자료 들 사이의 상동성을 암시하기 때문이다. 반면에 드 만에게서 우리가 목격하는 것은 바로 담론 자체의 발생이며, 따라서 검토할 만한 내용이 아직 존재한다고도 말할 수 없다(그리고 그런 내용이 우리의 시야에 들어온다고 하더라도, 러시아 형식주의자들의 "장치의 동기화" 방식을 따른다면, 우리의 특정 관점은 오히려 그것을 해당 담론의 핑곗거리나 그 투영물로 파악해야 한다. '죄책감'이 고해성사 담론에 의해 만들어진 신기루인 것처럼 말이다). 비록 드 만의 다양한 알레고리를 하나의 구조에 대한 다양한 변주로 읽고 싶은 유혹은 강렬하지만, 담론이 발생하는 다양한 방식이 서로 상동적이라고 말하는 것이 전적으로 옳다고는 할 수 없다. 오히려 마르크스주의 전통 속 다양한 노선의 진화에서 보듯이, 우리는 언어가 스스로 해결할 수 없는 명명의 문제와 씨름하는 특수하고 다층적인 방식을 일시적으로 엉킨 실타래로 이해하는 편이 낫다. 다시 말해서 하나의 법칙으로 이론화되거나 정돈될 수 없을 정도로 각기 다르고 특수한 여러 텍스트의 구성체로 보는 것이다(물론 드 만 역시 가끔 그렇게 하고 있기는 하다).

이론의 기능(과 그것에 하나의 언어 대상체에서 다른 언어 대상체로 이동할 수 있는 방법론이라는 외형을 부여하는 것)은, 학문 분과의 자율성에 대해 의심하는, 그리고 그 자율성에 따라 각기 구별되는 전통을 가지고 있다고 주장하는 정치철학, 역사와 사회 연구, 소설과 희곡, 철학, 자전적 글쓰기 등이 영속화하려는 텍스트들의 분류 방식에 대해 의심하는 시도 속에 존재하는 듯하다. 그렇다면 결국 여기에 루소가 특권화된 연구 대상이 되는 또 다른 심층적인 이유가 있다. 다른 작가들과는 달리 루소는 다양한 장르와 담론 형식의 글을 실제로 썼을 뿐만 아니라(하지만 이 경우 당시의 그런 글들이 모두 '문예belles lettres'라는 범주하에 묶였으며 또한 모든 지식인이 너나 할 것 없이 그렇게 글을 썼기 때문에, '18세기' 자체가 특권화되었다고도 할 수 있다), 또한 스스로 일종의 독학자로서 무無에서 그 모든 것을 재창안했다고 느꼈던 것으로 보인다. 그렇기 때문에 그가 손수 쓴 비범한 글들은 우리가 장르의 기원에 접근할 수 있는 통로를 제공하는 것처럼 보인다. 언어적 구조물을 불명료한 일반 관념으로 지나치게 성급하게 취급해버렸던 다른 학문 분과들의 천박함에 대해 경멸감을 표했던 드 만의 정중함(AR 226)뿐만 아니라, 정치와 철학 텍스트를 여기서 문학 연구(혹은 오히려 드 만이 생각했던 특수한 종류의 레토릭적인 독해)와 다시 밀착시켰던 드 만의 제국주의도 다소 다르게 보일 것이다. 그가 대부분의 '문학' 분석에 대해서도 이와 똑같이 느꼈다는 사실을 우리가 기억한다면 말이다. 이들은 해당 학문 분과의 상황에 따라 기용한 각기 다른 치료법적인 교훈을 줄 터인데, 가장 시의적절하고 두드러지는 가르침은 특정 학문 분야라기보다는 특정 경향, 즉 심리학적·정신분석학적 경향으로 향한다. 『독서의 알레고리』에서 루소의 『피그말리온Pygmalion』에 관한 장은 "자아" 개념을 확고하게 해체하는 반면에 (AR 236), 『신엘로이즈』에 관한 장은 "저자" 개념을 효과적으로 처분해버린다. 여기에서 이 개념들에 대한 파괴가 너무도 철저하게 이루어지기 때문에, 역설적이게도 우리가 『고백록 *The Confession*』에 관한 마지막 장을 읽을 즈음이 되면, 드 만이 수행하던 그 특정 프로그램은 진행할 만한 것이 거의 남지 않게 된다. 그래서 드 만은 자신만의 정신분석학적 독해(루소의 유명해지고 싶은 보다 심층적인 욕망에 대한 유일하게 가능하거나 선택적인 독해[*AR* 285])에 탐닉한다. 여기에서 기본적으로 중대한 것은 느낌, 정서, 본능, 충동 등과 같은 실존적인 것을 텍스트의 '효과'로 변형시키는 것이다. 이런 목표를 라캉과 (알튀세르와는 다른 방식으로) 공유하기에, 이 마지막 장은 특이한 반향을 발산하며 개입한다. 이런 반향과 개입은 뜻하지 않게 **기계**(*AR* 294)라는 말이 도입되면서 끝나버리고, 거의 들뢰즈적인 시각적 허상을 만들어낸다(그런데 곧 보겠지만 여기에서 기계는 들뢰즈가 아니라 18세기 기계적 유물론의 기계이다). 2부 첫번째 장의 『인간 불평등 기원론』에 대한 논의와 이 마지막 장 사이의 거리는 상당히 멀어 보이며, 이에 대해 서로 대립되는 해석이 제시된다. 한편으로 이 두 장을 쓰는 사이에 존재하는 시간의 경과와 그에 따른 일단의 전혀 새로운 관심사의 점진적인 등장을 상정해볼 수 있다. 다른 한편으로 여기서 내용이 형식과 방법론에 근본적인 수정을 야기하는 변증법적 진보와 같은 것을 볼 수도 있다. 하지만 좀더 일관된 것은 『피그말리온』 장에서 내러티브를 사용하는 드 만 특유의 방식을 채택하는 것이다. 이 장에서는 안정된 자아(와 안정된 타자)의 존재 혹은 비존재에 관한 명제가 한 이야기를 통해 검증되는데, 독자(혹은 관객)에게 이 이야기에 관련된 주요 문제는 그 속에서 무엇인가 실제로 일어나고 있는가(즉 변화가 일어나는가) 아닌가이다. 드 만은 그런 일은 발생하지 않는다고 결론 내리는데, 독자의 눈에 진보처럼 보이는 것은 되풀이 혹은 반복에 불과하다는 것이다.

우리는 바로 이러한 되풀이 혹은 반복이 루소의 일련의 저작을 다루는 드 만에게도 해당한다고 추정할 것이다.

이는 매 장마다 같은 일이 일어난다는 말과 완전히 같진 않다. 각 장이 각기 다른 방식으로 다른 결과를 도출하면서 말하려는 바는, 최초의 메타포적 딜레마로부터 알레고리가 탄생한다는 것이다. 따라서 이 책으로부터 하나의 일관된 알레고리 이론을 떼어낼 수 있다고 가정하는 것은 잘못이다(비록 이 책이 하나의 일관된 메타포 이론과 대면하고 있기는 하지만 말이다). 드 만은 최소한 초월적 이론을 욕망하지 않고 그것을 바람직하지도 않다고 믿는다는 점에서 포스트컨템퍼러리하다. 독자가 이미 변화된 언어를 이해할 수 있도록 해주는 것은 목적자체가 아니라 개념적 거리다(따라서 여기에서 이론은 냅과 마이클스가 통탄했던 것, 즉 텍스트 "밖으로 나가"고 심지어 언어 자체의 밖으로 나가려는 노력에 가깝다. 하지만 그것도 잠시뿐이다).

이 주장은 다음 사실을 통해 설명될 수 있다. 즉 우리가 메타포의 결과를 찾아가 보면, 그 결과는 알레고리로서 명시되기보다는 오히려 좀더 일반적으로 내러티브로서 지칭된다는 것이다. "만일 자아가 원칙적으로 특권적인 범주가 아니라면, 모든 메타포 이론의 후속 이론은 지시적 의미에 대한 질문을 중심으로 한 내러티브 이론이 될 것이다"(*AR* 188). 메타포적 행위는 구성적으로 그 자체에 대한 망각이나 억압과 연관된다. 즉 메타포에 의해서 생성된 개념은 즉시 자신의 기원을 은폐하고 스스로를 진리 혹은 지시적인 것으로서 무대화한다. 그것은 자신이 축자적 언어라는 주장을 공포한다. 그러하기에 메타포적인 언어와 축자적인 언어는 하나다. 최소한 그들이 동일한 과정에 긴밀히 결부된 불가피한 두 순간이라는 점에서 말이다. 그렇다면 그 과정은 다양한 허상을 생성해낼 터인데, 그중 행복eudaimonic(쾌락과 고통)의 허상(이에 대해서는 다시 언급하겠다)은 실질적인 것과 유용한 것의 개념과 마찬가지로 언급할 만한 가치가 있다("사랑에서 경제적 의존으로의 진보 혹은 퇴행은 도전받지 않는 메타포적 체계의 권위에 근거한 모든 도덕적·사회적 체계의 항구적인 특징이다"〔AR 239〕).

하지만 그 과정의 다음 단계인 내러티브 자체에 대해 말하자면, 미디어를 통해 '해체주의'와 조금이나마 친숙해진 사람이라면 내러티브가 최초의 허상적 순간을 '무효화하는undoing' 것과 어떻게든 연관되리라고 짐작했을 것이다. 우리가 구체적인 다양한 내러티브에 접근하거나, 드 만의 명백한 유혹, 드 만 자신도 저항했던 그 유혹과 타협하려 시도할 때면 복잡한 문제가 발생한다. 그 유혹은 다름 아닌 새로운 분류 체계를 구축하고 하나의 '기호학' 이론을 제시하라는 것인데, 사실 그런 종류의 이론은 『독서의 알레고리』 전반부에서 드 만이 끈질기게 비난했던 것이다.

만일 그런 '이론'이 존재한다면(다시 말해서 그것이 단순히 유용하고 간편한 이항 대립에 관한 문제가 아니라면), 그것은 해체적 내러티브에 구별되는 두 순간을 상정하고, 첫번째 순간의 뒤를 잇는 두번째 순간이 보다 복잡한 변증법의 수준에서 첫번째 순간을 자신의 내부로 흡수하도록 하는 것이다. 첫번째 순간에 최초의 메타포는 무효화된다. 즉 메타포라는 특정 언어 행위에 대한 깊은 의심에 의해 그것이 상정되자마자 그 토대가 약화되는 것이다. 그렇지만 두번째 순간에 바로 그 의심이 첫번째 순간을 덮어버리고 일반화된다. 처음에는 이 특정 유사성과 이 특정 개념의 실행 가능성에 대한 예민한 의심, 즉 말하기와 생각하기에 대한 의심에 불과했으나, 이제는 그것이 언어 일반과 언어적 과정, 혹은 드 만이 **독해**라고 부르는 것에 대한 보다 뿌리 깊은 회의가 된다. 그런데 이 독해라는 말은 대문자 언어 자체에 대한 일반적 관념들을 효율적으로 배제한다.

모든 텍스트를 위한 패러다임은 하나의 비유(혹은 비유 체계)와 그것의 해체로 구성된다. 그러나 이 모델은 하나의 최종적 독해에 의해 종료될 수 없기 때문에, 결국 앞선 서술의 독해 불가능성을 서술하는 보완적 비유의 중첩을 생성하게 된다. 비유를 중심으로 그리고 궁극적으로는 언제나 메타포를 중심으로 구성되는 1차적인 해체적 내러티브와 구분하여, 우리는 그런 내러티브를 2단계 (혹은 3단계) **알레고리**라 부를 수 있다. 알레고리적 내러티브는 독해의 실패에 관해 이야기해주는 반면, 『인간 불평등 기원론』같은 전의적 내러티브는 명명의 실패에 관해 이야기해준다. 둘의 차이는 오직 정도의 차이일 뿐이며, 알레고리가 비유를 삭제하는 것도 아니다. 알레고리는 언제나 메타포의 알레고리이며, 또한 언제나 독해의 불가능성에 대한 알레고리이다. 즉 어떤 문장에서 소유격을 나타내는 'of'는 그 자체로 메타포로서 '독해'되어야 한다(*AR* 205).

이따금 드 만의 용어는 명확하지 않다. 여기에서 알레고리는 이후 『고백록』과 관련하여 "비유의 알레고리라 불릴 수 있는"(*AR* 300) 것과 동일한 것을 지칭하는가? 알레고리 과정이 봉쇄되거나 억압되면 어떤 일이 벌어지는가? 이러한 질문들은 우리를 자명한 결론으로 나아가도록 강제하는 장점이 있다. 즉 최초의 문제는 해결될 수 없기 때문에(메타포적 딜레마에 대한 '해결책'은 없기 때문에), 어떤 결과물도 허락하지 않는다. 하지만 동시에 다양하게 시도되지만 실패할 수밖에 없는 해결책들을 생산하게 된다. 그리고 그 해결책들이 실패하는 방식은 사실에 비추어 논리적일지라도, 사전에 예측하거나 이론화할 수는 없다. 여기에서 알레고리 이론은 완결될 수 없기 때문에, 우리를 개별 텍스트로 다시 돌려보낸다. 개별 텍스트에 대한 끊임없는 '독해'는 단지 최초의 설명을 재확인할 뿐이지만, 동시에 이를 통해 우리는 각각의 구체적인 텍스트의 독특한 구조적 실패에 주의를 기울이게 된다. 여기에 생산적인 혼란이 있다. 예컨대 『사회계약론』의 본성에 대한 생산적 혼란은 다음과 같다.

루소 자신은 『사회계약론』의 '입법자'인가, 그리고 그의 논문은 근대 국가의 율법인가? 만약에 그렇다면 『사회계약론』은 독백적인 지시적 진술이 될 것이다. 그것을 알레고리라 부를 수는 없다. 〔……〕 대신 〔루소는〕 산상설교가 정치 권력자의 마키아벨리적 창안일 수 있다는 의심을 칭찬함으로써, 자신의 입법 담론의 권위를 명백하게 약화시킨다. 그렇다면 우리는 『사회계약론』이 『인간 불평등 기원론』 같은 해체적 내러티브라고 결론을 내려야 할까? 하지만 그렇지도 않다. 왜냐하면 『사회계약론』은 어떤 의미로는 해체적이지만 분명 생산적이고 생성적인 반면에, 『인간 불평등 기원론』은 그렇지 않기 때문이다. 『사회계약론』이 끊임없이 정치적 입법의 필요성을 주창하고 그러한 법 제정이 근거할 수 있는 원리를 정교하게 만들려고 한다는 점에서, 그것은 자신이 약화시키고 있는 권위의 원리에 의존한다. 우리는 이 구조가 우리가 독해 불가능성의 알레고리라 부르는 것의 특징임을 알고 있다. 그러한 알레고리는 메타비유적metafigural이다. 그것은 자신이 해체하고 있는 비유 속으로 되돌아가는 비유(예를 들어 메타포)의 알레고리이다.『사회계약론』은 사실상 아포리아처럼 구조화되어 있다는 점에서 비유의 알레고리라는 표제의 지배를 받는다. 그것은 스스로 불가능함을 보여준 것을 끈질기게 수행한다. 그렇기 때문에 우리는 그것을 알레고리라 부를 수 있다. 그런데 그것이 비유의 알레고리일까? 이 문제는 다음 질문을 통해 답할 수 있다.『사회계약론』은 무엇을 수행하고 있는가. 스스로 할 수 없다는 걸 규명했는데도 불구하고, 계속해나가고 있는 것은 무엇인가(*AR* 275).

(「약속」이라는) 장 제목이 명시하듯,『사회계약론』이 계속하고자 하는 그 새로운 불가능한 일이란 **약속**하는 것이다. 따라서 드 만의 저서 마지막 몇 장에 나타나는 표면적인 이질성은, 이제 텍스트적 딜레마에 대한 보다 다양한 불가능한 '해결책'이라는 측면에서 다시금 정당성을 부여받는다. (약속이나 변명 같은) 언어 행위에 관한 용어와 알레고리나 비유 같은 용어 사이의 불균형은, 이제 사적인 삶과 대문자 역사를 궁극적으로 포괄할 수 있는 보다 넓은 매개적 약호를 개척하려는 최후의 야심찬 시도로 볼 수 있다("텍스트적 알레고리는 이러한 레토릭의 복잡성의 수준에서 역사를 생성한다"〔*AR* 277〕. 이 마지막 문장은 앞에서 설명한 드 만 자신의 역사성에 대한 탐색에 잠정적 마침표를 찍는 것으로 보인다).

따라서 드 만의 알레고리에 대한 다층적인 설명은, 내가 다른 곳에서 "변증법적 내러티브"라고 칭한 일반적 표제 아래 포함될 수 있는 듯하다. 다시 말해서 변증법적 내러티브란 반성적 메커니즘을 통해 스스로를 쉴 새 없이 보다 고차원적인 복잡성으로 나아가게 함으로써 그 과정 중에 있는 모든 항과 출발점을 변형시키는 것이며, 또한 (드만 스스로 지적하듯이) 앞선 것들을 지양하는 동시에 계속해서 포괄하는 것이다. 특히나 의식과 '자아'에 대한 현상학적 개념이 통렬하게 문제시되는 작금의 학계 상황에서, 그러한 내러티브의 핵심적인 문제는 '반성성'의 계기와 이 계기(앞서 나는 이 말을 메커니즘이라고 중립적으로 지칭함으로써, 이에 대한 질문을 이끌어냈다)가 무대화되는 방식 속에 분명하게 존재한다. 오늘날에는 오직 이 반성성의 계기를 이런저런 형태의 '자의식'으로 되돌려놓으려는, 겉보기에는 피할 수 없는 유혹을 배제해야만 설득력을 가질 수 있다. 한편으로는 정신분석학과 언어학의 충격이, 다른 한편으로는 개인주의의 종말이 만족스러운 설명인가의 여부와는 관계없이, 현재 '자의식' 개념은 확실히 위기에 처해 있으며, 또한 과거에 그것이 수행할 수 있던 역할을 이제는 더 이상 할 수 없는 듯하다. 그것은 사람들에게 과거에 자신이 토대를 놓고 완성했던 것에 합당한 기반이 될 수 있으리라는 인상을 더 이상 주지 못한다. 변증법이 자의식 개념의 전통적인 가치 확장과 불가분의 관계를 맺고 있는가 하는 질문(이 질문은 종종 헤겔에 대한 어설픈 거부를 의미하곤 했는데, 이는 전혀 다른 무언가가 진행되고 있는 과정을 무시하는 것이다)은 열린 문제로 남겨둬야 한다. 또한 자의식 개념(혹은 사실상 의식 개념)이 소실된다고 해서 에이전시agency 개념에 반드시 치명적인 것도 아니다. 하지만 내 생각에 드 만의 작업의 경우, 그의 언어가 조심스럽게 피하고자 했던 자의식 개념이 부활함으로써 모든 지점에서 치명적인 위협에 처하게 되었다. 분명 해체적 내러티브는 언제나 좀더 단순한 이야기로 돌아갈 수 있다는 위험이 있다. 즉 최초의 비유가 허상을 만들어낸 다음에는, 자신의 행동에 대해 좀더 고양된 인식을 성취하게 된다. 반면 드 만의 글 속에서 독해의 혹은 독해 불가능성의 알레고리는 자신의 과정에 대한 새로워진 의식으로 한층 더 충만해진 상태로 우리 앞에 나타난다. 이 의식은 결코 끝나지 않는 진보 속에서 더욱 강렬하게 자기에 대한 의식으로 변모하여 "2단계(혹은 3단계)"로 발전한다. 데리다에게서 이 모든 것은 다소 다르게 흐트러진다. 그는 자의식이 필연적으로 좌절될 수밖에 없는 목표와 충동에 불과하다고 인정함으로써, 종결 불가능성과 가야트리 스피박이 말하는 "완전한 무효화의 불가능성"[20]을 강조하면서, 자의식의 문제에 정면으로 대처한다. 하지만 드 만에게 자의식은 '억압된 것의 귀환'인 양 유령처럼 끈질기게 남아 있다. 즉 오독은 너무도 강력해서, 오독에 대한 부정이 오히려 오독을 다시 불러일으키는 것이다. 게다가 드 만의 강력한 포스트컨템퍼러리한 체계의 "불균등 발전" 속에서 과거의 개념성이 살아남는 특이한 경우는 자의식뿐만이 아니다.

어떤 관점에서 보면 내가 드 만의 형이상학이라 불렀던 것은 그런 과거의 개념성이 살아남았다는 의미이다. 그것이 가장 극적이지만, 아마 가장 중요하진 않을 것이다. 반면에 또 다른 의미에서 우리가 **형이상학**이라는 단어를 **이데올로기**로 치환한다면, 종종 스스로의 입장을 '유물론자'라고 규정지었던 최근의 세속적 사상가 역시 이데올로기를 '소유'하고 있었다는 주장도 그리 놀랍진 않을 것이다. 물론 정확한 의미에서 사람이 이데올로기를 '소유'하지는 못한다. 오히려 (제아무리 과학적이더라도) 모든 사유 '체계'는 **재현**(드 만은 자신의 명민한 용어적 변화를 통해 이를 '주제화'라고 불렀을 것이다)으로부터 쉽게 영향을 받기에, 이를 이데올로기적인 '세계에 대한 비전'으로 파악할 수도 있다. 예컨대 삶과 세계의 의미 없음과 '의미'에 대한 질문의 무의미함을 인정했던 가장 철두철미한 실존주의와 허무주의조차도, 결국에는 의미를 결여한 것으로서의 세계라는 자신만의 의미 있는 비전을 제시했다는 사실은 잘 알려져 있다.

그러나 이렇게 드 만이 이데올로기적 재현으로부터 쉽게 영향을 받은 것은, 언어 자체의 작동이나 체계적인 오작동에 대해 그가 철저한 그림을 그리고 있다는 사실과 상관관계가 있다. 언어적 장치에만 초점을 맞추고 주의를 기울일 경우 자신도 모르게, 그리고 자신의 의지와는 반대로 결국에는 불가능한 그림을 떠올릴 수밖에 없다. 즉 언어 밖에 있는 그 무엇이나, 언어가 흡수하거나 소화하거나 처리할 수 없는 그 무엇에 대한 불가능한 그림을 상기시키는 것이다. 그러한 영역, 즉 정의상 접근 불가능한(이는 언어에 접근할 수 없다는 의미인데, 언어는 우리가 그 너머를 생각할 수 없는 요소로 남기 때문이다) 영역은 드 만의 텍스트 그 어디에도 존재하지 않는다. 반면에 루소에게는 그러한 영역이 존재한다. 특히 그의 글 중에 가장 '종교적'이고 '철학적'인 〔『에밀』 4권의 일부이기도 한〕『사부아 사제의 신앙고백*Professsion de foi du vicaire savoyard*』이 그러한 면을 잘 보여준다. 따라서 이 책은 실질적으로 드 만의 독해에 대한 결정적인 시험대가 될 것이다. 그런데 이 글에는 존재하는 것과 (프랑스어를 잠시 쓰자면) 말하지 않은 것 non-dit 혹은 생각하지 않은 것impensé 사이에 변증법적 상관관계가 존재한다. 따라서 앞서 우리가 암시한 바처럼, 이 글은 부재하는 형이상학에 대한 인정이다. 즉 언어의 일반적인 작동을 통제할 수 있는 권리를 실질적으로 요구한다는 것은, 언어가 아직 존재하지 않던 단계를 유추해내어 그 지점에서 다시 사유하려 했던 18세기의 보다 합리주의적인 절차를 약간 다른 방식으로 계속 복제하는 것이라는 우리의 주장이 그러한 형이상학을 암시하는 것이다. 제아무리 의심 많고 조심스러운 이론가라도 이데올로기와 형이상학으로 미끄러져 들어가는 것을 사전에 차단할 방법은 없다. 드 만은 이를 잘 인지하고 있어야만 했다. 그 스스로 지시성의 환영(과 어리석음)의 불가피성에 대해 빈번하게 경고했듯이 말이다("어리석음은 지시성과 깊이 연관되어 있다"[AR 209]). 또 한편으로는 뒤에서 보겠지만, 그는 '텍스트'에 대한 전략적 정의를 통해 이데올로기적 **글쓰기** 자체를 환기시키려 하는데, 내가 보기에 그리 성공적이지는 않았다.

이런 관점에서 보면 드 만은 18세기 기계적 유물론자에 가깝다. 그리고 이는 최근의 독자에게 그의 저작이 특이하고 독특하다는 느낌을 주었던 상당 부분을, 위대한 계몽 사상가들의 문화정치학, 즉 종교에 대한 공포심이나 미신과 오류(혹은 '형이상학')와 맞섰던 그들의 운동과 나란히 비교해보면 보다 명확해진다. 해체주의는 마르크스주의의 이데올로기 분석과 멀든 가깝든 관계가 있으며, 이는 이슬람과 기독교의 관계와 유사하다. 그런 의미에서 드 만의 해체주의는 본질적으로 18세기 철학적 전략으로 볼 수 있다. 세계에 대한 기계적 유물론의 '비전'으로서 이에 뒤따르는 것은 섬망譫妄에 가까운 재현이기 때문에, 용어상의 모순으로 인하여 오직 계시의 방식을 통해서만 언어적 비유에 가닿을 수 있다. 이는 디드로Denis Diderot의 저서『달랑베르의 꿈Le Rêve de d'Alembert』속 유명한 꿈과 유사하다. "세계는 끊임없이 시작되고 끝난다. 매 순간 세계는 시작점에 있는 동시에 종착점에 있다. 그 사실은 변함이 없었으며 앞으로도 변하지 않을 것이다. 이 거대한 물질의 바다에서, 그 어떤 분자도 다른 분자와 닮지 않았으며, 그 어떤 분자도 시시각각 변하지 않는 것은 없다."[21] 하지만 드 만이 지적했듯이, 디드로조차 기만을 하고 있다. 왜냐하면 그는 물질의 총체성을 일종의 거대한 유기체로 상정함으로써 절대적 이질성이라는 자신의 비전을 수호하고 있기 때문이다. 루소는 좀더 일관된다. "그런데 이 가시적 우주는 물질, 즉 흩어지고 죽은 물질로 구성된다. **전체**로서의 우주는 응집력이나 조직이 없으며, 또한 생명체의 **일부분**이라는 일반적인 느낌도 주지 않는다. 왜냐하면 분명 우리는 우주의 **일부분**이지만, **전체** 속에서 우리 자신을 느끼지 못하기 때문이다"(『사부아 사제의 신앙고백』, AR 230에서 재인용). 이 인용문은 전통적으로 『사부아 사제의 신앙고백』을 비롯한 다른 저작과 연관된 경건하고 유신론theism적인 루소와는 확실히 불일치한다. 하지만 드 만의 책에서 이 텍스트를 다루는 장은 교묘하게 이런 불일치를 제거해버린다. 이는 유신론적 신앙, 특히 신의 관념의 위치를 존재론적 주장의 영역에서 판단 "능력" 자체로 이동시킴으로 이루어진다(AR 228). 따라서 '신'과 그에 동반되는 개념성은 앞에서 언급된 물질에 관한 참기 힘든 비전의 해결책으로 해석할 수 없을 뿐만 아니라, 그 스캔들을 대신할 좀더 안정적인 세계관(즉 이후의 지성사 교과서가 '유신론'이라 지칭했던 것)을 위한 어떤 사후 개입으로도 해석할 수 없다. 오히려 '신'이라 명명된 관념과 '내적 동의inner assent'에 연관된 다른 문제들은 일종의 괄호 치기를 통해서 정신의 기능의 문제, 혹은 더 나은 표현을 쓴다면 언어 자체의 기능과 인식론적인 것으로서의 '판단 행위'를 할 수 있는 언어 능력의 문제로 이관된다. 이런 식으로 문제를 치환시키거나 재배치하는 것(드 만은 이렇게 한 사람은 루소이지, 그를 읽는 해체주의적 독자인 자신이 아니라고 그럴듯하게 주장할 것이다)은 우리의 오랜 친구인 메타포적 행위, 즉 유사성과 동일성에 대한 언어학적 긍정을 인정하는 것이다. 이제 이런 '종교적 믿음'은 더 이상 엄밀하게 루소의 것은 아니게 된다. 그 믿음은 언어의 포괄적이고 보편적인 '개념'의 탈육화된 객관성과 더불어, 루소의 정신 속에 떠도는 언어적·개념적 형식이 된다. 그리고 『사부아 사제의 신앙고백』은 이제 더 이상 종교적 믿음을 주장하는 책이 아닌, 단지 종교적 믿음이 가능해지는 기능적 조건 같은 것을 검토하는 책이 된다(이렇게 되면 『사부아 사제의 신앙고백』은 신-데카르트주의적인 텍스트에서 전-칸트적인 텍스트로 바뀐다[AR 229]).

하지만 그러한 경우 메타포적인 개념이 그것이 포괄해야 하는 개별적 특수자 혹은 존재자 들 위를 부유하거나, 일반의지가 개별 주체들로서 그것의 영역에 기거하고 있는 독특한 열정과 폭력적인 특수자 들 위에 부유하고 있듯이, 실질적으로 '종교적' 개념성은 무의미한 물질이라는 전前언어적 영역 위에 붕 떠 있게 된다. 루소의 "유신론"도 이와 정확하게 동일한 방식으로 미결정 상태에 남게 된다(AR 245). 왜냐하면 루소의 모든 작업은 특수자의 영역을 보편자와 언어의 영역에 연결해주는 다리를 만들기는커녕, 오히려 그 양자 사이의 관계를 문제시하고 그 연결 가능성에 의문을 제기하는 동시에, 보편자, 개념, 언어 같은 용어와 심지어 '유신론'도 계속해서 '사용'하기 때문이다.

사실 나는 이런 유물론적인 혹은 (몇몇 사람들이 '허무주의'라고 부르는) '염세적'인 비전이, 드 만의 또 다른 위대한 분신인 칸트를 매개로 해서 드 만 자신에게 적용될 수 있다는 생각이 든다(칸트와 드 만의 친연성은 둘 다 루소와 연결되어 있는데다가, 내 생각에는 정확히 동일한 이중적 비전에 근거하는 데 있다). 다음 인용문은 칸트의 '세계관' 속 공포심을 피상적으로 전달할 뿐이다.

우리 주변 어디에서나 우리는 일련의 원인과 결과, 수단과 목적, 죽음과 탄생을 목격한다. 그리고 그 어떤 것도 우리가 지금 보고 있는 그 상태로 저절로 들어가는 법이 없기 때문에, 우리는 계속해서 다른 어떤 것을 참조하게 된다. 그런데 그 자체도 그것의 원인에 대해 똑같은 질문을 제기한다. 따라서 무한한 우연의 사슬 이외에도, 근원적이고 스스로 실재하는 다른 어떤 것, 이 현상적 세계의 원인으로서 자신의 연속성과 보존을 확보할 수 있는 그 어떤 것이 존재한다고 인정하지 않는다면, 우주는 무의 심연 속으로 침잠하고 말 것이다.[22]

이 구절은 여전히 현상세계, 즉 우리 자신의 경험에 기반한 경험적 세계를 묘사하고 있다. 하지만 칸트에게 그것은 오히려 누메논noumenon*의 세계이자 물자체로서, 두려운 낯섦uncanny의 진정한 고향이자, 초창기 철학에 존재했던 원자론적 혹은 유물론적인 비전과 좀더 밀접하게 조응하는 세계이다. 물론 칸트 철학은 이런 초창기 철학에 대한 근본적이고 새로운 비틀기를 포함한다. 예를 들어 물자체는 원칙적으로 절대 재현될 수 없기 때문에, 디드로식으로도 재현될 수 없다. 그것은 일종의 텅 빈 개념으로, 그 어떤 경험의 형식과도 조응하지 않는다. 그럼에도 불구하고 내가 보기에 우리는 때때로 과거의 철학자들보다는 유리한 위치에 있는 듯하다. 이는 우리가 (라캉과

---

* 인간의 감각이나 지각과는 독립적으로 존재한다고 상정되는 대상이나 사건 혹은 순수하게 이성을 통해서만 인식될 수 있는 어떤 것으로, 경험적 대상이나 사건인 현상phenomenon과 대립되는 개념이다. 플라톤의 '이데아' 혹은 칸트의 '물자체thing-in-itself'가 이와 동일시되는데, 칸트에 따르면 인간은 누메논의 세계가 존재한다는 것을 알고 있으나 그것이 감각 너머에 존재하기 때문에 인식하거나 재현하지 못한다. 그런 의미에서 누메논은 인간의 감각과 이성의 한계를 표시하기도 한다.

알튀세르가 프로이트와 마르크스를 다시 쓰면서 생각해냈던) 새로운 용어와 새로운 개념성을 가지고 있기 때문이라기보다는, 우리가 새로운 기술을 가지고 있기 때문이다. 특히 우리는 영화를 통해 새로운 방식으로 이 불가능한 일에 도전할 수 있게 되었다. 즉 근본적으로 재현을 완전히 회피한다고 정의되던 것을 이제는 조금 더 잘 재현할 수 있게 된 것이다. 스탠리 카벨Stanley Cavell의 뛰어난 통찰대로,[23] 만약 정말 우리 자신이 부재하는 세계(사르트르의 표현을 빌리자면 "인간이 없는 자연")가 어떤 모습인지 우리에게 보여주는 것이 영화의 철학적 의미라고 한다면, 아마도 오늘날 누메논은 괴기스러운 조명이 적외선처럼 스스로 일종의 내적인 가시성을 발하는 소름끼치는 무대의 형태로 영화적인 두려운 낯섦Unheimlichkeit을 우리 앞에 드러낼 것이다. 예컨대 그것은 우리의 시야에 나타난 초자연적 타자의 혐오스러움까지는 아니더라도, 공포 영화나 트릭 사진의 요소 혹은 큐브릭의 「2001: 스페이스 오디세이」에서 묘사된 차원을 가로지르는 비행과 같은 형태로 나타날 수 있다. 그것은 아마도 고전적 유물론자들이 스스로 평범한 인간세계의 현상적 영역과 무의미하게 대립되는 물질의 작은 구멍 속을 응시하고 있다고 상상하면서 느꼈을 법한 현기증에 필적하는 현대적 방식이 될지도 모를 터인데, 이는 적당히 초라한 악평을 받을 만하다. 왜냐하면 칸트의 누메논의 영역은 보다 심층적인 수준의 헤겔적인 본질과는 아무런 관계도 없기 때문이다. 헤겔적 본질은 현상적 외관의 배후에 존재하는 더 진실한 차원으로, 마르크스가 우리에게 시장을 떠나 찾아가라고 하는 바로 그곳이다("따라서 돈을 가진 자와 노동력을 가진 자와 함께 이 소란스러운 영역, 모든 것이 표면 위에서 모두가 보는 앞에 벌어지는 이곳을 떠나, 그들을 따라 생산이 이루어지는 숨겨진 집으로 들어가자. 그 집의 문턱에는 '관계자 외 출입금지'라는 팻말이 걸려 있다"[*MC* 279~80]). 루소의 사제의 물질적 우주 그리고 어쩌면 드 만 자신의 물질적 우주와 마찬가지로, 칸트의 물자체는 마르크스가 말하는 방식으로 우리가 찾아갈 수 있는 곳은 아니다. 왜냐하면 그것은 인격화anthropomorphism 너머, 인간의 범주와 인간의 감각 저편에 존재하는 것에 상응하기 때문이다. 그것은 우리 **없이도** 우리 앞에 있으며, 보이지 않고 만질 수도 없고, 인간 몸을 현상학적 중심으로 삼는 것과 무관하며, 무엇보다도 인간 정신의 범주 너머에 존재하는 것이다(드 만에게는 언어의 기능과 전의가 여기에 해당한다). 누메논으로서의 '자유'에 대해서 이야기해보자면, 우리가 [그 안에서 빠져나와] 바깥에서 바라보는 것을 상상할 수 없는 어떤 괴물 같은 것처럼, 자아나 인간의 의식과 정체성에게 자유는 똑같이 '관점의 결여'로 표시된다. 즉 자유란 이성, 선택, 동기, 믿음의 도약, 거부할 수 없는 충동 등과 같은 보다 평범한 인격적 개념을 통해 길들여야 하는 이름 없는 외계 생명체 같은 것이다. 우리는 칸트가 극복할 수 없는 이원론적 세계를 상정하고 있다고 볼 수 있다. 즉 칸트의 세계가 인간적 현상이 (우리 자신의 '자아'를 포함하는) 물자체라는 사유 불가능한 비인간의 세계와 공존하며 그것과 불가능한 방식으로 중첩되어 있다고 상정한다면, 왜 칸트가 드 만에게 일단의 좌표를 제공하게 되는지 좀더 잘 이해할 수 있다. 드 만은 언어학적 '범주'를 통해 칸트의 인식론적 범주를 대체하고 칸트식의 윤리적 타협을 효과적으로 배제하는 동시에, 차가운 회의주의를 통해 루소의 '유신론적' 해결책으로 나아가는 문을 폐쇄해버린다. 그 결과 루소의 유신론은 더 이상 전통적인 '종교적' 의미에서의 유신론이 아니게 된다.

따라서 루소와는 달리 드 만은 보편과 특수 사이에 다리를 놓으려는 시도조차 하지 않는다(비록 드 만이 그러한 다리의 존재를 가정하는 것, 즉 계속해서 언어를 사용하는 것의 불가피성을 인정하기는 했지만 말이다). 그렇다면 (특히 지난 몇 년간) 사람들이 막연하게 했던 말처럼, 그의 작업을 '허무주의'라 설명할 수 있을까? 드 만은 줄곧 스스로를 유물론자라고 말하고 있지만, 허무주의와 유물론은 엄연히 다르다. 허무주의라는 말은 일반적으로 드 만이 알레르기 반응을 보이는 유형의 전 세계적 이데올로기 혹은 '염세적' 세계관을 떠올리게 한다. 그의 '철학적' 입장을 좀더 정확하게 지칭하는 방법은 다른 곳에 있는데, 그것은 딱 봐도 이미 낡아버린 18세기 유물론보다 훨씬 더 고색창연하고 철 지난 문제를 열어젖힌다. 드 만은 분명 허무주의자가 아닌 **유명론자**nominalist이다. 그리고 독자들이 마침내 그의 언어관을 이해했을 때 보여주었던 아연실색한 반응은, 유명론자의 극악무도함과 뜻하지 않게 마주하게 된 토마스주의Thomist 성직자들의 동요에 비견될 만하다. 분명 여기에서 착수할 수 없는 과업이지만, 그와 유명론자 사이의 철학적 친연성을 탐색해보면[24] 우리는 이제 또 다른 드 만을 발견하게 될 터인데, 이러한 그의 이데올로기는 18세기 유물론과는 전혀 딴판이다. 현재의 맥락에서 우리에게 좀더 흥미로운 문제는 그의 유명론이 최근의 사유와 문화 논리와는 동떨어진 독특하고 분류할 수 없는 것이었음에도, 어떻게 그것이 최근의 사유와 문화 속에 다시 각인될 수 있는가이다. 아도르노는 일찍이 그 방식을 탐색한 바 있는데, 그에 따르면 현대 예술이 중심적으로 대면해야 하는 사태이자 딜레마가 바로 유명론의 논리이다. 유명론이라는 단어는 크로체Benedetto Croce로부터 차용한 것으로, 크로체는 당시 주로 예술 평가에 사용되던 장르적 사고에 의혹을 제기하기 위해 이 말을 사용했다. 즉 그의 생각에는 장르에 따른 일반론과 포괄적 분류가 개별 예술 작품에 대한 경험과 일치하지 않는다는 것이다. 아도르노의 경우에는 유명론이 하나의 운명처럼 현대 예술 생산 속으로 들어오게 된다. 이에 대한 그의 공식적 진단은 또한 근대 철학 개념의 역사에 대한 그의 저서에 암시되어 있는데, 그에 따르면 그런 개념들은 이제 전통적인 철학의 보편화의 가능성으로부터 치명적으로 멀어지고 있다는 것이다(그렇다고 아도르노가 그에 대해 특별히 향수를 느끼진 않는다).

지금 필요한 것은 요즘 시대의 유명론적 명령에 대한 보다 광범위한 사회적·문화적 진단이다. 이런 관점에서 보면 이 장의 1절에서 언급했던 내재성으로 나아가려는 경향, 즉 초월성으로부터 탈출하려는 경향은 사적이거나 부정적인 현상이 된다. 그리고 이 현상의 긍정적인 측면은 오로지 '유명론'을 그 자체로 사회적이고 실존적인 힘으로 가정할 경우에만 나타난다(포스트모더니즘의 정치학과 '민주주의'라는 오래된 개념에 대한 포스트모던적 변용 역시 이런 식으로 해석할 수 있다. 즉 그것은 사회적 특수자와 개별자의 리얼리티가 '개인주의' 이데올로기를 포함해서 사회와 사회적인 것을 사유하는 과거의 방식과 모순된다는 느낌이 점차 강화되는 것이다). 이런 맥락하에서 본다면, 드 만의 작업은 다소 다르지만 그다지 예외적인 반향은 아니다. 그것은 유명론에 대한 특정 경험이 언어 생산이라는 특수한 영역 안에서 무시무시하고 철두철미한 순수성과 함께 절대화되고 이론화되는 장소이다.

그런데 루소의 유신론에 대한 우리의 논의는 완결되지 못한 채 남아 있다. 왜냐하면 '유신론적' 개념성이 분명 물질 자체의 영역을 충분히 '포괄'하지는 못하더라도, 그 자체로 리비도의 카섹시스cathexis*를 통해 일정한 자율성을 획득하는 방식에 대해 아직 언급하지 않았기 때문이다. (드 만은 "행복의 증식으로의 전회"라는 전혀 다른 언어로 이 순간을 묘사한다〔AR 243〕. 즉 드 만은 판단의 장을 일종의 "스펙터클"〔AR 242〕로, 따라서 쾌락과 고통의 언어에 민감할 수밖에 없는 장으로 변형시켰을 뿐만 아니라, 한 발 더 나아가 18세기와 연관되는 일반적으로 에로틱하고 감상적인 척하는 태도로 변형시킨 것이다.25) 그런데 쾌락 문제의 부활을 통해 우리가 해야 할 일은 미학 자체에 대한 쟁점과 문제 들을 제기하는 것인데, 이는 루소보다는 드 만의 작업을 통해서 할 수 있다.)

분명 드 만식의 해체주의는 미학이 흔적도 없이 사라질 듯한 순간에 미학을 되살리기 위한 최후의 구제 작업이며, 심지어 문학 연구를 수호하고 그 가치를 확장시키며 특히 문학 언어에 특권을 부여하는 행위로 볼 수 있다. 이를 위해 그는 먼저 **텍스트** 개념을 전략적으로 재정립한다. 대략적으로 말하자면 텍스트는 이제 "스스로를 해체"하는 글들에만 제한적으로 적용된다. "모든 텍스트의 패러다임은 비유(혹은 비유 체계)와 그것의 해체로 구성된다"(AR 205). 우리는 이런 정식화를 이미 언어 최초의 메타포적 순간을 포착하려는 시도 속에서 접한 바 있는데, 이제 이것은 미학적 가치의 확장이라는 매우 다른 기능도 갖는다고 볼 수 있다. 속물과 공상가 들(예컨대 헤르더Johann Gottfried Herder와 프리드리히 실러)은 이로부터 추방된다. 그들은 루소가 그저 한 명의 철학자에 불과하고, 그의 '관념'은 누구든 빌리고 수정하며 발전시키고 추가할 수 있다고 상상한다. 그들은 행복하게도 깊이 '의

---

* '카섹시스'는 프로이트의 개념으로, 사람이나 사물에 대한 리비도의 할당allocation of libido을 의미한다.

심'하는 재능을 부여받지 못했다. 그 의심은 글쓰기의 두 가지 기본적인 유형인 비유의 알레고리와 독해의 알레고리가 그보다 더 큰 명칭인 '텍스트'에 포함된다는 것을 알려주는데도 말이다. 이는 일종의 정전의 자격에 대한 주장은 아니더라도, 분명 그 가치에 대한 주장이다. 하지만 누군가는 그것이 정확하게 **미학**의 가치에 대한 주장은 아니라고 반론할 수 있다. 텍스트는 언어적으로 반성적이고, 스스로를 해체하며, 또한 자신의 작업에 대해 어느 정도 자의식을 가지고 있기 때문에, 텍스트로 범주화되고 분류될 수 있다. 드 만이 종종 그렇게 하듯, 아마도 그러한 판단을 미학보다는 레토릭에 전가시키는 것이 더 낫지 않을까? 하지만 여기에 마지막 압박이 있다. 왜냐하면 드 만에게 텍스트는 또한 '문학적 언어' 그 자체에 대한 정의가 되기 때문이다. 바로 이 지점에서 수상쩍게도 미학에 대한 평가나 문학 연구 자체와 유사한 어떤 것이 위풍당당하게 재정립된다.

그러나 이로부터 드 만의 작업이 결국에는 전통주의적인 것으로 드러났다는 안도감 섞인 결론을 내리는 것을 옳지 못하다. 왜냐하면 또 다른 퍼즐 조각이 아직 남아 있기 때문이다. 그 퍼즐 조각은 제프리 하펌이 "금욕적 명령ascetic imperative"[26]이라 불렀던 것의 예상치 못한 개입이다. 우리가 종종 봐왔던 것처럼 드 만은 "유혹temptation"과 "미혹seduction"이란 단어를 자주 사용하는데, 항상 그렇진 않지만 주로 해석적 선택과 연관하여 사용한다. 이제는 그것이 단지 문체적 습관만은 아니란 걸 말해야 한다. 그것은 언어와 미학에 대한 드 만의 철학적 관점의 보다 근본적인 특징과 일치한다. 이는 또한 그의 작업에서 모더니즘과 포스트모더니즘에 대한 현재의 논쟁과 결정적으로 교차하는 지점으로 볼 수도 있는데, 사실 그는 모더니즘이나 포스트모더니즘 같은 용어들을 딱히 인정하지 않는다. 내가 사용하고자 하는 시대구분의 방식으로는 특히 그러하다. 만일 우리가 낭만주의와 모더니즘 사이에 어떤 깊은 연속성이 있다고 상정하는 데 전념하는 진영과, 그 양자 간에 급진적 단절을 강조하는 데 열심인 진영 사이에 전선을 긋는다면, 드 만은 분명 전자의 진영에 속할 것이다. 비록 개별 텍스트의 급진적 차이가 좀더 넓은 개념의 신빙성을 떨어뜨리더라도 말이다 (개별 텍스트보다는 개별 작가의 차이일 수도 있다. 왜냐하면 드 만은 저자 개념 자체가 문제시되는 상황에서도 작가 이론을 여전히 신봉하기 때문이다).

하지만 낭만주의 시가 루소의 언어에 대한 불신의 근원에 왠지 조금 더 가까운 듯 보인다(잘 알려져 있다시피 드 만의 선택적 친밀성은 여러 이론가 중에 니체 다음으로 프리드리히 슐레겔Friedrich Schlegel로 향한다). 그러하기에 모더니스트들의 언어가 가진 능력은 거짓말과 망상 속에서, 그리고 미혹 속에서 더 풍부해진다. 따라서 드 만의 시어詩語 자체에 대한 가장 비범하고 본격적인 해체가 릴케를 표본으로 삼는 것은 적절해 보인다. 그렇다면 일단 시어의 미혹에 대한 해체는 '모더니즘' 자체에 대한 해체와 동일한 것이 된다.

"가치의 미혹이 '철학적' 글쓰기에서는 검열을 통과할 수 없겠지만 소위 문학 텍스트에서는 허용된다고 (심지어 찬사를 받는다고) 흔히 인정되기 때문에, 이러한 가치들의 가치는 문학 텍스트로부터 철학 텍스트를 구별할 수 있는 가능성과 연결된다"(*AR* 119). 릴케의 "미혹"(*AR* 20)은 4단계 설명을 통해 분명하게 표현되는데, 여기에서 각 단계는 드 만의 글 곳곳에서 그 반향을 찾아볼 수 있다. 첫번째 단계는 독자에게 공범 의식을 일깨워주는 것으로, 이는 종종 모더니즘 일반의 전범으로 여겨진다("위선적인 독자여! 나의 동지여, 나의 형제여!"*). 두번째 단계에서는 대상의 충만함과 그 대상의 표면에 대한 매료가 동일시된다. 이는 릴케에게서 구체적인 주제의 형식을 취하지만, 또한 여러모로 모더니즘 일반에서 중요한 감각의 강화에 대한 또 다른 전범이기도 하다. 세번째 단계는 이제 앞에서 획득한 것들을 이데올로기적 실행이라 부를 법한 것으로 전환시킨다. 이들은 이제 "극소수의 몇몇 다른 〔작품〕처럼 실존적 구원의 형식을 긍정하고 약속한다." 즉 "이승에 있다는 건 멋진 일!Hiersein ist herrlich!"인 것이다. 이런 작업이 드 만의 경계심을 즉각적으로 일깨웠다는 것은 그리 놀랍지 않을 것이다. 사실 이 전문 연구가 마무리될 무렵(〔『독서의 알레고리』의 2장「비유_릴케」는〕 프랑스어판 릴케 선집의 서문으로 쓰인 것인데, 그런 이유로 상대적으로 드물게 접근이 용이하며, 릴케에 대한 일반적인 조망과 총체적인 분석을 담고 있는 체계적 성격을 띤다), 위대한 철학 시「두이노의 비가Duino Elegies」와「오르페우스에게 바치는 소네트Sonnets to Orpheus」는 평가절하되면서 릴케의 정전 중에서 다소 주변적이고 초라한 위치로 전락했다. 이 작품들은 엉성하고 보다 단편적이며 거의 미니멀리즘적인 파편이라는 평가를 받고 정전의 지위에서 내려오게 되었는데, 이런 경향은 이후 첼란Paul Celan의 등장을 예고하고, 또한 그 시들이 충만함을 거부한다는 점에서 '해체주의' 미학 같은 어떤 것을 체현하는 것으로 보인다(또한 이런 미니멀리즘은 구조적 우연도 아니다. "이러한 '기표 해방 이론'은 또한 주제적 가능성의 완전한 고갈을

---

* 보들레르의 『악의 꽃Les Fleurs du mal』에 수록된 시「독자에게Au lecteur」에서 인용한 구절이다.

암시한다"〔*AR* 48〕).

그런데 릴케의 미혹적인 전략의 다른 특징들도 결국에는 이와 마찬가지로 의심스럽다. 분석의 마지막 네번째 단계에서 앞의 세 단계는 시어 자체로서 결정체를 이루게 된다. 이로 인해 단 하나의 감각 통로가 부상하는데, 이것이 바로 유포니euphony이다. 유포니는 "언어를 바이올린처럼 노래하게"(*AR* 38) 만드는 거의 "음성 중심주의적인 청각의 신인데, 릴케는 처음부터 여기에 자신의 시인으로서의 성공 전체의 성과를 걸고 도박을 했다"(*AR* 55). "매체의 형식적 속성을 제외한 그 어떤 참조점도 용납하지 않는 금욕askesis 속에서 재현과 표현의 가능성은 제거된다. 언어의 유일한 속성, 즉 언어에 진실로 내재하며 언어 자체의 밖에 위치한 그 어떤 것과도 관계를 맺고 있지 않은 속성은 소리이기 때문에, 그 소리만이 가용할 수 있는 유일한 자원으로 남을 것이다"(*AR* 32). 릴케에 탐닉하는 모든 독자에게 친숙한 이 비범한 음악성을 **금욕**으로 묘사한 것은 특이하다. 이는 시의 형식적 특이성과 릴케의 종교적 주제 사이를 매개하기 위해 고안된 단어로, 사실상 릴케가 청각을 제외한 다른 모든 감각을 포기함으로써 정당화되는 동시에 실행된다. 왜냐하면 그는 가끔 이런 거부가 성인聖人의 자격이라 기꺼이 생각했기 때문이다. 한편 이런 설명은 또한 모더니즘 시대의 사물화와 감각의 분열, 그에 따른 각 감각의 자율화라는 역사적 현상을 깊숙이 가로지르며, 모더니즘 회화에서 새롭고 비범한 강렬함을 얻게 된다. 몸의 새로운 감각중추는 주로 그것의 신기함에 대한 어떤 역사적 감각을 획득한 독자(와 작가)들에 의해 찬양받았으며, 현상학과 욕망에 대한 보다 최근의 이데올로기는 모더니즘 시대에 몸에서 일어난 이러한 파편화를 자신의 출발점으로 삼았다. 따라서 드 만의 특이한 관점은 환영받을 수밖에 없는 낯설게 하기이다. 그는 (유포니라는) 새로운 감각의 유혹적인 풍요로움을 냉정하게 유예시키고, 그에 대한 대가와 언어의 소리가 자율성을 획득하기 위해 단념해야만 하는 모든 것을 고집스럽게 강조한다.

하지만 드 만의 입장에서는 이 또한 금욕으로 설명되어야 한다. 그리고 『독서의 알레고리』에서 가장 공격적인 태도를 보이는 부분이 바로 니체의 음악이 지니는 지고의 힘에 대한 변호를 조롱하듯 반복할 때이다.

그러한 문장을 읽은 연후에 누가 감히 '진정한 음악가들' 중에 몇 안 되는 행복한 사람이 아니라고 인정할 수 있겠는가? 니체의 개인적인 동일시가 그를 삼각관계의 왕의 위치로 데려다줄 것이라는 확신이 있어야만 그 페이지를 쓸 수 있을 것이다. 그 문장들은 잘못된 신념하에 만들어진 진술의 모든 과시적인 요소를 가지고 있다. 병렬적인 레토릭적인 질문들, 상투적인 문구의 과잉, 명백히 독자에 영합하려는 모습. 음악의 '치명적'인 힘은 축자적 묘사의 조롱을 견딜 수 없는 신화이다. 그러나 니체는 자신의 텍스트의 레토릭의 양식으로 인하여 그 사실성의 부조리함 속에서 그대로 음악의 힘을 제시할 수밖에 없었다(*AR* 97~98).[27]

내가 강조하고 싶은 것은, 구체적인 언어의 미혹에 관해 이런저런 지엽적인 사실과 그 정체를 드러낸 것 외에(모든 미혹은 어떤 식으로건 최초의 메타포적 행위에 의해 생성되는 욕망을 포함한 지시대상체의 환영을 다시 불러일으킨다), 드 만의 작업이 쾌락과 욕망 그리고 감각에 대한 중독을 금욕적으로 거부함에 있어서 현대 비평가와 사상가 들 중에서 독보적이라는 사실이다.

하지만 훨씬 더 핵심적인 문제는 최근 유행하는 문제들 이면에 있다. 특히 플라톤에서 독일 관념론까지 전통적으로 이어지는 철학적 미학에 대한 천착 이면에 더 중요한 문제가 있는 것이다. 이는 가상 Schein 혹은 미학적 현상의 지위에 관한 질문이다(최근의 논쟁에서 이 질문은 이른바 **재현**이라는 다소 제한적인 쟁점으로 축소되었다). 우리가 어떻게 예술에 대한 죄책감과 (미학자는 고사하고) 문화적 지식인의 지위를 주장할 수 있는가 하는 문제는, 아도르노가 고집스럽게 보여주려 했던 것처럼 상당 부분 미학적 현상에 대한 우리의 태도에 달려 있다. 미학적 현상은 정치적인 이유로 인해 사회적 사치나 특권으로서 거부될 수도 있으며, 반대로 다른 여러 이데올로기적인 방식을 통해 찬양받거나 합리화될 수도 있다(대중매체 문화의 부상 이래 이데올로기적인 방식도 수정되어왔다). 특이하게도 드 만은 이 두 입장을 결합하여 독특한 방식으로 합성했다. 먼저 가상과 감각적 현상에는 미학 이데올로기와 오류 혹은 잘못된 신념 같은 부정적 지위를 부여하는 반면, 예술 자체(혹은 최소한 문학)는 특권적 영역으로 남겨둔다. 즉 예술은 언어가 스스로를 해체함으로써 가장 최근 판본의 '진리'가 여전히 유용할 수도 있는 특권적 영역이 되는 것이다. 그러하기에 미학적 경험은 다시 가치를 확장하지만, 거기에는 항상 예술의 정수로 여겨져왔던 유혹적인 미학적 쾌락이 **없다**. 마치 예술이 설탕 막이 녹기 전에 삼켜야 하는 알약이라도 되는 듯 말이다. 좀더 전통적으로 이야기한다면, 예술은 필연적으로 마술적인 허상과 주마등처럼 스쳐가는 이미지로 이루어진 상대적으로 바그너적인 계곡 같은 것이다.

롤랑 바르트 같은 사람과 나란히 놓는다면, 드 만의 청교도주의는 사실상 플라톤적인 균형을 추구한다(플라톤의 예술에 대한 사회적 계획을 제외한다면 말이다). 그와 비교하면 바르트는 무절제한 자기 탐닉의 본보기이자 망상에 대한 투항으로 보일 수도 있다. 나는 개인적으로 드 만의 텍스트에 따라다니는 윤리적 판단을 진지하게 수용할 수는 없을 것 같다(그것은 의심할 바 없이 나의 문제다). 하지만 『독서의 알레고리』는 1980년대에 대한 예언처럼 보인다. 그것은 1980년대의 '신도덕'이라 추정되는 것에 대한 예언이라기보다는, 1960년대의 주요한 '성과'이자 전쟁터 중에 하나였던 몸과 욕망과 감각의 해방을 향한 정교한 찬사에 대해 1980년대가 내린 파산 선고에 대한 예언일 것이다.

하지만 이미 본 바와 같이 모더니즘과 그것의 감각적 레토릭에 대해 놀라울 정도로 파괴적인 진단을 내린 거의 직후(여기에서 개괄할 순 없지만, 그 뒤에는 릴케의 비유에 대한 상세한 해체가 이어진다), 드 만은 문학과 시적 언어의 중요성을 복원한다. 여기에는 충분한 타당성이 있다. 왜냐하면 만약 드 만이 원하는 것이 언어의 감각적 허상의 무효화라면, 그에 대한 거의 완벽하고 강력한 반론을 만들 수 있을 정도로 그런 허상에 대해 완전하게 일깨워줘야 하기 때문이다.

그러므로 우리는 드 만의 미학을 보다 더 큰 역사적 맥락에서, 즉 그것이 제안하는 불완전하게 청산된 모더니즘이라는 스펙터클을 통해서 읽어야만 한다. 다시 말해서 그의 입장과 주장은 '포스트모던'적이지만, 그의 결론은 그렇지 않다. 그렇다면 왜 완전히 포스트모던적인 결과를 끌어내지 못했는지가 우리의 마지막 질문이 되는데, 이에 대한 답변도 완전할 수는 없다. 그런데 매우 일반적으로 말하자면, 이전 장들에서 주장한 바와 같이 완전히 자율적이고 자기정당성을 가진 포스트모더니즘이라는 이데올로기는 결국 불가능해 보인다. 반反근본주의적인 언어를 쓴다면(하지만 이는 드라마가 실연되는 여러 약호와 주제 중 하나일 뿐이다), 이것의 요지는 반근본주의적 입장이 언제나 그 자체로 새로운 종류의 근본주의적인 역할로 미끄러져 들어갈 수 있다는 주장과 다를 바 없다. 하지만 드 만에게 나타나는 사실상 모더니즘적인 가치들의 잔재(무엇보다도 미학과 시어에 지고의 특권과 가치를 부여하는 것)는, 특히 거의 모든 모더니즘 미학의 형식적 특징에 대한 놀라울 정도의 상세한 고발과 더불어, 이런 식으로만 설명되기에는 지나치게 위압적이고 그 목소리가 너무 크다.

내 생각에 여기에서 관찰할 수 있는 것은 일정 거리를 두고 특정한 관점의 전환을 한다면 사람들이 가끔 다음과 같이 느낀다는 것이다. 즉 드 만이 역사적으로나 문화적으로나 상당히 옛날 사람이며, 그의 가치관은 (일반적으로 최근 북미 지역 사람들에게는 여전히 잘 보이지 않을 것으로 예상되는) 제2차 세계대전 이전 유럽 지식인들의 특징을 좀더 많이 보여주고 있다는 것이다. 그렇다면 우리가 설명해야 할 것은 드 만에게 나타나는 모더니즘의 유산의 불완전한 청산보다는, 무엇보다도 모더니즘을 청산하려는 기획 그 자체이다.

최근까지만 하더라도 나는 그 악명 높은 '폭로,' 즉 독일이 벨기에를 점령한 첫 몇 년 동안 드 만이 문화부 기자로 일하면서 쓴 기사의 발견에 대해 내 생각을 표현하고 싶지 않았다. 폭로된 자료들을 둘러싼 그 논쟁의 상당 부분이 월터 벤 마이클스가 말했던 "절망"처럼 내게 덥쳐올까 두려웠다. 한 가지 말해두자면 내가 보기에 북미 지역의 지식인들은 대개 군사 점령하에 있던 사람들의 행동과 선택을 판단할 만한 자격을 부여받을 수 있는 종류의 역사적 경험이 없다(진정으로 베트남전쟁의 상황이 그와 대략 유사한 뭔가를 준 경우가 아니라면 말이다). 한 가지 더 덧붙인다면 반反유대주의만을 배타적으로 강조할 경우, 나치 시절의 다른 구성적 특징을 무시하고 정치적으로 중화시킬 수 있다. 즉 반공주의를 간과하는 것이다. 유대인 학살은 그것이 국가사회주의의 반공주의자와 급진적 우익이 내건 사명과 절대적으로 하나였으며 분리될 수 없었기 때문에 가능했다는 것이, 아르노 메이어Arno J. Mayer의 새 역사서 『왜 하늘은 어두워지지 않았나?*Why Did the Heavens Not Darken?*』의 결론이다. 그런데 이런 식으로 생각해보면 드 만은 반공주의자도 우파도 아니었음이 즉각 분명해진다. 만일 그가 (유럽의 학생 운동이 놀라울 정도로 보수적이거나 반동적이었던) 학생 시절에 그러한 입장들을 취했다면, 그것은 공공연히 알려졌을 것이다. 왜냐하면 드 만은 당시에 굉장히 유명했던 유럽 사회주의 인사의 조카였기 때문이다. (한편 당시 그의 텍스트들의 배후에 나타나는 특정 정치 이데올로기는 개인적인 독창성이나 차별성이 전혀 없었고, 나치즘과 이탈리아 파시즘부터 뉴딜 정책과 헨리크 드 만Henrik de Man의 포스트마르크스주의적 사회민주주의를 거쳐 스탈린주의에 이르는 정치사상 전반에 걸쳐 팽배했던 당시의 일반적인 조합주의corporatism를 반복하는 수준이었다.)[28]

과거 폴 드 만의 정체가 무엇이었냐고 묻는다면, 당시 기사들이 증명하듯 그는 인습적인 본격 모더니즘적 탐미주의자 내지는 비정치적 탐미주의자의 상당히 평범한 표본이었다고 할 수 있다. 이는 하이데거의 문제와는 명백히 다르다(비록 하이데거와 드 만의 쌍생아 같은 '스캔들'이 둘 다 데리다의 해체주의의 권위를 실추시키려고 조심스럽게 기획되었다는 점은 의문의 여지가 없어 보이지만 말이다). 사람들이 말하듯 하이데거가 '정치적으로 순진'했을 수도 있다. 하지만 그는 분명 정치적이었으며, 또한 한동안 히틀러의 권력 장악이 국가의 도덕적·사회적 재건으로 나아갈 수 있는 진정한 국민 혁명이었다고 믿었다.[29] 프라이부르크 대학교의 총장으로서 그리고 최고의 반동분자이자 매카시즘적 정신으로서, 그는 의심스러운 요소들의 공간을 제거하고자 노력했다(하지만 1940년대 할리우드나 1970년대 독일연방공화국과 비교하면, 1920년대 독일의 대학 체계 내에 진정한 급진파나 좌파적인 '요소'들은 거의 없었다는 사실을 기억할 필요가 있다). 그가 히틀러에 대해 느꼈던 궁극적 실망을 국가사회주의 내의 혁명적인 (반자본주의적인) 여러 좌파 인사들도 공유했는데, 이들은 한동안 온건주의자 혹은 중도주의자로서의 히틀러의 실용주의적 입장이나 그와 대기업과의 결정적 관계를 이해하지 못했다. 오해를 받을 수도 있겠지만, 나는 하이데거의 정치적 헌신을 위한 노력에 대해 어떤 은밀한 존경심을 지니고 있으며, 또한 그의 시도가 비정치적인 자유주의자들보다는 도덕적·미학적으로 더 낫다는 것을 알게 되었다(그의 이상이 실현되지 않는다는 가정하에서 말이다).

이 모든 것은 폴 드 만과는 아무런 관련이 없다. 그에게 '부역'이라는 극적인 말로 표현되었던 일들은 단지 직업일 뿐이었다.[30] 특히 향후 예상 가능한 미래에 통합될 것으로 보였던 유럽과 독일에서는 말이다. 그리고 내가 개인적으로 알고 있는 드 만은 단지 선량한 자유주의자였다(그리고 당시에는 반공주의자도 아니었다). 그럼에도 불구하고 우리는 이데올로기 비판Ideologiekritik이라는 고전적 시나리오를 따라, 이후의 모든 복잡한 사상적 진화 과정이 자신이 해결하고자 했던 초기의 트라우마에 의해 어떤 식으로건 결정되었다고 주장할 수 있을까? 물론 이런 치료법적인 언어는 좀더 전략적인 언어로 대체될 수도 있다. 예를 들어 부르디외의 무게 있는 논의에 따르면, 하이데거의 유명한 전향Kehre(실존주의에서 존재의 문제로의 전환)은 나치 "혁명"에 대한 초기의 정치적 긍정으로부터 벗어나기 위해 철저히 계산된 레토릭적 방법이라는 것이다.[31] 하지만 (블랑쇼Maurice Blanchot와도 다르게) 드 만은 처음부터 나치에게 그렇게 공감하지 않았다. 하지만 우리는 또한 그러한 전향을 폭력과 극단적 공포에 대한 경험으로서의 트라우마의 측면에서 그럴듯하게 논의할 수도 있을 것이다. 『카테드랄 주점에서의 대화Conversation in the Cathedral』(이 작품은 신기하게도 저자가 이후에 좌파로부터 변절할 것을 예언한다)에서 바르가스 요사Mario Vargas Llosa는 어떻게 역사에 의해 **화형**당했던 경험(여기에서는 학생 시위에 참여한 뒤 호되게 구타를 당하고, 더 심한 경우 고문까지 당한 것을 묘사한다)이 자기 검열과 거의 파블로프적인 조건반사로 인해 미래의 정치적 헌신을 피하는 뒤틀린 구조를 만드는지를 보여준다(이는 정전으로 여겨지는 파농Frantz Fanon의 폭력적 해방운동이 특수하게 전도된 형식이다).

드 만의 해체주의의 이 모든 복잡한 〔방법론적〕 절차들이 처음부터 존재하지 않았던 '나치 과거'를 속죄하거나 무효화하기 위한 방법으로서 생겨났다는 제안을 한다면 우스꽝스러워 보일 것이다. 그의 절차들은 분명 무비판적으로 모더니즘적이었던 자신의 미학적 가치를 효과적으로 무효화했다(반면 앞서 보았듯이 또 다른 방식으로 끝내 '텍스트를 구원'하기도 했다). 악명 높았던 '반유대주의' 기사[32]에 대해 말하자면, 나는 그 기사가 끊임없이 오독되고 있다고 믿는다. 즉 그것은 자신의 안녕을 생각하기엔 너무도 똑똑했던 한 젊은이의 저항을 위한 기발한 노력이었다는 생각이 든다. 왜냐하면 이 '개입'의 메시지는 다음과 같기 때문이다. "너희 흔해빠진 반유대주의자와 지식인 들(제3 제국의 고결한 '종교적' 반유대주의는 제외하자)은 사실 자신의 대의를 망치는 짓을 하고 있다. 만일 '유대인 문학'이 너희가 주장하는 것처럼 위험하고 해악을 끼친다면, 결국 아리안의 문학도 위대해질 수 없다는 것을 너희는 이해하지 못하고 있다. 특히 다른 전범적인 '반유대주의적' 해석하에서는 무가치하다고 여겨지는 유대인 문화에 대해 아리안 문학이 저항할 수 있는 힘이 부족하다는 것을 이해하지 못하고 있다. 따라서 이런 환경에서는 유대인들에 대해 이야기하는 것을 그만두고, 너희 자신의 정원을 가꿔나가는 편이 낫다."

여기서 이런 아이러니가 지독하게 오해되고 오독되고 있다는 것은 아이러니하다. 비록 그것이 아이러니의 특징이기는 하지만 말이다(드만은 그 글이 반유대주의를 약화시킨다기보다는 반유대주의에 대한 표현으로 읽히기 쉽다는 걸 이해하고 있었던 듯하다). 아마도 그가 이후에 매우 열정적으로 추구하고 가르쳤던 철저한 해체주의적 독해는 이런 재앙을 '무효화함'으로써 최소한 이런 종류의 기초적인 해석적 실수에 저항할 수 있는 능력을 갖춘 독자들을 양성하려는 의도였을 것이다. 하지만 그의 제자 대부분은 그 '텍스트'를 마주하자마자 그런 실수를 했던 것 같다. 어쨌든 더 큰 '아이러니'는 드 만의 교육론이 다른 면에서는 너무나 훌륭한 것이었지만, 그의 학생들이 특이하게도 이런 종류의 정치적이고 역사적인 쟁점에 대처하기 위한 준비를 할 수 없도록 만들었다는 것이다. 왜냐하면 정치와 역사는 처음부터 괄호에 묶여버렸기 때문이다.

그런데 궁극의 아이러니는 드 만의 성숙한 저작 속에서도 대문자 아이러니Irony가 살아남았다는 데에 있다. 그의 저작에서는 모더니즘의 레퍼토리가 완벽하게 와해되었음에도 불구하고, 아이러니는 지고의 이론적 개념으로서, 전통적 모더니즘의 가치로서, 자의식과 반영성 개념의 중심으로서[33] 여전히 살아남아 있다. 실제로 아이러니는 『독서의 알레고리』 마지막 페이지에서 모더니즘의 최고봉으로서 조용히 다시 부상하고 있다.

경제

8장   포스트모더니즘과
           시장

언어학은 이데올로기 분석이 유감스럽게도 결여하고 있는 유용한 도구를 가지고 있다. 그것은 빗금(/)과 괄호(《 》)를 사용하여 주어진 말을 '단어'나 '관념'으로 표시할 수 있다는 것이다. 따라서 **시장**market 이라는 단어는 그것의 다양한 사투리 발음과 어원학적으로 교환과 상품을 의미하는 라틴어 어원을 포함해서 /시장market/으로 표시된다. 다른 한편 아리스토텔레스에서 밀턴 프리드먼Milton Friedman에 이르는 여러 시대를 거쳐 철학자와 이데올로그 들에 의해서 이론화된 그 개념은 《시장market》으로 표시될 것이다. 아마도 누군가는 이것이 잠시나마 이데올로기인 동시에 일단의 실질적인 제도의 문제라 할 수 있는 종류의 주제를 다룰 때 직면하게 되는 많은 문제를 해결해주리라 생각할 것이다. 마르크스가 프루동Pierre-Joseph Proudhon주의자들의 단순화에 대한 희망과 열망을 분쇄하기 위해『정치경제학 비판 요강』서두에서 사용했던 양면 협공 작전을 기억해내기 전까지는 말이다. 프루동주의자들은 화폐를 철폐함으로써 화폐로 인해 발생하는 모든 문제를 제거할 수 있을 것이라 생각했다. 그들은 화폐를 통해 객관화되어 표현된 문제가 교환 체계 자체의 모순에 기인하는 것이며, 따라서 화폐를 노동시간 증서 같은 보다 단순한 것으로 대체하더라도 그 모순은 계속해서 객관화되어 표현될 것이라는 사실을 인지하지 못했다. 마르크스가 건조하게 이야기했듯이 자본주의가 지속되는 한 노동시간 증서는 간단히 화폐로 되돌아갈 것이며, 필연적으로 예전의 모든 모순도 되돌아올 수밖에 없다.

이데올로기와 리얼리티를 구별하려는 시도 역시 마찬가지다. 불행하게도 시장 이데올로기는 경제 문제와 분리하여 문화적 혹은 상부구조적 시체 안치소로 보내 그곳의 전문가들이 해부하도록 할 수 있는, 어떤 보조적인 관념적 혹은 재현적 사치품이나 장식품이 아니다. 어쨌든 그것은 물자체에 의해 그것의 객관적이고 필연적인 잔상으로서 생성되기 때문이다. 따라서 〔이데올로기와 물자체라는〕 두 차원은 차이뿐만 아니라 동일성 속에도 함께 기입되어야 한다. 최근에 등장했지만 이미 철 지나버린 언어로 표현하자면, 그것들은 반半자율적이다. 이는 곧 이 둘이 서로로부터 진정으로 자율적이거나 독립적이지는 않지만, 그렇다고 하나로 묶일 수도 없다는 의미이다. 마르크스주의의 **이데올로기** 개념은 언제나 이데올로기적 개념이 지닌 반자율성의 역설을 존중하고 그것을 반복하거나 유연하게 만들고자 했다. 예를 들어 물자체와 관련한 시장 이데올로기가, 혹은 이 경우에는 후기자본주의뿐만 아니라 사회주의 국가에서도 발생하는 시장과 계획경제의 문제가 그것이다. 그러나 (리얼리티와 대립되는 것으로서의 **이데올로기**라는 단어 자체나 물질의 이데올로기와 같은 것을 포함하여) 고전적인 마르크스주의의 이데올로기 개념은 종종 정확히 이 지점에서 오작동하면서 순수하게 자율적인 것이 되어 순전한 '부수 현상'으로서 상부구조의 세계 속으로 흘러들어간 반면, 리얼리티는 밑에 남아 경제 전문가들의 현실적 책임이 되었다.

물론 마르크스 자신에게도 이데올로기에 대한 여러 전문적인 모델이 존재한다. 『정치경제학 비판 요강』에서 프루동주의자의 공상을 중심으로 설명된 이데올로기 모델은 자주 언급되거나 연구되지는 않았지만, 상당히 풍부한 시사점을 가지고 있다. 여기에서 마르크스는 우리가 지금 다루고 있는 주제의 중심적인 특징을 논하고 있는데, 이는 바로 자유와 평등의 관념과 가치가 교환 체계에 대해 맺는 관계이다. 그리고 그는 밀턴 프리드먼과 거의 유사한 주장을 한다. 즉 이런 개념과 가치는 실재하며 객관적일 뿐만 아니라 시장 체제 자체에 의해 유기적으로 발생한 것으로서, 변증법적으로 시장과 불가분의 관계에 있다는 것이다. 마르크스는 계속 덧붙이길(여기에서 나는 밀턴 프리드먼과는 **다르게**라고 말하려 했지만, 잠시 생각해보니 심지어는 이 불쾌한 결과마저도 신자유주의자들에 의해 인정을 받고 때로는 찬사까지 받고 있다는 사실을 기억해내지 않을 수 없었다), 실질적으로 이 자유와 평등은 비자유와 불평등으로 판명된다. 그러나 한편으로 그것은 이런 전도에 대한 프루동주의자들의 태도의 문제이자, 교환 체계의 이데올로기적 차원과 그것이 어떻게 작동하는지에 대한 프루동주의자들의 몰이해의 문제이다. 즉 그것은 진실인 동시에 거짓이며, 객관적인 동시에 망상적인 것으로, 헤겔적인 표현인 "객관적 나타남objective appearance"을 통해 우리가 표현하고자 했던 것이기도 하다.

교환가치, 보다 정확히 말해서 화폐 체계는 사실상 자유와 평등의 체계다. 그리고 보다 최근 이 체계가 발전하면서 〔프루동주의자들을〕 혼란스럽게 하는 것은 이 체계에 내재된 혼란, 즉 **평등과 자유**의 실현인데, 이는 곧 불평등과 비자유로 귀결되었다. 교환가치가 자본으로 발전하지 않길 바라거나, 교환가치를 생산하는 노동이 임노동으로 발전하지 않길 바라는 열망은 경건하지만 그만큼 어리석은 생각이다. 이 신사들〔즉 프루동주의자 혹은 우리가 오늘날 사회민주주의자라고 부를 만한 사람들〕과 부르주아 옹호자들이 구별되는 점은, 한편으로는 그들이 이 체계에 내재된 모순을 깨닫고 있다는 것이고, 다른 한편으로는 부르주아 사회의 실제와 이상적 모양 사이의 필연적인 간극을 파악하지 못한 채 관념적 표현 자체를 리얼리티로 바꾸려는 부적절한 과업을 이루고자 하는 욕망에서 드러난 그들의 유토피아주의다. 하지만 그 이상이란 사실상 이 리얼리티의 사진 이미지〔Lichtbild〕에 불과하다.[1]

따라서 이는 재현의 문제를 중심으로 한 문화적 질문에 가깝다(문화라는 단어의 현대적인 의미에서 말이다). 우리는 프루동주의자들이 다양한 〔리얼리티와 재현의〕 조응 모델을 믿는 리얼리스트라고 말할 수 있을지도 모른다. 그들은 (아마도 최근의 하버마스 추종자들과 마찬가지로) 자유와 평등 같은 부르주아 체계의 혁명적 이상이 실제 사회의 속성이라고 생각했다. 그런데 그들이 주목한 것은 부르주아 시장 사회의 유토피아적인 관념적 이미지나 초상 속에는 자유와 평등이 여전히 존재하는데도 불구하고, 우리가 그런 관념적 초상화를 그리기 위한 모델로서 앉아 있는 리얼리티로 눈을 돌리면 애통하게도 그런 속성이 부재하거나 결여되어 있다는 점이다. 그렇다면 모델을 바꾸고 개선하여, 시장 체계 속에 자유와 평등이 마침내 실제적이고 구체적으로 나타나게 만드는 것으로 충분할 것이다.

하지만 마르크스는 말하자면 모더니스트였다. 그리고 사진이 발명된 지 불과 20년밖에 지나지 않은 시점에(마르크스와 엥겔스는 이미 다양한 카메라 옵스큐라를 포함하는 회화적 전통에 애정을 가지고 있었다) 상당히 현대적인 사진의 비유에 근거하여 이렇게 구체적으로 이데올로기를 이론화했다는 것이 암시하는 바는, 이데올로기적 차원이 리얼리티 안에 본질적으로 내재하며, 리얼리티는 그 구조 자체의 필연적 특징으로서의 이데올로기적 차원을 숨기고 있다는 것이다. 따라서 그 이데올로기적 차원은 실제적이고 긍정적인 의미에서 상당히 **상상계적**imaginary이다. 다시 말해서 그것이 하나의 이미지이고 그 자체로 이미지로 표시되며 그렇게 남을 수밖에 없는 한, 그것은 존재하는 실제이다. 그리고 그것의 비현실성과 실현 불가능성이 그에 관한 실제이다. 여기에서 사르트르 희곡의 에피소드를 생각해보는 것이 이 특수한 과정에 대한 교과서적 알레고리로 유용할 것 같다. 예컨대 엘렉트라Electra는 모친을 살해하고자 하는 열정적인 욕망을 지녔지만, 그 욕망은 실현되기 위한 것이 아니라는 게 드러난다. 그 후에 엘렉트라는 엄마가 죽는(《죽다dead》, 즉 실제로 죽다) 것을 진심으로 바라지는 않았음을 깨닫는다. 그녀가 원했던 것은 그저 분노하고 억울해하면서 엄마가 죽기(/죽다dead/)를 계속해서 열망하는 것이었다. 시장 체계의 두 가지 모순적인 특징을 통해서도 보게 되겠지만, 자유와 평등도 이와 다르지 않다. 모두가 그것을 원하기를 원한다. 하지만 그것은 실현될 수 없다. 유일하게 일어날 수 있는 일은 그것들을 발생시킨 체제가 사라짐으로써, 리얼리티 자체와 함께 '관념적'인 것을 철폐하는 일이다.

　그러나 '이데올로기'에서 그것이 속한 사회적 리얼리티 속에 박혀 있는 그 뿌리를 다루는 복잡한 방식을 복원한다는 것은 변증법을, 즉 모든 세대가 자신의 방식대로 시도했으나 실패한 어떤 것을 재창안한다는 의미일 것이다. 우리 세대에서는 사실 그런 시도조차 하지 않았다. 마지막 시도가 알튀세르의 시기에 있었지만, 그것은 과거의 태풍에 휩쓸려 오래전에 지평선 아래로 사라져버렸다. 그런데 내 느낌으로는 이데올로기 개념이 고전적 마르크스주의의 나머지 개념들과 함께 심연으로 끌려들어간 이후, 소위 담론 이론만이 그 빈자리를 메우려 시도했던 것 같다. 내가 이해한 바로는 사람들은 스튜어트 홀의 프로그램을 기꺼이 지지했는데, 이는 정치 투쟁이 수행되는 근본적인 차원은 개념과 이데올로기의 적법성에 대한 투쟁이라는 생각에 기반하고 있다. 정치적 정당성이 바로 거기에서 오기 때문이다. 예를 들어 대처주의와 그것의 문화적 반反혁명은 철저하게 복지국가와 (우리가 자유주의라고 부르곤 했던) 사회민주주의 이데올로기를 비합법화하는 것일 뿐만 아니라, 복지국가 자체에 내재된 구조적 문제에도 근거하기도 한다는 것이다.

　이를 바탕으로 나의 주장을 가장 강한 어조로 피력할 수 있을 것 같다. 그것은 시장의 레토릭이 이데올로기적 투쟁, 즉 좌파 담론의 합법화나 비합법화를 위한 투쟁의 근원적이고 중심적인 요소였다는 주장이다. 모든 사람들은 말할 것도 없고 **좌파**조차 다양한 형식의 시장 이데올로기에 투항하는 것이 공공연하게 감지되진 않지만 놀라울 정도로 보편적인 일이 되어버렸다. 어떤 사회도 시장 없이는 효율적으로 기능할 수 없고 계획경제는 명백히 불가능하다는 여론과 최근의 일반적 통념(혹은 의사소통에서 공유된 전제)으로 나아가는 것이 마치 하찮은 양보인 양 모두가 기꺼이 중얼대고 있다. '국유화'라는 예전 담론도 20여 년이 지난 후 결국에는 그러한 여론과 통념에 굴복하게 되었다. 마치 일반적으로 (특히 정치 영역에서의) 완전한 포스트모더니즘이 과거 1950년대 '이데올로기의 종언'이라는 에피소드의 속편이자 연장이며 그 완성이라는 듯이 말이다. 어쨌든 사회주의가 국유화와는 아무 관계도 없다는 주장이 점점 널리 퍼져나갔고, 그때 우리는 기꺼이 그에 동조하며 중얼댔다. 그 결과 오늘날 우리는 사회주의가 실제로는 사회주의 그 자체와 더 이상 아무런 관계도 없다는 주장에 동의할 수밖에 없는 처지에 이르렀다. '시장은 인간의 본성이다'라는 주장이 이제는 거역할 수 없는 말이 되어버렸다. 내 생각에 이 말은 우리 시대의 가장 핵심적인 이데올로기 투쟁의 영역이다. 만약 그것이 하찮은 양보처럼 보이기 때문에, 혹은 더 나쁜 경우 우리의 '가슴 깊은 곳에서' 스스로 그것을 진정으로 믿기 때문에 그 주장을 인정해버린다면, 사회주의와 마르크스주의 모두 최소한 한동안은 효과적으로 비합법화될 것이다. 스위지Paul Sweezy가 상기시켜주듯이 자본주의는 마침내 영국에 상륙하기 이전에는 다수의 곳에서 인기를 얻는 데 실패했으며, 또한 실제로 현실 사회주의가 파산하더라도 후에 다른 더 나은 어떤 것이 도래할 수도 있다. 나는 이런 입장을 믿지만, 그것을 자명한 예언으로 받아들여서도 안 된다. 그리고 같은 맥락에서 스튜어트 홀의 "담론 분석"의 정식과 전략에도 똑같은 종류의 역사적 수식어를 덧붙이고 싶다. 이는 최소한 **지금 당장** 우리의 상황에서, 정치 투쟁이 수행되는 근본적인 차원은 **계획경제**나 **시장** 같은 개념의 합법성에 대한 투쟁이라는 것이다. 미래에는 정치가 이런 차원으로부터 보다 실천적인 형식을 취하게 될 것이다. 과거에 이미 그랬듯 말이다.

　방법론적인 측면에서 마지막으로 덧붙일 것이 있다. 담론 분석의 개념적 틀은 비록 포스트모던 시대에 이데올로기 분석이라는 말을 굳이 사용하지 않고도 그것을 실천할 수 있는 편리함을 제공해주지만, 그것은 프루동주의자들의 공상만큼이나 만족스럽지 못하다. /개념concept/의 차원을 자유롭게 풀어주고선 그것을 '담론'이라고 부르면, 이 차원은 잠재적으로 리얼리티와 무관한 상태에서 그 자체로 부유하면서 자신만의 하위 학문 분과를 만들고 그에 대한 전문가를 양성하게 된다. 나는 여전히 /시장/을 있는 그대로 하나의 이데올로기소ideologeme라 부르고, 우리가 모든 이데올로기에 대해 전제해야만 하는 것을 그에 대해서도 전제하고 싶다. 즉 불운하게도 우리는 개념뿐만이 아니라 리얼리티에 대해서도 충분히 이야기해야만 한다. 시장 담론은 단지 레토릭에 불과한가? 그렇기도 하고, 그렇지 않기도 하다(동일성과 비동일성의 동일성이라는 그 위대한 형식 논리를 반복한다면 말이다). 제대로 하려면 우리는 형이상학, 심리학, 광고, 문화, 재현과 리비도적 장치만큼이나 실제 시장에 대해서도 이야기해야 한다.

　그러나 이는 자칫 정치철학이라는 광대한 대륙의 주변을 맴도는 일이 될 수도 있다. 사실 정치철학 자체가 일종의 이데올로기 '시장'인데, 이는 어떤 거대한 조합의 체계로서, 우리가 자유롭게 선택할 수 있다고 생각하는 조건하에서 다양한 정치적 '가치,' 선택지, '해결책'의 모든 가능한 변이와 조합을 이용할 수 있게 한다. 예컨대 이 거대한 상점에서 우리는 자신만의 개인적 기질에 따라 자유와 평등의 비율을 조합할 수 있다. 이때 개인적 혹은 사적 자유라는 이런저런 판타지를 침해할 수 있다는 이유로 국가 개입에 반대하기도 하고, 평등의 가치가 시장 메커니즘에 대한 수정과 다른 종류의 '가치'나 우선순위에 대한 개입을 요구하게 될 것이라는 이유로 평등을 개탄하기도 한다. 이데올로기 이론은 이런 정치 이론의 선택 가능성을 배제한다. 이는 '가치' 자체가 의식적인 것보다 더 깊은 계급적이고 무의식적인 근원을 지니기 때문일 뿐만 아니라, 이론 자체가 사회적 내용에 의해 결정되는 형식의 일종이고, 따라서 해결책이 자신의 문제를 '반영'하는 것 이상으로 이론은 사회적 리얼리티를 보다 복잡하게 반영하기 때문이다. 여기에서 작동하는 것은 내용이 형식을 결정한다는 기본적인 변증법적 법칙이다. 이는 '현상'의 차원과 '본질'의 차원이 다르지 않다고 생각하거나, 윤리나 순수 정치적 **의견** 같은 현상이 의식적 결정이나 합리적 설득을 통해 수정될 수 있다고 생각하는 이론이나 학문에서는 작동하지 않는 법칙이다. 말라르메는 이렇게 말했다. "정신 연구에는 오로지 두 가지 길만이 열려 있다. 미학과 정치경제학이 그것이다."[2] 사실 그의 이 비범한 발언이 암시하는 바는 정치경제학 일반에 관한 마르크스주의적 개념과 미학 영역 사이에 존재하는 깊은 친밀성(예컨대 아도르노나 벤야민의 작업)은 정확히 여기, 즉 두 학문 분과가 공유하고 있는 (언어학자 옐름슬레우의 대안적 언어를 사용하자면) 형식의 평원과 실체의 평원의 광대한 이중적 운동에 대한 인식에 있다는 것이다.

이는 마르크스주의에는 정치에 대한 독립적인 성찰 자체가 부족하다는 전통적인 불만을 인정하는 듯 보이지만, 이는 약점보다는 강점으로 여겨질 수 있다. 마르크스주의는 사실 다양한 세계관으로 구성된 정치철학이 아니며, 대화, 자유주의, 급진주의, 포퓰리즘 등의 '네 발로 서 있는' 것도 결코 아니다. 분명 마르크스주의적인 정치적 실천이 존재한다. 하지만 마르크스주의에서 정치적 사유는 그런 식으로 수행되는 것이 아니라, 오로지 사회의 경제적 조직과 인민이 생산을 조직하기 위해 협업하는 방식하고만 관련된다. 이것은 '사회주의'가 엄밀한 의미에서의 정치적 이상은 아니며, 특정 정치적 사유의 종식을 전제한다고 할 수 있다. 또한 부르주아 사상가 중에서도 우리와 유사한 생각을 하는 사람들이 있지만, 파시스트가 그들은 아니다(파시스트는 사유 방식에 있어 공유점이 거의 없을뿐더러, 어쨌든 역사적으로도 멸종되었다). 오히려 신자유주의자와 시장주의자가 더 가깝다고 할 수 있다. (일단 최소한 그들의 적인 마르크스주의적 집산주의자의 주장을 제거하고 나면) 그들에게도 정치철학은 무가치하며, 이제 '정치'란 단순히 경제적 장치를 돌보고 먹이를 주는 일이 된다(이 경우 경제적 장치는 집단적으로 소유하고 관리하는 생산수단이 아닌 시장을 의미한다). 따라서 나는 이런 명제를 주장하고자 한다. 마르크스주의자는 신자유주의자와 많은 것을, 사실상 거의 모든 것을 공유한다. 단 본질은 제외하고!

먼저 자명한 것부터 말해보자. 시장이라는 슬로건은 상당히 다양한 지시대상체와 관심사를 포괄할 뿐만 아니라, 그 말 자체가 사실상 언제나 잘못된 명칭이라 할 수 있다. 일례로 오늘날 과점과 다국적기업의 영역에서 자유 시장은 존재하지 않는다. 사실 갤브레이스John Kenneth Galbraith가 오래전에 주장했듯이, 과점은 사회주의적 유형의 계획경제와 체계적 기획을 대신하는 〔자본주의의〕 불완전한 대체물이었다.

한편 일반적인 용법상 하나의 개념으로서의 시장은 선택이나 자유와는 아무런 관계가 없다. 왜냐하면 우리가 자동차 신형 모델에 대해서 이야기하든 아니면 장난감이나 텔레비전 프로그램에 대해서 이야기하든 관계없이, 모든 것이 이미 결정되어 있기 때문이다. 우리는 그것들 중에 고를 수밖에 없지만, 분명 우리에게 그중 무언가를 선택할 권리가 있다고는 좀처럼 말할 수 없다. 따라서 자유와 상동적인 것이 있다면, 그것은 기껏해야 대의제 유형의 의회 민주주의와의 상동성일 것이다.

또한 사회주의 국가의 시장은 소비보다는 생산과 더 많은 관련성을 갖는데, 이는 무엇보다도 가장 시급한 문제로 대두되는 다른 생산 단위에 예비 물품과 부품 그리고 원자재를 공급하는 문제이기 때문이다 (이런 문제에 대해 서구적인 유형의 시장이 해결책이라는 환상이 존재한다). 그러나 아마도 시장이라는 슬로건과 그에 따르는 갖가지 레토릭은 생산이라는 개념성에서 분배와 소비의 개념성으로의 결정적인 전환과 대체를 용이하게 만들기 위해 고안되었을 것이다. 실제로는 그와 거의 무관해 보이지만 말이다.

부수적으로 시장은 또한 사유재산이라는 핵심 문제를 가려버리는 듯하다. 이에 대해 보수주의자들은 악명 높은 지적 난해함을 보여준다. 여기에서 "원 소유권의 정당성"[3]을 배제하는 것은 역사의 차원과 체제의 역사적 변화를 배제하기 위한 공시적 틀로 볼 수 있다.

마지막으로 주목해야 할 것은 신자유주의자의 관점에서 보면 아직까지 우리는 자유 시장이라는 것을 가져본 적이 없을 뿐만 아니라, 뉴 라이트에 따르면 그 대신 우리가 가진 것은 (그리고 종종 소비에트연방에 대항하여 '자유 시장'으로서 보호되고 있는 것은)[4] 압력단체나 이익집단 같은 것들에 의한 상호 타협과 매수로서, 이는 진정한 자유 시장과 그것의 확립에는 절대적으로 해로운 구조라는 것이다. (종종 공공 선택 이론이라 칭해지는) 이런 종류의 분석은 미디어와 소비주의에 대한 좌파의 분석(다시 말해서 **저항**의 의무 이론이나, 공적인 분야와 공공 영역에서 사람들이 더 좋은 체계를 채택하며 그런 체계를 이해하고 수용하는 것을 **방해**하는 것이 무엇인지에 대한 설명)에 상응하는 우파의 분석이라 할 수 있다.

따라서 (심지어 우리가 이런 많은 현상 중에 시장이라는 단어가 지칭하는 것이 정확하게 무엇인지 구별해낸다고 하더라도) 시장 이데올로기가 성공한 이유를 시장 자체에서 찾아서는 안 된다. 하지만 시장에 대한 논의를 시작할 수 있는 최적의 지점은 가장 강력하고 가장 포괄적인 형이상학적 판본인데, 이는 곧 시장을 인간 본성과 연결시키는 것이다. 이런 관점은 다양하고 때로는 알아채기 힘든 형태로 나타나곤 하지만, 게리 베커Gary Becker가 감탄할 만한 총체적 접근을 통해 채용했던 전체적인 방법론을 사용한다면 편리하게 공식화될 수 있다. "내가 말하고자 하는 바는 경제적 접근법이 **모든** 인간 행동을 이해하기 위한 가치 있고 통합적인 틀을 제공한다는 것이다."[5] 따라서 예컨대 결혼에도 일종의 시장 분석을 적용할 수 있다. "나의 분석이 암시하는 바는 (임금율과 자산 수익 같은) 재정적인 특성이건, (키와 지능 같은) 유전자의 특성이건, (공격성과 수동성 같은) 심리적인 특성이건 관계 없이, 결혼이 가계의 상품 산출을 극대화할 경우 비슷한 사람이건 비슷하지 않은 사람이건 결혼을 한다는 것이다."[6] 그러나 다음의 각주 설명이 결정적인데, 그것은 베커의 흥미로운 주장에서 진짜로 중요한 게 무엇인지 파악하기 위한 출발점을 제공한다. "다시 한 번 강조하는데, 상품 산출commodity output은 일반적으로 측정되는 국민생산 national product과는 다르다. 이는 자녀, 동반자 관계, 건강과 그 밖의 다양한 다른 상품을 포함한다." 여기에서 마르크스주의 이론에 잠깐

발을 담갔던 이들에게는 가장 징후적으로 중요한 역설이 즉시 눈에 들어오는데, 이는 모든 시장 모델 중 가장 스캔들적인 것이 생산 모델이라는 점이다. 이 모델에서 소비는 명시적으로 상품이나 특수한 효용성의 생산이라고 설명된다. 다시 말해서 성적 만족감부터 바깥 날씨가 궂을 때 아이들을 데리고 갈 수 있는 편리한 장소에 이르기까지 어떤 것이든 사용가치가 될 수 있다. 베커의 설명의 핵심은 다음과 같다.

가계 생산함수의 틀은 조직 단위로서의 기업과 가계에 의해 수행되는 유사 서비스를 강조한다. 표준적인 생산 이론에서 분석하는 일반 기업과 유사하게, 가계는 자본 자산(저축), 자본 설비(내구재), '노동력'에 체화된 자본(가족 구성원이라는 인적자본)에 투자한다. 기업과 마찬가지로 하나의 조직체로서 가계는 노동력과 자본을 사용하여 생산에 참여한다. 각각의 가계는 자원과 기술적 제약에 종속되어 있는 객관적 기능을 최대화한다. 생산 모델은 가계가 소비 이론에서 분석의 기본 단위로서 적절하다는 것을 강조할 뿐만 아니라, 또한 각각의 가계가 내리는 결정이 상호 의존적임을 밝혀낸다. 여기에서 결정은 단일 기간 분석에서 볼 수 있는 가족 노동력의 공급이나 시간과 상품의 지출에 대한 결정을 비롯하여, 생애 주기 분석에서 볼 수 있는 결혼, 가족 규모, 노동력 투여, 상품과 인적자본에 대한 투자 지출에 대한 결정을 포함한다.
가계에서 희소 자원인 시간의 중요성에 대한 인식이 가계 생산함수 접근법을 경험적 차원에서 적용하는 방법을 발전시키는 데 중요한 역할을 수행한다.[7]

내가 인정하지 않을 수 없는 것은 내 생각에 사람들이 이런 주장을 수용할 수 있으며, 이것이 지금 **이** 인간세계뿐만이 아니라 태초의 인류까지 거슬러 올라가 **모든** 인간세계에 적용될 수 있는 완벽하게 현실적이고 합리적인 관점을 제공한다는 것이다. 베커의 모델이 지니는 핵심적 특징 몇 가지를 강조해보자. 우선은 자원으로서의 시간에 대한 강조다(또 다른 중요 논문의 제목이 「시간 배분 이론A Theory of the Allocation of Time」이다). 이것은 물론 궁극적으로 모든 가치는 시간의 문제라고 주장하는 마르크스의 시간성에 대한 관점과 상당히 유사하다. 비록 『정치경제학 비판 요강』과는 지극히 동떨어져 있지만 말이다. 나 역시 이런 독특한 주장과 여러 현대 이론 및 철학 사이에는 연속성과 친족 유사성이 있다고 제안하고 싶다. 현대 이론이나 철학은 우리가 합리적이거나 의미 있는 행동이라고 여길 수 있는 것들이 놀랍도록 확대되는 데 관여하고 있다. 내 생각에는 특히 정신분석학이 널리 퍼진 이후일 뿐만 아니라, 지구가 날로 좁아지고 사회를 미디어가 뒤덮으면서 '타자성'이 점차 사라지고 있는 상황에서, 예전 의미의 '이해 불가능하다'는 뜻에서 '비합리적'이라 여겨질 수 있는 것은 거의 남아 있지 않다. 인간의 의사 결정과 행동에서 절대 용납될 수 없는 형식마저도, 예컨대 사디스트의 고문이나 정부 지도자들이 자행하는 공식·비공식적인 타국에 대한 간섭 같은 것도, 이제는 어떤 식으로건 우리 모두에게 이해 가능한 것(혹은 딜타이Wilhelm Dilthey적인 의미에서의 이해Verstehen 가능한 것)이 되었다. 대문자 이성Reason 개념이 이렇게 엄청나게 확장된 반면, 그 반대편에 있던 비합리성은 사실상 비非존재로 축소된 상황에서, 과연 (하버마스가 여전히 생각하듯이) 이성이 더 이상의 규범적 가치를 가질 수 있는가는 또 하나의 흥미로운 문제이다. 하지만 베커의 계산(과 그의 말은 결코 경제적 인간homo economicus을 암시한다고는 할 수 없으며, 오히려 모든 종류의 무반성적이고 일상적이며 '전前 의식적인' 행동을 내포한다)은 주류에 속한다. 사실 그의 체계는 우리가 하는 모든 일에 대한 책임을 내포한다는 점에서 내게 사르트르적 자유를 떠올리게 한다. (마찬가지로 의식화되지 않은 일상적 행동의 차원에서 벌어지는) 사르트르적 선택은 매 순간의 개인이나 집단의 생산, 특히 베커가 말하는 "상품"의 생산을 의미한다 (여기에서 상품은 좁은 의미에서의 쾌락주의적인 것일 필요는 없는데, 예컨대 이타적 행위도 그러한 상품이나 쾌락일 수 있기 때문이다). 이러한 관점을 재현한 결과물이 있다면, 그것은 이제 우리가 뒤늦게나마 처음으로 **포스트모더니즘**이라는 단어를 내뱉게 할 것이다. 모든 인간의 행위와 제스처, 욕망과 결정을 베커의 최대화 모델에 따라 해석하고 서술하는 식으로 삶을 재현한다면, 그것에 어떤 의미를 부여할 수 있는 작품은 사르트르의 소설이 유일할 것이다(그의 소설들은 표본이자 거대하고 끝나지 않는 파편들이다). 그러한 재현은 독특하게도 초월성이 존재하지 않고 원근법이 부재하는 세계(예를 들어 여기에서는 죽음마저 효용성 최대화와 연관된 또 다른 문제에 불과하다), 그리고 실질적으로 전통적인 의미에서의 플롯이 없는 세계를 폭로할 것이다. 모든 선택은 똑같은 거리를 유지한 채 똑같은 차원에서 이루어질 것이기 때문이다. 그러나 사르트르와의 유비가 암시하는 바를 이런 식으로 해석하면(즉 거리를 두지 않고 윤색도 없이 일상을 탈신비화하여 그 자체를 정면으로 대면하려는 시도로 읽는다면), 이는 포스트모던 미학이 갖는 보다 환상적인 의미에서 보자면 절대 포스트모더니즘이 될 수 없을지도 모른다. 베커는 포스트모던 사회에서 가능해진 보다 광적인 소비 행태를 간과한 듯하다. 포스트모더니즘은 다른 곳에서는 소비

개념 속의 실질적인 소비 광란을 무대화할 수 있는 능력을 가지고 있다. 사실 포스트모던 사회에서 최고의 만족감을 가지고 소비될 수 있는 것은 바로 시장 개념 자체다. 말하자면 그것은 상품화 과정의 보너스 혹은 잉여이다. 베커의 냉정한 계산에 부족한 부분이 바로 이것인데, 이는 포스트모더니즘이 반드시 정치적 보수주의와 합치하지 않거나 양립할 수 없기 때문만은 아니며, 오히려 앞에서 주장했던 것처럼 주로 그의 계산이 최종적으로 소비 모델이 아닌 생산 모델에 근거하기 때문이다. 이는 『정치경제학 비판 요강』의 멋진 서문을 떠올리게 한다. 여기에서 생산은 소비와 분배의 문제로 전화되고, 그다음에 기본적인 생산 형식으로 끊임없이 되돌아온다(생산이라는 확장된 체계 범주 내에서 마르크스는 주제적 혹은 분석적 범주를 대체하고자 했다)! 사실 현재의 시장 옹호론자나 이론적 보수주의자 들이 향유나 주이상스jouissance를 충분히 보여주는 데 실패했다고 불평할 수도 있다(뒤에서 설명하겠지만 그들이 말하는 시장이란 처음부터 주로 스탈린을 차단하려는 경찰로 복무했으며, 게다가 스탈린은 루스벨트를 지칭하는 암호에 불과하다고 의심하는 사람도 있다).

설명으로서 베커의 모델은 내가 보기엔 나무랄 데 없이 우리가 알고 있는 삶의 현실에 매우 충실하다. 하지만 물론 처방의 차원에서 보면, 우리는 상당히 음흉한 형태의 반응과 마주하게 된다(내가 선호하는 두 가지 현실적 결과는, 첫째로 억압받는 소수자들이 그에 맞서 싸우다가 자신들의 상황을 더욱 악화시키는 것과, 둘째로 그가 사용하는 특별한 의미에서의 "가계 생산"[앞의 설명을 참조하라]은 부인이 직업을 가진 경우 생산성이 심각하게 낮아진다는 것이다). 그럴 수밖에 없음을 확인하는 것은 어렵지 않다. 베커의 모델은 하나의 약호전환으로서 그 구조상 포스트모던적이다. 그의 모델은 두 가지 상이한 설명 체계의 근원적 동일성을 주장함으로써 이 두 체계를 결합시키고 있다(이에 대해서는 언제나 그것이 **메타포가 아니다**라는 반론이 제기된다. 즉 메타포를 사용하려는 의지가 확실히 표시되지 않았다는 것이다). 이 두 체계의 한편에는 (주로 가족이나 오이코스oikos로서의) 인간 행동이 있고, 다른 한편에는 회사나 기업이 있다. 이 이론의 힘과 명징성은 대부분 여가 시간과 성격적 특성 같은 현상을 잠재적 원자재로 재해석하는 데서 생겨난다. 그러나 동상을 감싼 베일을 의기양양하게 벗겨내듯이 비유법이라는 괄호를 벗겨낼 수는 있으나, 이를 통해 사람들이 가정 문제를 돈이나 경제 그 자체의 측면에서 논리적으로 판단할 수 있는 것은 아니다. 그러나 바로 그것이 베커가 실천적이고 정치적인 결론을 '연역해내는' 방식이다. 그런데 그는 여기에서도 절대적인 포스트모더니티에 이르지는 못한다. 그것의 약호전환 과정의 결과는 '축자적'이었던 모든 것을 유예시키기 때문이다. 베커는 메타포와 비유적 동일시라는 장비를 집결시키고자 했으나, 결과적으로 최후의 순간에는 축자적 차원으로 회귀하고 말았다(그리고 후기자본주의 공간 속에서 축자적인 차원마저도 그에게서 모두 증발해버렸다).

왜 나는 이 중 어느 것도 특별한 스캔들이 될 수 없다고 생각할까? 그리고 그것의 '적절한 사용법'은 무엇일까? 사르트르와 마찬가지로, 베커에게도 선택은 이미 주어진 환경 속에서 발생한다. 사르트르는 이 주어진 환경을 ("상황situation"이라고 부르면서) 이론화했지만, 베커는 이를 무시했다. 우리는 이 둘 모두에게서 (개인 혹은 자아라 부를 수 있는) 고전적인 의미의 주체가 축소되었음을 환영한다. 이제 그러한 주체는 외부 세계에서 이용 가능한 자원의 비축을 향해 나아가는 의식의 한 지점a point of consciousness에 지나지 않는다. 그리고 그 주체는 다른 인간들이 이해할 수 있는 것(딜타이나 루소의 의미에서 모든 다른 인간이 '공감할' 수 있는 것)이라는 새롭고 확장된 의미에서의 '합리적인' 정보에 대한 의사 결정을 내린다. 이는 우리가 주체성에 관한 온갖 종류의 좀더 본질적으로 '비합리적인' 신화로부터 해방되었고, 상황 자체에 집중할 수 있게 되었다는 의미이다. 즉 외부 세계 그 자체이자 또한 사실상 이제 대문자 역사라고 불러야 하는 이용 가능한 자원의 목록에 집중할 수 있게 된 것이다. 상황이라는 사르트르적 개념은 역사 자체를 사유하는 새로운 방식이다. 베커는 이와 비교할 만한 움직임을 삼가는데, 여기에는 정당한 이유가 있다. 앞서 나는 사회주의에서조차 (이전 생산양식처럼) 베커의 모델에 따라 사람들이 움직인다고 상상할 수 있다고 암시한 바 있다. 그렇다면 달라지는 것은 **상황** 자체다. '가계'의 본성, 원자재의 재고량, 그리고 그 안에서 생산될 수 있는 '상품'의 형식과 모양이 달라지는 것이다. 따라서 베커의 시장은 결코 시장 체계에 대한 또 다른 찬양 정도로 귀결되지 않고, 오히려 의도치 않게 우리의 주의를 역사 자체와 그것이 제공하는 다양한 대안적 상황으로 향하게 한다.

따라서 우리는 그런 시장에 대한 본질주의적 옹호가 사실은 전적으로 다른 주제나 쟁점과 관련된 게 아닌지 의심해봐야 한다. 소비의 쾌락은 시장 이론을 신뢰하는 이데올로기적 소비자들에게 주어진 이데올로기적 판타지의 결과물에 지나지 않지만, 그것들 자체가 시장 이론의 일부는 아니다. 사실 소비자 미국이 성공하면서 프로테스탄트 윤리를 극복하고 상근 전문 소비자로서 자신의 새로운 본성을 발휘하여 저축(과 미래의 수입)을 바람 속에 날려버릴 수 있게 됨에 따라, 그 성공에 대한 어떤 불안감이 나타나기 시작했는데, 이때 신보수주의 문화혁명에 내재된 거대한 위기 중 하나(마찬가지로 그것의 거대한 내적 모순 중 하나)가 시장 이데올로그들에 의해 표출되었다. 그러나 분명 우리가 양쪽을 다 가질 수는 없는 노릇이다. 다시 말해서 1달러의 가치를 아는 칼뱅주의자와 근면한 전통주의자가 주요 고객일 때, 호황을 누리며 잘 돌아가는 시장은 있을 수 없다.

앨버트 O. 허시먼Albert O. Hirschman의 뛰어난 저서 『정념과 이해관계 The Passions and the Interests』가 우리에게 알려준 바처럼, 시장을 향한 열정passion은 사실 언제나 정치적이었다. '시장 이데올로기'에 있어 시장은 궁극적으로 소비보다는 정부의 개입과 더 많이 연관되며, 또한 사실상 자유와 인간 본성 자체의 악과 연관된다. 배리Norman Barry는 유명한 시장 "메커니즘"을 대변하는 설명을 제공해준다.

자연적 과정을 통해 애덤 스미스가 의미하고자 했던 것은, 정치적인 종류의 혹은 폭력으로부터 비롯된 어떤 특정한 인간 개입의 부재 속에서 개별적 상호작용으로부터 발생하는 것 혹은 그로부터 발생하는 사건의 패턴이다.

시장의 행태는 분명 그러한 자연 현상의 표본이다. 시장 체계의 자기조절 속성은 기획하는 인간의 산물이 아니라 가격 메커니즘의 자생적 산물이다. 이제 '자신을 향상'시키고자 하는 자연스러운 욕망을 당연히 포함하는 인간 본성의 획일성들을 고려해본다면, 정부가 이러한 자기조절 과정을 방해할 때 어떤 일이 발생할지 추론해볼 수 있다. 따라서 스미스는 도제법, 국제무역에 대한 규제, 기업의 특권 등이 자연스러운 경제의 추세를 방해하지만 완전히 억압할 수는 없음을 보여준다. 시장의 자생적 질서는 그 구성 요소의 **상호 의존성**에 의해 발생하며, 이 질서에 대한 어떠한 개입도 오히려 문제를 키울 뿐이다. "상업에 대한 어떤 규제도 사회의 어떤 부분에서건 자본이 유지할 수 있는 것 이상으로 산업의 질을 향상시키지 못한다. 규제란 그것이 없었다면 가지 않았을 방향으로 상업의 일부를 가게 만들 수 있을 뿐이다." "자연적 자유"라는 구절을 통해 스미스가 의미하고자 했던 것은, 정의라는 (부정적인) 법을 위반하지 않는 한 모든 사람이 완전히 자유롭게 자신만의 방식으로 자신의 이익을 추구하고 자신의 기업과 자본을 타인의 그것들과 경쟁시킬 수 있는 체계이다.[8]

그렇다면 요즘 사람들이 말하는 것처럼 시장 개념이 갖는 힘은 그것의 '총체적' 구조에 있다. 다시 말해서 그 개념이 사회적 총체성의 한 모델을 제공해줄 수 있다는 것이다. 그것은 마르크스주의적 모델을 대체하는 또 다른 방법을 제공한다. 이는 이제는 친숙해진 베버적인 혹은 포스트-베버적인 전환, 즉 경제에서 정치로, 생산에서 권력과 지배로의 전환과는 다르다. 그런데 생산에서 유통으로의 이동은 그에 못지않게 영향력이 크고 이데올로기적인 것으로, 이는 특정 '지배' 모델을 동반하는 너무나 고리타분한 판타지적 재현들을 대체한다는 장점을 지닌다. 즉 『1984』와 『동양적 전제주의Oriental Despotism』에서 푸코까지 쭉 이어지는 '지배' 모델을, 새로운 포스트모던 시대에는 우스꽝스러워진 그 내러티브를 완전히 다른 질서의 재현으로 대체할 수 있게 된 것이다. (잠시 후에 나는 여기서 언급한 모델이 기본적으로 소비 중심적이지도 않다고 주장할 것이다.)

하지만 우리가 먼저 파악해야 할 것은 사회적 총체성에 대한 이 대안적 개념이 가지는 가능성의 조건이다. (다시 『정치경제학 비판 요강』으로 돌아가서) 마르크스가 주장하는 바에 따르면, 유통 혹은 시장 모델은 역사적으로나 인식론적으로나 다른 형식의 지도 그리기에 선행하는 것으로, 사회적 총체성을 파악할 수 있는 최초의 재현을 제공한다.

유통은 보편적 소외가 보편적 전유로 나타나고, 다시 보편적 전유가 보편적 소외로 나타나는 운동이다. 비록 이 운동 전체가 하나의 사회적 과정처럼 보이고 또 이 운동의 개별 요소들이 개인의 의식적 의지와 특수한 목적으로부터 발생하는 듯 보일지라도, 그 과정의 전체는 자생적으로 발생하는 객관적 관계로서 나타난다. 여기서 관계란 의식적 개인들 간의 상호작용의 결과이지만, 그것은 그들의 의식의 일부도 아니고 전체적으로 그 개인들에게 포함되지도 않는다. 개인들 간의 충돌로 인하여 그들을 초월하는 **외부의** 사회적 권력이 발생한다. 그들 자신의 상호작용은 그들과는 독립된 과정과 힘으로서 [나타난다]. 유통이란 사회적 과정의 전체이기 때문에, 그것은 또한 사회적 관계가 개인들과는 무관한 어떤 것으로, 즉 주화나 교환가치 같은 것으로 나타날 뿐만 아니라, 사회적 운동의 전체 그 자체로서도 나타나는 최초의 형식이기도 하다.[9]

이 숙고에서 그려지고 있는 운동에 관해 주목할 만한 점은, 대개 개념으로서 서로 전혀 다르다고 생각되는 두 가지를 동일시하는 듯하다는 것이다. 하나는 홉스Thomas Hobbes의 "만인에 대한 만인의 투쟁"이고, 다른 하나는 애덤 스미스의 "보이지 않는 손"(여기에서는 헤겔의 "이성의 책략"으로 둔갑하여 나타나고 있다)이다. 나는 마르크스의 "시민사회" 개념은 이 두 개념이 (물질과 반물질처럼) 예기치 않게 결합해서 생겨난 것이라고 주장하고자 한다. 하지만 여기에서 중요한 점은 홉스가 두려워했던 것이 어찌 보면 스미스에게 확신을 심어주었던 것과 동일하다는 것이다. 어쨌든 홉스적인 공포심의 심층적 본성은 특히 밀턴 프리드먼의 정의 속에 깃든 자만심을 통해 분명해진다. "자유주의자는 근본적으로 집중된 권력을 두려워한다."[10] 인간 본성 속에 내재되어 있다가 영국혁명을 통해 발현된 흉포한 폭력의 개념은 홉스에 의해 ("공포스럽게") 이론화되며, 이는 허시먼의 "교역의 온화함douceur du commerce"에 의해서도 완화되거나 개량되지 않았다.[11] (마르크스에게) 이 폭력은 시장 경쟁 그 자체와 엄밀하게 동일하다. 차이점은 정치–이데올로기적인 것이 아닌 역사적인 것이다. 홉스는 인간 본성과 경쟁에 내재된 폭력을 길들이고 통제할 국가권력이 필요했던 반면, 애덤 스미스(와 형이상학적 층위에서의 헤겔)의 경우 시장이라는 경쟁 체제가 스스로 길들이고 통제한다고 믿었기 때문에 절대 국가는 더 이상 필요치 않았다. 하지만 보수주의 전통 도처에서 명확하게 드러나는 것은, 내전이나 도시 범죄가 그 자체로 순전히 계급투쟁에 대한 표현일 수도 있다는 공포와 불안에 의해 그들의 동기가 유발된다는 것이다. 따라서 시장은 양의 탈을 쓴 리바이어던Leviathan이다. 즉 시장의 기능은 자유를 권장하고 영속화하기보다는 그것을 억압하는 것이다(정치적 다양성의 자유는 말할 것도 없다). 이러한 비전과 관련하여 우리는 '자유에 대한 두려움'이나 '자유로부터의 도피' 같은 실존주의 시대의 슬로건을 부활시켜도 무방하다. 시장 이데올로기가 우리에게 확언하는 것은, 인간이 시장의 운명을 통제하려는 순간 시장은 엉망이 된다(따라서 '사회주의는 불가능하다')는 것이다. 그리고 우리는 다행스럽게도 시장이라는 인간관계적인 메커니즘을 보유하고 있기에, 시장이 인간의 오만함과 계획을 대체하고 인간의 결정을 전적으로 대신할 수 있다. 우리가 해야 할 일은 오직 그 시장을 정결하게 유지하고 기름칠을 잘 해두는 것이다. 그렇게 하면 그것은 이제 몇백 년 전의 군주처럼 우리를 보살피고 질서를 유지해줄 것이다.

그런데 시장을 신격화함으로써 다소 위안을 주는 듯한 이러한 주장이 왜 현재까지도 보편적인 흡입력을 갖는지는 다른 종류의 역사적인 문제다. 시장의 자유를 새롭게 수용하게 된 원인을 스탈린주의와 스탈린에 대한 공포심으로 돌리는 것은, 인상적이기는 하지만 시기적으로 보면 다소 잘못된 진단이다. 비록 당시 소련의 강제노동수용소 산업Gulag Industry이 분명 〔시장의 자유에 대한〕 이데올로기적 재현을 '합법화'하는 데 결정적인 요소가 되긴 했지만 말이다(홀로코스트 산업도 마찬가지인데, 이것과 강제노동수용소에 대한 레토릭 사이의 특수한 관계는 보다 면밀한 문화적·이데올로기적 연구를 요구한다).

블라트 고트치히Wlad Godzich는 예전에 내가 출판했던 미국의 1960년대에 대한 긴 분석[12]에 대해 뛰어난 학문적 비판을 제공한 적이 있는데, 그는 내 전 지구적 모델에서 제2세계가, 특히 소련이 빠져 있다는 사실에 소크라테스적인 경악을 표현했다. 페레스트로이카perestroika에 대한 우리의 경험이 드러낸 소련 역사의 다양한 차원은 고드지히의 주장을 강력하게 입증하며, 나의 잘못을 한층 더 통탄할 만한 것으로 만들었다. 따라서 나는 여기에서 전혀 다른 방향으로 과장을 함으로써 나의 잘못을 수정하고자 한다. 사실 내 생각에는 흐루쇼프Nikita Khrushchev의 실험의 실패는 단지 소련에게만 재앙을 가져온 것이 아니었다. 그것은 나머지 전 세계의 역사에, 특히 사회주의의 미래에 근본적으로 중대했다. 사실 우리가 이해하기로는 소련에서 흐루쇼프 세대는 사회주의는 제쳐두고라도 마르크스주의의 일신 가능성을 믿었던 마지막 세대였다. 뒤집어서 말한다면 그들의 실패로 인하여 이후 몇몇 세대의 젊은 지식인들이 마르크스주의와 사회주의에 철저히 무관심하게 된 것이다. 하지만 내 생각에 이 실패는 또한 다른 나라들에서 가장 기본적인 발전을 가져온 결정적인 요인이기도 했다. 비록 사람들은 러시아의 동지들이 세계 역사에 대한 모든 책임을 다 지길 원하진 않았지만, 소비에트혁명이 세계에 긍정적으로 작용했던 면과, 그 혁명을 복원하고 그 과정 속에서 당을 쇄신할 수 있는 마지막 기회를 놓친 것이 가져온 부정적 효과 사이에는 어떤 유사성이 있는 듯하다. 1960년대 서구의 무정부주의와 중국에서의 문화혁명 모두 바로 그 패배에 기인하며, 두 운동이 끝난 지 한참 지나 소비주의가 편재하는 포스트모던적 현재에 슬로터다이크Peter Sloterdijk가 "냉소적 이성cynical reason"이라 정의했던 것이 판을 치는 이유 역시 그 실패의 연장선 속에서 설명된다. 따라서 정치적 실천에 대한 깊은 환멸감으로 인하여, 시장 거부의 레토릭이 득세하고 이제는 사치스러워진 보이지 않는 손에 인간의 자유를 떠맡기는 것이 전혀 놀랍지 않다.

하지만 이런 것들이 여전히 사유와 논증의 결과라 할 수 있지만, 그렇다고 해서 이 담론적 발전의 가장 충격적인 특성까지 설명해주지는 못한다. 즉 (사업의 영웅적 단계 혹은 벼락부자의 단계가 종식된 이후 찾아온) 사업과 사유재산의 황량함, 무미건조한 사업가 정신, 거의 디킨스적인 특징을 지닌 소유권과 전유, 쿠폰 모으기, 합병, 투자은행, 그리고 그 밖에 다른 거래들이 어떻게 우리 시대에 그토록 **매력적**인 것이

되어야 했는지 설명해주지 못한다. 내 생각에 한때 지겹게 들었던 자유 시장에 대한 옛날 1950년대식 재현이 가지는 묘미는 부당하게 이를 전혀 다른 종류의 재현과 은유적으로 연계시키는 데서 파생된다. 즉 시장을 가장 현대적이고 범지구적인 의미에서의 미디어 자체와 연계시키는 것이다(이는 최신 미디어 장비와 첨단 기술의 기반까지 포함한다). 이것은 앞에서 언급했던 포스트모던적 방식으로 작동한다. 다시 말해서 두 가지 약호 체계를 동일시하여 한쪽의 리비도 에너지가 다른 쪽을 뒤덮게 하지만, (우리의 문화사나 지성사의 과거 순간에 그러했던 것처럼) 이 양자 사이에 종합이나 새로운 조합 혹은 통합된 언어 같은 것을 생산해내지는 않는다.

오래전 라디오 시대에 호르크하이머와 아도르노는 상업적인 "문화산업" 구조의 특수성을 상품이 자유롭다라고 표현했다.[13] 미디어와 시장 사이의 유비는 사실 이런 메커니즘을 통해 견고해진다. 미디어와 시장이 비교될 수 있는 것은 이 둘이 **유사하기** 때문이 아니다. 오히려 '시장'이 그것의 '개념'(혹은 플라톤적인 이데아)과 **다르**듯이, 미디어가 그 자신의 개념과 다르기 때문에 그 둘이 비교 가능한 것이다. 미디어는 무료로 프로그램을 제공하지만, 그 내용과 종류에 대해서는 소비자가 선택하지 못한다. 그럼에도 소비자의 선택은 '자유 선택'으로 둔갑한다.

물론 물리적인 시장이 점차 사라지고 상품을 그 이미지(혹은 브랜드나 로고)와 동일시하는 경향이 팽배하면서, 시장과 미디어 사이에 또 하나의 보다 내밀한 공생 관계가 형성되었다. 이를 통해 (포스트모던적인 특색이 진하게 드리우면서) 경계선이 지워졌으며, 층위 간 무차별성이 사물과 개념(혹은 실제로는 경제와 문화, 토대와 상부구조) 간의 오래된 분리를 점차 대신하게 되었다. 우선은 시장에서 판매되는 상품이 미디어 이미지의 내용이 되었으며, 그래서 말하자면 두 개의 영역에서 하나의 똑같은 지시대상체가 유지되는 것처럼 보인다. 이는 좀더 원시적인 상황과는 매우 다른데, 당시에는 일련의 정보 신호(뉴스 보도, 짧은 문학 관련 글, 기사)와 더불어 그와는 무관한 상품의 광고가 덧붙어 있곤 했다. 오늘날에는 사실상 상품이 내용의 일부로서 엔터테인먼트 분야(혹은 심지어 뉴스까지)의 공간과 시간을 뒤덮고 있는데, 잘 홍보된 경우(텔레비전 드라마 「다이내스티Dynasty」가 가장 유명하다)[14]에는 종종 이야기 진행이 끝나고 광고가 시작되는 지점이 불분명할 때도 있다(왜냐하면 같은 배우가 광고에도 등장하기 때문이다).

그런데 내용을 통한 [미디어와 상품의] 상호 침투는 상품 자체의 속성으로 인하여 다소 다른 방식을 통해 강화된다. 미국의 소비주의에 자극을 받은 외국인들을 대할 때 느끼는 것은 상품이 일종의 위계질서를 만들어낸다는 것인데, 그 정점에는 바로 복제 기술이 자리한다. 그리고 이 복제 기술은 이제 고전적인 텔레비전 수상기를 뛰어넘어, 일반적으로 자본주의 제3단계의 새로운 정보 기술이나 컴퓨터 기술로 집약된다. 따라서 우리는 또 다른 소비 형태를 상정해야 한다. 소비 과정 자체에 대한 소비가 그것인데, 이는 그 내용이나 직접적인 상품에 대한 소비를 넘어선다. 그것은 새로운 기계에 의해 제공될 뿐만 아니라, 사실상 공식적인 미디어 소비의 각 단계마다 상징적으로 재연되고 의례적으로 폭식하게 되는 테크놀로지의 보너스와 같은 쾌락이라고 해야 한다. 여기서 문제가 되고 있는 시장의 레토릭을 종종 수반했던 (하지만 내 생각에는 탈합법화라는 다소 다른 전략을 대변했던) 보수적인 레토릭이 사회계급의 종말과 연관되어 있다는 것은 사실 우연이 아니다. 그리고 이런 결론은 언제나 노동자의 집에 텔레비전이 있다는 사실을 통해 설명되고 '입증'되었다. 포스트모더니즘적 희열의 상당 부분이 이러한 최첨단 정보화 과정에 대한 찬양에서 비롯된다(최근의 커뮤니케이션이나 언어 혹은 기호에 관한 이론의 확산도 이러한 보다 일반적인 '세계관'의 이데올로기적 부산물이다). 아마도 마르크스라면 이를 ("여러 자본들"과 대립되는 "자본 일반"처럼) 통합된 과정으로서의 미디어 '일반'이 (개별적 미디어가 투사하는 내용과 대립하는 것으로서) 전면에 부각되고 경험되는 두번째 단계라고 말했을 것이다. 그리고 이런 '총체화'를 통하여 미디어가 '시장 일반' 혹은 '통합된 과정으로서의 시장'이라는 환상적 이미지를 품게 만드는 교량이 된 것으로 보인다.

그렇다면 최근 시장의 레토릭이 가지는 힘의 저변에 존재하는 미디어와 시장 사이의 복잡한 일단의 유비들 중 세번째 특징은 형식 자체에서 찾아볼 수 있을 것이다. 여기에서 우리는 이미지 이론으로 돌아가 (이미지가 상품 사물화의 최종 형식이라는) 기 드보르의 기막힌 이론적 기원을 소환할 필요가 있다.[15] 바로 이 지점에서 그 과정이 전도된다. 광고를 통하여 이미지로 변하는 것은 시장의 상품이 아니다. 오히려 상업적 텔레비전의 오락성과 내러티브 과정이 이미지가 되는 것이며, 이 이미지가 다시 다양한 많은 상품으로 사물화되고 변형된다. 거의 공식처럼 엄밀하게 시간적으로 분할되고 쪼개진 연속극 내러티브부터, 카메라가 찍어내는 공간과 이야기와 인물과 패션에 이르는, 그리고 스타와 유명 인사 들을 생산해내는 새로운 과정까지 포함하는 이 모든 것은 이런 문제에 대한 이전의 보다 친숙한 역사적 경험과는 전혀 다르며, 이는 이제 예전의 공공 영역 자체가 지금까지 '세속화'되어온 현상과 맞닿아 있다(즉 저녁 뉴스 방송에 실제 사람과 사건이 거명되면, 그 이름들은 뉴스의 로고 같은 것으로 변형된다). 여러 분석은 어떻게 뉴스 방송이 정확하게 서사 연속극처럼 구조화되는지를 보여주며, 또한 공식 문화 혹은 '고급'문화 영역에 있는 몇몇 사람들은 ('축자적' 혹은 '사실적'인 범주와 대비되는 의미로서의) '허구' 같은 범주가 약화되고 쇠퇴하고 있음을 보여준다. 하지만 내 생각에는 공공 영역에서 일어나고 있는 이 심각한 변화를 여기서 이론화할 필요가 있다. 이미지 리얼리티라는 새로운 영역의 부상은 허구적(내러티브)이며, 동시에 (연속극의 등장인물들이 해석되어야 하는 외부 역사를 지닌 실제 유명 스타로서 파악된다는 의미에서) 사실적이기도 하다. 또한 이는 이제 이전의 고전적인 '문화 영역'처럼 반半자율적이고 리얼리티 위를 부유하는 것이 된다. 이런 근본적인 역사적 차이로 인하여 고전 시대의 리얼리티가 감상적이며 낭만적인 '문화 영역'과는 독립적으로 존속해왔다고 한다면, 현재의 그것은 독립된 존재 양식을 상실한 것으로 보인다. 오늘날에는 문화가 거꾸로 리얼리티에 영향을 미치면서, (우리의 눈과 사물 자체 사이를 간섭하는 일종의 대중문화의 불확정성의 원리를 통해) 어떤 독립적인, 다시 말해서 비非문화적이거나 문화 외적인 형식의 리얼리티를 문제시한다. 따라서 마침내 이론가들은 목소리를 모아 '지시대상체'는 더 이상 존재하지 않는다는 새로운 억견을 내놓는다.

어쨌든 이 [자본주의의] 세번째 단계에서 미디어 자체의 내용은 이제 상품이 되었고, 그것은 다시 좀더 넓어진 시장 속에 내던져진다. 이때 그 상품은 시장과 제휴하여 미디어와 시장을 구별할 수 없게 된다. 한때 [사람들은] 시장이 그 자체로 미디어라는 환상을 가졌으나, 이제는 그 미디어가 시장으로 귀의하여 그것의 일부가 됨으로써, 예전의

〔시장과 미디어 사이의〕은유적 혹은 유비적 동일시가 이제는 '글자 그대로의' 리얼리티라고 확인 도장을 찍어준다.

시장에 대한 이런 추상적 논의에 마지막으로 추가되어야 할 것은 실용적인 수식 어구로, 그것은 이따금씩 피상적 담론 자체에 중간 정도의 높이에서 야시시하게 전적으로 새로운 조명을 비추는 것 같은 비장의 기능을 한다. 이것은 노먼 배리가 자신의 유용한 저서의 결론에서 절망 속에 격분하여 무심코 내뱉은 말이기도 하다. 즉 다양한 신자유주의 이론의 철학적 실험은 오직 하나의 근본적 상황에만 적용될 수 있다는 것이다. 우리는 이 상황을 (약간의 아이러니를 담아) "사회주의에서 자본주의로의 이행"이라 부를 것이다.[16] 다시 말해서 시장 이론은 체계적인 '규제 철폐'라는 이 근본적 과정에 적용될 수 없다면, 유토피아적인 것에 머물 수밖에 없다. 앞선 장에서 합리적 선택을 하는 인간에 대해 논할 때, 현재 상황하에서 이상적인 시장 상황이란 그들에게 유토피아적이며 실현 불가능하다고 지적하면서, 배리 스스로 이미 그 판단의 의미에 대해 설명했다. 그리고 그것은 좌파들에게 오늘날 선진 자본주의 국가에서 사회주의 혁명이나 변혁이 불가능해져버린 상황과 다르지 않다. 덧붙이자면 여기에서 지시대상체는 이중적이다. 이는 여러 동구권 국가가 어떤 식으로든 시장을 다시 세우려 시도하는 과정을 지칭할 뿐만 아니라, 서구권 국가들이 (특히 레이건과 대처 정권하에서) 사회보장제도를 위한 '규제'를 철폐하고 보다 순수한 형태의 시장 조건으로 회귀하려는 노력을 지칭하기도 한다. 우리는 이 두 가지 시도들이 구조적인 이유로 인하여 실패할 수 있는 가능성을 고려해야 하지만, 또한 '시장'이 결국에는 사회주의가 최근에 지키고자 해왔던 유토피아적인 것으로 변모할 수 있는 흥미로운 전개에 대해서도 끈질기게 지적할 필요가 있다. 이런 환경하에서는 (관료주의적 계획경제와 같은) 하나의 타성적인 제도적 구조를 (시장 같은) 또 다른 타성적인 제도적 구조로 대체한다고 해서 나아질 것은 없다. 필요한 것은 인구의 능동적 다수가 참여하는 위대한 집단적 기획이다. 이 기획은 그 다수가 소속감을 가지고 그들의 에너지에 의해 건설될 수 있는 것이어야 한다. 사회주의 문헌에서 계획경제로 통용되는 사회적 우선 사항의 설정은 그러한 집단적 기획의 일부가 되어야 할 것이다. 하지만 시장은 그 정의에 따르면 사실상 그러한 기획이 절대 될 수 없다는 것은 분명하다.

영화

9장 현재에 대한
향수

여기 필립 K. 딕Philip K. Dick의 소설 한 권이 있다.* 1959년에 출판된 이 책은 1950년대를 상기시킨다. 아이젠하워 대통령의 심장마비, 미국의 메인 스트리트, 메릴린 먼로, 이웃과 사친회의 세계, 소규모 소매 체인점(그리고 외부에서 트럭으로 들여온 농산물), 즐겨 보던 텔레비전 프로그램, 이웃집 주부들과의 가벼운 시시덕거림, 퀴즈 프로그램과 경연 대회, 머리 위 저 높이 돌고 있는 〔소련의 인공위성〕 스푸트니크, 여객기인지 비행접시인지 구분하기 힘들던 창공의 깜빡이는 불빛. 1950년대에 대한 타임캡슐이나 '그땐 그랬지'식의 해설서 혹은 다큐멘터리 향수영화를 만든다면, 이 목록을 출발점으로 삼을 수 있을 것이다. 여기에 몇 가지 더해도 좋다. 예를 들어 짧게 깎은 머리, 초기 로큰롤, 긴 치마 같은 것 말이다. 그런데 이 목록은 사실이나 역사적

---

* 필립 K. 딕의 디스토피아 과학소설 『뒤틀린 시간*Time Out of Joint*』(1959)을 말한다.

리얼리티에 대한 목록이 아니다(비록 이 항목들이 지어낸 것도 아니고 또 어떤 의미에서는 '진정성'이 있다고 하더라도 말이다). 이는 오히려 고정관념의 목록이자, 사실과 역사적 리얼리티에 대한 관념의 목록이다. 이것은 몇 가지 근본적인 질문들을 제기한다.

먼저 그 '시대'는 과연 자신을 이런 식으로 바라보았을까? 당대의 문학은 이런 종류의 소도시의 미국적 삶을 중심적인 관심사로서 다루었을까? 만약 아니라면, 왜 그러지 않았을까? 다른 어떤 종류의 관심사가 보다 중요하게 여겨졌을까? 돌이켜 보건대 분명 1950년대는 문화적으로 1950년대 '그 자체'에 대한 아주 다양한 형식의 저항으로 요약될 수 있다. 그것은 아이젠하워 시대와 당시의 안일함에 대한 항의였으며, 미국의 (백인 중산층) 소도시의 폐쇄적 자기만족감에 대한 항의였고, 전쟁의 직접성이 이제 그 날카로움을 상실할 무렵, 그로 인한 물자 부족과 궁핍 이후 처음 찾아온 큰 호황기를 맞아 소비하는 법을 배우고 있던 번성하는 미국의 순응주의적이고 가족 중심적인 자민족 중심주의에 대한 항의였다. 첫 비트Beat 시인들이 등장했고, '실존주의적' 성향을 지닌 '반反영웅'이 이따금씩 나타났으며, 몇몇 대담한 할리우드적 충동과 막 발흥하기 시작했던 로큰롤도 있었다. 또한 유럽의 책과 학문 운동과 예술영화 들에 대한 대상수입代償輸入, compensatory importation도 있었으며, C. 라이트 밀스Charles Wright Mills 같은 고독하고 시대를 앞선 정치적 반항아 내지는 이론가가 등장했다. 돌이켜 보건데 1950년대 문화에 대한 결산서는 이러했을 것이다. 그 밖의 나머지가 바로 「페이튼 플레이스Peyton Place」와 베스트셀러와 텔레비전 시리즈다. 무엇보다도 1950년대에 대한 우리의 긍정적 이미지의 내용을 제공해주었던 것은 바로 이러한 시리즈물이다. 이를테면 거실 코미디나, 한편으로는 「환상특급Twilight Zone」의 공포에 시달리고 다른 한편으로는 바깥 세계에서 온 폭력배와 탈주범에게 위협받는 단독주택의 가족들에 대한 이야기다. 다시 말해서 만약 1950년대에 '리얼리즘'이 존재한다면, 그것은 아마도 바로 여기 대중문화의 재현 속에서 발견될 것이다. 대중문화는 소도시의 행복한 가족과 정상적이고 일탈 없는 일상생활이라는 아이젠하워 시대의 숨 막힐 듯 답답한 리얼리티를 기꺼이 다루었던 (또 다룰 수 있었던) 유일한 종류의 예술이었던 것이다. 고급 예술은 이러한 종류의 주제를 절대 다루지 못한다. 만약에 다룬다면 오직 저항적인 방식을 통해서뿐인데, 예를 들어 루이스Wyndham Lewis의 풍자, 에드워드 호퍼나 셔우드 앤더슨Sherwood Anderson의 파토스와 고독이 그에 해당할 것이다. 자연주의가 지나가고 한참 후에, 독일 사람들은 그것에서 "양배추 냄새가 났다"고 얘기했다. 즉 자연주의에서는 가난이라는 주제 자체가 고통과 지루함의 냄새를 풍긴다는 것이다. 1950년대의 미국 대중문화에서도 내용이 형식을 어떤 식으로든 오염시키고 있는 듯하다. 여기에 등장하는 고통은 행복의 고통 혹은 최소한 만족(이는 실제로는 안일함에 불과하다)의 고통일 뿐이다. 즉 마르쿠제가 말했던 "허위" 행복인 것이다. 새 차가 주는, 소파에서 간편 냉동식품으로 저녁을 먹으며 좋아하는 텔레비전 프로그램을 보는 것이 주는 만족감은, 이제 그 자체로 은밀한 고통이고 이름을 알 수 없는 불행이다. 우리는 이것을 진정한 만족이나 성취와 구별하지 못한다. 우리는 그런 것들을 접해본 적이 없기 때문이다.

그러나 1980년대 중반인 지금 '저항적'이라는 개념에 대해 논쟁한다면, 우리는 1950년대의 부흥과 마주하게 될 것이며, 당시의 많은

'타락한 대중문화'는 재평가를 받을 것이다. 하지만 1950년대에 리얼리티에 대한 판단을 유포할 권한을 가진 것은 아직 고급문화였다. 오직 그것만이 무엇이 우리의 실제 삶인지, 또 반면에 무엇이 한낱 외양에 불과한지 말할 수 있었다. 게다가 고급 예술이 대중문화에 대해 판단을 내리는 방식은 그저 따분하고 판에 박힌 텔레비전 시리즈에 대한 혐오감을 느끼면서, 아무 말 없이 그냥 제쳐두고 무시하고 지나치는 것이었다. 남부 사람인 윌리엄 포크너와 뉴욕 시민 헤밍웨이Ernest Hemingway는 잘 알려진 바처럼 이러한 소도시 미국이라는 문학적 원자재를 시쳇말로 털끝 하나 건드리지 않고 멀리 돌아갔다. 사실 당대의 위대한 작가 중에는 오로지 필립 K. 딕만이 이러한 소재를 다뤘던 사실상의 계관시인이라 할 만하다. 그의 작품 속에는 옥신각신하는 커플과 결혼 드라마, 프티부르주아 상점 주인과 이웃, 텔레비전 앞에서 보내는 오후를 비롯한 모든 것이 담겨 있다. 하지만 물론 그도 이를 일정 정도 가공했고, 어쨌든 배경이 이미 캘리포니아였다.

전후 시대에 이 소도시적인 내용은 사실 더 이상 (드라이저는 물론이거니와 윈덤 루이스나 존 오하라적인 의미에서도) '향토적'이지 않았다. 우리는 항상 고향을 떠나 큰 도시로 향하고 싶어 했다. 그러나 어떤 변화가 일어났다. 그것은 텔레비전이나 다른 매체 같은 아주 단순한 것일지 모른다. 그것은 중심이나 대도시에 있지 않다는 고통과 쓰라림을 제거해주었다. 반면에 비록 최근에도 여전히 소도시가 존재하기는 하지만(소도시의 시내는 이미 황폐해졌으며, 큰 도시 역시 크게 다르지 않다), 그곳의 삶의 내용은 더 이상 존재하지 않는다. 즉 소도시의 자율성이 사라져버린 것이다(이 자율성은 지방 시대에는 폐소공포증과 불안의 근원이었으나, 1950년대에는 특정한 안락함과 심지어 어떤 안도감의 토대가 되었다). 한때 지도상의 독립된 점이었던 것이, 이제는 전국에 걸친 동일한 상품과 평준화된 공간의 연속체 속에서 미세하게 두꺼워지고 있다. 그러나 사람들은 소도시의 자율성과 그것의 자기만족적 독립성은 또한 전체로서의 바깥 세계에 존재하는 아이젠하워 시대 미국의 상황에 대한 알레고리적 표현으로 기능한다고 느낄 것이다. 즉 스스로에 만족하고, 다른 나라의 국민과 문화와는 근본적으로 다르다는 의미에서 안전하며, 다른 나라의 우여곡절과 그들의 폭력적이고 이국적인 역사에서 아주 뚜렷하게 발현되는 인간 본성의 결함으로부터 격리되어 있는 상황 말이다.

그런데 이렇게 보면 1950년대의 리얼리티로부터 '1950년대'라는 다소 색다른 시대에 대한 재현으로 그 초점이 이동하게 된다. 그렇다면 그 시기에 대해 우리가 부여했던 모든 속성의 문화적 근원들을 좀 더 강조할 필요가 생긴다. 이런 문화적 근원의 상당수는 바로 당대의 텔레비전 프로그램들로부터 파생된 것으로, 달리 말하면 이는 스스로가 자신을 어떻게 재현했는가의 문제이다. 비록 우리가 어떤 사람을 그 사람이 생각하는 자신의 모습과 혼동하지는 않을지라도, 그러한 자기 이미지는 분명 매우 유의미하며 그 사람을 좀더 객관적으로 묘사하거나 정의하는 데 핵심적인 부분을 구성하기 마련이다. 그럼에도 불구하고 예컨대 통시적이고 세속적인 경제 리듬이나 공시적이고 체계적인 전 세계의 상호 관계 같은 전혀 다른 기준을 통해서 해석한다면, 그 시대의 심층적 리얼리티는 10년 단위의 세대로 분류되고 정의되는 우리의 문화적 고정관념과는 거의 무관하다고 볼 수 있다. 예를 들어 독일의 문화사와 문학사에서는 '고전주의' 개념이 매우 적확하고 기능적인 의미를 지니지만, 이를 유럽 전체의 관점에서 조망할 경우 그 의미는 사라지고 만다. 왜냐하면 독일에서는 핵심적이었던 그 몇 년은 계몽주의와 낭만주의 간의 보다 큰 대립 속으로 흔적도 없이 사라지고 말기 때문이다. 하지만 이런 추론은 일종의 극단적인 상황을, 즉 지각 있는 사람들이 스스로와 자신이 살고 있는 역사적 시점에 대해 이해하는 것이 그것의 리얼리티와는 궁극적으로 어떠한 연관성도 **없을** 수 있다는 가능성을 전제하는 것이다. 이는 실존적인 것이 어떤 궁극의 '허위의식'으로서 집단적 현상의 구조적·사회적 의미와는 절대적으로 구별될 수도 있다는 의미이며, 전 지구적 제국주의라는 현실을 감안하면 더욱 그럴 수 있다. 그러한 측면에서 본다면 특정 민족국가의 의미는 (지구상에 있는 모든 다른 이들에게) 그들의 내적 경험과 그들 내부의 일상생활과는 극도로 상충할 수 있는 것이다. 아이젠하워 대통령은 미국인에게는 아주 친숙한 미소를 띠고 있었지만, 미국 국경 너머의 외국인들에게는 그의 표독스런 표정이 익숙했다. 당시 다른 나라의 미국 영사관에 걸린 미국 대통령의 초상은 이를 극적으로 증명한다.

　하지만 훨씬 더 급진적인 가능성도 있다. 그것은 바로 1950년대를 대변하는 개념들이 결국 그 어떤 리얼리티에도 상응하지 않을 가능성이다. 그 개념들의 생성이 세대 논리에 따른 것이건, 군림하는 통치자의 이름으로 이루어진 것이건, 어떤 다른 범주나 유형학적·분류적 체계에 의한 것이건 관계없이, 그러한 개념을 통해 포괄되는 무수한 삶의 집단적 리얼리티는 사유할 수 없으며(혹은 최근의 표현을 쓴다면, 총체화할 수 없으며), 또한 결코 묘사하고, 특징짓고, 딱지를 붙이거나, 개념화할 수도 없다. 내 생각에 이것이 바로 니체적인 입장이라 부를 만한 것으로, 여기에는 '시대' 같은 것이 존재하지도 또 존재한 적도 없다. 이 경우 당연히 '역사' 같은 것도 있을 수 없다. 아마도 니체적 사유가 최우선적으로 주장하고자 했던 근본적인 철학적 요점은 바로 이것이었을 것이다.

이쯤에서 필립 K. 딕의 소설로 돌아가, 이 소설을 과학소설로 둔갑시키는 반전에 대해서 이야기해보자. 소설 속의 작지만 엉뚱한 디테일들이 차츰차츰 축적되면서, 등장인물들이 행동하고 움직이는 소설의 환경이 실제로는 결국 1950년대가 아니라는 사실이 드러난다(딕이 1950년대라는 구체적인 단어를 사용했는지는 잘 모르겠다). 그곳은 역사적인 유형의 보여주기식 위장 마을Potemkin village이다. 이는 1950년대를 복원한 마을로, 그곳 주민들은 특정한 기억과 성격 구조를 갖도록 유도되고 주입되며, 행성 간의 핵전쟁이 한창 진행되던 1997년에 건설되었다(여기서 우리가 그 이유를 설명하려 지체할 필요는 없다). 언급해두어야 할 것은 이중의 결정론이 주인공을 관통하여 작동하고 있으며, 따라서 그는 부정과 긍정의 해석학 모두를 통해 동시에 해석되어야 한다는 것이다. 그 마을은 그의 의지와는 무관하게 그를 속여, 정부를 위해 중요한 전시 임무를 수행하도록 만들기 위해 세워졌다. 그런 의미에서 그는 이 조작의 희생자이다. 그리고 이 조작을 통해 정신을 지배하고 무의식을 착취할 수 있다는 반反데카르트적인 예정설과 결정론에 대한 우리 모두의 판타지를 일깨우고 있다. 이렇게 해석한다면 딕의 소설은 하나의 악몽이며, 사회적 삶과 그 경향에 대한 심층적이고 무의식적이며 집단적인 공포심의 표현이다.

그렇지만 필립 K. 딕은 또한 이 1950년대 마을이 주인공에 의한 유아적 퇴행의 매우 구체적인 결과임을 분명히 하기 위해 노력한다. 어떤 의미에서 주인공은 기만당하기를 무의식적으로 선택함으로써, 당시 내전이 가져온 불안으로부터 탈출하여 해당 기간 동안 어린 시절 가정의 안락함으로 도피했던 것이다. 이러한 관점에서 본다면 이 소설은 집단적 소망 성취이며, 보다 소박하고 보다 인간적인 사회 체계와 북미 지역의 개척자 전통 속에서 강하게 나타나는 소도시적 유토피아에 대한 심층적이고 무의식적인 갈망의 표현이다.

주목해야 할 또 한 가지는 소설의 구조가 아이젠하워 시대 미국의 세계 속 위치를 분명히 표현하고 있으며, 따라서 일종의 인식적 지도 그리기의 왜곡된 형태로서 해석될 수 있다는 것이다. 즉 앞서 설명한 바와 같이 미국이 처한 상황에 대한 보다 '리얼리즘적인' 설명을 무의식적이며 비유적인 방식으로 투사한다고 볼 수 있다. 당시 미국은 전 세계적 공산주의(와 당시에는 비교적 덜했던 제3세계의 가난)의 무자비한 위협에 포위되어 있었다. 이 시기는 또한 고전적인 SF 영화의 시대였는데, 그 영화들은 외부의 위협과 임박한 외계인의 침략을 (주로 소도시를 배경 삼아) 대놓고 이데올로기적으로 재현했다. 이렇게 본다면 필립 K. 딕의 소설은 온화하고 기만적인 외관 뒤에 보다 엄중한 '리얼리티'를 폭로한다고 해석되거나, 재현 자체에 관한 자의식에 접근하는 한 가지 방식으로 파악될 수 있다.

그런데 현재의 관점에서 볼 때 더욱 의미 있는 것은 역사와 역사성 일반의 문제에 대해 필립 K. 딕의 소설이 지닌 계열적paradigmatic 가치이다. 딕의 소설은 과학소설의 '범주'에 속하는데, 이는 루키아노스Lukianos 이래 모든 고전적 풍자문학과 유토피아 문학을 포함하는 것으로 확장되어 품격 있게 여겨질 수도 있고, 싸구려 모험소설 전통으로 제한되고 강등될 수도 있다. 이러한 하위 장르를 사유하는 한 가지 방식은 19세기 초반 역사소설의 등장과 유비점을 제공하는 역사적으로 새롭고 독창적인 형식으로 바라보는 것이다. 루카치는 이런 역사소설의 발생을 (월터 스콧 경에 의한) 형식의 혁신이라 해석하는데, 그것은 호기로운 중간계급(혹은 부르주아)의 마찬가지로 새롭게 부상하고 있는 역사의식에 대한 비유적 표현을 제공한다는 것이다. 그 계급은 자신만의 과거와 미래에 대한 비전을 기획하고자 했으며, 봉건귀족 같은 이전 '역사의 주체'의 내러티브와는 형식적으로 구별되는 시간적 내러티브 속에 자신의 사회적·집단적 기획을 분명하게 표현하고자 했다. 그러한 형식의 역사소설(과 사극 영화 같은 연관 산물)은 평가가 나빠지고 그 수도 줄어들고 있다. 이는 단지 포스트모던 시대에 이르러 우리가 더 이상 예전 방식대로 우리의 역사를 이야기하지 않기 때문만이 아니라, 더 이상 역사를 그런 식으로 경험하지 못하고, 사실상 아마도 더 이상 역사 자체를 전혀 경험하지 못하기 때문일 것이다.

간단히 말해서 사람들은 이런저런 역사적 시대에 인민의 역사에 대한 실존적인 경험 속에서 그러한 형식(그리고 그것의 발생과 쇠락)의 가능 조건을 강조하기보다는, 오히려 그들의 사회경제적 체계의 구조 속에서, 그것의 상대적 불투명성이나 투명성 속에서, 그리고 그것의 메커니즘이 제공하는 사물 자체와의 실존적 접촉뿐만 아니라 보다 큰 인식적 접촉에 대한 접근성 속에서 그 가능 조건을 강조하고자 한다. 바로 이런 맥락에서 과학소설이 하나의 장르로서 역사소설과 변증법적이고 구조적인 관계, 즉 친족 관계이자 역위逆位 관계를 혹은 대립 관계이자 상동성의 관계를 맺고 있다는 가정을 음미해보면 흥미로울 듯하다(로버트 C. 엘리엇Robert C. Elliot이 분석했던 바와 같이, 이는 자주 희극과 비극, 서정시와 서사시, 혹은 풍자문학과 유토피아 문학이 맺는 관계로 여겨진다). 그러나 시간 자체가 이런 일반적인 대립에서 핵심적인 역할을 하는데, 이 대립은 또한 어떤 진화적 보상 같은 것이다. 만약 역사소설이 역사성의 발생, 즉 아주 강한 근대적 의미에서 18세기 이후의 역사의식의 발생에 상응한다면, 과학소설은 마찬가지로 그 역사성의 퇴조와 봉쇄에 상응하며, 특히 (포스트모던 시대라는) 우리 시대에는 역사성의 위기와 마비, 그것의 약화와 억압에 상응하기 때문이다. 오로지 폭력적인 방식으로 형식과 서사를 탈구시켜야만, 시간을 역사적으로 조직화하고 살아낼 수 있는 우리의 능력이라 할 수 있는 이 기관器官에, 오직 단속적으로만 기능하고 있는 이 기관에 생명과 감정을 복원할 수 있는 내러티브 장치가 존재할 수 있다. 그렇다고 역사소설이 과거를 무대화하고 과학소설이 미래를 무대화한다는 것을 근거로, 그 두 형식이 대칭적 관계에 있다고 성급하게 생각해서는 안 된다.

사실 역사성은 과거에 대한 재현도, 미래에 대한 재현도 아니다(비록 역사성의 다양한 형식이 그런 재현을 **사용**하지만 말이다). 역사성은 우선적으로 역사로서의 현재에 대한 인식으로 정의된다. 즉 그것은 현재와의 관계로서, 이는 어떤 식으로든 현재를 낯설게 하고 우리에게 직접성으로부터의 거리를 허락하는데, 그 거리가 결국 역사적 관점이라 규정되는 것이다. 다시 말해서 지금의 특정 사회와 생산양식 내에서 우리가 역사성을 상상하는 방식, 바로 이런 작업의 역사성을 주장할 필요가 있다. 또한 본질적으로 중요한 것은 사물화 과정으로, 이를 통해 우리는 우리 자신이 매몰되어 있는 (아직 '현재'로 구별되지 않는) 지금 여기로부터 뒤로 물러나 그것을 일종의 사물처럼, 즉 단지 '현재'일 뿐만 아니라 1980년대 내지는 1950년대라고 시대를 명시하고 부를 수 있는 현재로서 파악한다는 것을 말해둘 필요가 있다. 우리의 전제는 월터 스콧의 시대보다 오늘날 역사성을 성취하는 것이 더 어렵다는 것이다. 당시에는 과거에 대한 성찰이 현재를 저 발생적 연쇄의 (정점까지는 아니더라도) 속편으로 읽어낼 수 있는 우리의 감각을 새롭게 할 수 있을 것으로 보였기 때문이다.

그런데 필립 K. 딕의 소설 『뒤틀린 시간*Time Out of Joint*』은 월터 스콧의 장치와는 상당히 다르게 역사성을 생산하는 기계를 제공한다. 이는 아주 강한 의미에서의 미래완료future anterior의 레토릭이라 할 수 있다. 다시 말해 우리가 소설을 읽고 있는 현재, 즉 1950년대를 특정 미래의 과거로 포착해냄으로써, 현재를 낯설게 하는 동시에 새롭게 하는 것이다. 그런데 1997년이라는 소설 속의 미래 자체에는 재현이나 예측으로서 중심적인 의미가 있진 않다. 그것은 전혀 다른 목적을 지닌 내러티브 도구이다. 즉 아이젠하워 시대 미국과 1950년대 소도시라는 현재에 대한 사실적 재현을 기억과 재구성으로 가차 없이 변형시키는 도구였던 것이다. 여기에서 사물화는 사실 소설 자체의 일부로 포함되어, 이를테면 실천praxis의 한 형식으로 완화되고 재생된다. 그렇기에 1950년대는 하나의 사물이 된다. 그런데 그것은 우리가 만들어갈 수 있는 사물이다. 마치 과학소설 작가가 자신만의 작은 모형을 만들듯이 말이다. 따라서 이 지점에 이르면 사물화는 〔자본주의적〕 생산양식의 (근본적 동력은 아니지만) 부수 효과로서 나타나는 유해한 소외화 과정이 아니며, 오히려 인간적 에너지와 인간적 가능성의 옆자리를 차지하게 된다. (물론 사물화에 대한 재전유는 딕 자신의 주제와 이데올로기의 특수성, 특히 소규모 사업과 수집뿐만 아니라 과거에 대한 향수와 장인의 소박한 장인정신에 대한 '프티부르주아적' 가치 부여와 큰 연관성을 갖는다.)

『뒤틀린 시간』은 우리에게 필연적으로 역사소설이 된다. 왜냐하면 이 소설의 현재인 1950년대는 텍스트 자체가 제시하는 것과는 다소 다른 의미에서 우리의 과거이기 때문이다. 텍스트 자체가 제시하는 과거도 여전히 '유효하다.' 우리는 여전히 독자들의 현재가 특정 역사적 시대로 전환되고 사물화되는 것을 느끼고 또 그 가치를 인정할 수 있다. 심지어 우리의 유비를 통해 현재를 대신하여 비슷한 무언가를 외삽할 수도 있다. 일개 문화적 산물에서 오늘날 그러한 과정이 구체적으로 실현될 수 있는가는 별개의 문제이다. 『미래 쇼크*Future Shock*』 같은 책들이 축적되면서, '미래학'에 나올 법한 습성들이 우리의 일상 속으로 혼입되고, 사물에 대한 우리의 인식이 그것들의 '경향'까지 포함하며 시간에 대한 우리의 해석이 복잡한 확률에 대한 정밀 계산에 근접할 정도로 수정된다. 우리 자신의 현재에 대한 이러한 새로운 관계는 '미래'의 경험 속에 이미 통합되어 있는 요소들을 포함하는 동시에, 급진적으로 변형된 이질적 체제로서의 미래에 대한 그 어떤 전 지구적 비전까지도 차단하거나 방지한다. 만약 이를테면 인구과잉과 기아, 무정부적 폭력 같은 '근미래'에 대한 재앙적 비전이 더 이상 수년 전만큼 효과적이지 않다면, 그러한 효과와 그것을 생산하도록 설계된 내러티브 형식들이 약화된 이유가 반드시 지나치게 익숙해졌거나 지나치게 많이 접했기 때문만은 아니다. 이러한 약화는 상상적 근미래에 대해 우리가 맺는 관계가 수정된 것으로 볼 수 있으며, 따라서 근미래는 더 이상 타자성과 급진적 차이라는 공포심을 우리에게 심어주지 않는다. 여기에 일종의 니체주의Nietzscheanism가 작동하면서 불안감이나 심지어 두려움마저 완화된다. 오로지 현재만이 존재하며 그 현재는 언제나 '우리의 것'이라는 확신은, 그것이 점진적으로 학습되고 획득되었다 할지라도, 일종의 양날의 검 같은 지혜가 된다. 왜냐하면 그러한 근미래에 대한 공포심은 예전의 자연주의에 대한 공포심과 유사하게 계급에 기반한 것이며, 또한 계급적 안락함과 특권에 깊이 뿌리박고 있다는 것이 언제나 분명하기 때문이다. 예전의 자연주의를 통해 우리는 짧게나마 다양한 하층계급의 삶과 생활세계를 경험하고, 안도감 속에서 우리의 거실과 안락의자로 돌아올 수 있었다. 그리고 그러한 경험을 통해서 우리는 훌륭한 결심을 하게 되고, 그 결과는 언제나 자선사업의 형태를 띠었다. 이와 마찬가지로 인구과잉으로 몸살을 앓는 가까운 미래의 대도시에 대한 어제의 공포는, 아직까지는 그렇게 살지 않아도 되는 우리의 역사적 현재에 대해 자기만족을 느낄 수 있는 구실로 손쉽게 해석될 수 있다. 어쨌든 이 두 경우 모두 프롤레타리아화에 대한 공포심이고, 〔계급의〕 사다리에서 미끄러질 수도 있다는 공포심이며, 우리가 점차 공간적인 측면에서 생각하는 경향이 있는 안락함과 일단의 특권(사생활, 빈 방, 고요함, 타인을 벽 밖으로 몰아내기, 군중과 타인의 몸으로부터의 보호)의 상실에 대한 공포심이다. 이제 니체의 지혜는 우리에게 명령한다. 이제 그런 종류의 두려움을 놓아버리라고. 그리고 우리에게 일깨워준다. 미래의 고통이 그 어떤 사회적·공간적 형식을 취하든, 그것은 이질적인 것이 아니라고. 왜냐하면 그것은 정의상 우리의 것이 될 것이기 때문이다. 현존재는 언제나 나 자신이다Dasein ist je mein eigenes. 낯설게 하기와 타자성의 충격은 그저 미학적 효과 내지는 거짓말에 불과하다.

그런데 아마도 이런 주장에 내포된 것은 그저 역사주의자의 궁극적 좌절일 것이다. 우리는 더 이상 어떤 형식으로건 미래를 전혀 상상할 수 없기 때문이다. 그것이 유토피아적이든 묵시록적이든 말이다. (최근의 이른바 사이버펑크와 같은) 이전의 미래학적인 과학소설이 단순한 '리얼리즘'이자 현재에 대한 노골적인 재현이 되어버린 상황하에서, 필립 K. 딕이 우리에게 선사한 가능성, 즉 우리의 현재를 과거로서 그리고 역사로서 경험할 수 있는 가능성은 서서히 배제된다. 그러나 우리 문화 속 모든 것이 암시하는 바는, 그럼에도 불구하고 우리는 여전히 역사에 천착하고 있다는 사실이다. 사실 우리가 여기서 역사성이 쇠퇴하고 있다고 투덜대고 있는 이 순간에도, 이 시대의 문화는 구제불능일 정도로 역사주의적이라는 진단을 내릴 수도 있다. 특히 죽어버린 스타일과 패션에 대한 (사실상 죽은 과거의 모든 스타일과 패션에 대한) 편재하는 무차별적 욕망은 나쁜 의미로 역사주의적이다. 반면에 (우리가 더 이상 **세대적인 것**이라고 부를 수 없는데도 불구하고 빠르게 힘을 얻고 있는) 특정 역사적 사유의 캐리커처 역시 보편화되었으며, 이는 최소한 우리의 현재 상황으로 돌아오려는 의지와 의도까지 포함하는데, 이는 현재 상황을 이를테면 1990년대로 생각하고 〔그에 따른〕 적절한 마케팅과 결과 예측을 이끌어내기 위해서다. 그렇다면 왜 이런 사유는 복수심을 품은 역사성이라 할 수 없는가? 그리고 최근 일반화된 현재에 대한 접근법과, 필립 K. 딕 자신의 1950년대라는 '개념'에 대한 다소 다루기 힘들고 원시적인 실험적 접근 사이에는 어떤 차이가 있는가?

내가 보기에 그것은 서로 유익하게 다른 두 개의 작동 구조이다. 하나는 지금의 역사적 현재로의 귀환을 결정하기 위해 미래에 대한 비전을 동원하는 것이고, 다른 하나는 새로운 알레고리적인 방식으로 과거 혹은 과거의 특정 시점에 대한 비전을 동원하는 것이다. 최근 몇 편의 영화들(여기서 언급할 작품은 「섬싱 와일드Something Wild」와 「블루 벨벳Blue Velvet」이다)은 알레고리적 조우라는 측면에서 보다 새로운 그 과정을 바라볼 것을 권장한다. 하지만 이 과정의 전제 조건을 향수영화nostalgia film 일반의 발전과 연관시키지 않는다면, 이 형식적 가능성을 온전히 파악할 수조차 없을 것이다. 왜냐하면 이른바 향수영화들을 거치면서 과거에 대한 적절한 알레고리적 가공이 가능해졌기 때문이다. 즉 새롭고 보다 복잡한 '포스트향수postnostalgia'적인 진술과 형식이 가능해진 것은, 향수영화의 형식적 장치를 통해 우리가 번지르르한 이미지의 형태로 과거를 소비하는 법을 훈련받았기 때문인 것이다. 다른 글에서 나는 1920년대와 1930년대의 결정적 대립 속에서, 그리고 아르데코art deco에 나타난 그 대립에 대한 매우 양식적인 표현의 역사주의적 부활 속에서, 이 특별한 사물화 작용과 이미지로의 전화의 특권적인 원재료 혹은 역사적 내용물을 찾아내려 했다. 말하자면 귀족과 노동자 사이의 그러한 긴장으로부터 나타난 상징적 작업은 새로운 부르주아계급의, 즉 정체성의 새로운 형식의 상징적 재창안 혹은 생산 같은 것과 명백히 연관된다. 그러나 포토리얼리즘처럼 그러한 영화들 자체는 그 시각적 우아함에도 불구하고 단조로운 반면, 이들의 플롯 구조는 도식화(혹은 전형화)라는 문제를 안고 있으며, 이는 기획 단계에 내재해 있는 듯하다. 〔현재〕 우리는 이런 영화들이 더 나오리라고 예상할 수 있는 반면에, 따라서 그런 영화들에 대한 취향이 현재 우리의 경제심리학적 구조(이미지 고착 **겸** 역사주의적 갈망) 속에 있는 보다 지속적인 특징과 욕구 들에 부합하는 반면에, 아마도 〔당시에〕 기대할 수 있던 것은 그저 새롭고 보다 복잡하며 흥미로운 형식적 속편이 조속히 개발되는 것뿐이었을 것이다.

　　더욱 예상치 못했던(하지만 실제로는 교과서적인 의미에서 매우 '변증법적인') 것은 지금까지 우리가 대립적이라고 상상했던 두 가지 영화 양식 사이의 (종합까지는 아니더라도) 일종의 교차로부터 새로운 형식이 발생했다는 사실이다. 이 두 영화 양식은 바로 향수영화의 고도의 우아함과, 우상 파괴적인 펑크영화punk film의 B급 모조품이다. 우리는 이 두 영화 양식이 모두 상당 부분 음악에 저당 잡혀 있었다는 사실을 놓치곤 했는데, 그 이유는 이 둘이 서로 다른 음악적 기표를 사용했기 때문이었다. 하나는 고급 댄스음악의 시퀀스에, 다른 하나는 당대에 번성하던 록그룹의 음악에 기댔던 것이다. 한편 앞서 언급했던 '변증법' 교과서라면, 아마도 '우아함'이라는 이데올로기소가 그 반대 종류의 이데올로기소에 어느 정도 종속되어 있을 가능성에 대해서 우리에게 경고했을 것이다. 대립과 부정은 우리 시대에 계급적 내용을 내뿜고 있는 듯하며(이 계급적 내용은 여전히 약하게나마 살아 남아 있는데, 예를 들어 '비트beats'라는 말은 부르주아의 체면과 본격 모더니즘의 유미주의라는 두 개념 모두를 품고 것처럼 느껴진다), 또한 **펑크**라는 이름이 담지하는 의미들의 새로운 복합체로 점차 이동해간 듯하다.

따라서 그 새로운 영화들은 무엇보다도 그것에 대한 알레고리, 즉 그것이 향수적 데코nostalgia-deco와 펑크의 종합으로서 탄생했음에 대한 알레고리일 것이다. 이 영화들은 어떤 식으로건 자신만의 이야기를 할 것이며, 그것은 이〔향수적 데코와 펑크의〕'결혼'의 필요성과 그에 대한 탐색에 관한 이야기일 것이다(안타깝게도 정치적 측면과는 달리, 미학적으로 경이적인 점은 그 '탐색'이 자동적으로 사물 자체가 된다는 것이다. 즉 정의상 일을 도모하는 것이 곧 그 일을 실현시키는 것이다). 그러나 미학적 모순에 대한 이러한 해결이 쓸데없진 않다. 왜냐하면 형식적 모순 자체가 그것만의 사회적이고 역사적인 상징적 의미를 갖기 때문이다.

이제 앞서 말했던 두 영화의 이야기를 간략하게 정리할 필요가 있다. 「섬싱 와일드」에서는 한 젊은 '조직인organization man'이 어떤 이상한 여자에게 납치되어, 규율을 무시하고 신용카드 사기까지 치게 된다. 하지만 그때 그녀의 전과자 남편이 나타나 복수심에 불타 그 커플을 쫓는다. 반면에 「블루 벨벳」에서는 고등학교를 갓 졸업한 젊은이가 잘린 귀를 발견하고, 이를 계기로 한 토치송torch song* 가수를 추적하게 된다. 그녀는 그 지역 마약상에 의해 기묘한 방식으로 괴롭힘당하고 있었으나, 주인공은 그녀를 끝내 구출해낼 수 있었다.

사실 이런 영화들은 어떻게든 역사로 돌아가라고 우리를 유혹한다. 「섬싱 와일드」의 중심적 장면 혹은 적어도 플롯 구조의 결정적인 축이 되는 장면은 동창회인데, 이와 같은 행사는 명백히 그 참가자들에 대한 역사적 판단을 요구한다. 즉 향수를 불러일으키며 다시 상기되지만 필연적으로 거부되거나 재확인되는 과거의 순간들에 대한 평가뿐만 아니라, 역사적 궤적의 내러티브들에 대한 역사적 판단도 요구하는 것이다. 이 장면은 하나의 쐐기처럼 작동하면서, 지금까지 정확한 지향점은 없지만 활기차게 방황하던 영화의 서사가 갑자기 보다 깊은 과거 속으로 빨려 들어간다(혹은 더 깊은 과거가 그 벌어진 틈 사이로 빨려 들어간다). 왜냐하면 10년 만의 동창회는 사실상 20년보다 더 전으로 우리를 데려가기 때문이다. 그리고 그 시기는 바로 우리의 어깨 너머로 그 예상치 못했던 '악당'이 나타났던 때로, 그는 관객에게 낯설

---

* '토치송'은 짝사랑에 관한 슬픈 노래로, 주로 여성 가수가 부른다.

9장 영화 현재에 대한 향수 **531**

지만 '친숙하다'(그는 여주인공의 남편 레이Ray다). 물론 '레이'는 고딕 gothic이라는 지루하고 진부한 패러다임을 재활용한 또 하나의 캐릭터다. 고딕의 개별화된 층위에서는 어떤 은둔sheltered 여성이 '악한' 남성의 위협을 받고 희생된다. 그런데 내 생각에 그러한 문학을 가부장제에 대한 원형적 페미니스트의 고발로, 특히 강간에 대한 원原정치적 항의로 읽으려는 시도는 큰 실수일 것이다. 분명 고딕은 강간에 대한 불안감을 고조시킨다. 그러나 고딕의 구조는 그 내용의 보다 핵심적인 특징에 대한 단서를 제공하는데, 나는 이를 **은둔**이라는 말을 통해 강조하고자 한다.

고딕은 사실 궁극적으로 계급적 판타지(혹은 악몽)로서, 그 속에서는 특권과 은둔의 변증법이 펼쳐진다. 즉 우리의 특권은 타인으로부터 우리를 막아주기도 하지만, 바로 그 연유로 특권은 우리가 투시할 수 없는 방어벽을 구성하기도 한다. 그렇기에 그 뒤에서는 온갖 종류의 시기하는 세력들이 모이고, 음모를 꾸미고, 공격할 준비를 한다고 상상된다. (히치콕 감독의 「사이코Psycho」를 인유하자면) 그것은 샤워커튼 증후군 같은 것이다. 고딕의 고전적인 형식이 중간계급 여성의 상황이라는 특권적 내용, 즉 보다 새로운 형식의 중간계급의 결혼이 그들에게 부과한 고립과 가정의 한가로움을 중심으로 한다는 사실은, 여성이 처했던 상황의 역사에 그런 텍스트들을 〔역사의〕 징후로서 추가해주지만, 그것이 그 역사에 특별히 정치적인 의미를 부여하지는 않는다(그 의미가 단지 우선적으로 그 특권이 가지는 단점에 대한 자의식의 발생을 구성하는 것이 아니라면 말이다). 그런데 이 고딕 형식은 특정 상황하에서는 젊은 남성을 중심으로 재조직될 수 있으며, 이런 남성에게도 비슷한 방어적 거리가 전가될 수 있다. 예를 들어 지식인이나 「섬싱 와일드」에서처럼 서류 가방을 든 젊은 관료가 '은둔'할 수도 있다. (이런 젠더 교체는 갖가지 부차적인 성적 함의를 일깨울 수 있다는 위험을 감수해야 한다. 「섬싱 와일드」에서는 자의식적으로 이를 굉장히 회화적인 장면 속에서 극화한다. 칼로 사람을 찌르는 이 장면은 뒤에 있는 여성의 시점에서 보이기 때문에, 마치 두 남성이 열정적인 포옹을 하는 것처럼 보인다.) 하지만 더한 형식적 비약은 그다음에야 나타난다. 즉 남성이든 여성이든 개인 '희생자'가 집단 희생자로, 즉 미국 대중으로 대체되는 경우이다. 이는 이제 고딕의 유사 정치적 판본인 미국의 경제적 특권과 은둔적 '예외주의'의 불안감을 실현한다. 이를테면 전형적인 정신병자나 (무슨 까닭인지 대개 아랍인이나 이란인인) '테러리스트'의 위협 아래서 말이다. 이런 집단적 판타지는 미국 대중의 자아의 점증적 '여성화'가 아니라, 이미 언급했던 죄책감 및 안락함의 역동성을 통해서 보다 쉽게 설명된다. 그리고 전통적인 고딕 로망스의 사적인 판본과 마찬가지로, 그것이 효과를 발하기 위해서는 일단의 정신적 범주로서의 **윤리**ethics를 부활시키고, 미덕과 악덕이라는 고색창연한 이항 대립을 다시 확장하고 인위적으로 재활성화시켜야 한다. 그런데 18세기에 이런 이항 대립의 신학적 잔여물이 제거되었으며, 우리에게 전달될 즈음에는 철저하게 성적인 특성이 부여되어 있었다.

달리 말하자면 현대의 고딕은 강간 희생자의 형식이건 아니면 정치적 편집증의 형식이건 관계없이, 절대적으로 **악**evil의 구성이라는 중심적 기능에 달려 있다(선good의 형식을 구성하는 쪽이 훨씬 어렵다는 것은 주지의 사실이며, 태양을 달에서 반사된 광선으로부터 끌어내듯이 보통 선의 빛은 보다 더 어두운 개념으로부터 끌어낸다). 그런데 여기서 악이란 순수 타자성의 텅 빈 형식이다(그리고 그 텅 빈 형식에 어떤 유형의 사회적 내용이든 마음대로 채워 넣을 수 있다). 나는 (미학적으로뿐만 아니라 정치적으로도) 윤리에 반대하는 주장을 펴서 여러 차례 비난을 받아왔다. 그중 지나가며 살펴볼 가치가 있어 보이는 내용은, 타자성이 굉장히 위험한 범주로서 그것 없이도 우리는 잘 살 수 있다는 것이다. 다행히도 문학과 문화에서는 이것이 아주 진부해져버렸다. 리들리 스콧Ridley Scott 감독의 영화 「에일리언Alien」은 여전히 이를 교묘히 피해갔을지 모른다(하지만 스타니스와프 렘Stanisław Lem의 모든 작품, 특히 최근작인 『피아스코Fiasco』는 과학소설에서조차 타자성 범주의 사용에 대해 반대하는 것으로 해석될 수 있다). 그런데 사실 「섬싱 와일드」의 레이와 「블루 벨벳」의 프랭크 부스Frank Booth는 더 이상 그 누구에게도 두려움을 주지 못한다. 또한 지금 현재의 우리 세계에서는 집단적으로 '악'한 사람들이나 세력에 대해 냉정한 정치적 판단을 도출하기도 전에 아주 비굴해질 필요도 없다.

반면에 레이가 악 그 자체에 대한 재현으로서 악마처럼 연출된 것이 아니라, 단지 **악을 연기하는** 누군가를 재현하고 있다고 말해두는 편이 공정할 것이다. 이 두 가지는 상당히 다른 문제이다. 사실 레이의 그 어떤 것도 특별히 진정성이 있지는 않다. 그의 악의는 그의 미소만큼이나 거짓된 것이다. 그러나 그의 의상이나 헤어스타일은 추가적인 단서를 제공하며, 우리에게 윤리적인 것과는 다른 방향을 가리킨다. 왜냐하면 레이는 악을 가장하고 있을 뿐만 아니라 1950년대라는 시대를 가장하고 있기 때문인데, 내게는 이것이 훨씬 더 중요한 문제로 보인다. 내가 말하는 것은 분명 저항하는 1950년대로, 아이젠하워의 1950년대가 아닌 엘비스Elvis Presley의 1950년대이다. 그러나 우리가 아직도 그 차이에 대해 정말 말할 수 있는지는 확신할 수 없다. 우리는 역사적 간격을 가로질러 엿보고 있으며, 또한 향수로 물든 스펙터클을 통해 과거의 풍경에 초점을 맞추려 애쓰고 있기 때문이다.

그런데 이 지점에서 「섬싱 와일드」의 고딕적인 장식물이 떨어져나가면서, 우리가 여기에서 1980년대가 1950년대와 만나는 본질적으로 알레고리적인 서사와 관계하고 있다는 것이 명백해진다. 이 특정 역사주의적 유령을 청산하기 위해서 현실적으로 어떤 종류의 설명을 해야 하는가(그리고 그것을 청산할 수 있는가)는 그리 중요하지 않다. 그보다는 우선 이런 〔1980년대와 1950년대의〕 조우가 어떻게 마련되었는가가 더 중요하다. 그것은 물론 1960년대의 중재와 조정을 통해서였다. 그 조정은 분명 의도치 않은 것이었다. 왜냐하면 오드리Audrey/룰루Lulu는 이런 연결을 욕망할 이유가 거의 없었고, 심지어 그녀 자신의 과거나 (막 교도소에서 출소한) 레이의 과거를 상기할 이유도 거의 없었기 때문이다.

그러므로 모든 것이 1960년대와 1950년대 사이의 대조를 중심으로 돌아간다(혹은 그렇다고 여겨질 것이다). 즉 1960년대는 (매력적인 여성처럼) 호감이 가지만, 1950년대는 (오토바이 갱단의 두목처럼) 무섭고 불길하며 믿을 수 없다는 식으로 말이다. 영화의 제목이 암시하듯 중요한 것은 '길들지 않은 무언가something wild'의 본성이다. 이에 대한 탐색은 오드리가 찰리의 (점심 값을 내지 않고 도망치는) 비순응적 성격을 첫눈에 알아보는 것에 의해 초점이 맞춰진다. 실제로 점심 값을 지불하지 않은 것은 찰리가 '힙한hippness'지 아니면 '고지식한squareness'지에 대한 중요 지표로 기능하는 듯하다. 그런데 힙함/고지식함(혹은 앞서 사용했던 순응/비순응) 같은 범주들은 이 영화의 논리와는 일치하지 않는다. 이 영화의 논리는 오래되고 역사적으로 구시대적이며 특정 시대와 묶여 있는 (당대적이지도 않고 포스트모던하지도 않은) 범주들을 대체할 새로운 범주들을 엄밀하게 구성하려는 시도로 볼 수 있기 때문이다. 우리는 이 구체적인 '실험'을 화이트칼라 범죄와 연관된 것으로 설명할 수 있는데, 이는 레이에 의해서 자행되는 큰 도둑질이나 신체 상해 같은 '진짜' 범죄 혹은 하층계급 범죄와 대립된다. 그것은 그저 프티부르주아 화이트칼라의 범죄다(심지어 찰리가 회사 법인카드를 불법적으로 사용한 것도, 그의 회사가 생각할 수도 있는 실질적인 정의상 진짜 범죄와는 거의 비교도 안 된다). 또한 계급적 표식도 영화 속에는 등장하지 않는다. 이것은 다른 의미에서 보면 정확하게 계급과 계급 차이화에 대한 언어와 범주들을 억압하고, 이를 새롭게 창안되어야 할 의미소 대립으로 대체하려는 시도로 볼 수 있다.

그러한 것들이 (이 특정한 의미소 변화의 '블랙박스'와 같은) 1960년대의 알레고리 안에서 룰루라는 인물의 틀을 통해 필연적으로 나타난다. 1950년대는 진짜 폭력과 진짜 결과를 수반하는 진짜 반항을 상징하며, 또한 말런 브랜도와 제임스 딘James Dean의 영화들 속에서 나타나는 그러한 반항에 대한 **낭만적 재현**을 상징하기도 한다. 따라서 레이는 이 특정 서사 내에서 일종의 고덕적인 악당으로서의 기능과, 알레고리적인 층위에서의 낭만적 영웅, 즉 이제는 더 이상 만들어질 수 없는 그런 영화에나 등장할 법한 비극적 주인공에 대한 순수 **관념**으로서의 기능을 동시에 수행한다. 룰루는 「수잔을 찾아서Desperately Seeking Susan」의 여주인공과는 다르게 그녀 스스로 대안적 가능성이 되지는 못한다. 이 영화의 틀은 철저하게 남성적인데, 이는 룰루를 처벌하거나 길들이려는 형편없는 결말과 더불어 의상의 의미(이에 대해서는 잠시 후에 논하고자 한다)를 통해 증명된다. 따라서 모든 것은 새로운 종류의 **영웅**에 달려 있는데, 룰루는 자신의 의미소적 구성을 통해 찰리가 그러한 영웅이 되는 것을 용인하거나 가능케 만든다(왜냐하면 그녀는 단순한 여성의 육체나 페티시 이상의 더 큰 역할을 하기 때문이다).

그러한 의미소 구성에서 흥미로운 점은 무엇보다도 1950년대(혹은 1980년대?)를 통해서 본 1960년대를 우리에게 전달해준다는 것이다. 예를 들어 마약보다는 술 같은 것 말이다. 여기에서 1960년대의 정신분열적이고 마약 문화적인 측면은 그것의 정치성과 더불어 체계적으로 배제된다. 바꿔 말하면 광분해 있는 룰루보다 오히려 레이가 위험하다는 것이다. 즉 1960년대와 그 저항문화와 '라이프스타일'이 아니라, 1950년대와 그 반항이 더 위험하다는 것이다. 그런데 1950년대와 1960년대 사이에 연속성이 있다면, 그것이 **맞서서** 반항하고자 했던 대상에 있다. 즉 '새로운' 라이프스타일이 대체**하려** 했던 어떤 삶의 방식이 그것이다. 그러나 룰루의 자극적인 행위 속에서 무언가 내용을 찾아내기는 쉽지 않다. 그녀의 행동은 순전히 변덕에 의해서 조직되는 듯하다. 다시 말해서 룰루의 행동은 아직 예측 불가능하고 사물화나 범주화에 면역되어 있는 최고의 가치를 중심으로 조직되는 것이다. 『교황청의 지하실 *Lafcadio's Adventures*』속 앙드레 지드André Gide의 그림자shades나, 타자의 응시에 의해 결국 대상화되는 것을 피하고자 분투하는 그 모든 사르트르적 인물의 그림자가 여기에 해당된다(대상화가 불가능해지면서, 결국 그저 '변덕스럽다'라는 딱지가 붙는 것으로 끝난다). 의상의 변화는 바로 이런 순수하게 형식적인 예측 불가능성으로 끝날 수도 있던 것에 일종의 시각적 내용을 부여한다. 그것은 예측 불가능성을 이미지 문화의 언어로 번역하여, 룰루의 (실제로는 심리적이지 않은) 변신 속에서 순수하게 거울 같은 쾌락을 제공한다.

그러나 관객과 주인공은 여전히 그들이 어디론가 가고 있다고 느 낀다(최소한 레이의 등장이 영화에 다른 종류의 방향을 제시하기 전까 지는 그렇다). 따라서 뉴욕에서 룰루가 찰리를 납치한 것은 긴장감 있 고 즉흥적으로 보이지만, 그것은 최소한 아주 유익한 정보를 제공해 주는 하나의 빈 형식이 될 것이다. 왜냐하면 그것은 미국 중산층으로 의, '진짜' 미국으로의 원형적 추락이기 때문이다. 그것이 린치와 편 견으로 가득한 미국인지, 진실하고 건강한 가족생활과 미국적 이상을 가진 미국인지는 잘 모른다. 그럼에도 불구하고 '인민'을 발견하기 위 해 세상 밖으로 걸어 나가기 시작한 19세기 러시아의 포퓰리즘적 지식 인들과 마찬가지로, 이 여행은 그 소명인 미국적 알레고리를 찾기 위 해 반드시 필요한 장면scène à faire이다(혹은 그런 장면이었다). 그러나 이 여행이 드러내는 것은 그 여정의 끝자락에서 더 이상 아무것도 찾 아낼 수 없다는 것이다. 왜냐하면 룰루/오드리의 가족은 (이 경우 엄마 로 환원되는데) 더 이상 악의 어린 기억을 지닌 부르주아계급이 아니 기 때문이다. 그녀의 엄마는 1950년대의 성적 억압과 체면의 상징도 아니며, 또한 1960년대 존슨Lyndon Johnson 대통령의 권위주의의 상 징도 아니다. 이 엄마는 쳄발로를 치고, 딸을 '이해'해주며, 여느 사람 만큼이나 괴짜다. 이런 미국의 작은 마을에서는 오이디푸스적 반항도 가능하지 않다. 이들에게 존재하는 모든 긴장은 당대의 사회적·문화 적 역동성에서 벗어나 있다. 그런데 이런 마을의 중심지에서 어떤 '중 산층'도 더 이상 찾을 수 없다면, 그들을 대체할 수 있는 다른 무언가 가 존재할 것이다. 최소한 서사 구조 자체의 역학 관계 내에서는 그래 야만 한다. 왜냐하면 룰루의 동창회에서 (레이와, 룰루 자신의 과거 이 외에) 우리가 발견한 것은 찰리의 직장 동료, 즉 여피 관료와 그의 임신한 아내이기 때문이다. 의심할 바 없이 이들이야말로 우리가 찾던 그 못된 부모이다. 이들은 조금 멀고 딱히 상상할 수 없는 미래의 부모이지만, 오래된 전통적인 미국적 과거의 부모는 아니다. 그들은 그 '구역'의 의미소의 자리를 차지하지만, 더 이상의 사회적 기반이나 내용은 가지고 있지 않다(예컨대 그들은 프로테스탄트 윤리의 체현 혹은 청교도주의나 백인 인종주의나 가부장제의 체현으로도 거의 해석될 수 없다). 하지만 이들을 통해 우리는 최소한 이 영화의 보다 심층적인 이데올로기적 목적을 확인할 수 있다. 그것은 바로 찰리를 레이와는 다른 종류의 영웅 내지 주인공으로 만들어서, 그를 그의 동료 여피들과 차별화하는 것이다. 앞서 살펴본 것처럼 (의상, 헤어스타일, 일반적인 몸짓언어 같은) **패션**에서의 예측 불가능성이라는 특정한 매트릭스를 찰리는 반드시 통과해야 했으며, 이를 통한 그의 변신은 그가 양복을 벗어던지고 (티셔츠, 반바지, 짙은 선글라스 등의) 편안한 여행자 차림으로 위장했을 때 아주 적절하게 구체적으로 현실화된다. 물론 영화의 막바지에 그는 직장마저도 던져버린다. 하지만 그 '관계' 안에서 상사나 간부가 되는 것 말고, 대신 그가 무엇을 하거나 무엇이 될 수 있는지 묻는 것은 아마도 지나친 질문일 것이다. 어쨌든 이 모든 것의 의미소적 구조는 다음의 표와 같을 것이다(도표의 균형을 맞추기 위해 못마땅해 하던 임신한 여피의 부인을 중립항의 구체적인 표현으로 보았다).

우리는 수갑에 대해서 아직 언급하지 않았는데, 이 역시 비슷한 유형의 서사적 알레고리로 전환시켜주는 장치로서 기능할 수 있다. 이 알레고리의 조합과 분위기는 패션과는 상당히 다르다. 실제로「블루벨벳」은 드미Jonathan Demme 감독의 영화에는 전적으로 결여된 진지함을 가지고 사도마조히즘을 대중문화의 지도 위에 제대로 올려놓으

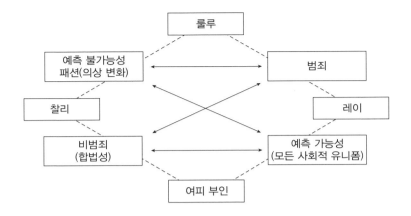

려 시도한다(드미 감독의 영화에 등장하는 수갑 러브신은 섹시한 만큼이나 '천박하다'). 따라서 사도마조히즘은 금기 형식의 내용의 긴 목록 중 가장 최근의 것이자 최후의 것이 된다. 금기적 내용은 1950년대 나보코프Vladimir Nabokov의 〔『롤리타』에 나오는〕 성적 매력을 지닌 소녀에서 시작하여, 우리가 한때 반反문화 혹은 1960년대라고 불렀던 지속적이고 심지어 점진적인 위반의 확장 속에서 하나둘씩 대중 예술의 표면으로 부상했다. 그러나 「블루 벨벳」에서 그 금기적 내용은 명시적으로 마약과 연결되고, 따라서 범죄와 연결된다. 비록 그것이 정확하게는 조직범죄가 아닌 부적응자와 괴짜 들의 집합체와 연결된 것이기는 하지만 말이다. 이런 복잡한 사태의 위반적 본성은 (데니스 호퍼Dennis Hopper가 맡은 인물에 의한) 반복적인 음란한 말을 통해 지루하게 강화된다.

만약 「섬싱 와일드」가 신중하게 역사를 일깨우고 그것에 호소하고 있다면, 그와는 반대로 「블루 벨벳」에서 사건들을 심사숙고할 수 있는 전체적인 틀과 비인간적이고 초인간적transhuman인 관점을 제공해주는 것은 바로 자연이다. 영화는 불가해한 재앙 같은 아버지의 뇌졸중으로 시작하는데, 그것은 이 평화로운 미국의 소도시에서 일어난 유별나게 언어도단적인 폭력 행위 같은 신의 행위다. (「이레이저 헤드Eraserhead」와 「듄Dune」을 감독한) 데이비드 린치David Lynch는 아버지의 뇌졸중을 모든 자연의 다원적인 폭력이라는 좀더 과학소설적인 지평 안에 위치시킨다. 마비된 채 누워 있는 아버지를 비추던 카메라가 집 주변의 덤불 속으로 물러나 현미경적인 초점을 확대하면서, 우리는 소름끼치게 들끓는 무언가와 마주하게 된다. 훌륭한 공포영화의 구성처럼 일반적으로 우리는 그것을 처음에는 숨어 있는 광인의 존재로 착각하지만, 결국 그것은 탐욕스러운 곤충의 아래턱이라는 것이 밝혀진다. 이후에 필사적으로 꿈틀거리는 벌레를 부리에 물고 있는 개똥지빠귀의 모습에 대한 강조 역시 모든 자연의 어지럽고 메스꺼운 폭력이라는 우주적 의미를 강화한다. 마치 한계가 없는 이런 흉포함 속에서, 눈이 볼 수 있고 생각이 닿을 수 있는 우주가 끊임없는 피 흘리는 가운데, 인류의 진보에 의해 단 하나의 평화로운 오아시스가 개척되었으며 그 어떤 신의 섭리가 그것을 인도했다는 듯 말이다. 그 오아시스는 인류 역사의 공포 속에서뿐만 아니라 동물의 왕국에서도 유일무이한 것으로, 이름하여 북미의 소도시이다. 위협적인 바깥 세계로부터 어렵사리 얻어낸 이 소중하고 깨지기 쉬운 문명화된 예법의 점령지로 폭력이 침략해온다. 그 폭력은 잘린 귀의 형상을, 그리고 지하 마약 문화와 사도마조히즘의 형상을 하고 있다. 그런데 이 사도마조히즘에 대해서는 결국 아직 확실히 확정되지 않았다. 그것이 쾌락인지 아니면 의무인지, 성적 만족의 문제인지 아니면 그저 자신을 표현하는 또 다른 방법인지 말이다.

그렇기에 역사는 신화까지는 아니더라도 이데올로기의 형식으로 「블루 벨벳」에 들어온다. 그것은 에덴동산과 타락, 미국 예외주의, 소도시라는 이데올로기이다. 그것은 「섬싱 와일드」의 주인공들이 여행 속에서 찾아낼 수 있었던 그 무엇보다도 훨씬 더 애정 어린 손길로 온실 속 어딘가에 시뮬라크럼이나 디즈니랜드처럼 세세한 모습 그대로 보존된 것이며, 가장 진정하게 1950년대적인 영화의 방식을 따르는 고등학교에 대한 단서를 갖추고 있다. 심지어 이 동화를 중심으로 1950년대 방식의 대중적 정신분석학이 적용될 수도 있다. 왜냐하면 영화 속 사건들은 자연의 폭력이라는 신화적이고 사회생물학적인 관점 이외에도, 아버지 기능의 위기에 의해 틀 지어지기 때문이다. 영화의 시작 부분에서 아버지의 권력과 권위를 유예시키는 뇌졸중과, 그 이후 목가적인 마지막 장면에서 회복 후 퇴원하여 돌아오는 아버지가 이와 연관된다. 형사가 또 다른 아버지라는 주장은 이런 종류의 해석에 어떤 핍진성을 부여하는데, 이는 또한 잘린 귀만을 볼 수 있는 제3의 부재하는 아버지에 대한 납치와 고문에 의해 더욱 강화된다. 그럼에도 불구하고 영화의 메시지가 딱히 가부장적이고 권위주의적이진 않다. 특히 젊은 주인공이 아버지 기능을 아주 능숙하게 맡아서 해낸다는 점에서 그러하다. 오히려 이 모든 아버지의 지나침 없는 자애로움을 강조하는 반면에, 그 반대편의 상응하는 인물에 대해서는 순수한 비열함만을 강조함으로써, 1950년대로 회귀하자는 이 특정한 요청에 설탕을 입힌다.

「블루 벨벳」의 고딕적 요소는 「섬싱 와일드」에서만큼이나 스스로를 전복시킨다. 하지만 그 방식은 다르다. 「섬싱 와일드」에서는 레이가 실질적인 위협으로 남아 있음에도 불구하고(반란, 법에 명시된 불법 행위, 물리적 폭력, 전과자, 이 모든 것은 진짜로 심각한 문제이다), 우리에게 강조되는 것은 레이가 악을 가장하고 있다는 속성이다. 반대로 「블루 벨벳」이 우리에게 1960년대를 이해시키기 위해 전달하는 바는 다음과 같다. 훼손된 신체가 나오는 그로테스크하고 참혹한 장면에도 불구하고, 이런 종류의 악은 무섭다기보다는 혐오스러우며 위협이라기보다는 역겨울 뿐이라는 것이다. 여기에서 악은 마침내 하나의 이미지가 되고, 1950년대에 대한 가상적 재연은 그 자체로 하나의 완전한 시뮬라크럼으로 일반화된다. 동화 속 겁 없는 소년은 이제 길을 떠나 이 세계에 걸린 해악한 마법을 풀고, 공주를 구하고(비록 다른 이와 결혼하지만), 마법사를 죽인다. (이 영화가 전달하는 교훈과는 다른) 이 모든 것에 함축된 교훈은, 마약에 대한 다양한 논조의 윤리적 판단과 의문을 일깨움으로써 가장 위엄 있는 종교적 장엄함 속에서 마약에 진정한 대문자 악Evil 혹은 대문자 위반Transgressive이라는 화려한 명성을 부여하는 것보다는, 그저 마약을 부도덕하고 어리석다고 묘사함으로써 싸우는 편이 낫다는 것이다. 사실 1960년대의 종말이라는 이 우화는, 메타비평적인 또 다른 층위에서 본다면 1960년대 내내 당대의 지식인들을 매혹시켰던 위반 이론의 종말이기도 하다. 그렇다면 사도 마조히즘적인 소재들은 비록 완전히 새로운 포스트모던 펑크적 상황과 동시대적일지라도, 그것은 결국 스스로를 무효화하고 그것의 매력/혐오가 처음에 근거했던 논리를 철폐하기 위해 요청된 것이다.

따라서 「섬싱 와일드」와 「블루 벨벳」은 이중적 징후로 해석될 수 있다. 이 영화들은 자신의 현재를 확인하려 시도하는 과정에서의 집단 무의식을 보여주지만, 동시에 이러한 시도의 실패를 조명하게 된다. 이 시도는 과거에 대한 여러 고정관념을 재조합하는 수준으로 축소되는 듯하기 때문이다. 아마도 강한 세대적 자의식(이를테면 '1960년대 사람들'이 느꼈던 것)에 뒤따르는 것은 종종 특이한 목적 없음일 것이다. 예를 들어서 만약 그다음 '10년'을 구별할 수 있는 결정적 특징이 1960년대적인 강한 자의식의 결여라면, 다시 말해 무엇보다도 정체성의 구성적 결여라고 한다면 어찌 되겠는가? 이것이 우리 중 많은 이들이 1970년대에 대해 느끼는 바이며, 이 시기의 특수성은 대부분의 경우 특수성이 없다는 점이다. 특히 앞선 1960년대의 독특함 이후이기 때문에 더욱 그러하다. 1980년대에는 다시 다양한 방식으로 상황이 변하기 시작한다. 그러나 [세대별] 정체성을 찾는 과정이 주기적인 것이 아니며, 바로 이것이 본질적인 딜레마이다. 1970년대와 대조적으로 1980년대는 새로운 정치적 기운이 바람 속에 감돌고 있었고, 상황이 변화하기 시작했으며, 불가능해 보였던 '1960년대의 재림'의 기운이 천지에 감도는 듯 보였다. 그러나 1980년대는 정치적으로든 다른 측면에서든 1960년대와 결코 닮지 않았다. 1980년대를 1960년대로의 회귀나 그것의 부활로 해석할 경우 특히 그렇다. 마르크스의 말처럼 가장 파티를 하며 자기를 기만하는 것, 즉 과거 위대한 시기의 의상을 입는 것은 역사의 몰역사적 시대에는 더 이상 가능하지 않다. 따라서 세대의 조합combinatoire은 진지한 역사성과 조우하는 순간 좌초하고, '포스트모더니즘'이라는 다소 다른 자아 개념이 그것을 대신하게 된다.

필립 K. 딕은 자신의 현재를 (과거의) 역사로 보기 위해 과학소설을 사용했다. 고전적 향수영화는 비록 자신의 현재를 전적으로 회피하지만, 구체적인 세대적 과거에 대한 호사스런 이미지에 마취된 듯 심취하여 넋을 놓음으로써 역사주의적 결핍을 기록한다. 1986년에 나온 두 편의 영화는 전적으로 새로운 형식(혹은 역사성의 양식)을 개척한 것은 아니지만, 그럼에도 불구하고 자신들의 알레고리적 복잡성 속에서 그것의 종말과 이제 다른 무언가를 위한 새로운 공간이 열렸음을 표시하고 있다.

10장   이차 가공

I. 모더니즘과 포스트모더니즘의 미래 대립에 대한 서언

마르크스주의와 포스트모더니즘. 사람들은 종종 이 조합을 특이하거나 역설적이며 상당히 불안정해 보인다고 생각할 수도 있을 터이다. 그러하기에 누군가는 만약 내가 포스트모더니스트가 '되었다'면, 나는 더 이상 어떤 의미 있는 (다른 말로 하면, 전형적인) 마르크스주의자가 아닌 게 분명하다고 결론 내릴 것이다. 왜냐하면 (완전한 포스트모더니즘 시대에) 이 두 말은 대중적 향수 어린 이미지를 가득 담고 있기 때문이다. '마르크스주의'가 아마도 레닌과 소비에트혁명이라는 빛바랜 시대의 사진 속으로 빨려 들어갔다면, '포스트모더니즘'은 새롭게 지어진 호텔의 화려한 풍광을 재빨리 상기시킬 것이다. 성미 급한 무의식이라면 작고 공들여 만든 향수 식당의 이미지를 금세 조립해낼 수도 있으리라. 그곳은 아마도 옛날 사진들로 장식이 되어 있고,

소련의 웨이터들이 형편없는 러시아 음식을 느릿느릿 차려줄 테지만, 그 식당은 새롭고 형형색색으로 빛나는 건축의 화려함 속에 감춰져 있을 것이다.

잠시 개인적인 이야기를 한다면, 일전에 나 자신이 이상하고 우스꽝스러운 연구 대상이 된 적이 있었다. 몇 년 전 나는 구조주의에 대한 책을 한 권 냈는데,* 그로 인해 편지를 몇 통 받았다. 그중 몇 통은 나를 구조주의 '최고의' 대변인이라 칭하는가 하면, 다른 몇 통은 나를 구조주의 운동의 '탁월한' 비판가이자 반대자라 칭했다. 사실 나는 구조주의의 대변인도 반대자도 아니었지만, 내가 사람들이 파악하기 힘든 상대적으로 복잡하고 흔치 않은 방식으로 '어느 쪽도 아니'라는 결론을 내리지 않을 수 없었다. 포스트모더니즘과 관련해서도 마찬가지였다. 나는 이 책의 1장에 수록된 논문에서 그 주제를 다루면서 포스트모더니즘을 단순 찬양하거나 '부정'(이 말이 무엇을 의미하건 관계없이)하는 것이 학문적으로나 정치적으로나 가능하지 않다고 설명하기 위해 애를 썼는데도 불구하고, 아방가르드 예술 비평가들은 재빨리 나를 속류 마르크스주의 행동대원으로 치부했는가 하면, 반대로 몇몇 고지식한 동지들은 내가 여러 유명한 선배의 전례를 따라 마침내 깊은 곳까지 무모하게 뛰어들었다가 급기야 '포스트마르크스주의자'가 되었다는 결론을 내렸다(이는 어떤 의미에선 내가 변절자나 배신자가 되었다는 뜻이고, 또 다른 의미에선 내가 투쟁하기보다는 전향했다는 뜻이다).

---

* 『언어의 감옥*The Prison-House of Language: A Critical Account of Structuralism and Russian Formalism*』(Princeton UP, 1975)〔『언어의 감옥: 구조주의와 형식주의 비판』, 5판, 윤지관 옮김, 까치, 1996〕을 말하는 것으로 보인다.

이 중 많은 반응은 취향taste(혹은 의견opinion)과 분석analysis과 평가evaluation를 혼동하고 있는 듯한데, 나는 이 세 가지를 분리할 필요가 있다고 생각해왔다. '취향'은 미디어에서 사용하는 가장 느슨한 의미에서의 개인적 선호를 뜻하는데, 고상하고 철학적인 의미에서는 '미적 판단'이라 부르는 것에 상응하는 듯하다(약호의 변화와 어휘적 품위라는 바로미터상의 하락은 적어도 오늘날의 전통적 미학의 퇴출과 문화 영역의 변형을 보여주는 지표이다). '분석'은 형식적 분석과 역사적 분석의 특수하고 엄격한 결합으로서, 문학과 문화 연구의 구체적인 과제를 구성한다. 이런 분석 개념을 좀더 심화시켜 특정 형식의 역사적 가능 조건에 대한 연구로 규정한다면, 이는 아마도 (과거에는 종종 양립할 수 없거나 통약 불가능하다고 여겨졌던) 형식적 분석과 역사적 분석이라는 두 관점이 이제는 서로가 서로의 대상이 됨으로써 상호 분리 불가능해졌다는 의미일 것이다. 이런 의미에서 분석은 취향과 의견을 중심으로 행해지는 문화 저널리즘과는 전혀 다른 일단의 작업이라 볼 수 있다. 여기에서 중요한 것은 필수 불가결하게 리뷰의 기능을 하는 저널리즘과, 내가 '평가'라고 부르고자 하는 것 사이에 차이를 확보하는 것이다. 평가는 더 이상 (고전적인 미적 판단의 방식을 따라) 어떤 작품이 '좋은가'를 결정하는 것을 중심으로 삼지 않는다. 오히려 평가는 텍스트나 개별 예술 작품을 통해 사회적 삶 자체의 질에 대해 추궁하는 사회정치적인 종류의 평가 행위assessment를 이어가려 (혹은 재창안하려) 노력하는 것, 혹은 이전 전통의 공식적인 승인이나 지표가 아닌 일상적 삶의 역동성에 대한 덜 공리주의적이고 공감 어린 태도를 가지고 문화적 흐름이나 운동의 정치적 효과에 대한 평가 행위를 하는 위험을 감수하는 것이다.

(이전 장들을 읽은 독자라면 눈치 챘을 터인데) 취향과 관련해서 말하자면, 나는 문화적으로 포스트모더니즘 혹은 최소한 그 일부에 대한 비교적 열정적인 소비자로서 이 글을 쓰고 있다. 나는 건축과 여러 새로운 시각 예술 작품을 좋아하며, 특히 새로운 사진 예술을 좋아한다. 음악 듣기나 시 읽기도 싫지 않다. 새로운 문화 영역 중 소설이 가장 취약한데, 영화와 비디오 같은 다른 내러티브 경쟁자들에 비해 상당히 뒤처져 있다(최소한 고급 문학 소설은 그렇다. 하지만 하위 장르의 내러티브는 상당히 좋다. 물론 제3세계의 내러티브 장르는 전혀 다르다). 일반적인 생활세계가 향상됨에 따라, 음식과 패션 역시 상당히 발전했다. 내 느낌으로는 음식과 패션은 본질적으로 시각 문화다. 이상하게 들릴 수도 있으나 이 분야의 언어적 요소는 느슨하고 생기가 없기 때문에, 기발하고 과감하며 날카로운 동기 유발이 없다면 흥미를 끌지 못한다(이 분야에서는 '표준화'보다는 좀더 강력한 말이 발명될 필요가 있으며, 게다가 그것은 '라이프스타일'이나 '성적 선호'와 같은 최악의 쓰레기 언어에 물들어 있다).

이러한 것들이 바로 취향이며, 취향은 의견을 생산해낸다. 취향은 그런 문화의 기능이나 문화의 변화 방식에 대한 분석과는 거의 무관하다. 어쨌든 의견 역시 이런 형식이라면 만족스럽지 못하다. 왜냐하면 명백한 맥락상의 이유로 사람들이 그다음으로 알고 싶어 하는 것은, 어떻게 지금의 문화가 예전 모더니즘 정전과 비교되는가이기 때문이다. 건축은 전반적으로 크게 발전했다. 하지만 소설은 더욱 나빠졌다. 사진과 비디오는 비교 불가능하다(특히 비디오의 경우에는 더욱 명백한 이유가 있다). 또한 다행스럽게도 오늘날 우리에게는 볼 만한 새롭고 흥미로운 그림과 읽을 만한 시가 있다.

하지만 (쇼펜하우어Arthur Schopenhauer와 니체와 토마스 만 이후) 음악은 단순한 의견 이상의 보다 흥미롭고 복잡한 무언가로 우리를 이끌어줄 필요가 있다. 일례로 음악은 근본적으로 계급적 표식을 여전히 달고 있으며, 이는 피에르 부르디외가 사회적 "구별"이라 부르는 문화자본의 지표이다. 따라서 고급과 저급 혹은 엘리트와 대중의 음악 취향은 여전히 각기 다른 열정을 불러일으킨다(음악 이론도 아도르노는 고급 음악에, 사이먼 프리스Simon Frith는 대중음악에 각각 상응한다). 한편 음악은 또한 좀더 철저하고 불가역적인 방식으로 역사를 포함한다. 왜냐하면 배경이자 분위기의 자극제로서 음악은 우리의 사적·실존적 과거와 더불어 우리의 역사적 과거를 매개하며, 따라서 더 이상 기억으로부터 분리될 수 없기 때문이다.

그런데 음악이 포스트모더니즘과 맺는 가장 결정적인 관계는 분명 공간을 관통한다(나의 분석에 의하면 공간은 이 새로운 '문화' 혹은 문화적 지배종의 두드러진 혹은 심지어 구성적인 특징 중에 하나다). 무엇보다도 MTV는 음악의 공간화라 할 만하다. 혹은 MTV가 우리 시대에 음악이 이미 심각하게 공간화되었다는 뻔한 비밀을 폭로했다고도 할 수 있다. 분명히 음악의 생산, 복제, 수용, 소비에 관한 기술은 이미 개인과 집단 청자를 위한 새로운 소리 공간을 창출해내고자 시도하고 있다. 음악에서의 '재현성' 역시 우리가 **의자**를 치워버리고 우리 앞에 펼쳐지는 스펙터클을 응시한다는 의미에서, 이미 위기에 처해 있으며 특정한 역사적 와해 과정을 겪고 있다. 우리는 더 이상 사색과 음미를 위한 음악적 대상을 제공하지 않지만, 주위 환경을 음악과 연결하여 소비자의 주변 공간을 음악적으로 만든다. 그러한 상황에서 **내러티브**는 시간 속에 존재하는 소리와 공간 속에 존재하는 몸 사이에서 다층적이고 다변적인 매개를 제공하여, 내러티브화된 시각적 파편과 사운드트랙에 존재하는 사건 사이의 조화를 이끌어낸다(내러티브화된 시각적 파편이란 내러티브를 담고 있는 이미지 조각으로, 여기에서 내러티브는 반드시 우리가 익히 들었던 이야기로부터 파생된 것일 필요는 없다). 포스트모더니즘에서는 특히 내러티브화와 특정한 내러티브 파편을 구별하는 것이 필수적인데, 이를 구별하지 못할 경우 '구식의 리얼리즘적' 이야기나 소설과, 모더니즘이나 포스트모더니즘이라 추정되는 반反내러티브적인 이야기를 혼동하는 결과를 낳는다. 그런데 이야기는 내러티브나 내러티브화가 취할 수 있는 여러 형식 중 하나에 불과하다. 렘의 상상의 책 서평*과 마찬가지로, 오늘날에는 이야기를 만들어내려는 의도만으로도 충분할 가능성을 고려해볼 가치가 있다(영화감독 켄 러셀Ken Russell이 MTV로 옮겨간 이유에 대해 질문을 받자, 그는 21세기에는 어떤 극영화도 15분을 넘기지 않을 것이라고 예언했다). 따라서 MTV가 음악에 대해 한 일은 지금은 사라져버린 19세기 형식인 이른바 프로그램 음악program music**에 대한 뒤집기가 아니다. 그것은 오히려 (아마도 라캉의 카펫 고정쇠의 비유를 사용한다면) 소리를 가시적 공간과 공간적 파편 위에 고정시키는 것이다. 보다 일반적인 비디오 형식에서와 마찬가지로, 여기에서 보다 오래된 패러다임은, 즉 계보학적으로 되돌아보건데 이런 형식의 선구자로서 빛을 발했던 것

---

* 과학소설 작가 스타니스와프 렘의 다음 책들은 세상에 존재하지 않는 책에 대한 상상의 비평을 담고 있다. *A Perfect Vacuum*(1971), *Provocation*(1984), *Library of 21st Century*(1986) 등을 참조하라.
** '프로그램 음악'은 내러티브를 음악과 결합시키려는 시도로, 제목이나 프로그램 노트를 통해 사전에 내러티브를 제공하여 청중이 상상력을 통해 음악과 내러티브를 상호 연결시키도록 유도한다. 독일의 리하르트 슈트라우스Richard Strauss가 대표적 음악가이다.

은 바로 **애니메이션**이다(하지만 애니메이션이 이 형식에 기초적인 영향을 미친 것은 아니다). 만화, 특히 그것의 보다 정신착란적이고 초현실적인 변종들은 '텍스트'가 시각과 소리를 매개하는 자신의 소명(월트 디즈니Walt Disney의 고급 음악에 대한 저급한 집착을 생각해보라)을 실험하는 실험실이었고, 결국에는 시간을 공간화했다.

따라서 한 걸음 물러나 '미술의 체계'에 주의를 기울이면서, 우리는 우리의 취향을 '포스트모더니즘 이론'으로 전환시키는 데 있어서 다소의 진전을 이루어내기 시작한다. 즉 형식과 미디어 사이의 비율(사실상 형식과 장르 모두를 대신하면서 '미디어' 자체가 취했던 양태)과, (비록 미세한 조정만이 있었지만) 재구조화이자 새로운 짜임으로서의 일반적 체계 자체가 포스트모던을 표현하는 방식, 그리고 그것을 통해 우리에게 일어났던 다른 모든 일에 진전을 이루어내기 시작한 것이다.

그러나 이 같은 설명은 모더니즘 자체와의 비교를 의무처럼 보이게 만들 뿐만 아니라, '정전'을 통해서 비교의 문제를 다시 소환하게 된다. 분명 아주 구식의 비평가나 문화부 기자만이 명백한 것을 증명하는 데 관심이 있을 것이다. 즉 예이츠William B. Yeats가 폴 멀둔Paul Muldoon보다 '더 위대한' 작가라거나, 오든Wystan H. Auden이 밥 페럴먼Bob Perelman보다 '더 위대한' 작가임을 증명하는 데 골몰하는 것이다. **위대하다**는 단어가 단순히 열정의 표현이 아니라면 말이다. 그런 경우에는 가끔 이와 같은 주장을 뒤집어버리고 싶어지는 것도 무리가 아니다. 그런데 여기서 답변은 조금 다른 곳에 있다. 즉 단일한 패러다임이나 시대 **안에서도** '위대한 작가들'의 '위대함'을 현실적으로 '비교'할 수 없다는 것이다. 개별 작품 내에서도 서로를 견제하는 미학적 단자들 사이에 내부 전쟁이 벌어진다는 아도르노의 개념은 분명 대다수 사람들의 미학적 경험에 더 잘 부합한다. 즉 그의 개념은 [서로 다른 시공간을 살았던] 말라르메와 존 애슈베리에 대한 질문은 말할 것도 없고, 키츠John Keats가 워즈워스William Wordsworth보다 위대한가, 구게하임미술관의 규모와 비교하여 퐁피두센터의 가치는 어느 정도인가, 더스 패서스의 탁월함은 닥터로를 능가하는가 등과 같은 질문에 답변을 요구하는 것이 왜 참을 수 없는 일인지 설명해준다.

그러나 우리는 그것이 얼마나 무의미한 짓인지 알면서도, 이런 식의 비교를 하며 그 과정을 즐기기도 한다. 따라서 우리는 그러한 눈을 뗄 수 없는 대결과 순위 매기기가 **반드시 다른 무언가를 의미하리**라는 결론을 내릴 수밖에 없다. 사실 내가 다른 곳에서 주장했듯이[1] 한 시대의 정치적 무의식 속에서 그러한 비교는, 그것이 개별 작품들에 대한 비교이건 보다 일반적인 문화적 스타일에 대한 비교이건 관계없이, 사실은 생산양식들 사이의 보다 심층적인 비교에 대한 비유이자 표현적 원재료이다. 즉 독자와 텍스트 간의 개별적 접촉을 통해 각 생산양식이 서로를 마주한 채 서로에 대해 판단하는 것이다. 그런데 모더니즘/포스트모더니즘의 사례는 또한 이러한 비교가 단일한 생산양식 내의 단계들에 대해서도 유효하다는 것을 보여주는데, 그렇다면 이 경우 자본주의의 모더니즘(제국주의 혹은 독점) 단계와 자본주의의 포스트모더니즘(다국적) 단계를 비교할 수도 있게 된다.

순전히 문화적인 특징들을 모두 열거하는 것은 비유의 오남용 내지는 4항 메타포로 전락할 수 있다. 예를 들어 단지 우리 시대의 상업적 기술에 의한 음악 생산을 질책하거나 칭찬하기 위해, 18세기 독일 공국 시대의 음악 생산의 질적 우수성에 대한 어떤 명제를 만들어내는 것이다. 그러한 눈에 보이는 비교는 앙시앵 레짐ancien régime 시대의 일상생활에 대한 느낌을 구성해낸 연후에, 이를 바탕으로 현재 속에서 독특하고 특징적이며 독창적이고 역사적인 것에 대한 느낌을 재구성해내는 식의 잠재적 비교를 감추는 위장이자 그 매개체이다. 따라서 특수한 역사라는 가면 뒤에서 우리는 여전히 일반적인 혹은 보편적인 역사를 쓰고 있다고 할 수 있을 터인데, 이는 앞에서 개략적으로 설명했던 브레히트의 낯설게 하기 효과의 작동 순서가 보여주듯이 결국 포스트모더니즘 이론으로 귀결된다. 그렇다면 이런 비교가 바로 우리가 말러와 필립 글래스Philip Glass 혹은 에이젠슈테인과 MTV 각각의 '위대함'을 논할 수 있는 조건이라 할 수 있다. 하지만 이 비교는 미학이나 문화의 영역을 넘어서까지 확장되어, 그것이 문화적 실천을 포함한 인간의 실천에 (변증법적으로) 부과되는 물질적 삶과 그것의 한계와 잠재성을 생산하는 영역까지 가닿는 경우에만 의미 있는 지식이 될 수 있다. 이제 특정 체제나 그 체제의 특정 시점 내에서 문제시되는 것은 상대적으로 체계적인 소외 자체, 그리고 토대의 한계와 상부구조의 가능성 사이의 변증법적 관계이다. 다시 말해서 특정 체제 내부의 고통 지수와, 그 체제가 허용하거나 잠식하게 될 정신적·육체적 변형의 명백한 잠재력이 중요한 쟁점이 된다.

모더니즘에서 비교는 그 자체로 하나의 총체적 연구가 되는데, 여기에서는 이에 대해 우선적인 사항 몇 가지만 덧붙여두고자 한다. 포스트모더니즘 내에서 '모더니즘의 종식'에 대해 품게 되는 느낌을 말해보자면, 그것은 전적으로 다른 문제이자 구성적인 문제이다(그리고 그 느낌이 역사적 모더니즘이나 역사적 모더니티와 필연적 관계를 맺고 있는 것도 아니다). 따라서 다음 항의 일단의 단상을 통해 이 주제를 구성해보고자 한다. 사람들은 때때로 이 문제를 모더니즘과 포스트모더니즘 간의 윤리적·미학적 '비교'와 혼동한다. 하지만 그것은 뒤이어 제시되는 사회경제적 비교를 감당하지 못한다.

II. 모더니즘 이론 정립을 위한 단상

모더니즘의 '고전들'은 '텍스트성'의 선구자가 될 수 없을지 몰라도, 분명 포스트모던화되거나 '텍스트'로 변형될 수는 있다. 텍스트로 변형되는 것과 텍스트성의 선구자가 되는 것은 상대적으로 다르다. 왜냐하면 레몽 루셀, 거트루드 스타인, 마르셀 뒤샹 같은 선구자들은 어색할지언정 항상 모더니즘의 정전으로 여겨질 수 있기 때문이다. 이들은 어떤 경우에는 모더니즘과 포스트모더니즘 사이의 동일성을 드러내는 범례이자 목격자가 된다. 왜냐하면 그들은 약간의 수정을 가함으로써, 즉 의자를 여기저기 움직이면서 약간의 도착적인 숨결을 덧붙임으로써, 가장 고전적인 본격 모더니즘의 미학적 가치를 불편하고 거리감 있는 (하지만 우리와는 좀더 가까운!) 어떤 것으로 만들기 때문이다. 그들은 마치 대립 내에 또 다른 대립, 즉 미학적인 부정의 부정을 구성하는 것처럼 보이기도 한다. 모더니즘 예술은 이미 반反헤게모니적이고 소수자적임에도 불구하고, 그들은 그 모더니즘에 대항하여 자신들만의 보다 심화된 소수자적 태도로 사적인 반항을 무대화한다. 그리고 모더니즘이 화석화되어 통풍이 잘되는 박물관으로 이전될 경우, 그들의 반항은 당연히 정전화될 것이다.

그런데 그런 박물관에 방 하나를 차지하기 위해 인내심을 가지고 기다리고 있을 주류 모더니즘 작품들의 경우, 그중 상당수는 철저한 다시 쓰기를 통해 포스트모던 텍스트가 될 수도 있을 것이다(사람들은 이 과정이 소설을 영화로 각색하는 과정과 유사하다고 생각하기를 주저하는데, 특히 포스트모던 영화의 특징 중에 하나가 그렇게 시나리오로 각색하는 빈도수가 점차 줄어들고 있다는 점이기 때문이다). 하지만 내가 보기엔 현재 우리가 본격 모더니즘을 새롭게 다시 쓰는 작업을 하고 있다는 사실은 의심의 여지가 없다. 최소한 몇몇 중요한 작가들에 대해서만큼은 말이다. 플로베르는 리얼리즘 작가이지만, 제임스 조이스가 그의 작품을 암기할 때면 모더니즘 작가로 변모했다. 또한 나탈리 사로트의 수중에서 예상치 못하게 포스트모던 작가 비슷한 것으로 변모하기도 했다. 이는 익숙한 이야기이다. 조이스의 경우, 콜린 맥케이브Colin MacCabe는 페미니스트이자 크레올creole인 혹은 다민족적인 새로운 조이스를 우리에게 제시했는데, 그러한 모습은 우리 시대와 잘 어울릴뿐더러, 최소한 그중 하나는 우리가 기꺼이 포스트모던하다고 찬양할 만하다. 반면에 내가 볼 때는 제3세계적이고 반제국주의적인 조이스가 모더니즘 미학보다는 현대에 더 잘 어울린다.[2] 그렇다면 과거의 모든 고전을 이런 식으로 다시 쓰는 것이 가능한가? 질 들뢰즈의 프루스트는 포스트모던한 프루스트인가? 들뢰즈의 카프카는 분명 포스트모던한 카프카다. 왜냐하면 에스닉적 성격의 미시집단에 속한 카프카와 매우 제3세계적이고 소수자의 방언을 사용하는 카프카는, 포스트모더니즘 정치학과 더불어 '신사회운동'과 잘 어울리기 때문이다. 하지만 T. S. 엘리엇을 그렇게 다시 쓸 수 있을까? 토마스 만과 앙드레 지드에게는 어떤 일이 일어났는가? 프랭크 렌트리키아Frank Lentricchia로 인해 윌리스 스티븐스Wallace Stevens는 이 엄청난 환경 변화 속에서도 살아남았다. 하지만 폴 발레리Paul Valéry는 국제적인 모더니즘 운동의 중심에 있었지만, 현재는 흔적도 없이 사라지고 말았다. 이러한 문제와 이 문제가 제기하는 질문들에서 의심스러운 점은, 고전의 성격에 관한 친숙한 논의와의 압도적인 가족 유사성일 터이다. 고전이란 세대를 이어가며 재창안되고 새로운 방식으로 사용될 수 있는 '무궁무진'한 텍스트로서, 영주의 대저택처럼 자자손손 이어지며 새롭게 단장될 수 있기에 후손들은 거기에 파리의 최신 유행이나 일본의 기술을 설치할 수도 있다. 반면에 살아남지 못한 작품들은 심지어 우리의 포스트모던 미디어 시대에도 그런 '후대에 이어지는 작품'이 실제로 존재한다는 것을 방증한다. 실패한 작품들은 이 주장의 핵심 요소이다. 그것들은 과거의 모든 '위대한 책들'이 여전히 우리에게 흥미로운 것은 아님을 보여줌으로써, 과거의 필연적인 과거성을 기록하기 때문이다. 이런 접근법은 그 문제가 오래된 역사주의적 딜레마를 재확인하게 되는 지점을 편의적으로 덮어버리고, 우리가 더 이상 읽을 수 없는 본격 모더니즘의 '고전'이 고취시킨 지루함boredom을 통해 우리 자신의 포스트모더니티에 관해 무언가 배울 수 있는 기회를 막아버린다. 지루함은 과거를 탐색하고 과거와 현재의 만남을 무대화할 수 있는 아주 유용한 도구인데도 불구하고 말이다.*

살아남은 작품들의 경우에는 어떤 혁신이나 "오류 제거immaculation"[3] 혹은 기능 변경Umfunktionierung이라는 대가를 지불했으며(예를 들어 플로베르의 경우 줄거리를 무효화하고 각 문장들을 포스트모던 '텍스트'

---

* '지루함'의 포스트모더니즘적 성격에 대해서는 이 책 3장의 '비디오'에 관한 논의를 참조하라.

의 계기들로 변형시키기 위해서는, 그의 작품을 훨씬 더 천천히 읽어야 한다), 그 작품들은 분명 우리가 아직 공유하고 있는 '모더니티'의 상황에 대한 무언가를 우리에게 말해줄 것이다. 사실 우리는 〔모던modern 이라는〕 형용사 어근에 어미를 붙여 세 가지 구별되는 명사로 변화시킬 필요가 있다. 먼저 '모더니즘modernism'이 있고, 그보다 다소 낯선 '모더니티modernity,' 그다음에 '근대화modernization'가 있다. 이를 통해 이 문제의 차원들을 파악할 수 있을 뿐만 아니라, 다양한 학문 분과와 다양한 국가 전통 속에서 이 문제가 얼마나 다르게 틀 지어지는지 평가할 수 있다. '모더니즘'이라는 말이 프랑스에 도입된 것은 얼마 되지 않았고, '모더니티'가 미국에 도입된 것도 얼마 전의 일이며, '근대화'는 사회학자들의 언어다. 스페인의 경우 이 예술운동에 대해 전혀 다른 두 단어를 사용한다('modernismo'와 'vanguardismo'가 그것이다). 그 밖에 여러 예가 있다. 용어 비교의 관점에서 보자면 네댓 개의 차원이 있을 것인데, 다양한 언어 집단에서 이 용어들이 등장한 순서를 매길 수 있는가 하면, 그것들 사이에서 관찰될 수 있는 불균등 발전을 기록할 수도 있다.[4] 모더니즘과 그 문화를 연구하는 비교사회학이 있는데, 이는 베버의 사회학과 유사하게 자본주의가 지금까지 전통 문화에 끼친 지대한 영향을, 즉 자본주의가 이제는 복원할 수 없게 된 과거 인간의 삶과 지각의 형식에 가한 사회적·정신적 손상을 평가하는 것에 전념한다. 아마도 이런 사회학만이 오늘날 '모더니즘'을 다시 생각할 수 있는 적절한 틀을 제공해줄 것이다. 만약 어떤 길의 양편에서 동시에 작업하여 양방향에서 동시에 굴을 팔 수 있다면 말이다. 다시 말해서 우리는 근대화로부터 모더니즘을 추론해야 할 뿐만 아니라, 미학적 작품 속에 침전된 근대화의 흔적도 면밀히 살펴야만 한다.

또 분명히 해둬야 할 점은, 여기에서 중요한 것이 관계 자체이지 관계의 내용이 아니라는 사실이다. 다양한 모더니즘은 새로움, 혁신, 오래된 형식의 변형, 치료법적인 성상 파괴, 그리고 새롭고 (미학적이며) 경이로운 기술 공정에 대한 그것들 특유의 형식적 고집을 통해 근대화의 가치와 경향 들을 복제하기도 하지만, 그와 동시에 종종 근대화에 대한 격렬한 반작용을 구성한다. 예를 들어 만약 근대화가 산업의 진보, 합리화, 보다 효율적인 작업 공정에 따른 생산과 경영의 재조직화, 전기, 조립라인, 의회 민주주의, 그리고 값싼 신문과 관련이 있다면, 우리는 최소한 예술적 모더니즘의 한 갈래는 반反근대적이며, 오늘날 가장 넓은 의미에서 기술의 발전이라고 파악될 수 있는 근대화에 대항하여 때로는 요란하고 때로는 숨죽인 항의의 한 형태로 등장한다고 결론을 내려야 할 것이다. 이러한 반근대적 모더니즘은 때때로 목가적인 비전이나 러다이트적인 몸짓과 관련되지만, 대개는 상징적이다. 특히 세기 전환기에는 득의양양한 계몽주의적 진보나 이성에 대항하여 새롭게 발생한 반反실증주의적이고 유심론적이며 비합리적인 반작용을 수반하기도 한다.

　페리 앤더슨Perry Anderson이 상기시키듯이 모든 모더니즘이 공유하는 가장 뿌리 깊고 근본적인 특징을 기술에 대한 적대감이라 할 수는 없다. (미래파와 같은) 몇몇 예술가들은 기술을 찬양하며, 오히려 시장에 대한 적대감을 갖는다. 이런 적대감의 중요성은, 다양한 포스트모더니즘에 의해 그것이 역전되고 있다는 점을 통해 확인된다. 다양한 모더니즘 이상으로 이 다양한 포스트모더니즘은 서로 몹시 다르지만, 적어도 한 가지만은 공유한다. 바로 시장 자체에 대한 노골적인 찬양까지는 아니더라도, 그에 대해 공명하며 긍정하는 것이다.

내가 보기에 미학적 모더니즘의 연이은 파도의 리듬으로부터 우리가 추론해낼 수 있는 것은, 어떤 경우건 기계에 대한 경험이 핵심적인 흔적으로 남아 있다는 것이다. 19세기 후반에 나타난 첫번째 긴 파도는 유기적 형식을 중심으로 조직되어 〔프랑스〕 상징주의 속에 특권화된 방식으로 전형화되었다. 세기 전환기로부터 추진력을 얻은 두번째 파도는 두 가지 특징을 지니는데, 한편으로는 기계 기술에 대한 열정이 있고, 또 한편으로는 보다 준군사적인 형식의 아방가르드 운동 조직이 있다(미래파가 이 계기에 대한 강력한 표본이 될 수 있다). 여기에 한 가지 더 추가해야 한다면, 고립된 '천재'의 모더니즘이 있다. (각각 생활세계의 유기적 변형을 강조하거나, 전위성과 예술의 사회적 사명을 내세웠던) 두 시대의 운동과 달리, 천재의 모더니즘은 위대한 작품, 즉 세계의 책the Book of the World을 중심으로 조직되었다. 이는 상상할 수 없을 정도의 새로운 사회질서를 위한 세속의 성경이자, 성스러운 텍스트이며, (말라르메의 대문자 책Livre같이) 궁극의 제의적 미사이기도 했다. 또한 우리는 훗날 찰스 젠크스가 "후기모더니즘late modernism"이라고 부르게 될 것을 위한 자리도 마련해두어야 할 것이다(그러나 후기라고 부를 만큼 늦게 온 것은 아니다). 이는 대공황으로 인한 거대한 정치적·경제적 단절 이후 예술과 세계에 대한 적절한 모더니즘적 비전의 최후 생존자인데, 이 시대에는 스탈린주의나 인민전선 혹은 히틀러나 뉴딜 정책하에서 새로운 개념의 사회주의 리얼리즘이 집단적 불안감과 세계대전을 통해 잠시 문화적 지배권을 획득하기도 했다. 젠크스의 후기모더니즘 예술가들은 포스트모더니즘 시대까지 존속했으며, 또한 그 개념은 건축에서도 통용되었다. 하지만 이 시기 문학의 준거틀은 보르헤스Jorge Luis Borges와 나보코프와 베케트 같은 이름, 올슨Charles Olson이나 주콥스키Louis Zukovsky 같은 시인, 그리고 밀턴 배빗Milton Babbit 같은 작곡가 등을 두드러지게 했다. 이들은 두 시대에 걸쳐 있는 불운을 겪었지만, 고립이나 망명이라는 타임캡슐을 발견할 수 있는 행운을 얻어서 시대에 맞지 않는 기발한 형식을 자아낼 수 있었다.

이 네 시기 혹은 경향 중에 가장 정전적인 것은 위대한 데미우르고스Demiurgos〔세계를 형성하는 존재〕와 예언자의 시대이다. 즉 망토를 걸치고 중절모를 쓴 프랭크 로이드 라이트, 코르크 벽으로 밀폐된 방 안의 프루스트, '자연의 힘'으로서의 피카소, '비극적'이며 독특하게 불운했던 카프카의 시대인 것이다(이들은 모두 고전적인 탐정소설에 등장하는 최고의 위대한 탐정처럼 독특한 괴짜들이다). 포스트모던한 방식과 상업성의 관점에서 되돌아보면 이 모더니즘은 여전히 우리에게는 더 이상 쓸모가 없는 거인과 전설적인 힘의 시대인데, 이런 관점을 극복하기 위해서는 좀더 많은 이야기를 할 필요가 있다. 하지만 만일 '주체의 죽음'이라는 포스트구조주의의 모티프가 사회적으로 어떤 의미가 있다면, 그것은 기업가적이고 자기 기준을 따르는 개인주의의 종말을, 특히 무엇보다도 '카리스마'와 이에 동반되는 범주의 집합체라 할 수 있는 '천재' 같은 진기한 낭만주의적 가치들을 함의하는 개인주의의 종말을 표시한다. 이렇게 본다면 '위대한 모더니스트'의 멸종이 반드시 연민을 불러일으킬 이유는 없다. 우리의 사회체제는 정보가 보다 풍부해지고 문맹이 퇴치되고 있으며, 또한 사회적으로는 임노동이 보편화되었다는 의미에서 최소한 보다 '민주적'이 되었다(브레히트의 용어인 "평민화plebeianization"가 이러한 평준화 과정을 지칭하는 데 정치학적으로 더 적합하고 사회학적으로 더 적확하다는 생각이 항상 들곤 하는데, 다만 오직 좌파 진영의 사람들만이 이를 환영하고 있을 뿐이다). 이 새로운 질서는 문화 생산자건 정치인이건, 그러한 본격 모더니즘적이고 카리스마적인 유형의 선지자와 예언자를 더 이상 필요로 하지 않는다. 그러한 인물은 기업의 집단화된 포스트개인주의 시대의 주체에게는 더 이상 어떤 매력이나 마법을 선사하지 못한다. 그렇다면 우리는 그들에게 미련 없이 작별을 고해야 한다. 브레히트라면 이렇게 말했을 것이다. 천재와 예언가와 위대한 작가와 데미우르고스가 필요한 나라에게는 재앙이 있으리라!

역사적으로 우리가 반드시 기억해야 할 것은 그 현상이 한때 존재했다는 사실이다. '위대한' 모더니즘의 창조자들에 대한 포스트모던적 견해가 가능하다면, 그것은 이제는 의심스러워진 저 '중심화된 주체'의 사회적·역사적 특수성을 논박하는 것이 아니라, 오히려 그들을 가능케 했던 조건을 이해하는 새로운 방식을 제공해야 한다.

그런 과정은 한때 유명했던 이름들을 더 이상 영웅적 인물이나 이런저런 위인이 아닌, 비인격적이고 반인격적인 의미에서의 **경력**careers으로 파악할 때 시작된다. 다시 말해서 세기 전환기에 서 있는 어느 야심 찬 젊은 예술가가 자신을 '시대의 가장 위대한 화가'(혹은 시인이나 소설가나 작곡가)로 변모시키는 객관적 가능성을 볼 수 있는 객관적 상황으로 이해하는 것이다. 최근 그런 객관적 가능성은 주관적 재능 자체나 내면적 풍요와 영감 속에 주어지지 않는다. 오히려 기술과 지형의 우세함, 반대 세력에 대한 평가, 자신만의 구체적이고 독특한 자원의 기민한 극대화에 근거한 거의 군사적인 성격의 전략 속에 주어진다. 그런데 '천재'에 대한 이런 접근법은 피에르 부르디외의 이름과 결부되는 것으로,[5] 우리는 이를 톨스토이Lev Nikolayevich Tolstoy가 셰익스피어에 대해, 그리고 약간 수정하자면 일반적인 역사 속 '위인'의 역할에 대해 느꼈을 법한 르상티망ressentiment에 대한 해체나 탈신비화와는 엄격히 구별해야 한다. 톨스토이의 의견에도 불구하고, 내 생각에 우리는 여전히 위대한 장군들을 (그들과 대응 관계에 있는 위대한 예술가들과 더불어) 존경한다.[6] 하지만 존경의 방향이 내면적 주체성에서 그들의 역사적 재능으로 옮겨갔다. 즉 '현 상황'을 파악하고, 그 자리에서 가능한 순열 체계를 평가할 수 있는 그들의 능력을 존경하는 것이다. 내가 보기에 이것은 사실 인물 중심의 역사기술에 대한 포스트모더니즘적 수정인데, 이것의 특징은 수직적인 것을 수평적인 것으로, 시간을 공간으로, 깊이를 체계로 대체한다.

하지만 포스트모더니즘하에서 대문자 위대한 작가Great Writer가 사라지게 된 좀더 심층적인 이유가 있는데, 그것은 우리가 종종 단순하게 '불균등 발전'이라고 부르는 것이다. 독점(과 노동조합)의 시대, 즉 점증적인 제도화된 집단화의 시대에는 언제나 시차時差가 있기 마련이다. 경제의 어떤 부분에는 여전히 구식 수공업이 통용되는 고립된 구역이 있는가 하면, 어떤 부분은 더 현대적이고 미래 자체보다 미래적이다. 이런 점에서 보면 모더니즘 예술은 근대화된 경제 체제의 변두리와 과거의 낡은 잔존물로부터 자신의 힘과 가능성을 끌어낸다. 즉 모더니즘 예술은 다른 곳에서는 새로운 생산양식이 대체하여 망각되기 직전에 있는 과거의 개인적 생산 형식을 미화하고 찬양하며 극화했다. 그렇다면 미학적 생산은 일반적으로 인간에 의한 생산을 유토피아적 비전으로 제시했던 것이다. 그리고 독점자본주의 시대에 그것은 인간 삶의 유토피아적 변형에 관한 이미지를 제공함으로써 자신의 마법을 행사했던 것이다. 조이스는 파리의 자기 방에서 자신의 손으로 전 세계를 통째로 창조했으며, 그 모든 것을 누구의 도움도 없이 홀로 해냈다. 하지만 조이스의 방 밖 거리의 사람들은 이와 비견될 만한 힘과 통제력 혹은 인간적 생산성을 지녔다고 느끼지 못했다. 즉 우리는 조이스처럼 스스로 결정을 내리거나 아니면 최소한 의사 결정에 참여할 때 갖게 되는 자유와 자율성을 느껴본 적이 없다. 그렇다면 (대문자 위대한 예술가와 생산자를 포함하는) 생산의 한 형식으로서의 모더니즘은 개별 작품의 내용과는 거의 관계가 없는 메시지를 발산한다. 그 메시지는 순수 자율성으로서의 미학이며, 아름답게 변형된 수공예품이 주는 만족감으로서의 미학이다.

따라서 모더니즘은 사회 발전의 불균등의 순간과, 혹은 에른스트 블로흐Ernst Bloch가 "비동시적인 것의 동시성" 내지는 "비공시적인 것의 공시성Gleichzeitigkeit des Ungleichzeitigen"[7]이라 불렀던 것과 독특하게 조응한다고 보아야 한다. 즉 모더니즘은 근본적으로 다른 역사적 시대의 리얼리티들의 공존과 조응했던 것이다. 거대 기업 카르텔과 동시에 수공업이, 크루프Krupp사의 공장이나 저 멀리 포드사의 공장과 더불어 소농의 논밭이 공존하는 것이다. 카프카의 작품은 불균등성에 대해 이보다는 덜 체계적인 설명을 제공하는데, 이에 대해 아도르노는 언젠가 예술을 쾌락의 측면에서 사유하길 원했던 이들에 대한 최고의 질책이라고 말했다. 그런데 내 생각에 이 점에 관해서는 아도르노가 틀렸다. 최소한 포스트모더니즘적 관점에서는 그렇다. 또한 그에 대한 논박을 광범위하게 할 수도 있다. 예컨대 카프카를 "신비주의적인 유머작가"라고 삐딱하게 보이게 묘사한 사람도 있고(토마스 만), 유쾌하고 채플린스러운 작가라고 묘사한 사람도 있다. 비록 우리가 카프카를 읽으면서 채플린을 떠올리게 되면, 분명 더 이상 채플린도 예전과 같이 볼 수 없게 되겠지만 말이다.

따라서 카프카의 악몽이 지니는 즐거움과 심지어는 유쾌한 본성이라는 주제에 대해서는 좀더 이야기할 필요가 있다. 벤야민이 한때 주장했던 바에 따르면, 당시에 우리가 영원히 제거해버릴 필요가 있었던 카프카에 대한 두 가지 해석이 있었다. 그중 하나는 정신분석학적인 해석이다(이는 카프카의 오이디푸스 콤플렉스에 관한 것인데, 그가 그런 요소를 가진 것은 분명하지만 그의 작품이 심리학적이라고 말하기는 힘들다). 또 하나는 신학적인 해석이다(분명 카프카에게는 구원의 관념이 존재하지만, 거기에는 내세나 구원 일반에 관한 것은 없다). 최근 우리는 아마 실존주의적 해석 또한 추가해야 할 것이다(인간의 조건과 불안 같은 것도 지나치게 친숙한 주제와 고찰 들만을 제기하기에, 우리는 분명 이를 포스트모던하다고 판단할 수 없다). 우리는 또한 '마르크스주의적' 해석이라 여겨지곤 했던 것에 대해서도 짧게나마 재고해봐야 한다. 이는 『심판*The Trial*』을 와해 직전에 있던 오스트리아-헝가리 제국의 금방이라도 무너질 듯한 관료주의에 대한 재현으로 해석한다. 이 해석에도 상당한 진리가 존재하지만, 오스트리아-헝가리 제국이 어떤 식으로든 악몽이었다는 주장은 받아들일 수 없다. 그와는 반대로 오스트리아-헝가리 제국은 최후의 오래된 구식 제국이긴 하지만, 또한 최초의 다국적적이고 다민족적인 국가이기도 했다. 프러시아와 비교하면 아무 문제 없이 비효율적이었다고 할 수 있지만, 차르 체제와 비교하면 인간적이고 관용적이었다. 마지막으로 오스트리아-헝가리 제국은 체제상 절대 나쁘지 않으며, 아직도 민족주의에 의해 분열된 현재 우리의 포스트민족주의적 시대에도 아주 흥미로운 모델이다. 카프카의 작품에서 K.와 K. 구조K.-and-K. structure가 한 부분을 차지하고 있지만, '악몽으로서의 관료주의'라는 해석 같은 식(아우슈비츠의 전조로서의 오스트리아-헝가리 제국)은 아니다.

비동시적인 것의 동시성, 즉 역사의 여러 시기의 공존이라는 개념으로 돌아가 보자. 『심판』을 읽으면서 처음 눈에 띄는 것은 근대적이고 거의 기업적인 주중 근무와 고정된 업무 절차가 존재한다는 것이다. 요제프 K는 일하기 위해 살아가는 젊은 은행원("중간 관리직" 내지는 "비서")이자, 일이 없는 저녁이면 술집에서 시간을 보내는 총각이다. 그리고 일요일이면 우울해지지만, 직장 동료들로부터 짜증스런 업무 관련 모임에 초대받으면 더 우울해질 수밖에 없는 직장인이다. 그런데 이런 조직화된 모더니티의 지루함 속으로 느닷없이 색다른 무언가가 들어온다. 그것은 오스트리아-헝가리 제국의 정치 구조와 관련된 바로 그 고릿적의 낡은 법률적 관료주의다. 따라서 우리는 여기에서 극명하게 이질적인 것의 공존을 목도하게 된다. 근대적인 혹은 최소한 근대화되고 있는 경제가 한편에 있고, 구식의 정치 구조가 다른 한편에 있는 것이다. 오슨 웰스의 명작 영화 「심판」은 이를 공간 자체를 통해 생생하게 포착해낸다. 요제프 K는 나쁜 종류의 얼굴 없는 익명성을 지닌 근대적 공동주택에 살고 있다. 그러나 (오래된 공동주택의 방에 있지 않을 때면) 바로크 양식의 화려하지만 낡은 건물에 있는 법정을 찾아간다. K의 집과 법정 사이의 공간은 텅 빈 건물의 잔해와 도시 개발이 진행될 공터가 차지하고 있다(K는 결국 바로 이렇게 폭격으로 파괴된 공간에서 죽게 된다). 그렇다면 카프카를 읽는 즐거움, 즉 카프카의 악몽이 선사하는 즐거움은 예전의 낡은 것이 고정된 일상과 지루함에 활기를 불어넣는 방식에서 나온다고 할 수 있다. 즉 낡아빠진 사법적·관료주의적 편집증이 기업 시대의 공허한 주중 일과 속으로 침투하여 최소한 무언가가 벌어지게 하는 것이다! 이것의 교훈은 이제 아무 일도 없는 것보다는 최악이 더 나으며, 주중 일과로부터 해방될 수 있다면 악몽이라도 좋다는 것이다. 카프카의 작품에는 사건이 기적만큼이나 희귀한 상황이기에, 순전히 사건 자체에 대한 갈구가 존재한다. 그리고 그의 언어에는 거의 음악 경제학적인 표기법을 통해, '발생하고 있는' 무언가의 가장 희미한 존재까지도 무심코 노출시킬 수 있는 생활세계의 가장 미미한 떨림마저 기입하려는 열망이 있다. 늑대의 탈을 쓴 긍정적이고 사실상 유토피아적인 힘에 의한 부정적인 것의 전유는 심리학적으로 그다지 낯설지 않다. 잘 알려진 예로 보다 최근의 질병을 들 수 있을 터인데, 편집증과 그와 연관된 학대와 스파이 행위에 관한 다양한 망상이 가져다주는 심층적인 만족감은 모든 사람이 언제나 나를 바라보고 있다는 안도감 섞인 확신 속에 있지 않은가!

그렇다면 다른 곳에서처럼 카프카에게도 미래와 과거의 특이한 겹쳐짐, 이 경우에는 저항할 수 없는 근대화의 경향에 대한 낡은 봉건적 구조의 저항(즉 관성적 조직과 조금 다른 의미에서 아직 '근대화'되지 않은 잔여적인 것의 저항)이 본격 모더니즘의 가능 조건이며, 또한 본격 모더니즘을 탄생하게 한 불균등성과는 더 이상 아무런 관계가 없을 수도 있는 그것의 미학적 형식과 메시지 생산의 가능 조건이다.

그 결과로서 역설적으로 따라오는 것은, 그러한 경우에 포스트모더니즘은 생존자, 잔재, 잔존물, 낡은 것이 마침내 흔적도 없이 쓸려 가버린 상황으로 특징지어져야 한다는 것이다. 그렇게 되면 포스트모더니즘에서 과거 자체가 (그 유명한 '과거에 대한 의식'이나 역사성과 집단 기억 등과 더불어) 사라져버린다. 만약 건물이 여전히 남아 있다면, 그것은 수리와 복원 작업을 통해 통째로 현재로 이동될 수 있다. 하지만 그것은 **시뮬라크럼**이라 불리는 전혀 다른 포스트모던적인 것으로 둔갑한다. 이제는 모든 것이 조직화되고 기획된다. 자연은 농부, 프티부르주아 상인, 수공업, 봉건 귀족과 제국의 관료 들과 함께 완벽하게 지워지고 만다. 우리의 조건은 보다 동질적으로 근대화된다. 우리는 더 이상 비동시적인 것과 비공시적인 것 들이 주는 당황스러움으로 인해 방해받지 않는다. 모든 것이 발전 혹은 합리화라는 거대한 시계 위의 동일한 시각에 도달해 있다(최소한 '서구'의 관점에서는 그렇다). 이런 의미에서 우리는 모더니즘이 미완의 **근대화**라는 상황으로 규정된다고, 혹은 포스트모더니즘이 모더니즘 자체보다 **더** 모던하다고 단언할 수 있다.

덧붙이자면 포스트모던으로부터 상실된 것은 또한 **모더니티** 자체이며, 그런 의미에서 모더니티라는 단어는 모더니즘이나 근대화와는 구별되는 특수한 어떤 것을 의미한다고 받아들여질 수 있다. 사실 여기에서 우리의 오랜 친구인 토대와 상부구조가 운명적으로 다시 나타나는 듯하다. 만일 근대화가 토대에 발생한 무언가라면, 그리고 모더니즘이 그러한 양가적 발전에 대한 반작용으로 상부구조가 취한 형식이라면, 아마도 모더니티는 그들의 관계로부터 일관성 있는 무언가를 만들어내려는 시도의 특징을 설명해준다. 그렇다면 그런 경우에 모더니티는 '근대'인들이 자기 자신에 대해 느꼈던 방식을 설명해줄 것이다. 그 단어는 (문화적이거나 산업적인) 생산물이 아니라 생산자와 소비자와 관련이 있으며, 또한 사람들이 생산물을 생산하거나 그 생산물들 속에서 살아가면서 어떻게 느끼는가와 관련된다. 이러한 근대적 감정은 이제 우리 자신이 어느 정도 새롭다는 확신, 새로운 시대가 시작되었다는 확신, 그리고 모든 것이 가능하며 그 어떤 것도 다시는 예전과 같을 수 없다는 확신 속에 있는 듯하다. 우리는 어떤 것도 예전과 같지 않길 바라며, '새롭게 하길make it new' **바란다.** 낡은 사물과 가치와 정신 상태 그리고 행동 방식을 제거하고, 어느 정도 새롭게 변신할 수 있길 바란다. 랭보는 소리 높여 외친다. "우리는 절대적으로 근대적이어야 한다Il faut être absolument moderne."* 우리는 어떻게 해서든 절대적이고 근본적으로 근대적이어야 한다. 이는 (아마도) 우리가 스스로를 근대화해야 한다는 말일 것이다. 그것은 그저 우리에게 일어나고 있는 일이 아니라, 우리가 행하고 있는 일이다. 이것이 완전한 포스트모더니즘 속에서 우리가 오늘날을 느끼는 방식일까? 우리는 분명 스스로가 먼지 쌓이고 전통적이며 지루하고 고답적인 사물과 사상 들 속에서 살고 있다고 느끼지는 않는다. 1910년 유럽의 고색창연한 건물들과 유럽이라는 공간 자체에 대한 아폴리네르Guillaume Apollinaire의 거대한 시적 분노를 생각해보라. "그대는 결국 이 골동품 같은 세계가 역겹고 싫증날 것이다À la fin tu es las de ce monde ancien!"** 이것은 아마도 슈퍼마켓이나 신용카드에 대한 컨템퍼러리(포스트컨템퍼러리)의 느낌을 표현하는 것은 아닐 게다. **새롭다**new는 단어는 이제 더 이상 예전과 같은 울림을 갖지 못하는 것 같다. 그 단어 자체가 더 이상 새롭지도 깨끗하지도 않다. 이것이 시간과 변화와 역사에 대한 포스트모던한 경험에 대해 무엇을 암시할까?

---

* 랭보의 1873년 시집 『지옥에서 보낸 한 철Une Saison en Enfer』[이한이 옮김, 그여름, 2017]에 실린 아홉 편의 시 중 마지막 시인 「고별Adieu」의 한 구절이다.
** 아폴리네르의 1913년 시집 『알코올Alcools』[황현산 옮김, 열린책들, 2010]에 실린 첫번째 시 「변두리Zone」의 첫 문장이다.

이것이 내포하는 바는 무엇보다도 우리가 '시간'이나 역사적 '산 경험'과 역사성을, 사회경제적 구조와 그에 대한 우리의 문화적·이데올로기적 평가 사이의 매개체로 사용하고 있을 뿐만 아니라, 자본의 모더니즘 시대와 포스트모더니즘 시대 사이의 체계적 비교를 수행하기 위한 잠정적으로 특권적인 주제로 사용하고 있다는 것이다. 나중에 우리는 이 문제를 두 가지 방향에서 보다 심도 깊게 발전시켜볼 수 있을 것이다. 첫번째 방향은 다른 사회들과는 다른 독특한 역사적 차이에 대한 감각에 관한 것으로, 이는 (모더니즘 시대에) 대문자 새로움 New에 대한 어떤 경험이 고무하고 영속화하려 했던 것이다. 두번째 방향은 대문자 새로움 자체를 주제화하고 가치를 확장하는 데 명백히 더 이상 관심이 없는 포스트모더티니 속에서 새로운 기술(과 그에 대한 소비)의 역할을 분석하는 것이다.

일단은 모더니즘 시대의 대문자 새로움에 대한 날카로운 감각은 오직 그 시대의 뒤엉켜 있고 불균등하며 전환기적인 성격, 다시 말해서 옛것이 이제 막 태어난 새것과 공존하고 있었기 때문에 가능했다는 결론을 내려보자. 아폴리네르의 파리에는 중세의 더러워진 기념비와 르네상스 시대의 비좁은 공동주택과 **더불어**, 자동차와 비행기와 전화와 전기뿐만 아니라 의류와 문화에서의 최신 유행이 공존하고 있었다. 후자를 새롭고 근대적인 것으로 알고 경험하는 이유는 오직 오래되고 전통적인 것 또한 존재하고 있기 때문이다. 따라서 모더니즘에서 포스트모더니즘으로의 이행에 관해 이야기하는 한 가지 방식은, 근대화가 결국 어떻게 승리했고 옛것을 완벽하게 지워버렸는지를 보여주는 것이다. 자연은 전통적인 시골과 전통적인 농업과 함께 폐기되었다. 심지어 살아남은 역사적 기념비들조차 이제는 과거의 유물이 아닌,

모두 깨끗하게 닦여서 빛나는 과거의 시뮬라크럼이 되었다. 이제 모든 것이 새롭다. 하지만 같은 이유로 새로움이라는 범주는 이제 자신의 의미를 상실하고 그 자체로 모더니즘의 유물이 되었다.

그러나 '새롭다'라는 말을 하거나 포스트모던 시대에 새로움의 개념이 실종된 것을 개탄하는 사람들은 또한 숙명적으로 대문자 혁명의 유령을 불러일으킬 것이다. 한때 새로움에 대한 궁극의 비전을 체화했던 그 혁명 개념이 이제는 절대화되어 변화된 생활세계의 가장 좁은 틈과 세세한 것 들에까지 확장된다는 의미에서 말이다. 정치적 혁명의 어휘에 상습적으로 호소하는 행위와, 정치적 반대파를 곤경에 빠뜨렸다고 생각하는 미학적 아방가르드의 나르시시즘적 허세는, 모더니즘의 형식 속에 정치성이 있음을 암시한다. 이는 우리에게 모더니즘이 정치적이지 않으며 또한 심지어 사회적 의식도 없다고 반복해서 가르쳐온 학문적 이데올로기의 안심 어린 확신에 의문을 제기한다. 사실 그들의 작업은 새로운 '내면으로의 전환'과 새로운 반성적이고 깊이 있는 주체성을 열어놓았다는 주장을 대표한다. 루카치는 언젠가 이를 "내면화된 물신주의의 카니발"이라 불렀다. 그리고 범위와 다양성에 있어서 모더니즘 텍스트는 분명 상당히 많은 가이거 계수관을 등장시킴으로써, 모든 종류의 새로운 주관적 충동과 신호를 포착하여 새로운 방식으로 새로운 '기입 장치'에 맞춰 그것들을 기록하고자 했던 것 같다.

우리는 또한 작가들이 공감했던 것에 대한 경험적·전기적 증거들을 통해 이러한 인상에 대한 반론을 펼 수도 있다. 우선 조이스와 카프카는 사회주의자였다. 심지어 프루스트도 드레퓌스Alfred Dreyfus 옹호파였다(속물이기는 했지만 말이다). 그리고 마야콥스키Vladimir

Mayakovsky와 초현실주의자들은 공산주의자였으며, 토마스 만은 적어도 특정 시기에는 진보주의자이자 반파시스트였다. 오로지 영국계 미국인 작가들만이 검은 딱지가 붙은 진정한 반동분자였다(여기에 예이츠도 포함된다).

하지만 조금 더 근본적인 무언가를 모더니즘 작품의 정신으로부터 논증해낼 수 있다. 특히 반정치적 평론가들이 모더니즘의 주관주의 개념을 뒷받침하기 위해 제시하는 본격 모더니스트들의 자아 찬양(여기에서 그들은 스탈린주의 전통과 손을 맞잡는다)에 대한 새롭고 철저한 검토를 통해서 말이다. 그런데 나는 대안적인 제안을 해보고 싶다. 즉 의식의 심층적 충동뿐만이 아닌 무의식적 충동까지 포괄하는 모더니즘의 내면적 탐색은, 언제나 유토피아적 의미에서 해당 '자아'의 절박한 변화 혹은 변신을 동반한다는 것이다. 릴케의 시「고대 아폴로의 토르소Archaic Torso of Apollo」는 모범적으로 말한다. "당신의 삶을 변화시켜야 한다!" D. H. 로렌스의 작품은 새로운 상전벽해와 같은 변화를 통해 분명히 새로운 인류가 나타나리라는 암시로 가득하다. 따라서 이제 우리가 파악해야 하는 것은 자아와 연관하여 표현되는 이 감정들이 사회와 대상세계 자체에 대한 유사한 감정과의 상관관계를 통해서만 생성될 수 있다는 사실이다. '자아'가 변화의 시점에 와 있다고 느낄 수 있는 것은, 산업화와 근대화가 가져온 고통 속에서 저 대상세계도 마찬가지로 중대하고 심지어 유토피아적인 변화의 문턱에 서서 전율하고 있는 것처럼 보이기 때문이다. 왜냐하면 이때는 단지 테일러화와 새로운 공장의 시대만은 아니기 때문이다. 이 시기는 또한 유럽 대부분의 국가에서 의회 제도가 발생하면서 최초로 새롭고 거대한 노동자계급 정당들이 자신의 역할을 수행하기 시작했으며, 특히 독일에서는 그들이 헤게모니를 장악하기 일보직전이라고 느끼던 시기였다. 페리 앤더슨은 예술에서의 모더니즘이 거대한 새롭고 급진적인 사회운동으로부터 불어온 변화의 바람과 긴밀하게 연관된다고 설득력 있게 주장한다(비록 그는 다른 이유들 때문에 모더니즘이라는 범주를 거부했지만 말이다).[8] 본격 모더니즘은 그러한 가치 자체를 표현하지는 않았다. 오히려 본격 모더니즘은 그러한 사회운동에 의해 열린 공간에서 발생했으며, 또한 그것의 대문자 새로움과 혁신의 형식적 가치는 유토피아적 의미에서의 자아와 세계의 변화와 더불어, 다분히 제2차 인터내셔널이 지배했던 위대한 시대의 희망과 낙관주의의 반향이자 울림으로 보인다. 물론 그 방식에 대해서는 탐구 대상으로 남아 있다. 본격 모더니즘의 작품 자체에 대해서 말해보자면, 큐비즘에 대한 존 버거의 전범적인 논문[9]은 이것들을 해석할 수 있는 보다 상세한 분석을 제공한다. 그에 따르면 외관상으로는 상당히 형식주의적인 이 새로운 회화에는 유토피아 정신이 주입되어 있는데, 이 정신은 제1차 세계대전의 전쟁터에서 산업화를 소름끼치게 이용함으로써 박살나게 될 것이다. 미래파에서 같은 새로운 기계에 대한 찬사는 이 새로운 유토피아주의의 일부에 불과하다. 이 유토피아주의는 궁극적으로 임박한 사회 변화를 언급하는 충동과 흥분 전반에 걸쳐 표현된다.

III. 문화적 사물화와 포스트모던의 '위안'

공시적으로 검토하면 이 모든 것은 상당히 다르게 보인다. 달리 말해서 포스트모던 시대의 사람들이 모더니즘에 대해 느끼는 감정이,

이젠 포스트모더니즘이 대체하고 타도했던 그 체제보다는 포스트모더니즘 자체에 대해 더 많이 말해주리라는 것이다. 만일 모더니즘이 스스로를 문화 생산에 있어서의 거대한 혁명이라고 생각했다면, 포스트모더니즘은 스스로를 죽은 기념비들 사이에서 살던 오랜 경직화의 시기 이후에 나타난 생산의 혁신이라고 생각할 것이다. 1960년대 동안 **생산**은 많은 논란 속에서 미래의 전조를 담고 있는 단어였지만, (필리프 솔레르의 초기 '텍스트'처럼) 언제나 공허하고 추상적인 금욕적 형식주의의 시도를 시사하는 경향이 있었다. 하지만 지금 돌이켜 보면 그 말은 결국 무언가를 의미했으며, 또한 그것이 나타내려 했던 것에서의 진정한 혁신을 알리는 신호였다.

내 생각에 이제 우리는 일반적으로 포스트모더니즘이 주는 **위안**에 대해 이야기할 필요가 있다. 즉 모더니즘 시대 말기에 정체되었던 것을 천둥처럼 뚫어버리고, 쥐 난 근육처럼 뻣뻣하게 경직되어 얼어붙어 닫혀 있던 생산성에 새로운 해방구를 마련해주었던 포스트모더니즘에 대해서 말이다. 이런 해방은 단순한 세대교체보다 훨씬 더 중대한 어떤 것이다(정전에 의한 지배가 점진적으로 강화되었던 모더니즘 시기에도 여러 번의 세대교체가 있었다). 비록 그것은 먼저 '세대'란 무엇인가에 대한 집단 의식에 무언가 변화를 일으키기도 했지만 말이다. 이 시기(대부분의 미국 대학에서 1950년대 후반이나 1960년대 초반)의 상징적인 중요성에 대해 아무리 강조해도 지나치지 않을 것이다. 이 시기에 모더니즘의 '고전들'이 학교 체제와 대학 필독서 목록으로 들어왔기 때문이다(그전까지만 하더라도 에즈라 파운드는 우리 스스로 읽어야 했고, 영문과는 기껏해야 테니슨Alfred Tennyson 정도까지만 읽고 있었다). 이것은 그 나름대로 일종의 혁명이었으나, 예상치 못한 결과를 가져왔다. 모더니즘 텍스트들에 대한 인정을 강요하는 동시에, 그것이 지녔던 뇌관을 제거해버린 것이다. 이는 이전의 급진주의자들이 마침내 정부 각료로 임명된 것과 마찬가지였다.

그런데 다른 예술 분야에서는 정전화와 그 성공에 따른 '타락'의 효과가 명백히 매우 다른 형식을 취한다. 예컨대 건축의 경우 학계에서 승인받는 것은 본격 모더니즘의 형식과 방법론이 국가에 의해 전유되는 것과 다를 바 없으며, 또한 확장된 국가 관료주의(이는 종종 '복지국가'나 사회민주주의의 관료주의와 동일시된다)에 의해 유토피아적 형식이 재전유됨으로써 이제 대규모 주택과 사무 공간의 건설이라는 익명성의 형식으로 퇴락했다. 이로 인해 모더니즘 양식은 그저 관료주의를 내포한다는 낙인이 찍히게 되었고, 그 결과 그것과 급진적으로 단절하는 것이 '위안'을 주는 듯한 느낌을 생산했다. 비록 모더니즘 양식을 대체한 것은 유토피아도 민주주의도 아닌, 그저 포스트-복지국가적 포스트모던 시대의 사기업 건축물이었는데도 불구하고 말이다. 모더니즘 문학의 정전화가 1960년대 대학 체계의 무지막지한 관료주의적 확장을 표현했던 것만큼이나, 여기 건축에서도 중층결정이 작동하고 있다. 또한 어떤 경우에도 우리는 보다 진정한 민주적인 혹은 '평민적인plebeian' 종류의 대중적 요구(와 인구 변동)가 성장하면서 적극적인 압력을 행사했다는 것을 결코 평가절하해서는 안 된다. 우리가 창안해야 할 개념은 '양가적 중층결정'으로, 여기에서는 작품들이 '평민적' 연관성과 '관료주의적' 연관성을 동시에 부여받게 된다. 즉 그러한 양가성에 내재된 예상 가능한 정치적 혼란을 부여받는 것이다.

하지만 이것은 좀더 일반적인 방식으로 그리고 좀더 추상적인 차원에서 논의할 필요가 있는 것에 대한 한 가지 비유에 불과하다. 즉 우리는 사물화 자체에 대해 이야기해야 한다. 사물화라는 단어는 자칫 오늘날 우리의 관심을 잘못된 방향으로 인도할 수도 있다. 왜냐하면 그것이 가장 고집스럽게 지칭하고 있는 것으로 보이는 '사회적 관계의 사물로의 변형'이 이제는 제2의 자연이 되어버렸기 때문이다. 반면에 문제의 그 '사물'은 알아볼 수 없을 정도로 변화하여 확실한 형태가 사라지기에 이른 우리 시대에는, 사물처럼 되는 것이 바람직하다고 주장하는 게 당연할 정도가 되었다.[10] 포스트모던한 '사물'은 어떤 경우에도 마르크스가 염두에 두었던 그 사물이 아니다. 현재 금융업의 관행상 '금전 관계cash nexus'마저도, 칼라일Thomas Carlyle이 "리비도적으로 집착"할 수 있었던 그 어떤 것보다도 훨씬 더 매력적이다.

최근 들어 중요해진 사물화의 또 다른 정의는 대상으로부터, 즉 생산된 상품으로부터 '생산의 흔적을 삭제'하는 것이다. 이는 문제를 소비자의 관점에서 바라보는 것이다. 즉 사람들이 장난감과 가구에 투여된 노동을 기억할 수 없는 경우, 이와 관련된 모종의 죄책감으로부터 해방될 수 있음을 시사한다. 사실 우리가 벽으로 둘러싸이고 소리가 들리지 않을 정도로 멀리 있으며 주변이 상대적으로 고요한 자신만의 대상세계를 갖게 된다면, 잠시나마 저 수없이 많은 타자들에 대해 모두 망각할 수 있다. 우리는 컴퓨터 앞에 앉아 글을 쓸 때마다 제3세계 여성들에 대해 생각하고 싶어 하지 않으며, 사치품을 사용하거나 소비할 때마다 비루한 삶을 살아가는 하층계급 사람들을 떠올리고 싶어 하지 않는다. 그러한 생각은 우리의 머릿속에서 들려오는 목소리와 비슷하다. 실제로 그것은 우리 사생활의 내밀한 공간과 우리의 확장된 신체를 '침해'한다. 따라서 계급에 대해 망각하길 원하는 사회에서는, 사물화는 소비자를 위한 포장이라는 의미에서 상당히 기능적이다. 그리고 문화로서의 소비주의는 이보다 훨씬 더 많은 것을 수반하지만, 이런 종류의 '삭제'가 분명 그 밖의 모든 것이 건설될 수 있게 하는 필요 불가결한 전제 조건이라 할 수 있다.

문화의 사물화 자체는 명백하게 전혀 다른 문제다. 왜냐하면 문화적 산물에는 '서명'이 되기 때문이다. 문화를 소비하는 데 있어서, 우리는 T. S. 엘리엇, 마거릿 미첼Margaret Mitchell, 토스카니니Arturo Toscanini, 잭 베니Jack Benny, 심지어 새뮤얼 골드윈Samuel Goldwyn이나 세실 드밀Cecil B. DeMille 같은 생산자를 망각할 필요가 없는 것은 물론 딱히 망각하길 원하지도 않는다. 이러한 문화 생산의 영역에서 내가 주장하고자 하는 사물화의 특징은, 무엇이 소비자와 생산자 사이의 급진적 분리를 만들어내는가이다. 전문화specialization라는 말은 여기에 쓰기에는 너무 약하고 비변증법적이다. 그렇지만 문제의 상품 생산이 의심의 여지 없이 종種적인 의미에서의 다른 인간에 의해 이뤄진 것인데도 불구하고, 전문화는 소비자들에게 그것이 자신이 상상할 수 있는 것 너머에서 일어나는 일이라는 깊은 신념을 발전시키고 영속화하는 데 일조한다. 전문화는 어떤 이유에서건 소비자나 사용자가 사회적으로 공감할 수 있는 영역이 아닌 것이다. 그런 점에서 그것은 비지식인과 하층계급 사람들이 지식인과 그들이 하는 일에 대해 항상 갖는 감정과 조금 비슷하다. 즉 지식인들이 하는 일을 보노라면 그렇게 복잡해 보이지도 않지만, 아무리 이해하고 싶어도 제대로 이해하지 못한다. 그래서 그들이 실제로 하는 일이 무엇인지 개념화할 수 있다고 믿는 것은 고사하고, 왜 그 사람들이 그런 일을 하고자 하는지조차 알지 못한다. 그람시적인 의미에서 진정한 서발턴성이 바로 그것이다. 문화적 타자의 면전에서 느끼는 깊은 열등감과 그들의 본원적 우월성에 대한 암묵적 인정이 그러한 속성이며, 그에 따라 나타나는 분노나 반지성주의 혹은 노동계급의 경멸감이나 마초적인 행태는 2차적인 반응에 지나지 않는다. 우선적으로 **나 자신의** 열등함에 대한 반응이 나타나고, 그 연후에 그것이 지식인들에게 전이된다. 수년 전 귄터 안더스Günter Anders는 조금 다른 맥락에서 그 감정을 프로메테우스적인 수치심, 혹은 기계의 등장 앞에 선 프로메테우스적 열등의식이라 칭했다.[11] 나는 이 같은 서발턴성이 우리가 오늘날 문화에 대해 보다 일반적으로 느끼는 것이라 제안하고자 한다.

하지만 이런 문화적 태도는 반지성주의에 비하면 그렇게 극적이진 않다. 왜냐하면 그것은 사람보다는 사물과 연관되기 때문이다. 따라서 우리는 비유의 수준을 조금 더 낮춰야 한다. 마르크스주의적인 사회심리학은 무엇보다도 생산 자체에 심리적으로 수반되는 것을 강조해야 한다. 생산(과 느슨하게 '경제'라고 부를 수 있는 것)이 철학적으로 권력(과 느슨하게 '정치'라고 부를 수 있는 것)보다 우선하는 이유가 여기에, 즉 무엇보다도 생산과 권력감 사이의 관계에 있다. 하지만 이를 거꾸로 말하는 것이 더 바람직하고 설득력 있을 수도 있다(특히 이것이 우리가 휴머니즘적인 레토릭을 피하는 데 도움이 되기 때문이다). 즉 사람들이 생산과 맺는 관계가 차단되거나 생산적인 활동에 대해 더 이상 영향력을 행사할 수 없게 된다면, 그들에게 어떤 일이 벌어질지를 강조하는 것이다. 그것은 무엇보다도 무기력이다. 그것은 정신에 시체 덮는 천을 씌우는 것이며, 자아와 바깥 세계에 대한 관심의 점진적 소멸이다. 이는 프로이트의 애도에 대한 서술과 형식적으로 상당히 유사하다. 차이가 있다면 (프로이트가 보여주듯) 우리는 애도로부터 회복될 수 있지만, 비생산성이라는 조건은 변하지 않는 객관적 상황에 대한 지표이기 때문에, 그것은 다른 방식으로 다뤄져야 한다는 것이다. 그 방식은 비생산성의 지속과 불가피함을 인정하면서 지속적이고 근본적인 무기력을 위장하고 억압하며 치환하고 승화시키는 것이다. 또 다른 방식은 당연히 소비주의인데, 이는 정치적 권력의 전적인 결여와 다를 바 없는 경제적 무기력에 대한 보상이다. 즉 유권자의 무관심이라 불리는 것은 주로 소비를 통해 기분 전환을 할 수단을 결여한 계층에게서 뚜렷이 볼 수 있다. 한마디 덧붙인다면 이런 (객관적이라고 해도 좋을) 분석이 인류학이나 사회심리학의 모습을 취하는 방식을, 지금 기술하고 있는 현상에 비추어 재고해야 한다는 것이다. 다시 말해서 이런 인류학적 혹은 심리학적 외양은 후기자본주의에 대한 기본적인 재현의 딜레마의 기능일 뿐만 아니라(이는 뒤에서 다룰 것이다), 또한 우리 사회가 그 어떤 종류의 투명성도 성취하지 못한 결과이기도 하다. 그것은 실질적으로 그러한 실패와 동일한 것이다. 사회적 생산에서 우리의 다양한 위치가 우리와 그 밖의 모두에게 명확했던, 그래서 말리노프스키가 연구했던 원시 부족처럼 우리가 막대기로 해변의 모래사장에 사회경제학적 우주를 도표로 그릴 수 있었던 투명 사회에서는, 자신의 일에 대해 발언권이 없는 사람들에게 어떤 일이 벌어지는지를 언급하는 것이 심리학적이거나 인류학적으로 들리지 않았을 것이다. 그런 사회라면 어떤 유토피아주의자도 우리가 무의식이나 리비도에 대한 가설을 동원하고 있다거나, 기본적인 인간 본질이나 인간 본성을 전제하고 있다고 생각하지 않을 것이다. 그런 사회였다면 그것은 아마도 마치 우리가 다리 골절이나 우반신 마비에 대해 이야기하듯, 보다 의학적으로 들렸을 것이다. 어쨌든 내가 사실로서 이야기하고자 하는 것은 사물화이다. 즉 이런 의미에서 생산물은 우리가 상상력을 통해서 그것의 생산에 공감적 참여를 할 수 있는 길마저도 모두 차단하고 있다. 생산물은 우리가 스스로〔생산에〕참여한다고 상상할 수 없는 어떤 것으로서, 어떤 질문도 받지 않은 채, 우리 앞에 나타난다.

하지만 이것이 우리가 해당 생산물을 소비할 수 없다거나, 그로부터 '즐거움을 이끌어낼' 수 없다거나, 그것에 중독될 수 없다는 등의 의미는 결코 아니다. 사실 사회적 의미에서의 소비는 아주 구체적으로 말한다면 이런 종류의 생산물을 사물화하기 위해 우리가 실제로 행하는 것을 지칭하는 단어이며, 또한 소비는 우리의 정신을 점령하고 우리 자신의 운명을 통제할 수 없는 무능력으로 인해 우리 존재 안에 남겨진 깊은 허무주의적 공허함 주변을 떠도는 것이다.

그런데 이제 나는 사물화에 대한 이런 설명을 다시 한 번 제한하여, 좀더 구체적으로 모더니즘과의 관계 속에서 사물화를 이해하고, 더나아가 포스트모더니즘이 모더니즘으로부터 해방될 때 포스트모더니즘이 '원래' 의미했던 것이 무엇인지 이해해보고자 한다. 내가 주장하고자 하는 바는 '위대한 모더니즘 작품들'은 학교의 필독 고전이 되어서만이 아니라, 사실상 이런 의미에서〔즉 소비자와 생산과정의 단절로 인해〕사물화되었다는 것이다. 기념비이자 '천재'의 산물로서 작품이 갖는 독자와의 거리는 또한 형식 생산 일반을 마비시키고, 고급문화적 예술의 관행에 독자를 소외시키는 전공자적 혹은 전문가적 자격을 부여한다. 이는 어설픈 자의식으로 창의적 정신을 차단하며, 극히 모더니즘적이고 자기 확신적인 방식의 신선한 생산을 위축시켰다. 피카소식의 두드러지게 비非자의식적인 즉흥적 창작에 모더니즘 스타일의 독특한 행위이자 다른 사람들은 접근할 수 없는 천재성이라는 딱지가 붙은 것은 기껏해야 피카소 이후의 일이다. 하지만 대부분의 모더니즘 '고전들'은 방해받지 않는 인간 에너지에 대한 비유로 남길 원한다. 모더니즘의 모순은 인간 생산의 보편적 가치가 모더니즘적 예언가나 선지자에게만 제한된 고유한 서명을 통해서만 형상화될 수 있고, 따라서 다시 서서히 그런 보편적 가치를 지양하고 오직 그 후계자들만을 위한 것이 되어가는 방식 속에 있다.

그러므로 포스트모던 시대의 위안은 바로 이것이다. 다양한 모더니즘적 의례들이 일소되었고, 형식의 생산은 그것에 탐닉하는 데 관심이 있는 모두에게 다시 열렸다. 하지만 여기에는 대가가 따랐다. 즉 (이제는 '엘리트주의적'이라 여겨지는) 모더니즘의 형식적 가치들을 사전에 파괴해야 했으며, 더불어 작품이나 주체 같은 그와 연관된 여러 핵심적인 범주도 파괴해야만 했다. '작품' 이후에 '텍스트'는 하나의 위안이었으나, 텍스트성의 우산 아래에서 우리는 결국 그것을 능가하거나 그것을 이용하여 작품을 생산하려 시도해서는 안 된다. 형식의 장난스러움이나 우연을 통한 새로운 형식의 생산 혹은 예전 형식을 즐겁게 포식하는 일이, 행복한 우연을 통해 '위대하'거나 '중요한' 형식을 탄생시킬 수 있을 정도로 우리를 여유 있고 수용적인 성향으로 변화시키지는 않는다. (어쨌든 이 새로운 텍스트적 자유에 대한 대가는 시각적·청각적 민주주의 앞에서 언어와 언어예술의 후퇴를 통해 치러졌다고 볼 수도 있다.) 예술(과 더불어 문화)의 지위는 이 새로운 생산성들을 확보하기 위해 불가역적으로 수정되어야만 했으며, 이제 그것은 우리 마음대로 되돌릴 수도 없다.

IV. 집단과 재현*

이 모든 것은 포스트모더니즘의 포퓰리즘적 레토릭 생산에 상당히 유용했다. 이는 우리가 지금 미학적 분석과 이데올로기 사이의 경계선을 건드리고 있다는 의미이다. 수많은 포퓰리즘처럼 포스트모더니즘적인 포퓰리즘 레토릭은 그 문제에 대한 가장 치명적인 혼란의 장이 될 터인데, 그 이유는 정확히 그것의 모호성이 실제적이고 객관적이기 때문이다(혹은 모트 살Mort Sahl이 닉슨Richard Nixon과 J. F. 케네디의 선거에 대해 했던 말을 빌리자면, "내가 신중히 생각해본 결과, 어느 쪽도 이길 수 없다"). 이전 항에서 말했던 모든 것이 암시하는 바는 포스트모더니즘의 문화적·예술적 차원은 (포퓰리즘적이지 않다면) 대중적popular**이며**, 그것이 모더니즘에 내포된 듯한 문화적 소비를 방해하는 여러 장벽을 무너뜨리고 있다는 것이다. 이런 인상에서 오도된 것은 당연히 대칭성의 허상이다. 왜냐하면 모더니즘은 그것이 지속되던 기간 동안 헤게모니를 장악하지 못했으며, 문화적 지배종과는 거리가 멀었기 때문이다. 모더니즘은 대안적이고 저항적이며 유토피아적인 문화를 제안했으나, 이 운동의 계급적 토대는 의문의 여지가 있었고, 그 '혁명'은 실패했다. 다른 식으로 표현하자면 (동시대의 사회주의처럼) 모더니즘이 마침내 권좌에 올랐을 때는 모더니즘 운동이 이미 사라진 이후였으며, 이런 사후 승리의 결과물은 오히려 우리가 포스트모더니즘이라고 부르는 것이었다.

---

* 여기에서 제임슨이 사용하고 있는 '재현representation'은 예술적·문화적 의미에서의 '재현하다'와 정치적 의미에서의 '대표하다'를 모두 의미한다. 따라서 이 책에서는 문맥에 따라 '재현' 혹은 '대표'로 번역하고, 필요할 경우 '재현/대표'라고 동시에 표기했다.

그러나 대중성이 있고 '사람들'에게 매력 있다는 확언은 신뢰할 수 없기로 악명 높다. 왜냐하면 그런 설명을 거부하고 그 문제에 담긴 어떤 함의도 부인하는 사람들은 언제나 있기 마련이기 때문이다. 따라서 미시집단과 '소수자,' 여성들과 내부의 제3세계, 그리고 외부의 제3세계의 일부에서는 흔히 포스트모더니즘 개념을 보편화된 표지 기사로 인정하지 않는다. 그들에게 그것은 선진국의 백인 남성 지배 엘리트들에게 봉사하는 본질적으로 매우 협소한 계급 문화적 작업이다. 이 또한 분명한 사실이며, 우리는 이후에 포스트모더니즘의 계급적 기반과 내용에 대해 검토할 것이다. 그러나 이렇게 광범위한 소집단과 비계급적인 정치적 실천의 등장에 상응하는 '미시정치학'은 극히 포스트모던적 현상이 아닐 수 없다. 그것이 아니라면 포스트모더니즘이라는 단어는 그 어떤 의미도 갖지 못한다. 그런 의미에서 샹탈 무페Chantal Mouffe와 에르네스토 라클라우Ernesto Laclau의 핵심 저서『헤게모니와 사회주의 전략Hegemony and Socialist Strategy』에서 찾아볼 수 있는 이 새로운 정치에 대한 기본적인 설명과 "작업 이데올로기"는 명백하게 포스트모더니즘적이며, 이 말에 대해 우리가 제안했던 좀더 큰 맥락에서 연구해봐야 한다. 라클라우와 무페가 소집단 정치학에서의 차이화와 분리주의, 무한 분열과 "유명론"으로 향하는 경향에 대해 세심한 주의를 기울이지 않았던 것은 사실이다(소집단 정치학을 파벌주의라고 칭하는 것은 더 이상 옳지 않아 보이지만, 분명 개인 경험의 수준에서 다양한 실존주의와 일치하는 집단이 존재한다). 왜냐하면 그들은 소집단들이 쏟아져 나오게 된 계기로서의 "평등"을 향한 열정을, "등가물의 연쇄" 즉 동일성 등식의 팽창력을 통해 연대를 형성하고 그람시적인 헤게모니 블록으로 재통합할 수 있는 정치적 메커니즘이라고 보았기 때문이다. 마르크스의 가르침 중에 그들이 유지하고 있는 것은 그가 **자신의** 시대의 역사적 독창성에 대해 내린 진단, 즉 사회적 평등의 교의가 불가역적인 사회적 현실이 되어버린 시기였다는 진단이다. 그러나 (이런 사회적·이데올로기적 발전이 임노동의 보편화의 결과라는) 마르크스의 인과관계에 대한 조건을 누락시킴으로써,[12] 역사에 대한 이런 시각은 모더니티의 급진적 "단절"과 서구와 전前 자본주의 사회 사이의 혹은 뜨거운 사회와 차가운 사회 사이의 급진적 차이라는 좀더 신화적인 비전으로 급격하게 변모하는 경향을 띠게 되었다.

이 '신사회운동'의 발생은 범상치 않은 역사적 현상으로, 수많은 포스트모더니즘 이데올로그가 그에 대해 설명할 수 있다고 생각했으나 오히려 그런 설명들로 인해 신비화되어버렸다. 그 설명에 따르면 사회계급의 소멸과 계급을 중심으로 조직된 정치 운동의 와해로 인해 발생한 공백 속에서 새로운 소집단들이 발생했다. 그런데 사회주의의 독특하고 특별한 시나리오를 통해서가 아니라면, 어떻게 계급이 사라지길 기대할 수 있는지 나로서는 이해가 되지 않았다. 물론 전 지구적인 생산의 재구조화와 급진적으로 새로운 기술의 도입으로 인해, 전통적인 공장에서 일하던 노동자들이 일터로부터 쫓겨났고, 새로운 종류의 산업이 세계의 예상치 못한 지역으로 이전되었으며, 젠더에서 기술이나 국적에 이르기까지 전혀 다른 다양한 특징을 가진 새로운 형태의 노동력이 전통적인 노동력을 대체한 것은 사실이다. 그리고 이를 통해 적어도 당분간은 왜 그토록 많은 사람들이 기꺼이 그렇게 생각하는지를 설명할 수 있을 것이다. 그렇다면 이 신사회운동과 새롭게 발생한 전 지구적 프롤레타리아트는 모두 제3단계('다국적자본주의')에 들어선 자본주의의 막대한 확장의 결과물이다. 그런 의미에서 이 두 현상은 '포스트모던'적이다. 적어도 여기에서 제공된 포스트모더니즘에 대한 설명에 따른다면 그렇다. 또한 소집단이 사실상 소멸해가는 노동자계급에 대한 **대체물**이라는 대안적 관점이, 오늘날의 자본주의적 다원주의와 민주주의에 대한 더욱 터무니없는 찬양을 위해 새로운 미시정치학을 이용하는 이유가 좀더 분명해진다. 즉 이 체제는 구조적으로 고용 불가능한 주체를 대량으로 생산한 것에 대해 스스로를 찬양하고 있는 것이다. 여기에서 반드시 설명해야 할 것은 이데올로기적인 착취가 아니라, 오히려 포스트모던 대중이 근본적으로 통약 불가능하고 모순적인 두 가지 재현을 동시에 생각해낼 수 있는 능력이다. 한편에는 미국 사회의 궁핍화 경향이 있고(이는 '마약'이라는 항목하에 일괄적으로 정리됐다), 다른 한편에는 다원주의에 대한 자화자찬의 레토릭이 있다(이는 일반적으로 사회주의 사회에 대한 주제와 연관하여 작동한다). 포스트모더니즘에 대한 올바른 이론이라면 이 역사적 진전을 정신분열적 집단의식에 기입해야 하는데, 나는 이후에 이에 대한 설명을 시도해보고자 한다.

따라서 다원주의는 소집단의 이데올로기이자, 세 가지 근본적인 유사 개념들의 삼각관계를 만들어내는 일단의 허상적 재현이라 할 수 있다. 민주주의와 미디어와 시장이 바로 그것이다. 그러나 이런 이데올로기의 가능 조건이 ('소집단들'이 이제 좀더 중요한 역할을 하게 된) 실질적인 사회 변화라는 걸 깨닫지 못한다면, 그리고 (예컨대 예전의 혁명적 '군중mob'은 말할 것도 없고, 프로이트나 르봉Gustav Le Bon 시대의 소집단과도 상당히 다른) 소집단 자체의 이데올로기적 개념의 역사적 결정성을 어떻게든 표시하고 명시하지 않는다면, 이런 이데올로기를 적절하게 모델로 만들고 분석할 수 없다. 마르크스의 말대로 문제는

"주체가 [……] 리얼리티와 정신 양쪽 모두에서 소여라는 것이며, 따라서 그 범주들은 이러한 특정 사회와 주체의 존재 형식과 실존의 결정을 표현하고, 때로는 그 사회와 주체의 개별적인 측면만을 표현한다는 것이다. 그러므로 심지어 과학적인 관점에서조차, 그것은 결코 그것이 처음으로 논의되는 그 순간 시작되는 것은 아니다."[13]

그렇다면 이 소집단의 [등장이라는] '리얼리티'는 현시대 삶의 제도적 집단화와 연결되어야 마땅하다. 물론 이것은 마르크스의 근본적인 예언 중에 하나였는데, 이에 따르면 (공장이나 사업체에 대한 개인 소유권 같은) 개인의 재산 관계라는 "외피" 안에서 전적으로 새로운 집단적 생산관계의 망이 생겨나며, 이는 곧 과거의 껍데기나 껍질 혹은 형식과는 어울리지 않게 된다. 옛날이야기에 나오는 세 가지 소원이나 악마의 약속처럼, 이러한 진단은 완전히 실현되었다. 단지 눈치 채지 못할 정도의 미세한 수정만이 있었을 뿐이다. 앞 장에서 우리가 포스트모더니즘 시대의 재산 관계에 대해 짧게 다룬 바 있으니, 지금은 다음과 같이 정리하는 것으로 충분할 것 같다. 사유재산은 고릿적부터 존재했던 것으로, 과거의 민족국가들을 여행하며 영국의 무역 회사나 프랑스의 가족회사의 고리타분한 형식을 보게 된다면, 우리는 블룸 Bloom이 가졌던 살갗을 태우는 "잿빛 공포심"*을 느끼며 그 사유재산의 진실을 엿볼 수 있을 것이다(디킨스의 소설은 그러한 요소들이 법률적으로 박리된 가장 귀중한 불멸의 잔상으로 남아 있는데, 그것은 남극의 암세포처럼 상상치 못하게 자라나는 수정의 이미지이다). '불멸성'이나 합자회사는 이를 아무것도 바꾸지 못한다. 그러나 만약 [포스트모더

---

* 제임스 조이스의 『율리시스』 4장 「칼립소Calypso」에 나오는 표현이다.

니즘의 지배적 정서 구조인] 고양된 강렬함을 단순한 보상으로, 즉 필요에 따라 스스로를 설득하여 미덕 이상의 진짜 쾌락과 주이상스를 만들어내며, 체념을 흥분으로 바꾸고, 과거와 그것의 산문散文의 유독한 잔존을 [마약의] 황홀감과 중독으로 바꾸려는 것으로 파악하지 않는다면, 사이버펑크 같은 새로운 글쓰기 속에서 언어와 재현의 흥청거림, 즉 재현적 소비의 과잉을 결정하는 포스트모더니즘의 다국적기업의 상상력의 기조와 충동을 파악하지 못한다. 분명 오늘날 가장 중요한 이데올로기적 투쟁의 영역은 바로 이곳으로, 그 영역은 개념에서 재현으로 이동했다. 그리고 이곳에서 (마음의 리비도적인 눈에는) 다국적 사업의 긴박감과 여피족 생활세계 특유의 풍요로움은, 하이에크 Friedrich Hayek와 프리드먼의 시장에 관한 주장이 표현하는 19세기적 매혹을 압도하는 매력을 가지고 있다.

오랜 개인주의 시대 이후, 즉 사회적 원자화와 실존적 아노미 시대 이후에 나타난 개인에 대한 조직화와 집단화라는 경향적 리얼리티의 또 다른 사회적 얼굴은 아마도 일상생활을 통해 더 잘 파악될 것이다. 다시 말해서 그것은 직장이나 기업보다는 저항 집단의 새로운 구조와 '신사회운동'을 통해 보다 명확하게 드러난다. 직장이나 기업의 "조직인"과 신종 화이트칼라 계급의 순응주의는 이미 1950년대에 윌리엄 화이트William H. Whyte와 C. 라이트 밀스에 의해 기록되었으며,* 당시 대중적 토론과 '문화비평'의 주제로 다뤄졌다. 그렇지만 이 과정이 부자와 가난뱅이 혹은 정치적인 좌파와 우파 모두에게 똑같이 영향을 미치고 있다고 볼 때, 그 과정은 객관적인 역사적 경향으로서 보다 가시적이고 보다 쉽게 파악된다. 그리고 이는 결국 포스트모던 사회로부터 낡은 종류의 고독이 사라졌음을 이야기함으로써 보다 쉽게 입증된다. 즉 (자연주의부터 셔우드 앤더슨Sherwood Anderson에 이르기까지 풍부하게 쌓여 있고 목록화된) 가련한 부적응자와 아노미의 희생자 들은 보다 자연적이고 광범위한 사회질서의 구석과 틈새에 더 이상 존재하지 않을 뿐만 아니라, 실존주의 자체와 더불어 '자유로운 상상력'을 통해 '체제'에 타격을 가하던 외로운 반항자나 실존주의적 반反영웅도 사라졌다. 그리고 그러한 과거의 반영웅과 반항자를 체현했던 사람들은 이제 다양한 **소집단**의 '지도자'가 되었다. 최근 미디어의 주제 중에 ('홈리스'라는 미디어적 완곡어법을 통해 표현되기도 하는) '집 없는 사람들'보다 이를 잘 보여주는 것은 없다. 그들은 더 이상 외로운 기인이나 괴짜로 분류되지 않는다. 이후로 그들은 사회학적 범주로 인정받아 승인되었고, 합당한 전문가의 관찰과 관심의 대상이 되었으며, 그들은 사실 아직까지 훌륭한 포스트모던적 방식으로 조직되진 않았지만 분명 그렇게 조직될 수 있는 집단이 되었다. 이것이 의미하는 바는 빅브라더Big Brother가 우리를 감시하지 않더라도, 대문자 언어는 우리를 어디에서나 감시하고 있다는 것이다. 미디어와 특화된 전문가의 언어는 끈질기게 개인을 분류하고 범주화하여 특정 집단으로 변형시켰으며, 또한 비트겐슈타인Ludwig Wittgenstein이나 하이데거 혹은 실존주의나 전통적인 개인주의에서 독특하고 명명 불가능했던 것, 즉 비할 데 없는 것의 형언할 수 없고 말할 수 없는 공포라는 신비로운 사유재산을 위한 마지막 공간을 위축시키고 추방해버렸다. 오늘날 모든 사람은 조직화되지 않았다면 최소한 조직화될 수 있다. 그리고 그러

---

* 윌리엄 화이트의 『조직인*The Organization Man*』(1956)과 C. 라이트 밀스의 『화이트칼라: 미국의 중간계급*White Collar: The American Middle Classes*』(1951)〔『화이트칼라: 신중간계급연구』, 강희경 옮김, 돌베개, 1980〕을 참조하라.

한 조직화의 결과를 은폐할 수 있는 곳으로 서서히 이동한 이데올로기적 범주가 '집단' 개념이다(이 집단은 정치적 무의식 속에서 한편으로는 **계급** 개념과, 또 한편으로는 **지위** 개념과 날카롭게 구별된다). 한때 워싱턴 D. C.에 관해 회자되던 말이 있었는데, 그곳에서 우리는 겉보기에는 개인들만을 만나지만, 그들은 결국 모두 로비스트라는 것이다. 이제 이 말은 일반적인 선진 자본주의의 사회적 삶에서도 진실이다. 모든 사람이 동시에 여러 집단을 '재현/대표'한다는 점만 제외하면 말이다. 이것이 좌파의 정신분석학적 경향에서 '주체 위치'라는 말을 통해 분석한 사회적 리얼리티인데, 사실 주체 위치는 집단의 결속력에 의해 부여되는 정체성의 형식을 통해서만 파악될 수 있다. 반면에 집단적(보편적 혹은 추상적) 형식의 탄생은 (사회적인 측면을 은폐하는) 개인적 혹은 개인주의적 형식보다 더 철저하게 구체적인 역사적·사회적 사유의 발전을 촉진시킨다는 마르크스의 또 다른 통찰 역시 확증된다. 즉 우리는 '집 없는 사람들'이 포스트모던적인 도시의 역사가 탄생하던 바로 그 순간에 벌어진 부동산 투기와 젠트리피케이션이라는 역사적 과정의 결과물이라는 사실을 알고 있으며, 동시에 그들에 대한 정의를 내릴 때 이를 고려한다. 반면 그 '신사회운동'은 1960년대 국가 부문의 확장으로 인해 직접적으로 촉발되었으며, 따라서 그 운동은 이러한 인과적 기원을 정체성의 증표이자 정치적 전략과 투쟁의 지도로서 자신의 의식 내부에 담아둔다.

(그런데 강조해야 할 것은 이제 의식과 집단 결속력 사이의 상관 관계에 대한 깨달음이 보다 폭넓게 공유됨으로써, 근본적인 무언가를 성취하게 되었다는 사실이다. 이것은 사실 마르크스가 발명 내지는 발견했던 이데올로기 이론의 포스트모더니즘적 판본 같은 것으로, 그는 이를 통해 의

식과 계급 결속력 사이에 구성적 관계를 상정했다. 이러한 〔이데올로기 이론의〕 새롭고 포스트모던한 발전은, 사실 그것이 의식의 자율성에 대한 마지막 환상을 불식했다는 점에서 일종의 진보라 할 수 있다. 하지만 그러한 환상의 불식은 '냉소적 이성'이라 명명되던 것의 단단한 명징성 저변에 깔려 있던 전적으로 실증주의적인 풍경을 폭로함으로써, 부정성 자체를 모두 증발시켜버렸다. 내 생각에 문화와 개념성에 대한 건전한 사회학적 연구가 후기자본주의의 보다 천박한 소비주의적 다원주의로 변질되는 것을 막을 수 있는 방법은, 루카치가 계급 이데올로기적 분석을 발전시키기 위해 채택했던 것과 동일한 철학적 전략이다. 즉 의식과 계급이나 집단의 **관점** 사이의 구성적 연결 고리에 대한 각각의 분석을 일반화하고, 개념성과 집단적 경험 사이의 생성적 생산이나 전이 지점이 전면에 드러나게 하는 관점에 대한 성숙한 철학적 이론을 기획하는 것이다.)

요즘 가끔 '전문가주의professionalism'라 불리는 것이 있는데, 이는 집단 정체성과 역사 사이의 관계에 대한 이 '새로운 역사적' 감각을 한층 더 강화하며, 또한 특수한 의미에서 〔집단이란 개념의〕 자기실현이다. 예를 들어 학문 분과를 역사적으로 검토하면서, 그 분과들이 이런저런 최신의 뜨거운 주제에 대해, 즉 그들에게 당면한 문제 혹은 위기(포스트모더니즘의 주제가 그러한 위기이다)라고 여겨지는 주제에 대해 재빠르게 재적응하는 기회주의적 방식을 폭로하면, 그 학문 분과가 진리나 리얼리티의 구조에 상응한다는 그들이 주장이 약화된다. 그래서 레스터 서로Lester Thurow의 저서 『위험한 조류Dangerous Currents』는 경제학자들을 여러 주제 영역을 허둥지둥 쫓아다니는 전문가로 묘사하는데, 결국에는 그 과정에서 경제학이라는 장 자체가 사라져버리는 것처럼 보인다. 한편 스탠리 아로노위츠Stanley

Aronowitz와 그의 동료들에 따르면, (〔현실과〕 학문의 제도적 배열의 시차에도 불구하고, 또 과학 관련 학과 전체를 합쳐서 생각하면 어떻게든 물리적 세계의 모형이 만들어진다는 존재론적 환상의 존속에도 불구하고) 최근 자연과학에서 사실상의 모든 연구는 이런저런 형태의 물리학과 관련되어 있다. 예컨대 그로 인해 분자생물학 이외의 생명과학은 연금술만큼이나 고리타분한 것이 되어버렸다.[14]

물론 〔학문의〕 기원을 그 타당성과 구별하고, 어떤 학문을 역사적으로 발생했다고 볼 수 있다는 사실이 그것의 진리 내용에 반하는 주장(이는 학술 주식시장에서의 주가 하락이 그 학문의 본질적 허위성을 증명한다는 말과 다름없다)은 아니라고 끈질기게 주장해봐야 소용없다. 역사(와 변화)는 여전히 자연과 존재의 대립항처럼 강하게 느껴질 뿐만 아니라, 인간적이고 사회적인 원인(많은 경우 경제적인 원인)으로 보이는 것은 리얼리티나 세계의 구조와 대비된다고 느껴진다. 그 결과 모든 것을 일종의 자기 강화를 위한 공포감으로 해석하려는 일종의 역사적 사유가 발전했다. 그리고 학문 분과의 역사적 수정이 어느 정도까지 강화될 것인가에 대해서는, 언급할 수 없는 것을 언급하는 것, 즉 이 모든 과학이 역사적 진화 과정 속에 있다는 것을 언급하는 것으로 충분하다. 마치 존재론적 기반이나 토대의 부재를 지적하는 것이 전통적으로 학문 분과를 제자리에 묶어두고 있던 모든 계류용 밧줄을 갑자기 풀어버리듯 말이다. 현재 영문과에서는 정전의 존재에 관한 논쟁이 한창 벌어지던 도중에 정전 자체가 급작스럽게 사라지기 시작하면서, 대중문화라는 거대한 깨진 돌무더기와 더불어 다른 온갖 종류의 비정전적이고 상업적인 문학만이 남게 되었다. 그것은 일종의 '조용한 혁명'으로, 퀘벡과 스페인에서 반‖파시스트적이고 교권주의적인 정권이 소비사회의 온난화하에서 하룻밤 사이에 격동하는 1960년대와 같은 사회적 공간으로 돌변했던 혁명보다 훨씬 더 놀라운 것이었다(당시 소련에도 내재되어 있던 듯한 그것은 갑자기 전통적인 것에 관한, 사회적 관성에 관한, 그리고 에드먼드 버크가 말한 사회 제도의 점진적 성장에 관한 우리의 모든 개념에 의문을 제기했다). 무엇보다도 우리는 그 모든 것의 시간적 역동성에 관해 질문하기 시작한다. 그런데 그것은 점점 더 가속화되거나, 우리가 낡은 정신의 눈으로 기록했던 것보다 언제나 더 빨랐다.

바로 이것이 정확하게 예술계에서 일어났던 일이며, 그리고 그것은 모더니즘의 종말이 곧 모더니즘적 발전과 역사 패러다임의 종말이라는 보니토-올리바의 진단이 옳았음을 입증했다.[15] 이런 패러다임에 따르면 각각의 형식적 입장은 이전 형식 위에 변증법적으로 세워졌으며, 따라서 빈 공간 속에서 혹은 모순으로부터 전적으로 새로운 종류의 생산을 창조해낸다. 하지만 어떤 연민 어린 모더니즘적 관점에서는 다음과 같이 기입될 수 있다. 모든 것은 끝났다. 더 이상 형식과 스타일의 창안은 불가능하다. 예술 자체가 끝나고, 비평이 이를 대체할 것이다. 그런데 포스트모더니즘 쪽에서는 전혀 다르게 보일 것이며, 여기서는 '역사의 종언'이 무엇을 의미하던 상관없을 것이다.

그 후에는 소집단들 자체와 그에 상응하는 정체성들이 남게 된다. 경제와 가난과 예술과 과학 연구가 어떤 의미에서는 '역사주의적'인 것(신역사주의적인neohistorical 것이라 부르는 게 더 낫다)이 되어버렸기 때문에, 집 없는 사람과 경제 전문가와 예술가와 과학자 들은 사라지지 않았다. 오히려 그들의 집단 정체성의 성격이 수정되었고, 겉보기에 더 의심스러워졌다. 마치 유행을 선택하는 것처럼 말이다. 그리고 그 헤라클레이토스의 강의 점차 빨라지는 물결을 달리 돌릴 곳이 없었기에 신역사가 유행과 시장으로 향했던 것이 거의 확실하다. 그렇기에 이제 유행과 시장은 보다 심층의 존재론적인 경제적 리얼리티로서 이해되며, 그 리얼리티는 예전의 자연만큼이나 신비롭고 최종적인 것이 된다. 따라서 신역사주의적 설명은 새로운 소집단들을 각각의 자리에 앉혀놓고서 존재론적 형식의 진리를 제거해버렸다. 또한 예컨대 그것은 자신의 수확물을 자본주의의 수정이 아닌 시장에 닻을 내리기 위해 사용함으로써, 좀더 세속적인 궁극의 결정 심급을 향해 아첨을 했다. 오늘날 도처에서 두드러지고 있는 역사로의 회귀는 이런 '역사주의적' 관점에 비추어 좀더 면밀하게 살펴볼 것을 요구한다. 그것은 정확하게 회귀가 아니라, 오히려 역사의 '원재료'를 흡수하여 그 기능을 제거하는 듯하다. 즉 역사를 무력화시키고 전유하는 것이다(오늘날 독일 신표현주의 예술가에게는 히틀러가 있었던 게 행운이라는 최근에 들려온 발언처럼 말이다). 하지만 오늘날 이런 기업과 하층계급 모두를 둘러싸고 있는 집단적 조직화 경향에 대한 가장 체계적이고 추상적인 분석을 한다면, 그러한 모든 소집단의 등장을 위한 궁극적이고 체계적인 가능성의 조건(예전에 우리가 인과율이라 불렀던 것)을 후기자본주의의 역동성 자체에서 찾아야만 한다.

이것이 포퓰리스트들이 흔히 혐오스러워했던, 그리고 종종 좀더 좁게는 역설이나 배리背理의 형식으로 반복되었던 객관의 변증법이다. 즉 현재 발흥하고 있는 소집단들은 신상품을 위한 너무도 많은 신규 시장과 다를 바 없으며, 광고 이미지 자체를 향한 수많은 새로운 호명 interpellation과 다르지 않다. 예컨대 패스트푸드 산업이 가사노동 임금에 관한 논쟁에 대한 예상치 못했던 해결책은 아니었을까(철학의 완성은 동시에 철학의 철폐인 것처럼 말이다)? 소수자 할당제는 무엇보다도 텔레비전 편성 시간 배분으로 이해되는 것은 아닐까? 그리고 새로운 특정 소집단에 특화된 상품의 생산은 기업 사회가 자신의 타자에게 가져다줄 수 있는 가장 진실한 인정은 아닐까? 그렇다면 결국 현재 자본주의의 논리 자체가 궁극적으로는 모든 이에게 적용되는 소비의 평등권에 의존하는 것은 아닐까? 마치 예전 자본주의의 논리가 모두에게 적용되는 임노동 체계나 일단의 균일한 법률적 범주에 의존했듯이 말이다. 혹은 다른 한편으로 만일 개인주의가 마침내 진짜 죽었다면, 후기자본주의는 유일하게 진실로 '민주적'이고 명백하게 유일한 '다원주의적인' 생산양식이라는 자격을 획득하기 위해 루만적인 분화를, 그리고 온갖 종류의 새로운 소집단과 새로운 에스닉의 지속적인 생산과 확산을 너무도 갈망하고 목말라하지 않을까?

여기에서 두 가지 입장을 구별해야 하는데, 둘 다 잘못된 입장이다. 한편으로 정확하게 포스트모던적인 '냉소적 이성'과 앞서 제기했던 레토릭적 질문에 입각한 입장이 있는데, 이는 신사회운동이 최후의 모든 속박에서 벗어난 단계에 이른 자본주의 자체의 결과, 즉 그것의 생산물이자 부산물일 뿐이라는 것이다. 다른 한편으로 급진적·자유주의적 포퓰리즘에게는 그러한 운동이 항상 투쟁 중인 소집단 소속원들이 성취한 국지적 승리이며 또한 고통스러운 업적이자 정복으로 보인다(이들은 계급투쟁 일반의 표상이 되는데, 왜냐하면 계급투쟁이 특히 자본주의를 포함한 역사의 모든 제도를 결정해왔기 때문이다). 이에 대해 간단하고 솔직하게 질문해보자. 이 '신사회운동'은 후기자본주의의 결과이자 후유증인가? 신사회운동은 끊임없이 내적인 자기 차이를 생산하고 자기 복제를 하고 있는 체제 자체에 의해서 생성된 새로운 〔정치〕 단위들인가? 아니면 신사회운동은 체제에 반대하는 형식으로 그 체제에 저항하면서 탄생하게 된 새로운 '역사의 행위자'로서, 현 체제가 자신의 내적 논리에 역행하도록 압력을 행사함으로써 새로운 개혁과 내적 수정을 이끌어내고 있는 것일까? 하지만 이 두 입장의 구별은 분명히 잘못된 이분법이며, 이에 대해서는 두 입장 모두 옳다고 말하는 것으로 충분할 것 같다. 여기에서 결정적인 쟁점은 두 입장 모두에서 반복되는 이론적 딜레마인데, 이는 설명을 위해 에이전시와 체제 사이에서 양자택일을 하는 것이다. 하지만 현실적으로 그런 선택은 존재하지 않으며, 이 두 설명 모델은 절대적으로 상호 모순적일 뿐만 아니라 상호 간 통약 불가능하다. 따라서 그 둘은 철저하게 분리되어야 하는 동시에, 상호 병치될 수밖에 없다.

어쩌면 에이전시와 체제 사이의 양자택일은 주의론voluntarism과 결정론determinism의 대립이라는 마르크스주의의 오래된 딜레마가 새로운 이론적 소재로 포장되어 재등장한 것일 수 있다. 내 생각에도 그러한데, 그렇다고 이 딜레마가 마르크스주의에 한정된 것은 아니며, 그것이 마르크스주의 전통에 특별히 굴욕적이거나 수치스러운 치명적인 재등장도 아니다. 왜냐하면 그것이 폭로하는 개념적 한계는 인간 정신 자체에 대한 칸트적 한계에 더 가까워 보이기 때문이다. 그러나 토대-상부구조의 딜레마를 오래된 정신-육체의 문제와 동일시한다고 해서, 그것이 반드시 토대-상부구조 딜레마의 오류를 드러내거나 축소시키는 것은 아니다. 오히려 그러한 동일시는 정신-육체 문제를 궁극적으로 사회적·역사적 이율배반으로 밝혀진 것에 대한 왜곡되고 개인주의적인 예기로서 재차 무대화한다. 따라서 주의론과 결정론 사이의 이율배반이라는 예전의 예기적인 철학적 형식과의 동일시는 또한 정신-육체 문제의 이전 판본들을 계보학적으로 다시 쓰는 것이다. 칸트에서는 그러한 '이전 판본'이 누메논과 현상이라는 두 평행 세계의 중첩과 공존을 통해 명확하게 제시된다. 엄밀하게는 이 두 세계가 동일한 공간을 점유하고 있는 것으로 보이지만, 특정 시점에 마음의 눈에는 (파장 혹은 미립자처럼) 둘 중 하나만이 '지향될intended' 수 있다. 그렇다면 칸트에게는 자유와 인과율이 에이전시와 체제의 변증법, 혹은 실천 정치의 형식 혹은 이데올로기적 형식 내에서의 주의론 대 결정론의 변증법에 전적으로 비견될 만한 변증법을 반복하고 있는 것이다. 왜냐하면 칸트의 현상세계는 적어도 인과율의 법칙이 지배하면서 어떤 예외도 허용하지 않을 정도로 '결정론적'인 세계이기 때문이다. '자유'도 예외가 될 수 없는데, 왜냐하면 정확히 그것이 또 다른 앎의 가능성을 환기시키며, 또한 인과율 체계 내에서는 물론 심지어 인과율에 대한 뒤집기나 부정으로서도 전혀 계산되지 않기 때문이다. 개인들을 그 자체로 하나의 사물로서 파악할 경우, 자유는 그러한 인간과 사회 세계를 공히 설명해줄 수 있다(개념적으로 인간은 실제로는 사물로서 파악될 수 없다. 하지만 사르트르의 실존주의 시기가 갖는 칸트적 울림은 그와 유사한 느낌을 주기도 한다. 비록 물자체의 중요한 점은 바로 그 어느 것과도 '유사'할 수 없다는 것이지만 말이다). 그런 의미에서 자유는 (또 다른 세계의) 인과율이 작동하고 있는 동일한 리얼리티에 대한 대안적 약호로만 이해될 수 있을 뿐이다. 칸트에 따르면 우리는 [물자체와 현상이라는] 두 약호를 유의미한 방식으로 함께 사용하거나 조직할 수 없으며, 또한 무엇보다도 이 둘에 못질을 하여 하나의 '종합'으로 만들어내는 것은 헛된 (그리고 형이상학적인) 일이다. 그렇지만 내 생각에 칸트는 분명 우리가 그 둘 사이에서 양자택일할 수밖에 없다고 제안하지도 않았다. 그리고 이것이 여기에서 이끌어낼 수 있는 유일한 결론처럼 보인다.

역사적 변화와 집단적 실천의 이율배반으로 보이는 것에 대한 이런 칸트식 판본보다 훨씬 더 앞선 선구자는 우리의 주의를 이 딜레마의 다소 다른 특징으로 다시 안내한다. 이 판본은 (단순히 올바른 행동의 존재와 그 가능성을 가정하기만 했던) 칸트식 판본보다 더 적극적으로 윤리적인 것으로, 다소의 고통 속에서 '인과율' 혹은 '결정론'을 행위 자체의 가능성과 화해시키려 시도한다. 이것은 예정설에 관한 논쟁으로,[16] 이는 우리가 칸트와 마르크스에게서 고려했던 이후의 좀더 세속적인 부르주아적·프롤레타리아적 형식보다 극적으로 모순적이다. 근대인에게는 이 예정설이 제공하는 '해결책'의 거북함이 더욱 당혹스러울 것이다. 그럼에도 불구하고 신의 범공시성pansynchronism 개념과, 신의 섭리에 따른 기대 혹은 역사의 모든 행위가 완전히 예정되어 있다는 개념은, 분명 ('서양') 사람들이 전체로서의 역사의 논리를 개념화하고 역사의 변증법적 상호 관계와 목적telos을 정식화하려는 최초의 신비주의적 형식이었다. 그렇다면 어떻게 내 미래 행위의 필연성이 나에게 부과된 올바른 행위를 해야 할 능동적인 의무와 일치하는지 궁금해한다는 것은, 역사적 필연성과 불가피성의 강령이 군사적 해결책을 무력화할 지경에 이른 것처럼 보일 때 후세의 정치 운동가들이 맞닥뜨리게 될 것과 동일한 불안감을 건드린다. 제임스 호그James Hogg의 유명한 귀류법reductio ad absurdum(그의 소설 속 주인공은 예정설에 따라 스스로를 선택받은 자라 믿고, 따라서 자신의 머릿속을 스치는 어떤 범죄나 극악무도한 짓을 저질러도 무방하다는 결론을 내린다)[17]에 해당하는 사람은 (약간 수정하자면) 강단 좌파Kathedersozialist에서 좀더 존경할 만해 보이는 인물이나 아마도 제2차 인터내셔널의 '변절자'나 수정주의자로 판명될 것이다.

그런데 예정설 논쟁에 참여한 이데올로그들은 한 가지 '해결책'을 찾아낼 수 있었는데, 그 해결책은 조금만 숙고해보면 우리가 처음에 추정했던 것만큼 터무니없지는 않다. 더욱이 그것은 진실로 변증법적이거나, 적어도 철학적 상상력의 감탄할 만한 창조적 비약이었음이 입증되었다. "내적 선택에 대한 외적이고 가시적인 표시"라는 이 공식은 자유를 포함하고 인정하는 동시에 그 자유를 압도하고 포위한다는 장점이 있다. 이 공식의 진정한 개념적 엄격성은 자유를 더 높은 수준으로 격상시키는 동시에 그 자격을 박탈함으로써, 자유의 문제를 해결한다. 즉 올바른 행위에 대한 자유로운 선택이 반드시 선택받을 자격을 주거나 구원받을 권리를 가져다주진 않는다. 자유 선택은 단지 구원받을 수 있다는 신호이자 외적인 표시에 불과하다. 따라서 우리의 자유와 실천은 더 큰 '결정론적' 계획 속에 포함되어 있으며, 그 계획은 우선적으로 자유 선택과의 고통스러운 조우를 감당할 수 있는 우리의 능력을 예견한다. 이후에는 개인과 집단의 구별을 통해 이 케케묵은 설명 방식을 좀더 명료하게 만들 수 있다. 왜냐하면 그 구별은 어떻게 개인의 헌신과 행위의 가능 조건이 집단 자체의 발전 내에서 주어지는가를 보다 명확해지도록 만들기 때문이다. 그런 의미에서 주의론과 결정론 중에 양자택일이란 있을 수 없다(바로 이것이 신학자들이 주장하고자 했던 것이다). 그렇다면 우리의 실천에 대한 헌신은 객관적 상황의 교의가 틀렸다는 반증이 아니라(상황은 '무르익'거나 그렇지 않을 뿐이다), 반대로 객관적 상황을 내면으로부터 증명하고 확인하는 행위이다. '유아기적' 혹은 자기 파괴적 주의론의 경우는 이를 반대로 확정함으로써, 개인의 행동이 집단적 실천과 마찬가지로 사회적 상황의 결과물이 되어버린다. 개인주의적 혹은 실존주의적 관점에서 본다면, 이런 구별은 분명 아무것도 해결하지 못한다. 왜냐하면 (맨더빌Bernard Mandeville의 『꿀벌의 우화The Fable of the Bess』는 말할 것도 없고) 헤겔의 "이성의 책략"이나 애덤 스미스의 "보이지 않는 손"과 마찬가지로, 핵심은 우선적으로 자신의 본성과 자신의 열정을 따르는 것이기 때문이다. 우리는 이렇게 반추해볼 수 있다. 즉 그러한 열정과 가치 들이 그 자체로 사회적일 뿐만 아니라, 환경의 논리에 의해 타락하고 좌절할 수 있는 성향, 즉 환경의 논리를 수동성과 기회주의적 철회를 위한 핑계와 알리바이로 전유하는 것 역시 사회적이며, 따라서 그 성향은 여전히 개인적인 의미에서의 자유 선택이지만 동시에 보다 큰 관점 속에서 고려되어야 한다는 것이다. 그렇다면 우리는 '결정론' 혹은 역사의 집단 논리가 그러한 선택과 열정을 중심으로 나선형 운동을 하다가, 좀더 높은 단계에서 그 선택과 열정을 다시 포함하는 지점을 일별할 수 있게 된다. 달리 말하자면 필연성에 대한 개인의 반응은 그 자체로 자유의 표현인 것이다.

한편 우리가 검토해온 두 가지 판본, 즉 신학적 판본과 변증법적 판본은 둘 다 관점을 시간의 종말 지점으로 옮김으로써 현재와 그 고통스러운 선택을 기만하는 듯 보인다. 신학은 처음부터 만사가 예언되어 있는 태초로부터 모든 것을 앞으로 펼쳐나간다. 변증법은 "황혼이 되어야 날갯짓하"면서 이미 일어난 일의 역사적 필연성에 대해 선언한다(즉 만약 그런 일이 일어났다면, 일어나야만 했던 일이기 때문이라는 식이다). 그러나 일어나야만 했던 일에는 자유와 역량으로서의 개인들의 신념을 비롯한 개인 에이전시의 모든 형식이 포괄된다. 뒤집어서 생각해본다면 아마도 쿠바혁명에 관한 악명 높은 우화를 이야기할 수 있을 터이다. 옛 쿠바 공산당은 아주 늦은 시점까지도 혁명에 참여하지 못했는데, 그 이유는 '객관적인 역사적 가능성'에 대한 평가 때문이었다. 그렇다면 우리는 여기에서 역사적 필연성에 대한 믿음이 초래한 무기력하게 만드는 효과와 특정 주의론이 지닌 활기를 북돋는 능력에 관해서 안이한 교훈을 추론해낼 수도 있다. 그러나 좀더 넓은 관점에서 보자면, 혁명의 불길 속에서 당이 당장에 어떤 평가와 실천적인 결정을 내리던 관계없이, 당이 혁명에 직접적인 책임을 맡진 못했지만, 이전 수십 년 동안 당이 쿠바의 노동자들 사이에서 해왔던 일들이 궁극적인 혁명의 승리에 지대한 역할을 했다고 주장할 수 있다.[18] 마르크스가 말했던 "역사의 두더지"의 이미지를 따른다면, 혁명적 문화와 의식의 창출은 에이전시의 형식일 뿐만 아니라 최후의 투쟁이기도 하다. 하지만 그것은 또한 보다 즉각적인 실천의 각도에서 보면, 우선 행동과 에이전시와는 양립할 수 없는 그 자체로 객관적 상황과 역사적 필수 조건의 일부이기도 하다.

앞서 언급한 바처럼 이러한 '철학적 해결책'은 양립할 수 없는 약호와 모델 들의 차별화를 통해서 진행된다(『정치적 무의식』에서 나는 이를 〔네 가지〕 차원의 강령으로 재정립하고자 시도했다). 물론 그 해결책 자체도 여전히 현상세계 내에 있으며, 따라서 이데올로기적 알리바이로 변질될 수도 있다. 우리가 개인 주체성의 관점을 초월하려는 헛된 시도를 하는 개인 주체의 위치를 취할 수밖에 없는 한, 모든 과학은 필연적으로 과학인 동시에 이데올로기이다. 그럼에도 불구하고 그 제안이 올바르게 바로잡힌 체계적 리얼리즘 및 숙고와 능동적인 정치적 헌신의 가능성 사이의 무익한 선택이 아닌, 양자 모두의 동시적 가능성을 제공해주는 한, 그것은 분명 '신사회운동'과 그것이 자본주의와 맺는 관계에 대한 쟁점과 즉각적으로 연관된다.

한편 우리가 그로 인해 환기된 철학적 딜레마나 이율배반이 절대적 변화(혹은 혁명)에만 유효하며, 형이상학적으로 일종의 국지적 정치(여기에서 체계적 관점은 더 이상 유효하지 않다)라 부를 수 있는 시의적절한 개혁이나 일상의 투쟁으로 눈을 낮출 경우, 이런 문제들은 곧 사라질 것이라는 반론을 제기한다면, 이는 당연히 핵심 쟁점을 포스트모던 정치학에 위치시키는 것일 뿐만 아니라 궁극의 판돈을 '총체화' 논쟁에 거는 것이다. 예전의 정치는 국지적인 투쟁과 전 지구적인 투쟁의 조화를 추구했다. 말하자면 투쟁을 위해 긴급한 국지적인 사건에 알레고리적인 가치를 부여했던 것이다. 즉 국지적인 투쟁이 전체적인 투쟁 자체를 대표하고, 그에 따라 변형된 전체적인 투쟁이 지금-여기에 현현하도록 하는 것이다. 정치는 이러한 두 층위가 조화를 이루어야만 작동한다. 그렇지 않을 경우 한편으로는 각 층위가 구체성을 벗어나 손쉽게 국가를 위한 혹은 국가를 둘러싼 관료화되고 추상화된 투쟁으로 분리되며, 다른 한편으로는 근접한 쟁점들의 무한한 연속체 속으로 밀려 들어가게 된다. 포스트모더니즘에서는 이런 '나쁜 무한성bad infinity'이 나타나며, 여기에서는 이것이 유일한 정치 형식으로 남아 니체적인 사회진화론 같은 무언가와 더불어 형이상학적 영구혁명이라는 의도된 행복감을 부여받는다. 내가 보기에 그러한 행복감은 보상의 구성체이며, 이런 상황에서는 당분간 진정한 (혹은 '총체적인totalizing') 정치는 더 이상 가능하지 않다. 아울러 정치의 부재 속에서 우리가 놓치고 있는 것이 있다면 그것은 전 지구적 차원인데, 이는 정확하게는 경제 자체의 차원 혹은 체제의 차원이다. 즉 국지적인 수준에서는 도저히 대항할 수 없는 사기업과 이윤 추구의 차원이다. 또한 나는 전 지구적 차원의 가시성visibility의 약화 같은 징후와, 총체성 개념에 대한 이데올로기적 저항, 그리고 포스트모던적 유명론의 인식론적 칼날에 대해 바짝 경계하며 주의를 기울이는 것이 정치적으로 생산적이면서도 그 자체로 진정한 정치의 소박한 형식이 될 것이라 믿는다. 특히 유명론의 인식론적 칼날은 경제적 체제와 사회적 총체성 같은 명백한 추상들을 잘라버리고, 결국에는 '구체자concrete'에 대한 예기를 '단순 특수자mere particular'로 대체하여, (생산양식 자체의 형식으로 존재하는) '일반자general'를 가려버리기 때문이다.

그러나 '신사회운동'이 '후기자본주의'의 효과이자 결과인 한, 그것이 포스트모던적이라 말하는 것은 어떤 가치 평가도 내리지 못하는 사실상 동어반복에 불과하다. 종종 고전적인 유형의 계급 정치에 대한 향수라고 규정되는 것은 일반적으로 그저 정치 자체에 대한 '향수'일 가능성이 더 크다. 강렬한 정치화의 시대와 그 이후의 탈정치화 및 쇠퇴의 시기라는 모델이 호황과 침체의 경기순환이라는 경제적 리듬을 본뜬 것임을 감안하면, 이 감정을 '향수'라고 묘사하는 것은 저녁식사 전의 육체적 배고픔을 '음식에 대한 향수'라고 설명하는 것과 다르지 않다.

V. 유토피아에 대한 불안

우리가 몇몇 포스트모던 정치 이데올로그들의 프로그램화된 정식과는 다른 의견을 갖는 것이 허용되는 곳이 있다면, 아마도 그 주장의 형식이 아닌 내용일 것이다. 연대의 정치가 작동하는 방식에 대한 라클라우와 무페의 전범적인 설명에 따르면, 그것은 각 당파들이 정렬할 수 있는 "등가성equivalence"의 축을 정립하는 것인데, 그들이 지적하는 바처럼 등가성은 특정 쟁점을 중심으로 구성되지만 그 쟁점의 내용은 등가성 구축과 아무 관련이 없다. (예컨대 그들은 구체적이고 독특한 추측을 통해 "사회의 **모든** 층위에서 벌어지는 일들은 [……] 절대적으로 경제적 층위에서 벌어지는 일에 의해 결정될 [수도 있다]"는 이론적 가능성을 열어둔다.)[19] 분명한 것은 높은 빈도로 낙태나 핵에너지 같이 계급과 무관한 쟁점들을 중심으로 등가성이 형성되리라는 것이다. 이런 상황에서 '계급 정치에 대한 향수'를 가진 사람들이 주장하고자 하는 바는 이런 연대가 '잘못'됐다는 것이 아니다(여기에서 '잘못'이 무엇을 의미하던 그건 중요하지 않다). 그들이 주장하는 바는 그러한 연대는 일반적으로 계급을 중심으로 조직된 연대에 비해 오래 지속되지 않는다는 것이다. 좀더 나은 표현을 쓰자면, 그러한 연대가 계급의식을 함양하는 방향으로 발전한다면 좀더 내구성 있는 정치세력과 운동이 될 수 있다는 것이다. 불운했던 포스트모던 정치 지도자들은 이따금씩 계급에 기반하지 않은 운동을 '거부한다'고 나를 비난하면서, 그 대신 무지개 연대를 제안했다.[20] 그런데 여기에서 주목해야 할 것은 잭슨Jesse Jackson의 경험*이 이런 점에서 전형적인 사례라는 것인데, 그 이유는 그가 노동계급의 경험이 연대의 등가성이 능동적으로 결합되게 하는 매개체로서 '구축'되지 않았다는 연설을 한 적이 거의 없기 때

---

* '제시 잭슨'(1994~)은 1984년과 1988년 미국 대통령 선거에서 민주당 전국 경선에 출마했던 흑인 정치 지도자로, 1984년 당시 무명의 정치인이었던 그는 경선을 3위로 끝내며 큰 파장을 일으켰다.

문이다. 하지만 계급 정치의 레토릭과 총체화의 언어가 의미하는 것, 즉 잭슨의 활동이 우리 시대의 정치 영역을 위해 실질적으로 재창안한 것이 바로 그것이다.

'총체화totalization' 자체에 대해서 이야기해보자면, 이것은 분명 포스트모더니스트들에게는 가장 추악한 과거의 악덕으로서, 새로운 시대의 포퓰리즘적인 건강과 몸 관리를 위해서는 근절해야 할 대상이다. 험프티 덤프티Humpty Dumpty* 같은 개인들은 총체화라는 말을 통해 자신이 원하는 의미를 다 표현하지 못할 수도 있지만, 집단이라면 가능하다. 그리고 총체화에 대한 최근의 억견("'총체화한다'는 것은 단순한 통합이 아닌, 권력과 통제의 눈을 통해 통합한다는 것을 의미한다. 또한 이 용어 자체는 이질적인 요소들을 통합하는 휴머니즘적이고 실증주의적인 체계 이면에 숨겨진 권력관계가 존재함을 지시한다")[21]에도 불구하고, 우리가 망각된 소수자나 하층계급의 역사를 구원해내듯 인내심을 가지고 그 단어의 실제 역사를 검토할 수만 있다면, 그 단어는 더 이상 문제되지 않는다.

총체화라는 용어는 사르트르의 『변증법적 이성 비판*Critique of Dialectical Reason*』의 기획과 연결된 신조어로서, 우선 **총체성**totality이라는 또 다른 낙인찍힌 단어와 명확히 구별되어야만 하는데, 이 단어에 대해서는 뒤에 다시 논의하도록 하겠다. 사실 **총체성**이라는 단어가 가끔씩 전체에 대한 어떤 특권화된 조감bird's-eye view 내지는 대문자 진리Truth를 시사한다면, 총체화의 기획은 정확히 정반대의 것을 암시

---

* '험프티 덤프티'는 영미권에서 애창되는 동요의 제목이자 그 속에 등장하는 캐릭터인데, 일반적으로 계란의 형상을 하고 있으며 높은 곳에 있다가 떨어져서 깨지는 것으로 묘사된다. 이런 맥락에서 보자면 험프티 덤프티는 현대의 파편화된 개인의 표상이라 할 수 있다.

하며, 또한 그 전제는 어떤 개인이나 생물학적인 인간 주체가 그러한 위치를 채택하거나 성취하는 것은 고사하고 그것을 상상하는 것조차 불가능하다는 것이다. 어디에선가 사르트르는 이렇게 말한다. "때때로 우리는 편파적인 요약을 한다." 특정 관점이나 시점을 통한 요약은 편파적일 수밖에 없지만, 그럼에도 불구하고 그것은 총체화의 기획이 유명론에 대한 답변이 될 수 있음을 의미한다(이에 대해서는 사르트르와 연관하여 뒤에서 좀더 부연하도록 하겠다). 모더니즘의 총체화와 포스트모더니즘의 '총체성과의 전쟁' 속에서, 우리가 먼저 상기해야 할 것은 바로 구체적인 사회적·역사적 상황이다. 그래야만 그에 대해 답할 수 있다.

만약 어떤 단어의 의미가 곧 그 용법이라면, 사르트르의 "총체화"는 그 기능을 통해 가장 잘 파악될 수 있다. 즉 총체화는 적어도 지각과 행동이라는 두 가지 인간 활동의 공통분모를 에워싸고 찾아내는 것이다. 젊은 사르트르는 이미 부정negation과 무화néantisation의 개념하에서 이 두 활동의 지배적인 특징 중 하나를 통해 그 둘을 결합시켰다. 왜냐하면 그에게 지각과 행동은 이를 통해 실제로 존재하는 세계가 부정되고 다른 어떤 것으로 변화되는 형식이기 때문이다(지각 혹은 인지와 관련하여 이를 단언하는 데 따르는 복잡한 문제들이, 그의 초기 거작 『상상계The Imaginary』에서 떠안았던 문제의 일부였다. 예컨대 이 책에서 감각 지각은 색깔이나 질감이 무엇보다도 내가 **아니**며 의식도 **아니**라는 강렬한 각성이라 설명된다). 『존재와 무Being and Nothingness』를 집필했던 시절의 사르트르에게 "무화"는 이미 일종의 총체화하는 개념이었다. 말하자면 그것은 숙고와 행동이라는 두 영역을, 행동 속에 숙고를 용해시키는 쪽으로 나아가는 관점과 통합하는 것을 목표로 하기 때문이다. 이는 그가 이후에 제안한 "실천praxis"의 등가물을 통해서 강화되었는데, 이때 실천은 지각과 생각 또한 포괄한다(지각과 생각이라는 두 영역에서 그러한 굴욕적인 포괄로부터 탈출하려는 아주 전문화된 부르주아적 시도를 제외한다면 말이다). 게슈탈트Gestalt 심리학에서 말하는 색 바랜 잔상이 이제는 '실천' 자체의 등가물로서 '총체화'라는 새로운 단어가 지니는 장점을 명시하는 데 도움이 될 것 같다. 그 개념이 부분적으로 인간 행동에 내재된 통합unification을 강조하기 위해 고안됐다는 것은 부정할 수 없다. 그리고 이전에 부정이라고 불렸던 방식 또한 새로운 상황을 구축한다고 볼 수 있다. 즉 하나의 구조물로 통합하고, 새로운 관념이 예전 관념과 상호 관계를 갖게 하며, 시각적이건 청각적이건 새로운 지각을 적극적으로 확보하여 새로운 형식으로 강제로 변환시키는 것이다. 엄밀하게 말해 사르트르에게 총체화한다는 것은 그 기획을 통해 적극적으로 추동되는 행위자가 구체적인 대상이나 항목을 부정하고, 그것을 보다 큰 진행-중인-기획 속에 재통합시키는 과정이다. 철학적으로 본다면 그리고 종種에 진정한 돌연변이가 없다면, 자본주의의 3단계인 포스트모더니즘하에서 인간 행위가 어떻게 이런 아주 일반적인 공식을 탈피하거나 회피할 수 있는지 알긴 힘들다. 비록 포스트모더니즘의 이상적인 이미지, 특히 정신분열적 이미지는 명백히 그 공식을 비난하도록 의도되었으며, 또한 그러한 공식하에 동화되거나 포괄될 수 없는 것으로 존재하도록 계획되었더라도 말이다. '권력'에 대해서 말하자면, 실천이나 총체화는 언제나 (만약 그것이 없었다면) 그 누구의 변덕이나 욕망에 흔들리지 않고 독립적으로 존재하는 세계 속의 아주 나약한 주체들을 나약하게나마 통제하거나 그들의 생존을 보장하려는 목표를 갖는다. 내 생각에 권력을 빼앗긴 자는 권력을 원하지 않으며, 언젠가 보드리야르가 말했던 것처럼 "좌파는 패배하길 원하고," 무엇보다도 타락한 우주 속에서 실패와 나약함은 '기획'과 '편파적 요약'보다 진정성 있다는 주장이 가능할 수도 있다. 그러나 나는 많은 사람들이 실제로 그렇게 느낄지 의심하지 않을 수 없다. 진정으로 존경받고자 한다면, 그러한 태도가 불교의 가르침에 이를 정도로 확실히 절대화되어야만 한다. 어쨌든 이 또한 잭슨의 선거운동이 우리에게 가르쳐준 교훈은 분명 아니었다. 『1984』가 그리고 있는 모든 무시무시한 이미지들을 보자면, 그것들은 이전 세대에 비해 고르바초프Mikahail Gorbachev 시대에 들어와서는 훨씬 더 터무니없는 것이 되었다. 그리고 그것은 단숨에 사회주의의 죽음을 선포하고 그것의 강력한 전체주의적인 폭력적 충동에 대한 등골 서늘한 메시지를 전달하고자 만들어낸 난해하고 모순적인 작전이었다고 말하더라도 결코 과장은 아니다.

'총체화' 개념에 대한 적대감은 그러한 실천이나 집단적 기획의 개념과 이상 들에 대한 체계적인 거부라고 해독하는 것이 가장 타당해 보인다.[22] 총체화 개념과 명백한 이데올로기적 동질성을 지닌 '총체성' 개념에 대해 언급하자면, 뒤에서 보겠지만 그것은 '생산양식' 개념에 대한 하나의 철학적 형식으로 파악될 수 있다. 그리고 그것은 〔총체화와〕 마찬가지로 포스트모더니즘이 전략적으로 회피하거나 배제하려는 개념인 듯하다.

하지만 이 논쟁의 보다 철학적인 가면들 중 몇몇에 대해서 최종적인 언급이 필요하다. 이 논쟁에서 '총체성'과 '총체화'라는 말은 서로 구별되지 않을 정도로 혼동되고 있으며, 또한 이제는 더 이상 정신적 스탈린주의에 대한 기호로도 받아들여지지 않고, 오히려 진리라는 허상, 한 보따리의 제1원칙들, 개념적인 의미에서의 '체계'에 대한 학문적 욕구, 종결과 확실성에 대한 열망, 중심화에 대한 믿음, 재현에 대한 헌신, 그리고 그 밖의 여러 고리타분한 사고방식으로 가득한 철저히 형이상학적인 잔재를 지시하는 기호라 할 수 있다. 의아스러운 것은 후기자본주의에서 새롭게 발견된 다원주의와 동시에, 적극적인 정치적 실천이나 저항이 현저하게 쇠퇴하면서, 그러한 절대적 형식주의 formalism들이 나타나기 시작했다는 것이다. 사람들은 주어진 지적 작업 내에서 〔형식에 반대되는 것으로서의〕 내용의 잔존을 낡은 의미에서의 〔진리에 대한〕 '믿음'의 감출 수 없는 흔적이라고 진단한다. 다시 말해서 그것은 지속적으로 존재하는 형이상학적 공리 및 통념에 어긋나는 가정들에 의해 남겨진 얼룩이며, 기본적인 계몽주의적 프로그램에 따라 아직 일소되지 않은 잔재라는 것이다. (특히 존 듀이John Dewey나 특정 프래그머티즘과의 유사성을 보자면) 마르크스주의는 그러한 감추어진 전제들에 도전한다는 것에 대해 상당히 공감했을 것이 분명하다. 하지만 마르크스주의는 특정한 유형의 내용을 특권화하는 것이 '사물화'라고 폭로하듯이, 그러한 전제들을 이데올로기로 규정한다. 어떤 경우에서건 변증법은 정확히 그런 의미에서의 철학이 아닌, 다른 특수한 어떤 것으로서 '이론과 실천의 통합체'라고 할 수 있다. (잘 알려져 있다시피 철학의 실현이자 철폐와 연관되어 있는) 그것의 이상은 보다 나은 철학의 발명, 즉 괴델의 유명한 중력의 법칙과는 정반대로 어떠한 전제도 없이 〔진리를〕 추구하는 철학을 발명하는 것이 아니다. 오히려 자연적·사회적 세계를 의미로 충만한 총체성으로 변화시킴으로써, 철학적 체계의 형식 내에서 그런 '총체성'이 더 이상 요구되지 않게끔 하는 것이다.

그러나 이제는 관행이 되어버린 그러한 반유토피아적 태도 속에는 흔히 은폐된 채 전제되어 있는 실존주의적 주장이 존재한다. 그것은 프랑크푸르트학파의 철학에서 상정한 것과 같은 "동일성"부터 앞에서 이미 언급한 (사르트르의) "총체화"와 (루카치의) "총체성"이라는 동질적인 언어에 이르는 광범위한 낙인찍힌 용어들에 의해, 그리고 심지어 유토피아적 언어 그 자체에 의해서도 무분별하게 난발됨으로써, 이제는 일반적으로 최근 사회의 체계적 변화에 대한 음어처럼 인식되고 있다. 이러한 숨겨진 주장은 그런 모든 주제의 목적이나 지배적 용어를 본질적으로 헤겔의 개념인 "화해Versöhnung"의 이런저런 변종으로 상정한다. 다시 말해서 각각 급진적으로 분리되거나 소원해진 주체와 대상 사이의 궁극적 재통합, 혹은 심지어 (해설서 속의 헤겔에 대한 도식적이고 간략한 설명에 의존하고 있음이 드러나는 용어인) 양자 간의 새로운 "종합synthesis"의 가능성에 대한 환상으로 상정한다. 그렇다면 이런 의미에서의 "화해"는 '현전'에 대한 이런저런 환상이나 '현전'의 형이상학과 동화되거나, 다른 포스트컨템퍼러리한 철학적 약호들 내에서의 등가물과 동화된다.

그러므로 반유토피아적 사유는 여기에서 어떤 핵심적인 매개와 연관되어 있지만, 그 매개가 무엇인지는 항상 명확하게 밝히지 않는다. 그러한 사유는 유토피아나 급진적으로 다른 사회에 대한 사회적·집단적 환상에는 결함이 있다고 주장하는데, 그 이유는 무엇보다도 거기에는 처음부터 결함이 있는 개인적·실존적 환상이 투여되고 있기 때문이라는 것이다. 이런 심층적 주장에 따르면, 그러한 환상이 정치와 사회적 영역에 투사될 수 있는 것은, 동일성〔혹은 정체성〕의 형이상학이 사적인 삶의 도처에서 작동하고 있기 때문이다. 물론 그러한 추론은 암시적으로건 명시적으로건 집단과 정치에 대한 상당히 오래된 중간계급의 관념을 폭로한다. 즉 집단과 정치는 비현실적이며, 또한 주관적이고 사적인 강박들이 유해한 방식으로 투사되는 공간이라는 것이다. 그러나 이러한 관념은 그 자체로 현대 사회에서의 공적 삶과 사적 삶의 분열이 가져온 효과일 뿐만 아니라, 학생운동을 오이디푸스적인 반항으로 특징짓는 것과 같이 친숙하고 저급한 형식을 취하기도 한다. 그런데 최근의 반유토피아적 사유는 이렇게 지루하고 가망 없어 보이는 토대 위에 훨씬 더 복잡하고 흥미로운 주장들을 세우고 있다.

한편 유토피아적 사유에 대한 첫번째 공격에 뒤따르는 정치적 후속 작업은 실존적 허상의 힘에 대한 정치적 비전을 규탄하는 것인데, 이는 다른 유형의 반응을 요구한다. 하지만 여기에서 이에 대해 논하지는 않겠다. 이런 결론 중 가장 유명한 것은 비록 전혀 효과가 없긴 않아도 온건해 보이는 유토피아적 사유가 실제로는 위험하며, 무엇보다도 결국에는 스탈린의 수용소나 폴 포트Pol Pot 혹은 (200주년이 되면서 새롭게 재발견된) 프랑스혁명의 '대학살'로 이어질 수밖에 없다는 것이다(이 '대학살'은 즉각 에드먼드 버크의 핵심적인 사상으로 우리를 이끄는데, 그는 먼저 폭력은 기존 사회질서의 유기적 구조에 간섭하고 이를 변화시키려는 인간의 오만함으로부터 발생하기 마련이라고 경고했다).

그러나 종종 이와 더불어 상당히 다른 '결론'도 공존하는데, 그것은 리비도적 공포나 판타지이다. 즉 '주체와 대상 사이의' 유토피아적 '화해'가 이루어지는 유토피아 사회는 어쨌든 금욕의 장소이자 삶이 단순화되는 장소이며, 활기 넘치는 도시의 차별성을 삭제하는 장소인 동시에 감각적 자극을 약화시키는 장소이리라는 것이다(여기에서는 성적 억압과 금기에 대한 공포가 명시적으로 표출된다). 결국 그곳은 '시골의 순박함'이라는 단순하고 '유기적인' 마을의 〔삶의〕 형식으로 회귀하여, '서구 문명'의 온갖 흥미롭고 복잡한 것이 잘려나가는 장소라는 것이다. '유토피아'에 대한 이러한 공포나 불안은 그 자체로 사회학적 연구를 요하는 구체적인 이데올로기적·심리학적 현상이다. 하지만 그러한 학문적 표현에 대해서, 작고한 레이먼드 윌리엄스는 사회주의가 자본주의보다 단순하지 않으며 오히려 훨씬 더 복잡할 것이라는 응수로 간단명료하게 처리해버렸다. 또한 그에 따르면 인간 역사상 최초로 인간이 자신의 운명을 완전히 통제할 수 있는 사회의 일상과 조직을 상상한다는 것은, 현재의 "관리 세계"를 사는 주체들에게는 무섭도록 난해하며 종종 그들을 경악케 하는 마음의 부담을 요구한다.

하지만 이런 식으로 말하면 사회주의적 이상이란 궁극적으로 형이상학을 종식시키고 성취된 '인간의 시대'라는 비전의 최초의 요소들을 기획하려는 시도임을 상기시키게 되는데, 그러한 사회에서는 신의 '보이지 않는 손'이나 자연, 시장과 전통적 위계질서, 그리고 카리스마적 지도자는 분명 사라질 것이다. 그렇다면 최근의 반유토피아적 입장의 모순은, 화해와 현전에 대한 실존주의적 환상 속에서 (아주 적절하게) 형이상학적이라 확인된 것이 세속적인 정치적 이상으로 '투사되는' 방식에 있는데, 〔하지만〕 그 정치적 이상은 사실상 최초로 인간 사회 자체의 수준에서 형이상학적 권위를 끝장내고자 하는 것이다.

그런데 반유토피아적 사유의 철학적 내용은 우리가 그것의 중간 단계라고 불렀던 곳에 위치할 것이다. 즉 '동일성'을 이런저런 형태의 변증법적 '화해'와 융합하는 단계이다. 지금부터 이에 대한 논의로 돌아가 보자. 아이러니하게도 그 주장의 이 단계가 갖는 힘은 상대적으로 변증법적이다. 왜냐하면 그것이 일반적으로 강조하는 것은 화해나 현전에 대한 즉각적인 경험이 아니기 때문이다. 그러한 즉각적 경험을 진정한 실존이라 주장하는 사람들은 다양한 종류의 신비주의자를 제외한다면 거의 없다. 오히려 그것이 강조하는 것은 그 [화해나 현전에 대한] 경험이 미래에는 존재할 수도 있다는 환상으로 인해, 혹은 같은 말이지만 우리의 작업 개념 내에 있는 그것에 대한 논리적 전제와 함의로 인해 받게 될 손상이다. 따라서 앞에서 말한 두번째 손상에 대해서 먼저 논의해보자면, '주체'와 '대상' 같은 개념들은 주체와 대상의 '화해'라는 관념을 암시하는 것처럼 보일뿐만 아니라, 논리적으로 그러한 관념에 입각해 있다는 점에서 결함이 있다. 그 화해는 환상에 불과하다. 따라서 그러한 '변증법적' 개념을 조작하는 사람은, 화해의 구체적 가능성에 대해 무엇을 계속 **말하든** 관계없이(그리고 아도르노의 독자라면 그러한 [논리] 선상에서 어떤 안도감도 찾지 못할 것이다), 논리적 함의를 통해 사실상의 내러티브나 심지어 역사적 패턴에서도 작동하는 것으로 보이는 은밀하고 근본적인 '종합'을 영속화한다. 즉 주체와 대상의 분리 이전의 '시원적 통일성'의 순간, 그리고 주체와 대상이 다시 한 번 '화해'하게 될 종말의 시간에 재창안된 통일성의 순간을 영속화하는 것이다. 이에 따라 마르크스주의적 '역사의 비전'과 손쉽게 동일시되는 향수적 유토피아의 삼각형이 형성된다. 먼저 타락 이전의 황금시대, 즉 자본주의로 인한 해체 이전의 시대로서, 각자가 좋아하는 시대를 선택적으로 지정할 수 있다. 예컨대 원시공산제나 부족사회, 고대 그리스나 르네상스의 도시국가, 국가권력 탄생 이전의 민족적·문화적 전통을 가진 농경 공동체를 그곳으로 지정할 수도 있다. 그다음은 '근대' 혹은 달리 말하면 자본주의 시대이다. 세번째는 자본주의를 대체할 수 있는 모든 유토피아적 비전이다. 그러나 내가 오해하고 있는 것이 아니라면, 문명으로의 '타락'이나 근대 혹은 '감수성의 분열'과 같은 관념은 오히려 마르크스보다 앞서 자본주의를 비판했던 우파 비평의 특징이다. 그리고 그중에 T. S. 엘리엇의 역사에 대한 관점은 여전히 휴머니스트들에게 가장 친숙한 판본이다. 반면에 '생산양식'의 중층성에 대한 마르크스주의 개념은 이런 향수 어린 삼각 내러티브를 상대적으로 상상 불가능하게 만든다.

예를 들어 아도르노와 호르크하이머의 경우, 그들의 "계몽의 변증법" 개념의 독특한 창의성은 그 어떤 시작이나 최초의 지점도 배제하고, "계몽"을 "언제나 이미" 존재하는 과정으로 명확하게 기술한다는 점이다. 그러한 과정의 구조는 정확하게 계몽에 선행하는 것(이 역시 계몽의 형식이다)이 신화의 저 '기원적' 순간, 즉 자연과의 시원적 합일이라는 환상을 생성해내며, '참된' 계몽의 소명은 그 환상의 무효화라는 것이다. 따라서 만약 그것이 역사적 이야기를 말하는 문제라면, 우리는 아도르노와 호르크하이머가 시작은 없으나 언제나 이미 '타락'이나 분리가 존재하는 내러티브를 상정하고 있다고 해석해야 한다. 그러나 만약 우리가 그들의 책을 역사적 비전이나 내러티브 자체가 지니는 특이성과 구조적 한계와 병리학적 측면 들에 대한 진단으로 재해석하고자 한다면, 우리는 다소 다른 방식으로 결론을 내릴 수도 있다. 즉 '시원적 통일성'의 낯선 잔상은 언제나 역사의 눈이 그것의 '필연적' 과거로서 고정시켜버린 현재의 무언가에 사후적으로 투사되는 듯 보이지만, 결국 전면을 향한 시선이 그것으로 옮겨지는 순간 그 잔상은 흔적도 없이 사라진다는 것이다.

이 모든 것에 대한 데리다의 영향력 있는 판본은 루소의 시원적 판본을 주제로 삼고 있는데, 이는 앞에서 개략적으로 설명한 분석보다 더 섬세하고 복잡하다. 왜냐하면 그는 유토피아주의자들이 정의상 언어 자체가 결여된 상황을 환기시키기 위해 사용했된 바로 그 언어를 그림에 첨가하기 때문이다. 여기에서 ('의식'과 생각하기의 문제 같은) 개념적 혼동이나 철학적 오류는 문장구조의 치명성에 의해 치환되는데, 이 문장구조는 유토피아 '사상가'가 문장을 자신이 원하는 방식대로 사용할 수 없도록, 즉 말하기와 글쓰기라는 자신의 현재와는 급진적으로 다른 어떤 것을 확보할 수 없도록 만들어져 있다. 반면에 말하기와 글쓰기의 '현재'는 그 자체로 허상적인 것으로(이는 문장이 해석학적 순환의 법칙에 따라 시간에 맞춰 움직이기 때문이다), 그것을 통해 현재present나 현전presence에 대한 어떤 적당한 그림을 '시간'상의 다른 어떤 곳에 배치하는 일은 거의 불가능하다. 데리다의 대리보충supplementarity 개념은 종종 반유토피아 진영의 무기고에 논쟁의 무기이자 논거로서 징집되곤 했다. 하지만 이제는 그것이 문장 자체에 대해 이끌어낼 수 있는 결과들의 총화로서 전혀 다른 방식으로 해석될 수는 없는지 살펴보는 것이 더 나을 수도 있다.

하지만 '화해'에 대한 이런 입장을 일종의 데리다적인 '이데올로기'의 형식을 통해 언어의 영역에서 끌어내어 실존의 영역으로 다시 투사한다면, 그 입장은 다른 판본들과 뒤섞여 예전 사르트르의 언어에서 가장 극적으로 표현되었던 일종의 시간성의 윤리가 된다(하지만 이런 사유에서 사르트르의 유산은 당시 부상하던 구조주의와 사르트르의 현상학 사이의 강력한 단절로 인해 완전히 사라지진 않았더라도 그 빛을 잃었다). 예를 들어 『존재와 무』에서 "현전" 혹은 주체와 대상 사이의 화해는 사물의 "즉자존재being-in-itself"의 안정된 충만함을 〔자신의 내부에〕 포함시키려는 ("대자존재being-for-itself" 혹은 의식의) 필연적이지만 불가능한 열망으로 제시된다. 먼저 의식을 구성하는 것은 단지 실제로 완전히 사물 자체가 되지 않으면서도, 다시 말해서 죽지 않고서도 '존재'를 흡수하고자 하는 이런 열망이다. 모든 인간의 시간성은 그저 우리가 닿을 수 없는 곳에 있는 주체−대상의 화해의 충만함이라는 이 신기루에 의해 추동된다. 그리고 사르트르의 현상학적 용어가 지닌 장점은 이러한 드라마를 단순한 인식론이나 미학을 훨씬 넘어서 확장시킴으로써, 그것이 가장 장엄한 형이상학적 입장이나 갈등에서와 마찬가지로 일상의 작은 틈과 사소한 일 속에서도 충분히 작동하고 있음을 보여준다는 것이다. 따라서 갈증 속에서 한 잔의 물을 마시는 행위는 갈증 해소라는 충만함의 유령적인 절박함을 표현하지만, 그 충만함은 실현되지 못한 채 과거 속으로 후퇴하고 만다.

이러한 존재의 신기루는 또한 우리의 야망과 취향, 섹슈얼리티와 타인을 대하는 방식, 여가뿐만 아니라 노동까지 지배하지만, 아울러 '텍스트적'인 혹은 해체적인 언어로 손쉽게 번역될 수 있는 〔현실에 대한〕 진단과 윤리에 영감을 주기도 한다. 말하자면 이런 환상을, 즉 사르트르의 체계 내에서 이미 형이상학적이라 지목된 환상을 근본적으로 회피할 수 있는 삶의 방식을 상상하려는 시도가 그렇다. 예컨대 "즉자대자존재in-itself-for-itself"(혹은 "종교에서 신이라 부르는 것")가 되고자 하는 열망 없이 살아갈 수 있는 삶이나, 우리의 가장 사소한 제스처와 느낌 들의 미시구조까지 내려가는 삶이 그것이다. 이러한 반反

초월적 인간 실존(사르트르는 이를 "진정성"이라 부르는데, 그는 자신의 파편적인 철학적 후속 작업에서 그것을 순수한 개인 실존의 측면에서는 완전히 해명하지 못했다)의 윤리적 이상은 분명 모든 포스트-니체적인 계몽적 비전 중에서 가장 훌륭한 것으로, 종교와 형이상학과 초월성을 추적하여 오로지 겉으로만 '계몽된' 근대 세계에서 가장 세속적으로 보이는 공간과 사건까지 파고든다. 이는 아도르노의 계몽 개념보다는, 형이상학에 대한 데리다의 정밀한 검토와 좀더 밀접하게 연관된다. 아도르노는 분명 사르트르를 존경했으나, 실존적 사유와 분석에 내재된 개인에 대한 초점은 완강히 거부했다. 아도르노에게 그것은 자신의 정치적·철학적 경쟁자였던 하이데거의 작업과 불가분했기 때문이다.

그러나 완전한 포스트모더니즘 속에서 진정한 혹은 '텍스트화된' 실존이라는 겉보기에는 유토피아적이고 실현 불가능할 듯한 비전에 대해 오늘날 질문할 가치가 있는 것은, 그것이 어떤 의미에서는 이미 사회적으로 실현된 것은 아닌가와, 그러한 실존이 정확히 포스트모던이라는 말이 지칭하는 일상과 심리적 주체의 변화 중에 하나는 아닌가의 문제다. 그런 경우 모더니티 내에 계속 잔존하는 형이상학의 그림자와 흔적에 대한 비판은 역설적이게도 모더니즘의 형이상학적 잔여물에 대한 포스트모더니즘의 승리를 반복하는 것으로 변질된다. 즉 심리적 정체성이나 중심화된 주체에 대한 환상을 떨쳐버리고, 훌륭한 분자적이고 '정신분열적인' 삶이라는 윤리적 이상을 따르며, 현전이라는 신기루를 가차 없이 포기하라고 요구하는 것은, 현재 우리의 삶의 방식에 대한 설명일 뿐 그에 대한 비난이나 전복은 아닐 것이다. 아도르노의 삶은 이런 '신세계'의 문턱에서 끝났다. 그는 그 신세계를 예언자적인 태도로 이따금씩 상상했을 뿐이다. 그러나 초월과 형이상학의 불가능성에 대한 그의 입장은 여전히 유익하다. 만약 그 입장이 이런 사라져버린 것에 대한 애도가 보수적이거나 향수 어린 것일 필요가 없다는 걸 분명히 한다면 말이다. 왜냐하면 철학의 형이상학적이고 사색적인 소명의 상실 속에서 그가 보았던 것은, '마치 ~이듯'이라는 가정법 위에서 철학의 소명을 복원시킬 수 있는 프로그램이 아닌, 현대 사회의 테크노크라시화에 대한 가장 중요한 역사적 징후이기 때문이다.

그러나 최근의 반유토피아적 사유에 내재하는 실존주의적 전제들에 대한 이런 긴 여담으로부터 또 다른 결론을 도출할 수 있다. 왜냐하면 그것은 우리가 현전이나 충만함 혹은 '화해'라는 개인과 실존의 형이상학을 사회체제 자체를 바꾸려는 정치적 의지와 융합하기보다는, 그 둘 사이의 연결 고리를 끊어내야 한다고 암시하기 때문이다. 이런 새로운 보수주의의 검증되지 않은 전제는, 급진적으로 다른 사회에 대한 정치적 비전은 정체성이라는 사적 형이상학의 투사물에 불과하며, 따라서 정체성의 형이상학과 더불어 그러한 정치적 비전도 거부되어야 마땅하다는 것이다. 하지만 정치적으로나 이데올로기적으로나, 상황은 사실상 그와 정반대다. 오히려 실존의 형이상학에 대한 철학적 비판의 힘은 사회 변화의 정치적 비전들(다른 말로 '유토피아들')을 분해하려는 기획에 봉사하라고 압박받고 있다. 그러나 이 두 층위에 어떤 공통점이 있다고 생각할 아무런 이유도 없다. 반유토피아주의는 주로 그에 대한 논증도 없이 그 둘 사이의 '동일성'을 인정하고 있다. 하지만 완전히 인간적이고 지금의 사회보다 훨씬 더 복잡한 사회를 향한 유토피아적 이상에, 실존주의적 비판에 의해 폭로된 〔향수 어린] 열망과 환상을 투여할 필요는 없다. 그런 [유토피아적] 사회와 연관된 궁극의 불안감은 유물론적이고 생물학적인 것으로, 인간의 역사가 죽어가는 세대들의 어지러운 연속체이자 정신에 대한 일반화된 인구학적 스캔들임이 폭로되는 것에 대한 불안감이다. 이것들은 아도르노가 인간 역사가 아닌 자연의 영역에 할당했던 것이다. 그러한 영역에 대한 근원적인 텍스트는 토머스 모어나 도스토옙스키Fyodor Dostoevsky의 「대심문관The Grand Inquisitor」이 아니다. 아마도 카프카의 「가수 요제피네 혹은 쥐의 족속Josephine the Singer, or the Mouse Folk」이나 어쩌면 불교의 고전들이 그와 가까울 것이다.

VI. 차이의 이데올로기

소집단과 차이의 이데올로기는 철학적으로든 정치적으로든 독재를 향해 제대로 된 한 방을 날리지 못한다. 하지만 린다 허천의 주장처럼, 그 이데올로기의 진짜 공격 목표가 다소 다른 것일 수도 있다. (토크빌Alexis de Tocqueville이라면 여전히 '독재'라고 규정지었을 법한) 그것은 바로 합의consensus다.

휴머니즘을 향한 이 모든 내부의 도전에서 중요한 것은 합의라는 관념에 대한 추궁이다. 한때 우리가 문제의식 없이 보편적으로 대중적 동의라고 정의할 수 있다고 생각하게 해주었던 모든 내러티브나 체계가, 이제는 이론과 예술적 실천 속에서 차이에 대한 인정을 통해 의문의 대상이 되고 있다. 그 결과 가장 극단적인 정식화에 의하면, (교육을 받고,

예민하고, 엘리트적인) 소수의 측면에서 정의되든, 아니면 (상업적이고, 민중적이며, 관습적인) 대중의 문화라는 측면에서 정의되든 관계없이, 합의는 합의의 환상에 지나지 않게 되었다. 왜냐하면 양쪽 **모두** 후기자본주의·부르주아·정보화·탈산업화 사회의 징후, 즉 사회의 리얼리티가 (복수의) 담론에 의해 구조화되는 사회, 혹은 포스트모더니즘에 의해 그렇게 구조화된다고 설파되는 사회의 징후이기 때문이다.[23]

하지만 만약 그렇다면 사회적·정치적 공격 목표가 부지불식간에 전이되고, 하나의 생산양식이 다른 생산양식으로 대체된 것이다. '독재'는 앙시앵 레짐을 의미했다. 그리고 그것의 근대의 유사물이라 할 수 있는 '전체주의'는 사회주의를 뜻한다. 그러나 '합의'는 이제 비밀투표와 여론조사를 갖춘 대의민주주의를 지칭한다. 이제 그러한 대의민주주의가 이미 객관적인 위기에 처해 있으며, 신사회운동들에 의해 정치적인 도전을 받고 있다. 그런데 그 사회운동 중 어느 것도 특별히 합법적인 다수의 의지와 합의를 만족시키기는커녕, 더 이상 그것들에 호소하지도 않는다. 또한 여기에서 잠시 우리와 연관된 것을 생각해본다면, 한편으로는 그러한 구체적인 사회적 투쟁을 정확히 설명함에 있어서 차이라는 일반적 이데올로기 내지 레토릭이 갖는 적절성의 문제가 있고, 다른 한편으로는 소집단 논리의 근거이자 그 논리가 영속화하려는 사회적 총체성에 대한 심층적이고 함축적 재현 혹은 이데올로기적 모델의 문제가 있다. 앞에서 주장한 바처럼, 이 모델은 다른 두 개의 특징적인 포스트모던 체계들을(혹은 재현들!)인 미디어와 시장과의 은유적인 에너지 교환과도 연관된다.

차이의 개념 그 자체는 부비트랩이다. 그것은 적어도 의사-변증법적이며, 그것과 종종 구별되지 않는 반대항인 대문자 동일성과의 감지할 수 없는 교번交番, alternation은 (몇몇) 철학 전통에서 기록된 가장 오래된 언어와 사유의 유희 중에 하나였다. (동일자와 타자 사이의 차이는 타자와 동일자 사이의 차이와 동일한가 아니면 차이가 있는가?) 물론 차이에 대한 열정적인 옹호로 통하는 것 중 상당수는 단순한 자유주의적 관용으로, 그 입장이 갖는 공격적인 자기만족은 상당히 잘 알려져 있다. 하지만 그 입장은 적어도 당혹스러운 역사적 질문을 제기한다는 장점이 있다. 그것은 바로 사회적 사실로서의 차이에 대한 관용이 우선적으로 사회적 동질화와 표준화 그리고 진정한 사회적 차이의 삭제에 따른 결과 아닌가 하는 질문이다. 그렇다면 신新에스닉 neoethnicity의 변증법은 분명 여기에 해당된다. 왜냐하면 사람들이 생각하기에, 누군가가 어떤 집단의 구성원으로 식별된다는 선고를 내리는 것과, 다양한 선택이 가능한 집단들 중 하나의 문화가 대중적으로 가치가 있다는 이유로 그 집단의 회원증을 선택하는 것 사이에는 '차이'가 있기 때문이다. 바꿔 말해서 포스트모던 시대의 에스닉, 즉 **신**에스닉은 일종의 여피적인 현상이며, 따라서 너무 많은 매개를 거치지 않더라도 유행과 시장의 문제라고 말할 수 있다. 반면에 그러한 상황 속에서 대문자 차이에 대한 인정은 일종의 무례함이 될 수도 있다. 예컨대 누군가가 유대인인지를 확인하는 비非유대인은 자신의 의도와 무관하게 과거의 모든 반유대주의의 신호를 부지불식간에 발동시킨다. 사실 오늘날보다는 1960년대에 훨씬 더 강하게 나타났던, 신에스닉 집단이 고수하고 있는 신기루는 여전히 성공한 집단에 대한 문화적 선망이다. 예를 들어 계급의 배신자에 대한 일종의 캐리커처라 할 수 있는 '그루피groupie'는 자신의 집단보다 결속력이 강하고 오래된 집단에 대한 환상을 가지고 그들과 자신의 운명을 같이하려는 사람이다. 그 현상의 계급적 내용은 끈질기게 지속된다. 왜냐하면 경제적 필요성으로 인해 단결할 수밖에 없는 종속계급에 비해, 지배계급은 초기에는, 그리고 공포에 대한 반작용으로 다시 뭉치기 전까지는, 사회적 결속력이 약하여 개인주의와 아노미에 더 굴복하게 되는 것이 자본주의(그리고 아마도 다른 생산양식들)의 사회적 역학의 특징이기 때문이다. 만약 마르크스주의적 사회심리학의 근본적인 전제가 성공한 집단 자체가 지니는 거의 존재론적인 매력과 중력에 있다면,[24] 결국 엘리트들이 하층계급의 좀더 현실적인 사람들에 대해 느끼는 선망과 향수는 즉각적인 소여라 할 수 있다(그리고 그와 동일한 효과가 제국주의와 관광을 통해 〔제1세계의〕 메트로폴리스와 제3세계 사이에서 공간적으로 분배될 수도 있다). 그럼에도 불구하고 오늘날 에스닉이 가지는 특수한 호소력은 점차 시들해져가고 있는 듯한데, 아마도 이는 현재 지나치게 많은 소집단들이 있기 때문일 수도 있고, 그들이 (주로 미디어적 유형의) 재현과 연계되어 있는 탓에 해당 허구가 주는 존재론적 만족감이 제거되고 약화되었기 때문일 수도 있다.

다른 한편으로 만일 '차이'가 내적인 미끄러짐으로 가득한 의심스러운 정치적 슬로건이라면, 예를 들어 그것이 때로는 소름끼치게 '라이프스타일 쟁점'이라 불렸던 것에 대한 1960년대식 옹호를 적당히 연장하다가 마지막 순간쯤에 냉전 시대적인 반사회주의 슬로건으로 변모했다고 한다면, 분명 포스트모더니즘을 파악하기 위한 핵심적인 사회학적 도구(이자 무엇보다도 '차이'의 이데올로기에 대한 개념적 열쇠)인 '차이화differentiation' 역시 신뢰할 수 없게 된다. 그렇다면 이것은 시대구분이나 총체화하는 추상의 형식을 통해 '포스트모더니즘'을 파악하려는 시도 속에서 반복되는 심층적 역설이라 할 수 있다. 그 역설은 하나의 장을 통일하고 그 저변에 흐르는 숨겨진 동일자들을 상정하려는 시도와, 그 장에 내재하는 충동들의 논리, 즉 포스트모더니즘 이론이 공공연하게 차이나 차이화의 논리로 설명하고자 했던 것 사이에 존재하는 외관상의 모순 속에 존재한다. 만일 일반적인 주장처럼 포스트모더니즘에 관련된 역사적 독특함이 순수한 이질성*과 온갖 종류의 무작위적이고 상호 연관성 없는 하위 체계들의 부상임을 인정한다면, 무엇보다도 포스트모더니즘을 통일된 체계로 파악하려는 시도에는 무언가 도착적인 면이 있는 게 분명하다. 과장하지 않더라도 개념적 통합의 시도는 포스트모더니즘의 정신과는 전혀 들어맞지 않는다. 어쩌면 그것의 차이의 유희를 축소하거나 배제하고 심지어 그것의 다원적인 주제들에게 새로운 개념적 순응을 강제하는 것은, 사실상 포스트모더니즘을 '제어master'하거나 '지배dominate'하려는 시도로 치부해야 하는 것은 아닐까? 그러나 '제어하다'라는 동사에 함축된 젠더적인 측면을 배제하더라도, 우리 모두는 가능한 어떤 방법을 써서라도 역사를 '제어'하고 싶어 한다. 다시 말해서 역사의 악몽으로부터 탈출하는 것, 즉 인간이 자칫 사회경제학적 숙명처럼 보일 수도 있는 맹목적인 자연'법칙'을 정복하는 것은, 어떤 언어로 표현되건 관계없이, 마르크스주의 유산에서는 대체 불가능한 의지로 남아 있다.

그런데 차이화라는 통합된 이론에 오도되고 모순된 점이 있다는 개념도 추상화의 층위들 사이의 혼동에 기초하고 있다. 구성적인 차원

---

* 원문에서는 "heteronomy(타율성)"으로 표기되어 있으나, 문맥상 이 말은 'heterogeneity(이질성)'의 오타로 판단되어 '이질성'으로 번역했다.

에서 차이를 생산하는 체계도 여전히 하나의 체계다. 그러한 체계에 대한 관념은 그것이 이론화하고자 하는 사물과 '같은' 종류라고 여겨지지 않는다. 개의 개념은 짖지 않으며, 설탕의 개념은 단맛이 나지 않듯 말이다. 우리는 우리가 다른 사람들과 똑같다는 것을 깨닫게 되면, 우리 자신의 독자성에 있어 소중하고 실존적인 무언가를, 부서지기 쉽고 독특한 무언가를 불가역적으로 상실하리라고 느낀다. 그 경우에는 그럴 수 있다. 그런데 우리는 최악의 경우도 알아두는 편이 좋다. 〔통합된 체계에 대한〕 반대는 당연히 실존주의(와 현상학)의 원초적 형식으로서, 그러한 불안감의 등장을 먼저 설명할 필요가 있다. 내가 보기엔 이런 의미에서 포스트모더니즘이라는 전 지구적 개념에 대한 반대는 자본주의 개념 자체에 대한 고전적인 반대를 반복하고 있다. 지금 우리의 관점에선 그다지 놀랍지 않은 이 주장은, 포스트모더니즘이 체제 변화의 가장 최근 단계에 있는 자본주의와 동일하다고 일관되게 단언하는 것이다. 그러한 반대들은 본질적으로 다음과 같은 역설의 이런저런 형태를 중심으로 논의가 전개된다. 즉 비록 자본주의 이전의 여러 생산양식이 다양한 형태의 연대나 집단적 응집력을 통해 스스로를 재생산할 수 있는 능력을 성취했지만, 이와 반대로 자본의 논리는 분산적이고 원자적이며 '개인주의적'이어서 그 자체로 사회라기보다는 반사회antisociety이며, 따라서 자본의 체계적 구성은 그 재생산은 고사하고 그 존재 자체가 미스터리와 모순으로 남아 있다는 것이다. (시장이라는) 그 수수께끼에 대한 답변을 제쳐 둔다면, 이 역설을 자본주의의 독창성이라 말할 수 있을지 모른다. 그리고 그것을 정의할 때면 우리는 필연적으로 어법상 모순되는 공식들과 조우하게 되는데, 이는 언어 너머에 존재하는 사물 자체를 지시한다(그리고 변

626

증법이라는 저 특이하고 새로운 발명품도 낳는다)고 말할 수도 있다. 차후에 이런 종류의 문제를 다시 논의하기로 하고, 지금은 차이화〔분화〕라는 바로 그 개념(이를 가장 정교하게 발전시킨 사람은 니클라스 루만이다)*25)이 그 자체로 체계적인 것이라고, 혹은 원한다면 그 차이화가 좀더 추상적인 수준에서 차이의 유희를 새로운 종류의 동일성으로 전환시킨다고 다소 거칠게 지적해두는 정도로 충분하다.

여기에 타성적 혹은 외연적 차이와 변증법적 대립이나 긴장을 구별해야 하는 학문적·철학적 의무에 의해 이 모든 것은 훨씬 더 복잡해진다. 단순한 외적 차이라는 첫번째 유형을 생산하는 차이화는 현상을 무작위적이고 (포스트모더니즘적인 뉘앙스와 가치를 담고 있는 또 다른 단어를 사용하자면) '이질적인heterogeneous' 방식으로 분산시킨다. ('검정은 하양이 아니다' 같은) 이러한 종류의 구별은 ('흑인은 백인이 **아니다**' 같이) 그 존재를 자신의 대립항에 의존하는 대립과 결코 '동일'하지 않다. 따라서 이것은 **모순**이라는 중심 관념(분석 체계에는 이 말에 상응하는 말이 없다)이 여전히 최고의 자리를 차지하고 있는 변증법적 개념성의 측면에서 분석되어야 한다.

철학적으로는 이런 역설들이 포스트마르크스주의의, 그리고 그것이 칸트와 칸트주의로 전략적으로 후퇴한 단계에서의 사실상의 핵심 영역이다. 루치오 콜레티Lucio Colletti 같은 훌륭한 사상가들의 저서가 상징적으로 증언한 바처럼, 여기에서 현안은 모순과 변증법적 대립을 개념적으로 평가절하하는 식으로 헤겔과 마르크스를 후퇴시키는

---

* 루만의 "differentiation" 개념에 대해서는 5장 275쪽 옮긴이주를 참조하라. 그의 "differentiation"은 "분화"로 번역했다.

것이다. 이러한 후퇴는 '자연에서는' 변증법이 존재할 수 없으며, 엥겔스가 통념과는 다르게 ('물은 얼음 조각이 아니다' 같은) 타성적·외부적·자연적·물리적 차이들을 ('변증법적 유물론'의 많은 부분의 토대인) 변증법적 대립들로 변형시킨 것은 철학적으로 조잡하고 이데올로기적으로 의심스럽다는 '서구 마르크스주의'에 사실상 보편적으로 퍼져 있는 느낌에서, '변증법적 대립'은 심지어 '사회에'도 존재하지 않으며 변증법은 그 자체로 하나의 신비화라는 확신으로 나아가는데, 이런 첫번째 입장에서 두번째 입장으로의 전환을 '단순한 단계'라고 부르는 것은 적절치 않다. 왜냐하면 그것은 수치와 배신으로 가득한 정치적 변절이자 배교이기 때문이다. 하지만 바로 그것이 이른바 포스트마르크스주의에 나타나는 중심적인 철학적 단계다.

그러나 언제나 그렇듯 우리는 포스트모더니즘에서는 흔히 종種적으로 서로 포개져 있는 듯 보이는 동일 계열의 주제들을 분리해내고 서로 구별하는 데 모든 관심을 기울여야 한다. 일례로 차이라는 주제에서 대단히 중요한 특징이 그에 대한 모더니즘적 판본에서 중시되는데, 이는 이후에 보겠지만 서구와 그 밖의 나머지 세계 사이에 그리고 근대와 전통 사이에 급진적인 단절이 있다는 주장이다(이런 특징에 따른다면 마르크스주의는 여러 모더니즘 중에 하나라고, 어쩌면 유일한 모더니즘이라고 할 수 있다).

그런데 우리는 또한 집단 간 차이에 대한 사회적 판본(뿐만 아니라 모순과 대립 사이의 차이에 대한 철학적 논쟁)과, 차이에 관한 널리 퍼져 있는 미학적이고 심리적인 (혹은 정신분석학적인) 형식을 분리해야만 한다. 왜냐하면 특히 상당수의 정치적 범주 오류가 종종 미학적인 것으로부터 부정하게 전이된 것임을 확인할 수 있기 때문이다. 종종 텍스트성 혹은 텍스트화라 칭해지는 차이의 미학은 포스트모던 작품을 이해함에 있어 지각의 수정을 부각시킨다. 이러한 미학을 1장에서 '차이가 연결한다'라는 슬로건을 통해 설명한 바 있는데, 이후에 이런 새로운 종류의 지각에 대해 추가적인 공간적 분석을 제공하고자 한다. 심리적 주체와 그 이론에 관해 말하자면, 이는 들뢰즈와 가타리의 이상적인 정신분열증 개념에 의해 식민화된 영역이다. 만약 그런 정신분열적인 사람을 상상할 수 있다면, 그는 차이와 차이화를 통해서만 '지각'하는 심리적인 주체일 것이다. 물론 그러한 것을 상상하는 일은 하나의 이상을 구축하는 것으로, 이를테면 그들의 저작 『안티 오이디푸스Anti-Oedipus』가 제안하는 (정치적이라고는 할 수 없는) 윤리적 작업이다. 내 생각에 내면 지향적인 개인주의의 오래된 폐쇄적이고 중심화된 주체와, 파편화되거나 정신분열적인 자아라는 새로운 비非주체와 더불어, 유기적 집단이나 집합체의 일부로서 엄밀한 의미에서 비중심화된 제3의 주체를 상상할 수 있는 논리적 가능성은 제아무리 강조해도 지나치지 않다. (사실 사르트르의 총체화 이론의 마지막 형식은 그 내부에서 그러한 집단이나 주체 위치를 이론화하려는 시도 속에서 나타난다.) 한편 비록 다층적 주체 위치에 관한 이론과 레토릭이 매력적일지라도, 그것은 언제나 그런 주체 위치가 허공에서 생겨난 것이 아니라 그 자체로 기존의 이런저런 집단에 의해 호명된 역할이라는 주장을 통해 보완되어야만 한다. 따라서 누군가 (그 주체 위치들을 통합할 수도 있다는 낙인찍힌 가능성을 의도적으로 배제한 채) 자신의 다양한 주체 위치 간의 그 어떤 휴전이나 연대를 이끌어내고 싶을지라도, 궁극적으로 중요한 것은 다양한 실제 사회 집단 간의 좀더 구체적인 휴전이나 연대가 수반되어야 한다는 것이다.

영향력 있지만 이제는 다소 유행이 지난 알튀세르의 "호명interpellation" 모델에 대해 반드시 지적해야 할 점은, 그 모델이 이미 처음부터 소집단 지향적인 이론이었다는 것이다. 왜냐하면 계급 자체는 결코 호명의 양식이 될 수 없는 반면, 오직 인종, 젠더, 에스닉 문화 및 그 밖의 비슷한 것들만이 호명의 양식이 될 수 있기 때문이다. (알튀세르가 종교를 예로 든 것은 우연이 아니다. 사실 차이의 레토릭이 근거하는 심층 토대가 인류학적인 의미에서의 문화라는 환영과 연관된다는 것은 언제나 증명 가능하며, 그 환영은 그 자체로 종교의 개념, 즉 언제 어디서나 존재하는 궁극적인 '타자의 사유'에 의해 창조되고 합법화된다.) 부유하지만 쓸모없는 젊은이들이 달리는 차창 밖으로 도로 보수 작업을 하는 사람들을 향해 "노동자들 꺼져라!" 하며 외칠 수 있는 것은 오로지 영화(정확히 말하자면 펠리니 감독의 「비텔로니I Vitelloni」)에서뿐이다. 하지만 현실에서는 소속 집단이 열등함에 대한 수치심과 비난을 야기하는 일상적인 표식이 된다. 혹은 아마도 좀더 복잡하게 다음과 같이 말해야 할 수도 있다. 사회사를 통해 본다면 성취된 적이 별로 없을뿐더러 오로지 지난한 노력을 통해서만 정복될 수 있었던 것이 계급의식인데, 그것은 하나의 순간을 표시한다. 즉 해당 집단이 (보통의 반응 양식과는 다른) 새로운 방식을 통해 호명 과정을 통제하게 되어, 순간적으로나마 그 집단이 **스스로를 호명**하고 자신의 거울 이미지의 조항들을 기술할 수 있게 되는 그 바로 순간 말이다.

하지만 뒤에서는 이러한 주제의 목록들을 추적해나가지는 않을 것이다. 그보다는 사회계급이라는 오래된 범주와 비교하여, 소집단이라는 새로운 범주의 잠재적 재현 가능성이라는 상호 보완적인 문제에 집중해보고자 한다(이는 이미 인식적 지도 그리기의 문제를 예견하고 있다). 왜냐하면 우리가 현재 소집단이라는 범주를 통해 사회세계와 우리 자신과의 관계를 지도 그리거나 재현한다는 명제는, 최근의 이런 다양한 국면을 다소 다른 측면에서 고찰할 수 있도록 해주기 때문이다. 소집단을 통한 재현은 무엇보다 인격화를 하며, 사회계급적 측면에서의 재현과 달리 우리로 하여금 사회세계가 집단적 행위자와 알레고리적 대표자 들에 의해 마지막 조각까지 분할되고 식민화되었다고 이해하도록 함으로써, 사르트르가 말하곤 했던 "계란처럼 꽉 차 있고" 유토피아처럼 인간적인 실제 세계(혹은 라신Jean Baptiste Racine의 희곡이나 헨리 제임스Henry James의 소설에서처럼, 쓰레기 같은 진창을 텀벙거리거나 눈에 거슬리는 일말의 문젯거리도 우발성도 없는 '순수 시' 같은 세계)를 예시한다. 계급을 결정하는 요소나 명징한 요인 들이 기계들 각각의 생산력과 더불어 상품의 생산 및 그로 인해 결정되는 관계들에 연루되어 있다는 점에서, 계급 범주는 좀더 물질적이고 좀더 불순하며 난잡하게 뒤섞여 있다. 따라서 우리는 계급 범주를 통해 물길의 가장 밑바닥까지 꿰뚫어 볼 수 있다. 한편 계급은 유토피아로서의 역할, 즉 환영적인 방식으로 선택하고 동일시하는 선택지 역할을 하기에는 지나치게 큰 범주다. 이따금 나타나는 파시즘 이외에는, 사회계급 범주가 제공하는 유일한 유토피아적 만족감은 계급의 폐지뿐이다. 그러나 소집단은 (기껏해야 저 유명한 '면대면'이 가능한 광장이나 도시국가 정도로) 그 규모가 충분히 작기 때문에, 보다 내러티브적인 종류의 리비도의 투여를 가능케 한다. '소집단'이라는 해골 같은 범주 내부에 존재하는 외부성은 **생산**이 아닌 **제도**institution다. 앞으로 보겠지만 이 제도는 이미 상당히 의심스럽고 마찬가지로 인격화된 범주로서, 계급에 비해 소집단의 동원력이 더 뛰어난 이유가 바로 여기에 있다. 사람들은 자신의 길드나 모임을 사랑하고 그것을 위해 죽을 수도 있다. 하지만 삼포식 농업 체계나 범용선반 기계에 의해서 결정되는 카섹시스는 아마도 다소 다르거나 즉각적으로 정치화될 수 있는 유형은 아닐 것이다. 계급은 몇 되지 않는다. 이들은 생산양식의 점진적 변화 속에서 등장한다. 심지어 계급이 부상할 때조차도, 그것은 언제나 본연의 모습과는 거리가 멀 뿐만 아니라, 그것이 존재한다고 확신하기 위해서는 부단히 노력하지 않으면 안 된다. 반면에 소집단은 (민족주의에서 신에스닉에 이르기까지) 심리적 정체성이라는 만족감을 제공해주는 듯하다. 이제는 이미지가 되어버린 소집단은 자신들의 피비린내 나는 과거와 박해와 불가촉천민의 기억을 상실하고, 현재에는 소비의 대상이 되기도 한다. 바로 이것이 그들이 미디어와 맺는 관계를 특징짓는다. 말하자면 정치적 의미에서건 기호학적인 의미에서건, 미디어는 완전히 그들의 의회이자 그들을 '재현/대표'하는 공간이다.

합의에 대한 정치적 공포는 한때 '총체화'에 대한 두려움으로 오해받았으나, 이제는 단순히 자신의 정체성에 대해 일정한 자부심을 갖게 된 소집단들이 타 집단에 불과한 사람들에게 명령받는 것을 정당하게 거부하는 정도가 되었다. 왜냐하면 이제 우리의 사회 현실 속의 모든 것이 특정 집단 구성원을 표시하는 이름표이며, 특정 무리의 사람들을 암시하기 때문이다. 고급 문학의 '정전'이 몇몇 특출난 계급 배경을 지닌 늙은 백인 남성을 위한 고전적인 가구로 변모했다는 사실은 한 가지 예에 불과하다. 미국의 정당 체제는 또 다른 예이며, 초강대국의 다른 대부분의 제도적 관습들도 마찬가지다. 하지만 여기에는 주목할 만한 예외가 있는데, 미디어와 시장이 그것이다. 여러 제도 중에 하나인데도 불구하고, 미디어와 시장만이 어느 정도 보편적인 것이 되었으며, 그로 인해 다른 방식으로 독특하게 특권적인 것이 되었다. 이에 대해서는 잠시 후에 논의하겠다. 하지만 중요한 것은 소집단 이데올로기에 의한 제도의 인격화와, 제도의 사회적·이데올로기적 기능에 대한 예전의 변증법적 비판 사이에 존재하는 연결 고리와 차이를 동시에 파악하는 것이다. 1960년대라는 블랙박스로 인하여 제도에 대한 변증법적 비판 속에서 제도의 인격화가 나타났다는 주장도 충분히 일리가 있다. 반면에 다른 (마르크스적인) 관점에서 보자면, 특정 제도의 계급적 기능은 전체로서의 체제에 의해 매개되며, 따라서 제도는 아주 조악한 캐리커처의 방식을 통해서만 인격화된다(마르크스가 누누이 강조했다시피, 그 누구도 모든 사업가가 개인적으로 사악하다고 생각하지는 않는다). 따라서 신문은 우리의 사회질서 속에서 이데올로기적 기능을 수행하는데, 이는 신문이 특정 사회 집단의 장난감이기 때문은 아니다. 예를 들어 평론가와 파파라치, 앵커맨과 앵커우먼, 그리고 신문계의 제왕은 계급의 관점에서 보자면 그저 제도적 구조에 의해 결정된 계급 분파들에 불과하다. 그러나 포스트모던적인 집단의식 속에서 신문과 미디어의 뉴스 부문은 일반적으로 또 어느 정도는 실질적으로 그 자체가 새로운 (그리고 권력을 가진) 사회적 단위, 즉 역사적 무대 위에 있는 집단적 배우/행위자actor에게 **속한다**. 그들은 정치인들에게는 공포의 대상이지만 '대중'에게는 관용의 대상이며, 유명한 사람의 얼굴을 하고 있기에 인격화된 구조 속에서 사실상 그 자체로 (내러티브적인 인물이기는 하나 그다지 깊이가 없는) 한 인간이 된다. 1960년대에 이미 이런 식의 사고가 시작되었는데, 당시 베트남전쟁에 반대하는 투쟁은 존슨 대통령과 장성들 같은 권위주의적 인물에게 향했으며, 그들은 순전히 가부장적인 악의만으로 전쟁을 밀고나간다고 여겨졌다(사실 전쟁에 대한 합리적 동기를 추론해내는 것이 쉽지 않았다). 그런데 인물들의 집단적 배역이 일단 고정되면, 각각의 인물은 재현적 반¾자율성을 획득한다. 그래서 예컨대 '미디어 저널리스트' 범주와, 거대 기업을 위한 이데올로그(좀더 원색적으로 '자본주의의 하수인')라는 예전의 좀더 기능적인 계급 범주를 일치시키는 것이 쉽지 않게 된다. 비록 (어린이집에서 일어나는 어린이 학대에 대한 공포, 도처에서 벌어지는 마르크스주의와 사회주의의 죽음에 대한 확신, '마약 전쟁,' 혹은 근거 없는 재정 적자의 부정적 효과 같은) 거대한 미디어 캠페인이 예상대로 기상학적 사건이나 '사회주의' 국가에서의 당의 지시만큼이나 규칙적으로 모든 방송 채널을 휩쓸고 있기는 하지만 말이다.

그렇다면 포스트모던 '소집단'을 근본 범주로 삼는 모든 내러티브와 연관된 재현의 역설은 다음과 같이 분명하게 표현될 수 있다. 소집단 이데올로기는 그 유명한 '주체의 죽음'과 동시에 발생했다(소집단은 그저 주체의 죽음에 대한 대안적 판본이다). 즉 개인적 정체성의 경험에 대한 정신분석학의 비판, 독창성과 천재와 모더니즘의 사적 스타일에 대한 미학적 공격, 미디어 시대의 '카리스마'와 페미니즘 시대의 '위대한 남성'의 약화, 그리고 앞서 언급한 파편적인 정신분열적 미학(사실 이것은 실존주의와 더불어 시작되었다) 등이 소집단 이데올로기와 동시에 발생했다. 따라서 그 소집단이라는 새로운 집단적 인물과 재현은 정의상 더는 주체가 될 수 없다. 물론 이것은 부르주아나 사회주의 혁명의 역사에 대한 비전이나 (리오타르가 설명했던) "주인서사"를 문제시하는 것들 중 하나이다. 왜냐하면 그러한 주인서사는 '역사의 주체'를 상정하지 않고는 상상하기 힘들기 때문이다.

마르크스의 사실상 첫 출판 논문인「헤겔 법철학 비판 서설Critique of Hegel's Philosophy of Right, Introduction」은 상당한 철학적 비약을 통해 그러한 새로운 역사의 주체, 즉 프롤레타리아트를 발견했다. 마르크스의 초기 형태는 1960년대 '급진적 연대'의 강령을 다시 쓰는 과정에서 흑인, 여성, 제3세계, 그리고 심지어 다소 남용된 측면이 있는 학생 같은 당시의 다른 주변적 주체들에 대해서도 유지되었다. 하지만 현재의 여러 소집단의 다원주의에서는 해당 소집단의 궁핍화와 주변화가 아무리 '급진적'이라고 할지라도, 그 소집단은 더 이상 〔프롤레타리아트 같은〕 구조적 역할을 대신하지 못한다. 그 이유는 단순하다. 구조가 바뀌었고, 그 역할이 억압되었기 때문이다. 역사적으로 보면 이는 그리 놀라운 일이 아니다. 왜냐하면 새로운 세계경제의 전환기적 성격은 아직 진정한 계급의식의 획득은 고사하고 계급이 안정적으로 형성되는 것 자체를 용인하지 않기 때문이다. 그 결과 현시대에 적극적인 사회적 투쟁은 대체로 분산되거나 무질서에 빠져든다.

좀더 놀랍고 아마 정치적으로 좀더 직접적으로 심각한 것이 있다면, 이 새로운 재현 모델이 또한 과거에 불완전하게나마 '지배계급'으로 재현되던 것에 대한 어떠한 적절한 재현도 폐제하고 배제한다는 것이다. 이미 보았듯이 그러한 재현에 필수적인 몇몇 요소들이 사실상 빠져 있다. 즉 생산이나 경제적 하부구조 같은 개념이 사라지고, 제도라는 이미 인격화된 개념이 그 자리를 차지하고 있다는 것은, 계급은 말할 것도 없고 지배 집단이라는 **기능적** 개념마저도 상상할 수 없게 되었다는 의미다. 지배 집단이 사용할 수 있는 통제 장치가 존재하지 않으며, 그들이 생산을 통해서 처리할 수 있는 것도 많지 않다. 오로지 자율적 개체로서의 미디어와 시장만이 눈에 띌 뿐이다. 그것들의 외부에 있거나 재현 기구 일반의 외부에 있는 것들은 **권력**이라는 무정형의 용어에 의해 포섭된다. 점진적으로 '자유주의화' 되어가는 전 지구적 리얼리티를 설명함에 있어 그 용어가 갖는 특이한 부적절성에도 불구하고, 권력이란 용어의 편재성은 보다 심층적인 이데올로기적 의심을 야기한다.

　주체나 에이전시를 구성할 수 있는 능력의 붕괴와 더불어, 사회 집단에 대한 우리의 그림 속에 나타나는 이러한 기능성의 결여는, 우리가 특정 집단의 개별적 실존(즉 가치로서의 다원주의)에 대한 인정을 기획project이라는 말에 내재된 그 어떤 속성과도 분리하려는 경향이 있음을 의미한다. 따라서 기획이 집단의 행위가 아닌 **음모론**과 결합되어, 결국에는 재현 기구의 전혀 다른 자리에 들어가버린다. 예를 들어 레이건 시대의 기업인들에 대해, 최근 거의 모든 사람은 그들의 사적인 이익과 아주 다양한 입법 프로그램 사이에 사실상 직접적인 연결 고리가 있다고 기꺼이 인정한다. 하지만 그런 관점에서 보면 그 기업인들은 [지배계급이 아닌] 신문 지상에 오르내리는 이름의 목록이나 (남부 캘리포니아나 선벨트 같은) 지역 단체로 확장될 수 있는 친구들 간의 지역 네트워크 정도로 인식된다. 그런데 가장 역설적인 것은 그들이 그렇게 인식되고 있기 때문에, 사람들은 기업이나 기업인들을 전혀 불신하지 않는다는 사실이다. 따라서 소집단을 계급과 분리하는 근본적인 개념적 장벽이나 금기가 와해되지 않고 항상 보존된다면, 소집단이라는 분류법은 이데올로기적으로 상당히 탄력적이고 차별화되어 근원적 집단의 무죄를 유지할 수 있도록 해준다.

　우리가 기업가계급의 경영자로서의 역할과 그 지휘 체계가 일상생활에 미치는 영향에 대해 돌아본다면, [소집단이라는] '새로운 내러티브'가 체제의 지도를 그리거나 모델을 만들 수 있는 알레고리적 능력을 결여하고 있다는 것 또한 알 수 있다. 내 생각에 현재 우리는 사회적 리얼리티를 공시적으로 파악하고 있기 때문에, 즉 최근 사회적 리얼리티가 가장 강한 의미에서 **공간적** 체계로서 나타나고 있기 때문에, 〔기업가의 결정이 야기하는〕 일상생활에서의 변화와 수정은 경험이 아닌 사후적 유추를 통해서만 파악된다. 과거 버트런드 러셀 Bertrand Russell은 포스트모던적인 시간성을 환기시킨 적이 있다. 이에 따르면 세계가 실제로 불과 1초 전에 갓 탄생했더라도, 그 자체로 이미 조심스럽게 다뤄야 할 '골동품'이 되어 심각한 마모, 세월, 손때 같은 인위적인 흔적을 의도적으로 부여받게 되고, 그래서 세계는 그 자체 내에 본원적인 과거와 전통을 담고 있는 듯 보이게 된다는 것이다 (마찬가지로 인간 주체는 「블레이드 러너Bladerunner」에 나오는 안드로이드처럼 그럴싸한 가족과 어린 시절의 사진 앨범과 같은 개인적인 기억 이미지들을 담은 사적인 것처럼 보이는 저장고를 제공받는다). 시장에서 판매가 중단된 전통적인 상품들은 이제 혀끝에 맴돌지만 기억나지 않는 단어처럼 재구성되어야 한다. 대개의 경우 무언가의 단순한 부재를 설명 가능한 행동이나 결정의 형태로 다시 쓰기는 힘들며, 그것은 또한 특정 동인agent을 내포하게 될 수도 있다. 그러하기에 회의실에서의 논의를 일상에서의 변화와 서사적으로 연결하기란 쉽지 않다. 그 변화는 만들어지는 도중이 아니라 오로지 사후적으로 지각되기 때문이다. 미래에 대해 말하자면, 그 역시 마찬가지로 포스트모던이라는 공시적으로 주조된 세계에는 부재한다. 이 포스트모던의 전체 체계는 실제로 한 질의 운세 카드를 다시 섞어버리듯 아무런 경고 없이 재편되기도 한다. 마치 어떤 지역의 유일한 주요 공장을 이전해버리듯 말이다. 포스트모던적인 실업이 포스트모던한 시간 의식에 가져온 충격은 상당할 수밖에 없다. 하지만 그 충격은 아마도 예상과는 달리 직접적이지 않을 수도 있다. 그것은 인덱싱indexing이냐 재앙이냐의 문제, 즉 담보 대출의 이자율이 자동적으로 조절되는 것처럼, 다음에 부채 상환 연장이 이뤄졌을 때 모든 가치가 즉시 변동되는가 하는 문제다. 보험회사는 여러모로 '삶의 운명'이 아직 유의미한 내러티브 범주였으며, 장례식장이 특정 에스닉 거주 구역에서는 삶의 중심지였던 과거의 시간성을 지닌 (그리고 리얼리즘적 혹은 모더니즘적인) 우주로부터 남겨진 구식 유물이라 할 수 있다. 그러한 보험회사는 육안으로 언뜻 보기에는 사회주의로 변모하기 직전처럼 보이는 거짓 전성기에 가려져 있는 것처럼 보인다(그러나 적외선 카메라로 본다면 더욱 따분한 기업의 현실이 드러난다). 이제는 레닌이 말한 그 유명한 매수bribes가 아닌 새로운 종류의 공포가 이 체제를 감싸고 있다. 왜냐하면 그 체제가 순조롭고 별 방해 없이 재생산되는 데 우리가 개인적인 지분을 가지고 있기 때문이다. 그 공포는 너무 빠르게 퍼져나가고 있기에 더 이상 보이지도 않는다. 우리의 공포는 이제 체계적이지도 보이지도 않으며, 경험적으로 억압되어 있다. 그 체제를 하나의 전체로서 평가하기를 회피하는 것이, 그 체제의 내적 조직과 그것의 다양한 이데올로기를 구성하는 필수적 부분이다.

이것이 사실상 포스트모던 시대에 '의사 결정'에 대한 재현(우선적으로 그것을 재현하는 문제를 경유하여, 회의실에 대한 구식의 리얼리즘적 그림을 그리던, 모더니즘적인 접근을 하던)이 갑작스럽게 중단된 또 다른 이유이다. 이에 대한 논의는 체제가 어떻게 작동하는가에 앞서는 다소 지루한 사전 지식을 입장권처럼 전제한다. 이런 점에서 할리우드에 대한 아도르노와 호르크하이머의 직관은 이후 체제 전체에 대한 예언이었다. "자신들이 의도적으로 생산하고 있는 쓰레기를 정당화하기 위해서는 〔영화와 라디오가〕 단지 장사에 불과하다는 진실이 하나의 이데올로기가 되어야만 한다."[26] 그들이 당시에 염두에 두고 있던 것은 평범함에 대한 할리우드의 고전적 옹호로서, 그것은 단지 일반 대중의 기호의 측면뿐만이 아니라, 그런 기호를 가진 대중에게 자신의 상품을 판매하기 위한 사업적인 측면에서의 옹호였다는 것이다. 그렇다면 '대중'에게서 나오는 모든 주장과 마찬가지로, 하나의 순차성이 발생한다. 즉 대중은 모든 개별적인 구성원에게 환영적인 타자가 되고, 그들 각각은 또한 그 특정 범작에 대해 스스로 어떻게 반응하건 관계없이 '그 밖에 모든 사람들'이라는 동기에 근거하여 그 범작을 용인하라는 수익 동기의 강령을 습득하고 내면화하는 것이다. 이는 왼손잡이가 오른손잡이용 도구를 사용하도록 강요받는 것과 다르지 않다. 지식은 소비 속에 내장되어 들어가지만, 소비는 지식을 미리 무가치한 것으로 치부한다. 유럽인으로서 아도르노와 호르크하이머는 분명 영화계 거물들이 작품의 '예술적 야망'에 있어서 소박하건 허세를 부리건 관계없이, 자기 작업의 사업적 차원을 언급하며 부끄러운 줄 모르고 각 작품에 결부된 수익 동기에 대해 기뻐하는 솔직함과 천박함에 아연실색했다.

완전한 포스트모더니즘 시대에 접어든 오늘날 우리의 대중문화는 분명 1930~1940년대의 라디오와 영화보다 훨씬 더 세련되어 보인다. 아마도 텔레비전을 시청하는 대중은 아이젠하워 시대를 살던 부모들보다 교육 수준이 높아졌고 이미지에 대한 경험도 훨씬 더 많을 것이다. 하지만 그렇더라도 나는 대중문화의 이데올로기에 대한 아도르노와 호르크하이머의 직관이 그때보다는 오늘날 오히려 더 유효하다고 주장하고 싶다. 그 이데올로기가 보편화되고 내면화되었다는 바로 그 이유로, 그것은 점차 시야에서 사라졌고 진정한 제2의 본성이 되었다. 회의실과 지배계급을 재현하고 시각화하려는 시도는 유행에 어긋난다. 그것은 고리타분하게 내용에 전념하는 것과 관련되기 때문이다. 즉 오직 형식 자체만이, 특히 모든 유형의 법칙이나 규칙성 중 가장 형식적인 이윤 동기(이는 분명 '효율성' 같은 더 생동감 있는 이데올로기적 슬로건보다도 중대하다)만이 중요하게 여겨지는 상황, 그리고 형식에 대한 전념, 즉 이윤 동기에 대한 암묵적 전제가 미리 깔려 있고 그것이 재검토나 주제화의 대상이 되지 않는 상황이기 때문이다. 이런 오컴의 면도날Occam's razor 원칙은 분명 자본주의 체제가 완전히 작동하지는 않던 이전 세대들이 한때 빠져 있던 여러 거창한 형이상학적 화제들을 이후에 깔끔하게 제거해버렸고, 이를 사실상 포스트모던을 구성하는 이상주의의 최종 목표로 설정할 수 있었다.

이윤 동기라는 형식주의는 일종의 외부에 있는 신흥 부자 대중에게 전파되었다. 그러나 그것은 더 이상 자신이 대체한 성가신 종교적 교의의 형식을 띠고 있지 않았다. 1950년대 '조직인' 시대부터 1980년대 '여피' 시대에 이르기까지, 이 신흥 부자들은 점점 더 부끄러움 없이 성공을 추구하게 되면서, 이제는 이윤 동기가 특정 '집단'의 '라이프스타일'로 재개념화되었다. 하지만 내가 이에 대해 주장하고 싶은 바는 그러한 과정의 이상적 이미지를 형성하는 것이 더 이상 정확하게 이윤 그 자체는 아니라는 것이다(돈은 내적 선택에 대한 외적 표시에 지나지 않지만, 수십억이나 수조 같은 숫자를 더 자주 접하게 되는 이 시대에는 큰 재산이나 '막대한 부'를 리비도적으로 개념화하기는커녕 그것을 재현하는 일조차 더 어려워졌다). 오히려 중요한 것은 노하우와 체제 자체에 대한 지식이다. 그리고 의심할 바 없이 바로 그것이 생산과 수익보다 과학적 지식을 새롭게 우선시하는 탈산업화 이론들에 내재하는 '진리의 순간'이다. 지식만이 특별하게 과학적인 것은 아니다. '다만' 그것은 체제가 작동하는 방식 속으로의 진입과 연관된다. 그러나 이제 체제를 잘 아는 사람들은 자신의 가르침과 노하우에 대한 자부심이 지나친 탓에, 체제가 왜 그렇게 돌아가는지 혹은 심지어 우선적으로 무엇이 지식으로서의 가치가 있는지에 대한 질문을 용납하지 않는다. 그것은 신흥 부자들이 가진 내부자의 문화자본이며, 여기에는 그 체제의 에티켓과 식사 예절이 포함된다. 경고성 일화들과 더불어, 앞서 언급한 사이버펑크 기업 소설과 같은 문화적 파생 상품에 진정 광적으로 경도된 우리의 열정은, 체제 자체보다는 체제에 대한 지식의 습득과 더 관련이 있다. 사회적 출세에 대한 신흥 여피의 내부자 지식은, 이제 미디어를 통하여 서서히 아래로 확산되면서 하층계급의 경계 지역까지 퍼진다. 그것의 합법성, 즉 이 특수한 사회질서의 합법화는, 암묵적인 '절대 전제'로서의 이윤 동기를 포함한 기업적 라이프스타일의 비밀에 대한 믿음을 통해 사전에 확보된다. 하지만 우리가 첫 항해에 타고 있는 요트를 마음속으로 다시 디자인할 수 없듯이, 우리는 이 절대 전제에 대해 배우는 것과 의문을 제기하는 것을 동시에 할수 없다. 따라서 노동자계급 상층부의 매수에 관한 레닌의 이론은 지위를 통한 매수와 포스트모던의 문화적 표식의 분배 이론으로 대체될필요가 있는데, 내 생각에 이것은 부르디외가 최근 우리에게 제공했던 것과 유사하다. 우리가 이미 보았듯이 '지위' 같은 개념은 포스트모던적인 소집단으로 인해 발전한 것으로, 이는 지위 개념을 계급 개념에 대한 대안으로 생각하는 (따라서 봉건적 앙시앵 레짐의 특정 구조가 부르주아 사회의 독창성에 대한 각성과 대적하고 있다는) 전통적인 사회학 이론과는 명확하게 구별될 필요가 있다는 점만 제외한다면 말이다.

그러나 여피들이 단순 노하우에서 만족감을 찾을 수 있다면, 포스트모던 시대의 직원과 관리자 들을 만족시키는 것이 그리 녹록치는 않을 것이다. 그러면 그들은 어떤 공시적인 협박을 가할 수 있는데, 그 협박은 (마치 세상에서 가장 자연스러운 것인 양) 오직 시간 지각에만 한정되어 있고 동시에 억압되어 있다는 점에서 역사적·사회적으로 독특한 것이다. 그것은 민주적이기도 하며, 공장 자체가 문 닫기 전날 경영진의 상층부 전체가 흔적도 없이 사라져버릴 수도 있다. 이는 마치 우리가 어떤 컴퓨터 게임의 일부가 되어버린 것과 다르지 않다. 그 게임은 아무런 통고도 없이 전체 틀을 바꿀 수도 있고, **우리**를 선택 가능한 토큰으로서 포함시킬 수도 있다. 훌륭한 처신도 요즘에는 우리의 위치를 유지하거나 일자리를 지켜줄 수 있는 충분한 근거가 되지 못한다.

한편 외국인들에게는 이제 보다 종교적인 유형의 제3의 동기가 다시 이용 가능해졌다. 마약중독 같은 이해관계를 벗어난 모든 광기와 더불어 미국에서 행해지는 것은 시장이 선사하는 유익한 유토피아의 비전인 양 미국 밖의 텔레비전에 방영되기도 한다. 이런 경우 우리가 당연하다고 여기는 것을 그들은 여전히 올해의 최신 모델이라고 생각하거나, 소비주의를 소비와 혼동하고 할인점을 민주주의와 헷갈리기도 한다. 미국의 내란 진압으로 인해 제3세계로부터 쫓겨나고, 미디어의 선전에 현혹당해 제2세계로부터 탈출하고자 하는, 미래의 이민자들은 미국이 그들 대부분을 필요로 하지 않는다는 사실을 깨닫지 못한 채, (정신적으로건 물질적으로건) 성변화transubstantiation라는 정신착란적인 비전을 추구한다. 그런데 거기에서 욕구되는 것은 자연 풍광 같은 상품의 세계이지, 그것들 중 특정한 무언가가 아니다. 다시 말해서 컴퓨터나 팩스같이 유별나게 우리를 사로잡는 상품들은 그 자체로 전체에 대한 알레고리적 상징으로, 그들은 미디어와 시장의 동일성이 눈에 띄게 재연되는 미학적 포스트모던 구조에 적절하게 최면을 건다. 마치 최첨단 특수효과가 존재론적 근거를 극화하듯 말이다.

그렇다면 면밀한 검토가 요구되는 핵심적 관계는 미디어의 재현 자체가 시장을 재현하는 방식이며, 그 역도 마찬가지다. 반면 (일반적으로 우리의 체제 내에서는 재현되지 않고 사실상 재현될 수도 없는) '민주주의'라는 말은 미디어와 시장 각각을 하나의 함의로서, 그리고 서른일곱 가지 풍미 중 더 알아보기 쉬운 맛인 양 향기를 뿜어낸다.

이미 살펴보았다시피 사실 시장에서 미디어로의 미끄러짐이 나타나기 쉬운데, 미디어의 현실 정치에 대한 개입 또한 그 개입이 미디어의 이데올로기에 의해 재전유되기 전에 반드시 기입되어야 한다.[27] (미국의 그레나다Grenada 침공 때처럼 미디어가 교묘하게 배제될 경우를 제외하면) 미디어가 세계의 고문과 시민법 집행과 경찰의 억압을 유순하게 제어하는 효과가 있다는 것은 의심의 여지가 없다(사실 그레나다 침공 당시에도 미디어는 원하면 소란을 떨 수 있는 입장이었다). 하지만 차라리 미국에 의해 정복되는 것이 금전적으로 더 이익이 될 수도 있는 곳들을 제외한다면, 현재 미국의 국가적 평판이나 미국 정부에 대한 전 세계의 우려는 일반적으로 미국의 자금 조달에 대한 우려에 의해 매개된다. 미국의 텔레비전 보도의 경우, 최근의 전쟁 보도를 준비하는 구체적인 사례는 과거 베트남전쟁에서와 같은 보도를 반복해서 또다시 스스로의 위신을 떨어뜨리지 않겠다는 (칭찬할 만한) 결심을 보여주었지만, 사회주의와 관련해서는 변함없이 가장 극단적인 냉전적 태도를 얼마든지 재생산할 가능성이 있기도 하다(가장 최근의 1989년 고르바초프의 쿠바 방문에 대한 방송 보도는 정말 터무니없었는데, 이때 피델 카스트로Fidel Castro를 〔필리핀의 독재자〕 페르디난드 마르코스Ferinand Marcos에 비유했다!). 구체적이고 새로운 혹은 포스트모던한 미디어 **정치**에 대해 이야기해보자면, 그것은 분명 최신 장비를 통해 차단되고 검열받아온 힘없는 소수자나 하위 집단이 사용할 수 있는 몇 안 되는 무기 중 하나로서, (때로는 이른바 테러리즘의 형식을 통해) 이미 오래전부터 존재해왔다. 이런 것이 측정될 수 있는지는 모르겠으나, 히틀러의 시대에 비한다면 이 세계는 적어도 상대적으로는 덜 폭력적으로 보인다. 19세기 부르주아 국민국가 시대나 (푸코가 매우 중요하게 다룬 공개 처형이 자행되던!) 앙시앵 레짐의 봉건 절대 왕정 치하와는 비교도 안 된다. 그럼에도 불구하고, 그리고 최첨단 고문 도구의 발생과는 별개로, 미디어 정치는 정치 자체에 대한 대체재가 될 수 없다고 판명되어, 몰래 입수된 이미지와 유출된 사실 들은 곧장 소진된 소재와 뻔한 구절들로 가득한 메마른 토양으로 떨어질 것이다. 만일 미디어 정치의 수행이 다른 수단을 통해 평범한 사람들과 협력 단체, 민중의 압력과 동맹들을 동원하지 못하고, 특수한 '타자의 이미지' 속에서 억압받는 집단들이 자기 이익과 건전한 동일시를 하도록 이끌지 못한다면 말이다.

다른 한편으로는 성과 폭력의 모든 의미에서의 '사생활'의 종말, 즉 우리가 여전히 공공 영역이라 부를 수 있는 것의 무지막지한 확대에 대해서도 이야기할 수 있다. 그 말을 통해 우리가 '공공'이 지니는 모든 의미를 실제로 말할 수 있다면 말이다. 그것은 또한 우리가 '비합리적'이거나 이해할 수 없고, 근거 없으며, 미치거나 역겨운 것으로서의 가시적인 기록으로부터 더 이상 분리할 수 없다고 기꺼이 '이해'하고자 하는 (하지만 지지하지는 않는) 것 속에서, 합리성이라는 관념의 엄청난 확장이라는 결과를 낳았다.

'미디어'에 대해 마지막으로 한 마디 꼭 덧붙여야 한다면, 미디어는 미디어로서 존재하는 데 실패했다는 것이다. 헤겔이 좋아하는 표현을 쓴다면, 그것은 끝내 자신의 "개념"과 동일한 것이 되지 못했다. 하버마스의 정중한 표현을 빌리자면, 따라서 그것은 모더니즘과 포스트모더니즘의 수많은 "미완의 기획" 중 하나로 치부될 수 있다. 지금 우리가 가진 것, 즉 우리가 '미디어'라고 부르는 것은 미디어가 아니다. 혹은 아직까지는 미디어가 아니다. 이는 의미심장한 일화를 통해 증명될 것이다. 당연히 근대 북미 역사에서 존 F. 케네디 암살 사건은 유례없이 독특한 사건이었다. 특히 그것이 독특한 집단적(이며 미디어와 의사소통에 대한) 경험이었으며, 그로 인해 사람들이 그런 사건을 새로운 방식으로 읽는 훈련을 받았기 때문이다.

하지만 케네디의 공적 위치에 기반하여 이 사건의 거대한 반향을 설명하는 것은 지나친 단순화일 것이다. 오히려 거꾸로 그의 사후에 발생한 공적인 의미를 새로운 집단적 수용 경험의 투영체로서 파악하는 편이 더 바람직하다고 생각할 근거가 있다. 종종 지적된 바와 같이, 사망 당시 케네디의 개인적인 인기와 명성은 상당히 하락해 있었다. 그리고 자주 거론되지는 않지만, 이는 1940년대 후반과 1950년대에 자리 잡기 시작한 미디어 문화 전체가 성년이 되는 것과 같은 사건이기도 했다. 갑자기 그리고 잠시 동안(그런데 이는 기나긴 며칠 동안 지속되었다), 텔레비전은 자신이 진정으로 할 수 있는 것과 자신이 진정으로 무엇을 의미하는지를 보여주었다. 지금까지 의심받아왔던 모든 것을 뛰어넘을 수 있는 변증법적 도약이라 할 만한 동시성과 의사소통 상황을 굉장히 새롭게 보여주었던 것이다. 이런 종류의 이후 사건들은 순전히 기계적인 기술을 통해 재포장된 것이었다(레이건 대통령 저격 사건이나 챌린저호 폭발 사건을 즉각적으로 재생해서 보여주었던 것이 그 예인데, 상업적인 스포츠 중계로부터 차용된 그 재생 기술은 교묘하게 사건에서 내용을 비워버렸다). 하지만 이 기념비적 사건은 (비록 로버트 케네디Robert Kennedy의 죽음이나 마틴 루터 킹Martin Luther King Jr. 목사와 맬컴 엑스Malcolm X의 죽음 같은 정서적 충격은 주지 못했지만) 우리의 생산양식과는 양립될 수 없는 궁극의 논리와 약속이 내재된 어떤 집단적 의사소통의 '축제'에 대한 유토피아적 일별이라 부를 만한 것을 우리에게 선사해주었다. 종종 언어와 의사소통으로 패러다임이 전환되던 시기로 여겨지는 1960년대는 존 F. 케네디의 죽음과 함께 시작되었다고 할 수 있는데, 이는 그로 인한 상실감이나 집단적 비탄의 역동성 때문이 아니라, (이후의 1968년 5월 혁명과 마찬가지로) 의사소통의 폭발이라는 충격을 야기했기 때문이다. 그 사건은 이 체제 내에서 더 이상의 결과를 이끌어내지는 못했지만, 급진적 차이를 잠깐 일별한 경험을 통해 사람들의 마음에 흉터를 남겼다. 또한 이후에 그것을 망각한 뒤에도 집단적 기억상실은 정처 없이 떠돌다 그 사건으로 되돌아와, 트라우마에 대해 숙고하는 자신의 모습을 상상하며 사실상 새로운 유토피아의 관념을 생산하려 시도했다.

그 작은 텔레비전 스크린이 이제 예기치 못한 폭력을 통해 다시 태어날 수 있는 또 다른 기회를 갈망하고 있다는 것이 그다지 놀랍지 않다. 또한 텔레비전의 짧아진 사후의 삶에는 새로운 기호학적 조합과 온갖 종류의 보철 장치와의 공생의 기회가 열려 있다는 것 역시 놀랍지 않다. 게다가 텔레비전과 시장의 결혼은 가장 우아한 사회적 성공이었다.

VII. 포스트모던의 인구통계학

미디어 포퓰리즘은 좀더 추상적인 동시에 좀더 구체적이기도 한 심층의 사회적 결정 요소를 암시하며, 또한 근본적인 물질주의는 그로 인한 정신의 수치심을 통해서 측정될 수 있다는 특징을 암시한다. 하지만 이것은 마치 건물 배관 시설인 양 회피되거나 감춰진다. 그런데 사실상 글자 그대로의 계몽의 상징으로서 미디어의 역할, 즉 전 세계에 걸친 정보의 빛을 통한 공적인 국가 폭력의 축소라는 측면에서의 전 지구적 역할에 대해 이야기하는 것은, 아마도 상황을 역행하는 일일 것이다. 왜냐하면 획기적인 변화의 느낌은 1960년대와 1970년대의 탈식민화와 민족해방운동의 거대한 물결에 뒤따른 세계 인민의 새로운 자의식[의 발생]이라는 측면에서 충분히 표현될 수 있기 때문이다. 따라서 서구의 입장에서는 그들이 어떤 경고도 없이 갑자기 그 전에는 없었던 혹은 보이지 않았던, 칸트의 거창한 개념을 사용하자면 아직 **어리고**minor 보호 감독하에 있던 다양한 개인 및 집단 주체들을 마주하게 되었다는 인상을 받게 된다. (우표 수집가의 앨범부터 영어로 된 세계문학 강좌의 강의 계획서에 이르기까지 모든 것에 반영되어 있는)

전 세계적 리얼리티에 대한 지극히 자민족 중심적인 시각에 나타나는 오만한 모든 행태는, 그런 시각을 가진 자에게 수치스럽게도 명백히 되돌아온다. 하지만 마찬가지로 명백히 그것은 그 '인상'에 대한 관심을 축소시키지는 못한다. 예를 들어 한 급진적 작가는 이 문제를 가차없이 요약한다. 이제 곧 밝히겠지만, 이 글을 이 맥락에서 인용해야 할 다른 이유가 있다. "얼마 전만 하더라도 지구에는 20억 명의 거주자들이 살고 있었다. 그 중 5억은 **인간**이고 15억은 **원주민**이다. 전자는 말 the Word을 가지고 있었고, 나머지는 그것을 그저 사용하기만 했다."[28] 사르트르의 숫자는 유럽의 인종주의를 조롱하는 동시에, 그것이 근거하는 객관성이 이데올로기적 허상에 불과하다는 것을 역사를 통해(단지 탈식민화와 그 여파 **이후에야** '원주민'은 '인간'으로 판명되었다) 그리고 주체의 철학이자 대문자 타자를 주체로 인식하는 철학을 통해 드러낸다. 사르트르가 파농과 공유하는 이 철학은 주체로서의 나의 실존이라는 무기력한 사실이 아니라, 내가 인간 주체로서 나의 실존과 나의 지위에 대한 **인정**을 강제하는 행위와 능동적이고 열정적이며 폭력적인 제스처를 강조한다. 이제는 이솝 우화만큼이나 친숙해진 헤겔의 오래된 우화인 주인과 노예의 이야기는 하나의 원형과도 같은 이 철학을 통해, 그것이 설명하는 것이 혁명 자체나 해방이 아닌 오히려 그것의 결과에 관한 신뢰성을 다시 입증하는 것임을 보여준다. 그것은 바로 새로운 주체의 등장이다. 다시 말해서 새로운 사람 혹은 타인 들은 그전에는 존재하지도 않았다. 비록 그들의 몸과 그들의 삶이 도시를 메우고 있었고, 또한 분명 그들이 어제 갑자기 물질적으로 나타난 것이 아닌데도 불구하고 말이다. 그러한 미디어의 전개는 이제 하버마스가 "공공 영역"이라 칭했던 것을 동원하여, 마치 그러한 사람들이

전에는 그곳에 있지도 보이지도 공적이지도 않았으나, 그들이 인식되거나 인정된 주체로서 새롭게 존재하게 된 탓에 그렇게 된 것인 양 보는 듯하다. 그것은 여분의 케이블, 조명 장치, 핸드헬드 카메라 장비를 가지고 서구 기자들이 '신이 버린' 장소에 우연히 있었기 때문이 아니다. 오히려 그것은 '타자들' 스스로 새로운 가시성을 획득한 결과로서, 그들이 그 자체로 일종의 중심이라 할 수 있는 자신만의 무대를 점령하고 자신의 목소리와 말하는 행위 자체의 힘을 통해 귀를 기울이지 않을 수 없게 했기 때문이다. 파농이 말하는 고전적인 의미에서의 시의적절한 물리적 폭력 행위를 훨씬 뛰어넘는 그러한 행위는, 언어 의식이 있는 세대에게는 타인이 자신에게 귀를 기울이도록 만드는 최초의 원초적 폭력 행위가 된다. 그 얼마나 많은 왕국들이 우리를 모르고 있는가!Que de royaumes nous ignorent! 그런데 이는 단순히 전 지구적인 지역주의parochialism가 다른 나라와 다른 행성의 충만하고 단조로운 일상 속으로 침투하여 놀라게 한 것에 지나진 않을까? 이 중대한 발견이 (새롭게 인정받고 승인받은 소수자와 신에스닉을 갱신된 우편 수신자 명단에 추가한) 1960년대 이후 미디어가 새롭게 발견한 자유주의적 관용에 대한 범지구적 등가물에 지나지 않는 것은 아닐까? 이미 제시한 바대로 미국에서건 전 세계적 규모에서건 대문자 차이에 대한 명시적인 찬양은 사실 새롭고 보다 근본적인 동일성을 은폐하면서 전제한다. 그 새로운 자유주의적 관용이 무엇이건 간에, 그것은 이국적인 영역을 포괄했던 상징적인 "인간 가족 사진전The Family of Man"*과는 무관한데, 이 사진전을 통해 서구 부르주아지는 부시먼Bushman이나 호텐토트Hottentot, 가슴을 드러낸 적도 섬의 여성이나 원주민 장인, 그리고 그 밖에 관광객으로서 우리를 방문할 가능성이 적은 인류학적 유형의 인간과의 심층적인 인간적 유사성을 보여줄 것을 요구받았다. 그런데 이 새로운 타자들은 적어도 이민자나 외국인 노동자처럼 우리를 찾아올 수는 있다. 그럴 정도로 그들은 우리와 좀더 '닮아' 있거나, 적어도 새로운 온갖 측면에서 우리와 '동일'하다. 우리의 외교정책 속에서 새로운 내면의 사회적 습관, 즉 '소수자'에 대한 강요된 사회적·정치적 인정을 통해 우리는 그들과의 동일성을 획득한 것이다. 이런 이데올로기적 경험은 제1세계 엘리트에게게만 한정된 것일 수도 있다 (비록 그렇더라도 그것은 여전히 그 밖의 모든 사람들에게 형언할 수 없는 극적인 영향을 미쳤을 것이다). 그러하기에 더더욱 포스트모던을 설명할 때 그것을 고려해야 할 이유가 존재한다. 포스트모던 공간에서 그 경험은 다소 투박하게 (혹은 내가 쓰려는 말로는, **유물론적으로**) 단순한 **인구통계학**의 형식 속에서 나타난다. 현재 더 다양한 사람이 존재하며, 그 '사실'은 단순한 공간적 불편이나 간헐적인 사치품 부족 현상에 대한 예상을 뛰어넘는 함의를 지닌다.

기이하게도 도덕의 영역이라 칭해졌던 것에 존재하는 가능성, 즉 군중이 개인의 몸 자체에 야기하는 현기증 비슷한 것에 대해 탐색해볼 필요가 있다. 다시 말해서 마음속에서라도 우리가 점점 더 많은 타인을 인지하면 할수록, 지금까지 독자적이고 '비교 불가능'하던 우리 자신의 의식이나 '자아'의 지위가 이상하게도 점점 더 위태로워질 것 같은 예감이 존재한다. 물론 그것은 변하지 않는다. 또한 타자들이 점진적으로 증가함에 따라, 그들에 대한 좀더 큰 (고전 철학적인 의미에서

---

* "인간 가족 사진전"은 1955년 뉴욕 현대미술관의 에드워드 스타이컨Edward J. Steichen에 의해 기획된 것으로, 인류의 다양한 삶의 모습을 담은 사진을 전시하여 전 세계적인 호응을 이끌어냈다.

의) 공감 능력을 부여받게 되는 마술도 일어나지 않는다. 사실 타자들이 많아질수록 우리는 점점 더 개인적으로 공감하지 못하게 된다. 오히려 아주 근본적인 종류의 허위의식이나 이데올로기적 자기기만이 약화되듯이, 우리는 우리 내부의 모든 개념적 방어기제가 금방이라도 허물어지리라 예상하면서, 특히 특권을 합리화하고 (수천 년에 걸쳐 기이한 수정 구조나 산호가 형성되듯이) 나르시시즘과 자기애가 거의 자연적으로 형성된 것이라고 합리화하게 된다. 그 공포증은 의심의 여지 없이 사물 자체에 대한 공포 즉 임박한 익명성에 대한 두려움이라기보다는, 공포에 대한 공포 즉 다가올 몰락에 대한 예감이다. 그리고 비록 그것이 대개 망각과 기억상실이라는 억압의 형식을 통해, 즉 애써 알려 하지 않고 의도적 비자발성 혹은 유도된 주의분산으로 더욱 깊이 침잠하려 노력하는 자기기만을 통해 제어될지라도, 〔그에 대한〕 정치적 의견과 반응을 설명하라고 요구될 수는 있다. 그러한 실존적 가설은 인구통계학의 지위를 유물론으로, 사실상 새로운 종류 혹은 차원의 유물론으로 기록하는 데 일익을 담당할 것이다. 즉 그것은 (부르주아의 기계적 유물론이나 실증주의와 같은) 개인의 몸의 유물론이 아닌, 다양화된 몸들을 위한 유물론이다. 비록 그 몸들이 하나로 융합되어 어떤 괴물 같은 물리적이고 집단적인 대령大靈, oversoul이 되진 않고, 개인의 소중한 육체성을 보잘 것 없는 생물학적이거나 진화론적인 무언가로 축소시키지도 않지만 말이다. 또한 그것은 (『독일 이데올로기』에서 그 유명한 "우리의 출발점이 되는") 마르크스의 "실제적이고 구체적인 개인들"의 유물론도 아니다. 왜냐하면 그들은 여전히 개인적인 정체성과 이름 들을 환기시킬 뿐만 아니라, 심지어 전체로서의 노동자 역시 충분히 인구통계학적이지 못하기에, "휴머니즘"에 혹하거나 그것으로 퇴행할 수 있는 위험이 있기 때문이다. 여전히 마르크스의 구체적인 개인들이 일종의 유물론을 제공해주기는 하지만, 엄밀한 의미에서 그것은 유물론적 체계가 아닌 유물론적 역전과 탈신비화라는 정신적 작업이다. 그리고 이것은 그런 '유물론' 자체에서 확인할 수 있는 유일한 특징이다. 그러나 마르크스의 작업이 발생한 직접적인 맥락(과 더불어 그것의 개념적 형태와 요점)이 증명하듯이, 그것은 다양한 관념론 분파들을 겨냥한 것이었다(이는 "사상사" 혹은 이데올로기나 과학 등의 역사, 즉 위대한 헤겔적인 형식과 사유의 연속성이 아니라, 훨씬 더 공시적인 역사 속에서 무리를 이루는 개별적 사람들을 향한 것이다). 인구통계학에 내재된 유물론적 역전[29]은 또한 여전히 인격화되어 있는 역사의 양탄자를 뒤집어버리지만, 그것을 통계학적 총합보다는 자연사적인 순수 존재로 대체한다. 따라서 대체되는 것은 역사적 비전이나 패러다임의 내용이 아니다(그것은 그 자체로 언제나 하나의 재현이며, 따라서 다양한 이데올로기의 틀을 만들고 그것을 길들이는 것에 다시 이용될 수 있다. 인격화되지 않은, 사실상 거의 몰인간적이거나 비인간적인 리얼리티, 우리가 개념적으로 동화시킬 수 없는 그 리얼리티와 우리를 잠시 동안 정면으로 마주하게 만드는 [변증법적] 역전 효과가 그러하듯 말이다). 유물론의 한 가지 차원으로서 고안된 인구통계학은 사실 유물론으로부터 그것의 재현적이고 관념화될 수 있는 특징들(특히 물질 자체라는 '개념'을 중심으로 주제화된 특징들)을 벗겨내는 데 일익을 담당할 것이다.

사람들로 가득한 우주의 이런 확장이 급진적인 문화적 효과가 있다고 믿거나, 예컨대 일종의 보편주의를 지향했던 운동으로서의 모더니즘 운동이 지녔던 스타일에 대한 추구와 "무시무시한 외곽선의 부식

formidable erosion of contours"을 다음의 이유 때문이었다고 생각한 사상가는 거의 없다.

일상의 개별적인 작은 사건들과, 모든 개인이 자신의 역할을 수행하고 있는 시간과 장소의 광활함 사이에 존재하는 간극의 놀라움에 대한 불안한 천착.

그 말을 통해 내가 의미하고자 하는 바는, 과거에 살았다가 죽었고, 지금 살아가거나 죽어가고, 그리고 아마도 앞으로 살거나 죽을 수십억 사람들의 배경을 생각해볼 때, "저는 사랑합니다!" …… "저는 고통받고 있습니다!"라고 말하는 것의 중요성에 대한 어떤 한 개인의 주장의 부조리함이다.

나는 이런 생각을 1920년에 거의 우연한 계기로 품게 되었는데, 당시 나는 예일 대학을 졸업한 후 로마의 아메리칸 아카데미에서 고고학을 공부하기 위해 유학을 하고 있었다. 당시에 우리는 현장 답사를 다니기도 했고, 유물 발굴에 작게나마 참여하기도 했다. 누군가 곡괭이를 휘두르면, 4천 년 동안 감춰져 있던 도로의 곡선이 드러날 것이다. 그 길은 한때 활발하고 많은 이들이 여행하는 대로였으리라. 하지만 우리는 결코 그때와 똑같아질 수 없다. 우리는 타임스스퀘어를 바라보며, 그 장소에 대해 먼 훗날 학자들이 이렇게 말하리라 상상한다. "여기에 대단한 공공의 중심지가 있었을 거야."[30]

그런데 이 증언은 여전히 본질적으로 모더니즘적이다. 그것은 인구통계학적 경험의 결과와 중요성을 추상과 보편화의 방향으로 굴절시키는데, 이는 기호를 지시대상체로부터 분리하는 모더니즘과 일맥상

통하며, 또한 19세기 후반에서 20세기 초의 제국주의 국가들의 다층적이고 파편화된 공중이 자유롭게 재약호화하고 재맥락화할 수 있는 '열린 작품'을 구성하려는 의도를 가지고 있다. 그 정식은 리얼리즘과 자연주의 단계의 독특한 가구의 정복에 맞선 논쟁을 통해 날카롭게 벼려졌으며, 또한 그것의 날짜와 날씨 그리고 그것의 지금 여기가 경험적인 국가적 시간의 신문에 닻을 내리고 있다. 이러한 모더니즘적 추상화와 스타일 추구는 그 자체로 무의미한 장식과 내용 없는 개인주의라는 덧없는 과시적 요소에 대한 혐오감에 의해 결정되었지만, 그에 대한 포스트모더니즘의 반작용은 차이를 지닌 '구체성으로의 회귀'를 나타낸다. 포스트모더니즘의 정신분열적 유명론은 장소와 개인 이름 등과 같은 모더니즘의 잔재와 폐허를 포함하지만, 거기에는 부르주아 리얼리즘에 긴장과 실질적 내용을 부여했던 개인의 정체성이나 시간적·역사적 진보의 개념 혹은 (비록 절망적일지라도) 상황과 그 논리의 일관성은 결여되어 있다. 아마도 우리는 여기에서 실제로 구체성, 보편성, 개별성(혹은 특수성)이라는 철학적이고 헤겔적인 거대한 논리의 삼각형이 뒤집혀 있음을 발견할 것이다. 마치 역사에서 구체적인 개인이 먼저 등장한 연후에, 억압적 체제가 나타나고, 그다음에 그것이 무작위적인 경험적 특징들로 와해되듯이 말이다.

어쨌든 인구통계학의 확산되는 충격은 전혀 다르면서 아마도 조금 더 특징적인 포스트모더니즘의 또 다른 효과인데, 무엇보다도 인간의 과거와 관련하여 그 효과가 느껴질 수 있다. 몇몇 보도에 따르면, 현재 지구상에 살고 있는 (약 50억 명에 이르는) 막대한 인간의 수는 이 행성에 인간 종이 발생한 이래 이미 태어났다가 죽은 인류의 총 수에 빠르게 육박하고 있다고 한다. 따라서 현재 상황은 새롭게 번성하며 발

654

전하고 있는 국민국가의 상황과 비슷하다. 국민국가의 수와 번영이 예상치 않게 예전의 전통적인 국가들에 필적할 정도가 된 것이다. 미국에 사는 이중 언어 사용자의 수와 마찬가지로, 우리는 적어도 현재의 인구가 과거의 인구를 앞지르게 될 순간을 예측하여 추정할 수 있다. 그 순간이 머지않은 미래에 빠르게 다가오고 있기에, 인구통계학의 시대는 이미 목전에 와 있으며, 따라서 그 정도로 이미 함께 고려해야 하는 현재와 리얼리티의 일부가 되었다. 그런데 만약 그렇다면 포스트모더니즘이 역사의식과 맺는 관계는 이제 매우 다른 양태를 취하게 되고, 우리가 지금 하고 있는 듯한 과거를 망각에 회부하는 행위에 대한 어떤 정당성이나 그럴듯한 논거도 존재하게 된다. 현재 살아 있는 우리가 죽은 자들보다 수적으로 우세하기 때문에, 지금까지 단순 숫자에 근거하고 있던 죽은 자의 권위는 (다른 형태의 권위와 합법성과 더불어) 급격하게 위축된다. 과거는 오래된 마을의 오래된 집에 살고 있는 오래된 가문과 비슷했다. 주위에 젊은이가 적었기에, 그들은 밤이면 어두운 방에 앉아 어른들의 말에 귀를 기울여야 했다. 그러나 (우리가 아는 몇몇 끔찍한 예외를 제외한다면) 최근 두어 세대 동안 큰 전쟁이 일어나지 않았다. 급격하게 솟아오른 출산율은 나머지 인구에 비해 10대의 비율을 증가시켰고, 그 결과 무리지어 배회하는 젊은이들이 소란을 일으키며 거리를 점령한 반면 노인들은 텔레비전 앞을 지켜야만 했다. 달리 말하자면 우리가 죽은 자들의 수를 넘어서게 되면, 우리가 이기는 것이다. 단지 태어났다는 사실만으로 우리는 더 큰 성공을 거두는 것이다(귀족의 특권에 대한 보마르셰Pierre Beaumarchais의 설명이 예기치 못하게 여피의 세대적 행운으로 둔갑한 것이다).

따라서 과거가 우리에게 해주는 이야기는 고작해야 심심풀이 호기심을 자극하는 문제들에 불과하며, 공상적인 계보학이나 대안 역사들에 대한 흥미와 같이 과거에 대한 우리의 관심은 특정 내집단의 취미나 차용된 관광처럼 보이기에 이르렀다. 이는 최근 텔레비전 심야 쇼에 대한 백과사전식 전문화나 몰타에 대한 핀천의 관심과 다르지 않다. 약소국의 언어나 지방의 소멸되어버린 전통에 대해 경의를 표하는 일은 물론 정치적으로 올바른 것이자, 앞서 논의한 미시정치적 레토릭의 문화적 파생 상품이다.

내가 아는 한 인구통계학을 진지하게 받아들이고 그에 대한 아주 특이한 삶의 경험을 바탕으로 개념을 생산해낸 철학자는 장 폴 사르트르가 유일하다. 결과적으로 그는 아이를 원치 않았다. 그러나 그의 다른 역사철학적 독창성은 우리가 당연시했던 그 특이한 것, 즉 타인의 존재로부터 철학적 문제를 도출해낸 것인데, 그러한 그의 독창성은 사실상 그가 아이를 원치 않았다는 것의 결과일 수는 있으나, 그것 때문에 아이를 갖지 않은 것은 아니다. 좀더 단순한 쟁점(이것이 진정 타자인가?)에서 보다 복잡한 쟁점(왜 타자들은 그토록 많은가?)으로 진행하는 것이 분명 좀더 논리적이고 데카르트적인 방식일 것이다. 하지만 사르트르의 인물들은 다자에서 개별자로 나아가는데, 그러한 기이한 경험 속에서 그것을 공시성이라 부를 수 있을 것이다.

나는 바람이 실어다준 사이렌의 외침을 듣는다. 나는 전적으로 혼자다. 〔……〕 바로 이 순간 음악이 울려 퍼지는 탁 트인 바다 위에 배들이 떠 있다. 유럽의 모든 도시에 전등이 켜지고 있다. 베를린의 거리에서는 공산주의자와 나치가 싸우고 있으며, 실직한 노동자들이 뉴욕의 도로를 쿵쿵거리며 걷고 있다. 따뜻한 방 안의 거울 앞에서 여인네들이 눈

화장을 하고 있다. 그리고 나는 여기, 이 텅 빈 거리에 있다. 노이퀼른의 한 창가에서 울려 퍼지는 모든 총성이, 부상당한 몸에서 흘러나오는 모든 핏빛 헐떡임이, 화장하는 여인들의 아주 사소한 몸짓까지도, 내 발걸음마다, 내 심장 박동마다 당김음을 둔다.[31]

판타지로 받아들일 수밖에 없고 (재현을 통해) 그에 대한 재현을 성취하는 데도 실패한 이 의사-경험은 또한 2차적이고 반작용적인 노력이다. 즉 내 감각과 삶의 경험의 범위를 넘어선 저편에 존재하는 것을 복원시켜 내부로 끌어들임으로써, 자기 충족적이 되진 못하더라도 최소한 고슴도치처럼 방어적으로 자기 안에 갇혀 있는 존재가 되려는 시도다. 동시에 그것은 또한 상대적으로 목적 없이 탐색하는 판타지로 보인다. 이는 마치 주체가 뭔가를 잊을까 두려워하면서도, 딱히 그 결과를 상상해내지 못하는 것과 유사하다. 나와 동시에 바쁘게 살아가고 있는 타자들을 망각한다면 나는 벌을 받게 될까? 어차피 그 일을 제대로 해내는 것이 불가능한데도 그렇게 함으로써 나는 어떤 이득을 얻을 수 있을까? 또한 의식적인 공시성의 성취가 내 자신의 즉각적인 상황을 향상시키지도 못할 것이다. 왜냐하면 그것은 정의상 마음이 나의 즉각적인 상황을 뛰어넘어 내가 사적으로 알지 못하는 타자들(그러므로 정의상 상상 불가능한 타자들의 실존의 세세한 상황)을 향해 가는 것이기 때문이다. 따라서 그 노력은 주의론적이다. 즉 그것은 지금 여기에 대한 나의 정보를 확장시키고자 하는 실용적이고 실질적인 어떤 것이 아닌, '정의상' 구조적으로 성취 불가능한 것을 향한 의지의 공격이다. 사르트르의 인물은 선제적인 기습이나 탐색을 개시한다고 볼 수 있는 듯하다. 즉 우리가 무시하거나 아니면 우리를 존재론적으로 압도할지도 모르는 저 수적으로 다수인 군중을 상상하고 정신적으로 미리 포위하는 것이다.

그 탐색은 반드시 실패한다. 왜냐하면 프로이트가 말한 바처럼 의미 없이 발명된 숫자는 있을 수 없으며, 또한 사르트르에 대한 (혹은 그의 인물들에 대한) 정신분석을 한다고 해도 아마 결국에는 무작위적일 수밖에 없는 항목들의 내용을 주제화하는 것으로 끝나고 말 것이기 때문이다. 상상하는 주체의 고독이 무관하지 않으며(외로운 사이렌 소리가 이 같은 '연상' 기획을 촉발한다), 또한 무엇보다도 시대 그 자체, 즉 이 광범위한 개별 존재들이 무작위로 도태되어야 하는 다층적 세계가 그 자체로 통합되는 역사적 순간도 무관하지 않다. 사실상 여기에서 그것은 우리가 이제 개인적·역사적인 상황과 딜레마로서의 **유명론**이라 부르는 것과 동일시될 수도 있다. 이런 의미에서 나의 '상황'을 뛰어넘어 타인들의 상상 불가능한 공시성을 향해 던져진 모든 그물망에도 불구하고, 사르트르는 또한 (루소처럼) 소집단 정치학의, 즉 면대면 사건의 철학자다. 그러한 사건이 사람들로 붐비는 폴리스의 뒷길까지 쫙 펼쳐져 있는 광장을 항공 촬영한 것처럼 무지막지하게 크다고 할지라도, 그것은 '생생한 경험'(이는 다소 다른 유형의 철학을 상기시키는 개인의 몸과 감각이라는 레토릭보다는 오해의 소지가 덜한 표현이다)에 유용하게 남아 있어야 한다. 사회계급과 마찬가지로 그러한 경험 너머에 있는 것은 어느 정도 실제이지만 진실은 아니고, 생각할 수 있지만 재현할 수 없으며, 따라서 무엇보다도 삶의 경험에 있어 기만을 당하거나 부당한 대우를 받는 것을 꺼려하는 존재의 철학에게는 의심스럽고 입증할 수 없는 것이다. '총체화한다'는 것이 총체성으로의 접근 가능성에 대한 믿음을 함의하지는 않는다. 오히려 그것은 흔들리는 치아처럼 경계선 자체와의 유희를, 즉 칸트에게서 분석적인 것과 변증법적인 것을 분리하는 선과 같이, 결코 넘어설 수 없고 그 자체로 어느 정도 경험을 초월하는 음속장벽을 끝내 유추해내도록 해주는 메모와 측정값의 비교를 함의한다. 하지만 그 너머에 있는 저 불가능한 경험, 즉 다수성에 대한 공포는 단순한 대문자 숫자Number에 불과하다. 이것이 사르트르의 철학만이 이 시대에 유일하게 우리를 위해 고풍스럽게 재창안한 것이며, 이는 거의 소크라테스 이전 시대의 원시성으로 돌아가려 했던 하이데거의 시도를 뛰어넘는 것이다. 지나치게 많은 사람들이 그들의 존재론적 무게로 나 자신의 실존을 무효화하기 시작한다. 나에게 남아 있는 사유재산의 독자적인 형식인 나의 사적인 삶이 호메로스의 유령이나 무가치한 한 줌의 구겨진 지폐 몇 장으로 가치가 떨어져버린 한 조각의 땅덩어리처럼 무의미해지고 희미해져 간다. 그런데 숫자가 시간적 사유와 시간을 재현할 수 있는 가능성에 행사하는 전 지구적 영향력 속에서, 그것은 이제 포스트모던적인 것이 되기 시작한다. 사르트르는 여전히 매우 모더니즘적이다. 하지만 단순한 공시적 숫자라는 중력질량이 시간이라는 주제에 구부러져 돌아오면서, 이제는 그 시간을 역사와 인구통계학 사이에서 강제로 밀려날 수도 있는 유일한 '개념'으로 뒤틀리게 만드는 일은 관찰할 만한 가치가 있다. 이 공시적 숫자들은 유사시 하나의 경험으로서 이중적인 임무를 수행할 수 있는 유일하게 유의미한 시·공간적 범주이다. 말하자면 공시성 개념 자체는 텔레비전이 등장하기 전까지는 재현의 궁극적 한계였다. 하지만 텔레비전이 등장하자 상상조차 할 수 없던 이 모든 다양한 전등에 다시 불이 밝혀지면서, 그 다자가 지시하며 반복하는 듯했던 형이상학적 문제가 사라지고, 포스트모던화된 전 지구적 공간이 사르트르의 총체화라는 문제의식을 대체하고 무효화했다. 다른 여러 경우에서 이미 보았던 바와 마찬가지로, 이러한 변화와 더불어 모더니즘과 재현이라는 불가능한 드라마에 대한 천착 사이에 존재하던 본질적 긴장 또한 약화되면서 서서히 사라지게 된다. 전 지구적 총체성이 이제 단자의 내부로, 깜빡이는 스크린 위로 물러나면서, 한때 실존주의와 그것의 불안감의 영웅적인 실험장이었던 〔인간의〕'내면'은 이제 광선 쇼나 긴장증 환자의 내면적 삶처럼 자기 충족적인 것이 되고 말았다(반면에 실제 몸들이 존재하는 공간적 세계에서는 놀랍게도 인구통계학이 대규모 외국인 노동자와 전 세계의 관광객을 대체하여, 개인이라는 유아론을 세계 역사상 유례없을 정도로 뒤집어버렸다). **유명론**이라는 용어는 이제 이러한 결과에 대해 유용하게 사용될 수도 있다. 왜냐하면 보편자는 점차 약화되고, 숭고함이나 새로운 수학적 무한만이 간간히 발작적으로 나타나기 때문이다. 하지만 그러한 경우 유명론은 더 이상 문제로 인식되지 않으며, 따라서 그 과정에서 자신의 고유한 이름마저 상실할 것이다.

VIII. 공간적 역사기술

인구통계학이라는 새로운 경험과 그것의 예기치 못한 결과와 더불어, (문화로서의, 이데올로기와 재현으로서의 포스트모더니즘에서와 마찬가지로) 우리는 공간의 문제로 돌아간다. 포스트컨템퍼러리 시대에는 공간이 우위를 점한다는 생각의 기원은 바로 앙리 르페브르[32]다(하지만 그에게 포스트모더니즘 시대나 단계 같은 개념은 낯선 것이다. 그의 실험적인 〔논리의〕 틀은 근본적으로 전후 프랑스 근대화 시기로, 특히 드골 시대이다). 그런데 그 생각은 텅 빈 형식적 그릇으로서의 시간과 공간이라는 칸트의 개념을 기억하는 많은 독자를 당황하게 만든다. 칸트에게 시간과 공간은 모든 것을 포괄하는 경험의 범주이기 때문에, 그것들은 그 자체로 경험 속으로 들어가지 못하며, 경험의 틀이자 구조적으로 경험을 가능케 하는 전제로서의 역할을 한다.

근본적으로 주제 자체가 빈곤해질 수 있다는 유익한 경고를 포함하는 〔칸트의〕 이러한 현명한 제한들도 모더니스트들이 시간을 중시하는 것을 막지는 못했다. 그들은 시간이라는 텅 빈 좌표를 진실한 경험적 흐름이라는 한 원소의 마술적 실체로 변모시키려 했다. 그런데 왜 풍경은 대문자 사건Event에 비해 극적이지 못한 것일까? 어쨌든 여기서 전제는 우리 시대에 기억이 약화되었으며, 저 위대했던 기억하는 자들이 사실상 멸종했다는 것이다. 우리에게 기억은 그것이 강렬한 경험으로서 여전히 과거의 리얼리티를 증언할 수 있을 때조차도, 단지 시간과 그에 따른 과거를 절멸시키는 데 봉사할 뿐이다.

그런데 르페브르가 강조하고자 했던 것은 지금까지 보편적이고 형식적이었던 이 조직 범주들(아마도 칸트는 그 범주들이 인간 역사 전체의 모든 경험에 유효하리라 생각했을 것이다)과, 다양한 생산양식의 역사적 특수성 및 독창성 사이에 존재하는 상관관계였다. 각각의 생산양식에 따라 시간과 공간은 전혀 다르고 구별되는 방식으로 경험되기 때문이다(만약 이렇게 말할 수 있다면, 그리고 칸트와는 반대로 우리가 공간과 시간을 어떻게든 직접적으로 경험할 수 있다면 말이다). 르페브르의 공간에 대한 강조는 (모더니즘적인) 불균형을 수정하는 것 이상의 역할을 한다. 그것은 또한 후기자본주의에서뿐만 아니라 우리 삶의 경험에서도 도시와 체제의 새로운 전 지구적 성격을 점차 더 많이 공유하고 있음을 인정했다. 사실상 르페브르는 새로운 방식으로 과거를 대면하고 몸과 우주와 도시 같은 과거의 공간적 구조물의 형판의 잘 감지되지 않는 비밀들을 읽어낼 수 있는 새로운 종류의 공간적 상상력을 요청했다. 왜냐하면 그 모든 것은 문화적·리비도적 경제와 언어 형식이라는 보다 감지하기 힘든 조직에 각인되어 있기 때문이다. 그 제안은 급진적 차이에 대한 상상력을 요구한다. 즉 우리 자신의 공간 조직을 전혀 다른 생산양식이 가지고 있을 수 있는 거의 과학소설적이고 이국적인 형식에 투영하라는 것이다. 하지만 르페브르에게 **모든** 생산양식은 단순히 공간적으로만 조직되는 것이 아니라, 전혀 다른 "공간 생산"의 양식을 구성하기도 한다. 하지만 포스트모더니즘 이론은 현시대에 공간성의 특정한 보충물을 추론해내고, 비록 다른 생산양식(혹은 인류의 다른 시기의 생산양식)이 명백하게 공간적이라고 할지라도 우리의 생산양식은 독특한 의미에서 공간화되어 있으며, 따라서 그러한 공간이 우리에게는 실존적·문화적 지배종인 동시에, 이전 생산양식에서 수행했던 (비록 의심의 여지 없이 상당히 징후적일지라도) 상대적으로 종속적이며 2차적인 역할과는 극명하게 대비되는 주제화되고 전경화된 특징 내지는 구조적 원리라고 제안한다.[33] 따라서 설사 모든 것이 공간적일지라도, 이 포스트모던 리얼리티는 다른 모든 것에 비해 조금 **더** 공간적이다.

'**어떻게** 그럴 수 있는가?'보다는 '**왜** 그러해야 하는가?'가 좀더 대답하기 쉬울 것이다. 물론 포스트모더니즘 이론가들이 공간을 선호하는 이유는 본격 모더니즘 비평가와 이론가 들의 공식화되고 오랫동안 정전화되어왔던 시간성의 레토릭에 대한 예상 가능한 (세대 간의) 반작용으로 이해한다면 가장 간명하다. 즉 새로운 질서와 그것이 주는 새로운 전율에 대한 극적이고 예언적인 설명을 위한 뒤집기인 것이다. 그러나 그것의 주제적인 축이 자의적이거나 불필요한 것은 아니며, 그 자체의 가능 조건을 탐색해볼 필요도 있다.

내 생각에 모더니즘을 좀더 자세하고 새롭게 살펴본다면, 근대화 과정과 세기 전환기 자본주의의 역동성 속에서 특유하게 경험되는 시간성의 근원이 드러날 것이다. 당시에 (미래파와 다른 많은 이들이 찬양했으나, 그에 못지않게 우리가 '모더니스트'라고 칭했던 다른 작가들이 극적으로 악마화하며 통탄해 마지않았던) 새로운 기계들의 영광스러운 등장이 있었지만, 그럼에도 불구하고 그 기계는 자신을 발생시켰던 그 사회적 공간을 아직은 완벽하게 식민화하지 못했다. 아르노 메이어가 유익한 충격과 더불어 우리에게 상기시켜준 것은, 앙시앵 레짐의 잔재[34]가 20세기까지 지속되었으며 모더니즘 시대의 "부르주아지의 승리"나 산업자본주의는 매우 부분적인 성격을 지녔다는 것이다. 여전히 농촌이 대부분이었고 적어도 통계적으로는 봉건적인 습관을 답습하고 있던 농민과 지주에 의해 지배되었는데, 그런 와중에 이따금씩 등장하는 자동차는 귀에 거슬리면서도 흥분되는 소리를 울렸으며, 더불어 군데군데 전기가 들어왔고 심지어 제1차 세계대전 때는 간혹 항공기의 불꽃이 나타나곤 했다. 따라서 이 시대의 자본주의에 의해 아직도 극복되지 못한 거대한 대립 중 가장 두드러진 것은 도시와 시골 사이의 대립이었다. 그리고 본격 모더니즘 시기의 신민 혹은 시민은 대부분 다층적인 세계와 다층적인 시간 속에 살고 있는 사람들이었다. 그들은 가족 휴가차 중세의 고향으로 돌아갔으며, 적어도 선진국의 도시 군중 중 엘리트들은 자신만의 방식대로 '자신의 세기를 살면서''절대적 근대인'이 되고자 노력했다. 대문자 새로움과 혁신의 가치는 (제1세계의 밀폐된 형식들부터 제3세계와 제2세계 국가들 내에서 다양하게 펼쳐지는 새것과 옛것의 위대한 드라마에 이르는 모든 것에 반영되어 있듯이) 분명 '근대'라고 느껴지는 것의 예외성을 전제하기에 충분하다. 반면 경험의 차이화를 시간 속에 각인시키고 상흔을 남기며 간헐적으로 대안 세계의 무엇인가를 환기시키는 심층 기억 자체 역시, 경제적 측면의 '불균등 발전' 못지않게 실존적이고 심리적인 측면의 '불균등 발전'에 기인하는 것으로 보인다. 자연은 기억과 연관되는데, 이는 형이상적인 이유 때문이 아니다. 이는 자연이 우리가 억압하거나 희미하게 기억할 수 있는, 혹은 위험에 처하거나 상처받기 쉬운 순간에 향수에 젖어 복원할 수 있는 예전의 농경적 생산양식의 개념과 이미지를 토해내기 때문이다.

이 모든 것 속에 함축되어 있는 것은 예상 가능한 두번째 구두의 쿵쿵거리는 소리, 이를테면 포스트모던의 공간으로부터의 대문자 자연과 전前 자본주의적 농업의 소멸, 이제는 획일적으로 근대화되고 기계화된 사회적 공간과 경험의 본질적인 동질화이다(여기에서 세대 차이는 상품 사용자들의 생태 간 차이보다는 상품의 모델 차이로 나타난다). 이 같은 표준화와 순응의 성공적인 성취는 1950년대에는 두려움과 판타지의 대상이었으나, 이제 표준화와 순응에 의해 성공적으로 주조된 사람들에게 그것은 분명 더 이상 문제가 되지 않는다(따라서 그들은 더 이상 그 문제를 인식하거나 논의의 주제로 삼을 수도 없다). 바로 이러한 이유로 우리는 일찍이 **모더니즘**을 **미완**의 근대화에 대한 경험이자 그 결과라 정의하게 되었으며, 근대화 과정이 극복해야 할 낡은 특징과 장애물이 모두 사라지고 그것이 자신만의 자율적 논리를 의기양양하게 주입하는 어느 곳에서건 포스트모더니즘이 등장하기 시작한다고 주장하게 되었다(물론 그 시점에 **근대화**라는 단어는 잘못된 명칭이 되어 버리고 마는데, 그 이유는 모든 것이 이미 '근대'적이기 때문이다).

기억, 시간성, '근대' 자체의 전율, 새로움, 그리고 혁신, 이 모든 것은 따라서 메이어가 말하는 앙시앵 레짐의 잔재가 흔적 없이 삭제되고, 심지어 벨 에포크belle epoque* 시기의 고전적 부르주아 문화마저 청산되는 과정의 희생자들이다. 따라서 아사다 아키라Asada Akira의 제안[35]은 재치 있다기보다는 훨씬 더 암울하게 심오하다. 이에 따르면 자본주의 변화 단계별로 흔히 붙는 수식어들(초기, 성숙한, 후기, 혹은 발전된)은 부적절하며, 거꾸로 뒤집혀야 한다. 자본주의 초기 시대는 이제 노망난 자본주의라 지칭되어야 하는데, 그 이유는 그것이 여전히 구세계로부터 온 지루한 전통들과 관계를 유지하고 있기 때문이다. 다음 시기는 여전히 성숙한 혹은 어른 자본주의로 묘사될 것인데, 이는 그것이 위대한 악덕 자본가와 모험가 들의 시대임을 반영하기 위해서이다. 반면에 우리 시대의 자본주의 혹은 지금까지 후기자본주의라고 불렀던 것은 앞으로 "유아 자본주의"라 부를 수 있다. 이 시대의 모든 사람은 자본주의 속에서 태어났고, 그것을 당연하게 여기며, 그것 말고는 다른 것을 알지 못한다. 그 이전 시대의 갈등, 저항, 노력은 이제 모두 사라지고, 자동화의 자유 유희와 다양한 소비 대중과 시장의 유연한 대체 가능성이 등장했다. 롤러스케이트와 다국적기업, 컴퓨터와 하룻밤 사이에 세워지는 낯설고 포스트모던한 도심의 고층빌

---

* '벨 에포크'는 프랑스 역사에서 1880년부터 제1차 세계대전이 발발하기 직전까지를 지칭하는 용어로, 낙관주의와 지역적 평화, 경제적 번창과 식민지 확장, 과학기술과 문화적 혁신을 통해 프랑스가 번영을 누렸던 시대다.

딩이 그들이 아는 전부인 것이다.

하지만 이런 이유로 시간이나 공간 모두 (존재론이나 인간 본성과 마찬가지로) 형이상학적으로 전제되어 있다는 의미에서 '자연적인 것'은 아니다. 그 둘 모두 생산과 전유, 즉 생산성의 사회적 조직화의 특정 상태나 구조의 결과이자 그것이 투영된 잔상이다. 따라서 모더니즘에 대해서 우리는 그것의 특징적인 불균등 공간으로부터 거꾸로 특정한 시간성을 독해해냈다. 하지만 그 반대 방향에서 읽는다고 해서 비생산적이진 않다. 그것은 한 질의 카드 속에서 나온 여러 장의 카드처럼 역사적 인물과 이름 들을 뒤섞는 야생의 상상적 계보학과 소설에서 발견되는 것과 같은, 포스트모던적인 판타지 역사기술을 통해 보다 명확한 의미의 포스트모던 공간으로 인도한다. 만일 포스트모던 시대에 특정한 '스토리텔링으로의 회귀'를 환기시키는 것이 타당하다면, 여기에서는 적어도 완전히 발생한 상태의 '회귀'가 목격될 수 있을 것이다(그와 더불어 포스트모더니즘의 이론 생산에서 내러티브와 내러티브학의 발생 역시, 한낱 새로운 이론적 진실의 발견보다는, 더 기본적인 변화에 대한 문화적 징후로서 판명될 수 있다). 바로 그 지점에서 모든 선구자가 새로운 계보학 속에 자리매김하게 된다. 예컨대 아스투리아스Miguel Ángel Asturias나 가르시아 마르케스Gabriel García Márquez 같은 전설적인 세대에 속한 라틴아메리카 붐 작가들, 단명했던 영미권 '신소설new novel'의 지루한 자기 지시적 우화소설fabulation, "모든 것은 허구"(니체를 참조하라)이며 올바른 판본이란 존재할 수 없다는 전문 역사가들의 발견, 그와 거의 동일한 의미에서의 '주인서사'의 종언, 그리고 그와 더불어 역사적 대안들이 소멸 과정에 있던 순간에, 즉 만일 우리가 역사를 갖고자 한다면 참여할 수 있는 역사가 오로지 한

가지밖에 남아 있지 않던 바로 그 시점에 발생한, 과거의 대안적 역사들의 복원 운동(침묵당한 집단, 노동자, 여성, 소수자 들에 대한 빈약한 기록조차도 경찰 공문서를 제외한 거의 모든 것이 체계적으로 소각되거나 삭제되었다)이 그 계보에 위치하게 될 것이다.

간단히 말한다면 포스트모던적 '판타지 역사기술'은 이런 역사적 '경향들'의 고삐를 다잡고, 이들을 두 가지 변종 내지 대칭적 나선으로 식별되는 듯 보이는 진짜 미학으로 결합해낸다. 그중 한쪽에서 우리는 (세대적 혹은 계보학적) 연대기를 만들 수 있는데, 여기에 등장하는 그로테스크한 왕위 계승과 비현실적인 각료들, 아이러니하고 멜로드라마적인 운명들, 그리고 애통하게도 (사실상 영화처럼) 잃어버린 기회들은 실제를 흉내 낸다. 아니 좀더 정확히 표현하자면, 그것은 우리의 지역 '전통'과는 아주 멀리 떨어진 작지만 강한 왕국과 나라의 왕조 연대기(예컨대 몽골제국의 비사秘史나, 한때 자신들만의 작은 우주에서 강력한 지배력을 행사했던 발칸제국의 멸종한 언어)를 닮아 있다. 여기에서 역사적 신빙성을 담고 있는 듯한 외관은 진동하면서 여러 대안적인 패턴으로 갈라진다. 마치 역사기술이라는 형식이나 장르가 (적어도 그것의 낡은 판본 속에서는) 유지되었지만, 이제 그것은 포스트모던 작가들에게 모종의 이유로 정형화된 제약들을 제시하기보다는, 가장 주목할 만하고 구속받지 않는 창조의 운동을 제공하는 것처럼 보인다. 상상의 악어들이 살고 있는 진짜 하수 시설처럼 특이한 이 형식과 내용 속에서, 가장 난폭한 핀천적인 판타지가 모든 인식론적 힘과 아인슈타인 우화의 위조 가능한 권위에 대한 사고실험으로 느껴지며, 경우에 따라서는 어떤 '사실'보다 더 진짜 같은 과거의 느낌을 전달한다고 느껴진다.

그러한 우화소설은 예상대로 모든 세대의 이데올로그들에게 자기만족적 찬사를 받았으나, 역사의 종말까지는 아니더라도 지시대상체의 죽음을 멋지게 선포하고, 또한 거의 동일한 이유로 우리가 이미 언급했던 포스트모더니즘의 해방과 희열의 신호를 충분히 분명하게 보여준다. (19세기 초반의 의사-셰익스피어적인 역사 로망스 같은) 다른 시대의 역사물과는 달리, 이런 역사 판타지들은 본질적으로 과거에 대한 탈현실화, 역사적 사실과 필연성의 무게에 대한 조명, 과거를 복장 분장이나 결과도 없고 불가역적이지도 않은 신비로운 주연酒宴으로 변형시키는 것을 목표로 하지 않는다. 또한 포스트모던적 판타지 역사기술은 자연주의처럼 소름끼칠 정도의 결정론적인 역사적 사건을 자연법칙의 세밀한 작용으로 축소시키려 하지 않는다. 수성의 주전원epicycle에서 내려다보며 결정의 고뇌를 최소화하고 실패의 비관주의를 바그너-쇼펜하우어적 세계관의 좀더 즐겁고 음악적인 하강 종지법cadences으로 전환시킬 수 있는 힘과 집중을 교과서적인 금욕적 방식으로 포기할 때에만, 그러한 자연법칙이 수용 가능하다. 그러나 과거를 수많은 내집단의 내러티브들로 변형시키는 포스트모던적 수정의 광란적이고 멈추지 않는 독백이라 할 수 있는 이 과거와의 새로운 자유 유희는, 분명 지루할 정도로 헌신적인 다양한 종류의 당파적인 역사에 대한 책임은 고사하고, 그에 대한 우선권이나 천착에 대해서조차 마찬가지로 질색한다.

그럼에도 불구하고 이런 내러티브들은 앞에서 암시된 것보다는 실천과 좀더 능동적인 관계를 맺는 것으로 보인다고, 혹은 조금 더 축어적인 역사 반영 이론하에서는 허용될 것이라고 할 수 있다. 그렇다면 여기에서 비실제적인 역사를 꾸며내는 것이 진짜 역사를 만드는 작업을 대체하게 된다. 그것은 과거를 통해, 그리고 상상력보다는 공상이라 불려야 하는 것을 통해, 역사적 권력과 실천을 복원하려는 시도를 미메시스적으로 표현한다. 허언증이나 말도 안 되는 과장된 이야기라고 해도 좋을 이 우화소설은 의심의 여지 없이 사회적·역사적 무기력증의 징후, 즉 상상적인 것 말고는 선택지를 거의 남겨놓지 않은 채 가능성이 봉쇄되어버린 현상의 징후라 할 수 있다. 그렇지만 그것의 창안과 창의성은 그것이 통제할 수 없는 사건들에 대한 창조적 자유를 순전히 그 사건들을 다양하게 복제하는 행위를 통해 보증한다. 여기에서 에이전시는 역사의 기록 밖으로 빠져나와 그 기록을 고안해내는 과정으로 나아간다. 그리고는 사건에 대한 새롭고 다양한 혹은 대안적인 줄기들을 제공함으로써 국가적 전통과 역사 교과서의 철창살을 흔들고, 자신의 패러디적인 힘을 통해 그것들의 억압과 필연성을 기소한다. 따라서 여기에서 무개연성을 통한 내러티브의 창안은 더 큰 실천 가능성에 대한 비유, 즉 투사와 미메시스적 재연의 형식을 띤 실천에 대한 보상이자 확인이 된다.

포스트모던 역사기술 내러티브의 두번째 형식은 여러 면에서 첫번째 형식을 뒤집어놓은 것이다. 여기에서는 허구에 대한 순수한 흥미가 강조되는데, 특히 상상의 인물과 사건 들을 생산하는 과정 속에서 그것이 재차 확증된다. 그리고 그런 인물들 가운데에는 이따금씩 실존 인물이 등장했다 사라지기도 한다. 닥터로는 『래그타임』에서 J. P. 모건과 헨리 포드, 후디니 가족, 해리 K. 소와 스탠퍼드 화이트를 등장시켰다는 사실을 이전 장에서 언급한 바 있는데,[36] 이는 여기에도 그대로 적용될 것이다. 그런데 여기에서는 그것이 지니는 광범위하고 다양한 콜라주 효과의 특징들을 보고자 한다. 예를 들어 신문에 등장하는 인물 사진을 배경 그림에 붙이거나, 일련의 통계 자료를 보여주는 자막이 가족 로맨스 중간에 흘러나오기도 한다. 이런 효과들은 단순히 더스 패서스를 모방한 것만은 아닌데, 그는 세계사적 인물들에 관해서는 여전히 신빙성의 범주를 존중했다. 또한 이런 종류의 허구적 역사가 내가 향수영화라 불렀던 포스트모던적 산물의 특성과 연관된 것도 아니다. 그러한 영화에서는 특정 시대 전체의 어조나 스타일이 사실상 중심인물이자 행위자이고, 또한 그 자체로 '세계사적 인물'이 된다(게다가 지금 논의하고 있는 두 유형의 역사기술적 판타지 모두에서 발현되는 상상력의 야생적 에너지는 상당히 축소되어 있다).

이 두번째 역사기술(여기에서는 그 유명한 공식이 똑바로 선 형태로 되돌려진다. 따라서 두꺼비는 다시 '실제'가 되는 반면, 그 두꺼비가 살고 있는 정원은 점차 상상적인 것이 된다)에서 우리가 확인할 수 있는 것은, 그것이 정확히 일종의 공간적 역사기술이라는 것이다. 그것은 무엇보다도 포스트모더니즘의 공간성과 포스트모던적인 의미에서의 역사에 어떤 일이 벌어졌는지 이야기해줄 수 있는 고유한 무언가를 가지고 있다.

여기에서 공간성은 이전 공간화의 결과로서 나타나는 2차적인 형식으로 기입된다. 이는 강화된 형태의 유형화 혹은 구획화로, 나는 이를 정신과 그 영역을 관찰하고 지도 그리는 방식의 노동 분업화로 설명하고 싶다. 예를 들어 상상력과 지식의 분리 같은 고전적인 정신의 파편화는 언제나 사회세계에서의 노동 분업화의 결과물이었다. 하지만 이제 어느 정도 내면적으로 분할되어 각기 다른 건물의 다른 층으로 할당된 것은 정신의 아주 합리적인 기능 혹은 지식 기능이다.

예를 들어 (어떤 포스트모던한 내러티브 속에서) 우리는 프러시아의 위대한 신고전주의 건축가 카를 싱켈Karl Friedrich Schinkel이 새로운 산업도시 맨체스터를 방문한다고 상상해볼 수 있다. 그러한 기발한 생각은 역사적으로 가능할뿐더러, 무심코 간과할 수도 있는 한 에피소드에서 상대적으로 포스트모던한 매력을 선사한다(젊은 스탈린이 진짜로 과거에 런던에 갔을까? 마르크스가 가명을 사용해 미국 남북전쟁을 검토한다면 어떨까?) 나는 깨어 있는가, 아니면 잠들어 있는가? 이에 대해 근본적으로 포스트모던적인 것이 있다면, 그것은 엥겔스가 그려냈던 거대한 초기 공장 도시의 비참함과 잉여노동을 목도했던 카스파어 다비트 프리드리히Caspar David Friedrich의 마술적 리얼리즘과 더불어, 내부로부터 빛을 발했던 낭만주의 독일의 부조화라 할 수 있다. 그것은 만화 같은 병치로서, 학생의 습작처럼 모든 종류의 이질적인 재료들을 새로운 방식으로 합쳐놓은 것이다. 싱켈의 맨체스터 방문은 실제 있었던 일로 밝혀졌다. 그러나 지금쯤 사람들은 아도르노의 다른 주제에 관한 재치 있는 농담을 상기하고 싶은 유혹에 빠질 것이다. 즉 "비록 그것이 사실일지라도, 그것이 진실은 아닐 터이다." 이 일화의 포스트모던적 풍미는 '역사 기록'으로 되돌아와서 그것을 탈현실화하고 탈자연화하며, 급기야는 그것에 가브리엘 가르시아 마르케스적인 판본의 라틴아메리카의 역사 같은 판타지의 아우라를 부여한다. 카르펜티에Alejo Carpentier의 유명하고 적절한 지적처럼, 그것은 처음부터 마술적 리얼리즘적real-maravillos이었다.[37] 하지만 지금 문제는 대문자 역사라고 불렸던 모든 것이 정확히 그렇게 된 것은 아닌가이다.

하지만 그것들은 구조의 문화적·이데올로기적 효과이며, 그것의 가능 조건은 정확히 우리의 감각, 즉 상호 연관되어 있으나 부자연스럽게 결합된 각각의 요소들이 각기 근본적으로 구별되는 다른 목록에

속해 있다는 그런 느낌 속에 존재한다. 예컨대 건축과 사회주의, 낭만주의 예술과 기술의 역사, 정치와 고대의 모방처럼 말이다. '싱켈'이 맨체스터에 대한 엥겔스의 책과 더불어 백과사전의 도시계획 항목에 함께 들어가 있듯이, 비록 그것들이 특이하고 변증법적으로 같은 공간을 차지한다고 하더라도, 우리의 전前 의식적인 마음은 그 둘 사이에 연결 고리를 만들거나 인정하려 하지 않을 것이다. 마치 그 둘이 각기 다른 서류철에서 나온 다른 카드인 양 말이다.

그 부조화와 불일치는 사실 '문학'과의 유비를 가지고 있는데, 지금 같은 사회적·역사적 리얼리티의 영역에서 그러한 문학의 문제를 재발견하는 일은 상당히 낯설다. 실제로 이 특수한 부조화는 우리에게 무엇보다도 **장르적** 불일치를 상기시킨다. 그것은 작가나 연설가가 잘못 판단하여 모순되는 유형의 텍스트를 삽입하거나, 다른 명부의 담론 속으로 비약할 때 나타나곤 한다. 물론 문학에서 장르와 더불어 그것의 관행과 그것들이 제안하는 특정한 독서 규칙들이 사라졌다는 사실은 익숙한 이야기다. 그런데 오늘날 오래된 장르들은 멸종되기는커녕 자신의 전통적인 생태계에서 해방된 바이러스처럼 널리 퍼져나가면서 리얼리티 자체를 식민화하고 있다. 따라서 우리는 리얼리티를 분할하고 각기 유형학적 분류 체계에 따라 분리하여 보관한다. 여기에서 분류 체계는 더 이상 논의거리가 아니지만, 스타일이라는 대안적 주제는 그것을 대신하기에는 적당치 않아 보인다. 하지만 그것은 분명 '싱켈'이라는 백과사전 항목의 '스타일'과 유사하다. 왜냐하면 그것은 '엥겔스' 항목의 스타일과는 **어울리지** 않기 때문이다. 비록 컴퓨터가 '독일' '19세기' 등과 같은 제목하에 그 둘을 한꺼번에 불러올 수는 있더라도 말이다. 다른 말로 하자면 그 두 항목은 '실제 세계'에서는, 즉 역사 지식의 세계에서는 '서로 잘 맞거나' 어울리지 않는다. 하지만 그 둘은 우리가 포스트모던 역사기술이라고 규정한 바로 그 영역에서는 잘 어울린다(역사기술은 문화적인 장르로서 일반적으로 역사 지식이라 불리는 영역과는 분리된다). 이 영역에서 소비 대상으로서 쾌락이라는 보너스를 제공해주는 것은 정확하게 그러한 것들의 예상치 못한 병치에 의한 흥미로운 불일치와 외설적인 마술적 리얼리즘이다.

포스트모던 내러티브가 어떤 식으로건 여기에서 쟁점이 되는 기이한 담론의 분리를 극복하거나 초월했다고 생각해서는 안 된다. 담론의 분리는 결코 포스트모던 콜라주가 '해결책' 비슷한 것을 제공해줄 수 있는 '모순'으로 파악되지 않는다. 반대로 포스트모던 효과는 담론의 분리가 근거하고 있는 전문화와 차이화를 승인한다. 즉 포스트모더니즘은 전문화와 차이화를 전제하며, 따라서 그것을 연장하고 영속화한다(왜냐하면 만일 싱켈과 엥겔스를 양과 사자처럼 나란히 놓을 수 있는 진정한 지식의 통합 장이 나타난다면, 모든 포스트모던적인 불일치는 즉각 증발해버릴 것이기 때문이다). 따라서 그 구조는 포스트모더니즘을 어떤 것이라 규정할 수 있다고 확인해주지만, 그에 대해 **파편화**라는 단어는 여전히 너무 약하고 원시적인 용어이며, 또한 아마도 지나치게 '총체화'하는 말일 터이다. 왜냐하면 포스트모더니즘의 문제는 더 이상 기존의 오래된 유기적 총체성의 와해가 아닌, 오히려 새롭고 예상치 못한 방식으로 다자가 발생하는, 즉 무관한 사건의 실타래, 담론의 유형, 분류의 양식, 그리고 리얼리티의 구획 들이 발생하는 문제이기 때문이다. 이는 절대적인 그리고 절대적으로 무작위적인 다원주의이며, 아마도 논쟁을 야기하는 그 용어[포스트모더니즘]가 사용될 수 있는 유일한 지시대상체로서 일종의 리얼리티-다원주의이다. 다원주의는 다양하고 대안적인 세계들의 공존일 뿐만 아니라, 상호 무관한 무정형의 집합과 반半자율적인 하부 체계 들의 공존이기도 하다. 이러한 것들의 중첩은 마치 다차원적인 공간 속에 나타나는 환각적 깊이의 평면들처럼 지각의 측면에서 유지된다. 그리고 이러한 다원주의가 탈중심화의 레토릭(과 '총체성'에 대한 공식적인 레토릭적·철학적 공격에 이론적 토대가 되는 담론)을 통해 반복되고 있음은 물론이다. 그렇다면 이러한 차이화와 전문화 혹은 리얼리티의 반半자율화는 정신에서 일어나는 문제, 즉 모더니즘 혹은 모더니스트의 불안과 히스테리에 대조되는 포스트모던의 정신분열적 파편화에 선행한다. 그러한 정신은 그것이 주조해내는 세계의 형식을 수용하고, 그것을 개념의 형식뿐만이 아니라 경험의 형식으로 재생산하려 한다. 그 결과는 비교적 단순한 자연적 유기체가 미메시스적 위장을 하고 먼 미래의 과학소설적인 환경에 나올 법한 옵아트 레이저op art laser의 차원성을 닮아가려 노력하면서 조우하게 되는 결과만큼이나 재앙적이다. 우리는 정신분석학으로부터, 그리고 최근에는 균열된 다양한 주체 위치에 대한 사변적인 지도 그리기speculative mapping로부터 많은 것을 배웠다. 하지만 그 원인을 그것을 투사하는 사회적 형판들이 아닌, 상상할 수 없을 정도로 복잡한 내면의 새로운 인간 본성에서 찾으려 하는 것은 안타까운 일이다. 브레히트가 보여준 바처럼 인간 본성은 무한히 다양한 형식과 변형이 가능하며, 정신 역시 마찬가지다.

한편 (닥터로가 『래그타임』에서 역사기술의 사소하지만 엄청나게 징후적인 패턴을 통해 형식화한) 상이한 차별적 구조들은, 또한 '차이가 연결한다'라는 슬로건의 측면에서 포스트모던적인 지각 방식에 대한 초기의 설명을 정당화하는 데 일익을 담당했다. 이 새로운 지각 방식은 사실 그런 양립할 수 없는 것들을 동시에 보전함으로써 작동하는 것으로 보인다. 그것은 일종의 통약 불가능성의 시각 incommensurability-vision으로, 이는 눈을 하나의 초점에서 거둬들이고 다양한 좌표 사이의 긴장감을 임시적으로 품는 것이다(만일 변증법이 큰 무리 없이 서로 잘 맞도록 사전에 조율된 다양한 '대립항'을 통합하여 새로운 '종합'을 생산해내는 것이라고 생각한다면, 이러한 모든 지각 방식은 분명 '포스트변증법적'인 것이 될 것이다).

하지만 그것이 가장 근본적인 의미에서의 **공간적** 현상이라는 점을 반드시 고려해야 한다. 왜냐하면 포스트모던의 양립 불가능성 속에서 결합된 다양한 항목의 기원이 무엇이건 간에, 다시 말해서 그 항목들이 각기 다른 시간대에서 기원했건 사회적·물질적 우주의 서로 무관한 구역에서 기원했건 간에, 그 자체로 강력하게 감지되는 바는 그것들의 공간적 분할이기 때문이다. 여기에서 역사적 혹은 실존적 시간 속 각기 다른 순간은 단지 각기 다른 장소에 보관된다. (이런 숫자들의 공간적 성격이 끝날 때가 되어 계산서를 내밀게 될 정도인 경우만 제외하면) 그 순간들을 국지적으로나마 결합하려는 시도는 시간의 눈금을 따라 오르내리지 못하고, 우리가 거리의 측면에서 개념화한 놀이판을 가로질러 오락가락 뛰어다닐 뿐이다.

따라서 하나의 장르 분류에서 다른 분류로의 이동은 근본적으로 비연속적이어서, 케이블 텔레비전의 채널을 바꾸는 것과 다르지 않다. 사실 일련의 항목들과 그들의 유형화에 따른 장르 분할은 저마다 새로운 리얼리티를 조직하는 수많은 '채널'로 설명한다면 적당할 듯하다. 채널 돌리기는 종종 미디어 이론가들에 의해 포스트모던 시대의 주의력과 지각 장치에 대한 전형적인 본보기로서 받아들여지며, 이는 사실 앞서 언급했던 다양한 주체 위치라는 정신분석학적 모델에 대한 유용한 대안을 제공해준다. 물론 이 모델은 여전히 포스트모더니즘 이론의 심층적 특징인 약호전환 과정에서 하나의 대안적 약호로서 우리가 알고 있어야 할 이론이며, 또한 이제는 그 자체로 지각적·문화적·심리적 층위에서의 채널 돌리기의 이론적 등가물로 파악될 수도 있다. 만약 우리가 현재의 조건하에서 조이스적인 단 하루 동안 여러 공간이나 채널을 오가며 지속적으로 재협상을 해야 한다면, '우리'는 우리가 존재하고 마주하며 거주하거나 습관적으로 이동하는 공간 속의 그 무엇이든 될 수 있는 것이다. 따라서 이런 새로운 리얼리티에 대한 문학적 재현이 있다면, 그것은 바르가스 요사의 라틴아메리카 라디오 드라마의 옛 시절에 대한 빼어난 '회고록'인 『나는 훌리아 아주머니와 결혼했다La Tía Julia y el Escribidor』일 것이다. 이 작품에서는 각기 다른 낮 시간 프로그램들이 서서히 서로를 오염시키기 시작하면서, 주변 프로그램들을 식민화하고, 급기야는 아주 경악스런 방식으로 혹은 우리가 앞서 본 바와 같이 가장 원형적인 포스트모던한 방식으로 통합되어버린다. 그렇다면 그러한 상호 오염은 우리가 포스트모더니즘의 총체화 방식이라 부를 수 있는 것의 원형이라 할 수 있다.

이는 또한 최근 우리 시대의 역사와 정치의 〔총체화〕 방식을 특징짓는다. 그리고 우리가 이전의 구조들을 단순한 문화적·허구적 패턴들 이상을 암시하는 것으로 파악하기 위해서는, 새로운 종류의 공간적 변증법이라는 앙리 르페브르의 개념을 사용해야 할 것이다. 왜냐하면 우리는 현재의 사태를 포스트모던적 글쓰기의 특수성을 파악하기 위해 환기되었던 리얼리티의 구획화라는 배경을 통해 이해할 수도 있기 때문이다. 과거에는 현재를 역사로서 파악하는 일이 결코 쉽지 않았다. 왜냐하면 정의상 역사 교과서들은 전적으로 정지되어 있다가 시간상 1~2년 지나서 출판되는 반면, 정치적으로 의식화된 집단은 최근의 예기치 못하게 급변하는 사태에 대해 다양하고 다면적인 검토와 해설을 지속적으로 수용할 수 있기 때문이다. 하지만 오늘날 그러한 형식의 집단성이 미디어 내부에서 점차 후퇴하면서, 우리는 홀로 있는 개인이라는 느낌마저 박탈당한 개인들이 되어버렸다. 따라서 '현재의 상황'에 타격을 가할 수 있는 역사적 이해라는 간헐적 섬광은 신문의 분리된 단段들을 거의 포스트모던적인 (그리고 공간적인) 방식으로 재조합할 때에만 나타날 것이다.[38] 그리고 우리가 계속 (이전의 시간적 언어를 사용해서) 역사적 사유 혹은 분석이라고 부르는 것은 이런 공간적 작업이다. 예를 들어 〔신문에서는〕 알래스카 기름 유출 사건 기사 바로 옆에 최근의 레바논 남부에 대한 이스라엘의 폭격이나 수색 토벌 작전 기사가 게재되기도 하고, 텔레비전 뉴스에서는 이 두 소식이 연이어 나오기도 한다. 이 두 사건은 우리 마음의 영역의 전적으로 상이하고 무관한 참조와 연상 영역에서 작동한다. 특히 최근의 '객관적 정신'의 전형화된 천체 투영관에서, 알래스카는 '전쟁으로 피폐해진 중동 지역'과는 물리적으로나 정신적으로나 지구의 반대편에 있기 때문이다. 우리의 사적인 역사를 자기 성찰적으로 살펴보거나, (엑손 정유사, 알래스카, 이스라엘, 레바논이라는 항목하에 분철되어 있는) 다양한 객관적 역사를 조사한다고 해도, 이 모든 것의 변증법적 상호 연관성을 밝혀내기에는 충분하지 않을 것이다. 이에 대한 전설적인 원형적 에피소드는 수에즈전쟁에서 찾아볼 수 있는데, 한편으로 당시 점점 커져가던 유조선들이 희망봉으로 크게 우회하도록 하는 결정이 내려졌으나, 다른 한편으로 그로 인해 발생한 1967년 전쟁은 중동 지역의 정치 지형도를 한 세대 이상 동안 폭력과 비참함 속에 가두어두는 결과를 낳았다. 내가 주장하고자 하는 바는 그러한 일반적 '기원'을 추적하는 일, 즉 향후 우리가 대개 구체적인 역사적 이해를 위해 명백히 필요 불가결하다고 생각하는 것들을 추적하는 일은, 엄밀히 말해서 역사성이나 인과성이라는 예전 논리의 의미에서의 시간적 혹은 계보학적 작업이 더 이상 아니라는 것이다. 해결되고 나면 퍼즐 축에도 끼지 못할 알래스카와 레바논의 병치도 그렇고, 나세르와 수에즈운하의 병치(!)에 대한 '해결책' 역시, 더 이상 역사기술에 있어서 미슐레 Athenais Michelet나 슈펭글러Oswald Spengler식의 심층 공간이나 원근법적 시간성을 열어주지 못한다. 그것은 슬롯머신에서 빙글빙글 돌아가는 그림판에 불이 켜지는 것과 유사하다(따라서 훨씬 더 경악스러운 미래의 컴퓨터게임 같은 역사기술 방식을 예견한다).

만일 역사가 공간적이 되었다면, 그것은 또한 역사를 억압하고 우리가 역사적으로 사유하기를 회피하게 하는 이데올로기적인 기제가 되었다는 것이다(알래스카의 예는 사실상 우리가 공간적으로 인접한 단들을 무시할 수 있게 하는 정밀하게 계산된 일종의 독법에 대한 청사진을 제공한다). 하지만 지금 내가 말하고자 하는 것은 좀더 큰 틀에서의 정보 미학이다. 여기에서는 포스트모더니즘 소설 속에서 발견되는 장르적 불일치가 이제는 포스트모던의 리얼리티 내에서 다른 종류의 힘으로 전화되어, 새롭고 특이한 예법을 혹은 〔시쳇말로〕 아주 쿨해질 것을 명령한다. 이는 신문의 다른 단이나 칸에 분류되어 있는 기사들을 무시하라는 의무를 부여함으로써, 허위의식을 구축하기 위한 수단을 열어놓는다. 이는 거짓말과 억압이라는 옛날의 보다 원시적인 전술보다 전술적으로 훨씬 더 발전했으며, 고전적 이데올로기라는 이제는 번거로워진 프톨레마이오스적인 기술 없이도 작동할 수 있다. 이것은 정보의 뇌관을 제거하고 재현을 불가능하게 만들며 정치적 입장들과 그것에 내재된 유기적 '담론들'의 신빙성을 제거해버리는, 짧게 말해서 아도르노의 말처럼 "진리"로부터 "사실"을 효과적으로 분리해내는 새로운 방식이다. 이 새로운 방법의 우월성은 정보와 완전한 지식이 완벽하고 적절하게 공존하게 만드는 능력에 있는데, 이는 우리 마음의 여러 상이한 부분들 속의 하위 체계와 주제 들을 분리하는 방식에 이미 암시되어 있던 것이다. 이런 마음의 각 부분들은 오직 시간의 각 순간에 다양하고 무관한 주체 위치들에 의해서 국지적으로 혹은 맥락에 따라 ('유명론적으로') 작동할 수 있다. 따라서 양식적 금기stylistic taboo가 여기에서는 인간 특유의 유한성('나는 한 번에 하나의 장소 혹은 하나의 담론 속에만 존재할 수 있다')과 함께 결합하여, 예전 방식의 종합뿐만 아니라 심지어 치료법적인 낯설게 하기 효과마저도 배제하게 된다. 이런 낯설게 하기 효과는 하나의 증거를 외견상 무관한 다른 증거와 대조했을 때 나타나는 것으로, 두 명의 목격자가 예기치 않게 대면하는 경우에 나타나는 범죄의 극적 재구성과 비슷하다.

'포스트모더니즘'은 그 자체로 그러한 체제가 낳은 개념성에 대한 최고의 본보기라 할 수 있다. 이 체제에서 리얼리티 자체는 각 구성원이 오직 가까이 있는 대등한 구성원만을 만나게 되는 정치적 세포조직의 네트워크와 약간 비슷하게 조직화된다. 우리는 '개념' 내에 상이한 재현들이 공존하고 있음을 이미 알고 있지만, 그것의 독특한 작동방식에 대해서는 충분한 경의를 표하지 못했다. 그것은 정신분열증과 비교해볼 만한데, 만일 정신분열증이 정말로 핀천이 우리에게 말해준 바로 그것이라면 말이다("나날이 웬들Wendell은 점점 더 자아를 상실하고 점점 더 인간 일반이 되어갔다. 그가 직원 회의실에 들어가자 그 방은 갑자기 사람들로 넘쳐났다").[39] 방을 가득 메운 사람들은 사실 우리가 동시에 품고 있는 모든 모순적인 방향으로 우리를 유혹한다. 하나의 주체 위치는 매일의 삶과 형식 속에 존재하는 새롭고 놀랄 만한 전 지구적 우아함을 우리에게 확인시켜준다. 다른 주체 위치는 전 세계에서 지금까지 침묵하던 지역들이나 들을 수 없던 계급 계층의 저 모든 새로운 '목소리'가 울려 퍼지면서 민주주의의 확산에 경탄한다 (잠시만 기다려봐. 세계 속에 자기 목소리를 더하기 위해 그들이 여기에 올 거야!). 반면 또 다른 좀더 불만 있고 '현실적인' 주체 위치의 발언은 보이지 않을 정도로 치솟는 환각적인 지폐 구조물, 부채, 급속도로 빠져나가는 공장들과 그에 맞먹게 증가하는 정크푸드 체인점들, 구조적 노숙자의 가파른 궁핍화를 통해, 우리에게 후기자본주의의 무능함을 상기시킨다. 게다가 실업과 저 유명한 도심의 '황폐화' 혹은 '쇠퇴'는 말할 필요도 없는데, 미디어는 이렇게 위험할 정도로 닳아빠진 주제들을 다룰 때 마약 멜로드라마나 폭력 포르노로 밝게 포장한다. 이런 목소리들이 서로 모순된다고 말할 수는 없다. '담론들'이 아닌 명제들만이 모순될 뿐이다. 이에 대해 동일성과 비동일의 동일성이라는 표현은 그다지 만족스럽지 않다. 또한 '공존'도 지나치게 안심시키려는 말로서, 이는 물질과 반물질이 결국 만나서 악수하게 되는 은하 간 충돌이라는 궁극의 우연을 암시한다. 할리우드에서 신은 돈을 아껴서 오직 하나의 기관만을 설계했다("천국: 그곳은 번성하지 못하고 성공하지 못한 자에게는 지옥이다")는 그에 관한 브레히트의 평범한 가설마저도 지나치게 기능적이다. 비록 도시, 특히 바로 그 도시(!)에 대한 개념이 생각할 수 있는 마지막 몇 가지 '재현들' 중 하나로서 우리 마음

속에 오만하게 떠오르기는 하지만 말이다. 포스트모더니즘은 부티크와 유행하는 작은 레스토랑 들에서 잘 먹고 잘 살고 있다(실제로 우리가 요즘 듣는 소리는 레스토랑 리모델링이 포스트모던 건축가들 수임료의 상당 부분을 차지한다는 것이다). 반면에 그 밖에 다른 리얼리티들은 고물 자동차를 타거나 아니면 걸어서 바깥을 배회하고 있다. 리얼리티인 동시에 이데올로기로서의 '포스트모더니즘'이 틀렸다고 입증할 수는 없다. 그것의 근본적인 특징이 모든 층위와 목소리의 급진적 분리인 한은 말이다. 다만 그 층위와 목소리 들을 총체성 속에서 재조합한다면, 그것이 틀렸음을 입증할 수 있을지도 모른다.

IX. 데카당스, 근본주의, 첨단 기술

숨바꼭질의 마지막 필사적인 단계에 들어서면 (통시성이라는 옷을 입고 있지만 순전히 공간적이라는 것이 밝혀진) 대문자 역사를 아직 찾을 수 있을지 모를 마지막 논리의 벽장으로 향하게 마련이다. 진한 고요함 속에서 집안 깊숙한 곳에 있는 그 벽장을 보며, 우리는 그 역사가 재갈이 물려진 채 질식사했을지도 모른다고 결론을 내린다. 하지만 현재 자체로부터 역사를 생성해내고, 오늘날의 판타지 투영과 소망충족에 대해 리얼리티의 힘까지는 아니더라도 최소한 하이데거가 (건립함stiften이라) 표현했던 것처럼 리얼리티의 토대를 만들고 그 시작을 알릴 수 있는 힘을 부여하는 것은 아직 가능할 수도 있지 않을까?

이러한 판타지들은 정반대의 두 방향으로 투영되는데, 둘 다 그러한 징후들의 가장 실질적인 말뭉치인 최근의 과학소설 속에서 발견된다. 나는 이 두 방향을 우리의 오랜 친구인 과거와 미래라고 설명하는 것이 망설여진다. 어쩌면 그 둘은 새로운 포스트모더니즘적 판본의 과거와 미래일 수도 있으며, 앞서 논했듯이 그 과거나 미래가 우리에게 법적으로 주의나 책임을 요구할 수 있는 상황도 아니다. 대조적인 외양과 양식을 하고 나타난 데카당스와 첨단 기술은 실로 그러한 상황을 숙고하기 위한 적절한 경우이자 도약대가 아닐 수 없다.

특히 다양한 종교의 형식을 하고 있는 첨단 기술은 그 편재성으로 인해 피할 수 없는 반면, **데카당스**는 누구도 언급하려 하지 않는 어떤 냄새나 모든 손님이 떠올리지 않기 위해 애쓰는 어떤 생각처럼 그것의 부재에 의해 강요된다. 헤드폰과 앤디 워홀의 세계, 근본주의와 에이즈의 세계, 운동기계와 MTV의 세계, 여피와 포스트모더니즘 관련 책자, 펑크 머리 스타일과 1950년대식 짧게 깎은 머리, '역사성의 상실'과 정신분열에 대한 찬사, 미디어 및 칼슘과 콜레스테롤에 대한 강박, '미래 충격'의 논리, 새로운 사회 집단 유형으로서의 과학자와 대(對)반란 기동타격대의 등장. 혹자는 이 모든 것이 분별 있는 화성인 관찰자의 눈에는 완숙한 데카당스적인 것으로 통할 자격이 있다고 생각할 것이다. 하지만 그렇게 말하는 것은 진부하다. 게다가 포스트모더니즘 담론 체계의 전술적 성과 중에 하나는 과거를 찬미하는 자들laudator temporis acti을 더 이상 그럴싸하지도 않고 믿을 수도 없는 문학적 인물들의 창고로 강등시키는 데 있다. 분명 과거의 규범은 단지 또 다른 '라이프스타일'이 되었으며, 별나다는 범주는 그 존재 이유를 상실했다. 모더니스트들은 그때까지만 해도 그러한 개념을 가지고 있었고, 때로는 어느 정도 실천에 옮기기도 했다. 하지만 우리 시대에는 오직 펠리니의 걸작 영화「사티리콘Satyricon」만이 후기 로마제국에 관한

'향수영화'라는 가면을 쓰고서야 그 범주를 다시 포착해냈을 뿐이다. 그런데 여기에는 현저한 차이가 있다. 즉 향수는 어느 정도 실제가 될 수 있는데, 그 경우 그것은 지금까지 전적으로 알지도 못하고 분류되지도 않았던 종류의 감정이어야만 하는 것이다(만일 그 영화 전체가 단순히 그의 다른 영화 「달콤한 인생」을 시대극으로 리메이크한 것이 아니라면 말이다. 그러한 경우라면 펠리니는 그저 또 다른 재미없는 도덕 선생이 되고 마는데, 이는 그의 영화가 당대 영화의 나르시시즘적 파토스를 당당하게 멀리함으로써 논박했던 것이다). 「사티리콘」에서 펠리니는 은의 시대의 데카당스적인 로마인이 살았던 세계가 아니라, 본격 모더니스트(적어도 그 첫 단계인 상징주의자)의 세계를 일별할 수 있는 타임머신을 구축하려 애쓴다. 우리와 달리 본격 모더니스트들은 여전히 데카당스 개념을 구체적이고 플로베르적인 힘을 가지고 생각할 수 있었다. 반면에 리처드 길먼Richard Gilman이 적절하게 상기시켰듯이,[40] 문제의 그 로마인에게는 데카당스라는 개념이 없었다. 따라서 30년 전쟁을 치르기 위해 출정하노라 선언하는 시대극 속의 인물과는 달리, 그러나 포스트모더니즘 시대에 사는 우리와는 유사하게, 그들은 매 순간 자신이 '데카당스의 시대에' 살고 있다고 스스로를 꼬집지 못했다.

길먼은 그 밖의 모든 사람이 오래전부터 그렇게 해왔다는 것을 알지 못한 채, 우리에게 이 유해한 개념을 사용해서는 안 된다고 말한다. 하지만 데카당스 개념은 여전히 '역사적 차이에 대한 감각'이라 불리는 그 현상의 특수한 행동 방식을 관찰할 수 있는 흥미로운 실험실을 제공한다. 펠리니의 재현에 의해서 반복되었던 개념적 문제에 나타나는 역설은 무엇보다도 차이의 역설로부터 그것의 배리背理적인 추동력을 끌어온다. 즉 '데카당스적인 사람'은 우리와 다른 만큼, 또 다른 의미에서 우리와 무언가 같다. 따라서 그들은 우리의 위장된 상징적 동일시를 위한 매개체가 된다. 그러나 그런 의미에서의 '데카당스'와 예술적 주제나 이데올로기소로서의 '데카당스'가 상상의 박물관에 있는 어떤 전시실(예컨대 폴리네시아의 문화보다 더 특이한 '문화'를 전시하는 방)에 지나지 않는 것은 아니다. 또한 그것은 길먼이 종종 생각했던 정신적·인종적 건강이나 불균형에 관한 전제들을 담고 있는 '이론'도 아니다. 그것은 역사 이론 전체의 2차 파생물이자, 독일인들이 역사철학Geschichtsphilosophie이라고 부르는 것의 특례적인 부분집합이다. 그러므로 우리는 불행하게도 바로 그 지점에서 시작해서 데 제셍트Jean des Esseintes*나 펠리니의 로마인까지 파고들어야 한다. 이는 '모더니즘 시대'의 특수성과 더불어 그 시대가 역사의 나머지 시대와 다른 자신만의 차이를 통해 스스로를 정의하는 방식에 대한 숙고를 수반하는 작업이다. 그것은 라투르Bruno Latour가 최근 (마치 그러한 것들이 이제는 주변에 없는 양!) "거대한 분리the Great Divide"라고 편리하게 다시 이름 붙인 것이지만, 종종 '서구와 그 나머지 세계'로 불리거나, 서구 이성이나 서구 형이상학 혹은 사실상 (라투르가 특별히 천착하는) 대문자 과학Science으로 알려진 것이다. 그것이 그 무엇보다도 서구적이라는 점은 부연할 필요도 없다(물론 조지프 니덤Joseph Needham이나 레비-스트로스를 읽은 독자들을 제외한다면 말이다). 라투르는 이러한 서구 예외주의 관점의 동의어와 위장된 표현 들을 담은 멋진 목록을

---

* '데 제셍트'는 조리스-카를 위스망스Joris-Karl Huysmans의 소설 『거꾸로À rebours』(1884) 〔유진현 옮김, 문학과지성사, 2007〕에 등장하는 괴팍하고 혐오스러운 성격을 지닌 주인공이다. 이 소설은 데카당스 문학의 선구자로 여겨진다.

지어냈는데, 여기에는 마르크스주의의 오래된 친구들도 얼마간 등장한다.

근대 세계the modern world

세속화secularization

합리화rationalization

익명성anonymity

탈마법disenchantment

상업주의mercantilism

최적화optimization

비인간화dehumanization

기계화mechanization

서구화westernization

자본주의capitalism

산업화industrialization

탈산업화postindustrialization

기술화technicalization

지식화intellectualization

멸균sterilization

객관화objectivization

미국화Americanization

과학화scientization

소비사회consumer society

1차원적 사회one-dimensional society

영혼 없는 사회soulless society

근대의 광기modern madness

근대 시대modern times

진보progress[41]

라투르가 몇몇 역사적 단계들을 앞의 입장들로 압축해놓은 것은 매우 분명한데, 이는 단지 이 입장들이 생성되고 표현하는 상황들 속에 존재하는 심층적 연속성을 강조하기 위한 것이다. 반면 『공산당선언』의 몇 쪽이 새롭고 역사적으로 유일무이한 자본주의 자체의 역동성을 찬양하는 데 할애되었다는 것을 망각한 누군가에겐, 서구 예외주의 신화의 영속화에 좌파와 마르크스주의도 '공모'했다는 게 여기에서 완전히 명백해진다. 하지만 내 생각에 또 다른 형태의 모더니즘에 불과하다고 비난받는, 마르크스주의와 그 모든 것의 연관성 속에 존재하는 새로움은, 실제로는 모더니즘 그 자체이다(아니면 '모더니티'일 수도 있다. 만일 그것이 실제로는 '근대화'가 아니라면 말이다).

사실 역사적 유물론의 단계적 측면은 비非인습적인 방식으로 재구성될 수 있다. 마르크스주의가 대개 (그리고 올바르게) 상정한다고 여겨지는 자본주의(그리고 사회주의)와 소위 전前 자본주의적 생산양식들 사이의 절대적 단절을 다르게 구성하는 것이다. 사실 전통적으로는 역사의 연속체를 따라 여러 단절 지점이 다양한 방식으로 강조된다. 이는 시를 한 행만 읽고선, 그것이 운율적인 시인지 아니면 상대적으로 자유시인지를 판단하기를 망설이게 되는 것과 같다. 사실 마르크스주의는 원시 부족사회(수렵과 채집 중심의 원시 공산주의 사회)와 이후 (잉여자본, 문자, 정신노동과 육체노동의 분리 등과 더불어) 국가권력을 기반으로 하는 (자본주의를 포함한) 생산양식들 사이에 일종의 단절을 상정한다. 또한 마르크스주의는 전 자본주의적 권력 사회와 자본주의의 특별한 역학 사이에 또 다른 종류의 단절을 상정하기도 한다. 자본주의는 무한한 팽창("그 자체에 **특수한** 한계를 상정하는 동시에 **모든** 한계를 그 너머까지 밀어붙인다")[42]과 함께 역사를 새롭게 재창안할 뿐만 아니라, 사회적 제국주의라는 비교 불가능하고 유례없는 새로운 형식을 만들어낸다고 말할 수 있다. 라투르가 생각하는 단절이 바로 이것이다. 반면에 사회주의가 새롭고 보다 높은 차원에서 오히려 전 자본주의적 사회구성체에 비견될 만한 집단적 형식과 경험 들을 재창안하고, 그런 점이 자본주의 자체의 원자적 파편화와 개인주의와는 다르다는 의미에서, 우리는 또한 자본주의와 사회주의 사이에 근본적인 단절을 상정해야 할 수도 있다(물론 헤겔식 변화 속에서 사회주의 역시 자본주의 시장 체계하에서 발전된 개인 주체성의 새로운 풍요로움을 유지한다고 주장하겠지만 말이다). 그러나 이러한 순서 배열은 전통적으로 제시된 그대로이며, 또한 우리는 더 이상 그 순서의 다원주의적 함의(단선적 혹은 다선적 진화)에 대해 크게 염려하지는 않는다. 하지만 그 순서 배열은 여전히 당혹스러운 질문을 제기하는데, 이는 자본주의가 이제 새로운 종류의 전 지구적 역사의 막을 올렸으며 그 논리가 엄밀한 의미에서 '총체화'한다는 변증법적 개념을 통해서도 완전히 불식되지 않는다는 것이다. 그 결과 이전에 수많은 상호 무관한 역사들이 있었다고 하더라도, 이제는 우리가 확인할 수 있는 한 경향적으로 한층 더 동질화된 하나의 지평 위에 단 하나의 역사만이 존재하게 되었다.

그러나 『공산당선언』을 세심하게 읽어보면, 자본주의를 하나의 단계로 보는 마르크스의 관점에 관해 다소 색다르게 생각할 수 있는 방법이 암시되어 있다. 즉 자본주의를 일종의 거대한 블랙박스나 '사라지는 매개자'로 파악할 수 있는 것이다. 즉 자본주의는 엄청나게 복잡하고 순간적으로 팽창하며 발전된 실험실로서, 전 자본주의적 사람들이 사회주의로 가는 길목에서 재구성되고 재훈련을 받으며 변신하고 발전하기 위해서는 반드시 통과해야 하는 단계이다. (비록 구조주의적이지만 여전히 변증법적인) 이러한 독해는 이제 이전 생산양식들이 지니는 근본적인 차이의 특징들을 재분배한다. 그것은 자본주의가 어떤 종류의 사회 혹은 어떤 종류의 집단적 성격이나 문화에 연관되는지에 대한 질문들을 배제한다. 왜냐하면 자본주의는 그 자체로서 하나의 단계가 아닌 하나의 과정으로 간주되기 때문이다. 마지막으로 그러한 독해는 우리에게 기능적인 측면에서 포스트모더니즘의 속성이라고 여겨지는 특징들을, 마르크스가 분리와 괴리, 축소, 분해, 처분 같은 말로 설명한 것으로 잘 알려진 구조적 경향의 새롭고 강화된 형식들로서 재고해보라고 요구한다.

그런데 모더니티에 대한 다른 다양한 경험으로 되돌아가 보면, 우리가 이미 보았던 바와 같이 모더니티는 대상세계의 절박함에서건 심리 자체의 절박함에서건 최소한 차이와 임박한 변화에 대한 느낌과 일치한다.

내가 아니다. 내가 아니라, 나를 관통해 불어오는 바람이다!
상쾌한 바람이 새로운 시간의 방향에서 불어온다.
만일 바람이 나를 싣고 데려가게 할 수 있다면, 그것이 나를 데려가기만 한다면!

만일 내가 예민하고, 예리하다면, 아 섬세하고 날개 달린 선물이 될 수만 있다면!

만일 가장 사랑스러운 내가 몸을 맡기어 상쾌하고 상쾌한 바람에 실려 갈 수만 있다면

쐐기 칼날이 박힌 섬세하고 정교한 끌처럼

바람을 따라 세계의 무질서를 뚫고 갈 수 있다면.

만일 내가 쐐기 칼의 그 순수한 입술처럼 날카롭고 단단하며

보이지 않는 힘을 통해 움직일 수 있다면,

그 바위는 쪼개지고, 우리는 경이로움 속에 찾아가 헤스페리데스를 발견하게 되리라.[43]

이런 실존적 절박함은 구태의 잔존에 대한 혐오감 및 대문자 새로움이 해방과 자유인 동시에 또한 하나의 의무라는 느낌과 더불어, 모더니즘을 휩쓴 객관적 변화의 감각에 대한 수많은 표현들과 교환 가능하다. 이때 의무란 난국에 대처하고 우리 주변에서 경향적으로 부상하고 있는 새로운 세계에 걸맞은 존재가 되기 위해서 우리 스스로에게 해야 하는 어떤 일이다. 그런데 그 세계의 숨길 수 없는 신호들은 점차 기술화되어가고 있다. 비록 그 세계의 주장과 요구가 주관적일 뿐만 아니라, 새로운 사람 즉 전적으로 새로운 주체성의 형식을 생산해야 하는 의무와 연관되어 있을지라도 말이다. 존 버거가 우리에게 상기시켰듯이,[44] 제1차 세계대전에 의해 박살나게 될 것은 그 세계의 유토피아에 대한 약속이었다. 하지만 그 약속은 체계적 변화와 사회적·정치적 혁명 그 자체라는 이제는 좀더 통제되고 제한된 경로에만 남아 있으며, 이제 그것은 놀라울 정도로 새로운 **모더니즘적인** 문화적 활기

를 지녔던 소비에트 혁명 속에 역사적으로 전형화되었다. 이 자리에서 그 흥분을 다시 기념하려는 것은 아니다. 다만 그것이 포스트모더니즘과 근본적으로 구별되는 구조적 차이를 제공했을 뿐만 아니라(모든 것이 새로운, 아니 오히려 '옛것'이라고는 아무것도 없는 포스트모더니즘에서, 그 문제가 주는 흥분은 변증법적으로 크게 축소되었다), 또한 포스트모던적 시점이 이제는 고전적인 모더니즘의 유산을 바라보는 새로운 관점을 제공해야 한다는 점을 말하고 싶다. 그러한 관점이 최소한이나마 인정할 수 있는 것은 모더니티가 여기서 논의하고 있는 급진적 차이의 느낌과 분리될 수 없다는 것이다. 즉 모더니즘 시대의 사람들은 스스로 예전의 전 자본주의적 전통 속에서 살았던 사람이나, 모더니즘(과 제국주의)과 동시대에 지구상에 존재했던 식민지 지역의 사람들과는 급진적으로 다른 종류의 인간이라고 느꼈다. 여기에서 다른 사회와 다른 문화(그리고 여기에 다른 인종을 추가해도 사족처럼 보이지는 않을 것이다)가 느끼는 모욕감은 이제 좀더 복잡해진다. 다른 모든 사회가 극적인 불안 속에서 옛것과 새것 사이의 딜레마를 내면화하고 각양각색으로 그 둘 사이의 드라마를 살아낸 방식을 고려해본다면 말이다. 그러나 (산업을 포함하는) 자본주의라는 거대한 기계의 완벽함은 분명 북유럽 백인(이자 대개 프로테스탄트)이 가지는 어떤 개인적인 장점은 아니다. 그것은 역사적 상황과 구조(혹은 가능 조건)에 의한 우연적 사건이다. 따라서 그 속에서 '교육자들'이 원칙적으로 이미 '재교육'을 받았다고 첨언하는 것은 동어반복에 불과하다. 왜냐하면 자본주의가 생산하고 발전시킨 다른 기술들 중에는 인간에 대한 것도 포함되기 때문이다. 바로 '생산적인 노동'의 생산이다.

그럼에도 불구하고 어떤 종류의 유럽 중심주의와도 더 이상 관계가 없는 이 설명조차도 자본주의 자체의 절대적 차이를 상정하고 전제한다. 그렇다면 그러한 종류의 차이가 이론적으로 부정되고 있는 전 지구적 포스트모더니즘에 관해 우리가 눈여겨보아야 할 것은, 그것의 가능 조건이 모더니즘(혹은 고전적 제국주의) 시대에 비해 지구의 다른 부분들이 현재 훨씬 더 **근대화**되었다고 상정한다는 점이다.

그렇다면 언제부터 데카당스라는 모더니즘 내부의 낯선 그림자 혹은 불투명함이 발생했을까? 기껏해야 자신의 불완전한 모더니티에 불안해하던 그 오만한 모더니즘 시대의 인간 혹은 모더니스트는 왜 이 나른하고 신경증적인 차이라는 비밀스런 판타지를 품고, 그 시대의 '가장 진보한' 예술가나 문화적 지식인은 물론이고 자신의 제국의 후미진 곳까지 찾아가 세금을 징수하려 했을까? 데카당스란 분명 모더니티에 저항하는 동시에 그에 수반되는 것이리라. 마치 모더니즘 시대의 모든 약속이 느슨해지고 흐트러지게 될 미래의 운명처럼 말이다. 데카당스 개념은 세속성과 경제적 인간 그리고 공리주의가 승리한 이후, 모든 기괴한 종교 분파와 음식이 회귀할 것이라는 환상을 갖는다. 그것은 전능한 경제적 토대 위에 출몰하는 상부구조의 유령이자 문화적 자율성의 유령이다. 따라서 '데카당스'는 어떤 면에서는 포스트모더니즘 자체의 전조이다. 하지만 여기에는 조건이 있다. 그에 따른 여파를 사회학적·문화적 정확성을 가지고 예측할 수 없어야 하고, 이로 인해 미래에 대한 어렴풋한 느낌이 좀더 판타지적인 형식들로 전환되어야 한다. 그리고 그 형식들은 모두 현재의 (모더니즘이라는) 체제 내부에 존재하는 부적응자, 괴짜, 변태, 그리고 대문자 타자나 외래인 들로부터 빌려온 것이어야 한다. 마지막으로 역사에서는, 아니 오히려 역사의 무의식에서는, '데카당스'가 과거의 그리고 다른 생산양식들의 근절할 수 없는 타자성으로서 우리 앞에 나타난다. 이 타자성은 자본주의에 의해 상정된 것이지만, 이제 그것은 과거의 의상을 입는다. 왜냐하면 (데카당스라는 개념이 없었던) 이 고대의 데카당스한 사람들이 타자 중의 타자, 차이 중의 차이여야 하기 때문이다. 그들은 우리의 눈으로 자신의 주변을 살피고 오로지 병적으로 이국적인 것만을 응시하지만, 그것과 공모하다가 결국에는 감염된다. 따라서 서로의 역할이 천천히 전도되면서, 전 자본주의적 풍경이라는 보다 자연적인 현실을 배경막 삼아 '데카당스한 사람'이 되는 것은 우리 모더니즘적 인간이다.

그러나 자연이 사라진 곳에서는, 그리고 그에 따라 모더니티의 오만함과 예외주의 이데올로기 속에서 모욕을 느낄 수 있는 '타자성'이 사라진 곳에서는, 데카당스 개념은 자취를 감출 수밖에 없고, 따라서 포스트모던한 상황에 대한 우리의 반응을 규정하거나 표현하는 데도 더 이상 그 말을 사용할 수 없다. 반면에 여전히 남아 있는 듯한 것은 데카당스 시기에 독특한 여운을, 말하자면 은의 시대의 분위기를 부여하는 그 모든 '세계의 종말'이라는 역사기술적인 무대 장치이다. 그런 의미에서 후기자본주의는 부적절한 명칭이다. '후기late'라는 말이 우리가 그와 함께 연상하는 어떤 세기말적인 혹은 로마제국 말기적인 함의를 전달하지 않는 한, 혹은 그 주체들이 지나치게 많은 경험과 역사로 인해, 지나친 주이상스와 지나치게 많은 희귀하고 비술祕術적인 지적·과학적 작업으로 인해 혼미하고 무기력해졌다는 환상을 갖지 않는 한은 말이다. 사실 우리는 그 모든 것을 가지고 있다. 하지만 그 이후 우리는 체질에 새로운 활력을 불어넣기 위해 방향을 전환했다. 동시에 같은 이유로 컴퓨터는 이 모든 백과사전적인 참고 문헌을 담아내느라 부풀어 오른 방광처럼 우리의 기억력을 확장시켜야 하는 끔찍한 의무로부터 우리를 해방시켰다.

그럼에도 불구하고 재앙에 대한 상상력은 가깝든 멀든 미래라는 범주의 형식으로 여전히 유지되고 있다. 핵무기를 주고받을 가능성은 멀어져가고 있는 반면, 그에 대한 대가로 온실효과와 생태 오염이 더욱더 선명해진다. 우리가 질문해야 할 것은 그러한 불안과 그것이 투여된 내러티브가 진실로 미래를 (진정한 대상을 환기시키는 후설의 전문적인 용어를 사용하자면) "지향intend"하느냐, 아니면 뒤엉키다가 되돌아와 우리 시대의 시간에 기생하느냐이다. 이 모든 것에 대한 전범적인 비전은 호주 영화 「매드 맥스 2: 로드 워리어The Road Warrior」에서 찾아볼 수 있다(이 영화는 「그날이 오면On the Beach」과 원폭으로 인한 원자운이 가장 늦게 도착하는 곳이라는 지리적 차원에서 파생되는 호주의 지역 전통을 물려받은 듯하다). 이 영화는 러시아인들이 '고난의 시대'라 부르는 시기, 즉 문명이 붕괴되고 보편적 무정부 상태가 벌어지며 야만으로 퇴행하는 시대를 그린다. 이는 데카당스 자체에 대한 더욱 안이한 탄식과 마찬가지로, 단순히 석유 위기에서 강도질과 문신 문화에 이르는 현재 상황에 대한 진부한 논평이나 풍자로 받아들여질 수도 있다.

그러나 프로이트의 가르침에 따르면, 판타지나 꿈(여기에 확대해서 이런 종류의 문화적 산물이 갖는 최면 효과도 포함시킬 수 있다)의 명시적 총체성은 믿을 만한 안내자가 아니다. 오히려 그에 대한 뒤집기와 부정을 통해서 잠재된 내용의 의미에 접근할 수 있다. 이를테면 고인이 된 소중한 사람에 대한 꿈은 실제로는 전혀 관계없는 무언가에 관한 행복한 소망충족일 수도 있다. 일전에 내가 주장했듯이,[45] 프로이트의 주장보다 훨씬 더 단단하고 논리적인 일종의 구조적 함의를 생각해볼 수 있다. 즉 명시적 내용의 병적인 특성들은 잠재적으로 우리의 자부심(이나 우리의 내면화된 역할 모델)을 망가뜨릴 수 있는 것으로부터 우리의 관심을 다른 곳으로 돌리는 보다 즉각적이고 기능적인 역할을 수행할 수도 있다. 그러한 경우를 텔레비전용으로 만들어진 SF 영화에서 찾아볼 수 있는데, 이 작품에서는 한 무리의 동굴 탐험대가 우연히 전 세계적인 대재앙을 피하게 된다(그 재앙이 운석에서 발생하는 유해한 악취 때문인지, 아니면 단기적인 유독가스 구름 때문인지는 기억나지 않는다). 그런데 영화제작자의 편의를 위해서인지, 희생자들의 시체는 다른 유기체의 시체와 더불어 죽는 즉시 증발해버리고 한줌의 먼지조차 남지 않는다. 따라서 지상에 남은 마지막 생존자들은 무시무시한 풍경 속으로 들어가, 주유기에서 공짜로 자동차에 기름을 채우기도 하고 텅 빈 식료품점의 선반에서 통조림을 얻을 수도 있었다. 생존자들이 목가적인 농경 생활과 공동체 생활에 정착하는 동안, 그들에게 캘리포니아는 인구과잉으로부터 해방된 낙원 같은 풍경의 단계로 되돌아갔다. (내가 보기에) 이는 존 윈덤John Wyndham이 쓴 다양한 묵시록의 유토피아적 결과에 더 가깝다. 그렇기에 이 영화는 실존적 공포와 멜로드라마적 애상을 제공하는 동시에, 경쟁의 축소와 보다 인간적인 삶의 방식이 지니는 진정한 장점이 무엇인지를 보여준다. 나는 이런 종류의 영화를 디스토피아라는 늑대의 탈을 쓴 유토피아적 소망충족이라 부르고 싶다. 그리고 내 생각에 인간 본성의 사악한 측면과 관련하여 공평하고 신중하게 접근하기 위해서는, 이 영화 같은 명백한 악몽 속에서 개인과 집단의 자기만족을 향한 그 이질적이고 이기적인 충동의 흔적들, 즉 프로이트가 우리의 무의식 속에서 충족되지 못한 채 살아가고 있다고 생각했던 그 충동의 흔적들을 경계의 눈빛으로 면밀히 파헤쳐야 한다.

물론 「매드 맥스 2」는 (「소년과 개A Boy and His Dog」나 「글렌과 란다 Glen and Randa」* 같은 유형의) 단순한 원폭 이후의 내러티브와는 구별되는 몇 가지 특징들을 가지고 있다. 특히 그것의 시간적 원근법은 근미래의 내러티브를 원미래의 내러티브로 전환하여, 현재에 신화나 종교에 가까운 전설적인 차원을 부여한다(이는 다소 그리스도론적인 「터미네이터Terminator」에서 아주 세심한 작업을 통해 완성되고 완결된 것이다). 하지만 이후 보다 도시적인 판타지가 나타난다. 그리고 좀더 친숙한 (그렇다고 덜 호화롭거나 덜 만족스럽진 않은) 유형의 이미지 소비를 제안하는 것이 「블레이드 러너」의 시각적 화려함만은 아니다. 그러한 이미지 소비는 판타지화되건 그렇지 않건 미래와는 거의 무관하며, 오히려 그것은 모두 후기자본주의와 그것이 애정해 마지않는 시장과 관련될 뿐이다.

내 생각에 이 같은 영화가 (아마도 가장 적절한 단어는 아니겠지만) '의미'하는 것은 미래 고난의 시대에 찾아올 수도 있는 첨단 기술의 붕괴가 아니라, 우선적으로는 그에 대한 정복이다. 〔미래에 대한〕 재현으로서 그러한 포스트모던 디스토피아 영화는 우리에게 미래에 대한 사유와 가설을 제공하는 듯하다. 그리고 그 생각과 가설 들은 충분한 개연성을 가지고 있지만, 우리는 이제 아도르노의 원칙이라고 규정할 수 있는 것을 고려해봐야 한다. 이 원칙은 현실에 대해서뿐만 아

---

* 원문에서 제임슨은 이 작품을 "Glenn and Rhonda"라고 쓰고 있는데, 아마도 그의 착각으로 보인다.

니라 미래에 대해서도 즉각적으로 적용될 수 있다. 즉 그것들이 사실이라고 할지라도, 반드시 진실은 아닐 수 있다는 것이다. 하지만 그러한 영화들이 실제로 우리에게 소비하도록 제공하는 것은 저 조잡한 미래 진단이나 디스토피아적 기상예보가 아니라, 오히려 첨단 기술 자체와 그것이 만들어내는 특수 효과다. 최근의 가장 위대한 디스토피아 작가 중 한 사람인 J. G. 밸러드는 그러한 미학적 투사에 대한 깜짝 놀랄 만한 공식 하나를 발견한 적이 있다. 이에 따르면 그것들이 충분히 발전된 기술 수준에 이르면 그 발전된 기술이 쇠퇴하는 양상까지도 그릴 수 있게 된다는 것이다. 진정한 첨단 기술은 그 자체의 역사성을 보여줄 수 있는 능력의 성취를 의미한다. 즉 존재란 존재해왔던 것이다Wesen ist was gewesen ist(부정이 곧 결정이다). 어떤 사물이 다른 무엇인가로 전화되기 전까지는 그것이 무엇인지 우리는 말할 수 없다. 예술의 종언이 아닌 전기의 종언이며, 모든 컴퓨터가 고장 나는 것이다. 그러한 사유는 르누아르의 영화「게임의 규칙La Règle du jeu」에서 유령처럼 떠오르는 한 장면에 대해 새롭고 전범적인 의미를 제공해준다. 대저택에서의 가장무도회가 절정에 달했을 때, 해골 의상을 입은 자들이 나타나 생상스Camille Saint-Saëns의 「죽음의 무도Danse Macabre」에 맞춰 램프를 흔들며 죽음을 찬양한다. 자동피아노 롤이 맹렬하게 연주하는 뒤로, 뚱뚱한 여자 피아니스트가 무릎에 손을 얹고 해골 같은 피아노 건반이 자동으로 연주되는 모습을 넋 나간 듯한 우울증 속에서 응시한다. 이 장면은 기계 복제라는 특수한 단계에 있는 예술 작품에 대한 우화로서, 예술 작품은 병적인 마력을 지닌 자신의 소외된 힘을 응시한다. 그러나 포스트모더니즘은 그 이후에 나타난 단계다. 경이롭게 작동하는 기계를 작품 속에 투영했던 모더니즘의 즐거움과는 달리, 결정적인 순간에 고장 나버리는 기계에 대한 포스트모더니즘의 즐거움은 자칫 가장 심각한 오해를 살 수도 있다. 만일 이것이 바로 포스트모던 기술이 스스로를 소비하고 찬미하는 방식이라는 것을 우리가 깨닫지 못한다면 말이다.

그러므로 우리는 첨단 기술적 이미지의 잉여 속에서 일종의 보충적인 보너스 쾌락을 상정해야 한다. 왜냐하면 여기에서 첨단 기술은 (싫증 난 대중을 위해 필름에 담겨 스크린으로 옮겨진 그럴싸한 미래의 사물들 같은) 내용뿐만 아니라 과정 그 자체, 즉 기물과 설비의 본성, 물질적 이미지의 질과 '특수 효과'의 성공에서도 찾아볼 수 있기 때문이다. 특히 '불신의 유예'*의 역설과 마찬가지로, 특수 효과는 실물과 다르지 않다는 부정의 부정에 의해 판단될 뿐만 아니라, 그때부터 그것을 구축하는 데 투여된 수백만 달러의 돈에 의해 평가된다(익히 알려져 있다시피 오늘날 박스오피스에서의 큰 성공은 주로 새롭고 놀라운 '특수 효과'에 의해 성취되는 한편, 각각의 새로운 특수 효과 구조물은 그것의 제작 방식과 기술자들, 그것의 신기함 등을 통해 2차적인 대중성을 획득하기도 한다). 그러므로 여기서 '특수 효과'는 최근의 모든 이미지 생산의 심층 논리에 대한 투박하지만 상징적인 캐리커처인데, 여기에서는 내용에 대한 우리의 관심과 형식에 대한 우리의 감상을 구별하는 것이 상당히 예민한 문제가 된다. 과거의 '의미 있는 형식'보다는 '값비싼 형식'이 분명 이제는 이 특수한 상품을 위한 표어가 되었으며, 그

---

* '불신의 유예willing suspension of disbelief'는 영국의 낭만주의 시인이자 철학자 새뮤얼 테일러 콜리지Samuel Taylor Coleridge가 『문학 전기Biographia Literaria』 (『콜리지 문학평전』, 김정근 옮김, 옴니북스, 2003)에서, 낭만주의의 문학적 상상력이 지니는 초현실적이고 초자연적인 요소들을 수용하고 감상하는 방법론으로 제시했던 개념이다.

상품의 교환가치는 어떤 복잡하고 보충적인 〔변증법적〕 나선형 속에서 그 자체로 상품이 되었다. (이는 지위 함의status connotation 유형에 대해 이야기하는 특이하면서도 보다 고전적인 방식으로, 베블런Thorstein Veblen이 최초로 분석한 후, 대학의 사회학 분야에서 성문화되었고, 마지막으로는 우리 시대의 피에르 부르디외가 풍부하고 새로운 방식으로 재창안했다. 내적으로 위계질서가 붕괴되고 있는 사회에서 지위 개념은 불확실해 보인다. 하지만 앞에서 논의한 형식 효과의 보편화 혹은 우리가 '첨단 기술의 보너스'라고 부르는 것은, 왜 그러한 개념들이 다시 주목을 끌고 있는지를 설명해준다.)

이 과정의 추상화를 통해 상품화는 새로운 두번째 단계로 진입하면서 그 이전 단계에까지 영향을 미치는 듯하다. 이 추상화는 신용 체계와 현 주식거래소 관행에서의 유가증권 발행에 상응한다. 반면에 우리가 기술결정론에 함몰되지 않기 위해서는, 새로운 기술의 구조가 이런 종류의 리비도 투여를 유지할 수 있는 능력이 있는지에 대해 검토할 필요가 있다. 즉 〔첨단 기술에 내재된〕 새로운 인공보철의 힘이 그것의 비인격적인 성격으로 인해 (연소기관이나 전기 등과 같은) 예전 기계들과는 구별될뿐더러, 고전적인 유형과는 전적으로 다른 형식의 이상주의를 탄생시킬 수 있다는 환호성 넘치는 기대감에 대해 검토할 필요가 있다. 아울러 19세기적 의미에서는 기본적으로 물리적이지도 '정신적'이지도 않은 현재의 새로운 '정보' 관련 기계와, 포스트모더니즘 시대에 지배적인 모델이 되고 있는 언어 자체 사이에 정립되어야 할 구조적 유사성도 있을 것이다. 이런 관점에서 보면 언어에 대한 숙고를 고무하고 사람들로 하여금 그것을 중심으로 새로운 이데올로기를 구축하라고 추동하는 것은, 이 새로운 기술의 정보성informationality

이 아니라, 오히려 고전적인 유형의 물리적 재현에 포섭되지 않는 똑같이 물질적인 두 현상〔새로운 정보 기술과 언어〕사이에 존재하는 구조적 유사성일 것이다.

한편 종교는 언제나 모더니티가 자신을 인식하고 자신만의 차이를 명시하려 애썼던 원리 중에 하나였다는 점에서, 포스트모더니즘이라는 새로운 체제하에 존재하는 종교의 지위에 대한 추궁 역시 적절치 못한 것은 아니다. 포스트모던 체제의 유명한 역사성의 결여가 다양한 '역사로의 회귀'를 낳았듯이, 종교의 부활 또한 포스트모더니즘에 고유한 현상으로 보이지만, 사람들은 그것을 액면 그대로 받아들이지 않는다. 그러나 이미 베버가 설파했듯이 종교는 차이의 표식이며, 동시에 어떤 종교는 다른 무엇보다도 종교를, 특히 고집스럽게 보수적인 정신 자세를 가지고 있거나 교정할 수 없는 전통주의라는 낙인이 찍힌 종교를 뿌리 뽑고자 했다는 점에서 모더니즘과 더 큰 친연성을 갖는다. 그런데 이런 모더니즘의 경우, 세속화와 계몽을 추구하는 모더니즘 운동이 종교적 전통주의를 보다 강화하고 힘을 주었다고 말하는 것은, 모더니즘이 그러한 종교적 전통주의가 항구적으로 합법성을 박탈당한 생활세계와 대상세계를 성취했다고 말하는 것만큼이나 손쉬운 일이다. 그러나 반대 세력이 존재하지 않는 포스트모더니즘이라는 좀더 온화한 분위기에서는, 그 어떤 모더니즘이 원했던 것 이상으로 아무런 노력도 없이 좀더 세속화가 이루어졌고, 그런 종교적 전통주의는 점차 흔적도 없이 사라져버렸다. 마치 옛 퀘벡의 권위주의적 성직권주의clericalism가 실용주의적인 조용한 혁명Quiet Revolution하에서 사라졌듯이 말이다. 반면에 최근 종종 '근본주의'라고 칭해지는 전혀 예상 밖의 과격한 종교 형식이 번성하기 시작했는데, 그것은 사실상 무작위적이며 전환기의 위기에 처하여 생태학적 법칙을 따르는 것으로 보인다.

정의상 영성spirituality이 더 이상 실질적으로 존재하지 않는 상황에서(여기에서 정의란 사실 포스트모더니즘 자체가 내린 것이다), 영적인 것에 대한 인간의 보편적 욕망에 호소하는 식으로 그러한 새로운 '종교' 구성체를 설명하는 것은 모욕적이거나 감상적인 것이리라. 포스트모더니즘의 궁극적 업적 중 하나는 부르주아 사회나 심지어 전 자본주의적 사회에서 이상주의라 칭해졌던 것의 모든 형식을 철저하게 근절해버린 것이다. 말이 나온 김에 부연하자면, 이는 물론 물질주의에 대한 걱정도 부질없는 짓임을 의미한다. 왜냐하면 물질주의란 이상주의에 대한 처방이자 교정 수단으로서 이 세상에 등장했기에, 이제는 그것이 할 수 있는 일이 아무것도 없기 때문이다. 또한 북미 사회와 소비사회라는 맥락에서 보면 포스트모더니즘을 '물질주의'라 비난하는 것도 무가치하기는 매한가지인데, 완전히 상품화된 세계에서 그와 대조되는 어떤 행동도 더 이상 상상할 수 없기 때문이다. 반면에 문제는 고전적인 마르크스주의 개념인 이데올로기가 그것이 고발하고자 했던 다양한 형식의 이상주의와 친연성을 띤 채 최근 몇 년간 분명하게 발흥하고 있는 상황과 마주해왔다는 것이다. 이상주의 자체는 멸종했는데도 말이다. 종교적 근본주의와 관련하여 마빈 해리스Marvin Harris는 어울리지 않는 열정으로 포스트모더니즘 시대에 대해 기소장[46]을 쓰면서, 그것이 모든 종류의 성공(생명, 자유, 행복 추구뿐만 아니라 주로 금전적 성공)에 대한 새로운 근본주의를 강조한다고 고발했다. 이는 앞서 세상에 존재하던 어떤 인간의 종교도 그러한 것을 약속하기는커녕 그것들에 가치를 부여하지도 않았음을 우리에게 상기시킨다. 그러나 내가 보기에 좀더 '근본적인' 질문은 전통과 과거에 대한 것이며, 그 새로운 종교들이 새로운 사회질서의 깊이 없음 속에서 그것들의 대체 불가능한 부재를 어떻게 보상하는가이다.

현재 근본주의라 명명되는 것이 보다 순수하고 보다 진정한 과거에 대해 그 스스로 어떻게 생각하든 관계없이, 나는 이런 근본주의 역시 명백히 포스트모더니즘적인 현상이라고 생각한다. 이슬람 혁명이자 사제 혁명이었던 이란혁명의 경우, 분명히 근대화의 동인이었던 이란 국왕Shah에 반대하면서 시작되었다는 점에서 반反모더니즘 운동이기도 하지만, 동시에 근대적인 산업화와 관료 국가의 모든 기본적인 특징들을 요구했다는 점에서 포스트모던적이기도 하다. 하지만 포스트모던적인 (혹은 심지어 모더니즘적인) 기획으로서의 전통주의에 대해 프로이트의 반복강박의 역설을 전도시켜 적용할 수 있을 것이다. 우리는 한편으로는 진실로 '처음'이란 것을 가져본 적이 없듯이, 다른 한편으로는 진실로 전통적이거나 진정성 있다고 여겨질 수 있는 것의 복원도 상상할 수 없는 것이다. 모더니즘적인 복원 운동은 정확하게 말하면 여러 상이한 유형의 파시즘하에 묶여 있던 전통의 모더니즘적 형식을 생산해냈던 것으로 보인다. 반면에 포스트모던적인 종류의 복원 운동은 모두 좌파가 '신사회운동'이라 불렀던 것과 많은 공통점을 지닌 것으로 보인다. 사실 그들은 다양한 형식의 갖가지 사회운동을 하고 있는데, 그렇다고 그들이 모두 반동적이진 않다. 해방신학이 그 증거다.

포스트모더니즘의 측면에서 '종교'를 논하는 것을 '미학'이나 '정치' 같은 동종의 경험적 개념의 위치를 파악하는 것만큼이나 어렵게 만드는 것은, 포스트모던한 사회세계에서의 믿음이라는 개념에 대한 문제시와 더불어, 개념적 영역에서의 그런 유별나게 자기 확신적인 비합리적 교의에 대한 이론적 도전이다. 특히 개념적 영역에서 믿음의 교의에 내재된 '타자성'은 마치 근절의 대상인 양 표시되는 듯하다. 물론 (고전적인 이데올로기와 더불어) 믿음은 언제나 깊이의 레토릭이라는 인상을 풍기며, 설득이나 논증에 대해 특수한 방식으로 저항해왔다. 내 생각에 학문의 영역에서 그것이 지니는 존재론적 위상은 이 의사-개념의 보다 기이하고 보다 기본적인 특징을 은폐한다. 게다가 이것은 언제나 타자들에게 전가되어왔다(파스칼Blaise Pascal이 말했던 것처럼, 비록 신자이기는 하지만 "나" 스스로는 결코 진실로 충분히 믿지 않았다).[47]

그렇다면 믿음이라는 바로 그 개념은, 타자성 자체가 근대의 주춧돌이자 그것이 가장 깊이 애정했던 스스로에 관한 미신에 불과하다고 비판받았던 (과거와 타문화의 서발턴성과 더불어 차이의 가치가 확장되면서 현재의 예외주의exceptionalism of the present로 귀결된) 한 시대의 희생자가 된다. 물론 이런 점에서 모더니티의 차이에 대한 주장이 근거하고 있던 기술적·과학적 인프라를 원칙적으로 포기한 것에 대해, 포스트모더니즘의 깨끗한 양심은 아직 제대로 보상받지 못했다. 오히려 포스트모더니즘은 그 인프라를 외상으로 구매한 다음에 그것을 재현을 통해 변형시킴으로써 은폐해버렸는데, 그 과정에서 사람들의 눈앞에서 컴퓨터가 과거의 조립라인을 대체해버렸다.

사회적·문화적 포스트모더니즘만큼이나, 종교적 포스트모더니즘 또한 비싼 값을 치르며 가슴 깊이 느꼈던 모더니즘적 의미의 사회적·문화적 차이를 과거 수준으로 상당히 후퇴시켰다. 만약 '젠더'와 부르주아의 차별성과 서구의 과학적 논증이, 우리 제1세계의 선조들은 독보적인 업적이라고 여겼으나 우리는 적지 않은 혐오감을 가지고 물려받아 해체하기 시작한 차이의 형식이라면, 마찬가지로 종교적 모더니즘은 정교하고 유연한 결의법決疑法, casuistry을 부여받아 위대한 고결함에 대한 신학적 해석이라는 스펙터클을 제공했지만, 그것은 해석학 자체를 무시하고 결의법을 거의 필요로 하지 않는〔포스트모더니즘〕시대에는 큰 호응을 얻지 못한다.

신학적 모더니즘은 과거의 급진적 타자성이나 차이에 대한 구성적 감각을 다른 모더니즘과 공유하는 듯한데, 바로 그러한 감각을 통해 우리는 모더니즘적인 인간이 된다. 그 감각이란 결국 우리를 앞서 간 모든 사람은 모더니즘적인 인간이 아닌 전통적인 인간이며, 그런 의미에서 그들의 사고와 행동 방식은 근본적으로 다르다는 것이다. 진정한 모더니티가 탄생하는 그 순간, 모든 구세계는 멸망하고 우리와는 급진적으로 다른 타자가 된다. 따라서 모더니즘 시대의 인간은 새로움이라는 그들의 종교를 통해, 자신들이 과거에 살던 다른 모든 인간과 어딘가 구별된다고 믿었다. 그들은 또한 식민지 사람들, 낙후된 문화, 비서구권 사회, 그리고 '미개발' 지역 사람들같이 여전히 현재를 살고 있지만 비非모더니즘적인 인간과도 구별된다고 믿었다. (반면 포스트모던 시대의 사람들에게 그 단절은 심리적·사회적·문화적 타자성의 형식으로 향하는 입구로 추정되는 것과 흥망을 같이 한다. 그것이 서구 '정전'의 붕괴와 더불어 전 세계의 다른 문화들을 새롭게 수용할 수 있는 가능성을 제기했듯이, 정치적 제3세계주의라는 쟁점도 새로운 방식으로 제기한다.)

신학적 모더니즘의 해석학적 과업은 근대화가 의기양양하게 승리를 거두고 있는 상황에서 고대의 전 자본주의적 텍스트의 의미를 보존하거나 다시 써야 한다는 절박한 요구로부터 비롯된다. 근대화가 과거 농경 사회의 다른 모든 유물과 더불어 성서를 완전히 청산해버리겠노라 위협하는 상황에 처했던 것이다. 영국혁명 당시 소작농들은 아마도 구약성서(나 신약성서)에 나오는 인물들의 경험과 다를 바 없는 땅과 계절에 대한 산 경험을 가지고 있었을 것이다. 따라서 그들이 여전히 자신의 혁명을 성경의 언어로 무대화하고 신학적인 범주로 개념화할 수 있었다는 사실은 그다지 놀랍지 않다. 하지만 공장과 인공조명 가로등, 선로 위의 기차와 계약, 대의정치 제도와 전보 통신으로 둘러싸인 생활세계에 살던 19세기 부르주아계급에게 그러한 가능성은 더 이상 존재하지 않았다. 그러한 근대 서구의 사람들에게 이국적인 복장을 입고 목가적인 삶을 사는 사람들의 이야기가 과연 무엇을 의미할 수 있을까? 그때 궁지에서 벗어나기 위해 모더니즘 해석학이 개입하여 말한다. 복음서를 포함한 성경의 내러티브들을 더 이상 글자 그대로 받아들여선 안 된다. 그런데 할리우드가 그런 식으로 거짓말을 한다! 그러한 내러티브는 비유적으로 혹은 알레고리적으로 이해되어야 하기에, 그것들의 고답적이거나 이국적인 내용은 모두 제거되고 실존적 혹은 존재론적 경험으로 번역된다. 또한 (불안, 죄의식, 구원, '존재의 문제' 같은) 그것들의 본질적으로 추상적인 언어와 비유는, 이제 미학적 모더니즘의 '열린 작품'과 마찬가지로 서구 도시의 분화된 대중에게 제공되고 그들 각자의 사적인 상황에 따라 재약호화될 수 있다. 이때 역사적 예수의 내러티브적 성격이 갖는 신인동형론으로 인해 해석학의 중심 난제가 분명하게 대두되는데, 강도 높은 철학적 노력만이 이 인물을 이런저런 그리스도론적인 추상으로 전화시킬 수 있었다. 십계명과 윤리적 교의의 경우, 오래전부터 결의론을 통해 이 문제를 해결했다. 그것들 역시 더 이상 글자 그대로 해석될 필요가 없다. 따라서 불의나 관료주의적 전쟁, 구조적·경제적 불평등 등의 전적으로 현대적인 형식과 부딪힐 경우, 근대의 신학자와 성직자 들은 복잡한 근대 사회의 제약들에 대한 설득력 있는 협상안들을 도출해낼 수 있었고, 아울러 민간인 폭격이나 범죄자 처형에 대해 훌륭한 논리를 제공하여 그러한 일을 수행했던 사람들이 기독교인으로서의 지위를 잃지 않도록 했다.

그렇다면 바로 이것이 북미의 '근본주의' 신학자 존 하워드 요더 John Howard Yoder[48] 같은 사람이 반모더니즘적인 동시에 포스트모던적이라고 여겨질 수 있는 모더니즘적인 상황이다. 그는 오늘날 우리에게 완전히 근대화된 사회에서 특히 십계명의 여섯번째 계명〔"살인하지 말라"〕에 대한 재확약을 포함한 성서에 상술된 예수의 가르침을 문자 그대로 확약해야 한다고 주장한다. 그러한 교의에 대한 재확약이 (베버적인 의미에서 소멸되고 합리화되기 직전에 있는 사회집단의 전통적 이데올로기 같은) 잔여물로서가 아니라 근대화와 합리화가 완료된 포스트모던적 환경 내에서 등장하고 있는 이런 상황에서, (예의를 지키는 선에서 말하자면) 그것은 과거에 대한 기념 관계라기보다는 그에 대한 가장하기simulation의 관계이며, 그것이 그와 비슷한 다른 포스트모더니즘의 역사 가장하기의 특질을 공유하고 있다고 여겨질 수도 있다. 현재 우리의 맥락에서 그러한 가장하기의 두드러진 특징은 사실상 후기자본주의의 포스트모던 주체와 초기 로마제국의 중동 지역의 주체 들 사이에 존재하는 어떤 근본적인 사회적·문화적 차이도 부정한다는 것이다. 특히 그 구별에 대한 믿음이 우선적으로 하나의 경험이자 이데올로기로서의 모더니티에 권위를 부여하고 합법화한다는 점에서, 그러한 근본주의는 라투르가 거대한 분리라고 부르는 것을 절대적으로 거부한다.

　그의 주장이 베트남전쟁에 반대하기 위해 동원되기도 했던 메노파Mennonite 평화주의자인 요더의 사례는, '포스트모더니티'라는 인증을 받는다고 하더라도, 그것이 자동적으로 기성의 가치 판단을 동반하지는 않는다는 것을 시의적절하게 일깨워주는 역할도 할 수 있다. 사실 많은 독자에게 (현시대 로마 가톨릭의 해방신학처럼) 포스트모던 근본주의라는 이 특수한 표현이 동일한 역사적 현상에 대해 말했던 정치적으로 조금 더 반동적인 표현들보다는 훨씬 더 긍정적으로 수용될 것이라 추측된다. 이는 〔미국의〕 복음주의에서건 이란의 '이슬람 혁명'에서건 마찬가지일 것이다. 그런데 복음주의와 이슬람 혁명은 진정한 포스트모던적 의미에서의 소집단 운동이다.[49] 사실 이란혁명의 경우는 (왕정 체제하의 이란에 밀반입되었던 시아파 성직자의 연설 녹음 테이프 같은 최신의 미디어 형식을 포함하여) 포스트모던 정치가 총체적이고 모더니즘적인 국가권력의 장악과 어느 정도까지 양립할 수 있는가에 대해 대단히 흥미로운 질문을 던진다. 그러나 이런 포스트모던적인 종교 형식에 의해 제기되는 보다 심층적인 이론적 문제는, 포스트모더니즘에 상응하는 새로운 세계체제 전반에 걸쳐 그것들이 분포되어 있다는 것이다. 이를테면 우리가 어떻게 모더니즘이 근대화 자체에 대한 근원적인 적개심과 거부를 기반으로 탄생할 수 있었는지를 이해하는 데는 아무런 문제도 없었다. 하지만 최근 포스트모던 체제하의 제3세계에서, 사람들은 젠크스의 이론을 따라 현재를 "후기 반反모더니즘late anti-modernism"이라 말하고 싶을 수도 있다. 비록 이란혁명(과 더불어 라틴아메리카에서 CIA에 의해 조직된 반혁명적 복음주의 운동)을 우선적으로 가능케 했던 것이, 어쩌면 근대화 과정의 연장이자 완성이었을 수도 있지만 말이다.

X. 이론적 담론의 생산

나는 여기서 내내 포스트모던적 사유의 특징을 생각이나 의식 자체에 있어서의 돌연변이보다는 그것의 언어적 표현의 특수성 측면에서 설명하고자 했다(그리고 형언할 수 없는 것과 언어적인 것을 오가는 그것은 결국 문화비평식의 보다 큰 사회 양식적 설명을 통해 극화되어야 할 것이다). 〔그것이 사유인 이유는〕 포스트구조주의의 영웅적인 대발견의 시대에 우리가 '이론'이라 불렀던 것이 결국에는 이론이 아닌 사유였기 때문이다. 이 새로운 '이론적 담론'의 미학은 아마도 다음 내용을 포함할 것이다. 그것은 명제를 내놓지 말아야 하며, 1차적인 진술을 하거나 실증적(혹은 '긍정적') 내용이 있다는 티를 내지 말아야 한다. 이는 광범위하게 퍼져 있는 어떤 생각을 반영한 것으로, 이에 따르면 우리가 발화하는 모든 것이 보다 더 큰 사슬이나 맥락 속의 한 점이기 때문에, 1차적인 것으로 보이는 모든 진술은 사실 더 큰 '텍스트' 속의 연결 고리에 지나지 않는다. (우리는 자신이 단단한 토대 위를 굳건히 걷고 있다고 생각하지만, 이 행성은 우주 공간 속에서 회전하고 있는 것이다.) 이 생각은 또 다른 생각을 낳는데, 이는 아마도 단지 앞선 직관의 시각적 판본일 것이다. 이를테면 우리는 1차적인 진술을 할 수 있을 만큼 충분히 과거로 돌아가지 못한다. 개념적인 의미에서의 시작은 없다(단지 재현적인 시작만이 있다). 전제 혹은 토대라는 강령은 수용할 수 없는 것으로, 인간 정신의 무능함을 증언할 뿐이다(인간 정신은 무언가에 기반을 둬야 하는데, 그 무언가는 결국 허구나 종교적 신념이고, 그중 최악은 '마치 무엇인 양as if'의 철학이다). 그 밖에 다른 여러 주제가 이런 생각을 확장하거나 그에 변화를 주는 데 동원될 수 있다. 궁극적 내용이나 지시대상체로서의 자연 혹은 자연적인 것이라는 관념을 예로 들 수 있는데, 포스트자연적인postnatural '인간의 시대'에 그러한 관념들이 역사적으로 삭제된다는 점이 포스트모더니즘 자체의 핵심적 특징을 설명해준다. 그러나 우리가 이론적 미학이라고 부르는 것의 핵심적 특징은 특수한 금기를 중심으로 조직된다. 그것은 철학적 명제 자체를 배제함으로써, 존재에 대한 진술뿐만 아니라 진리에 대한 판단도 배제하는 것이다. 포스트구조주의가 진리 판단과 범주로부터 멀리 이탈한 것에 대해 많은 비판이 일고 있지만, 이는 이미 그러한 것들로 넘쳐나는 이 세계에 대한 사회적 반응으로서 충분히 이해될 만하다. 따라서 그러한 현상은 언어의 보다 기본적인 요구가 낳은 2차 효과로서, 언어는 더 이상 그러한 범주들이 타당성을 가질 수도 있게끔 발화를 틀 짓지 않는다.

이는 실로 부담스러운 미학이 아닐 수 없다. 예컨대 이론가가 줄타기를 하다가 자칫 사소한 실수라도 하면, 해당 문장들이 (체계, 존재론, 형이상학 같은) 구태로 빨려들거나 단순 의견으로 전락할 수도 있기 때문이다. 그렇다면 우리가 언어를 사용하는 이유는 생사가 걸린 문제가 된다. 특히 침묵이라는 본격 모더니즘적인 선택지 역시 배제되기 때문이다. 내가 느끼기에 매일매일 등장하는 흔해빠진 이론적 담론이 추구하는 과업은 결국 공통언어common-language의 철학의 과업과 그렇게 많이 다르지 않다(물론 딱히 똑같아 보이는 것은 아니다!).

그 과업이란 (언어 자체에 실려 있는) 이데올로기적 허상들에 대한 철저한 추적을 통해 오류를 배제하는 것이다. 다시 말해서 언어는 더 이상 진리가 될 수 없다. 그러나 그것은 분명 거짓이 될 수는 있다. 따라서 이론적 담론의 임무는 일종의 소탕 작전이다. 이 작전을 통해 언어의 오류들을 가차 없이 적발하여 낙인을 찍게 되면, 충분히 부정적이고 비판적인 이론적 담론일 경우 궁극적으로는 그러한 언어적 탈신비화의 대상이 되지 않으리라는 희망을 가질 수 있다. 물론 그 희망은 부질없다. 좋든 싫든 모든 부정 진술, 순수하게 비판적인 모든 작업이 어쩔 수 없이 그 자체로 하나의 입장이나 하나의 체계 혹은 일단의 실증적 가치라는 이데올로기적 허상 내지 신기루를 생성해낼 수밖에 없는 한은 말이다.

이 허상이 궁극적으로 이론적 비판의 대상이다(따라서 이는 '만인에 대한 만인의 투쟁'이 되고 만다). 하지만 이론적 비판은 마찬가지로 훌륭하게, 그리고 아마도 보다 생산적으로 문장 자체의 구조적 불완전성으로부터 스스로를 철저하게 지켜낼 수 있는데, 그렇게 되면 무언가를 말한다는 것은 다른 무언가를 생략한다는 의미가 된다. 영구혁명 역시 그러한 생략을 중심으로 무대화될 수 있다. 1960년대 이후 이론적 논쟁의 성격을 관찰해보면, 과거 마르크스주의의 무자비한 이데올로기 싸움은 최소한 '이데올로기 비판'이라는 이 특수한 개념의 보편화에 대한 전조이자 조악한 비유였다고 할 수 있는데, 그 이데올로기 비판은 용어의 오도된 의미, 발표의 불균형, 표현 행위 자체의 형이상학적 함의를 중심으로 이루어진다.

이 모든 것은 분명 일반적으로 언어 표현을 논평commentary 기능으로 축소시키는, 즉 기존에 형성된 문장들에 대해 항구적으로 2차적 관계에 머물도록 만드는 경향이 있다. 논평은 실제로 일반적인 포스트모더니즘 언어 관행의 특별한 장을 구성하는데, 적어도 이전 시대의 철학, 즉 '부르주아' 철학의 허세와 환상과 관련하여 그것이 가진 독창성이란 세속적 자부심과 자신감을 가지고 미신과 신성이라는 기나긴 밤이 끝난 연후에 세계가 진실로 무엇인지를 말하기 시작했다는 것이다. 하지만 앞에서 언급했던 역사적 동일성과 차이의 그 신기한 유희 속에서, 논평은 이제 (최소한 이런 점에서는) 포스트모더니즘과 상당히 오래전 시대의 사유 및 지적 노동 사이의 친연성을 확보해준다. 말하자면 포스트모더니즘과, 중세의 복제사나 필경사의 작업이나 위대한 동양 철학 및 경전 들에 대한 지속적인 주해 작업 사이의 친연성을 확보해주는 것이다.

그러나 본질이 부재하고 그에 따라 성서가 논평 형식에 종신형을 내릴 수 있는 동기를 부여하는 이 절망적으로 반복적인 상황(철학적 사유가 이런 반복적 상황에 처해 있듯이 부르주아 모더니즘의 위대한 내러티브의 야심은 정형성으로 회귀하고 있다) 속에서도, 여전히 하나의 언어적 해결책이 남아 있는데, 이는 지금까지 약호전환이라 칭해졌던 것에 달려 있다. 왜냐하면 또 다른 논평에 대한 나의 언어적 논평의 관점과 더불어, 보다 멀리 있는 풍경이 존재하기 때문이다. 그 풍경 속에서 보면 두 언어〔논평과 논평에 대한 논평〕는 모두 세계관 weltanschauungen이라 불려왔던 더 큰 가문에서 파생되었지만, 오늘날 그것은 '약호'라고 알려져 있다. 과거에 나는 세계에 대한 특정 비전이나 정치철학, 철학 체계나 종교를 '믿었'지만, 오늘날 나는 특수한 개별 언어나 이데올로기적 약호를 말한다. 사회학적 관점에서 조금 달리 보면 그 약호는 집단 결속력의 표식이며, 다수의 공식적인 '외국'어의 특징들을 보여준다(예컨대 내가 그것을 말하기 위해서는 학습을 해야 한다. 또한 나는 이 외국어보다는 저 외국어를 통해 좀더 강하게 표현할 수 있고, 그 반대일 수도 있다. 다양하게 존재하는 불완전한 세속의 많은 언어가 굴절되어 나온 [기원으로서의] 원元언어Ur-language나 이상 언어ideal language란 존재하지 않는다. 어휘보다 문법이 더 중요하지만, 대부분의 사람들은 그 반대로 생각한다. 내가 언어의 역동성에 대해 각성하게 된 것은 새로운 전 지구적 체제 내지는 인구통계학적 '다원주의'의 결과다).

이런 환경하에서는 몇몇 새로운 유형의 작업이 가능하다. 나는 **약호전환**을 할 수 있다. 다시 말해서 각각의 약호나 개별언어를 통해 나는 무엇을 말할 수 있고 무엇을 '생각할 수 있는지' 평가하고, 이를 다른 경쟁적 약호나 개별 언어의 개념적 가능성과 비교해볼 수 있다. 내 생각에 이것이 오늘날 학생이나 이론 및 철학 비평가 들이 추구할 수 있는 가장 생산적이고 책임감 있는 행동이다. 하지만 새로운 약호의 확산이 기껏해야 이전 약호들을 재사용하거나 최악의 경우 그것들을 역사의 쓰레기통에 처박아두는 항구적인 과정인 한, 그것은 회고적이 되거나 심지어 잠재적으로 전통주의적이거나 향수에 젖은 것이 될 수도 있다는 약점이 있다.

그로 인해 다소 다른 가능성이 발생하는데, 이는 다음 가능성과 유사하다. 즉 내가 탁월한 이론적 담론의 생산 내지는 새로운 약호 생성 활동이라고 부르고자 하는 것이다. 정의상 새로운 사유 방식과 새로운 철학적 체계가 배제되는 상황에서, 이 활동은 완전히 비전통적이고 전적으로 새로운 기술의 발명을 요구하는 것으로 이해된다.

새로운 이론적 담론은 기존의 두 약호 사이에 능동적 등식을 설정함으로써 생산될 수 있는데, 그렇게 되면 그 두 약호는 분자의 이온 교환을 통해 하나의 새로운 약호로 전화된다. 반드시 명심해야 할 것은 그 새로운 약호(혹은 메타약호metacode)가 결코 앞의 두 약호 사이의〔변증법적〕종합으로 여겨져서는 안 된다는 것이다. 여기에서 새로운 약호 생산 과정은 고전 철학의 체계를 구축하는 데 포함되는 종류의 작업과는 다른 문제다. 과거에 프로이트적 마르크스주의를 구축하려 했던 시도를 통해, 우리는 두 사유 체계를 함께 묶는 것의 어려움을 엿볼 수 있다. 그 작업이 차라리 두 용어의 집합들을 연결하여 하나가 다른 하나를 표현하고 **해석**하도록 하는(즉 강한 의미에서 퍼스의 해석체interpretant가 되도록 하는) 문제라면, 그 어려움은 사라지고 낯설고 새로운 개념적 풍경이 드러날 것이다. 의심할 바 없이 이는 자신의 가능 조건 속에서 앞서 설명한 채널 돌리기와 연결될 뿐만 아니라, 또한 거의 동일한 방식으로 다양한 언어 구역과 약호에 의한 '리얼리티'의 상호 분양과 식민화에 의존하게 된다. 문화에서보다는 바로 여기서 능동적인 결과가 도출되며, 또한 그 두 채널 사이의 관계는 말하자면 문제가 아닌 해결책이 됨으로써 그 자체로 하나의 도구가 되도록 극대화된다. 여기에서 헤게모니는 (다른 언어들로 되어 있는) 방대한 양의 기존 담론을 새로운 약호로 재약호화할 수 있는 가능성을 의미한다. 한편 각기 구별되는 두 약호들은 토대와 상부구조의 관계에 준하는 것으로 보일 수 있다. 이는 존재론적 우선성을 갖는 하나가 다른 것 위에 배치되기 때문이 아니라(오히려 새로운 구조는 자칫 불가피하고 '자연적일' 수도 있는 이런 종류의 우선성에 관한 문제를 흡수하고 완화시킨다), 특히 하나의 약호가 다른 약호에 대립되는 문화적 혹은 기호학적 함축을 가지고 있기 때문이다.

712

따라서 새로운 약호 생산 과정에 관한 사실상 전범적인 제스처를 통해, 장 보드리야르는 (분수 형식으로 다시 쓴) 교환가치와 사용가치의 공식을 기호 자체의 분수(기표와 기의)와 연결함으로써, 현재까지 지속적인 영향을 미치고 있는 듯한 기호학적 연쇄 작용을 촉발시켰다. 그가 만든 등식이 '구조주의'를 출발시킨 위대한 선구자들의 천재적인 직관을 본떴다는 것은 의심의 여지가 없다. 특히 기호학적 분수와, 의식을 무의식으로부터 구별하는 가로선에 의해 생성된 "분수"를 동일시한 라캉의 작업은 잘 알려져 있고 훨씬 더 큰 영향을 미쳤다. 보다 최근에는 브뤼노 라투르가 기호학적 약호를 사회와 권력의 관계의 지도와 결합시켜, 과학적 사실과 과학적 발견 자체를 '약호전환'했다. 사실 그 무엇도 등식의 연쇄가 다른 약호들에게 확장되는 것을 막을 수는 없다. 앞서 이론을 다룬 장들에서 보았듯이, 이것들은 예외적인 사례도 아니다. 오히려 세속적인 포스트모더니즘의 개별 언어의 마지막이자 가장 두드러졌던 기호학적 약호들을 적나라하게 배치한 덕분에, 그것들은 가장 가시적이고 극적인 것이 되었다.

이 새로운 메커니즘에서 파생될 수 있는 특수한 이데올로기적 효과들이 앞서 제시한 '시장'과 '미디어'를 동일시하는 대중적 경향의 사례에서 내가 보여주고자 했던 것이다. 하지만 이론적 담론 생산에 관한 모든 이론(현재의 언술들은 이에 대한 서문이자 주석에 불과하다)은 두 가지 뚜렷이 다른 방향으로 심화시킬 필요가 있다. 하나는 기호학적 등식을 재정리하는 것과 관련된다. 즉 두 개의 각기 다른 개념적 용어를 약호전환하는 것이다. 그 용어들 각각을 등식의 한 축에 투사하여(여기에서 우리는 라클라우와 무페의 야콥슨Roman Jakobson적인 모델을 사용할 수 있는데, 이런 점에서 그들은 이론적 담론 생산의 전범적인 형식적 설명을 제공한다고 해석될 수 있다), 위계적 관계나 (라캉식의) 강한 분수를 만드는 것이다. 그렇게 되면 그것은 우리의 오랜 친구인 토대와 상부구조 같은 것으로 각각을 분류할 수 있는데, 여기에는 차이점이 있다. 이론적 담론에서 결정적인 것은 언제나 상부구조라는 점이다. 그러한 상부구조는 또한 언제나 어떤 방식으로든 그 자체로 의사소통의 도구나 매개체가 된다. 서로 등식을 이루는 두 약호라는 '이론적' 설정에 의해 불꽃이 튀기 위해서는, 항상 하나의 약호가 미디어 자체와 더 깊은 친연성을 지녀야 한다(이에 대해서는 인식적 지도 그리기에 대해 다루는 결론적 논의에서 보다 구체적으로 설명할 터인데, 어쨌든 이런 점에서 보면 인식적 지도 그리기는 '이론적 담론'에 대한 일종의 반성적 형식으로 이해될 수 있다).

다른 방향은 탐험을 요구하는데, 이는 약호전환 과정으로부터 낯설고 새로운 양가적인 추상들을 생성해내는 것이다. 이 추상들은 전통 철학의 보편자처럼 보일 수도 있으나, 실제로는 그것들이 인쇄된 종이만큼이나 특수하고 구체적인 것이며, 또한 끊임없이 서로의 모습으로 전화되는 경향이 있다(다시 말해서 스스로가 자신의 논리적 대립항으로 탈바꿈하는 것이다). 우리는 이미 그러한 몇몇 추상의 쌍들을 만난 적이 있는데, 동일성과 차이가 그중 하나다. 뿐만 아니라 포스트모더니즘 혹은 후기자본주의 특유의 무구별성에서도 이를 볼 수 있는데, 획일성이나 표준화와 차이화 사이 내지는 분리와 통합 사이의 무구별성이 그것이다(이것들은 현재의 이 특수한 생산양식 내에서는 동일한 것으로 판명된다). 그러나 대개는 특수한 이데올로기적 신기루가 생산되는데, 이는 〔약호전환이라는〕 장치에도 불구하고 생산되는 것이 아니라 바로 그것 때문에 생산된다. 과거의 철학의 '체계'에 관련된 존재론적인 혹은 근본적인 모든 것으로부터 필사적으로 탈출하려는 시도 속에서, 순수 과정에 관한 일종의 반反실체론적인antisubstantialist 강령이 소환되기도 하고, 개념화로서의 사유가 아닌 작업으로서의 사유 같은 추동력이 발전하기도 한다. 하지만 그럼에도 불구하고 그것은 작업과 종이 위에 인쇄된 담론의 사물화된 외양 사이의 간극 속에서 체계와 존재론이라는 과거의 허상을 산출한다. 상품화는 말할 것도 없고, 사물화도 이론적 담론의 동일한 일반적 숙명 혹은 운명을 설명할 수 있는 또 다른 '약호'를 제공할 터이다. 그것이 그 자체로 주제화되어 누군가의 사적인 철학이나 체계로 변형되기 때문이다.

하지만 현실적으로는 무슨 이유에서건 모든 참여자의 권리가 영속화될 경우, 이데올로기적 탈합법화 과정은 대개 이 끊임없는 담론 전쟁과는 다소 다른 방식을 통해 확보된다. 그 밖의 다른 경제나 논리에서와 마찬가지로, 그 과정을 앞으로 추동시키는 메커니즘에는 그것이 느슨해지거나 과거의 습관 혹은 절차로 돌아가는 것을 방지할 수 있는 메커니즘들이 추가되어야 한다. 프랑스인들이 말하듯이 약호전환과 이론적 담론 생산은 전진 비행이다. 그리고 그 비행의 추동력은 다리를 불태워 후퇴를 불가능하게 만듦으로써 유지된다. 다시 말해서 약호들이 노쇠해지면, 모든 구식의 개념 기계를 계획적으로 노후화시키는 것이다. 점잖은 소크라테스식 건조함으로 인하여 우리가 종종 상식이라 착각하게 되는 리처드 로티의 유명한 주장이 새로운 출발을 위한 특별한 지점이 될 것이다. 그는 데리다의 '독창성'에 대해서 이야기한다(우리는 어떤 특정한 형식의 포스트모던적 사유 대신 데리다라는 이름을 사용해도 좋을 것이다). 모더니즘적 체계 속에서 새로움과 독창성과 혁신을 구성하는 것과, '독창성'이 의심스러운 개념이 되어버린 포스트모던 체제를 구별하는 난제 속에는 역설이 있다. 게다가 포스트모더니즘의 여러 기본적인 특징들, 이를테면 자의식, 반反휴머니즘, 탈중심화, 반영성, 텍스트화 등은 과거 모더니즘의 특징들과 구별이 되는지 의심스럽다. "무엇이 다른가?"라는 드 만식의 질문에 로티는 이렇게 응답한다. "데리다나 다른 누군가가 전통에 의해 무시당해왔던 텍스트성이나 글쓰기의 본성에 관한 문제를 '인지했다'고 생각하는 것은 잘못이다. 그가 한 일은 예전의 말하기 방식을 선택적인 것으로, 따라서 다소간 의문스러운 것으로 만드는 말하기 방식을 생각해 낸 것이다."[50]

이제 이것은 스튜어트 홀이 대항 이데올로기들(혹은 "담론들")의 탈합법화에 대한 "담론 투쟁"이라 명명했던 것의 실질적인 구성적 특징으로 파악될 수 있다. 온당치 못하거나, 부도덕하거나, 악하거나, 위험한 것보다 더 나쁜 것은 어떤 특정 약호가 단순히 여러 약호 중에 하나이며, 따라서 실질적으로 '예전의' 약호는 정의상 '선택지' 중에 하나가 되어버렸다는 우려이다. 앞서 설명했던 합의에 대한 공포심을 동원하는 것 역시 그러한 전략으로 볼 수 있다. 사실 만약 하나의 약호가 자신의 비선택성nonoptionality을, 다시 말해서 진리와 같은 것의 명징한 발화로서 자신의 특권적 권위를 주장하려 시도한다면, 그것은 왕위 찬탈이자 억압적인 것으로 보일 뿐만 아니라, (약호는 이제 자신들의 결속력과 그것들의 표현 내용을 나타내는 표식으로서 집단과 동일시되고 있기 때문에) 한 집단이 다른 모든 집단 위에 군림하려는 불법적 시도로 보이게 될 것이다. 그러나 만일 다원주의 정신에 입각해 약호가 자기비판을 하고 자신이 한낱 '선택지' 중에 하나라는 것을 겸손하게 인정한다면, 그에 대한 미디어의 열광은 식고 모든 이가 흥미를 잃게 된다. 그리고 해당 약호가 꼬리를 내리고, 대문자 역사와 담론 투쟁의 특정 지점의 공공 영역이나 무대로부터 곧 사라지는 모습을 볼 수 있을 것이다.

'모두가 진다면 누가 이기지?'라는 수수께끼와 같은 이 특수한 문제는, 사실 약호와 담론 체계라는 의미에서의 이데올로기는 더 이상 특별히 결정적이지 않다는 명제를 통해 비록 풀리지는 않더라도 명확해질 수는 있다. 많은 것들과 마찬가지로 그것은 과거 1950년대의 친숙한 표어인 '이데올로기의 종언'으로, 포스트모던 시대에 의외의 개연성을 가지고 새롭게 돌아온 것이다. 그러나 이데올로기는 이제 끝났다. 이는 계급투쟁이 끝나고 투쟁해야 할 계급 이데올로기가 없어졌기 때문이 아니다. 오히려 이 특수한 의미에서의 '이데올로기'의 운명이, 위대한 보편성을 주장했던 공식적 철학 체계, 즉 의식과 논증의 영역이자 설득 자체(혹은 논리적 반론)가 출현했던 전체 영역과 더불어, 의식적 이데올로기나 정치적 의견과 특수한 사유 체계가 체제를 영속화하고 재생산하는 기능을 멈추었음을 의미한다고 이해될 수 있기 때문이다. 자본주의 초기 단계에서는 한때 고전적인 이데올로기가 체제를 재생산하고 영속화하는 역할을 했다는 사실은 교수나 저널리스트 혹은 온갖 종류의 이데올로그 같은 지식인들의 사회적 의미를 통해 평가될 수 있는데, 그들은 당시의 상황과 그 경향들의 정당성과 합법성의 형식을 창안해내는 일에서 전략적인 역할을 부여받았다. 당시 이데올로기는 단순한 담론보다 그리고 관념보다도 조금 더 중요한 무언가였다. 비록 그것들이 다양한 관념론적 역사 이론의 양식 속에서 어떤 것도 결정하지 않은 채, 여전히 "인민들이 계급투쟁을 의식하고 끝까지 싸워나가게 하는" 주요 "형식들"(마르크스)을 제공해주었지만 말이다. 우리 시대에 그 이데올로기가 그토록 근본적으로 수정되어야 했고 지식인들의 역할이 그토록 축소되어야만 했던 이유에 대해서는 몇 가지 설명이 가능할 터인데, 그 모든 설명은 결국 똑같아질 것이다. 한편으로 우리는 개별적인 개념과 메시지, 정보와 담론의 약화를 지금까지는 상상할 수 없던 밀도의 탓으로 돌릴 수 있다. 다른 한편으로 우리는 아도르노와 함께 "우리 시대의 상품이 그 자체로 이데올로기가 되어버린 것은 아닌가"라고 질문해볼 수도 있다. 다시 말해서 관행적 행위가 논리적 추론(혹은 합리화)을 대체해버린 것은 아닌지, 특히 소비 관행이 확고한 입장을 취하고 특정 정치적 의견에 목청껏 지지를 보내는 행위를 대체해버린 것은 아닌지 질문해볼 수 있는 것이다. 그렇다면 여기에서도 미디어가 시장을 만나, 예전 지식인 문화의 시체 위에서 손을 맞잡았다고 할 수 있다.

이러한 사태에 대해 한탄해봐야 시간 낭비일 뿐이다. 그러나 검시檢屍는 해부학에 관한 새로운 내용을 배우는 곳이기도 하다. 현재의 경우, 로티가 정확하게 지적했던 이데올로기 혹은 담론의 전략은 의외로 사회 발전과 역학에 대한 마르크스의 근본적인 비유의 연장선상에서 이해될 수도 있다(이 비유는 『정치경제학 비판 요강』을 관통하여 1844년 『경제학–철학 수고』와 『자본론』을 하나의 끊기지 않는 선으로 연결해준다). 그것은 바로 **분리**separation라는 근본 개념이다(마르크스는 프롤레타리아트의 생산을 그들이 생산수단으로부터 분리된 것을 통해 설명한다. 즉 인클로저 운동으로 인하여 소작농들이 자신의 땅으로부터 배제된 것이다). 내 생각에 이 특수한 비유에 근거를 두고 있는 마르크스주의는 아직 존재하지 않는다.[51] 비록 그것이 마르크스주의 내에서 (학파까지는 아니지만) 독특한 이데올로기적 경향들을 생겨나게 했던 소외, 사물화, 상품화 같은 다른 비유들과 동일한 계열에 속하지만 말이다. 그러나 분리의 논리가 우리 시대와 포스트모더니즘에 대한 진단에 훨씬 더 적합할 수 있다. 왜냐하면 포스트모더니즘 시대의 심리적 파편화와 총체성에 대한 저항, 차이에 의한 상호 관계와 정신분열적 현재, 그리고 무엇보다도 앞서 설명했던 체계적인 탈합법화가, 어떤 식으로건 이 특수한 분리 과정의 변화무쌍한 성격과 효과들에 대한 전형적인 예가 되기 때문이다.

XI. 총체성 지도 그리기

마침내 우리는 총체성의 문제로 되돌아왔다(우리는 아마도 이것을 하나의 전략으로서의 '총체화'와는 구별해야 한다는 것을 이미 학습했을 것이다). 이 주제는 또한 포스트모더니즘에 대한 분석이 이전의 내 작업들과 이질적이지 않고, 오히려 그에 대한 논리적 결과가 되는 방식을 보여준다는 점에서 개인적인 만족감을 제공해주기도 한다.[52] 나는 이를 '생산양식' 개념을 통해 재론하고자 하는데, 포스트모더니즘에 관한 나의 분석이 공헌한 바가 있다면 바로 이 부분일 것이다. 그런데 먼저 언급해야 할 것은 (지금까지 제대로 표명하지는 못했으나) 나의 이 모든 분석의 판본들이 명백하게 보드리야르와 더불어 그가 빚지고 있는 다른 이론가들(이를테면 마르쿠제, 매클루언, 앙리 르페브르, 상황주의자, 살린스Marshall Sahlins 등)에게 큰 영향을 받았으며, 또한 상대적으로 복잡한 결합의 형식을 띠고 있다는 것이다. 나를 정전의 '교조주의적 수면'으로부터 깨워준 것은 (특히 건축 분야에서의) 새로운 종류의 예술적 생산에 대한 경험만은 아니었다. 이후에 내가 이 용어를 사용할 때 다시 강조하겠지만, '포스트모더니즘'은 미학이나 스타일에만 적용되는 말은 아니다. 그러한 결합은 마르크스주의의 전통적인 경제 도식 속에 존재하는 고질적인 병폐를 해결할 수 있는 기회를 제공해주기도 한다. 몇몇 마르크스주의자가 느꼈던 그에 대한 불편함은 오직 진실로 '독립적인 지식인들'만이 '실종'되었다고 생각할 수 있었던 사회계급의 영역에서 나온 것이 아니다. 그것은 오히려 미디어의 영역에서 나온 것으로, 그 미디어가 서유럽에 가한 충격파로 인하여 그것을 목격한 사람들은 1960년대 북미 사회의 점진적이고 겉보기에는 자연스러운 미디어화로부터 비판적·지각적 거리를 두게 되었다. 제국주의론에서의 레닌은 시장과 미디어를 딱히 등치시키는 것 같지는 않다.* 그리고 점차 그의 가르침을 다른 방식으로 수용하는 것이 가능해진 듯하다. 왜냐하면 그는 마르크스가 명확하게 예측하지 못했던 자본주의의 새로운 단계, 즉 소위 독점 단계 혹은 고전적 제국주의 시대를 구별할 수 있는 하나의 예시를 제시했기 때문이다. 그로 인하여 우리는 〔자본주의의〕 새로운 변종에 이름을 붙이고 최종적으로 정식화하거나, 특정 상황하에서는 누군가 또 다른 변종을 발명할 수 있는 권한을 부여받을 수도 있다고 믿게 되었다. 하지만 마르크스주의자들은 모두 오히려 이러한 두번째 대립항에 관한 결론을 도출해내기를 꺼렸다. 왜냐하면 그 사이에 새로운 미디어와 정보 사회라는 현상은 (우리가 부재하는 사이에) 우파에 의해 식민화되었을 뿐만 아니라, 일련

---

* 이 문장의 원문은 "Lenin on imperialism did not quite seem to equal Lenin and the media"인데, 아마도 원문에 오타가 있는 것으로 보인다. 이 책에서 제임슨의 전체적인 주장에 비추어, "레닌과 미디어"를 "시장과 미디어"로 수정 번역했다.

의 영향력 있는 연구들을 통해 "이데올로기의 종언"이라는 첫번째 잠정적인 냉전 시대의 개념이 나타났고, 이는 마침내 "탈산업사회"라는 완성된 개념의 탄생으로 이어졌기 때문이다. 만델의 저서 『후기자본주의』는 이 모든 것을 변화시켰으며, 유용한 마르크스주의 관점을 통해 자본주의의 세번째 단계를 처음 이론화했다. '포스트모더니즘'에 관한 나의 사유를 가능케 했던 것이 바로 이것이다. 따라서 그 분석은 그때까지도 여전했던 시대정신에 대한 근본 없는 문화 비평이나 진단이 아닌, 〔자본주의〕 제3단계의 특수한 문화 생산 논리를 이론화하려는 시도로 이해되어야 할 것이다.

포스트모더니즘에 대한 나의 접근이 '총체화'하는 것이라는 점에 사람들이 주목하는 것은 피할 수 없었다. 현재 흥미로운 질문은 따라서 내가 왜 이런 관점을 채택하느냐가 아니라, 왜 그렇게 많은 사람이 그에 대해 분개했는가(혹은 분개하도록 학습되었는가)이다. 예전에는 분명히 추상화가 현상들로부터, 특히 역사적 현상들로부터 거리를 두고 낯설게 할 수 있는 전략적 방법 중에 하나였다. 우리는 즉각적인 것에, 즉 문화와 정보의 메시지, 연속적인 사건 혹은 촌각을 다투는 우선 사항 들에 대한 매해의 경험들에 함몰될 때가 있다. 이때 하나의 추상적 개념을 통해서, 즉 외관상 자율적이고 무관한 영역들 사이에 존재하는 비밀스런 친연성과 우리가 일반적으로 독립적이고 개별적인 것으로 기억하는 사태의 리듬 및 숨겨진 연속성에 대한 좀더 전 지구적인 설명을 통해서 갑작스럽게 획득된 〔비판적〕 거리는 특별한 자원이 된다. 특히 직전 몇 년간의 역사에 대해서 우리는 거의 접근할 수 없기 때문이다. 그렇다면 즉각성의 "꽃이 피고 벌이 윙윙거리는 혼란"*으로부터 역사적 재구성을 하고, 전 지구적 특징과 가설 들을 상정하여 추상화하는 것은, 언제나 지금 여기에 대한 급진적 개입이자 그것의 맹목적 숙명에 대한 저항의 약속이었다.

그러나 우리는 재현의 문제를 인정해야만 한다. 그래야만 '총체성과의 전쟁'에 작용하고 있는 다른 동기들로부터 그것을 분리할 수 있다. 만약 포스트모더니즘뿐만 아니라 생산양식이나 자본주의의 개념 같은 역사적 추상이 즉각적인 경험 속에서 주어지는 것이 아니라면, 이 개념을 사물 자체와 잠재적으로 혼동하거나, 사물에 대한 추상적 '재현'을 리얼리티로 착각하고, 대문자 사회나 대문자 계급Class 같은 추상적 실체에 대한 실질적인substantive 경험이 존재한다고 '믿을' 수 있는 가능성에 대해 걱정하는 것은 타당하다. 타인의 오류에 대해 걱정하는 것은 일반적으로 다른 지식인들의 오류에 대해 걱정하는 것을 의미하는데, 이에 대해서는 신경 쓸 필요 없다. 결국 재현이 재현**임을** 확실하게 표시할 수 있는 방법은 아마도 없으며, 따라서 그런 시각적 착각을 영구히 차단할 수는 없다. 이는 관념론의 부활에 대해 유물론적 사유가 저항할 수 있는 방법을 확보하거나, 해체주의 이론을 형이상학적으로 독해하는 것을 막아낼 도리가 없는 것과 마찬가지다. 지식인의 삶과 문화 속에서 영구혁명은 마르크스주의 전통에서 개념적 사물화라 일컫는 것을 막을 수 있는 예방책에 대한 지속적인 재창안의 불가능성과 필연성 둘 다를 의미한다. 여기에서 포스트모더니즘 개념의 비범한 운명은 분명 약간 불안한 마음으로 그에 대한 책임을 떠안으려는 우리 같은 사람들에게 영감을 줄 수 있는 적절한 예시다. 그런

---

* "꽃이 피고 벌이 윙윙거리는 혼란blooming and buzzing confusion"은 윌리엄 제임스 William James가 『심리학의 원리』[정양은 옮김, 아카넷, 2005]에서 갓 태어난 아이의 정신적 혼란 상태를 묘사한 말에서 인용한 것이다.

데 우리에게 필요한 것은 ("눈부신 성공"이라는 스탈린이 사용해서 한때 유명했던 말처럼)* 선을 긋고 그 선을 넘었다고 고해성사를 하는 것이 아닌, 역사적 분석 자체를 다시 새롭게 하고 포스트모더니즘 개념의 정치적·이데올로기적 기능에 대해, 다시 말해서 우리의 실제 모순을 우리가 상상적으로 해결하려는 시도 속에서 그 개념이 오늘날 갑자기 수행하기 시작한 그 기능에 대해 부단한 재검토와 진단을 하는 것이다.

그러나 '총체성과의 전쟁'의 보다 심층적인 정치적 동기는 다른 곳에 있다. 유토피아에 대한 공포심이 그것인데, 이는 다름 아닌 우리에게 오래전부터 친숙한 『1984』의 주제였다. 이에 따르면 총체화와 특정한 총체성 '개념'에 정확하게 관련된 유토피아적이고 혁명적인 정치는 반드시 피해야만 하는 것이다. 왜냐하면 그것은 숙명적으로 테러Terror로 이어지기 때문이다. 적어도 에드먼드 버크만큼 오래된 테러 개념은 스탈린 시절 무수한 수정을 거쳐 캄보디아 학살에 의해 유용하게 부활했다. 이데올로기적으로 보면 1970년대 프랑스의 탈마르크스주의에서 시작된 냉전 시대의 레토릭과 고정관념의 이 특별한 부활은 스탈린의 강제노동수용소와 히틀러의 죽음의 수용소를 기이한 방식으로 동일시하기에 이르렀다(하지만 "최종 해결책"과 히틀러의 반공주의 사이의 구성적 관계에 관한 명쾌한 설명을 얻고자 한다면, 아르노 메이어의 명저 『왜 하늘은 어두워지지 않았나?』를 참조하라).[53] 이 진부한 악몽의 이미지에서 무엇이 '포스트모던'한지에 대해서는, 그것

---

* "눈부신 성공dizzy with success"은 소비에트연방의 집단농장 체제의 성공을 두고 스탈린이 했던 말이다.

이 우리를 탈정치화로 초대한다는 점을 빼놓고는 딱히 말하기 어렵다. 그런데 문제의 그 혁명적 격변의 역사 속에서 전혀 다른 교훈이 관심을 끌 수도 있다. 즉 그것은 무엇보다도 반反혁명 과정에서 생성되는 폭력으로, 사실상 반혁명의 가장 효율적인 형식은 정확히 폭력을 혁명 과정 자체에 전가시키는 것이다. 선진국들에서 나타나는 연합이나 미시정치의 현 상황이 그러한 불안과 판타지를 지탱해주는 것은 아닌지 의심스럽다. 적어도 내가 보기엔 그 불안과 판타지가 이를테면 남아프리카공화국에서의 잠재적 혁명에 대한 지지와 연대를 철회할 수 있는 근거를 구성하지는 못한다. 마지막으로 혁명적이거나 유토피아적인 혹은 총체화를 향한 충동은 처음부터 어떻게든 오염되어 있으며, 그것의 사고 구조로 인하여 유혈 사태로 이어질 수밖에 없다는 일반적인 생각은 관념론적인 인상을 준다. 그것이 궁극적으로 최악의 종교적인 의미에서 원죄라는 교리를 반복하고 있는 것은 아닐지라도 말이다.

총체화하는 사유의 문제는 다른 방식으로도 무대화될 수 있는데, 이는 그것의 진리 내용이나 타당성보다는 그 역사적 가능 조건에 대해 추궁하는 것이다. 이는 더 이상 엄밀한 의미에서의 철학하기, 혹은 좀 더 적절한 표현을 쓴다면 **징후적** 층위에서 철학하기가 아니다. 여기에서는 우리가 한 걸음 물러서서 사유를 가능케 하거나 정지시킬 수 있는 사회적 결정 요인에 관한 질문을 던짐으로써, 특정 개념(예컨대 '가장 발전한 포스트모던 사유는 우리가 총체성이나 시대구분 개념을 설정하지 않도록 가르친다')에 대한 우리의 즉각적인 판단으로부터 멀어지게 한다. 그렇다면 현재의 총체성에 대한 금기는 단순히 철학의 진보와 증대된 자의식의 결과물일까? 이것은 오늘날 우리가 이론적 계몽과 개념적 정교함의 상태를 성취하여, 과거의 구식 사상가들(누구보다도 특히 헤겔)이 저질렀던 중대한 오류와 실수를 피할 수 있게 되었기 때문일까? 그럴 수도 있다. 그러나 그것은 로티의 가르침을 무시하는 것이며, 또한 그 자체로 일종의 역사적 정당화를 요구하는 것이다(아마도 여기서 '유물론'의 발명이 개입할 것이다). 그런데 이 쟁점을 다소 다른 방식으로 상정한다면, 이 같은 현재의 오만함과 살아 있는 자들의 자만심을 피해갈 수도 있다. 즉 왜 '총체성 개념'은 특정 역사적 시기에는 필연적이고 불가피해 보였던 반면에, 다른 시기에는 유해하고 생각도 할 수 없는 것처럼 보였을까? 이 질문은 우리 자신의 사유 바깥까지 거슬러 올라가 우리가 더 이상 생각할 수 없는 (혹은 아직 생각하지 않은) 것에 근거하고 있기에, 어떤 실증적인 의미에서도 철학적일 수 없다(비록 『부정변증법』에서 아도르노는 이를 새로운 종류의 진정한 철학으로 만들기 위해 시도했지만 말이다). 이는 분명 우리가 (문화부터 철학적 사유까지) 여러 의미에서 현재 우리 시대가 유명론의 시대라는 것을 강하게 느끼도록 만든다. 그러한 유명론은 아마도 몇몇 전사前史를 가지거나 중층결정되었을 것이다. 예컨대 실존주의 시대에는 고립된 개인이라는 새로운 사회적 의미(와 앞서 보았듯이 특히 사르트르에게는 인구통계학적 공포)가 이전의 전통적인 '보편자들'의 약화와 더불어 그것의 개념적 힘과 설득력의 상실을 초래했다. 오랜 전통을 가진 영미권의 경험주의 역시 이러한 개념의 죽음으로부터 발생했는데, 그것은 역설적이게도 '이론'의 시대이자 초지성의 시대에 다시 새로운 힘을 얻었다. 물론 어떤 의미에서는 '포스트모더니즘'이라는 슬로건이 이 모든 것을 의미할 수도 있다. 하지만 그렇다면 그것은 설명이 아니라 설명되어야 할 대상이다.

일반개념과 보편화 개념 들이 현재 약화되고 있는 것과 연관된 이런 종류의 추측과 가설적 분석은 종종 보다 신뢰할 만한 것으로 보일 수도 있는 작업과 상관관계가 있다. 그러나 그 작업은 그런 개념성이 가능해 보였던 과거의 시대 분석이다. 그리고 사실 일반개념들의 등장을 목격할 수 있었던 시대는 대개 특권적인 시대인 듯하다. 총체성 개념과 연관하여 본다면, 예전에 내가 알튀세르의 구조 개념에 대해 했던 말을 반복해야 할 것 같다. 그 요점은 이렇다. 만일 우리가 그 보편개념들 중 단 하나, 즉 흔히 '생산양식'으로 알려진 어떤 것이 존재한다는 것을 이해한다면, 우리는 그러한 보편개념의 존재를 인정할 수 있다. 알튀세르의 "구조"가 바로 그것이며, 적어도 내가 사용하는 의미에서의 '총체성' 역시 그것이다. '총체화' 과정의 경우, 그것은 주로 다양한 현상을 연결하는 것 이상은 아니며, 내가 앞서 주장했듯이 그 과정은 점차 더 공간화되는 경향이 있다.

우리는 (차후에 모건*과 마르크스의 저작들을 통해 발전하게 될) "생산양식" 개념의 전사를 기술한 로널드 미크Ronald L. Meek에게 감사해야 할 터인데, 그에 따르면 18세기에 그 개념은 미크가 "4단계 이론"이라 불렀던 형식을 취했다. 이 이론은 다음과 같은 명제를 통해 프랑스와 스코틀랜드 계몽주의 속으로 들어왔다. 즉 인간의 문화는 물질적 혹은 생산적 토대와 함께 역사적으로 변화했으며, 수렵과 채집, 유목, 농업, 그리고 상업이라는 네 번의 본질적 변화를 거쳤다. 무엇보다도 애덤 스미스의 사유와 작업에 존재하는 이런 역사적 내러티브에 나

---

* 모건이 정확하게 누구를 지칭하는지 명확하지는 않다. 하지만 아마도 미국의 인류학자이자 사회이론가였으며, 마르크스와 엥겔스에게 많은 영향을 주었던 '루이스 H. 모건Lewis H. Morgan'(1818~1882)을 지칭하는 것으로 보인다.

타나게 될 변화는, 우리의 연구 대상인 구체적이고 현대적인 의미의 생산양식 혹은 자본주의를 생산해냈던 전 자본주의 단계들의 역사적 발판이 점차 사라지면서, 스미스와 마르크스의 자본주의 모델에 공시적 외형을 부여했다는 것이다. 그러나 미크가 주장하고자 하는 바는,[54] 공시적이든 아니든 역사적 내러티브는 자본주의를 하나의 체제로서 사유할 수 있는 가능성에 핵심적이라는 것이다. 그리고 현재 우리 중 몇몇이 '포스트모더니즘'이라 부르고 있는 듯한 자본주의의 '단계' 내지는 국면과 관련한 나의 입장도 그와 비슷하다.

그러나 여기에서 나의 핵심 관심사는 '생산양식' 개념의 가능 조건이다. 다시 말해서 '총체성' 개념을 명확히 하고 정식화하는 것을 우선적으로 가능케 하는 사회적·역사적 상황에 내재된 특징들이다. 일반적으로 내가 주장하고자 하는 바는 이런 특별히 새로운 사유를 사유한다는 것(혹은 이전 사유들을 이런 새로운 방식으로 결합하는 것)은 특수한 종류의 '불균등' 발전을 전제하며, 따라서 당대에 공존하고 있는 상이한 생산양식들이 해당 사상가의 생활세계에 함께 기입된다는 것이다. 미크는 ("4단계 이론" 같은 독창적인 형식에서) 이 특수한 개념이 생산될 수 있는 전제 조건을 다음과 같이 설명한다.

내 생각에 우리가 고려하고 있는 유형의 사유는 기본적으로 경제적 기술과 사회경제적 관계의 발전을 강조한다. 따라서 그것은 첫째로 당대의 경제성장 속도에 대한 판단으로서 기능할 수 있으며, 둘째로는 경제적으로 성장하고 있는 지역과 여전히 '낮은' 발전 단계에 있는 지역 사이의 차이에 대한 관찰을 용이하게 해주는 기능을 할 수 있다. 1750년대와 1760년대 글래스고 같은 도시들과 북프랑스의 좀더 발전된 지

방에서, 해당 지역 사회 전체의 사회적 삶은 급격하고 가시적으로 변화했는데, 이는 분명 경제적 기술과 기본적인 사회경제적 관계에서 발생한 심층적 변화의 결과였다. 그리고 당시 발흥하고 있던 새로운 형식의 경제 조직은, 예컨대 스코틀랜드의 하일랜드 지역이나 프랑스의 그 이외 지역에, 혹은 아메리카 대륙의 인디언 부족 사이에 여전히 남아 있던 오래된 형식의 조직과 아주 쉽게 비교·대조될 수 있다. 만일 하부존재 subexistence 양식에 나타난 변화가 현대 사회의 발전에서 그런 중요하고 '진보적인' 역할을 했다면, 과거 사회의 발전에서도 그러한 역할을 했으리라는 추론은 타당해 보인다.[55]

생산양식 개념을 최초로 생각해낼 수 있는 가능성은 때때로 역사의식 혹은 역사성의 새롭게 부상하는 형식 중 하나로서 느슨하게 설명된다. 하지만 반드시 그런 의식에 관한 철학적 담론에 의존할 필요는 없다. 왜냐하면 지금 우리가 설명하고 있는 것은 새로운 담론 패러다임이라 규정해도 무방하며, 이와 더불어 문학 독자들에게는 (루카치가 『역사소설론The Historical Novel』에서 해석한 바와 같이) 월터 스콧 경의 소설에서 묘사되고 있는 또 하나의 새로운 역사 패러다임의 존재를 통해 생산양식 개념의 발생에 관해 이야기할 수 있는 보다 현대적인 방식이 더욱 견고해지기 때문이다. (튀르고Anne Robert Jacques Turgot뿐만 아니라 루소까지 포함하는!) 프랑스 사상가들이 '생산양식'을 개념화할 수 있도록 해준 불균등〔발전〕은 아마 무엇보다도 당시 프랑스의 혁명 전 상황과 연관되는데, 그때 봉건적 형식들은 새롭게 부상하던 부르주아 문화와 계급의식 전체와 대비되어 보다 극명하게 부각되었다. 스코틀랜드는 여러모로 좀더 복잡하고 흥미로운 경우다. 제1세계 국가 중에는 가장 늦게, (『대영제국의 분열*The Break-up of Britain*』에 등장하는 톰 네언Tom Nairn의 도발적인 발상을 사용한다면) 제3세계 국가 중에는 가장 먼저 부상했던 계몽주의 시대의 스코틀랜드는 무엇보다도 생산과 문화가 근본적으로 분리된 채 상호 공존하는 공간이었기 때문이다. 즉 한편으로 하일랜드 지역의 낙후된 경제와 그들의 씨족 체계가 있고, 다른 한편으로 산업적으로 '비상'하기 직전이었던 국경 지대에는 영국의 '파트너'로서 상업적 활력이 있었다. 따라서 에든버러의 화려함은 게일족의 유전형질의 문제가 아니라, 오히려 이렇게 상이한 생산양식의 사실상 공시적 공존과 관련하여 스코틀랜드의 대도시와 지식인들이 차지하고 있던 전략적이면서도 중심에서 벗어난ec-centric 입장에 기인했다. 이것이 스코틀랜드 계몽주의가 '사유'하거나 개념화해야 했던 특이한 과제였다. 이는 단지 경제적인 문제만은 아니다. 이후의 포크너와 마찬가지로 월터 스콧은 사회적·역사적 원재료, 즉 대중의 기억을 상속받았는데, 거기에는 난폭했던 혁명과 내전과 종교전쟁으로 인하여 공존하던 생산양식들이 생생한 내러티브 형식에 각인되어 있었다. 그러므로 새로운 리얼리티를 사유하고 그것을 위한 새로운 패러다임을 명확하게 표현하기 위한 조건은 〔생산양식 간의〕 고유한 결합과 더불어 그 안에 잠겨 있는 사람들을 압도하는 저 새로운 리얼리티로부터 일정한 전략적 거리를 요구하는 듯하다(이는 과학적 발견에서 '외부자' 원칙으로 잘 알려진 것의 인식론적 변종 같은 것이다).

그러나 이 모든 것은 지금 우리에게 훨씬 더 중요한 또 다른 2차적 결과를 가져오는데, 그것은 그러한 개념성에 대한 점진적 억압과 관련된다. 만일 고전적 자본주의의 확장된 제3단계로서 포스트모더니즘이 고전적 자본주의가 보다 순수해지고 보다 동질화된 것의 표현이라면, 그리고 그 자본주의로부터 지금까지 잔존하고 있던 수많은 사회경제적 차이의 고립된 영토들이 (상품 형식에 의한 식민화와 흡수를 통해) 모두 삭제되었다면, 우리의 역사의식의 약화와 보다 구체적으로는 생산양식 자체와 같은 전 지구적이거나 총체화하는 개념에 대한 우리의 저항의 약화가 엄밀하게 바로 저 자본주의의 보편화의 기능이라는 주장은 타당하다. 모든 것이 체계화된 곳에서 체계 개념은 자신의 존재 이유를 상실한 채, '억압된 것의 귀환'을 통해 베버나 푸코 혹은 『1984』에 나오는 사람들의 환상 속에 존재하는 보다 악몽 같은 '총체적 체계'의 형식으로 귀환하게 될 뿐이다.

그러나 생산양식은 그런 무시무시한 의미의 '총체적 체계'가 아니다. 그것은 그 안에 '부상적인' 세력뿐만 아니라 '잔여적인' 세력 같은 다양한 반대 세력과 새로운 경향을 포함한다. 따라서 생산양식은 (그람시의 헤게모니 개념처럼) 그 힘들을 관리하거나 통제해야 한다. 만일 그런 이질적 세력들이 자신만의 영향력을 가지고 있지 못하다면, 헤게모니적 기획 역시 필요 없어질 것이다. 따라서 차이는 생산양식 모델 속에 이미 전제되어 있다. 그것은 이 모델을 복잡하게 만드는 또 다른 특징, 즉 자본주의 또한 그 자체의 내적 논리의 기능으로서 차이 혹은 차이화를 생산한다는 특징과는 극명하게 구별되어야 한다. 마지막으로 재현에 관한 우리의 처음 논의를 상기해보자면, 개념과 사물 사이에는, 즉 전 지구적이고 추상적인 모델과 우리 자신의 개인적인 사회 경험 사이에는 분명 **차이**가 존재한다. 따라서 개념은 우리의 경험에 대해 설명적 거리를 제공해주지만, 그것이 경험을 '대체'하도록 고안된 것은 결코 아니다.

730

생산양식 모델에 대한 '올바른 사용법'을 환기시켜주는 몇몇 다른 것들도 참고할 만하다. '생산양식'이라고 불리는 것은 생산 중심 모델이 아니라는 점은 언제나 언급할 가치가 있는 듯하다. 또한 그것이 존중되어야 할 다양한 층위(혹은 추상의 질서)와 연관된다는 점도 언급할 만한 가치가 있는 듯하다. 그에 대한 토론이 무작위적인 말싸움으로 변질되지 않는다면 말이다. 『정치적 무의식*The Political Unconscious*』에서 나는 그러한 층위들에 관하여 아주 일반적인 그림을 제안했는데, 특히 역사적 사건에 대한 검토와, 더 큰 계급적·이데올로기적 갈등과 전통에 대한 환기, 그리고 비인격적인 사회경제적 패턴 체계(이와 연관된 유명한 주제의 예시로는 사물화와 상품화가 있다)에 대한 주의를 각각 구별하는 것은 반드시 존중되어야 한다. 이런 논의 속에서 종종 제기되는 에이전시의 문제는 각 층위를 가로지르며 지도가 그려져야 한다.

예를 들어 페더스톤Mike Featherstone[56]은 내가 사용하는 '포스트모더니즘'이 특수한 문화 범주라고 생각한다. 하지만 그 주장은 틀렸다. 그리고 좋든 싫든 그것은 '생산양식'에 이름을 붙이기 위해 고안된 것이다. 문화 생산은 생산양식 내에서 특수한 기능적 위치를 차지하며, 나의 글에서는 생산양식의 징후학symptomatology을 주로 문화에서 끌어내고 있다(의심의 여지 없이 이것이 혼란의 원인이다). 따라서 페더스톤은 나에게 예술가와 그들의 〔수용자〕 대중뿐만 아니라, 이렇게 보다 새로운 종류의 〔문화〕 생산을 매개하고 관장하는 제도들에 보다 세심한 주의를 기울이라고 충고한다. (내게 이런 주제들이 배제되어야 할 이유는 없다. 사실 그것들은 아주 흥미로운 문제이다.) 그러나 그런 층위에서의 사회학적 탐구가 무엇을 **설명**할 수 있는지는 잘 모르겠다. 오히려 그가 관심을 갖는 현상들은 그 자체로 반#자율적인 사회학적 층위로, 즉 통시적 내러티브를 요구하는 층위로 즉시 변형되는 경향이 있다. 지금의 예술 시장과 예술가나 소비자의 지위가 무엇이냐에 대해 이야기하는 것은, 이런 변화 이전에는 그것들이 무엇이었는지에 대해 이야기한다는 의미이다. 심지어 이러한 이야기의 바깥쪽 극단까지 가면, 그런 활동에 대한 대안적 배치를 위한 공간이 열리게 된다(예컨대 예술 시장과 갤러리, 미술 투자 등이 존재하지 않는 쿠바 같은 경우처럼 말이다).[57] 일단 우리가 그러한 내러티브, 즉 저 일련의 국지적 변화들을 기록한다면, 그 모든 기록이 포스트모던적인 '거대한 전환' 같은 어떤 것이 독해될 수 있는 또 다른 공간으로서의 자료 일체에 추가될 것이다.

페더스톤의 주장에 따르면 구체적인 사회적 동인이 나타날 수도 있겠으나(그렇다면 예술가나 음악가, 갤러리나 박물관의 관리자나 음반 회사의 임원, 그리고 특정한 부르주아 혹은 청년이나 노동계급 소비자 들이 포스트모더니스트가 된다), 사실 여기에서도 마찬가지로 각각 다른 층위의 추상이 계속해서 요구될 수밖에 없다. 왜냐하면 우리는 다음과 같이 그럴싸하게 주장할 수 있기 때문이다. 즉 에토스와 (진실로 경멸적인 표현인) '라이프스타일'이라는 보다 한정된 의미에서의 '포스트모더니즘'은, 대개 앞에서 열거한 집단들의 한계를 넘어서는 전적으로 새로운 계급 분파의 '의식'에 대한 표현이라는 것이다. 이렇게 더 크고 더 추상적인 범주에는 새로운 프티부르주아지, 전문 관리 계급, 혹은 보다 간명하게 '여피'라는 다양한 이름표가 붙어왔다(이런 표현들 각각은 그 자체와 더불어 구체적인 사회적 재현에 대한 약간의 잉여를 은밀히 담고 있다).[58]

포스트모더니즘 문화의 계급 내용을 이런 식으로 구별한다고 하더라도, 그것이 여피가 새로운 지배계급과 비슷한 어떤 것이 되었다는 의미는 절대 아니다. 단지 그들의 문화적 행태와 가치, 그들의 국지적 이데올로기들이 현 단계의 자본주의에 대한 유용한 지배적인 이데올로기적·문화적 패러다임을 명료하게 표현해줄 뿐이다. 사실 대개의 경우 특정 시대에 유행하는 문화 형식은 해당 사회구성체의 주요 동인들에 의해 제공되지는 않는다(사업가들이 자신의 시대와 보다 밀접하게 관계를 맺고 있는 것은 분명하지만, 다른 유형의 심리적·이데올로기적 동력들에 의해 추동되기도 한다). 본질적인 것은 해당 문화 이데올로기가 기능적으로 가장 유용한 방식으로, 혹은 기능적으로 재전유될 수 있는 방식으로 세계를 접합한다articulate는 것이다. 왜 특정 계급 분파가 이런 이데올로기적 접합들을 제공해야 하는가는, 왜 특정 작가나 특정 스타일이 갑자기 지배적인 것이 되는가 하는 질문만큼이나 흥미로운 역사적 질문이다. 분명 이런 역사적 변동을 위한 사전에 주어진 모델이나 공식은 있을 리 없다. 하지만 분명한 것은 우리는 아직 우리가 현재 포스트모더니즘이라고 부르는 것에 대해 이런 시도를 해본 적이 없다는 것이다.

한편 (이 책의 1장에서 정식화했듯이) 이 주제에 관한 나의 작업이 갖는 또 하나의 한계점이 이제는 분명해지고 있다. 즉 문화적인 측면에서의 설명을 무대화하겠다는 전술적인 결정이, 적절한 포스트모던 '이데올로기'를 구별해내려는 시도의 상대적인 부재를 낳았다. 나는 이후의 시장 이데올로기에 대한 장[8장]에서 이를 부분적으로 수정하고자 했다. 그런데 내가 새로운 '이론적 담론'의 형식적 문제에 특히 관심이 있고, 또한 전 지구적 탈중심화와 소집단의 제도화라는 역설적 조합이 포스트모더니즘의 경향적 구조에서 중요한 특징으로 보였기 때문에, 나는 주로 '포스트구조주의'와 '신사회운동' 같은 지적·사회적 현상을 선택했고, 그 결과 내 마음속 가장 깊은 정치적 신념과는 반대로 모든 '적들'이 좌파라는 인상을 주었다.

그러나 포스트모더니즘의 계급적 기원에 관한 이야기는 결과적으로 지금까지 열거해온 것보다 더 고차원적인 (혹은 더 추상적이고 전지구적인) 종류의 또 다른 에이전시를 이제는 명시하라고 요구한다. 물론 그것은 다국적 자본 그 자체다. 그것은 하나의 과정으로서 자본의 어떤 '비인간적인' 논리라고 설명될 수도 있다. 그리고 나는 그 언어와 그런 종류의 설명이 갖는 타당성을 그 자체의 용어와 그 자체의 층위에서 계속 옹호할 것이다. 다른 관점에서 보면 외견상 실체가 없는 이 〔다국적 자본의〕 힘 역시, 특정한 방식으로 훈련받고 인간 자유의 창의성에 따라 독창적인 국지적 전략과 실천 들을 창안해낸 인간적 동인의 총화가 분명하다. 그리고 여기에 자본의 동인을 위한 옛 격언을 덧붙이고 싶다. "사람들은 자신의 역사를 만들지만, 자신이 선택한 환경 속에서 역사를 만드는 것은 아니다." 사람들은 후기자본주의라는 가능성 내에서만 '큰 기회'를 엿보고, '그것을 향해 달려가서' 돈을 벌고, 회사를 새로운 방식으로 다시 조직할 수 있다(예술가나 장군, 이데올로그나 갤러리 주인 들 역시 마찬가지다).

내가 여기에서 보여주고자 했던 것은 비록 몇몇 독자와 비평가의 눈에는 포스트모더니즘에 대한 나의 설명이 '에이전시의 결여'로 보일 수도 있을지라도, 그것은 모든 크기와 차원의 동인들이 작동하고 있는 내러티브적 설명으로 번역되거나 약호전환될 수 있다는 것이다. 이런 대안적 설명들, 즉 추상의 각기 다른 층위에 대한 초점들 중 하나를 선택하는 것은 이론적이라기보다는 실천적인 선택이다. (하지만 에이전시에 관한 이런 설명을 심리적·이데올로기적 '주체 위치'에 관한 상당히 풍요로운 다른 전통, 즉 정신분석학적 전통과 연결시키는 것이 바람직할 것이다.) 만약 앞에서 기술한 에이전시에 대한 설명이 단순히 토대-상부구조 모델에 대한 대안적 판본에 불과하다는, 즉 한편으로는 포스트모더니즘의 경제적 토대를 이야기하고, 다른 한편으로는 사회적 혹은 계급적 토대를 이야기한다는 반론을 제기할 수도 있다. 그렇게 해도 좋다. 만일 우리가 '토대와 상부구조'가 사실 그 어떤 것에 관한 모델이 아니라, 오히려 하나의 출발점이자 문제이고 연결하라는 명령임을 이해한다면 말이다. 즉 그것은 문화(와 이론)를 그 자체로 파악하는 동시에, 그것의 바깥, 그것의 내용, 그것의 맥락, 그리고 그에 대한 개입과 실효성의 공간과의 관계를 통해서도 문화를 이해하라는 발견적인 권고만큼이나 비非교조주의적인 것이다. 그러나 우리가 그것을 어떻게 해낼 것인가에 대한 해답은 미리 주어지지 않는다. 그리고 이 책의 설명과 분석이 이데올로기적·이론적 투쟁 공간의 특징을 잡아내고 평가하려고 시도하는 동안, 나는 그로부터 도출되는 전적으로 다른 광범위한 실천적인 결론과 정치적 권고 들을 상상할 수 있다.

문화정치와 관련해서도 최소한 두 가지 다른 종류의 전략을 생각해 볼 수 있는 듯하다. 보다 본질적으로 포스트모던 정치 미학은 이미지 사회의 구조 자체를 정면으로 돌파하여 그 내부로부터 토대를 허무는 것인데(포스트모더니즘에서는 역설적이게도 공격은 전복과 다르지 않으며, 프루스트의 두 가지 길과 마찬가지로 그람시의 기동전war of maneuver 과 진지전war of position도 결국 동일한 것으로 드러난다), 이에 **동종요법**

homeopathic 전략이라는 이름을 붙여도 좋을 것이다. 우리 시대에 이를 가장 극적이고 전범적으로 예시하고 있는 것은 한스 하케의 설치미술로, 그의 작품들은 엄밀한 의미에서 작품이 스스로를 담아내는 공간인 박물관을 자신의 주제이자 소재의 일부로서 끌어들임으로써 제도적 공간의 안과 밖을 뒤집어버린다. 즉 보이지 않는 거미들이 거미줄 안에 자신을 담아내고 있는 그릇[박물관]을 담아내어 사회적 공간의 사유재산을 장갑처럼 뒤집어버리는 것이다. 그러나 형식적으로는 앞서 주장했던 바와 같이, 가장 정치적이고 가장 혁신적인 사진작가와 비디오 제작자 같은 다른 현대 예술가들과 더불어, 하케는 이미지 자체를 통해 이미지의 근간을 흔들고 더 많은 양의 시뮬라크럼의 복용을 통해 시뮬라크럼의 논리를 내파하려는 계획에 몰두하는 듯하다.

그에 반해 내가 인식적 지도 그리기라고 부르는 것은 좀더 모더니즘적인 전략으로 구분될 수 있다. 그것은 총체성이라는 불가능한 개념을 유지하고 있는데, 그에 대한 재현의 실패는 그것의 (상상 불가능한) 성공만큼이나 잠시 유용하고 생산적인 것이 된다. 이 특수한 슬로건이 안고 있는 문제는 분명 그것에 대한 (재현적) 접근 가능성에 있다. 누구나 지도가 무엇인지 알고 있지만, 인식적 지도 그리기가 (적어도 우리 시대에는) 지도처럼 너무나 쉬운 어떤 것과 연관되어서는 안 된다는 말을 덧붙일 필요가 있을 것 같다. 사실 일단 우리가 '인식적 지도 그리기'가 무엇을 의도하는지 깨달으면, 마음속에 있는 지도와 지도 그리기에 관한 모든 비유를 떨쳐버리고 다른 무언가를 상상하고자 노력하게 된다. 하지만 좀더 바람직한 것은 계보학적인 접근을 통해, 지도에 의지해서는 지도 그리기가 성취될 수 없음을 보여주는 것이다. 이는 (여기에서 종종 반복되었던) 다음 주장과 연관된다. 즉 자본의 역사적 세 단계는 각각 독자적인 유형의 공간을 생성해왔다. 물론 다른 생산양식의 공간들과는 다르게, 이 세 단계의 자본주의적 공간들은 훨씬 더 깊은 상호 연관성을 가지고 있지만 말이다. 내가 생각하고 있는 공간의 세 가지 유형은 지금까지 상품화되지 않은 영역에 침투하여 식민화하는 자본의 확장 속에서의 불연속적인 비약적 팽창의 결과물이다. 여기에는 어떤 통일되고 총체화된 힘이 전제되는데, 이는 헤겔의 절대정신도, 당도, 스탈린도 아니다. 그것은 그저 자본 그 자체일 뿐이다. 그리고 적어도 자본 개념이 현 사회체제 자체의 통합된 논리의 개념과 흥망을 함께 한다는 것은 분명하다.

이 세 종류의 공간 중 첫번째는 고전적 혹은 시장 자본주의의 공간인데, 이는 바둑판의 논리에 따라 이전의 성스럽고 이질적인 공간을 기하학적이고 데카르트적인 동질성의 공간 내지는 무한 등가성의 공간으로 재편한 것이다. 우리는 이에 대한 극적인 혹은 상징적인 압축적 재현을 감옥에 관한 푸코의 저서에서 찾아볼 수 있다. 그러나 그 예시에 대해서는 경고를 해둘 필요가 있다. 왜냐하면 그러한 공간에 대한 마르크스주의적 관점은, 푸코가 '권력'이라고 부르는 실체 없고 신화적인 존재가 아닌 테일러화와 노동과정에 그 토대를 두고 있기 때문이다. 이런 종류의 공간의 등장은 아마도 우리가 그 이후의 자본주의 단계들에서 당면하게 될 너무나 예민한 비유의 문제와 연관되지는 않을 것이다. 왜냐하면 여기에서 당분간 우리는 일반적으로 오랫동안 계몽주의와 연관되어왔던 저 친숙한 과정을 목격하기 때문이다. 이를테면 세계의 탈신성화, 신성과 초월이라는 예전 형식에 대한 탈약호화와 세속화, 교환가치에 의한 사용가치의 점진적인 식민화, 『돈키호테Don Quixote』 같은 소설에서 나타난 과거의 초월적 내러티브에 대한

'리얼리즘적' 탈신비화, 주체와 객체 모두에 대한 표준화, 욕망의 탈자연화와 상품화에 의한 욕망의 궁극적 대체(혹은 다른 말로 하면 '성공') 등이 그러한 과정이다.

우리를 염려케 하는 비유의 문제는 다음 단계에서야 가시화된다. 즉 시장자본주의로부터 독점자본주의 혹은 레닌이 "제국주의 단계"라 지칭했던 단계로의 이행 속에서 나타난다. 그리고 그 문제는 산 경험과 구조 사이의, 혹은 개인의 삶에 대한 현상학적 기술과 그 경험의 존재 조건에 대한 보다 전적으로 구조적인 모델 사이의 점증하는 모순을 통해 전달될 수 있다. 다소 성급하기는 하지만 우리는 이를 다음과 같이 정리할 수 있다. 이전 사회와 아마도 심지어 시장자본주의의 초기 단계까지도 개인의 즉각적이고 제한적인 경험이 여전히 그 경험을 관장하는 실제 경제적·사회적 형식을 포함하고 그것과 일치할 수도 있었던 반면에, 다음 단계에서는 이 두 층위가 점차 분리되어 멀어지다가 급기야는 고전 변증법에서 본질Wesen과 현상Erscheinung 혹은 구조와 산 경험으로 기술되는 대립 관계를 구성하기 시작한다.

이 시점에서 전통적으로 예술 작품의 최고의 원료였던 개인 주체의 현상학적 경험은 사회세계의 작은 귀퉁이로 제한되어, 런던이나 시골 어느 구석의 특정 구역을 고정 카메라로 보는 듯한 인상을 주게 되었다. 그런데 그 경험의 진실은 더 이상 그 경험이 발생하고 있는 장소와 일치하지 않는다. 런던에 대한 제한된 일상적 경험의 진실은 인도나 자메이카 혹은 홍콩에 존재한다. 개인의 주관적 삶의 질을 결정하는 것은 대영제국의 전체 식민 체제와 밀접하게 연결되어 있는 것이다. 하지만 그러한 구조적 좌표들은 더 이상 즉각적인 산 경험을 통해서는 접근할 수 없으며, 심지어 대부분의 사람들에게는 대개 그것을 개념화하는 것조차 불가능하다.

그때 개인의 경험이 진정한 것이라면 그것은 진실할 수 없으며, 동일한 내용에 대한 과학적·인식적 모델이 진실하다면 그것은 개인의 경험을 벗어난다고 말할 수 있는 상황이 도래한다. 이 새로운 상황이 예술 작품에 엄청난 난제를 제기한 것은 분명하다. 그리고 나는 이러한 딜레마를 극복하기 위해 불가능한 일을 가능케 하고 새롭고 정교한 형식적 전략들을 창안해내려는 시도 속에서, 모더니즘 혹은 더 정확히 표현하자면 다양한 모더니즘들이 발생했다고 주장한 바 있다. 즉 부재하는 전 지구적인 식민 체제에 대한 새로운 감각을 시어 자체의 통사적 구조 속에 각인시키는 형식 속에서 새로운 부재와 현전의 유희가 나타나는데, 단순하게는 이국적인 것들이 유령처럼 텍스트 속에 출몰하기도 하고, 외국의 지명들이 텍스트 속에 문신처럼 새겨지기도 하며, 심하게는 놀랄 만큼 새로운 언어와 형식의 창안으로 이어지기도 한다.

이 시점에서 본질적으로 알레고리적인 개념 하나가 도입되어야 한다. 바로 '비유의 유희play of figuration'다. 이를 통해 우리는 개인 주체나 의식이 이 새롭고 거대한 전 지구적 리얼리티에 접근할 수 없다는 느낌을, 세실 로즈Cecil Rhodes나 빅토리아 여왕뿐만이 아니라 심지어 헤겔마저도 그것에 접근할 수 없다는 느낌을 전달할 수 있을 것이다. 이는 곧 그러한 근본적 리얼리티가 궁극적으로는 재현 불가능하며, 알튀세르의 용어를 사용한다면 그것은 하나의 부재 원인absent cause 같은 것으로서 지각의 현전 속으로 결코 나타날 수 없음을 의미한다. 하지만 이러한 부재 원인은 왜곡되고 상징적인 방식으로 자신을 표현하는 비유들을 찾아낼 수 있다. 사실 문학비평가로서 우리의 한 가지 기본적인 과제는 그러한 비유들이 지칭하는 궁극의 리얼리티와 경험들을 추적하여 개념적으로 인식할 수 있도록 만드는 것이다. 하지만 독자들은 필연적으로 그 비유들을 사물화하여 그 자체를 1차적인 내용으로 해석하는 경향이 있다.

　모더니즘 시대가 이 새롭고 거대한 전 지구적 식민 네트워크와 맺는 관계는 이런 역사적 상황에만 나타날 수 있는 특수한 비유에 관한 단순하지만 특화된 예시를 통해 설명될 수 있다. 19세기가 저물어갈 무렵, 광범위한 작가들이 내가 '단자 상대주의monadic relativism'라고 정의하고자 하는 것을 표현할 수 있는 형식을 창안해내기 시작했다. 앙드레 지드와 조지프 콘래드에서 시작하여 페르난두 페소아Fernando Pessoa, 피란델로Luigi Pirandello, 포드Ford Madox Ford에 이르기까지, 그리고 정도는 다소 약하지만 헨리 제임스와, 심지어 다소 뻐딱하지만 프루스트의 작품에서도 우리가 인식하기 시작한 것은, 각각의 의식이 하나의 폐쇄적 세계이며, 따라서 사회 총체성에 대한 재현은 이제 그렇게 봉인된 주관적 세계들의 공존과 그들 사이의 특이한 상호작용이라는 (불가능한) 형식을 취할 수밖에 없다는 느낌이다. 게다가 그 상호작용은 사실상 배의 야간 항로와 같이 선과 면이 결코 교차하는 법이 없는 원심운동에 불과하다. 이 새로운 형식의 관행으로부터 나타나는 문학적 가치는 '아이러니'라 불리며, 그것의 철학적 이데올로기는 종종 아인슈타인의 상대성원리를 천박하게 전유하는 형식을 취하곤 한다. 이런 맥락에서 내가 주장하고자 하는 바는 이러한 형식들이 사유화된 중간계급의 삶의 내용을 주로 다루지만, 그럼에도 불구하고 그 형식들은 식민 네트워크라는 이 낯설고 새로운 전 지구적 상대성이 심지어 이들 중간계급의 산 경험마저 관통하고 있다는 징후이자 그에 대한 왜곡된 표현이라는 것이다. 그렇다면 비록 뒤틀려 있고 상징적으로 다시 쓰였다고 할지라도, 그것은 식민 네트워크에 대한 비유가 된다. 그리고 나는 이 비유 과정이 예술적 비유에 급진적으로 저항하고 그로부터 탈출할 수밖에 없는 내용을 담아내기 위해 예술 작품의 형식을 재구성하려는 이후의 모든 시도 속에 중심적으로 남아 있다고 상정하고자 한다.

만약 제국주의 시대가 그러하다면, 다국적 네트워크의 시대 혹은 만델이 "후기자본주의"라고 규정한 우리 시대의 〔예술〕 운동에는 그 것이 어느 정도나 유효한 것일까? 이 시대에는 단지 옛 도시뿐만 아니라 심지어 국민국가마저도, 자본이 새로운 도약을 통해 도시와 국가를 넘어 경이롭게 확장되는 과정에서 중심적인 기능적·형식적 역할을 더 이상 수행하지 못한다. 결국 그것들은 이 〔새로운〕 생산양식의 발전 속에서 이전 단계의 폐허이자 고대의 유물로 남게 된다.

그로 인하여 발생하는 새로운 공간은 (벤야민이 말한 아우라aura의 의미에서) 거리의 억압과, 남아 있는 공백과 공터 들의 무자비한 포화saturation에 연관된다. 그리하여 포스트모던한 호텔을 배회하건, 헤드폰을 통해 록 음악에 심취하건, 아니면 마이클 헤어가 우리에게 전달해준 것과 같은 베트남전쟁의 다층적인 충격과 폭력을 경험하건 관계없이, 포스트모던 신체는 이제 모든 보호막과 중간 매개체가 제거된 상태에서 지각에 대한 즉각성의 집중포화에 노출되기에 이른다. 물론 우리가 관념적으로 논평하고 싶은 이 공간의 여러 다른 특징이 존재한다. 그중 가장 주목할 만한 것은 동질적인 동시에 파편화된 공간인 르페브르의 추상공간abstract space 개념이다. 그러나 현재의 맥락에서는 이 포화된 공간의 방향감각 상실이 가장 유용한 길잡이가 되어줄 것이다.

나는 포스트모더니즘의 그러한 공간적 특이성들을 새롭고 역사적으로 독창적인 딜레마에 대한 징후이자 표현으로 간주하고자 한다. 이 딜레마는 개인 주체로서 우리가 여전히 잔존하는 부르주아의 사적 삶의 공간부터 전 지구적 자본 자체의 상상조차 할 수 없는 탈중심화에 이르는 범위를 둘러싸고 있는 급진적으로 불연속적인 리얼리티의 다차원적인 공간 집합 속에 투입되는 것과 연관된다. 심지어 아인슈타인의 상대성이나 옛 모더니즘의 복합적인 주관적 세계들조차 이런 과정에 대한 어떤 합당한 비유도 제공해주지 못한다. 그 과정은 산 경험 속에서 소위 주체의 죽음, 혹은 보다 정확하게는 주체의 파편화와 정신분열적 탈중심화와 분산의 형태로 감지될 뿐이다(이것들은 더 이상 헨리 제임스적인 반사경이나 '시점'과 같은 기능도 하지 못한다). 그러나 사실 여기에 연관된 것은 실천 정치다. 사회주의적 국제주의의 위기와 더불어, 지역과 이웃의 풀뿌리 정치 행위를 국가적 혹은 국제적 정치 행위와 조정하는 것에 따르는 막대한 전략적·전술적 어려움을 겪은 이후, 그러한 위급한 정치적 딜레마들은 모두 직접적으로 그 문제의 극히 복잡하고 새로운 국제적 공간의 작용이다.

나는 (공간과 정치의 문제와 관련하여) 엄청난 중요성과 시사점에 대한 짧은 설명, 즉 1960년대 미국의 가장 중요한 단 하나의 정치적 경험에 대한 역사적 내러티브를 통해 이를 분명하게 보여주고자 한다. 마빈 서킨Marvin Surkin과 댄 조자카스Dan Georgakas가 공저한 『디트로이트: 나는 죽기 싫다Detroit: I Do Mind Dying』[59]는 1960년대 후반 디트로이트에서 일어났던 흑인 혁명 노동자 연합League of Black Revolutionary Workers의 흥망에 대한 연구다. 문제의 그 정치구성체는 노동 현장, 특히 자동차 공장에서 권력을 획득할 수 있었다. 그들은 학생 신문을 통해 도시의 미디어와 정보 독점에 상당히 깊게 파고들었으며, 판사를 선출하고, 급기야는 시장을 당선시켜 도시의 권력 기구를 장악할 뻔했다. 당연한 말이겠지만 이는 상당한 정치적 성취였으며, 또한 노동 과정, 미디어와 문화, 사법기구와 선거 정치라는 상이한 사회적 층위들에서의 주도권과 연관되는 다층적 혁명 전략의 필요성에 대한 지극히 정교한 지각이라는 특징을 지닌다.

하지만 그에 못지않게 분명한 것은, 그리고 이전 단계의 이웃 정치보다 이런 종류의 사실상의 승리 속에서 더욱 분명한 것은, 그러한 전략이 도시 형식 자체와 얽혀 있으며 또한 그것에 의해 제약을 받는다는 것이다. 사실 [미국 같은] 초국가와 그 연방헌법이 가지는 막대한 힘 중 하나는 도시와 주와 연방 권력 사이의 명백한 불연속성에 있다. 우리가 한 나라에서도 사회주의를 성취할 수 없는 마당에, 오늘날 미국의 한 도시에서 사회주의를 건설할 수 있는 가능성은 얼마나 미미하겠는가?

하지만 우리가 일련의 핵심적인 도시의 중심들을 연이어 정복한다면 어떤 일이 벌어질까? 흑인 혁명 노동자 연합이 생각하기 시작했던 것이 바로 이것이다. 즉 그들은 자신의 운동이 하나의 정치적 모델로서 일반화되어야 한다고 느끼기 시작한 것이다. 여기에서 공간의 문제가 발생한다. 한 **도시**의 전략과 정치를 근간으로 하여 어떻게 **전국적인** 정치 운동을 발전시킬 것인가? 어쨌든 연합의 지도자들은 다른 도시로 자신의 말을 확산시키기 시작했고, 이탈리아와 스웨덴으로 가서 그곳 노동자들의 전략을 연구하고 자신의 모델을 설명했다. 그에 상응하여 다른 도시의 정치꾼들이 디트로이트에 모여들어 새로운 전략을 모색했다. 이 시점에서 우리는 재현/대표의 문제 한가운데에 들어서게 되었음이 분명해졌고, 그것은 저 불길한 미국식 용어인 '리더십'의 등장을 통해 표출되었다. 하지만 보다 일반적인 방식으로 말하자면, 그러한 〔지도자들의〕 여행은 네트워크를 만들고 접촉하고 정보를 확산시키는 것 이상의 문제였다. 즉 그것은 독자적인 지역적 모델과 경험을 다른 상황에 처한 사람들에게 어떻게 재현할 수 있는가 하는 문제를 제기했다. 따라서 그 연합이 자신들의 경험을 영화로 기록하는 것은 당연했으며, 그 영화는 훌륭하고 흥미로웠다.

그러나 공간적 불연속성은 보다 기만적이고 변증법적이다. 또한 그것은 그 어떤 확실한 방법으로도 극복되지 않는다. 사실 그러한 불연속성은 그 운동이 〔극복하지 못하고〕 붕괴될 수밖에 없는 어떤 궁극적인 한계로서 디트로이트의 경험에게 되돌아왔다. 비행기를 타고 돌아다니던 연합의 강경파들이 미디어 스타가 되는 일이 벌어진 것이다. 그들은 자신의 지역 유권자들로부터 멀어졌을 뿐만 아니라, 심한 경우 아무도 집에 머무르며 일에 전념하지 않았다. 보다 넓은 공간적 지평 속으로 들어가게 되자, 그들 밑에 있던 근거지는 사라져버리고 말았다. 이와 함께 미국에서 정치적으로 풍요로웠던 시대의 가장 성공적인 사회혁명적 실험은 슬프게도 무덤덤한 종말을 고했다. 그 운동이 아무런 흔적도 남기지 않았다고 말하고 싶지는 않다. 왜냐하면 다수의 국지적인 소득이 남았으며, 어쨌든 여러 풍요로운 정치적 실험이 물밑에서 그 전통에 자양분을 계속 제공해주고 있기 때문이다. 하지만 지금의 맥락에서 가장 아이러니한 점은, 그들의 실패가 곧 성공이라는 것이다. 즉 이 복잡한 공간적 변증법의 모델인 그들의 재현/대표 방식은 영화와 책의 형식을 통해 성공적으로 살아남은 것이다. 하지만 그들이 이미지와 스펙터클이 되는 과정에서, 지시대상체는 사라져버린 듯하다. 기 드보르부터 보드리야르까지 많은 사람이 우리에게 항상 경고했던 것처럼 말이다.

그 사례는 성공적인 공간적 재현이 반드시 혁명의 성공에 관한 어떤 희망적인 사회주의적 사실주의의 드라마가 될 필요가 없으며, 오히려 패배의 내러티브에 담겨도 괜찮다는 주장을 예시해줄 수 있을 것이다. 때로는 패배의 내러티브가 심지어 훨씬 더 효율적으로, 포스트모던한 전 지구적 공간의 전체 구조가 그 뒤편에 유령 같은 모습을 드리운 채 궁극의 변증법적 장애물이나 보이지 않는 한계로서 떠오르게 만들 수 있다. 그리고 디트로이트의 경험은 이제 인식적 지도 그리기라는 슬로건이 무엇을 의미하는지를 보다 구체적으로 명시해준다. 그것은 이제 알튀세르와 케빈 린치의 종합이라는 말로 설명될 수 있다. 린치의 고전인 『도시의 이미지』는 사실상 "인식적 지도 그리기"라는 구절을 통해 지칭되는 낮은 단계의 하위 학문 분야 전체를 탄생시켰다. 그의 문제의식은 분명 현상학의 한계 내에 갇혀 있고, 그의 저서가 그 자체로 많은 비판을 받을 수 있다는 점에는 의심의 여지가 없다(가장 중요한 점은 정치적 에이전시나 역사적 과정에 대한 어떤 개념도 부재하다는 것이다). 내가 이 책을 사용하는 방식은 상징적 혹은 알레고리적일 터인데, 왜냐하면 린치에 의해 탐색된 도시 공간에 대한 마음의 지도는 우리 모두가 다양하게 왜곡된 형태로 우리의 머릿속에 넣고 다니는 사회적·지구적 총체성에 대한 마음의 지도에 외삽될 수 있기 때문이다. 보스턴과 저지시티와 로스앤젤레스의 도심지에 근거를 두고, 대상자들로 하여금 기억을 통해 자신이 살고 있는 도시의 환경을 그려달라는 인터뷰와 설문 조사를 통해, 린치는 도시의 소외가 현지의 도시 풍경을 마음속에서 지도 그릴 수 있는 능력의 부재와 직접적으로 비례한다고 주장한다. 그렇다면 찰스 강 같은 극적인 경계선들을 포함하여 도시의 기념비적인 전망, 도시의 표식과 동상 들, 웅장하지만 단순한 공간 형식들의 조합을 갖춘 보스턴 같은 도시는, 사람들이 자신의 상상력을 통해 도시의 나머지 부분에 대해 성공적이고 연속적인 위치 감각을 갖게 해줄 뿐만 아니라, 전통적인 도시 형식의 자유와 미학적 만족감 같은 것을 선사하기도 한다.

나는 언제나 도시 경험에 대한 린치의 개념에 감명을 받았다. 그것은 즉각적인 지각의 대상인 지금 여기와 부재하는 총체성으로서의 도시에 대한 상상적 혹은 상상계적 감각 사이의 변증법으로서, "주체가 자신의 실재 존재 조건과 맺는 관계에 대한 상상적 재현"이라는 이데올로기에 대한 알튀세르의 위대한 정식에 대한 공간적 유비 같은 것을 제시한다. 비록 결함과 문제점이 없지 않지만, 어떤 형식의 사회적 삶에 있어서건 필수적인 기능으로서 이 긍정적인 이데올로기 개념은, 개인 주체의 지역적 자리매김과 그 주체가 처해 있는 계급 구조의 총체성 사이의 간극을 강조할 수 있다는 큰 장점을 가지고 있다. 그 간극은 현상학적 지각과 모든 개인의 생각이나 경험을 초월하는 리얼리티 사이에 존재하지만, 그런 이데올로기는 의식적·무의식적 재현을 통해 그 간극을 이어주거나 조정하고 지도를 그리려 시도한다. 그런 까닭에 여기에서 제안한 인식적 지도 그리기 개념은 린치의 공간 분석을 사회구조의 영역에, 다시 말해서 현재의 역사적 시점에 존재하는 전 지구적(혹은 다국적이라 말해야 할) 규모의 계급관계의 총체성에 외삽하는 것과 연관된다. 돌이켜 보건데 불행히도 이 정식화의 힘은 그것의 근본적인 단점이기도 하다. 즉 이 시각적인 지도를 도시에서 전 지구적 차원으로 전환하는 것[60]이 너무도 당연해 보였던 까닭에, 우리가 전혀 다른 방식으로 사유해야 했던 작업을 다시 공간화하는 결과를 낳았다. 전 지구적인 사회구조에 대한 새로운 감각이 비유적 표현을 통하여 지리적 비유에 대한 순수한 지각적인 대용물을 대체할 것이라 여겨졌다. 또한 인식적 지도 그리기는 일종의 모순어법적인 가치를 지니며 지도 그리기의 한계를 전적으로 초월한다고 여겨졌으나, 하나의 개념으로서 그것은 (인간의 가장 강력한 개념적 도구 중 하나인) 지도 자체라는 블랙홀의 중력에 의해 끌려들어 갔고, 결국에는 인식적 지도 그리기만의 불가능한 독창성이 상쇄되어버렸다. 그러나 2차 전제 역시 논의되어야 한다. 즉 공간적으로 지도 그릴 수 있는 능력의 부재가 도시 경험과 연관되듯이, 마찬가지로 공간적으로 지도 그릴 수 있는 능력의 부재는 정치적 경험을 손상시킨다는 것이다. 이런 의미에서 인식적 지도 그리기의 미학은 모든 사회주의적 정치 기획에 핵심적인 부분이라 할 수 있다.

조자카스와 서킨의 흥미로운 텍스트(혹은 나 스스로 완성해냈던 분석 중 문화적 산물에서 작동하는 인식적 지도 그리기를 본격적으로 분석한 유일한 글)에서 나타난 바와 같이, 지도 그리기 작업에서 방법론적으로 강조되어야 할 것은, 현 세계체제에서 미디어라는 항은 항상 이런저런 보다 직접적인 재현의 사회적 모델을 위한 **등가물**analogon이나 물질적 해석체로서 기능한다는 것이다. 그에 따라 토대-상부구조 공식에 대한 새로운 포스트모던적 판본처럼 보이는 무언가가 나타나는데, 여기에서 사회적 관계 자체에 대한 재현은 이제 이런저런 형태로 삽입된 의사소통 구조에 의한 매개를 요구한다. 따라서 매개에 의해 생산된 재현은 간접적으로 읽어내야 한다. 내가 연구했던 영화(시드니 루멧Sideny Lumet 감독의 1975년 작 「뜨거운 오후The Dog Day Afternoon」)에서,[61] 내용 속 계급 비유(예전의 중간계급 사람들이 프롤레타리아화되거나 임노동자로 전락하고, 정부 관료주의 내에서 가짜 '신新계급'이 등장하는 것)의 가능성은 한편으로는 세계체제로 투사되고, 다른 한편으로는 스타 시스템의 형식을 통해 적절히 표현되는데, 중간에 삽입된 이 형식은 내용에 대한 **해석체**로서 읽힌다. 사르트르의 **등가물** 개념의 강령은 이런 간접적 독해와 그것의 메커니즘을 이론화하도록 해준다. 이에 따르면 심지어 재현 자체도 대체물tenant-lieu 혹은 플레이스홀더placeholder가 필요한데, 말하자면 재현의 완성을 위해서는 근본적으로 다르고 보다 형식화된 유형의 소규모 모델이 요구된다. 이제 이런 식의 **삼각 구조**가 역사적으로 특수하며 포스트모더니즘에 의해 제기되는 구조적 딜레마와 깊이 연관되어 있음이 분명해 보인다. 그것은 또한 앞서 논했던 (그리고 포스트모던 시대에 미디어와 시장의 특수하고 새로운 이데올로기적 공생에 대한 설명에서도 반복되었던) 포스트모던 '이론적 담론'에 대한 잠정적 설명에 소급적으로 적용될 수 있다. 그렇다면 그것들은 딱히 이론이라기보다는, 오히려 포스트모던적인 인식적 지도 그리기의 무의식적 구조들이자 그것의 수많은 잔상과 2차적 효과다. 그리고 그것에 필수적인 미디어 항은 현재 언어와 의사소통과 미디어에 비친 이런저런 철학적 반영물로 행세하지만, 사실은 그 형상에 대한 조작이다.

솔 랜도Saul Landau가 우리의 현 상황에 대해 이야기했던 바에 따르면, 역사상 자본주의가 이렇게 넓은 활동의 여지와 술책을 꾀할 공간을 누린 시절은 없었다. 노동운동과 폭동, 대중적인 사회주의 정당이나 심지어 사회주의 국가들까지, 과거 자본주의에 맞서 발생했던 모든 위협적인 세력들은 오늘날 완전한 혼란 상태에 빠진 듯 보인다. 그 세력들을 효과적으로 중화시키기 위해 어떤 방법을 강구한 것도 아닌데 말이다. 당분간 전 지구적 자본은 전통적인 안전장치 없이 자신의 본성과 성향을 따를 수 있게 된 듯하다. 그렇다면 여기에서 우리는 포스트모더니즘에 대한 또 하나의 '정의'를 내릴 수 있다. 그것은 확실히 유용한 정의이지만, 심지어 현실도피주의자마저 그것을 '비관주의'라 비난하고 싶어질 것이다. 그런 의미에서 포스트모더니즘은 자본주의의 두 단계 사이의 이행기라고 불러도 큰 무리는 없을 것이다. 즉 과거의 노동 형식과 그것을 조직하는 전통적인 제도 및 개념을 포함하여, 이전의 경제 형식들이 전 지구적인 규모로 재구조화되는 과정에 있는 것이다. 예언자가 아니더라도 이런 발작적인 대변동으로부터 (우리가 아직까지는 상상하기 힘든 형태의) 새로운 국제적 프롤레타리아트가 다시 부상하리라는 것을 예측할 수 있다. 우리는 여전히 거대한 파도의 중간에 끼어 있다. 그러나 우리가 언제까지 그곳에 머물게 될지는 아무도 알 수 없다.

이런 의미에서 현 상황에 관한 나의 역사 논문 두 편(하나는 1960년대에 관한 것[62]이고, 다른 하나는 포스트모더니즘에 관한 이 책의 1장이다)의 각기 달라 보이는 결론들은 실제로는 동일하다. 두번째 글에서 나는 바로 앞에서 환기시켰던 새로운 전 지구적 유형의 '인식적 지도 그리기'를 요청했고, 첫번째 글에서는 전 지구적 규모의 프롤레타리아화 과정을 예견했다. '인식적 지도 그리기'는 사실 다름 아닌 '계급의식'에 대한 암호였다. 그것을 통해 지금까지 꿈꿔본 적이 없는 종류의 새로운 계급의식의 필요성을 제안했으며, 동시에 그것은 포스트모더니즘에 내재된 새로운 공간성이라는 방향을 향해 굴절되기도 했다(에드워드 소자Edward W. Soja의『포스트모던 지리학Postmodern Geographies』은 오늘날 생생하고 시의적절한 방식으로 이 문제를 의제로 설정했다). 다른 사람들과 마찬가지로 나는 가끔 '포스트모더니즘'이라는 슬로건에 싫증을 느끼기 시작했다. 그러나 내가 그것과 공모한 것을 후회하고, 그것의 오용이나 악명에 대해 한탄하며, 마지못해 그것이 문제를 해결하기보다는 더 많은 문제를 제기한다는 결론을 내리고 싶은 유혹이 들 때면, 나는 잠시 멈추고 다른 어떤 개념이 이 쟁점을 그토록 효과적이고 경제적인 방식으로 극화할 수 있는지 생각해본다.

앞선 논의들에 담겨 있는 레토릭 전략은 하나의 실험과 연관된다. 즉 단호하게 비체계적인 것을 체계화하고, 단호하게 몰역사적인 것을 역사화함으로써, 그에 대해 우회 공격하거나 적어도 그런 문제에 대해 사유하는 역사적 방식을 강제할 수는 없는지를 보고자 하는 시도였다. "체제에 이름을 붙여야 한다." 1960년대의 가장 흥미로운 유산인 이 말이 포스트모더니즘 논쟁에서 뜻하지 않게 부활한 것이다.

미주

서론

1) William Gibson, *Mona Lisa Overdrive*(New York, 1988)〔『모나 리자 오버드라이브』, 장성주 옮김, 황금가지, 2016〕. 나를 비롯한 많은 학자들이 사이버펑크cyberpunk가 포스트모더니즘 그 자체까지는 아니더라도 후기자본주의에 대한 최고의 **문학적** 표현이라고 인정하고 있음에도 불구하고, 그에 대한 장이 이 책에 빠져 있다는 사실에 대해 이 자리를 빌려 아쉬움을 표하고자 한다.

2) Achille Bonito-Oliva, *The Italian Trans-avantgarde*(Milan, 1980).

3) 마이클 스피크스가 박사논문을 통해 이 점에 대해 충분히 논하고 있다. Michael Speaks, "Remodelling Postmodernism(s): Architecture, Philosophy, Literature." 〔실제로는 마이클 스피크스의 "Architectural Ideologies: Modern, Postmodern, and Deconstructive"(1993)를 말하고 있는 듯 보인다.〕

4) 요스트 헤르만트는 1960년대 문화에 대한 광범위한 목록을 만들었는데, 이는 한발 앞서 소위 포스트모더니즘이라 불리는 것의 형식적 혁신을 거의 모두 아우르고 있다. Jost Hermand, "Pop, oder die These vom Ende der Kunst," *Stile, Ismen, Etiketten* (Wiesbaden, 1978).

5) *The Political Unconscious*(Princeton, 1981), pp. 95~98〔『정치적 무의식』, 이경덕·서강목 옮김, 민음사, 2015〕을 참조하라.

6) 참고로 자크 데리다Jacques Derrida는 다음과 같이 주장한다. "문학과 철학을 다루는

텍스트에서 '후기자본주의'라는 말을 마주칠 때마다 명백하게 느끼는 것은 도그마적이거나 정형화된 진술이 분석적 설명을 대신하고 있다는 것이다"("Some Questions and Responses," *The Linguistics of Writing*, Nigel Fabb, Derek Attridge, Alan Durant, and Colin MacCabe, eds., New York, 1987, p. 254).

7) 나의 책 *Late Marxism: Adorno, or the Persistence of the Dialectic*(London, 1990)[『후기 마르크스주의』, 김유동 옮김, 한길사, 2000]을 보라. 이 주제는 보다 심도 깊은 연구를 요한다. 지금까지 내가 찾아낸 바로는 대부분 지나가는 말로 잠시 언급한 정도이며, 다만 다음 두 연구에서는 다소 길게 언급되어 있다. Giacomo Marramao, "Political Economy and Critical Theory," *Telos* no. 24(Summer, 1974)와 Helmut Dubiel, *Theory and Politics*(Cambridge, Mass, 1985)가 그것이다.

8) 예를 들어 칼 마르크스의 *The Grundrisse* in *Collected Works*, volume 28(Moscow, 1986), pp. 66~67, 97~98, 451[『정치경제학 비판 요강』 1~3권, 김호균 옮김, 그린비, 2007]을 보라.

9) 포스트모더니즘에 대한 설명과 판본은 점차 늘어나고 있는데 그중 다음 몇 가지를 추천한다. David Harvey, *The Condition of Postmodernity*(Oxford, 1989)[『포스트모더니티의 조건』, 구동회·박영민 옮김, 한울, 2008]; Antonio Benitez Rojo, *La Islaque se repite*(Hanover, N.H., 1990); Edward Soja, *Postmodern Geographies*(London, 1989)[『공간과 비판사회이론』, 이무용 외 옮김, 시각과언어, 1997]; Todd Gitlin, "Hip-Deep in Postmodernism," *New York Times Book Review*, Nov. 6, 1989, p. 1; Steven Connor, *Postmodernist Culture*(Oxford, 1989)[『포스트모던 문화』, 김성곤·정정호 옮김, 한신문화사, 1993].

10) 이와 관련된 책(주석 7번 참조)에서 나는 (헤이든 화이트Hayden White의 말을 빌리자면) 이 새로운 체제의 계기를 분석하기에 적당한 마르크스주의를 표현할 수 있는 말로 독일어 후기 마르크스주의Spätmarxismus를 사용"할 수 있다는 기분felt myself able"이 든다.

1장 문화 후기자본주의 문화 논리

1) Robert Venturi and Denise Scott-Brown, *Learning from Las Vegas*(Cambridge, Mass, 1972)[『라스베이거스의 교훈』, 이상원 옮김, 청하, 2017]. [여기에서 "오리"는 러버 덕 rubber duck을 의미한다.]

2) 찰스 젠크스Charles Jencks의 선구적 저작인 *Language of Post-Modern Architecture*(1977)[『현대 포스트모던 건축의 언어』, 백석종 옮김, 태림문화사, 1991]가 지니는 독창성은 포스트모던 건축과 특정 기호학을 변증법적으로 결합시켰다는 것에 있다. 여기에서 포스트모던 건축과 기호학은 상호의 존재를 정당화시켜주는 역할을 수행한다. 기호학이 새로운 건축을 분석하는 적합한 방식이 된 것은 건축에 나타나기 시작한 포퓰

리즘 때문인데, 이 포퓰리즘은 본격 모더니즘의 기념비적 성격과는 달리 공간 속에 존재하는 "독자 대중"에게 신호와 메시지를 보낸다. 이 과정을 통하여 새로운 건축은 기호학을 통하여 분석 가능한 대상이 되고, 동시에 (본격 모더니즘의 초미학적 구성물과는 달리) 본질적으로 미학적 대상임을 스스로 증명함으로써, 보다 단단한 토대를 갖게 된다. 그렇다면 여기에서 미학은 소통의 이데올로기(이 부분에 대해서는 결론에 가서 좀더 논의하겠다)를 강화하게 되는데, 반대로 소통의 이데올로기 역시 미학을 강화한다. 이와 관련하여 젠크스의 책 이외에도, 하인리히 클로츠Heinrich Klotz의 『포스트모던 건축의 역사History of Postmodern Architecture』(Cambridge, Mass., 1988)와 파올로 포르토게시Paolo Portoghesi의 『근대 건축 이후After Modern Architecture』(New York, 1982)를 참조하라.

3) Martin Heidegger, "The Origin of the Work of Art," in Albert Hofstadter and Richard Kuhns, eds., *Philosophy of Art and Beauty*(New York, 1964), p. 663 [『예술 작품의 근원』, 오병남·민형원 옮김, 예전사, 1996].

4) Remo Ceserani, "Quelle scarpe di Andy Warhol," *Il Manifesto*(June 1989).

5) Ragna Stang, *Edvard Munch*(New York, 1964), p. 663.

6) 바로 이 지점에서 우리는 중요한 번역의 문제와 마주하게 된다. 그리고 이 시점에서 포스트모더니즘의 공간화 개념이 조지프 프랭크Joseph Frank가 본격 모더니즘의 특징이라고 규정했던 본질적으로 "공간적인 형식"과는 왜 양립할 수 없는지를 설명해야 할 필요가 있을 듯하다. 돌이켜 보건데 프랭크가 설명하는 것은 근대 예술 작품의 소명으로서 공간적 기억술의 창안과 같은 것이다. 예를 들어 프랜시스 예이츠Frances Yates의 『기억의 기술Art of Memory』 같은 책을 생각해볼 수 있는데, 이는 낙인이 찍힌 자율적인 작품이라는 보다 엄격한 의미에서 "총체적" 구성을 추구하며, 이를 통해 구체적인 것이 re-tension(기억하고 있음/사후기억)과 pre-tension(기억하고 있는 척/사전기억)의 회로를 포함하고 있도록 만들어, 문장이나 세부 사항들을 총체적 형식이라는 관념에 연결시키는 것이다. 아도르노는 지휘자 알프레드 로렌츠Alfred Lorenz가 바그너 Richard Wagner에 대해 했던 논평을 바로 이런 맥락에서 인용한다. "만약에 우리가 어떤 중요한 작품을 세부 사항까지 완벽하게 통달하고 있다면, 가끔 우리는 우리의 시간 의식이 갑자기 사라지고 작품 전체가 '공간적'인 것이 되는 순간을 경험하게 된다. 즉 마음속에서 작품의 모든 것이 아주 정확하게 공간적으로 펼쳐지는 것이다"(Theodor Adorno, *In Search of Wagner*, Rodney Livingstone, trans., London: Verso, 1981, p. 23). 그러나 그러한 기억술의 공간성은 포스트모던 텍스트의 특징이 될 수는 없다. 왜냐하면 포스트모던 텍스트에서는 '총체성'이 절대적으로 회피의 대상이 되기 때문이다. 프랭크의 모더니즘적 공간 형식은 그런 의미에서 제유법synecdoche적이라 할 수 있다. 하지만 그것은 포스트모더니즘적인 지금-여기의 유명론은 고사하고, 포스트모더니즘의 보편적 도시화를 표현할 수 있는 **환유**metonym라는 단어를 소환할 수 있는

시발점도 되지 못한다.

7) 1950년대에 대한 보다 자세한 논의는 이 책의 9장을 참조하라.

8) 아르데코에 대한 보다 깊이 있는 논의에 대해서는, 나의 책 *The Signature of the Visible* (Routledge, 1990)[『보이는 것의 날인』, 남인영 옮김, 한나래, 2003]의 8장 「이탈리아의 존재The Existence of Italy」를 참조하라.

9) 『래그타임』의 최초 판본은 "Ragtime," *American Review* no. 20(April 1974), pp. 1~20을 참조하라.

10) Linda Hutcheon, *A Poetics of Postmodernism*(1988), pp. 61~62.

11) Jean-Paul Sartre, "L'Etranger de Camus," in *Situations II*(Paris, Galimard, 1948).

12) 라캉이 슈레버Daniel Paul Schreber를 논하고 있는 기본 참고문헌은 "On a Question Preliminary to Any Possible Treatment of Psychosis," in *Écrits*, Alan Sheridan, trans.(New York, 1977), pp. 179~225[「정신병의 모든 가능한 치료에 전제가 되는 한 가지 문제에 대해」, 『에크리』, 홍준기 외 옮김, 새물결, 2019, pp. 635~690]이다. 우리 대부분이 가지고 있는 정신병에 대한 고전적 관점은 들뢰즈와 가타리의 *Anti-Oedipus*[『안티 오이디푸스』, 김재인 옮김, 민음사, 2016]를 통해서 수용된 것이다.

13) 라캉에 대해 보다 자세히 다루고 있는 내 논문 "Imaginary and Symbolic in Lacan," in *The Ideology of Theory*, volume I(Minnesota, 1988), pp. 75~115를 참조하라.

14) Marguerite Séchehaye, *Autobiography of a Schizophrenic Girl*, G. Rubin-Rabson, trans.(New York, 1968), p. 19[『르네의 일기』, 류종렬 옮김, 마실가, 2003].

15) Bob Perelman, *Primer*(Berkeley, Calif., 1978).

16) Jean-Paul Sartre, *What Is Literature?*(Cambridge, Mass., 1988), p. 118[『문학이란 무엇인가』, 정명환 옮김, 민음사, 1998].

17) Ernest Mandel, *Late Capitalism*(London, 1978), p. 118[『후기자본주의』, 이범구 옮김, 한마당, 1985].

18) 르 코르뷔지에의 건물에 나타나는 이런 모티프에 대해서는 다음 책을 참조하라. Gert Kähler, *Architektur als Symbolverfall: Das Dampfermotiv in der Baukunst* (Brunswick, 1981).

19) 도시학자 마이크 데이비스Mike Davis는 보나벤처 호텔에 대한 나의 주장에 대해 다음과 같이 비판한다.

"이런 유형의 구조물이 '등을 돌린다'고 말하는 것은 분명히 절제된 표현이다. 반면에 그것의 '대중적' 성격에 대해 말하는 것은, 그것이 밖에 있는 거대한 히스패닉과 아시아계 도시로부터 자신을 체계적으로 분리시키고 있다는 점을 놓치고 있는 것이다(히스패닉과 아시아계의 군중은 전통적인 광장의 열린 공간을 선호한다). 사실 포트먼이 자신의 최고의 로비라는 소중한 공간 내부에 도시 생활의 진정한 대중적 질감을 재창조했다고 주장하는 것은, 그가 전달하고자 하는 지배적 환영을 지지하는 꼴이 된다.

사실상 포트먼은 그저 놀라울 정도로 복잡한 보안 체계가 작동하고 있는 중상위 계층을 위한 동물원을 만든 것이다. 대부분의 신시가지는 목성의 제3위성에 건설된 것이나 다름없다. 그들의 근본적인 논리는 폐소공포증적 우주 식민지의 논리와 같은데, 이는 그 내부에 축소된 자연을 소유하고자 하는 것이다. 따라서 보나벤처 호텔은 향수 어린 남부 캘리포니아를 영구적으로 재건하고 있다. 예를 들어 오렌지 나무, 분수, 꽃 넝쿨, 깨끗한 공기 등과 같은 것을 복원시키고자 했던 것이다. 스모그로 가득 찬 외부 현실에 대항하여, 거대한 거울 표면은 도시의 고통뿐만 아니라, 도시의 활기와 진정성을 향한 모험마저도 반사시켜버리고 만다. 북미에서 가장 흥미로웠던 마을 벽화 운동을 포함해서 말이다"(Mike Davis, "Urban Renaissance and the Spirit of Postmodernism," *New Left Review* 151, May~June 1985, p. 112).

데이비스는 내가 이런 종류의 2차 도시 정비 사업과 관련하여 만족하거나 부패했다고 상상하는 것 같다. 그의 논문은 도시에 관한 많은 유익한 정보를 제공해주기도 하지만, 잘못된 신념으로 가득 차 있기도 하다. 노동력 착취 공장sweatshop을 "전前 자본주의적인" 것이라 생각하는 사람으로부터 듣는 경제학 강의는 별로 도움이 안 된다. 게다가 젠트리피케이션은 그렇다 치더라도, ("1960년대 후반의 게토 저항운동" 같은) 우리 편의 노력마저도 포스트모더니즘(혹여 있을지도 모르는 헤게모니적인 혹은 '지배계급' 스타일의 포스트모더니즘)을 발생시키는 데 지대한 영향을 미쳤다고 주장하는 것이 우리에게 어떤 이익이 있는지 모르겠다. 사건 발생 순서를 뒤집어서 생각해야 한다. 즉 자본(과 그것의 다종다양한 '침략')이 먼저이고, 그런 연후에야 자본에 대한 '저항'이 발전할 수 있는 것이다. 비록 이를 거꾸로 생각하는 편이 보기엔 더 좋겠지만 말이다. ("현재 보여지는 모습 그대로의 노동자 연합은 노동자 자신이 아니라, 자본에 의해서 상정된 것이다. 그들의 결합은 **그들의** 존재가 아닌 자본의 존재이다. 노동자 개인에게 노동자 연합은 우연적으로 나타난다. 그에게 다른 노동자와의 연합과 협업은 자본의 작동 방식만큼이나 **낯선** 것이다"〔Karl Marx, *Grundrisse, Collected Works*, volume 28, New York, 1986, p. 505〕.)

데이비스의 반응은 좌파 진영에서 들려오는 보다 '전투적인' 의견들의 특징을 담고 있다. 반면 나의 논문〔1984년 *New Left Review*에 실린 이 장과 같은 제목의 논문을 지칭한다〕에 대한 우익의 반응은 일반적으로 미학적 절망감의 형식을 띠고 있는데, 예를 들어 내가 포스트모던 건축을 포트먼과 같은 인물과 동일시하는 것에 대해 개탄해 마지않는다. 사실 포트먼은 신시가지의 (해럴드 로빈스Harold Robbins〔미국 최고의 베스트셀러 작가로 꼽히는 대중소설 작가〕는 아니더라도) 코폴라Francis Ford Coppola라 할 만하다.

20) Michael Herr, *Dispatches*(New York: 1978), pp. 8~9.

21) 이 구별에 대한 보다 깊이 있는 논의는 내 논문 "Morality versus Ethical Substance,"

in *The Ideologies of Theory*, volume I(Minneapolis, 1988)을 참조하라.

22) Louis Althusser, "Ideology and Ideological State Apparatus," in *Lenin and Philosophy*(New York, 1972)〔「이데올로기와 이데올로기적 국가 기구」, 『레닌과 철학』, 이진수 옮김, 백의, 1997, pp. 135~192〕.

2장 이데올로기 포스트모더니즘 이론들

1) 이어지는 분석은 『바운더리 2*boundary 2*』그룹〔국제 학술지 『바운더리 2』를 중심으로 활동하는 학자들을 지칭하는 것으로, 이들은 "포스트모더니즘을 넘어서"라는 슬로건을 걸고 정치적·역사적·이론적인 작업을 통해 문학과 문화 현상을 접근하려는 시도를 했다〕의 작업에는 적용될 수 없을 것으로 보인다. 이 학문 집단은 초창기부터 **포스트모더니즘**이라는 말을 조금 다른 의미에서 전용하고 있는데, 이들에게 포스트모더니즘이란 정립된 "모더니즘적" 사유에 대한 비판이라는 의미를 지닌다.

2) 이 구절은 1982년 봄에 쓴 것이다.

3) 하버마스의 논문 「모더니티─미완의 기획Modernity─An Unfinished Project」을 참조하라(『반미학*Anti-Aesthetics*』, Hal Foster, ed., Port Townsend: Wash., 1983. pp. 3~15).

4) 녹색당과 연관된 특정한 정치 활동은 이런 상황으로부터의 예외라기보다는 그에 대한 반작용이었다고 보아야 한다.

5) 『포스트모던의 조건*The Postmodern Condition*』에 수록된 리오타르의 논문 「질문에 답하며: 포스트모더니즘이란 무엇인가?Answering the Question: What Is Postmodernism?」(Minneapolis, 1984), pp. 71~82〔「'포스트모더니즘이란 무엇인가'의 질문에 답하여」, 『포스트모던의 조건』, 유정완 외 옮김, 민음사, 1992, pp. 165~182〕를 참조하라. 사실 이 책 자체는 문화보다는 과학과 인식론에 관한 책이다.

6) 타푸리의 저서 『건축과 유토피아*Architecture and Utopia*』(Cambridge, Mass., 1976)와 더불어, 프란체스코 달 코Francesco Dal Co의 『근대 건축*Modern Architecture*』(New York, 1979)과 『이론의 이데올로기*The Ideologies of Theory*』 2권(Minneapolis, 1988)에 수록된 내 논문 「건축과 이데올로기 비판Architecture and the Critique of Ideology」을 참조하라.

7) 1장을 참조하라. 그리고 『반미학*Anti-Aesthetics*』에 수록된 나의 글은 이런 최종적인 판본의 일부이다.

8) 예를 들어 찰스 젠크스의 『후기모던 건축*The Late-Modern Architecture*』(New York, 1980)〔『현대 건축의 동향으로서 레이트-모던 건축』, 김용규 외 옮김, 건우사, 1989〕을 참조하라. 그런데 여기에서 젠크스가 포스트모더니즘이라는 용어를 사용하는 데 변화가 나타난다. 즉 처음에는 이것을 문화적 지배종이나 한 시대의 양식을 지칭하는 말로 사용했으나, 이후에는 여러 미학 운동 중 하나의 양식을 지칭하는 이름으로 축소해서

사용하고 있다.

9) "The Existence of Italy" in *Signatures of The Visible*(New York, 1990)〔「이탈리아의 존재」, 『보이는 것의 날인』, 남인영 옮김, 한나래, 2003, pp. 312~470〕을 참조하라.

3장 비디오 무의식 없는 초현실주의

1) Raymond Williams, *Television*(New York, 1975). p. 92〔『텔레비전론』, 박효숙 옮김, 현대미학사, 1996〕. 앤 캐플런Ann Kaplan의 『텔레비전에 관하여*Regarding Television*』(American Film Institute Monograph no. 2, Maryland, 1983), 존 핸하르트 John Hanhardt의 『비디오 문화*Video Culture: A Critical Investigation*』(New York, 1986)와 같은 논문집을 읽어본 독자라면 그들의 주장에 놀라게 될 것이다. 그러나 이 논문들에 자주 언급되는 주제가 남아 있는데, 그것은 비디오 이론 자체의 부재, 지체, 억압 혹은 불가능성이다.

2) E. P. Thompson, "Time, Work-discipline, and Industrial Capitalism," *Past and Present* 38(1967).

3) 나의 논문 「대중문화에서의 사물화와 유토피아Reification and Utopia in Mass Culture」(1977; *The Signature of the Visible*에 재수록, 1990)〔「대중문화에서의 물화와 유토피아」, 『보이는 것의 날인』, 남인영 옮김, 한나래, 2003, pp. 24~77〕에서 "고급 문학"(혹은 본격 모더니즘) 연구와 대중문화 연구 사이의 관계에 대하여 보다 포괄적으로 주장하고자 했던 것이 바로 이 점이다.

4) 이 말이 의미하는 바는 본질적으로 중세적인 수공예품의 선한 익명성으로, 이는 모더니즘 거장의 최고 조물주로서의 주체성이나 '천재'에 대립된다.

4장 건축 세계체제의 공간적 등가물

1) André Malraux, *Les Voix du silence*(Paris, 1963).

2) 들뢰즈와 가타리의 책 *Kafka: pour une littérature mineure*(Paris, 1975)〔『카프카: 소수적인 문학을 위하여』, 이진경 옮김, 동문선, 2001〕를 참조하라.

3) 이에 대한 도발적 재평가에 대해서는 로도윅D. N. Rodowick의 책 『정치적 모더니즘의 위기*The Crisis of Political Modernism*』(Urbana, Ill., 1988)〔『현대 영화 이론의 궤적: 정치적 모더니즘의 위기』, 김수진 옮김, 한나래, 1999〕를 참조하라.

4) Robin Evans, "Figures, Doors, and Passages," *Architectural Design*(April 1978), pp. 267~78.

5) 현대 과학소설 장르는 종종 그러한 언어 실험을 위한 실험실 역할을 해왔다. 예를 들어 『어둠의 왼손*The Left Hand of Darkness*』(New York, 1969)〔최용준 옮김, 시공사, 2014〕에서 어슐러 르 귄Ursula K. Le Guin이 만들어낸 자웅동체 종의 사회구조 모델 (작가는 이 모델을 남성 젠더에만 사용했다)이나, 이에 대한 '응답'으로 『모래알 같은 내

주머니 속의 별들*Stars in My Pocket Like Grains of Sand*』(New York, 1984)에서 새뮤얼 딜레이니가 공들여 창조해낸 모델이 있는데, 여기에서 (우리와 같이 성별이 구별되는 존재들이 있는데도 불구하고) 여성 대명사는 보편적으로 심리적 주체에게 사용되는 반면, 남성 대명사는 (육체적 성별에 관계없이) 욕망의 대상이 되는 사람에게만 한정되어 사용된다.

6) Barbaralee Diamonstein, *American Architecture Now*(New York, 1980), p. 46.

7) 앞의 책, pp. 43~44.

8) Gavin Macrae-Gibson, *The Secret Life of Buildings*(Cambridge: MIT Press, 1985). 또한 게리의 집에 대한 비평과 의견에 대한 유용한 리뷰를 보고자 한다면 Tod A. Marder, "The Gehry House," Tod A. Marder, ed., *The Critical Edge*(Cambridge, Mass., 1985)를 참조하라.

9) Gavin Macrae-Gibson, *The Secret Life of Buildings*, pp. 16~18.

10) 앞의 책, p. 2.

11) 앞의 책, p. 5.

12) 원자재는 도구 자체를 연상시키는 방법이 되기도 하는데, 게리의 전기 작가들에 따르면 그는 어린 시절 할아버지의 철물점에서 하던 일로 되돌아가는 것을 아주 좋아했다고 한다(*FG*, p. 12). 후기모더니즘이나 포스트모더니즘 작품 중 도구와 원자재가 끈질기게 전경화되었던 또 다른 작품은 클로드 시몽Claude Simon의 『실물 교육*Leçon de choses*』이다. (다음 5장에서 보겠지만) '마르크스주의'에 대한 의식적 대답이라 할 수 있는 이 작품은 게리의 집과 더불어 리얼리즘과 포스트모더니즘 각각의 상대적 능력에 대한 질문을 제기한다. 즉 그것들 각각이 리얼리티와 노동의 존재 그리고 하이데거가 몰아세움das Gestell이라고 칭했던 것을 전달할 수 있는가에 대한 질문을 던진다.

13) Gavin Macrae-Gibson, *The Secret Life of Buildings*, pp. 12, 14, 16.

14) 1장「후기자본주의 문화 논리」에서 포트먼에 대한 나의 분석을 참조하라.

15) Barbaralee Diamonstein, *American Architecture Now*, pp. 37, 40.

16) 앞의 책, p. 44.

17) 여기에서 언급하고 있는 필립 K. 딕의 소설은 *Now Wait for Last Year*(New York, 1966)〔『작년을 기다리며』, 김상훈 옮김, 폴라북스, 2002〕로, 이에 대해서는 이 책의 8장도 참고하라. 〔"Wash-36"의 정확한 명칭은 "Wash-35"로, 아마도 제임슨이 숫자를 착각한 것으로 보인다.〕

18) Henry Cobb, ed., *The Architecture of Frank Gehry*(New York, 1986), p. 12〔『프랭크 게리』, 김인철 옮김, 집문사, 1998〕.

19) Gavin Macrae-Gibson, *Secret Life of Buildings*, p. 12.

20) 앞의 책, p. 27.

21) 이 모든 것에 대한 인식적 지도 그리기를 위해서는 레이너 배넘Rayner Banham의 멋

진 저서 『로스앤젤레스: 네 가지 생태의 건축Los Angeles: The Architecture of Four Ecologies』(Harmondsworth, 1973)을 참조하라.

5장 문장 글 읽기와 노동분업화

1) Claude Simon, *Les Corps conducteurs*(Paris: Minuit, 1971). 영역본은 Helen R. Lane, trans., *The Conducting Bodies*(Viking, 1974). 쪽수는 두 판본을 모두 기재하는데, 첫 번째가 프랑스어 원본이고 두번째가 영어 번역본이다. 이하 텍스트 내 인용에서는 작품명을 *CC*로 축약하여 표기한다.

2) Celia Britton, *Claude Simon: Writing the Visible*(Cambridge, 1987), p. 37. 이 연구서와 뒤에 언급된 히스Stephen Heath의 책과 장 리카르두Jean Ricardou의 고전적인 분석에 더하여, 랄프 사르코나크Ralph Sarkonak의 저서 *Claude Simon: Les Carrefours du texte*(Toronto, 1986)를 참조하라.

3) 데이비드 보드웰David Bordwell과 크리스틴 톰슨Kristin Thompson은 그들의 저서 『고전 할리우드 시네마*Classic Hollywood Cinema*』(New York, 1985), p. 6에서 장르에 대한 전범적인 논의를 제공해준다.

4) Celia Britton, *Claude Simon: Writing the Visible*, chapter 2.

5) 이런 관점에 대해서는 누구보다도 바르트의 책임이 크다. 『비평 논집*Critical Essays*』(Evanston, Ill., 1972)에 수록된 누보로망에 관한 바르트의 유명한 에세이로는 「객관적 문학Objective Literature」「글자 그대로의 문학Literal Literature」「로브-그리예 학파는 없다There Is No Robbe-Grillet School」「로브-그리예에 대한 마지막 발언?The Last Words on Robbe-Grillet?」이 있다.

6) Alain Robbe-Grillet, *Dans le labyrinth*(Paris, 1959), pp. 45~46.

7) Claude Simon, *La Bataille de Pharsale*(Paris, 1969), p. 132. 이후 책 제목은 *BP*로 축약하여 표기한다.

8) 푸코에 의하면 이름 짓기는 본질적으로 18세기 혹은 "고전주의" 시대의 작업이었다. 그는 이렇게 말한다. "고전주의 담론을 조직화하는 것은 이름이다……"(Stephen Heath, *The Nouveau Roman*, Philadelphia, 1972, p. 106에서 재인용). 그렇다면 우리가 막 참고하려 하는 헤겔의 『정신현상학』의 서론은 이런 에피스테메에 대한 단절을 표시한다고 할 수 있다. 하지만 현재 맥락에서, 그리고 누보로망 자체의 발흥이 제공해준 때 늦은 통찰 속에서, 이런 위기는 무엇인가의 종말이 아닌 (어쩌면 포스트모더니즘의) 시작이 될 수도 있을 것이다.

9) G. W. Hegel, *Phenomenology of Spirit*, A. V. Miller, trans., p. 66[『정신현상학』 1·2, 임석진 옮김, 한길사, 2005].

10) 앞의 책, pp. 60, 64.

11) 앞의 책, p. 60.

12) Niklas Luhmann, *The Differentiation of Society*(New York, 1982), pp. 230~31.

13) "Jean-Paul Sartre's explique sur *Les Mots*," *Le Monde*, April 18, 1964, p. 13. 이에 대한 보다 자세한 내용은 Stephen Heath, *The Nouveau Roman*, p. 31을 참조하라.

14) 이 글의 프랑스 원문은 다음과 같다.

"Sensible aux reproches formulés à l'encontre des écrivains qui négligent les 'grands problémes,' l'auteur a essayé d'en aborder ici quelques-uns, tels ceux de l'habitat, du travail manuel, de la nourriture, du temps, de l'espace, de la nature, des loisirs, de l'instruction, du discours, de l'information, de l'adultère, de la destruction et de la reproduction des espèces humanies ou animales. Vaste programme que des milliers d'ouvrages emplissant des milliers de bilbliothèques sont, apparemment, encore loin d'avoir épuisé.

Sans prétendre apporter de justes réponses, ce petit travail n'a d'autre ambition que de contribuer, pour sa faible part et dans les limites du genre, à l'effort général."

15) Claude Simon, "Le roman mot a mot," *Nouveau roman: Hier, aujourd'hui*, volume II: *Pratiques*(1972), pp. 73~97. 이 글에서 시몽은 라우센버그의 설치미술을 언급하며, 또한 자신의 여러 소설의 내러티브 형식을 설명하기 위해 (르네 톰René Thom의 파국 이론을 연상시키는) 다수의 그래픽 재현물을 제시한다.

16) 나의 책 『후기 마르크스주의: 아도르노 혹은 변증법의 지속*Late Marxism: Adorno, or The Persistence of the Dialectic*』(London, 1990)[『후기 마르크스주의』, 김유동 옮김, 한길사, 2000]에서 아도르노의 『미학 이론*Aesthetic Theory*』[홍승용 옮김, 문학과지성사, 1997]에 관한 논의를 참조하라.

6장 공간 유토피아의 종언 이후 유토피아주의

1) 이하의 쪽수는 다음 책에서 인용한 것이다. J. G. Ballard, *Best Short Stories*(New York, 1985)[「시간의 목소리」, 『제임스 그레이엄 밸러드』, 조호근 옮김, 현대문학, 2017, pp. 84~135].

2) John Berger, *The Look of Things*(New York, 1974), p. 161(강조는 제임슨).

3) Georg Lukács, *History and Class Consciousness*(Cambride, Mass., 1984), p. 186[『역사와 계급의식』, 조만영·박정호 옮김, 지식을만드는지식, 2015].

4) 이하의 쪽수는 아킬레 보니토-올리바Achile Bonito-Oliva의 저서 『국제적 초아방가르드*The International Transavantgarde*』(Milan, 1982)에서 인용했으며, 이후 책 제목은 IT로 축약하여 표기한다.

5) Susan Sontag, *On Photography*(New York, 1977), p. 180[『사진에 관하여』, 이재원 옮김, 이후, 2005].

6) J. G. Ballard, "The University of Death," in *Love and Napalm: Export U.S.A.*(American title of *The Atrocity Exhibition*[New York, 1972]), p. 27.

7) J. G. Ballard, *Best Short Stories*, p. 114.

8) 아도르노와 호르크하이머의 『계몽의 변증법*Dialectic of Enlightenment*』(New York, 1972), pp. 15 이하[김유동 옮김, 문학과 지성사, 2001]를 참조하라.

7장 이론 포스트모던 이론적 담론에서 내재성과 유명론

1) Walter Benn Michaels, *The Gold Standard and the Logic of Naturalism*(Berkeley, Calif., 1987). 이후 책 제목은 *GS*로 축약하여 표기한다.

2) W. J. T. Mitchell, ed., *Against Theory*(Chicago, 1985), pp. 11~28. (데리다와 가다머에 대하여 논하고 있는) 이 논문은 *Critical Inquiry*(vol 8, no. 2, 1982, pp. 723~42)에 게재되었다. 이후 책 제목은 1985년 텍스트에서 *AT*로 축약하여 표기한다.

3) Stephen Greenblatt, *Renaissance Self-Fashioning*(Chicago 1980), p. 256.

4) T. W. Adorno, *Negative Dialektik*(Frankfurt, 1982), pp. 362~69[『부정변증법』, 홍승용 옮김, 한길사, 1999].

5) Karl Marx, "The Civil War in France," in the *Collected Works*, vol. II(New York, 1933), p. 504[『프랑스 내전』, 인효상 옮김, 박종철출판사, 2003].

6) 이 말은 보드리야르의 용어이다.

7) Susan Sontag, *On Photography*(New York, 1977), p. 180[『사진에 관하여』, 이재원 옮김, 이후, 2005].

8) 이에 대해서는 8장을 참조하라.

9) 마이클스의 책을 읽은 독자에게는 아마도 "(1910년경) 시장의 문화 논리"라는 말의 의미가 "자연주의 논리"의 의미와는 방법론적으로나 역사적으로나 전혀 다른 함의를 가지고 있다는 말을 할 필요도 없을 것이다.

10) Gertrude Stein, *Four in America*(New Haven, 1947), p. vii.

11) Paul De Man, *Allegories of Reading*(New Haven, 1979), p. ix[『독서의 알레고리』, 이창남 옮김, 문학과지성사, 2010]를 참조하라. 이후 책 제목은 *AR*로 축약하여 표기한다.

12) Paul De Man, *The Rhetoric of Romanticism*(New York, 1984), p. vii.

13) Jean-Jacques Rousseau, *The First and Second Discourses*, Roger D. Masters, ed.(New York, 1964), p. 103. 이하 본문에서는 *RSD*로 축약하여 인용한다[본문의 *First Discourse*는 국내 번역본 제목에 따라 『학문과 예술에 대하여』(김중현 옮김, 한길사, 2007)로, *Second Discourse*에 해당하는 *Discourse on the Origin and Foundations of Inequality*는 『인간 불평등 기원론』(주경복 옮김, 책세상, 2003)으로 표기한다].

14) 이는 J. M. D. Meiklejohn의 번역으로, *The Critique of Pure Reason*(Chicago, 1952), p. 180A[『순수이성비판』, 1·2권, 백종현 옮김, 2006]를 참조하라. 메이클존의 영어 표현은 칸트의 원어인 "aufheben"을 번역한 말로서, 이후 수십 년간 극심한 운명의 부침을 겪었다.

15) 다음을 참조하라. Jean-Paul Sartre, *Search for Method*(New York, 1968), chapter 3[『방법의 탐구』, 윤정임 옮김, 현대미학사, 1995].

16) 언어 실험으로서의 변증법에 관해서는, 『에밀*Émile*』(Paris, 1859, p. 101, n. 1)[김중현 옮김, 한길사, 2003]에 등장하는 다음 말이 그것의 존재 이유에 대한 본질적인 단서를 담고 있다고 생각한다.

"나는 글을 쓰면서, 특히 긴 글을 쓸 때면, 같은 단어에 언제나 같은 의미를 부여하는 것이 얼마나 불가능한지 종종 생각하곤 한다. 어떤 언어도 관념의 변화만큼 많은 단어와 표현 방식과 문장 유형을 제공해주지 못한다. 모든 용어를 정의하고 또 그렇게 정의된 용어들을 다른 정의들로 끊임없이 대체하는 글쓰기 방법은 멋지지만 실용적이지 못하다. 이런 방법이 어찌 순환을 피할 수 있겠는가? 정의는 그 정의를 내리기 위해 말이 필요 없을 경우에만 필요한 것이다. 이 모든 것에도 불구하고 나는 우리의 언어적 자산을 가지고도 명료하게 표현할 수 있다고 확신한다. 이는 같은 단어에 언제나 같은 의미를 부여하려 애쓰기 때문이 아니라, 단어 하나를 사용할 때마다 그에 대한 잠정적 수용이 그와 연관된 관념에 의해서 적절히 결정되고, 해당 단어가 나타나는 각각의 시기가 이를테면 그것에 대한 정의로서 나타나기 때문이다. 따라서 나는 가끔 어린아이들이 이성적 추론을 할 수 없다고 말하지만, 가끔은 그들에게 명민하게 추론하라고 요구하기도 한다. 따라서 나는 내 관념 속에서는 나 자신과 모순되지 않는다고 믿지만, 내가 내 표현 속에 나 자신과 종종 모순된다는 주장에는 반대하지 못한다."

17) Karl Marx, *Capital*, volume 1, Ben Fowkes, trans.(London: Penguin-NLB, 1976), p. 139[『자본론』 1-상, 김수행 옮김, 비봉출판사, 2015]. 이후 책 제목은 *MC*로 축약하여 인용한다.

18) 마르크스의 『자본론』 1권 1장 3절을 참조하라.

19) Gayatri Spivak, *In Other Worlds*(New York, 1987), p. 154[『다른 세상에서』, 태혜숙 옮김, 여이연, 2008].

20) 앞의 책, p. 154.

21) Denis Diderot, *Le Rêve de d'Alembert*, volume 17 of *Oeuvres Complètes*(Paris, 1987), p. 128[『달랑베르의 꿈』, 김계영 옮김, 한길사, 2006].

22) Immanuel Kant, *Critique of Pure Reason*, Part 1, chapter 3, section 6, p. 187.

23) Stanley Cavell, *The World Viewed*(Cambridge, Mass., 1979)[『눈에 비치는 세계』, 이두희·박진희 옮김, 이모션북스, 2014].

24) 유명론에 대한 더 많은 논의를 보고자 한다면, 나의 *Late Marxism: Adorno, or the Persistence of the Dialectic*(London, 1990)〔『후기 마르크스주의』, 김유동 옮김, 한길사, 2000〕을 참조하라.

25) 기억해야 할 것은 행복eudaimonic(쾌락과 고통)이 칸트에게서도 똑같은 연결/분리의 역할을 수행한다는 것이다. "도덕의 원리들을 순수이성의 원칙들로 이렇게 정당화하는 일은 한낱 보통의 인간 지성의 판단에 의거하는 것만으로도 충분히 그리고 확실하게 할 수 있었다. 왜냐하면 의지의 규정 근거로서 우리 준칙들에 슬쩍 숨어 들어오고 싶어 하는 모든 경험적인 것은 욕구를 자극하는 것인 한에서 필연적으로 의지에 부착해 있는 쾌락이나 고통의 감정에 의해 즉시 알아챌 수 있지만, 그러나 이에 대해 저 순수실천이성은 감정을 조건으로 자기 원리 안에 받아들이는 것을 정면으로 **반대하니** 말이다"(Immanuel Kant, *Critique of Practical Reason*, Thomas Kingsmill Abbott, trans., Chicago, 1952, part 1, book 1, chapter 3, p. 330〔『실천이성비판』, 백종현 옮김, 아카넷, 2002〕).

26) 드 만에 대한 하펌의 흥미로운 언급으로는 Geoffrey Galt Harpham, *The Ascetic Imperative in Culture and Criticism*(Chicago, 1987), pp. 266~68을 참조하라.

27) 나는 이 부분을 쓸 당시 드 만이 음악에 대해 실제로 어떻게 느꼈는지를 내가 모르고 있었다는 걸 깨달았다. 하지만 풍자적 경멸이 음악에 대한 어떤 간접적 감상과 전혀 양립할 수 없는 것은 아니다. 니체적인 음악 열광자에 대한 무질Robert Musil의 묘사에서처럼 말이다.

"그가 도착할 때면 언제나 그들은 피아노를 연주하고 있었다. 그들은 연주를 끝낼 때까지 그를 쳐다보지 않는 것이 당연하다고 생각했다. 이번 곡은 베토벤의 「환희의 찬가」였다. 니체가 묘사하듯 수백만의 사람들이 경외감을 느끼며 땅에 주저앉았고, 적대적인 경계선이 사라졌으며, 보편적인 화합의 복음이 분열되었던 이들을 화해시키고 통합시켰다. 그들 중 두 명은 걷고 말하는 방법조차 망각하고는 춤을 추며 창공으로 날아오르려 했다. 그들의 얼굴은 상기되었고, 그들의 몸은 굽었으며, 그들의 머리는 까딱거리며 위아래로 빠르게 움직였다. 그러는 동안 그들의 벌어진 발은 거대한 소리에 맞추어 쿵쿵댔다. 뭔가 가늠할 수 없는 일이 벌어지고 있었다. 뜨거운 감정으로 부푼 희미한 윤곽의 풍선이 점점 커져 터지기 직전이었다. 흥분한 손끝으로부터, 불안한 이마의 주름과 몸의 경련으로부터, 점점 더 커져가는 느낌이 괴물 같은 사적 격변 속으로 퍼져나갔다. 사람들은 궁금했다. 전에는 얼마나 자주 이런 모든 일들이 일어났을까?"(『특성 없는 남자*The Man Without Qualities*』, vol 1, E. Wilkins and E. Kaiser, trans., London, 1979, p. 50〔안병률 옮김, 북인더갭, 2013〕).

28) 헨리크 드 만에 대한 최근 평가는 Lutz Niethammer, *Posthistoire: ist die Geschichte zu Ende?*(Hambrug, 1989), pp. 104~15〔『역사에서 도피한 거인들』, 이동기 옮김, 박종철출판사, 2001〕를 참조하라.

29) 이에 대해서는 Victor Farias, *Heidegger et le fascisme*(Paris: Verdier, 1987)과 Hugo Ott, *Martin Heidegger, Unterweg zu seiner Biographie*(Frankfurt: Campus, 1988)를 참조하라.

30) Edouard Colinet, "Paul de Man and the Cercle du Libre Examen," in *Responses: On Paul de Man's Wartime Journalism*, Werner Hamacher, Neil Hertz, and Thomas Keenan, eds.(Lincoln, Nebraska, 1989), pp. 426~37, 특히 p. 431을 참조하라.

31) Pierre Bourdieu's *Ontologie politique de Martin Heidegger*(Paris, 1988)[『하이데거의 정치적 존재론』, 김문수 옮김, 그린비, 2021]를 참조하라. 또한 Jürgen Harbermas, *The Philosophical Discourse of Modernity*(Cambridge, Mass., 1987)도 참조하라.

32) "Les Juifs dans la littérature actualle," *Le Soir*, March 4, 1941, in *Paul de Man, Wartime Journalism, 1939~1943*(Lincoln, Nebraska, 1988), p. 45. 유대인들을 섬 어딘가로 보내버리자는 장식적 결론은 사실 지나고 보니 분명 불길하다. 하지만 소위 마다가스카르 "해결책"을 언급하면서 영국과의 전쟁이 바닷길을 봉쇄할 때까지라고 논하고 있다. 아르노 메이어Arno Mayer의 『왜 하늘은 어두워지지 않았나?*Why Did the Heavens Not Darken?*』(New York, 1988)를 참조하라.

33) 벤투리에서의, 특히 그의 저작 『건축의 복잡성과 모순*Complexity and Contradiction in Architecture*』(New York, 1966)[『건축의 복잡성과 대립성』, 임창복 옮김, 동녘, 2004]과 『라스베이거스의 교훈*Learning from Las Vegas*』(Cambridge, Mass., 1972) [이상원 옮김, 청하, 2017]에서의 아이러니의 역할을 비교해보라. 이 책의 모티프 중 하나는 그러한 모더니즘의 잔여적 가치들이 완전한 포스트모더니즘 속에서도 여전히 살아남는다는 사실이다.

8장 경제 **포스트모더니즘과 시장**

1) Karl Marx and Friedrich Engels, *Collected Works*, volume 28(New York, 1987), p. 180[『정치경제학 비판 요강』 I, 2판, 김호균 옮김, 그린비, 2007].

2) "il n'existe d'ouvert à la recherche mentale que deux voies, en tout, où bifurque notre besoin, à savoir, l'esthétique d'une part et aussi l'économie politique." Stéphane Mallarmé, "Magie," in *Variations sur un sujet*, in *Oeuvres completes*(paris, 1945), p. 399. 내가 『마르크스주의와 형식*Marxism and Form*』[여홍상·김영희 옮김, 창비, 2014]의 제사로 사용했던 이 말은 본격 모더니즘 자체가 태동기였던 1895년에 시, 정치, 경제와 계급에 관한 복잡한 숙고를 통해 생산된 글이다[저자는 이 문장을 본문에서 프랑스어로 쓰고, 주석에서 영어로 번역하여 쓰고 있다. 여기서는 독자 편의를 위해 본문에 우리말 번역을 쓰고, 주석에 프랑스어 원문을 넣었다].

3) Norman P. Barry, *On Classical Liberalism and Libertarianism*(New York, 1987), p. 13.

4) 앞의 책, p. 194.

5) Gary Becker, *The Economic Approach to Human Behavior*(Chicago, 1976), p. 14.

6) 앞의 책, p. 217.

7) 앞의 책, p. 141.

8) Norman P. Barry, *On Classical Liberalism and Libertarianism*, p. 30.

9) Karl Marx and Friedrich Engels, *Collected Works*, vol. 28, pp. 131~32[『정치경제학 비판 요강』 I].

10) Milton Friedman, *Capitalism and Democracy*(Chicago, 1962), p. 39.

11) 허시먼Albert O. Hirschman의 책 『정념과 이해관계*The Passion and the Interests*』 (Princeton, 1977) 1부를 참조하라[『정념과 이해관계: 자본주의의 승리 이전에 등장한 자본주의에 대한 정치적 논변들』, 노정태 옮김, 후마니타스, 2020].

12) "Periodizing the Sixties," in *The Ideologies of Theory*(Minneapolis, 1988), vol. 2, pp. 178~208.

13) T. W. Adorno and Max Horkheimer, *Dialectic of Enlightenment*, John Cumming, trans.(New York, 1972), pp. 161~67[『계몽의 변증법』, 김유동 옮김, 문학과지성사, 2001].

14) Jane Feuer, "Reading Dynasty: Television and Reception Theory," *South Atlantic Quarterly* 88, no. 2(September 1989), pp. 443~60을 참조하라.

15) Guy Debord, *The Society of the Spectacle*(Detroit, 1977), chapter 1[『스펙타클의 사회』, 유재홍 옮김, 울력, 2014].

16) Norman P. Barry, *On Classical Liberalism and Libertarianism*, pp. 193~96을 참조하라.

10장 결론 이차 가공

1) 나의 글 「마르크스주의와 역사주의Marxism and Historicism」, *The Ideology of Theory*, volume II (Minneapolis, 1988), pp. 148~77을 참조하라.

2) 사로트와 맥케이브의 다음 글을 참조하라. Nathalie Sarraut, "Flaubert the Precursor," in *The Age of Suspicion*, Maria Jolas, trans.(New York, 1963); Colin MacCabe, *James Joyce and the Revolution of the Word*(London, 1979). 또한 랭보와 스티븐스Wallace Stevens와 제국주의 문학에 대해서는 다음의 내 논문 세 편을 참조하라. "Rimbaud and the Spatial Text," in *Rewriting Literary History*, Tak-Wai Wong and M. A. Abbas, eds.(Hong Kong, 1984), pp. 66~88; "Wallace Stevens," in *New Orleans Review* 11, no. 1 (1984), pp. 10~19; "Modernism & Imperialism," in *Nationalism, Colonialism & Literature*, no. 14(Field Day Pamphlet, Derry, Ireland, 1988), pp. 5~25.

3) 이 단어의 정확한 용법에 대해서는 조녀선 돌리모어Jonathan Dollimore에게 빚을 지고 있다. 또한 포스트모더니즘의 시간 의식에 관해서는 존 배럴John Barrel이 모든 것을 이야기한 바 있는데, 그에 따르면 포스트모더니즘적인 인테리어 전문가들에게 "근대화한다는 것은 고풍스럽게 만드는 것과 다르지 않다." John Barrel, "Gone to Earth," *London Review of Books*, March 30, 1989, p. 13.

4) 이 용어에 관해서는 Matei Călinescu, *Five Faces of Modernity*(Durham, N.C., 1987) 〔『모더니티의 다섯 얼굴』, 이영욱 외 옮김, 시각과언어, 1994〕를 참조하라. 또한 Peter Bürger, *Prosa der Moderne*(Frankfurt, 1988); Antoine Compagnon, *Ces cinq paradoxes de la modernité*(Paris, 1990)〔『모더니티의 다섯 개 역설』, 이재룡 옮김, 현대문학, 2008〕도 참조하라.

5) 이에 대한 자료로는 Pierre Bourdieu, *L'Ontologie politique de Martin Heidegger*(Paris, 1988)〔『하이데거의 정치적 존재론』, 김문수 옮김, 그린비, 2021〕; Anna-Maria Boschetti, *The Intellectual Enterprise: Sartre and "Les Temps modernes"*(Evanston, Ill, 1988)을 참조하라.

6) 이와 거의 비슷하게 거트루드 스타인Gertrude Stein 역시 헨리 제임스Henry James를 "위대한 장군"으로 상상한다. 그녀의 작품 『네 명의 미국인*Four in America*』(New Haven, 1947)을 참조하라.

7) Ernst Bloch, "Nonsynchronism and Dialectics," *New German Critique*, no. 11(Spring 1977), pp. 22~38을 참조하라.

8) 페리 앤더슨Perry Anderson의 "Modernism and Revolution," *New Left Review* no. 144(March-April 1984), pp. 95~113을 참조하라.

9) John Berger, *Ways of Seeing*, Chapter on Cubism(New York, 1977)〔『다른 방식으로 보기』, 최민 옮김, 열화당, 2012〕.

10) 비록 T. E. 흄Thomas E. Hulme과 이미지즘imagism이 나타난 이후 신고전주의 정치학이 1910년대에 이미 그러한 주장을 했지만 말이다.

11) Günter Anders, *Antiquiertheit des Menschen*(Munich, 1956).

12) 마르크스에게 평등이나 그에 대한 요구는 임노동에 의해 제도화된 등가성의 결과물이다. 그런 까닭에 다음의 말은 상당히 시사적이다. "따라서 자본주의 시대의 특징은 노동자 자신의 눈에 노동력은 상품의 형식을 취하게 되고 이는 곧 그의 재산이 되는데, 그 결과 그의 노동은 임노동의 형식을 취하게 된다는 것이다. 또 한편으로 노동의 산물이라는 상품 형식이 보편화되는 것은 바로 이 순간부터다." *Capital*, volume I, Ben Fowkes, trans.(Harmondsworth, 1976), note 4, p. 274〔『자본론』 1-상, 김수행 옮김, 비봉출판사, 2015〕.

13) Karl Marx, *Grundrisse*, in *Collected Works*, vol. 28(Moscow, 1986), p. 43〔『정치경제학 비판 요강』 1, 김호균 옮김, 그린비, 2007〕.

14) Lester C. Thurow, *Dangerous Currents: The State of Economics*(New York, 1983) 〔『위험한 조류』, 김동건 옮김, 삼성미술문화재단, 1987〕. 또한 Stanley Aronowitz, *Science and Technology and the Future of Work*(Minneapolis, forthcoming)〔출판 미확인〕를 참조하라.

15) Achille Bonito-Oliva, *The Italian Trans-avantgarde*(Milan, 1980).

16) 만일 우리가 베버를 통해 예정설을 자본주의(그리고 '서구')의 발생이라는 마찬가지로 독특한 역사적 사건과 모종의 방식으로 조율된 독특한 이론적 사건으로 파악한다면, 그것의 연관성은 역사적으로 심화될 것이다. 본 장의 VIII항을 참조하라.

17) James Hogg, *The Memoirs and Confessions of a Justified Sinner*(1824; reprinted: London, 1924).

18) 이에 대해 나는 존 베벌리John Beverley의 통찰에 빚졌다.

19) Ernesto Laclau and Chantal Mouffe, *Hegemony and Socialist Strategy*(London, 1985), p. 77〔『헤게모니와 사회주의 전략』, 이승원 옮김, 후마니타스, 2012〕.

20) *Postmodernism/Jameson/Critique*, Douglas Kellner, ed.(Washington, D.C., 1989), pp. 324 이하를 참조하라. 우리 책 결론의 몇몇 부분들은 원래 이 책에 수록된 다양한 비판들에 대한 대답으로서 출판되었으며, 별도로 *New Left Review* no. 176(July/August 1989), pp. 31~45에 재수록되었다.

21) Linda Hutcheon, *A Poetics of Postmodernism*(New York, 1988), p. xi.

22) 이에 마지막으로 덧붙여둘 명백한 역설이 남아 있다. 즉 사르트르의 『변증법적 이성 비판』은 사실 **집단**에 대한 이론일 뿐만 아니라, 또한 사회계급이라는 더 큰 범주와는 상대적으로 불편한 관계로 보인다는 것이다. 비록 그의 기획이 미완으로 남기는 했지만 말이다.

23) Linda Hutcheon, *The Politics of Postmodernism*, p. 7.

24) Jean-Paul Sartre, *Search for Method*(New York, 1968), p. 18〔『방법의 탐구』, 윤정임 옮김, 현대미학사, 1995〕. "나를 변화시키기 시작했던 것은 마르크스주의의 **리얼리티**였다. 노동자 대중에 대한 나의 지평 위에 무겁게 존재하며, 마르크스주의를 살고 실천하며, 멀리에서 프티부르주아 지식인들에게 거부할 수 없는 마력을 행사했던 그 거대하고 침울한 몸이었다."

25) Niklas Luhmann, *The Differentiation of Society*(New York, 1982).

26) T. W. Adorno and Max Horkheimer, *Dialectic of Enlightenment*, J. Cumming, trans.(New York, 1972), p. 121〔『계몽의 변증법』, 김유동 옮김, 문학과지성사, 2001〕.

27) 이 책의 8장을 참조하라.

28) Jean-Paul Sartre, "Preface," to Frantz Fanon, *The Wretched of the Earth*, Constance Farrington, trans.(New York, 1963), p. 7〔「1961년판 서문」, 『대지의 저주받은 사람

들』, 남경태 옮김, 그린비, 2010].

29) (마르크스의 맬서스Thomas Malthus에 대한 비판 사례로 인해 오랫동안 약화되어 있던) 인구통계학적 문제를 마르크스주의의 문제틀 속에 선구적으로 재도입한 것은, 이제 는 고전이 된 월리 세컴Wally Seccombe의 연구다. Wally Seccombe, "Marxism and Demography," in *New Left Review* no. 137(January–February 1983), pp. 22~47을 참조하라. 또한 아도르노의 자연사 개념에 대한 나의 논의인 *Late Marxism: Adorno, or, the Persistence of the Dialectic*(London, 1990)[『후기 마르크스주의』, 김유동 옮김, 그린비, 2000]도 참조하라.

30) "Interview with Thornton Wilder," *Paris Review* no. 15(1957), p. 51.

31) Jean-Paul Sartre, *La Nausée*, in *Oeuvres romanesques*(Paris, 1981), p. 67[『구토』, 방곤 옮김, 문예출판사, 1999].

32) 특히 Henri Lefevre, *La Production de l'espace*(Paris, 1974)[『공간의 생산』, 양영 란 옮김, 에코리브르, 2011]를 참조하라. 도널드 니콜슨-스미스Donald Nicholson-Smith에 의해 영어 번역본 *The Production of Space*(Blackwell, 1991)도 마침내 출간 되었다.

33) 현대의 공간 이론에 대한 가치 있는 조사로는 Edward Soja, *Postmodern Geographies*(London, 1989)[『공간과 비판사회이론』, 이무용 외 옮김, 시각과언어, 1997]를 참조하라.

34) 이 구절과 동명의 메이어의 책을 참고하라. Arno Mayer, *The Persistence of the Old Regime: Europe to the Great War*(New York, 1981).

35) *Postmodernism and Japan*, Masao Miyoshi and Harry Harootnian, eds.(Durham, N.C., 1989), p. 274[『포스트모더니즘과 일본』 곽동훈 외 옮김, 시각과언어, 1996]를 참조하라.

36) 이 책의 1장을 참조하라.

37) Alejo Carpentier, "Prologo," to *El Reino de este mundo*(Santiago, 1971)[『이 세상의 왕국』, 조구호 옮김, 문학동네, 2019].

38) (조너선 애럭Jonathan Arac이 나를 위해 해주었던 것처럼) 우리가 "런던은 신문과 같다. 모든 것이 거기에 있고, 또 모든 것이 단절되어 있다"는 월터 배젓Walter Bagehot의 디킨스에 대한 언급을 상기한다면, 사실상 포스트모던 디킨스가 수영을 하며 시야 속 으로 들어올 것이다(*Literary Studies*, London, 1898, p. 176).

39) Thomas Pynchon, *The Crying of Lot 49*(New York, 1982), p. 104[『제49호 품목의 경 매』 김성곤 옮김, 민음사, 2007].

40) Richard Gilman, *Decadence*(New York, 1979).

41) Bruno Latour, *The Pasteurization of France*(Cambridge, Mass., 1988), p. 207.

42) Karl Marx, *Grundrisse*, p. 350.

43) D. H. Lawrence, "Song of a Man Who Has Come Through," *Completed Poems*(New York, 1964), p. 250〔「성공한 사람의 노래」, 『로런스 시선』, 윤명옥 옮김, 지식을만드는지식, 2011, pp. 88~89〕.

44) 앞의 주석 9번을 참조하라.

45) 내 논문 "Metacommentary," in *The Ideologies of Theory*, volume I (Minneapolis, 1988), pp. 3~16을 참조하라.

46) Marvin Harris, *America Now*(New York, 1981)〔『아메리카 나우』, 최욱 옮김, 한국방송사업단, 1983〕.

47) 믿음 개념에 대한 인류학적 해체에 대해서는 Rodney Needham, *Belief, Language and Experience*(Oxford, 1972)를 참조하라.

48) John Howard Yoder, *The Politics of Jesus*(Grand Rapids, Mich., 1972)〔『예수의 정치학』, 신원하·권연경 옮김, IVP, 2007〕.

49) 케펠Gilles Kepel은 『이집트의 무슬림 극단주의: 예언자와 파라오*Muslim Extremism in Egypt: The Prophet and the Pharaoh*』(J. Rothschild, trans., Berkeley, Cali., 1986)에서 무슬림 근본주의와 1960년대 북미 지역의 흑인운동과 상당한 유사성이 있다고 주장한다. 아울러 Bruce Lawrence, *The Defenders of God*(San Francisco, 1989)도 참조하라.

50) Linda Hutcheon, *A Poetics of Postmodernism*, p. 14에서 재인용했다.

51) 하지만 사르트르의 『변증법적 이성비판』 속 이산dispersal에 관한 주장은 살펴볼 필요가 있다.

52) 이는 더글러스 켈너Douglas Kellner가 자신이 편집한 책인 『포스트모더니즘/제임슨/비판*Postmodernism/Jameson/Critique*』의 서문에서 설명했던 것이다. 여기에 실린 글은 그 책에 포함된 비판을 따르고 있다. 〔결론의 이 마지막 부분은 앞의 책 맨 뒤에 수록되어 있는 제임슨의 논문 「후기: 마르크스주의와 포스트모더니즘Afterwords: Marxism and Postmodernism」을 수정·보완하여 재수록한 것이다.〕

53) Arno Mayer, *Why Did the Heavens Not Darken?*(New York, 1988).

54) Ronald L. Meek, *Social Science and the Ignoble Savage*(Cambridge, 1976), pp. 219, 221.

55) 앞의 책, pp. 127~28.

56) *Postmodernism/Jameson/Critique*, p. 134 이하를 참조하라.

57) 이에 대해서는 Adelaïde San Juan의〔에 관한〕흥미로운 연구를 참조하라. 〔Adelaïde San Juan이 지명인지 이름인지는 분명하지 않다. 원문 오류일 가능성이 있다.〕

58) '여피'에 관한 풍부하지 않은 분석 문헌 중에서는 Fred Pfeil, "Making Flippy Floppy: Postmodernism and the Baby Boom PMC," *The Year Left*(1985), pp. 268~95를 추천한다. 또한 소위 '전문 관리 계급'에 대한 문헌으로는 Pat Walker, ed., *Between*

Labor and Capital(Boston, 1979)을 참조하라.

59) Dan Georgakas and Marvin Surkin, *Detroit: I Do Mind Dying*(New York, 1975).

60) 보드리야르가 우리에게 적절히 상기시켜주는 것(이지만 너무 자주 사용해서 자기 아래에 있는 사다리를 걷어 차버리는 효과가 있는 것)은, 포스트모더니즘 시대에 (이런 경우 언제나 머릿속에 떠오르는) 그 유명한 보르헤스의 지도나 마그리트의 이미지 같은 본질적으로 약호전환된 대상 혹은 공생적인 구조 들은 그 어떤 것에 대해서도 비유나 알레고리로 사용되어서는 안 된다는 것이다. 포스트모더니즘의 고급 이론에서 보르헤스나 마그리트는 모두 천박하고, 중산층 대학생 방의 벽에 붙어 있는 에스허르Maurits Cornelis Escher의 판화가 가진 "구별성"이 결여되어 있다. "만일 우리가 시뮬라시옹에 대한 최고의 알레고리로서 보르헤스의 이야기를 사용할 수 있다고 해보자. 제국의 지도 제작자가 지도를 너무도 자세하게 그린 나머지 그 지도가 제국의 영토를 정확하게 덮어버리게 되었다(그러나 제국의 쇠퇴와 더불어 이 지도는 너덜너덜해졌고 결국에는 폐허가 되지만, 사막에는 여전히 몇몇 조각들이 남아 있다. 이 폐허가 된 추상의 형이상학적 아름다움은 제국의 자긍심을 증언하는 동시에 시체처럼 썩어가며 흙의 물질로 돌아가지만, 오히려 이 나이 먹은 복제물이 실재 사물과 혼동되기에 이른다). 이 우화는 한 바퀴를 완전히 돌아서 우리 앞에 나타났고, 이제는 2차적인 시뮬라크럼의 신중한 매력만을 지니고 있을 뿐이다. 〔……〕 영토는 더 이상 지도에 선행하지 못하며, 또한 그보다 더 오래 살아남지도 못한다. 따라서 영토에 선행하는 것이 바로 지도다"(Jean Baudrillard, *Selected Writings*, Polity, 1988, p. 166).

61) 나의 책에 실린 "Class and Allegory in Contemporary Mass Culture: *Dog Day Afternoon* as a Political Film," *Signature of the Visible*(New York, 1991)〔「현대 대중문화에서의 계급과 알레고리: 정치적 영화로서 〈뜨거운 오후〉」, 『보이는 것의 날인』, 남인영 옮김, 한나래, 2003〕을 참조하라.

62) "Periodizing the Sixties," *The Ideologies of Theory*, vol. II, pp. 178~208을 참조하라.

옮긴이의 말
유토피아적 사유의 복원을 위하여!

프레드릭 제임슨의 『포스트모더니즘, 혹은 후기자본주의 문화 논리 *Postmodernism, or, the Cultural Logic of Late Capitalism*』(1991)가 이 시대의 고전임을 부인하는 사람은 아마 거의 없을 것이다. 1984년 『뉴레프트 리뷰*New Left Review*』에 실린 동명의 논문은 포스트모더니즘과 관련하여 세계적으로 가장 많이 인용된 논문 중 하나였을 뿐만 아니라, 포스트모더니즘 현상을 가장 광범위하고 가장 명쾌하게 분석했다고 평가받는다. 또한 이 책이 포스트모더니즘이라는 용어 자체를 문학과 예술의 영역을 넘어 20세기 후반 미국 대중문화를 설명할 수 있는 가장 핵심적인 말로 각인시키고 대중적으로 유통시키는 데 결정적인 공헌을 했음은 물론이다. 그것도 가장 비대중적이고 가장 난해한 글쓰기를 통해서 말이다.

사실 제임슨이 포스트모더니즘 논쟁에 개입한 시기와 방식은 철저하게 모순과 아이러니로 점철되어 있었다.* 보드리야르와 푸코, 데리다, 라캉 등을 비롯한 유럽의 고급 이론들과 다채로운 포스트마르크스주의 담론들, 그리고 레이건 정권 이후 신보수주의 운동이라는 이름하에 전개된 보수파의 거센 반격이 1960년대의 진보적 성취를 무효화하며 미국 학계를 식민화하고 자본주의의 궁극적 승리와 계급 정치 및 이데올로기의 종언을 선언하던 1980년대 초반 즈음, 대륙 철학에 기반한 미국산 이론가라는 모순적 위치에 있던 그가 혈혈단신 포스트모더니즘 논쟁에 뛰어든 것부터가 아이러니한 사건이었다. 그것도 실천적인 측면에서나 이론적인 측면에서나 죽은 개 취급을 당하던 "마르크스주의"를 "명백히 적대적이거나 통약 불가능한 비평적 작업들을 포괄"하는 "초월 불가능한 지평"이라고 선언하고, "항상 역사화하라!"는 역사적 유물론의 깃발을 앞세운 채 말이다.** 그것은 분명 모순이고 아이러니였다. 최소한 제임슨이 포스트모더니즘 논쟁에 개입하기 이전까지는 마르크스주의와 포스트모더니즘을 묶어서 사유한다는 것 자체를 상상할 수 없었기 때문이다. 더글러스 켈너Douglas Kellner의 표현을 그대로 옮기자면, 그는 "역사적 글 읽기"와 "비평적 실천을 들고 역사의 도살장으로" 들어간 것이다.***

---

* 그가 포스트모더니즘 논쟁에 처음 공식적으로 가담한 것은 1982년 휘트니박물관Whitney Museum of American Art이 주최한 강연을 통해서였다. 당시의 강연문 「포스트모더니즘과 소비사회Postmodernism and the Consumer Society」는 이듬해 할 포스터Hal Foster가 편집한 『반미학*The Anti-Aesthetics: Essays on Postmodernism*』에 수정 없이 수록되었다. 그리고 우리에게 잘 알려진 논문 「포스트모더니즘, 혹은 후기자본주의 문화 논리」는 앞의 발표문을 수정·확장하여 1984년 『뉴 레프트 리뷰』에 발표한 것이다.

** Fredric Jameson, *The Political Unconscious: Narrative as a Socially Symbolic Act*, London: Methuen, 1981, pp. 9~10〔『정치적 무의식: 사회적으로 상징적인 행위로서의 서사』, 이경덕, 서강목 옮김, 민음사, 2015〕.

***Douglas Kellner, "Introduction: Jameson, Marxism, and Postmodernism,"

제임슨의 개입을 더욱 모순적이고 아이러니하게 만들었던 것은 그가 선택한 마르크스주의적 방법론의 문제성이었다. 그의 마르크스주의는 당시 유행하던 알튀세르의 (포스트)구조주의적 마르크스주의와는 거리가 먼 마르크스주의, 오히려 알튀세르에 의해 "표현론적 인과론"이라고 비판받았던, 루카치에서 사르트르로 이어지는 헤겔주의적 전통의 마르크스주의, 총체적 사유의 중요성과 물질적 토대로서의 경제적 생산관계를 강조하는 정통 마르크스주의, 따라서 차이와 분리를 강조하는 포스트모더니즘 정치학이 혐오하고 애써 제거하고자 했던 그 마르크스주의에 좀더 가까웠다. 즉 정확히 반反포스트모더니즘적 방법론을 통해 포스트모더니즘을 분석하려 했던 것이다.

그렇다고 그가 알튀세르 및 포스트마르크스주의와 포스트구조주의의 이론적 성과를 무시한 것은 아니었다. 그는 "중층결정론"과 이데올로기론 같은 알튀세르의 주요 개념을 비롯하여, 보드리야르의 "시뮬라시옹," 라캉의 "정신분열증," 푸코의 "주체의 죽음" 등 당대의 중요한 이론적 성과를 자신만의 독특한 헤겔적 방법론인 "메타코멘터리 metacommentary"를 통해 흡수하여 마르크스주의 해석학을 풍요롭게 만드는 자양분으로 삼기도 했다.* 그 과정 속에서 정통 마르크스주의의 핵심 영토를 상당 부분) 양보했다는 오해를 받기도 했다(물론 그것이 반드시 오해만은 아니었다). 그 덕에 그에게는 우군이 거의 없었다. 한편으로 그의 총체성 개념과 역사주의적 시대구분론은 포스트구조주의자들의 집중포화의 대상이 되었고, 또 한편으로 좌파에게는 "혁

Postmodernism/Jameson/Critique, Douglas Kellner ed., Washington DC: Maisonneuve Press, 1989, p. 5.

* Fredric Jameson, *The Political Unconscious*, p. 9.

명이 불가능하다"(캘리니코스Alex Callinicos)는 인식을 확산시킨 변절
자 혹은 포스트마르크스주의자 취급을 받았다.

　그럼에도 불구하고 그가 실패했다고 말할 수는 없다. 적어도 그는
유령처럼 실체 없이 부유하며 떠돌던 포스트모더니즘을 정치적으로
사유할 수 있는 하나의 절대적인 지평을 구축했기 때문이다. 즉 거대
담론의 죽음이 유행병처럼 번지던 그 시절, 오히려 포스트모더니즘을
후기자본주의의 "문화적 지배종" 혹은 "문화 논리"라는 거대담론으
로 정식화함으로써, 그것을 자본주의적 생산양식과의 관계 속에서 사
유할 수 있는 확고한 마르크스주의적 토대 마련에 성공한 것이다. 그
덕분에 우리는 비로소 포스트모더니즘을 단순히 1960년대 이후 미국
의 건축과 예술에서 나타난 고립된 문화 운동으로서가 아니라, 후기
자본주의 혹은 다국적 자본주의의 핵심 모순과의 관계 속에서 총체적
으로 이해할 수 있게 되었다. 즉 우리는 제임슨을 통해 "스펙터클 사
회" "깊이 없음" "역사성의 쇠퇴" "시간성의 공간화"로 표현되는 포
스트모더니즘의 표피성의 미학과 더불어, '텍스트성'과 '내재성'을 강
조하는 포스트구조주의의 이론적 담론이, 사실은 궁극적 지시대상체
로서 대문자 역사와의 트라우마적 조우를 차단하는 후기자본주의의
이데올로기적 봉쇄 전략strategy of containment의 일부였음을 깨달았다.
또한 보나벤처 호텔에 대한 그의 기념비적 분석은 포스트모더니즘의
공간 논리에 내재된 후기자본주의의 흉포한 사물화의 힘을 폭로했다.
포스트모던 하이퍼스페이스는 우리가 우리의 주변 환경을 지각하고
조직화하여 현재 위치를 인식적으로 지도 그릴 수 있는 능력을 초월
했으며, 따라서 우리는 전 지구적으로 펼쳐진 후기자본주의의 관계망
속에서 정치적 좌표를 설정할 수 있는 인식적 능력을 상실했다는 것이

다. 그리고 그는 경고한다. 정치적 불구가 되어버린 우리에게 주어진 선택지는 오직 소비사회의 강렬한 황홀경 속에서, 그리고 무의미한 차이의 유희 속에서 현재의 영원한 지속을 찬양하는 정신분열적 주체가 되는 것뿐일 수 있다고 말이다.

그런데 만약 제임슨의 분석이 여기에서 끝났다면, 그는 그저 세계를 명민하게 해석했던 수많은 이론가 중 한 사람 정도로만 기억되었을 것이다. 특히나 그는 『정치적 무의식』까지만 하더라도 마르크스주의적 해석학의 완성에 천착했을뿐더러, 그의 정신적·학문적 스승이자 행동하는 지식인의 표본이었던 사르트르와는 다르게 현실 정치와는 철저히 거리를 두고 있지 않았던가? 실제로 그는 강단 좌파라는 비난을 받기도 했다. 그러나 그는 실천철학으로서의 마르크스주의의 핵심 명령만큼은 결코 포기하지 않았다. 그 명령은 바로 세계를 변화시켜야 한다는 것이다. 이는 곧 현재와 단절하라는 명령이자, 상상할 수 없는 것을 상상하라는 유토피아적 명령이다. 그것은 또한 포스트모더니즘과 그것의 문화적 산물을 "파국이자 진보"의 계기로서, 혹은 (『정치적 무의식』의 언어를 사용한다면) "이데올로기이자 유토피아"로서 파악하는 동시에, 필연성의 영역에서 자유의 영역을 이끌어내라는 변증법적 사유의 명령이다. 결국 제임슨의 포스트모더니즘론은 바로 이런 마르크스주의적 명령을 사유하는 포스트모던적 방식인 것이다. 그리고 포스트모더니즘 논문 마지막에 미완(?)의 형태로 제시한 공간적 정치 미학으로서의 "인식적 지도 그리기"는 그러한 실천적 사유의 결과물이라 할 수 있다.

포스트모던 시대의 새로운 공간적 정치 미학으로서의 인식적 지도 그리기는 제임슨의 이론적 발전 과정에 나타난 특수한 전환점을 표시한다. 『마르크스주의와 형식*Marxism and Form*』에서 『정치적 무의식』에 이르기까지 그가 추구했던 것은 앞서 잠시 언급한 바처럼 "초월 불가능한 지평"으로서의 마르크스주의 해석학의 완성이었다. 그러한 작업은 당시 팽배했던 신비평의 형식주의적이고 탈정치적인 해석, (데리다의 급진성이 거세된) '미국산' 해체주의의 반反해석적 경향, 그리고 (포스트)구조주의의 탈역사적이고 공시적인 해석 경향에 맞서, 마르크스주의의 역사주의적 해석학을 옹호하고 해석학적 깊이를 복원하기 위한 노력이라 할 수 있다. 중세 성서 해석학과 노스롭 프라이Northrop Frye의 작업으로부터 영감을 받은 『정치적 무의식』의 4단계 해석학은 그런 의미에서 역사주의적 해석학이자 깊이의 해석학이다. 텍스트 표면에서 시작하여 텍스트 심층의 정치적 무의식, 즉 "절대적으로 상징화를 거부"하는 "부재 원인"으로서의 대문자 역사에 접근하려는 수직적 해석학인 것이다.

반면에 인식적 지도 그리기는 공간적인 정치 미학이다. 즉 전 지구적으로 펼쳐진 후기자본주의의 관계망 속에서 주체의 위치를 정치적·미학적으로 가늠하기 위한 시도인 것이다. 따라서 인식적 지도 그리기는 수직적 차원이 아닌 수평적 차원에서 작동한다. 이는 곧 제임슨의 방법론에, 혹은 문화적 상부구조와 경제적 토대 사이에 근본적인 변화가 일어났음을 의미한다. 제임슨은 『이론의 이데올로기*The Ideologies of Theory*』 1권 서문에서 이를 다음과 같이 표현한다.

그것의 이야기는 이제 〔……〕 수직적인 것에서 수평적인 것으로의 전환과 비슷하다고 말할 수 있을지도 모른다. 즉 텍스트의 다양한 차원과 단계 들에 대한 관심으로부터 오로지 단속적으로만 읽을 수 있는 (혹은 쓸 수 있는) 내러티브의 다양한 짜임interweaving으로의 전환이며, 해석의 문제에서 역사기술 문제로의 전환이고, 또한 문장sentence에 대해 이야기하려는 시도에서 (마찬가지로 불가능한) 생산양식들에 대해 이야기하려는 시도로의 전환이다.*

제임슨은 이에 대한 부가적 설명을 삼가고 있지만, 짐작컨대 두 가지의 큰 변화를 감지할 수 있다. 먼저 포스트구조주의의 텍스트와 텍스트성 개념에 대한 방법론적 수용이다. 이는 "텍스트의 다양한 차원과 단계 들"에서 "내러티브의 다양한 짜임"으로의 전환이라는 말 속에 고스란히 드러난다. 물론 그전에도 그가 '작품work'이라는 고전적인 용어를 선호한 것은 아니다. 하지만 그가 깊이의 해석학을 추구했다는 점을 미루어 본다면, 분명 텍스트의 표층과 심층, 현상과 본질이라는 전통적인 해석학에 좀더 경도되어 있었다. 하지만 그는 이제 표층과 심층이라는 텍스트의 이원적 구조를 "내러티브의 다양한 짜임"으로 대체하여 평면적 공간으로 전환시킨다. 이는 그가 표층과 심층, 기호와 지시대상체, 기표와 기의가 상호 내파되어 그 구별이 모호해졌다는 포스트모던적 가설을 문화적 현실로 인정하고, 그에 대한 변증법적 대안, 다시 말해서 포스트모던적 해석학을 모색하고 있음을 의미한다.

동일한 맥락에서 "문장"에 대한 이야기에서 "생산양식"에 대한 이야기로의 전환에 주목해보자면, 이는 문화적 상부구조와 경제적 토

---

* Fredric Jameson, *The Ideologies of Theory: Essays 1971-1986, Vol. 1—Situations of Theory*, Minneapolis: U of Minnesota P., 1988, p. xxix.

대 사이의 전통적 구별의 와해와 관련된다. 전통적인 표층/심층, 현상/본질, 기호/지시대상체 사이의 구별은 양자 간의 본질적 차이를 전제로 한다. 알튀세르의 유명한 "기계적 인과론"과 "표현론적 인과론" 혹은 심지어 "구조적 인과론" 역시도 ("최종심급"이라는 말이 암시하듯) 결국에는 양자 간 차이의 절대성에 대한 확인이다. '비판적 거리' 혹은 상부구조의 '반₊자율성' 같은 말로 (제임슨의 용어를 사용하자면) "약호전환"되기도 하는 이 절대적 차이는 종종 예술의 유토피아적 기능을 가능케 하는 원천으로 여겨졌다. 하지만 제임슨은 "(특히 '비판적 거리'를 포함하여) 거리 일반이 포스트모더니즘이라는 새로운 공간 속에서는 완전히 사라졌다"(본문 119쪽, 이후 쪽수만 표기)고 선언한다. 이는 곧 표층/심층, 현상/본질, 기호/지시대상체, 상부구조/토대 사이의 차이가 완전히 소멸되었다는 뜻이다. 이 과정을 기호의 탄생과 와해의 과정이라는 우화로 설명한 제임슨의 이야기는 상당히 흥미롭다. 길게 인용해보자.

옛날 옛적 자본주의와 중간계급 사회가 막 동터오던 무렵, 기호라 불리는 것이 태어났다. 그것은 자신의 지시대상체와 큰 문제없이 좋은 관계를 유지하고 있는 것처럼 보였다. 문자 그대로의 언어 혹은 지시적 언어의 시대이자 소위 과학적 담론을 아무 문제없이 주장할 수 있었던 이 시기, 즉 기호의 초기 전성시대는 우리가 사물화라고 부르게 될 힘이 마술적 언어의 오래된 형식을 파괴적으로 와해시키면서 도래했다. 〔……〕 불행히도 전통적인 지시성을 탄생케 했던 그 힘은 끊임없이 강해져 자본 자체의 논리가 되고 말았다. 따라서 탈약호화 혹은 리얼리즘으로 규정될 수 있는 이 첫번째 시대는 오래 가지 못했다. 〔……〕 사물화의 힘이 언어의 영역으로 침투하여 기호를 지시대상체로부터 분리해 버린 것이다. 그러한 분리가 지시대상체, 대상세계, 혹은 리얼리티를 완전히 철폐하지는 못했다. 그것은 마치 작아진 별처럼 혹은 적색왜성처럼 지평선 위에 간신히 자신의 존재를 여전히 유지하고 있었다. 그러나 지시대상체와 기호 사이가 너무 멀리 떨어져버린 탓에, 기호는 자율성의 시대로 들어서게 되었고, 자신의 예전 대상과 대비하여 상대적으로 자유롭게 떠다니는 유토피아적인 존재가 되었다. 이러한 문화의 자율성 내지는 언어의 반半자율성의 순간이 바로 모더니즘 시대이자, 세계가 없어도 세계를 복제할 수 있는, 그리하여 어떤 부정의 힘이나 비판적 힘과 더불어 탈세속적인 무익함도 획득할 수 있게 된 미학의 시대라 할 수 있다. 〔……〕 이제 지시성과 리얼리티는 완전히 종적을 감추어버렸다. 심지어 의미(기의)마저도 문제시되었다. 이제 우리가 포스트모더니즘이라고 칭하는 기표의 순수하고 무작위적인 유희만이 남겨졌다. 포스트모더니즘은 이제 더 이상 모더니즘적 유형의 기념비적 작품을 생산하지 않으며, 다만 기존 텍스트들의 파편과 오래된 문화적·사회적 산물들의 블록 조각들만을 끊임없이 새롭고 과장된 브리콜라주 방식으로 재배열할 뿐이다(203~204).

지시성과 리얼리티 자체가 종적도 없이 사라지고, 의미마저 기표 간 물질적 차이에 의해 생산되는 '의미 효과'로 축소되었으며, 예술이 기표 간 조합과 순수 유희로 전락한 현재, 토대와 상부구조의 구별은 이제 무의미해졌다. 이는 문화적 상부구조가 예전에 누렸던 상대적 자율성을 상실하고 물질적 토대 속에 통합되었다는 의미인 동시에, 대문자 역사로서의 생산양식 혹은 물적 토대가 이제는 시뮬라크럼이 되어 '문화'라는 이미지의 블랙홀 속에 흡수되었다는 의미다. 이제 모든 것이 문화적인 것이 되었고, 동시에 모든 것이 경제적인 것이 되었다. 둘 사이에 차이가 사라진 것이다. 이는 비판적 거리의 소멸이자 해석학적 깊이의 종말이다. 따라서 문장에 대한 이야기는 즉각적으로 혹은 무매개적으로 생산양식에 대한 이야기로 전환될 수밖에 없다. 문장에 대한 이야기가 곧 생산양식에 대한 이야기이기 때문이다(문장과 생산양식 사이의 관계에 대한 자세한 논의는 5장을 참조하라).

제임슨이 수직적인 것에서 수평적인 것으로 전환을 선언한 것은 바로 이런 맥락에서 이해되어야 한다. 그리고 이런 관점에서 본다면 그의 포스트모더니즘론이 속류 마르크스주의의 경제 환원론으로의 퇴행이 아니냐는 일각의 비판은 크게 문제되지 않을 듯하다. 왜냐하면 제임슨의 논리는 토대와 상부구조의 이원론이 아닌, 문화와 경제의 구별이 사라진 일원론에 더 가깝기 때문이다. 일례로 제임슨은 "미디어와 시장을 구별할 수 없게"(510) 되었다고 주장한다.

다시 인식적 지도 그리기의 문제로 돌아가면, 상부구조와 토대라는 궁극의 차이가 지워지면서 모든 것이 평평해졌고, 모든 것이 사진의 표면처럼 혹은 포스트모던한 건물 외벽의 거대한 유리처럼 반질반질한 표면으로 화했다. 그 표면은 "주변에 있는 모든 것의 왜곡된 이미지들"(105)을 제외하고는 아무것도 보여주지 않는다. 즉 그 공간은 무한한 자기 복제와 재생산만이 이루어지는 곳이다. 또한 "자연과 무의식"마저도 더욱 순수해진 자본의 논리에 의해 "침탈"당하고 "식민화"되었다(97). 그러하기에 포스트모던의 세계 공간은 절대적 자기 동일성의 공간이다. 거기에는 '바깥'도 없고, '타자'도 없다. 역사의 변증법이 멈추었고, 미래로 향하는 문은 닫혔다. 현재라는 시간의 무의미한 반복만이 있을 뿐이다. 이는 곧 우리가 누구인지, 어디에 서 있는지, 어디로 가고 있는지 알 수 없게 되었음을 의미한다. 한마디로 말해서 실존적으로나 인식적으로나 자신의 위치를 파악하는 것이, 그리고 지도를 그리는 것이 도대체 불가능해진 것이다.

이런 관점에서 본다면 인식적 지도 그리기는 지도 그리기가 불가능한 시대에 지도를 그리려는 불가능한 시도다. 그것은 또한 현재의 무의미한 반복을 멈추고 역사의 시계를 다시 돌리려는 시도이며, 재앙 같은 현재 속에서 유토피아적 계기를 이끌어내려는 마찬가지로 불가능한 시도다. 일견 모순 그 자체가 아닐 수 없다. 하지만 그것은 결코 풀리지 않는 아포리아만은 아니다. 왜냐하면 그 모순 속에 인식적 지도 그리기의 열쇠가 있기 때문이다. 인식적 지도 그리기의 이론적 토대인 알튀세르의 이데올로기에 대한 정의("**실재** 존재 조건에 대한 주체의 **상상적** 관계의 재현the representation of the subject's *Imaginary* relationship of to his or her *Real* conditions of existence")에 이미 암시되어 있듯이(124에서 재인용). 그것은 실재 존재 조건, 즉 후기자본주의를 정교하게 지도 그리려는 시도와 무관하며, 고전적인 의미에서의 '미메시스'와도 다르다. 오히려 역설적이게도 그것은 후기자본주의에 대한 미메시스적 재현의 불가능성 위에서만 기능한다.

제임슨의 인식적 지도 그리기는 "상상적 관계"라는 말이 암시하듯 라캉적인 의미에서의 "상상계적인 것the Imaginary"이며, 따라서 그것은 주체의 영역과 실재the Real로서의 후기자본주의라는 두 공간을 판타지적인 구조를 통해 연결하는 동시에 미래에 대한 변화의 열망을 표현하는 방식이다. 즉 인식적 지도 그리기는 후기자본주의 공간 속에서 금지된 것을 꿈꾸고 불가능한 인간관계와 존재의 형식을 상상하고 투사하려는 다양한 시도를 포괄한다(예를 들어 우리나라 대중문화에서 통용되고 있는 '갑/을' 담론 혹은 '금 수저/흙 수저' 논쟁도 후기자본주의 공간 속에서 개인과 세계, 개인과 개인의 관계를 비판적으로 상상하며, 현재의 한국 사회가 제공할 수 없는 '평등한 계약 관계'나 '공정한 경쟁'이라는 판타지를 추구하는 인식적 지도 그리기의 한 양태다. 또한 이 책에서 제임슨이 시도하고 있는 포스트모던의 여러 현상에 대한 분석 역시 포스트모더니즘에 대한 인식적 지도 그리기의 본보기라 할 수 있다).* 그런 의미에서 인식적 지도 그리기는 불가능한 유토피아를 상상하는 일이며, "가능한 그 어떤 대안도 부재한다는, 혹은 현재 체제에 대한 대안은 존재하지 않는다는 일반적인 이데올로기적 확신에 대한 답변이다."** 바로 이 불가능한 유토피아에 대한 상상 그 자체가 현재의 무한 재생산과 반복에 작은 균열을 가져오면서, 현재와 단절할 수 있는 계기 혹은 비판적 거리를 제공해준다. 그것은 우리의 실재 존재 조건에 대한 접근 불가능성하에서만 기능한다는 점에서, 다시 말해서 전 지구적인 자본의 폭주에 대한 총체적인 재현의 불가능성하에서만 작동한다는 점에서, 정확히 포스트모던적인 실천이다. 그렇기 때문에 제임슨은 이를 "동종요법적homeopathical" 전략이라고 말한다.***

---

* 그리고 이후 제임슨의 몇몇 작업들은 문학과 영화 텍스트를 전 지구적으로 펼쳐진 후기자본주의의 관계망 속에서 독해하려는 인식적 지도 그리기의 실천이다. 예컨대 「다국적 자본주의 시대의 제3세계 문학The Third World Literature in the Era of Multinational Capitalism」(1986)이 후기자본주의 시대 제3세계 문학에 대한 인식적 지도 그리기라면, 『지정학적 미학The Geopolitical Aesthetics』(1992)[조성훈 옮김, 현대미학사, 2007]은 제3세계 영화에 대한, 그리고 『미래의 고고학Archaeologies of the Future』(2005)은 과학소설을 통한 전 지구적 자본주의에 대한 지도 그리기라 할 수 있다.

** Fredric Jameson, *Archaeologies of the Future: The Desire Called Utopia and Other Science Fictions*, New York: Verso, 2005, p. 232.

인식적 지도 그리기의 상상계적 요소가 미학적 실천과 연관된다면, 그 안에 내재된 "총체성을 향한 열망"(루카치)은 보다 공간적이고 보다 적극적인 정치적 실천과 관계된다(물론 제임슨의 기획 속에서 미학적인 측면과 정치적인 측면은 사실상 분리되지 않는다). 제임슨은 이후의 논문을 통해 인식적 지도 그리기를 "의식/무의식적 재현을 통하여 전 지구적 규모로 펼쳐져 있는 계급 관계의 총체성을 가늠하고, 좌표를 설정하여 지도를 그릴 수 있도록 해주는 정치 미학"으로 좀더 구체화한다.* 여기서 핵심은 "총체성"인데, 왜냐하면 "사회적 총체성의 개념(과 전체 체계를 바꿀 수 있는 가능성) 없이는 그 어떤 사회주의적 정치도 가능하지 않기" 때문이다.** 이러한 생각은 알튀세르의 구조적 총체성 개념에 대한 그의 비판에서 가장 명확히 드러난다.

　그럼에도 불구하고 한편으로는 각 층위의 반半자율성을 열어놓는 동시에, (여전히 고전적 마르크스주의의 궁극적 결정 심급인 경제를 가지고) 각 층위들을 '구조적 총체성'이라는 궁극의 통일성 속에 붙들어두려는 시도는 자신이 공들여 만들어낸 총체성에 대한 비판의 원심력 속에서 스스로의 힘을 견디지 못하고 스스로를 파괴하는 경향이 있다. [……] 이후에 나타나게 되는 것은 단지 각 층위의 이질성만은 아니다(따라서 반자율성은 완전한 자율성으로 이완되고, 결국 후기자본주의라는 탈중심

***Fredric Jameson, "Regarding Postmodernism: A Conversation with Fredric Jameson," *Postmodernism/Jameson/Critique*, p. 59.

* 　Fredric Jameson, "Cognitive Mapping," *Marxism and the Interpretation of Culture*, Cary Nelson & Lawrence Grossberg eds., Urbana: Illinois UP, 1988, p. 353.

** 앞의 책, p. 355.

화되고 '정신분열적인' 세계에서는 진실로 다양한 심급이 상호 간 그 어떤 유기적 관계도 맺을 수 없다는 생각이 나타나게 될 것이다). 또한 보다 중요하게는 이질적인 각 층위에 적절한 투쟁들이 상호 간 필연적 연관성을 갖지 않아도 된다는 관념(순전한 정치적 투쟁, 순전한 경제적 투쟁, 순전한 문화적 투쟁, 순전한 '이론적' 투쟁)이 나타나게 될 것이다.*

최근의 실천 담론에서 자주 등장하는 언술은 계급, 인종, 민족, 젠더, 섹슈얼리티 등 다양한 투쟁의 층위를 하나로 환원할 수 없으며, 우리가 할 수 있는 일은 기껏해야 각 층위 간의 교차성을 강조하거나 투쟁 간의 연대를 강조해야 한다는 것이다. 그러나 제임슨의 입장에서 본다면 이는 결국 아무런 필연적 연결성도 창조하지 못하는 순수 미시정치학으로의 퇴행이며, 정치의 포기다. 특히나 최근의 사회적 투쟁은 특정 '사회적 쟁점'을 중심으로 각 투쟁 단위가 연대하는 성격을 보이는데, 이러한 경향은 "한편으로는 각 층위가 구체성을 벗어나 손쉽게 국가를 위한 혹은 국가를 둘러싼 관료화되고 추상화된 투쟁으로 분리"되거나, 다른 한편으로 "근접한 쟁점들의 무한한 연속체" 속으로 떠밀려 들어가게 된다. 제임슨은 이를 포스트모더니즘 정치의 "나쁜 무한성bad infinity"으로 정의하며, 이것이 포스트모더니즘에 남아 있는 "유일한 정치 형식"이라 주장한다. 그리고 그것의 목적은 "형이상학적 영구혁명이라는 의도된 행복감"을 부여하는 것이다(604). 그러한 병리적 행복감은 혁명적 변화의 포기에 대한 보상으로, 이는 현재

---

* Fredric Jameson, *The Ideologies of Theory: Essays 1971-1986, Vol. 2—The Syntax of History*, Minneapolis: U of Minnesota P., 1988, p. 192.

를 영구적으로 지속시킬 뿐이다.

그러므로 인식적 지도 그리기는 '총체화'하라는 명령이며, 혁명적 변화를 향해 사유하라는 명령이다. 이는 세계가 총체적으로 구성되어 있다는 주장이나, 세계에 형이상학적 총체성을 부여하라는 명령과는 다르다. 그것은 차이를 강조하는 포스트모더니즘의 정신분열적 힘에 저항하여, 계급, 인종, 젠더, 민족, 섹슈얼리티 같은 파편화된 주체 위치에 함몰되지 않은 채 계급 중심의 통합적 주체를 상상하는 동시에, 그 주체와 그의 투쟁을 전 지구적 차원에 펼쳐져 있는 후기자본주의의 폭력적 힘과 연결시킬 수 있는 방법을 고안하라는 명령이다. 국지적이고 미시적인 차원에서의 투쟁은 이 전 지구적인 자본의 힘에 저항하지 못한다. 그것은 오히려 후기자본주의의 차이의 논리를 반복하는 것에 불과하다. 예컨대 제임슨은 들뢰즈의 "정신분열자"나 탈주의 정치학이 혁명적 대안을 제시하기보다는 "사실상 현 사회질서의 가장 근본적인 경향을 복제"하고 있다고 주장한다.* 정신분열적 주체 자체가 후기자본주의가 요구하는 이상적 주체이기 때문이다.

이런 관점에서 본다면 총체화하는 전략으로서의 인식적 지도 그리기는 자본주의의 핵심 모순으로서의 계급 문제를 복권시키려는 시도이자, 계급에 정치적 우선성을 부여하려는 시도라 할 수 있다. 이 때문에 제임슨이 루카치적인 신화적 총체성과 계급의식에 대한 향수에 젖어 있다는 비판을 받기도 했다. 제임슨 자신도 "'인식적 지도 그리기'는 사실 다름 아닌 '계급의식'에 대한 암호였다"(749)고 고백한다. 하지만 스티븐 베스트Stephen Best는 이를 전략적인 차원에서 접근해야

---

* Fredric Jameson, "The End of Temporality," *Critical Inquiry* 29(2003), p. 711.

한다고 주장한다. 즉 제임슨의 주장이 계급의 "선험적a priori" 우선성에 대한 주장은 아니라는 것이다. 그것은 오히려 "위계의 구체적 조항"을 "사후적으로 결정"하는 전략적 선택이다. 예를 들어 포스트구조주의의 비판을 수용하여 계급의 우위성을 포기하고 다원주의를 채택한다면, 종국에 우리는 부르주아 관념론이나 심지어 극우적 파시즘까지도 수용할 수밖에 없다. 이것이 다원주의의 모순이다. 그런 의미에서 다원주의적 접근은 분명 "잘못된 선험적 전략"일 수밖에 없다.* 따라서 계급의 전략적 우선성에 대한 주장은 과거에 대한 향수가 아니라 오히려 현 포스트모던 시대의 핵심 모순의 분석에 따른 결과인 것이다.

물론 제임슨의 이론 자체에 모순이 없다고는 할 수 없다. 특히 인식적 지도 그리기는 제임슨의 포스트모더니즘론 중에서 가장 모순적인 지점이다. 무엇보다도 그것이 "고전적" 마르크스주의의 "과학과 이데올로기의 구별"에 기대고 있다는 점에서 그렇다(126). 이는 다른 이론적 담론에 대한 "초월 불가능한 지평"으로서의 마르크스주의의 위상을 정립하는 것과는 별개로, 고전적인 의미의 현상과 본질의 형이상학이나 깊이의 해석학을 상기시킨다. 즉 자신이 폐기되었다고 선언한 이론적 모델을 뒷문으로 다시 불러들이는 결과를 초래할 수도 있는 것이다. 또한 부재 원인으로서의 역사에 대한 '과학적 지식'이 구축 가능한지 여부를 떠나, 우리가 세계에 대한 상상적이고 인식적인 지도를 그리는 데 있어 그러한 지식이 과연 필요한지도 분명치 않다. 유토

---

* Stephen Best, "Jameson, Totality and the Poststructuralist Critique," *Postmodernism/Jameson/Critique*, p. 366(강조는 필자).

피아에 대한 상상은 옳고 그름에 대한 판단의 문제가 아니라, 현재와 급진적으로 결별하는 하나의 방식이기 때문이다. 게다가 인식적 지도 그리기의 공간 정치학은 포스트모더니즘의 압도적인 공간 논리에 포섭되고 중화되어 급진성 자체가 거세될 수도 있다.

그럼에도 불구하고 제임슨의 이론에 도사리고 있는 균열과 모순을 마르크스주의의 실패나 제임슨 자신의 실패로 치부할 수는 없을 것 같다. 현재 거의 모든 실천적 기획이 처해 있는 운명은 두 가지다. (포스트)구조주의 담론이 만든 언어의 감옥 속에서 담론 투쟁(예컨대 스튜어트 홀의 적법성 투쟁)을 하거나, (사회주의 운동이나 급진적 페미니즘 운동처럼) 구조 밖으로 빠져나와 유토피아적 대안을 창안하는 것이다. 하지만 푸코가 주장하듯 전자의 방식은 구조 속에 다시 포섭될 수밖에 없으며, 후자의 방식은 현실 사회주의의 실패 이후 그 동력을 상실한 지 오래다. 게다가 후자는 '본질주의'나 전체주의적 폭력의 징후로 치부되기 십상이다. 즉 현재의 이론적 담론은 어떤 식으로건 체제의 '바깥'을 상상하는 것을 철저하게 금지한다. 이런 상황 속에서 어떻게 해서든 유토피아적 사유의 전통을 복원하고 체제의 '바깥'을 상상하려 시도한다는 것만으로도 충분히 가치 있는 일이 아닐 수 없다. 그리고 비록 인식적 지도 그리기가 혁명의 성공이라는 행복한 결말이 아닌 패배로 귀결된다고 하더라도, 그것이 반드시 실패는 아니다. 왜냐하면 제임슨이 주장하듯 그 패배로 인하여 오히려 "포스트모던한 전 지구적 공간의 전체 구조가 그 뒤편에 유령 같은 모습을 드리운 채 궁극의 변증법적 장애물이나 보이지 않는 한계로서 떠오르게 만들"기 때문이다(745).

이 시대 실천 이론의 소중한 자산인 『포스트모더니즘, 혹은 후기자
본주의 문화 논리』가 아직도 번역되지 않았다는 사실에 대한 부채 의
식이나 죄책감과 더불어 그 작업을 어쨌든 해내야 한다는 의무감은,
이 책을 번역할 수 있는 위치에 있는 누구나 당연히 느꼈을 것이다. 그
리고 그 부채 의식에 응답할 수 있는 기회가 주어졌다는 것은 어쩌면
내게는 큰 행운이었는지도 모른다. 그러나 그 의무감을 자발적으로
떠맡았던 지난 수년간 끊임없이 내 자신에게 던졌으나 아직 제대로 답
하지 못한 한 가지 질문이 있다. 나는 왜 이 책을 '지금' 번역하는가?
출판된 지 30년이 넘은 지금, 너무도 익숙한 탓에 (역자의 석사논문 주
제가 바로 이 책이었으나 부끄럽게도) 한 번도 제대로 통독하지 못했던,
아방가르드 시만큼이나 그 의미를 쉽사리 허락하지 않기에 충분히 이
해하지 못했던, 그래서 서가 한쪽에 방치해두고 애써 망각하고자 했
던, 그리고 이제는 최신 문학 이론의 쟁점과는 다소 멀게 느껴지기까
지 하는, 이 책을 나(혹은 우리)는 왜 21세기 인문학 풍경 속에 소환하
려 하는가? 이 책을 통해 우리는 무엇을 얻을 수 있는가?

고백컨대 역자인 나에게는 이 책의 번역 과정이 제임슨적인 사유에
대한, 다시 말해서 총체성 개념과 계급 중심주의에 대한 지속적인 의
심의 과정이었다. 여기에는 그럴 수밖에 없는 이유가 있다. 1980년대
초중반을 지배하던 포스트모더니즘 논쟁은 1980년대 후반부터 나타
나기 시작했던 다양한 소수자의 목소리로 대체되었다. 포스트식민주
의 이론과 민족주의와 초민족주의, 인종과 에스닉, 젠더와 섹슈얼리
티 담론 등과 관련된 여러 이론이 기존의 보편주의를 가장한 유럽 중

심주의, 이성 중심주의, 남성 중심주의에 심각한 의문을 제기하기 시작한 것이다. 또한 1990년대 말에서 2000년대 중반에는 영국 신좌파들에 의한 문화연구 담론이 미국 주요 대학의 커리큘럼과 학과 체제에 혁명을 일으키기도 했다. 그 결과 차이와 다양성, 이질성과 혼종성, 그리고 (체제의 전복이 아닌) 문화적 차원의 상징적 '전복'이 그 시대 인문학 논문의 핵심어를 독식했다. 개인의 '정체성identity'은 선善을 의미했으나, 집단적 '동일성identity'은 악惡이자 폭력을 의미했다. 따라서 제임슨류의 총체적 사유나 계급 중심적 사유는 금지 대상이었다.

예컨대 1986년 제임슨의 논문 「다국적 자본주의 시대의 제3세계 문학Third World Literature in the Era of Multinational Capitalism」에 대한 아이자즈 아마드Aijaz Ahmad의 포스트식민주의적 비판은 제임슨의 학문적 입지에 회복 불능의 타격을 주었다. 사실 이는 제임슨이 「포스트모더니즘, 혹은 후기자본주의 문화 논리」에 대한 속편으로 기획했던 논문으로, 후기자본주의 공간 속에서 제3세계 문학의 특수한 의미와 기능을 인식적으로 지도 그리려는 시도였다.* 하지만 아마드는 제임슨이 말하는 제3세계 문학의 "인식적 미학"이 제1세계와 제3세계 사이의 이항 대립이라는 절대적 차이에 근거하여 "타자성"을 부여하고 있을 뿐만 아니라, 또한 그의 "제3세계" 개념은 광대한 제3세계의 내적 차이를 무시한 채 이질적 공간을 "동질화"하고 있다고 주장한다.** 이러한 비판은 제임슨의 이론에 내재하는 유럽 중심주의를 폭로함으로써,

---

* Fredric Jameson, "Third World Literature in the Era of Multinational Capitalism," *Social Text* 15, 1986, p. 88, n. 26.

** Aijaz Ahmad, "Jameson's Rhetoric of Otherness and the 'National Allegory'," *Social Text* 17, 1987, p. 10.

후기자본주의 비판에 앞장섰던 제임슨 역시도 백인 남성이라는 주체 위치의 한계를 극복하지 못했음을 보여주었다. 사실 제임슨의 정치적 보편주의와 총체화 논리 속에는 계급 이외에 인종, 젠더, 섹슈얼리티, 민족, 에스닉 등과 같은 자유주의적 '차이'의 개념을 수용할 수 있는 공간이 다소 결여되어 있다. 또한 모든 문제를 후기자본주의의 핵심 모순으로 환원시켰던 탓에, 제임슨이 인종과 제국주의 그리고 성차별 주의에 의해 생산된 실질적 폭력에 대해서는 많이 언급하지 않았던 것은 분명 사실이다.

그런데 여기서 제임슨이 백인 남성으로서 제국주의의 인식론적 한계에 머물러 있었는지는 부차적인 문제일 수도 있다. 보다 핵심적인 질문은 이것이다. 과연 이 시대의 모든 모순을 후기자본주의와 계급의 문제로 환원시킬 수 있는가? 계급 문제의 해결이 인종, 젠더, 민족, 에스닉, 섹슈얼리티 문제 같은 현시대의 다른 모순을 해결할 수 있는가? 다문화주의와 다양성의 강조는 진실로 다른 다양한 '차이'들을 생산해냄으로써 '계급'이라는 궁극의 차이를 억압하려는 후기자본주의의 책략일 뿐인가?

결론에서의 제임슨의 논의에 따르면 포스트모더니즘 시대의 언어와 미디어는 개인을 우선시하는 듯한 제스처를 보이지만, 실제로는 모든 개인을 세분화하여 분류하며 집단화하고 정치 세력화한다. 이러한 소집단화가 바로 미시정치학 혹은 '정체성 정치'라고 일컬어지는 것으로, 제임슨은 이를 "극히 포스트모던적 현상"(586)이라고 진단한다. 즉 정체성 정치는 후기자본주의에서만 나타날 수 있는 역사적으로 특수한 정치적 현상인 것이다. 많은 이론가가 소집단을 중심으로 한 정체성 정치학이 '계급'의 소멸로 인한 정치적 공백 속에 출현한 계급 정치의 대체자라고 주장하지만, 이에 대해 제임슨은 "사회주의의 독특하고 특별한 시나리오를 통해서가 아니라면, 어떻게 계급이 사라지길 기대할 수 있는지"(587) 이해할 수 없다고 반문한다. 이런 관점에 따른다면, 다문화주의와 정체성 정치는 순전히 계급 문제를 억압하기 위한 자본의 책략이 된다.

바디우Alain Badiou나 지젝Slavoj Žižek, 랑시에르Jacques Rancière 등과 같이 정치적 보편주의를 지향하는 유럽의 많은 좌파 이론가 역시도 제임슨의 의견에 동조한다. 예컨대 지젝은 다문화주의가 "자본주의 세계체계의 기본적 동질성은 손대지 않은 채 문화적 차이를 위한 싸움에서 대리 분출구를 발견한 것"이며 "우리가 인종적 소수자, 게이와 레즈비언, 상이한 생활 방식 등등의 권리를 위한 PC 전투를 벌이고 있는 동안, 자본주의는 승리의 행진을 하고 있다"고 주장한다. "고유의 정치적 투쟁이 주변적 정체성들에 대한 인정과 차이에 대한 관용을 위한 문화적 투쟁으로 변형"되면서 자본은 손쉬운 승리를 획득하고 있다는 것이다.*

반면에 인도 출신 포스트식민주의 이론가 호미 바바Homi K. Bhabha에게는 모든 문제를 자본주의로 환원시키는 것이 계몽주의적 "보편문화common culture"에 대한 알리바이를 제공해주는 것에 지나지 않는다. 그에 따르면 "보편문화는 심각할 정도로 모순된 이데올로기적 전략이다. 그것은 다원주의적이고 다양한 사회에 대한 민주주의적 신념의 선언이다. 또한 동시에 민주적 다원주의를 향하여 문화적 차이를 이야기함으로써 역량을 강화하려는 소수자들의 진정하고 실질적인

---

* 슬라보예 지젝, 『까다로운 주체』, 이성민 옮김, 도서출판b, 2005, p. 357.

요구에 대한 방어다."* 즉 계급 환원론은 자본주의와 중첩되어 있는 제국주의, 인종주의, 가부장제, 성적 규범 같은 사회적 폭력 기계들을 비가시적인 것으로 만들고, 결국에는 보편성과 규범에서 벗어나 있는 다양한 사회적 소수자를 그들만의 게토로 추방하는 결과를 낳을 수도 있다는 것이다.

　보편성과 특수성, 일자와 다자 사이의 모순으로 요약될 수 있는 이 논쟁에 대한 정답은 아직 존재하지 않는다. 여러 이론가가 '교차성'과 '연대' 혹은 '전략적 본질주의' 같은 방법론을 통해 그 모순을 화해시킬 수 있는 방법을 제안하고 있지만, 여전히 논쟁은 지속되고 있다. 이 시점에서 역자인 나는 2000년대 초반 미국 인문학 담론의 산물이며, 1990년대 말 이후 마르크스주의 이론을 떠나 소수자 담론에 투신했던 사람임을, 따라서 제국주의와 인종주의 그리고 성차별주의 폭력에 조금 더 민감한 사람임을 자백해야 할 것 같다. 그렇기 때문에 이 책을 번역하는 과정은 단순히 제임슨의 난해한 언어와 이론에 대한 번역 과정만이 아닌, 포스트모더니즘에 대해 제임슨이 그려낸 불가능한 인식적 지도 속에서 나의 학문적 신념의 위치를 찾는 과정이기도 했고, 그 둘 사이의 불가능한 화해 지점을 찾는 과정이었으며, 나만의 또 다른 인식적 지도를 그리는 작업이었다. 물론 그 지도는 영원히 완성될 수 없음을 알고 있다. 그런 의미에서 번역 작업은 여전히 끝나지 않았다고 고백해야 할 것 같다. 그럼에도 불구하고 우리가 제임슨을 현재 속으로 소환해야 하는 한 가지 명백한 이유가 있다. 그것은 바로 현재와

---

* 　Homi K. Bhabha, "A Good Judge of Character: Men, Metaphors, and the Common Culture," *Race-ing Justice, En-gedering Power*, Tony Morrison, ed., New York: Pantheon Books, 1992, p. 235.

결별해야 한다는 것이며, 유토피아적 사유를 복원해야 한다는 것이다. 우리가 무엇에 어떻게 저항하건, 결국 우리가 원하는 바는 지금의 세계를 근본적으로 변화시키는 것이기 때문이다.

마지막으로 이런 유토피아적 열망과 관련하여 우리가 현시점에서 제임슨과 『포스트모더니즘, 혹은 후기자본주의 문화 논리』를 읽어야 하는 이유를 한 가지 더 부연해야 할 것 같다. 제임슨을 읽는다는 것은 곧 마르크스의 유산을 상속받고 그의 유령과 대화하는 여러 방법 중 가장 의미 있는 작업이 되리라는 것이다. 『마르크스의 유령들*Specters of Marx*』에서 데리다는 이렇게 이야기한다.

마르크스 — 및 또한 몇몇 다른 이들 — 를 읽고 다시 읽고 토론하지 않는 것, 그리고 학문적인 '독해'나 '토론'을 넘어서 나아가지 않는 것은 항상 잘못일 것이다. 그것은 이론적·철학적·정치적 책임이라는 점에서 더욱더 큰 잘못일 것이다. 교조적 장치와 '마르크스주의적인' 이데올로기 장치들(국가, 당, 세포, 조합 및 다른 교리 생산의 장소들)이 소멸 과정에 있는 마당에, 우리는 더 이상 이러한 책임을 회피할 수 있는 아무런 변명거리를 갖고 있지 않으며, 있다면 그것은 다만 알리바이에 불과하다. 이러한 책임 없이는 어떠한 장래도 없을 것이다. 마르크스 없이는 없다, 마르크스 없이는 어떤 장래도 없다. 마르크스의 기억, 마르크스의 유산 없이는, 어쨌든 어떤 마르크스, 그의 천재/정령, 적어도 그의 정신들 중 하나에 대한 기억과 상속 없이는 어떠한 장래도 없다. 왜냐하면 우리의 가설 또는 오히려 우리가 택한 입장은 다음과 같은 것이기 때문이다. 곧 하나 이상의/더 이상 하나가 아닌 정신이 존재하며, 하나 이상의/더 이상 하나가 아닌 정신이 존재해야 한다.*

마르크스 없이는, 그의 유산과 그의 정령 없이는, 그의 정신에 대한 기억과 상속 없이는, 우리에게 미래는 없다고 데리다는 선언한다. 그러하기에 사회적 실천 이론을 생산해야 하는 자들에게는 끊임없이 마르크스를 읽고 토론하며 기억하여, 그의 유산을, 그의 비판 정신을, 그리고 사회 변혁의 열망을 상속받아야 할 이론적·철학적·정치적 의무가 있다. 그리고 나는 그러한 마르크스를 읽고 토론하는 여러 가지 방법 중 최고의 방법은 제임슨을 읽는 것이라 제안하고 싶다. 현시대에 제임슨만큼 우직하게 마르크스와 마르크스주의의 전통을 통해 이 세계를 해석하고 대안을 제시한 사람은 흔치 않다. 특히『포스트모더니즘, 혹은 후기자본주의 문화 논리』의 7장이 보여주고 있듯이, 제임슨은 마르크스를 통해 포스트모더니즘의 여러 이론을 해석하고 그들과 대화할 수 있는 통로를 제공하고 있다는 점에서 더욱 그러하다. 만일 제임슨의 이론이 문제적이라면, 그것은 그가 마르크스와 그의 유산에 충실했기 때문이지, 포스트마르크스주의적 타협을 시도했기 때문은 결코 아니다. 그런 의미에서 제임슨의『포스트모더니즘, 혹은 후기자본주의 문화 논리』는 우리 시대에 점차 망각되고 사라져가는 마르크스의 유령들에게 새로운 외피를 입히고 새로운 에너지를 제공하는 중요한 원천이 될 것이다.

---

* 자크 데리다,『마르크스의 유령들』, 진태원 옮김, 그린비, 2014, p. 41.

* * *

    마지막으로 번역 작업의 시작부터 끝까지 인내하며 기다려주시고 또 수없이 많은 오역을 잡아주신 문학과지성사 관계자 여러분, 조선 대학교 인문대의 동료 학자와 친구 들, 지난한 교정 작업을 함께 해준 제자 강혜림, 끝으로 언제나 곁에 있어주며 위로와 격려를 아끼지 않았던 이랑이와 사랑이 그리고 아내, 이 모든 분들께 감사의 말을 전한다.

임경규

찾아보기

도판

빈센트 반 고흐, 「구두 한 켤레」〔Vincent Van Gogh, "A Pair of Boots," The Baltimore Museum of Art: The Cone Collection, formed by Dr. Claribel Cone and Miss Etta Cone of Baltimore, Maryland, BMA 1950. 302.〕

앤디 워홀, 「다이아몬드 가루 신발」〔Andy Warhol, "Diamond Dust Shoes," 1980. Copyright, The Estate and Foundation of Andy Warhol, 1989. Reproduced courtesy of ARS, N.Y.〕

르네 마그리트, 「붉은 모델」〔René Magritte, "Le modèl rouge," Charly Herscovici/ Art Resource, N.Y. Reproduced courtesy of ARS, N.Y.〕

에드바르 뭉크, 「절규」〔Edvard Munch: "The Scream," photo and reproduction rights courtesy of Nasjonalgalleriet, Oslo.〕

두에인 핸슨, 「미술관 경비원」과 「관광객 II」〔Duane Hanson, "Museum Guard" and "Tourist II," Hokin Gallery, Bay Harbor Islands, Florida. Courtesy of Dorothy Berenson Blau.〕

디에고 리베라, 「십자로에 선 남자」〔Diego Rivera, "Man at the Crossroads," Reproduced courtesy of the Museo del Palacio de Bellas Artes, Mexico City, Mexico.〕

올리버 워소, 「#146」〔Oliver Wasow, "#146" from the "Utopia Post Utopia" catalog.〕

프랭크 게리 하우스〔Frank Gehry house. Photos by IK's World Trip. https:// www.flickr.com/photos/ikkoskinen/350055881/sizes/o/in/set-72157594441486676〕

안드레이 타르콥스키, 영화 「노스탤지어」에 등장하는 이탈리아 성당 내부의 러시아 가옥〔Andrey Tarkovsky, from Nostalgia, "The Russian house inside the Italian cathedral."〕

위커 에번스, 「플로이드 버로스의 작업화」 [Walker Evans, "Floyd Burroughs' Work Shoes," Hale County, Alabama, 1936. Reproduced courtesy of the Library of Congress.]

웰스 파고 센터 [Wells Fargo Court (Skidmore, Owings and Merrill).]

웨스틴 보나벤처 호텔 [The Westin Bonaventure.]

웨스틴 보나벤처 호텔 내부 [The Westin Bonaventure (interior).]

르 코르뷔지에 「집합 주택」 [Le Corbusier, "Unite d'Habitation" credit, Biraudon/Art Resource, N.Y. Reproduced courtesy of ARS, N.Y.]

에드워드 랭커스, 존 매닝, 바버라 레이섬, 「소외국」 [AlienNATION, Photos courtesy of Video Data Bank, Distributors, 280 S. Columbus, Chicago, Illinois, 60603.]

로버트 고버, 「무제」 두 점 [Robert Gober, "Untitled Installation." © Robert Gober. ICA Boston: Courtesy of Matthew Marks Gallery. Photography: Hansen/Mayer. Aspen Art Museum: Courtesy of Matthew Marks Gallery. Photography: Tony Prikryl.]

백남준, 「TV 시계」 [Nam June Paik, "T.V. Clock." Collection: The artist. Exhibition: Nam June Paik, April 30–June 27, 1982. Photography (not artwork) © 1982 by Peter Moore. Reproduced courtesy of The Whitney Museum of American Art, New York.]

백남준, 「TV 정원」 [Nam June Paik, "T.V. Garden," Collection: The artist. Plants donated by Kenneth J. West Plants, Inc., New York City. Exhibition: April 30–June 27, 1982. Photography (not artwork) © 1982 by Peter Moore. Reproduced courtesy of The Whitney Museum of American Art, New York.]

데이비드 살르, 「와일드 로커스트 라이드」 [David Salle, "Wild Locusts Ride," "75 by 104½" (2) acrylic, oil/canvas, fabric, 1985. Private Collection. Reproduced courtesy of Mary Boone Gallery, N.Y.]